《西安城市史》编委会

主　任

李炳武

副主任

甘　晖　党怀兴　侯甬坚

编　委

（以姓氏笔画为序）

王子今	王双怀	王社教	王学理	尹夏清
尹盛平	田　野	史红帅	吕卓民	朱士光
朱永杰	任云英	刘庆柱	刘淑虎	安介生
孙家洲	李　浩	李令福	李健超	李裕民
李毓芳	杨恒显	肖爱玲	邹　贺	张晓虹
周宏伟	赵世超	荣新江	胡　戟	侯海英
耿占军	徐卫民	郭雪妮	黄留珠	萧正洪
梁克敏	韩光辉			

主　编

侯甬坚

陕西师范大学西北历史环境与经济社会发展研究院、
陕西师范大学中国史一流学科建设基金资助出版

"十三五"国家重点图书出版规划项目

国家出版基金项目
NATIONAL PUBLICATION FOUNDATION

陕西出版资金资助项目

主编 侯甬坚

西安城市史

西汉长安城 卷

● 王学理 著

陕西师范大学出版总社

图书代号：SK22N1937

图书在版编目（CIP）数据

西安城市史.西汉长安城卷/王学理著；侯甬坚主编.—西安：陕西师范大学出版总社有限公司，2022.12
"十三五"国家重点图书出版规划项目　国家出版基金项目
ISBN 978-7-5695-2510-6

Ⅰ.①西…　Ⅱ.①王…②侯…　Ⅲ.①城市史—西安—西汉时代　Ⅳ.①K294.11

中国版本图书馆CIP数据核字（2021）第197261号

西安城市史·西汉长安城卷
Xi'an Chengshi Shi · Xihan Chang'an Cheng Juan
王学理　著

出 版 人	刘东风
选题策划	侯海英
责任编辑	赵荣芳　梁　菲　高　歌
责任校对	张爱林
出版发行	陕西师范大学出版总社
	（西安市长安南路199号　邮编710062）
网　　址	http://www.snupg.com
电　　话	（029）85307864
印　　刷	中煤地西安地图制印有限公司
开　　本	787 mm × 1092 mm　1/16
印　　张	34
插　　页	2
字　　数	620千
版　　次	2022年12月第1版
印　　次	2022年12月第1次印刷
书　　号	ISBN 978-7-5695-2510-6
审 图 号	陕S（2020）015号
定　　价	240.00元

读者购书、书店添货或发现印刷装订问题，请与本公司营销部联系、调换。
电话：（029）85307864　85303629　　传真：（029）85303879

目录

绪论 ·· 001

第一章　西汉长安的兴起 ·· 013

第一节　西汉长安城的前身原是秦都咸阳的渭南新区 ········· 015
一、"山南水北皆阳"重心的转移 ·································· 015
二、秦在渭南的离宫为汉王朝提供了发展空间 ·················· 019

第二节　楚汉战争中的军需基地 ·· 021
一、刘邦安抚民心的举措 ··· 021
二、支援前线 ··· 023

第三节　洛阳—栎阳—长安 ·· 025
一、都城选址的辩论 ··· 025
二、定都长安 ··· 027

第二章　从秦兴乐宫到汉长乐宫 ··· 031

第一节　刘邦对秦兴乐宫的改建 ·· 033
第二节　长乐宫内的主要建筑 ··· 035

· 1 ·

第三节　长乐宫的性质与逸事……………………………041

第三章　从秦章台宫到汉未央宫……………………043

第一节　"重威"之举……………………………045
第二节　改造旧宫及其所形成的规模……………047
一、位置……………………………047
二、形制……………………………048
第三节　宫殿工程的内容……………………………051
第四节　未央宫主要宫殿地望与功能考述……………053
一、前殿……………………………053
二、承明殿……………………………055
三、后宫宫殿……………………………056
第五节　文化工程的重要建筑……………………………061
一、石渠阁——国家档案馆……………………061
二、天禄阁——国家图书馆……………………062
三、麒麟阁——功臣纪念馆……………………063
四、曲台殿——学术讲坛……………………064
五、柏梁台——诗坛……………………………064
第六节　皇室事务管理与寺署机构……………………067
一、少府诸署及中央官署……………………068
二、卫尉寺……………………………071
三、作室——御府作坊……………………072
四、若卢……………………………072
五、钩盾令署与弄田……………………072
六、凌室……………………………073
七、御厩……………………………073

第七节　宫门逸事、宫中道路与沧池…………………………………074
　　一、门阙逸事……………………………………………………074
　　二、道路与沧池…………………………………………………076
第八节　未央宫平面布局白描………………………………………077

第四章　武库、仓储与市场的设立…………………………………079

第一节　武库…………………………………………………………081
第二节　都城粮仓……………………………………………………085
　　一、太仓…………………………………………………………085
　　二、近郊粮仓……………………………………………………086
　　三、关辅储仓……………………………………………………087
第三节　从"大市"到"九市"之变与长安的商业…………………092
　　一、市的设立……………………………………………………092
　　二、长安市上的域外商品………………………………………100

第五章　汉惠帝修建长安城…………………………………………101

第一节　"先宫后城"的城建趋势…………………………………103
第二节　汉惠帝的围城工程…………………………………………104
　　一、时间与劳力…………………………………………………104
　　二、施工次序……………………………………………………105
第三节　形成的规模…………………………………………………107
　　一、城制…………………………………………………………107
　　二、城门…………………………………………………………110
第四节　斗城的形成及其原因………………………………………118

第六章 汉武帝大兴土木 ································121

第一节 建章宫 ································123
一、宫城与门阙 ································124
二、主要宫殿建筑 ································126
三、湖泊 ································129
四、建章宫的废毁 ································131

第二节 桂宫、北宫与明光宫 ································132
一、桂宫 ································132
二、北宫 ································136
三、明光宫 ································138

第三节 拓展上林苑 ································140
一、秦汉上林苑的相接与扩大 ································140
二、苑中宫观 ································141
三、苑区出土的珍贵文物 ································149
四、珍禽异兽 ································151
五、奇花名果 ································152
六、上林苑在经济生活中的作用 ································153

第四节 开凿昆明池 ································155
一、开凿昆明池的起因 ································155
二、地理位置与规模实测 ································156
三、昆明池的历史作用 ································159

第七章 祭天坛庙与礼制建筑 ································163

第一节 长门五帝坛 ································165
第二节 渭阳五帝庙 ································167

第三节 明堂、辟雍 … 169
一、对明堂、辟雍名实的考订 … 169
二、汉初议立明堂遇阻与三雍宫的建立 … 169
三、王莽所建明堂及其形制 … 170

第四节 宗庙 … 173
一、西汉皇帝的生祠——官 … 173
二、王莽修建的新庙 … 175

第五节 社稷 … 179

第六节 祭天地的南郊（圜丘）和北郊 … 181
一、长安设南北郊的缘起 … 181
二、汉圜丘（南郊）的参照物 … 182
三、地郊（北郊）的参照物 … 182
四、五帝祠 … 184

第七节 太学与灵台 … 185
一、太学 … 185
二、灵台 … 185

第八章 长安城的建制与规模 … 187

第一节 平面格局鸟瞰 … 189
一、城与郊的概念 … 189
二、汉都长安城与郊的范围 … 190

第二节 城内区间的内容与分布及其联系 … 193
一、"八街九陌"的形成与分布 … 193
二、十一区间的划分与内容 … 197

第三节 城市人口成分构成与总量估算 … 208
一、近都县邑人数的误判 … 208

二、都城长安"城里人"的成分与数量估算…………209

第四节 京畿的范围………………………………217

第九章 供排水系统工程与生态环保…………219

第一节 供水网络的形成………………………221
一、八水资源…………………………………221
二、汉长安城的蓄水与供水系统……………224

第二节 排水设施………………………………231
一、城区地表排水……………………………231
二、宫殿建筑群落的排水……………………231
三、城壕的排水………………………………233

第三节 长安城供排水网络化特点的概括……234

第四节 开辟大规模园林………………………235
一、广植树木…………………………………235
二、御苑与私家园林…………………………235
三、池沼………………………………………236
四、鸟的乐园…………………………………237
五、关中的美景………………………………238

第五节 河流改造与疏浚………………………239

第六节 西汉王朝对环保的强调与政策的实施…240

第十章 以长安为中心的水陆交通管理………243

第一节 陆路交通………………………………245
一、市内道路…………………………………245
二、关中大道…………………………………248

第二节　漕渠与水运 253
　　一、关东漕粮之难 253
　　二、并渭漕渠 254
　　三、澂邑漕仓与洛渭漕渠 255
　　四、水运航行 256
　　五、水运管理 258

第三节　桥梁 259
　　一、长安渭水三桥 259
　　二、滈（汱）河桥 266
　　三、霸桥 267
　　四、沣河桥 268
　　五、长夷泾桥——泾水桥 269

第四节　交通管理制度 271
　　一、管理机构 271
　　二、交通制度 273

第十一章　京师的军事驻防与治安管理 275

第一节　京城常备驻军——南北军 277
　　一、京城驻军的职能 277
　　二、南军 277
　　三、北军 278

第二节　宫殿内的保卫——期门、羽林 280

第三节　城外驻防——郊外三营 282
　　一、霸上营 282
　　二、棘门营 283
　　三、细柳营 283

· 7 ·

第四节 治安状况与警戒管理——宵禁、监狱……………285

第十二章 皇陵与陵邑……………287

第一节 陵区安排在城建史上的意义……………289
　　一、西汉之前君主墓葬同都城关系的回顾……………289
　　二、西汉帝陵陵区的分布……………293
　　三、西汉帝陵考古调查概览……………296

第二节 帝陵考古的成果……………297
　　一、长陵……………297
　　二、安陵……………303
　　三、霸陵……………307
　　四、阳陵……………309
　　五、茂陵……………317
　　六、平陵……………329
　　七、杜陵……………332
　　八、渭陵……………336
　　九、延陵……………340
　　十、义陵……………343
　　十一、康陵……………346

第三节 陵邑与独特的陵邑文化……………350
　　一、陵邑之设及其作用……………350
　　二、陵邑文化……………352

第十三章 长安近郊的贵族墓葬与平民墓区……………355

第一节 长安墓区的分布……………357

一、秦汉墓地的交叉与重叠·················357
　　二、秦汉都城各有两大墓区·················358

第二节　典型的贵族墓葬·······················361
　　一、几位皇室成员的寝园···················361
　　二、死葬长安的诸侯王墓···················362
　　三、考古发掘的几座典型墓葬···············363

第三节　平民墓群·····························371
　　一、分布趋势···························371
　　二、依原而葬···························372

第十四章　长安的城市生活与社会风尚·················375

第一节　城市人群精神状态面面观···············377
　　一、五方杂厝，风俗不纯···················377
　　二、上流社会奢侈糜烂·····················378
　　三、劳动者生活状态·······················379
　　四、富有"时代使命感"的儒士···············380

第二节　学术氛围·····························381
　　一、图书的收藏与整理·····················381
　　二、学者著书立说·························381
　　三、汉赋大盛·····························382
　　四、最高学府——太学·····················383
　　五、天文仪器与制历成果···················384

第三节　长安的城市娱乐与文体活动·············385
　　一、歌与舞·······························385
　　二、庙堂音乐·····························386
　　三、文体项目·····························386

四、乐舞的管理与采编……………………………………388

第四节　表演艺术…………………………………………………389

　　一、百戏的延续……………………………………………389

　　二、百戏的内容……………………………………………389

　　三、舞蹈……………………………………………………392

第五节　违法犯禁…………………………………………………395

第十五章　长安城外的离宫别馆……………………397

第一节　近郊的宫观………………………………………………399

　　一、长门宫…………………………………………………399

　　二、芷阳宫…………………………………………………399

　　三、兰池宫…………………………………………………400

第二节　远郊的宫观………………………………………………401

　　一、栎阳宫…………………………………………………401

　　二、步高宫…………………………………………………401

　　三、步寿宫…………………………………………………401

　　四、集灵宫…………………………………………………402

　　五、池阳宫…………………………………………………402

　　六、甘泉宫…………………………………………………403

　　七、棠梨宫…………………………………………………404

　　八、扶荔宫…………………………………………………405

　　九、成山宫…………………………………………………405

　　十、梁山宫…………………………………………………407

　　十一、橐泉宫、蕲年宫……………………………………409

　　十二、棫阳宫………………………………………………410

　　十三、年宫…………………………………………………412

十四、羽阳宫……………………………………………………413
　　十五、貌宫………………………………………………………415
　　十六、平阳宫……………………………………………………415
　　十七、谷口宫……………………………………………………416
第三节　京都之外的三辅楼观……………………………………417
　　一、霸昌观………………………………………………………417
　　二、属玉观………………………………………………………417
　　三、长平观………………………………………………………417
　　四、益延寿观……………………………………………………418
　　五、石阙观、封峦观、鸤鹊观和露寒观………………………418
　　六、其他…………………………………………………………418

第十六章　西汉王朝同域外的交往……………………………419

第一节　汉匈间的军事对峙………………………………………421
第二节　陆上丝绸之路的开通……………………………………424
　　一、"西域"的地理概念…………………………………………424
　　二、开辟陆上丝绸之路的两位巨人……………………………424
第三节　文化交流的成果…………………………………………431
第四节　长安的对外机构与域外人士……………………………433
　　一、长安的对外机构……………………………………………433
　　二、来华的域外国家及人士类型………………………………435

第十七章　西汉末年的长安城……………………………………447

第一节　长安城内长期存在的社会问题…………………………449
第二节　风雨飘摇中的劫难………………………………………451

结语 ··· 453

参考文献 ·· 473

大事记 ·· 481

索引 ··· 501

后记 ··· 507

Contents

Introduction /001

Chapter 1
The Rise of Chang'an in the Western Han Dynasty /013

Section 1   The Predecessor of the Western Han Chang'an City Was Originally the Weinan New District of Qin Xianyang /015
   1. The Center's Shift and "the South of Mountains and the North of Rivers Called Yang"   /015
   2. Qin's Temporary Imperial Palace in Weinan Provided the Development Space for the Han Dynasty /019

Section 2   Munitions Supply Base in the Chu-Han War /021
   1. Popular Measures /021
   2. Supporting the front /023

Section 3   Luoyang - Yueyang - Chang'an /025
   1. Debate on the Location of the Capital /025
   2. Set the Capital in Chang'an /027

Chapter 2
From the Xingle Palace in the Qin Dynasty to the Changle Palace in the Han Dynasty /031

Section 1   Liu Bang's Reconstruction of the Qin Xingle Palace /033
Section 2   Main Buildings in the Changle Palace /035
Section 3   Nature and Anecdotes of the Changle Palace /041

Chapter 3

From the Zhangtai Palace in the Qin Dynasty to the Weiyang Palace in the Han Dynasty /043

Section 1　Initiative of "Establish Majesty" /045

Section 2　Reconstruction of the Old Palace and Its Scale /047

　　1. Location /047

　　2. Shape /048

Section 3　The Palace Engineering /051

Section 4　The Geographical Location and Function of the Weiyang Palace /053

　　1. The front Palace /053

　　2. The Chengming Palace /055

　　3. The Harem Palaces /056

Section 5　Main Buildings of Cultural Engineering /061

　　1. Shiqu Ge — National Archive /061

　　2. Tianlu Ge — National Library /062

　　3. Qilin Ge — Memorial Hall /063

　　4. Qutai Palace — Academic Forum /064

　　5. Bailiang Tai — Poetry Forum /064

Section 6　Administration of Royal Affairs and Subsidiary Agencies /067

　　1. Shaofu Departments /068

　　2. Weiwei Department /071

　　3. Zuoshi — Royal Workshop /072

　　4. Ruolu /072

　　5. Goudun Department and Nongtian /072

　　6. Lingshi /073

　　7. Yujiu(the Royal Stables) /073

Section 7　Anecdotes, Roads and Ponds in Palaces /074

　　1. Anecdote about the Gates /074

　　2. Roads and Ponds /076

Section 8　The Plain Description on Layout of the Weiyang Palace /077

Chapter 4

Establishment of Arsenals, Warehouses and Markets /079

Section 1　Arsenals /081

Section 2　Granary of Capital /085

    1. Tai Granary /085

    2. The Suburban Granaries /086

    3. Granaries in Guanzhong Area /087

Section 3 The Change from "Big Market" to "Nine Markets" and Business in Chang'an /092

    1. Establishment of Market /092

    2. Extraterritorial Goods in Chang'an Market /100

Chapter 5
Emperor Hui of the Han Dynasty Built Chang'an City /101

Section 1 Urban Construction Trend of "Palace Prior to City" /103

Section 2 The City Engineering of Emperor Hui of the Han Dynasty /104

    1. Time and Labor /104

    2. Construction Sequence /105

Section 3 The City Scale /107

    1. The Structure of City /107

    2. The Gate of City /110

Section 4 The Formation and Reasons of "Dou Cheng" /118

Chapter 6
Emperor Wu's Construction /121

Section 1 The Jianzhang Palace /123

    1. Palaces and Gates /124

    2. Main Palace Buildings /126

    3. Lakes /129

    4. The Demolition of the Jianzhang Palace /131

Section 2 The Gui Palace, the North Palace and the Mingguang Palace /132

    1. The Gui Palace /132

    2. The North Palace /136

    3. The Mingguang Palace /138

Section 3 Expansion of Shanglin Yuan /140

    1. Connection and Expansion of Shanglin Yuan in the Qin and the Han Dynasties /140

    2. The Different Buildings in Shanglin Yuan /141

    3. The Precious Cultural Relics Unearthed in Shanglin Yuan District /149

    4. Rare Birds and Animals /151

    5. Rare Flowers and Famous Fruits /152

    6. The Function of Shanglin Yuan in Economic Life /153

  Section 4 Digging the Kunming Pool /155

    1. The Reasons for Digging the Kunming Pool /155

    2. Actual Measurement of Geographical Location and Scale /156

    3. Historical Role of the Kunming Pool /159

Chapter 7
Worship Temple and Ritual Building /163

  Section 1 The Wudi Altar in Changmen /165

  Section 2 The Wudi Temple in Weiyang /167

  Section 3 Mingtang and Piyong /169

    1. Research of the Concept /169

    2. The Resistance of Establishing the Mingtang in the Early Han Dynasty and the Establishment of the Sanyong Palace /169

    3. Mingtang Built by Wangmang and Its Structure /170

  Section 4 Ancestral Temple /173

    1. Palace—The Life-Time Temples of Emperors in the Western Han Dynasty /173

    2. The Han Dynasty Ancestral Temples Built during the Wangmang Period /175

  Section 5 She Ji (Land and Grain) /179

  Section 6 The Nanjiao (Yuanqiu) and Beijiao for Sacrificing to Heaven and Earth /181

    1. The Origin of Setting Nanjiao and Beijiao in Chang'an /181

    2. The Reference of Yuanqiu (Nanjiao) in the Han Dynasty /182

    3. The Reference of Dijiao(Beijiao) /182

    4. The Wudi Temple /184

  Section 7 Taixue and Lingtai /185

    1. Taixue /185

    2. Lingtai /185

Chapter 8
The Layout and Scale of Chang'an /187

  Section 1 Aerial View of the Plane Pattern /189

    1. The Concept of City and Its Suburb /189

    2. The Range of City and Suburb in Han Chang'an /190

Section 2　Content,Distribution and Connections of Urban Area /193

　　　　1. The Formation of "Ba Jie Jiu Mo" (Eight Streets and Nine Roads) /193

　　　　2. Division and Content of the Eleven Sections /197

Section 3　Estimation of the Composition and Quantity of Citizens in Chang' an /208

　　　　1. Misjudgment of the Population of Counties near the Capital /208

　　　　2. Estimation of the Composition and Quantity of Citizens in Chang' an /209

Section 4　Region of Jingji /217

Chapter 9
Engineering of Water Supply and Drainage System and Ecological Environmental Protection /219

Section 1　Formation of Water Supply Network /221

　　　　1. Eight Rivers'Resource /221

　　　　2. Water Storage and Supply System of Chang'an /224

Section 2　Drainage Facilities /231

　　　　1. Surface Drainage in Urban Area /231

　　　　2. Drainage of Palace Building Community /231

　　　　3. Drainage of Moat /233

Section 3　Characteristics of Water Supply and Drainage Network in Chang'an /234

Section 4　Building Large-Scale Gardens /235

　　　　1. Planting Trees Widely /235

　　　　2. Imperial Garden and Private Gardens /235

　　　　3. Ponds and Lakes /236

　　　　4. The Bird's Paradise /237

　　　　5. The Beautiful Natural Landscape in Guanzhong /238

Section 5　River Reconstruction and Dredging /239

Section 6　Legal Provisions for Environmental Protection of the Western Han Dynasty /240

Chapter 10
Land and Water Transportation Management Centered around Chang'an /243

Section 1　Land Transportation /245

　　　　1. Urban Roads /245

　　　　2. Guanzhong Avenue /248

Section 2　River and Canal Transportation /253

     1. The Difficulty of Grain Transportation in Guandong /253

     2. Canal Extended along with Wei River /254

     3. Cheng Yi Warehouse and Luo Wei Canal /255

     4. River Transportation /256

     5. Management of River Transportation /258

  Section 3 Bridges /259

     1. Three Bridges over Wei River in Chang'an /259

     2. Jue(xue) Bridge /266

     3. Ba Bridge /267

     4. Feng Bridge /268

     5. Changyi Jing Bridge — Jing River Bridge /269

  Section 4 Traffic Management System /271

     1. Management Agency /271

     2. Transportation System /273

Chapter 11
Military Garrison and Public Security Management of Chang'an /275

  Section 1 Standing Garrison in Chang'an — North and South Army /277

     1. Functions of the Garrison in Chang'an /277

     2. The Southern Army /277

     3. The Northern Army /278

  Section 2 Security Troop in the Palace — Qimen, Yulin /280

  Section 3 Garrison Outside the City — Three Battalions in the Suburbs /282

     1. Bashang Battalion /282

     2. Jimen Battalion /283

     3. Xiliu Battalion /283

  Section 4 Public Security Situation and Alert Management — Curfew, Prison /285

Chapter 12
The Imperial Mausoleums and Lingyi /287

  Section 1 The Significance of Arranging Mausoleum Area in the History of Urban Construction /289

     1. Review of the Relationship between Imperial Mausoleums and the Capital before the Western Han Dynasty /289

     2. Distribution of Imperial Mausoleum Area in the Western Han Dynasty /293

             3. The Archaeological Survey of the Imperial Mausoleum of the Western Han Dynasty /296

　　Section 2　Brilliant Culture Revealed by Imperial Mausoleum Archaeology /297

             1. Chang mausoleum /297

             2. An mausoleum /303

             3. Ba mausoleum /307

             4. Yang mausoleum /309

             5. Mao mausoleum /317

             6. Ping mausoleum /329

             7. Du mausoleum /332

             8. Wei mausoleum /336

             9. Yan mausoleum /340

             10. Yi mausoleum /343

             11. Kang mausoleum /346

　　Section 3　Lingyi and Its Unique Culture /350

             1. The Establishment and Function of Lingyi /350

             2. The Culture of Lingyi /352

Chapter 13
Suburban Noble Tombs and Civilian Tombs of Chang'an /355

　　Section 1　Distribution of Tombs' Area in Chang'an /357

             1. The Intersection and Overlapping of Cemeteries in the Qin and the Han Dynasties /357

             2. Xianyang and Chang'an Had Two Major Cemeteries Separately in the Qin and the Han Dynasties /358

　　Section 2　Typical Noble Tombs /361

             1. The Cemeteries of Several Royal Members /361

             2. The Tombs of the Dukes Who Died in Chang'an /362

             3. Several Typical Tombs Excavated by Archeologist /363

　　Section 3　Civilian Tombs /371

             1. Distribution Trend /371

             2. Buried in accordance with the Tableland /372

Chapter 14
Urban Life and Social Customs of Chang'an /375

　　Section 1　Overview of the Mental Condition of Urban Population /377

    1. Complicated Population Structure and Mixed Custom /377

    2. Luxury and Erosion Life Style of Upper Class /378

    3. Living Conditions of Workers /379

    4. Confucian Scholars With a Strong Sense of "Take the World as Their Duty" /380

 Section 2 Academic Atmosphere /381

    1. The Collection and Arrangement of Books /381

    2. Scholars and Their Books /381

    3. The Prosperity of Hanfu /382

    4. The Highest Institution—Taixue /383

    5. Scientific Instruments and Achievements in Calendar-Making /384

 Section 3 Entertainment and Cultural Activities in Chang'an /385

    1. Songs and Dance /385

    2. Elegant Music /386

    3. Cultural and Sports Items /386

    4. Management and Compilation of Music and Dance /388

 Section 4 Performing Arts /389

    1. The Continuation of Operas /389

    2. The Content of Operas /389

    3. Dancing /392

 Section 5 Violation of the Law /395

Chapter 15
Temporary Imperial Palace outside Chang'an /397

 Section 1 Palace in the Suburbs /399

    1. Changmen Palace /399

    2. Zhiyang Palace /399

    3. Lanchi Palace /400

 Section 2 Palace in the Outer Suburbs /401

    1. Yueyang Palace /401

    2. Bugao Palace /401

    3. Bushou Palace /401

    4. Jiling Palace /402

    5. Chiyang Palace /402

    6. Ganquan Palace /403

　　　　　7. Tangli Palace /404

　　　　　8. Fuli Palace /405

　　　　　9. Chengshan Palace /405

　　　　　10. Liangshan Palace /407

　　　　　11. Tuoquan Palace and Qinian Palace /409

　　　　　12. Yuyang Palace /410

　　　　　13. Nian Palace /412

　　　　　14. Yuyang Palace /413

　　　　　15. Mao Palace /415

　　　　　16. Pingyang Palace /415

　　　　　17. Gukou Palace /416

　Section 3　Lou Guan outside Chang'an /417

　　　　　1. Bachang Guan /417

　　　　　2. Shuyu Guan /417

　　　　　3. Changping Guan /417

　　　　　4. Yiyanshou Guan /418

　　　　　5. Shique Guan, Fengluan Guan, Zhique Guan and Luhan Guan /418

　　　　　6. Others /418

Chapter 16
Extraterritorial Contacts of the Western Han Dynasty /419

　Section 1　Military Confrontation between Han and Xiongnu /421

　Section 2　The Opening of the Land Silk Road /424

　　　　　1. The Geographical Concept of Xiyu /424

　　　　　2. The Two Giants Who Opened up the Land Silk Road /424

　Section 3　Results of Cultural Exchange /431

　Section 4　External Agency and Foreigners living in Chang'an /433

　　　　　1. External Agency in Chang'an /433

　　　　　2. Types of Countries and Foreigners Coming to China /435

Chapter 17
The Chang'an City in the Late Western Han Dynasty /447

　Section 1　Lasting Social Problems in Chang'an City /449

　Section 2　Disaster /451

Conclusion /453

References /473

Chronology /481

Index /501

Postscript /507

插图目录

图1-1　秦都咸阳与汉都长安的城制重叠示意图 / 016

图1-2　《水经注》汉长安附近水系复原图 / 030

图2-1　阙 / 034

图2-2　长乐宫遗址平面图 / 034

图2-3　长乐宫二号建筑遗址平面图 / 036

图2-4　长乐宫二号建筑遗址出土瓦当拓片 / 037

图2-5　长乐宫四号建筑遗址平、剖面图 / 037

图2-6　长乐宫四号建筑北通道空心砖台阶 / 038

图2-7　长乐宫五号遗址（凌室，方向：东—西）/ 038

图2-8　长乐宫排水管道遗迹 / 039

图2-9　飞鸿延年瓦当拓片（长乐宫）/ 039

图2-10　"八风寿存当"瓦当拓片（长乐宫）/ 042

图3-1　未央宫 / 045

图3-2　未央宫前殿复原设想鸟瞰图 / 046

图3-3　未央宫探测平面图 / 049

图3-4　未央宫前殿复原设想平面图 / 052

图3-5　未央宫前殿遗址（东侧）/ 054

图3-6　未央宫椒房殿遗址平面图 / 057

图3-7　未央宫椒房殿正殿遗址平面图 / 058

图3-8　未央宫椒房殿配殿遗址平面图 / 058

图3-9　未央宫椒房殿复原透视图 / 059

图3-10　文字瓦当 / 059

图3-11　石渠阁遗址 / 061

图3-12　天禄阁遗址 / 062

图3-13　宗正官当和都司空瓦拓片 / 067

图3-14　右空和佐弋瓦当拓片 / 067

图3-15　未央宫少府属官寺署遗址平、剖面图 / 068

图3-16　未央宫少府属官寺署封泥印文 / 069

图3-17　未央宫中央官署平面图 / 070

图3-18　未央宫遗址出土骨签摹本 / 070

图3-19　弓弭（未央宫三号遗址）/ 071

图3-20　"织室令印"印文 / 072

图3-21　青龙瓦当 / 074

图3-22　玄武瓦当 / 075

图4-1　武库遗址平面图 / 082

图4-2　武库第七号遗址平面图 / 082

图4-3　武库第七号建筑遗址发掘情况（西—东）/ 082

图4-4　武库第七号遗址出土兵器 / 083

图4-5　京师仓城和一号至六号仓实测图 / 088

图4-6　京师仓遗址一号仓平面图 / 088

图4-7　华仓复原透视图 / 089

图4-8　华仓出土的文字瓦当 / 089

图4-9　"澂邑漕仓"瓦当 / 090

图4-10　汧河储仓遗址与瓦当拓片 / 091

图4-11　市井画像砖像 / 096

图4-12　市楼画像砖像 / 096

图5-1　汉长安城城墙长度与面积图 / 108

图5-2　城墙夯土 / 109

图5-3　城墙（西安门东）/ 109

图5-4　城墙西南角 / 109

图5-5　霸城门遗址 / 111

图5-6　洛城门遗址 / 111

图5-7　"便"字瓦当 / 115

图6-1　建章宫 / 124

图6-2　"折凤阙当"瓦当拓片 / 125

图6-3　双凤阙遗址 / 125

图6-4　建章宫双凤阙的西阙 / 125

图6-5　玉堂殿遗址 / 127

图6-6　建章宫遗址北侧 / 127

图6-7　建章宫神明台遗址 / 128

图6-8　"维天降灵"十二字瓦当（建章宫神明台）/ 128

图6-9　"益延寿"瓦当（建章宫神明台）/ 128

图6-10　太液池渐台遗址 / 130

图6-11 "涌泉混流"瓦当拓片(建章宫遗址)/130

图6-12 "日月同光"字纹砖/131

图6-13 相家巷秦封泥/133

图6-14 "南宫郎丞"封泥印文/133

图6-15 桂宫遗址平面图/134

图6-16 桂宫第二号建筑遗址平面图/135

图6-17 桂宫第三号建筑遗址出土瓦及瓦当/136

图6-18 桂宫第四号建筑遗址平、剖面图/137

图6-19 上林瓦当/140

图6-20 上林荣宫铜方炉/142

图6-21 "鼎胡延寿宫"瓦当/144

图6-22 黄山宫瓦当拓片/145

图6-23 长杨宫与五柞宫位置图/147

图6-24 "平乐阿宫"瓦当拓片/149

图6-25 上林铜鉴与铭文/150

图6-26 上林铜器/151

图6-27 大熊猫头骨(南陵从葬坑)/152

图6-28 "上林农官"瓦当拓片/153

图6-29 "□监□桑"瓦当拓片/154

图6-30 长安城引水工程示意图/157

图6-31 昆明池遗址钻探试掘平面图/158

图6-32 昆明池遗址出土建筑材料拓片/158

图6-33 昆明池牛郎像/161

图6-34 昆明池织女像/161

图7-1 羽人/165

图7-2　渭阳五帝庙位置图/168

图7-3　明堂（辟雍）复原图/171

图7-4　明堂中心建筑复原图/172

图7-5　"高安万世"瓦当拓片（高祖庙）/175

图7-6　"王莽九庙"位置示意图/175

图7-7　新庙的排列/176

图7-8　四神瓦当/176

图7-9　第三号遗址总平面图/177

图7-10　第三号遗址中心建筑基础平面鸟瞰图/177

图7-11　第三号遗址中心建筑复原图/178

图7-12　汉长安城社稷遗址平面图/180

图7-13　唐圜丘遗址复原示意图/182

图7-14　南京紫金山南朝北郊坛（部分）/183

图8-1　长安城郊示意图/191

图8-2　长安划区与街道示意图/194

图8-3　城西北部作坊遗址分布图/204

图8-4　城西北部陶作坊陶窑分布图（上东区，下中区）/205

图8-5　上林三官铜钱范/206

图8-6　"淮南（淮南王邸）"文字瓦当拓片/212

图8-7　"梁宫（梁王邸）"文字瓦当拓片/212

图9-1　明渠在汉长安城内的流向图/225

图9-2　直城门排水涵洞/232

图9-3　长乐宫排水管道遗迹/232

图10-1　褒斜谷中的阁道/247

图10-2　栈道/247

图10-3　子午道新旧路线示意图 / 250

图10-4　进入斜峪 / 250

图10-5　洛渭漕渠示意图 / 255

图10-6　渭水桥（内蒙古和林格尔汉墓壁画）/ 260

图10-7　渭水桥（中部）/ 260

图10-8　厨城门外渭河古桥（发掘中）/ 263

图10-9　古桥遗址位置示意图 / 267

图10-10　沙河桥（二号桥）/ 268

图10-11　柳叶形青铜件 / 269

图11-1　"卫"字瓦当 / 277

图11-2　汉长安城外驻防三军示意图 / 284

图12-1　殷墟平面图 / 290

图12-2　西周洛邑与东周王城平面图 / 291

图12-3　燕下都遗址平面图 / 292

图12-4　雍都平面布局图 / 294

图12-5　西汉帝陵位置图 / 295

图12-6　汉长陵二陵 / 298

图12-7　皇后之玺 / 298

图12-8　汉长陵平面图 / 299

图12-9　杨家湾汉墓从葬坑兵马俑队列 / 301

图12-10　汉安陵平面图 / 304

图12-11　惠帝与张皇后陵 / 304

图12-12　汉安陵11号陪葬墓围沟式从葬坑 / 305

图12-13　霸陵陵园（无封土，即"不起坟"）/ 308

图12-14　孝文窦皇后陵 / 308

图12-15　江村从葬坑女侍俑 / 309

图12-16　汉阳陵陵园平面图 / 310

图12-17　汉阳陵御府坑平面图 / 311

图12-18　汉阳陵南区从葬坑分布图 / 311

图12-19　著衣木臂式陶俑 / 312

图12-20　陶鸡与牛 / 313

图12-21　阳陵一号建筑遗址陶俑 / 313

图12-22　阳陵庙探测平面图 / 314

图12-23　茂陵陵园平面布局图 / 319

图12-24　茂陵玉铺首 / 321

图12-25　卫青墓（北）/ 324

图12-26　鎏金银竹节铜熏炉、鎏金铜马 / 326

图12-27　霍去病墓石雕群 / 328

图12-28　平陵陵园钻探平面图 / 330

图12-29　昭帝平陵（南面）/ 330

图12-30　杜陵 / 332

图12-31　杜陵陵区遗迹分布图 / 333

图12-32　宣帝陵陵园平面图 / 334

图12-33　王皇后陵园平面图 / 334

图12-34　杜陵寝殿复原上层平面图 / 335

图12-35　杜陵寝殿复原透视图 / 335

图12-36　杜陵裸俑 / 336

图12-37　渭陵陵园平面图 / 337

图12-38　渭陵 / 338

图12-39　渭陵陵园出土玉雕 / 340

图12-40　延陵钻探调查平面图 / 341

图12-41　延陵（南面）/ 342

图12-42　义陵陵园平面布局图 / 344

图12-43　义陵 / 345

图12-44　康陵陵区遗迹分布图（1~10为建筑遗址）/ 347

图12-45　康陵陵园平面图 / 348

图12-46　康陵（东南面）/ 348

图13-1　汉长安附近的秦汉墓区分布图 / 358

图13-2　韩森冢 / 359

图13-3　悼园王夫人墓 / 362

图13-4　张安世墓地平面示意图 / 364

图13-5　张安世墓 / 365

图13-6　西安交通大学与翠竹园壁画墓位置图 / 367

图13-7　西安交通大学壁画墓（主墓室）/ 368

图13-8　西安交通大学壁画墓（主墓室顶部）/ 368

图13-9　骑马射猎图（西安理工大学壁画墓墓室东壁）/ 369

图13-10　羽人乘龙图（西安理工大学壁画墓墓室北壁）/ 370

图13-11　西安地区汉墓分布图 / 372

图14-1　《史记》/ 382

图14-2　"乌获扛鼎"陶俑（秦始皇陵园）/ 390

图14-3　"大力士"陶俑（秦始皇陵园）/ 390

图14-4　杂技俑（河南洛阳）/ 390

图14-5　杂技百戏 / 390

图14-6　说唱俑（四川天回山）/ 392

图14-7　说唱俑（四川郫都区）/ 392

图14-8　七盘舞画像石像（山东沂南）/ 393

图14-9　七盘舞壁画（山东东平汉墓）/ 393

图14-10　缀袖画像砖像（河南南阳）/ 394

图14-11　长袖舞画像石像（陕北绥德）/ 394

图14-12　盘鼓舞画像砖像（四川彭州）/ 394

图15-1　"兰池宫当"瓦当拓片 / 400

图15-2　秦步高宫与步寿宫位置图 / 402

图15-3　甘泉宫文字瓦当拓片 / 404

图15-4　扶荔宫砖文 / 405

图15-5　成山宫瓦当 / 406

图15-6　"成山"瓦当拓片（陕西眉县）/ 406

图15-7　梁山宫与甘泉宫位置图 / 408

图15-8　"蕲年宫当"瓦当拓片 / 410

图15-9　"橐泉宫当"瓦当拓片 / 410

图15-10　械阳瓦当拓片 / 412

图15-11　年宫瓦当拓片 / 413

图15-12　"羽阳千岁"瓦当 / 414

图15-13　"羽阳临渭"瓦当拓片 / 414

图15-14　"貘宫"瓦当拓片 / 415

图16-1　"单于天降"瓦当拓片 / 421

图16-2　"单于和亲"瓦当拓片（残）/ 422

图16-3　"四夷尽服"瓦当 / 422

图16-4　张骞通西域（西安玉祥门外雕塑）/ 425

图16-5　张骞墓（陕西城固）/ 425

图16-6　张骞通西域路线图 / 426

图16-7　班超 / 427

图16-8　定远侯班超塑像 / 428

图16-9　（日）《周汉遗宝》书影 / 444

图16-10　"乐浪礼官"瓦当 / 444

图16-11　朝鲜出土中国漆器 / 444

结语图1　君士坦丁堡今昔 / 468

结语图2　金蚕 / 470

结语图3　身着丝绸服装的罗马人 / 471

绪论

一、西汉长安城定位的战略考虑与发展特征

由汉高祖刘邦开启的西汉王朝（公元前206—公元8年），是继秦（公元前221—前206年）之后的又一个多民族的、统一的中央集权制封建国家。各项封建制度的完善、国家经济基础的雄厚、军事实力的强大、疆域版图的拓展、多样性文化的繁荣、域外交往的频繁与距离的遥远等等，对以往是前所未有的辉煌，对以后又是奠基性的曙光。

汉都长安作为国家政治、经济、文化的中心，其环境、城建规模、标志性建筑等，无一不是经过审慎选择的最为优秀的结晶。

汉都长安选址于渭河南岸，是由关中平原的大环境及长安地区地理位置决定的，从发展前景着眼，具有战略意义的因素是安全与供水。

汉高祖刘邦于汉王五年（公元前202年）二月初三在山东定陶氾水之阳正式称帝，"欲长都洛阳"（《史记·高祖本纪》）。但刘敬（即娄敬）指出："秦地被山带河，四塞以为固。卒然有急，百万之众可具也。因秦之故，资甚美膏腴之地，此所谓天府者也。"（《史记·刘敬列传》）从军事地理与物资生产两方面衡量，刘邦不顾群臣中多数人的反对，毅然决然地迁都关中。

长安所处的关中，从大环境看正像娄敬说的，是"四塞以为固""天府之国"，进可攻，退可守。汉都长安处在关中盆地之中，四塞成为外围的第一道防线。城郊在霸上、棘门、细柳三处屯兵，构成守卫都城的第二道防线。长安城十二门均有北军的区庐之士与巡逻兵，外围屯兵也随时可以调遣。无论关中大的环境还是具体到都城防御，长安确实具有"千里金汤"的地理优势。

战国时期，咸阳之东有蒲阪大道。在后期，秦与关东六国争锋，对外交往的重心发生南移。渭南"东通燕齐，南尽吴楚"的秦驰道，成了向东交通的大动脉。汉长安取代秦咸阳，变为交通天下的辐辏中心。而"丝绸之路"的开通，便利了中国和西方世界文化物资的交流。

而在秦都旧地渭南新区的长安乡，西汉王朝建立了自己的都城，名曰"长安"。西汉长安城位于西安城西北2.7公里处，在今西安市未央区辖境内，处于龙首原北侧。虽然向来有"八水绕长安"①之说，但距长安城较近的河流只有4条。城北有渭水如带，自西而东，滔滔远去；城东有浐、灞二水夹白鹿原北流，汇合成巨川后入渭；城西濒临沣河

---

① "八水绕长安"中的"八水"，指西安附近的泾、渭、浐、灞、沣、滈、潏、涝等8条河流。

（潏水），蜿蜒北流汇入渭水。汉都长安后又充分利用来自终南的诸水，保障了长安城宫廷、居民、园林等的用水。由渭河冲积而成的关中平原，由于河流纵横、土地肥沃，宜农宜牧，物产丰饶，被誉为"天府""陆海"。也就是在这关中腹地，周人以农业立国，推翻殷商，建都丰镐。秦人越过陇山，沿渭水东迁，定都咸阳，统一中国。汉高祖称帝后，建都洛阳，最后接受娄敬的建议，将都城迁到了关中，立都长安。

汉长安城周长25公里，占地34.4平方公里。若包括建章宫在内，汉都长安占地总面积达到37平方公里。我们应该看到：汉都长安是中国历史上第一个国际化大都会和当时世界上规模"最大的都城"[①]；西汉以后801年之间的12个朝代里，从西汉算起，还有

---

① 要将汉长安城同世界上的大都会比较，最好是两者的时间相当，甚或早于西汉。据此，有这么一些世界城市：

巴比伦（Babylon），巴比伦第一王朝的都城，于尼布甲尼撒二世在位时（公元前605—前562年）扩大规模，后成为波斯帝国、马其顿王朝亚历山大欧亚非三洲大帝国的首都，其外城周长17.7公里。汉长安城周长比之多了7.3公里。

尼尼微（Nineveh），新亚述帝国的都城，始建于公元前704至前681年之间，占地7.5平方公里，城墙全长12公里。汉长安城面积比其大了29.5平方公里，周长多了13公里。

被希腊人称为"百门之都"的底比斯（Thebes），是古埃及帝国全盛时期中王国时代和新王国时代的首都，始建于公元前20世纪，地跨尼罗河东西两岸，面积约15.5平方公里，这只是汉长安城面积的41.9%。

印度，世界四大文明古国之一。列国时代的摩揭陀国最为强大，其首都华氏城（Pāṭaliputra）为水陆要冲，在公元前4世纪末已成为南亚次大陆西北部最大的城市。孔雀王朝在阿育王（？—前232年）征服南印度之后达到了极盛时代，于是对首都大加建设，光城墙上的塔楼就有570个，城门64座。这座不规则的城市，勉强可称得上是长方形，其长约1400米，宽约1100米，但比起汉长安城来还不如建章宫（2130米×1240米）大。

古希腊的雅典（Athenae），在希波战争（公元前500—前449年）中曾是提洛同盟（即雅典海上同盟）的盟主，还为争夺海上霸权同斯巴达在伯罗奔尼撒鏖战27年之久。其城中建筑与雕刻艺术有着辉煌的成就。其城东西长7500米，南北宽5000米，同汉长安城周长大体相当，但少了相当于建章宫面积的那一块。

罗马城（Rome），古代罗马共和国（公元前509年废除王政，建立共和）中晚期的都城。公元前378年，罗马扩大城市规模，城区包括周围7座山丘，南北长约6200米，东西宽约3500米，形成不规则形状。公元270—275年，罗马皇帝新筑城墙16公里，较原先大了近两倍，但这个时期已相当于西汉之后。然而无论怎么说，只有罗马城同汉长安城比较接近，可以说它们是东西方两颗相互辉映的明珠。

中亚有地跨欧、亚、非三洲的波斯帝国，曾建有苏萨（Susa）、埃克巴坦那（Ecbatana）、巴比伦和波斯波利斯（Persepolis）4个都城。控制着丝绸之路中介贸易的安息王国，有尼萨、百牢门（《汉书》作"番兜城"）、爱克斯坦那、泰西封等都城。尽管王宫建筑非常豪华富丽，但都城规模都很小，根本无法同汉长安城相比。

危地马拉的印第安人中的玛雅人在公元前后形成城邦，到8世纪达到繁盛的顶点，有城市100多座。其中的提卡尔城区面积已有50平方公里。可惜这里的文明被西班牙殖民者于16世纪毁灭了。墨西哥的特奥蒂瓦坎在公元前2世纪以"神都"闻名于世，城市方圆可达21平方公里。《梁书·诸夷传》说扶桑国"作板屋，无城郭"，印第安人独特的文化表现在城市建筑上也是没有城郭的。前面所言的"城邦""神都"都只是些人口集中的聚集点而已，这同汉长安城是没有可比性的。

通过对与中国两汉同期或更早的亚、欧、美三洲的城市文明进行考察发现，只有罗马能够与中国并驾齐驱。而在都城规模与文明的影响力上，汉都长安则独占鳌头。

新莽、更始、东汉（献帝）、西晋（惠帝、愍帝）、前赵、前秦、后秦、西魏、北周、隋、唐等政权，时间或长或短地曾以长安为都，所以说长安是中国历史上"建都朝代最多、历时最长的都城"，如果加上地域已经扩展到渭河南岸的秦都咸阳，西安是十三朝古都①；以汉族为主体、融合多民族的中华民族，以汉字为主导的华夏文化，都形成于汉代，长安作为首都，可谓是"汉文化形成过程中的中心"。再就文化遗产的现状而言，汉长安城遗址是我国迄今规模最大、保存最为完整、遗迹最为丰富、文化含量最高的"完整的都城遗址"，也是1961年被国务院列为全国第一批重点文物保护单位的国家级大遗址。由此可见，汉都长安的规模、存世时间、对世界文化的影响，都远远超过了秦都咸阳。

在西汉一代，都城长安从兴到废，在长达210年的时间之内，作为城建工程，经历了三大阶段。

就建城过程而言，这三大阶段是：始建阶段——西汉初年的高祖、惠帝在位时；扩建阶段——西汉中期武帝在位时；完善阶段——王莽时。

就800年的长安本史而言，各个时期不尽相同，或有新创，或有延续，大致可分为七个时期。

第一个时期为初创期，即汉高祖五年至十二年（公元前202—前195年）：设置长安县，对秦朝旧都咸阳渭南区宫殿加以利用和改造，修缮长乐宫和未央宫。

第二个时期为围城期，即汉惠帝元年至七年（公元前194—前188年）：修筑长安城墙，建西市。

第三个时期为鼎盛期，即汉武帝建元三年至天汉元年（公元前138—前100年）：建元三年（公元前138年）扩建上林苑，元光六年（公元前129年）穿漕渠，元狩三年（公元前120年）开凿昆明池，元鼎二年（公元前115年）在未央宫里修建柏梁台，太初元年（公元前104年）在城西修造建章宫，太初四年（公元前101年）造明光宫、桂宫。

---

① 汉长安城始建于汉高祖五年（公元前202年），到隋文帝开皇二年（公元582年）迁都大兴城，历时784。在这一时间里，先后在长安建都的朝代与时长是：西汉210年，新莽15年、更始3年、汉献帝6年、西晋惠帝与愍帝7年、前赵10年、前秦34年、后秦31年、西魏21年、北周24年、隋2年，共计363年。通常说西安是十三朝古都，那就应该再加上秦朝15年、唐朝289年。

还扩建北宫，兴建了太学。武帝时期，汉长安的城建工程达到了顶峰，奠定了都城的基本框架。

第四个时期为维护期，即自昭帝至汉末（公元前86—约前1年）：长安城建没有新的内容，仅系维持原状而已。

第五个时期为添置期，即平帝元始四年至新莽地皇三年（公元4—22年）：王莽控制朝政，奏请在汉长安城南郊重起明堂、辟雍。王莽篡权后，虽对汉家宫殿建筑改名，但功能未变。于地皇元年（公元20年）花巨资兴建九庙，经过三年完工。至此，长安城制已经完备。

第六个时期为残毁期，即新莽地皇四年至刘玄更始二年（公元23—24年）。在西汉摧毁新莽政权的战火中，王莽的叛军把长安南郊的九庙、明堂、辟雍等礼制建筑也付之一炬。公宾就攻王莽，火烧未央宫。赤眉军又火烧长安宫室市里，宗庙陵园皆被发掘。这一连串的焚毁举动，使这座经营200余年的城市毁于一旦。

回首两千年前的长安，看到这座满载着西汉王朝强盛辉煌的都城，我们不能不敬仰这一具有世界影响的"汉文化"的策源地。汉族、汉人、汉语等久已溶化在中国人血液中的概念，统统都诞生在这里；无数壮怀激烈、曲折变化、悱恻缠绵的历史事件与故事都发生在这片神奇的土地上；还有那连接东西方的丝绸之路，这一沟通中外文化交流并对后世产生了深远影响的友谊通道，就是以西汉长安城作为起点的。

西汉长安城不只是我国迄今保存最完整的古代都城遗址，还是让后人发"思古之幽情"的地方。她在中华文明形成发展过程中的核心地位始终未变，作为一项重大的历史文化遗产正在"一带一路"的热潮中焕发青春，起着战鼓、号角的作用。

二、编写《西汉长安城》的材料根据与研究条件

（一）材料来源

1. 参考基本的考古材料

编写《西汉长安城》尽量避免从文献到文献的论说，首先要依据考古资料。

日本人足立喜六于1906—1910年应清政府之聘，任陕西高等学堂教习。他曾对汉长安城、未央宫前殿、城壕等遗迹进行了测量，当是较早涉足汉长安城的学者。①

尽管此前或以后，有些单位和个人，包括西方的一些探险家，也曾对汉长安城做过查勘，但他们都没有留下可资参考的资料。

1933年2月，徐炳昶（徐旭生）、常惠受北平研究院派遣来陕，于4月至6月，连续四次调查了汉长安城遗址。这不仅是中国学者首次调查汉长安城，更是在陕西开展考古调查的先例，具有重要意义。

对汉长安城有计划、大规模的科学考古工作实际上是从新中国成立后开始的。1955年，俞伟超对汉长安城西北部进行了调查，并有成果发表。②

多年来，中国社会科学院考古研究所一直对汉长安城进行考古工作。自1956年起，经过60多年的不懈努力，从城制布局到专有项目都取得了重大成果，这是编写西汉长安城史的凭借。

城市考古首先得确认城的位置与形制，然后才是探明布局。初期勘探城墙范围时就确认了城与门的所在，随后发掘了宣平门、霸城门、西安门和直城门；③1961—1962年初步探明了城内的几条主要街道，查清了长乐宫、未央宫、桂宫和城西建章宫的范围。④

宫殿建筑在长安城内占据了2/3的地面，因其政治地位的特殊性而备受重视。长乐宫遗址内的建筑设施多有发掘⑤。20世纪80年代以后，主要工作集中在未央宫，除勘探宫城城垣、宫门、宫城内道路及宫殿建筑遗址之外，重点发掘了中央官署（可能为兵

---

① 足立喜六：《长安史迹研究》，王双怀、淡懿成、贾云译，三秦出版社，2003年。
② 俞伟超：《汉长安城西北部勘查记》，载《考古通讯》1956年第5期。
③ 王仲殊：《汉长安城考古工作的初步收获》，载《考古通讯》1957年第5期；《汉长安城考古工作收获续记——宣平城门的发掘》，载《考古通讯》1958年第4期。
④ 刘振东：《汉都长安的考古历程——纪念汉长安城遗址考古65年》，载《中国社会科学报》2021年9月27日。
⑤ 李毓芳、刘振东、张建锋：《汉长安城长乐宫二号建筑遗址发掘报告》，载《考古学报》2004年第1期；中国社会科学院考古研究所汉长安城工作队：《西安市汉长安城长乐宫四号建筑遗址》，载《考古》2006年第10期；刘振东、张建锋：《汉长安城长乐宫发现凌室遗址》，载《考古》2005年第9期；中国社会科学院考古研究所汉长安城工作队：《汉长安城长乐宫排水管道遗址发掘简报》，载《考古》2003年第9期；刘振东、张建锋、徐龙国：《西安汉长安城长乐宫遗址发掘一组完整的排水设施》，载《中国文物报》2006年2月22日。

器库)、少府(或为所辖官署)、椒房殿以及前殿附属建筑、宫城西南角楼等;20世纪90年代初,还发掘了未央宫内织室(或是暴室)的手工业作坊建筑遗址;1996年出版了《汉长安城未央宫1980~1989年考古发掘报告》,全面报道了未央宫的调查与发掘成果。① 桂宫是汉武帝在秦甘泉宫基础上建造的,一度是秦汉的政治中心,考古工作投入了更多的注意力。②

发掘礼制建筑遗址,对研究西汉长安城也特别重要。1956年7月至1957年10月,发掘了位于城南属于王莽时期的辟雍遗址③;1958—1960年,黄展岳先生主持发掘王莽修建的宗庙遗址,由于各种原因,在近50年后才出版了详尽的考古报告。④ 这使我们能更清楚地引用原始资料。

1975年发掘了武库遗址,⑤ 对我们深入研究汉长安仓储类型、结构、存放等问题都有极大的帮助。

汉长安城的专项考古项目,如供排水、交通、桥梁、苑囿、湖泊、冶铸、环保、手工业等遗址的勘探与发掘,都有考古简报、考古报告简讯的发表。我们在研究中多有引用,限于篇幅在这里对资料来源不做赘述,可参考后面有关的正文。

2. 引用有关文献记载

《史记》《汉书》是基本的文献。涉及"西安城市史"特别是秦汉都城,以辛氏《三秦记》为最早。但此书早佚不存,只有在《三辅黄图》《续汉书·郡国志》《水经注》中看到征引。作为重要的都城文献资料,除《三辅黄图》之外,还有史地类书如《水经注》《三辅决录·三辅故事·三辅旧事》《关中记》《燕丹子·西京杂记》《括地志》《雍录》《读史方舆纪要》《元和郡县图志》《长安志·长安志图》《关中

---

① 中国社会科学院考古研究所编著:《汉长安城未央宫1980~1989年考古发掘报告》,中国大百科全书出版社,1996年。
② 中国社会科学院考古研究所、日本奈良国立文化财研究所编著:《汉长安城桂宫1996—2001年考古发掘报告》,文物出版社,2007年。
③ 唐金裕:《西安西郊汉代建筑遗址发掘报告》,载《考古学报》1959年第2期。
④ 中国科学院考古研究所汉城发掘队:《汉长安城南郊礼制建筑群发掘简报》,载《考古》1960年第7期;中国社会科学院考古研究所编著:《西汉礼制建筑遗址》,文物出版社,2003年。
⑤ 中国社会科学院考古研究所汉城工作队:《汉长安城武库遗址发掘的初步收获》,载《考古》1978年第4期;李遇春:《汉长安城考古综述》,载《考古与文物》1981年第4期;中国社会科学院考古研究所编著:《汉长安城武库》,文物出版社,2005年。

胜迹图志》《长安县志》等，官制类书如《汉官六种·汉官解诂》，汉赋如张衡《西京赋》、班固《西都赋》等。

在引用古代文献时，因受时代的局限或传抄致误，作者对史料从两方面下手：一是考证辨析，避开讹误；二是尽量对照考古资料。在这期间，一些前代学者对典籍文献做的校证汇释已给我们打开了方便之门。如陈直的《史记新证》《汉书新证》《摹庐丛著七种》《关中秦汉陶录》《三辅黄图校证》《两汉经济史料论丛》，何清谷的《三辅黄图校注》等，都是非常珍贵的参考书。

3. 吸收诸多学者代表性研究成果

多年来，多位国内外学者对汉长安做了多方面的研究，有多种形式的成果问世。论文之多不胜枚举，于此也只好省举，仅举几部同汉史、汉长安城有关的著作，就可以窥豹于一斑。

最早写西安历史的，是西安碑林博物馆武伯纶馆长组织何正璜等先生编写的《西安历史述略》。1959年初版，但纸质不佳，1979年又增订再版①。

1979年，陕西师范大学马正林的《丰镐—长安—西安》一书出版。②

1997年，中日学者在西安举行了题为"汉唐长安城与黄土高原"的学术讨论会。会后出版了论文集。③

日本学者写长安的书有两部，即：足立喜六著、杨炼翻译的《长安史迹考》④；平冈武夫著、杨励三翻译的《长安与洛阳》⑤。

20世纪80年代以后出版的汉长安城的专著有刘运勇的《西汉长安》⑥，刘庆柱、李毓芳的《汉长安城》⑦，王社教的《古都西安·汉长安城》⑧。

在宣传长安都城史方面，大众普及型的"史话"可说是该方面的生力军。1981年，

---

① 武伯纶编著：《西安历史述略》，陕西人民出版社，1979年。
② 马正林：《丰镐—长安—西安》，陕西人民出版社，1978年。
③ 史念海主编：《汉唐长安城与黄土高原》，陕西师范大学《中国历史地理论丛》增刊（1998年4月）。
④ [日]足立喜六：《长安史迹考》，杨炼，商务印书馆，1935年。此书后由王双怀、淡懿诚、贾云重新翻译出版，书名为《长安史迹研究》，三秦出版社，2003年。
⑤ [日]平冈武夫：《长安与洛阳（地图）》，杨励三译，陕西人民出版社，1957年。
⑥ 刘运勇：《西汉长安》，中华书局，1982年。
⑦ 刘庆柱、李毓芳：《汉长安城》，文物出版社，2003年。
⑧ 王社教：《古都西安·汉长安城》，西安出版社，2009年。

武伯纶和儿子武复兴共同编写了《西安史话》,由陕西人民出版社出版;1991年,周生玉、张铭洽编辑一套《长安史话》(6册),由陕西旅游出版社出版,其中有张铭洽主编的《两汉分册》。博采学者研究成果、以清白语言论说西安都城史方面,李郁(秦中朝)是很突出的一位。2014年,他编著的《话说西安十三朝》由三秦出版社出版;2016年,他与赵荣合作出版了《丝绸之路的起点——西安》;随后在此基础上深入研究,于2019年又出版了《西安十三朝》(上下册)。可说是内容丰富,别开生面。

涉及汉史专题的著作有:林剑鸣的《秦汉史》[1],王育民的《秦汉政治制度》[2],西安市交通局史志编纂委员会的《西安古代交通志》[3],范少言、王晓燕等人合著的《丝绸之路:沿线城镇的兴衰》[4],王仲殊的《汉代考古学概说》[5]。

上述多位学者早期的著作,像《西安历史述略》《丰镐—长安—西安》都比较简括,但为编写《西安城市史》勾画出了历史轮廓,其功至伟。进入21世纪,后起的学者研究西安都城史卓有成效。他们站得高、看得开,史料的占有、分析的深入均略胜一筹。史地学者吴宏岐所著《西安历史地理研究》[6]可说是一部代表作。这部书对关中历史气候、西安地区水环境、汉唐长安城的社会生活等问题条分缕析,使人深为钦佩。但它唯一的缺憾是没有地图,让人有坠入五里雾中之感。

(二)个人研究述略

1972年笔者调回西安,被安排在陕西省文管博物馆工作。在西安碑林之内,笔者遇到了很多腹藏万卷的老先生。有一本《陈子怡遗稿》引起了笔者极大的兴趣,因为它对西安地区很多文物古迹都做过调查,加之笔者本人在"文革"前有秦都咸阳的考古经历,便骑上自行车奔向长安区的诸条河流。夜宿香积寺,踏察阿房宫,围绕汉长安故城一周,收获颇丰,对汉长安城尤为在意。

在读过《长安史迹考》《西安历史述略》之后,笔者深深感到具体到一座都城,无论是秦是汉,仅有的这几部早期作品均显得单薄,实在是同西安这座历史名城不相称。

---

[1] 林剑鸣:《秦汉史》,上海人民出版社,1989年。
[2] 王育民:《秦汉政治制度》,西北大学出版社,1996年。
[3] 西安市交通局史志编纂委员会:《西安古代交通志》,陕西人民出版社,1997年。
[4] 范少言、王晓燕、李健超等:《丝绸之路:沿线城镇的兴衰》,中国建筑工业出版社,2010年。
[5] 王仲殊:《汉代考古学概说》,中华书局,1984年。
[6] 吴宏岐:《西安历史地理研究》,西安地图出版社,2006年。

于是，编写"长安建都史系列丛书"的冲动油然而生。怎奈笔者1976年离开秦咸阳遗址考古工地，到了秦始皇陵园发掘兵马俑，在那里日夜操劳，全神贯注，但出于给咸阳人还"良心债"的愿望，还是挤时间撰写出《秦都咸阳》一书，并于1985年出版。由于工作紧、压力大，研究秦俑的论文篇篇相继，笔者只好建议一位老同学续写《汉都长安》一书。但出于多种原因，总不能如愿。

笔者作为陕西省考古研究所秦汉研究室主任，时刻都在关注汉长安城考古的新动向与新成就。由于有多年秦汉考古的积淀，2011年受邀写《汉都长安城建史》时就较为方便。该书出版后受到关注，也让人稍安。

这次接受《西安城市史》编写任务，凭借多年来汉长安城考古的发现、参考学者们的研究成果，才写出《西安城市史·西汉长安城卷》一部书稿。再经过10年的打磨，但愿它能使读者对西汉长安这一历史名都有一个全面的认识。

三、本卷的章节结构

（一）章节安排的思路

西汉长安城是"西安城市史"链条中重要的一环，在时空关系上，它具有既体现着"史"又表现着"面"的特性。

过去学者在写西汉长安城时，往往从地理环境入手，进而描述城与门、宫殿布局等内容并逐步展开。实际上，西汉长安是在秦咸阳的渭南新区发展起来的，说它是秦咸阳的继承与发展也未尝不可。当然，汉代人并不这么说。西汉利用秦宫建筑，其散点的位置和潏河的走向就决定了后来都城的平面形状。从后来的围城工程、建章宫的修建到西汉晚期南郊礼制建筑的添置，西汉长安的"前世今生"这一兴废史线条就清晰地呈现了出来。所以，笔者在安排本卷的章节时，从大的方面是先按照这一思路进行，以体现西汉长安城建设的时间顺序。汉武帝大兴土木添建宫殿、扩充上林苑、开凿昆明池之后，城建基本停滞，都城的框架基本形成。这时，笔者就按照城市的构成诸要素白描式地逐一展开。当南郊礼制建筑完成之后，西汉长安城完全定型，这一都城史也告完成。

（二）循序渐进的章节安排

《西安城市史·西汉长安城卷》共有17章，加上"绪论""结语"共计19个部分。内容前后连贯，力争既体现出西汉长安的兴衰史，又铺陈出峥嵘显赫的帝都风采。

第一章主要阐明秦汉都城嬗变的必然性与汉定都的合理性。

从第二章起到第六章，从西汉长安城的建设过程中，读者就可以看出西汉王朝对秦宫进行改造、添建、扩大规模，充分显示其"长治久安"的远虑与胸怀。东宫与西宫的"两宫并制"确立、中央官署集中、仓储市肆完善、诸宫功能齐全，均置之于大城之内，使"筑城以卫君，造郭以守民"（《吴越春秋》）的功能落到实处。而这五章从时间到内容，正是汉都长安兴建史的体现。

因为宗教信仰和教化观念在汉统治者意识中占有极重要的位置，所以第七章专门将"祭天坛庙和礼制建筑"列为一章。

在礼制建筑完成之后，一个完备的西汉都城终于告成。第八章概括长安城的建制与规模，以便使读者有个完整的印象。自第九章之后，基本是由里到外，对长安城的设施、管理、安全等做专题性介绍。

在战国之前，君主陵墓已作为城市的组成部分被正式列入规划。在"都"与"陵"的关系上，作者称其为"陵墓居都"。秦陵墓的特点是"陵墓邻都"，但"东陵"已经产生了分离的倾向，秦始皇陵的位置就更加明显。汉朝的帝陵虽然已经彻底离开了长安城，毕竟还不算太远，就形成了"陵墓近都"的状态。而唐陵的选址同都城已经没有任何联系，只能属于"陵墓远都"了。正因为汉陵处在"都"与"陵"两大系统中的关键环节，而且形成独特的陵邑文化，所以本卷在第十二章和第十三章中对皇陵、贵族墓葬、平民墓区用了大的篇幅专门陈述。

第十四章着重介绍丰富多样的都市生活、绚丽多彩的社会风尚，既揭露上流社会奢侈糜烂的生活，也展示下层社会劳动者的困苦。对知识阶层的学术成就加以褒扬，对文化艺术的成果充分肯定，在在都表现出光辉灿烂的大汉雄风。

西汉长安不但沿用秦的离宫别馆，而且也有不少新增宫殿。第十五章就长安近郊和远郊的宫观做详尽的展现。

汉武帝文治武功集于一身，开创了汉王朝的辉煌；丝绸之路的开通，使中外在文化与物资交流中彼此受益。第十六章对丝绸之路的开通及汉王朝同域外交往详加评介，第十七章介绍了末期西汉长安城的实况。

基于以上各章节的介绍与论述，笔者在最后的结语中从综合、宏观的角度对西安长安城的发展概况及其在中国都城史、世界历史中的地位与影响等进行了总结。

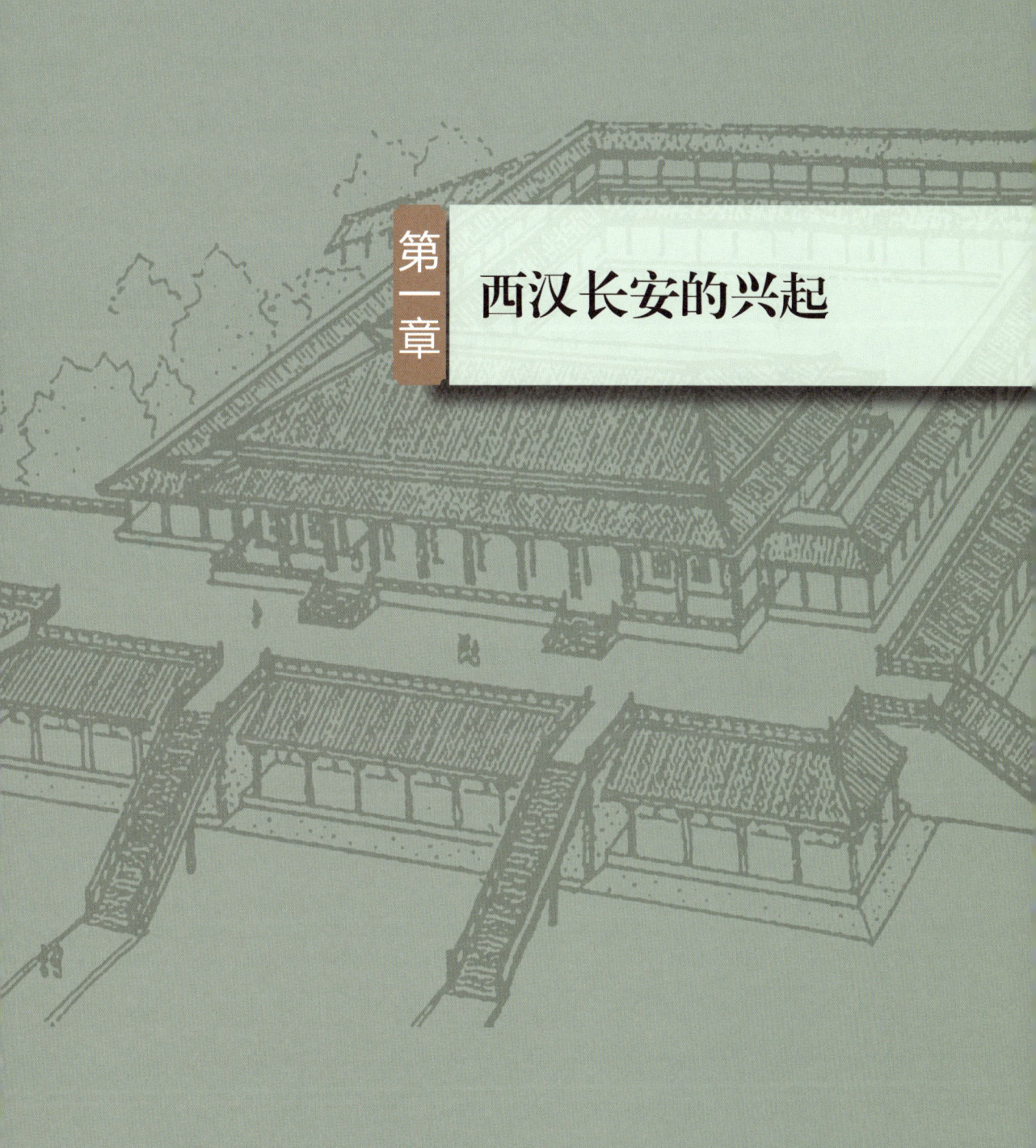

第一章　西汉长安的兴起

刘邦即帝位，选都洛阳。在听取了刘敬建议之后，立即迁都关中。应该说，这是战略性的选择、长远性的考虑。

关中地理形胜促使周、秦建邦立业，以此为中心统御全国，战守皆利。汉中奋起、争战项羽，关中作为大后方对取胜至为重要。在在于心，刘邦更具深层情结。

秦末大火使渭北宫殿残毁。汉高祖初都栎阳，在秦都咸阳渭南部分宫殿如长乐宫修整之后，才彻底把都城选定在长安。

长安本是秦都咸阳渭河南岸的一个乡，后来成了汉都之名。行政体制上，由咸阳管长安变成长安管咸阳。历史的辩证法就是如此有趣。

汉都长安在秦都咸阳渭南新区的基础上兴起、发展、扩大，成为世界东方的一颗明珠，同西方的罗马交相辉映。

第一节
西汉长安城的前身原是秦都咸阳的渭南新区

一、"山南水北皆阳"重心的转移

西汉首都长安城坐落在今陕西省西安市西北。今西安市是省会城市，2000多年以前却只是汉都城的南郊。星移斗转，现在汉长安城成了西安市未央区辖区内的一处古城遗址。古今两城的直线距离是2679米。

其实，汉长安城并不是平地而起的，它是在秦都咸阳渭河南岸新区的基础上改建而成的。此问题在过去论述汉长安城的著作中被忽略了，总说秦都咸阳在渭河北，汉都长安在渭河南，似乎二者是各自择地而建，并不存在交叉重叠的关系。长时期以来，认识上的这一偏差既不符合历史事实，也早为考古的实证所打破。（见图1-1）今日再谈起汉都长安时，我们不能不对这一历史转变过程做一回顾。[①]

秦孝公在公元前350年把首都迁到了咸阳，借此摆脱雍都旧贵族势力的阻挠与干扰，便于从事政治改革并与魏国抗衡。这个地方既不在周的旧都丰镐（今西安市西南斗门镇的沣河两岸），也不在周都附近产粮的稻谷之地，而是选在渭河北岸咸阳原的阳坡地带——今咸阳市东10公里处的长陵火车站向东延伸到柏家嘴一带，这就是所谓"山南水北皆阳"的"咸阳"。当时选地咸阳完全是出于军事形势的基本考虑。从长期目标出发，这只能是近期的战术安排，因为渭河北岸有一条越过泾水通往蒲津关的大道，对抵御魏国、夺取"河西地"具有重要的作用。

经过商鞅变法，国都咸阳的建设被提到议事日程上来。惠文王"取岐、雍巨材，

[①] 王学理：《西安曾是秦都咸阳的渭南新区》，载2008年4月21日《西安晚报》；王学理：《从秦咸阳到汉长安的城制重叠》，见《王学理秦汉考古文选》，三秦出版社，2008年。

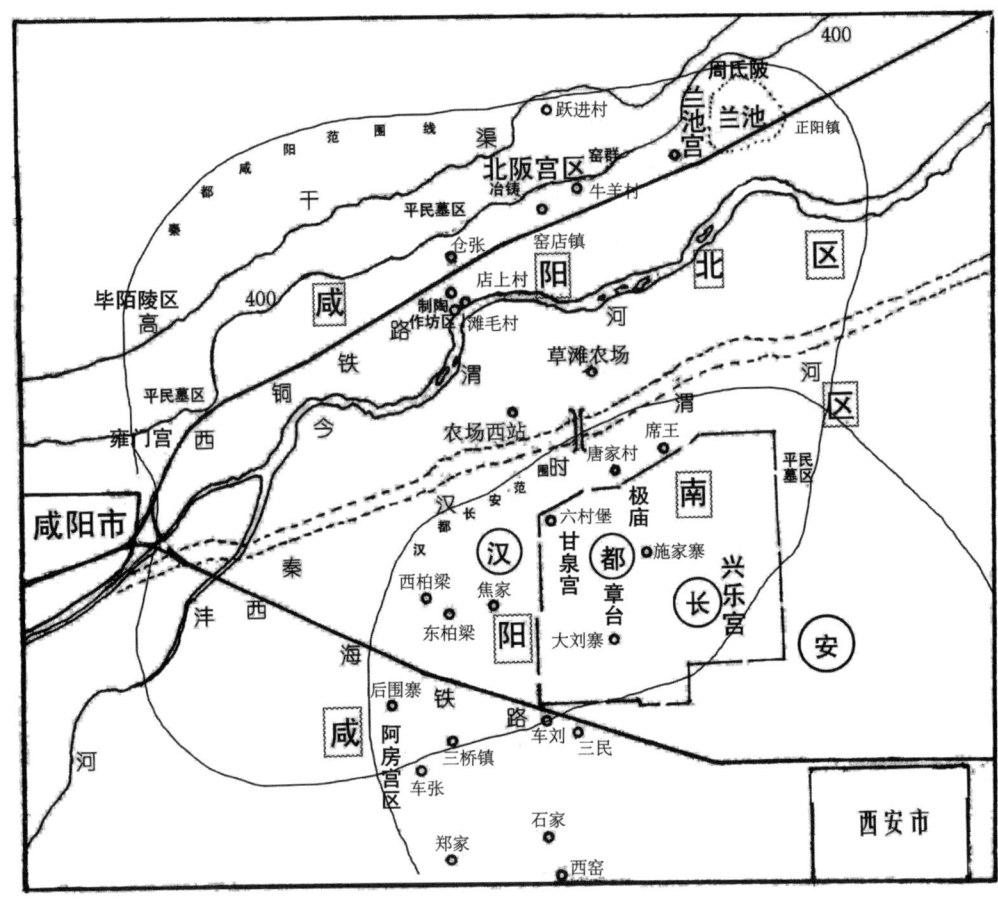

图1-1 秦都咸阳与汉都长安的城制重叠示意图

新作宫室。南临渭,北逾泾,至于离宫三百"(《三辅黄图·序》)。可见,"广大宫室"的结果是秦国都城不再局限于渭河以北的狭小地域,而是跨过渭河向南岸发展。虽然在渭河南建造的章台宫、长安宫都具有相当的规模,但毕竟还带有离宫别馆的性质,还不能在外交上成为显示秦国威仪的场所。同样,在上林苑里虽然也建有很多宫殿,但毕竟还处于初创的阶段。而随后的城建在对外军事进展中飞速扩大。秦昭王不得不大力充实渭河南岸的宫殿建筑,如除兴乐宫、六英宫、甘泉宫(南宫)之外,还在渭河上架设了横桥,使之同渭北的咸阳宫连接起来,以适应南北频繁交往的形势。同时,在渭河南岸的广阔地域上,他还把都城区域向东、西两个方向推进。这就是:向西继续修造离宫别馆,如械阳宫、长杨宫、高泉宫,向东过霸水在芷阳地界新开辟东陵墓区。

秦始皇统一六国之后,都城规模急剧扩大到无以复加的程度,"咸阳之旁二百里内，宫观二百七十，复道甬道相连"（《史记·秦始皇本纪》）。于是，从秦帝国的统治要传之万世着想，秦始皇对大朝之处做了南迁的尝试。他曾在渭河南岸的信宫设朝，还较长时间在甘泉宫（南宫）的前殿办公。直到秦始皇三十五年（公元前212年），鉴于"咸阳人多，先王之宫廷小"的情况，他才不得不把建"帝王之都"的计划改为在渭河南岸的上林苑中修筑新的朝宫——阿房宫。

都城咸阳宫殿多、范围大。所谓"咸阳之旁二百里内，宫观二百七十"，实际是以渭水为轴，把咸阳分成了南北二区。经笔者研究，以雍门宫东门和泾渭之交（泾河入渭处，高陵区南）为东西两个端点，再把渭河两岸的秦宫殿包括进来，由此形成的这个闭合圈的周长是200里（折合现在的距离为83506米）。那么，这个"圈"的走向应该是：从今咸阳市塔儿坡（秦雍门宫的所在）起，循咸阳原（北阪）东北行，至"泾渭之交"；折而向南，过渭河，斜穿西安市东北郊阎家寺村的秦宫殿建筑遗址，绕过西北郊的秦兴乐、未央前殿（秦章台宫）遗址，西南到达阿房宫前殿遗址；再转往西北，过渭河，返抵咸阳市东郊。总长80多公里，这同司马迁所言的"二百里"比较接近。由此可见，秦都咸阳的市区至少包括了今西安市北郊、西郊和咸阳市东窑店之间渭河两岸的广阔地域。"大咸阳"限定的范围，应该是以今咸阳市渭城区长兴到三义为东西区间，北起咸阳原的二道原腹部，往南跨越渭河，至今西安市阿房、汉城、灞西一线。当然，秦咸阳郊区延伸颇远，西北可达今咸阳市东郊的塔儿坡、市北的公陵，东南远及今西安市临潼区的韩峪乡秦芷阳故地。南北长19公里，东西斜跨约63公里。

如果说秦孝公定都取名时，"山南水北"还能概括"咸阳"这一地理特征的话，那么在都城地跨渭水两岸的情况下，这一名称就不那么恰切了。《关中记》载："孝公都咸阳，今渭城是，在渭北。始皇都咸阳，今城南大城是也。"（《史记·高祖本纪》注引）这既从空间上把秦咸阳划分为南北二区，又从时间上把它划成前后两段。应该说，这大体上是正确的，只是把中间的过渡时段省略了。当然，"咸阳"一名沿用至今，也无须更改。人们提及时，只把它当作历史性的符号就可以了。但必须清醒地意识到：秦都咸阳已涵盖了"渭水贯都"这样的规模，绝不局限在渭水北岸那一块地域。由此可见，"西咸一体"早已存在于秦汉的时空之间！

秦末，项羽把复仇的目光投向渭河以北的那个"咸阳"，一把火把那里的冀阙宫庭包括咸阳宫等大型建筑烧了个精光。今咸阳原上的秦宫殿遗址，残砖破瓦、红土遍地，当是那次破坏的遗留。同时，项羽也光顾了秦始皇陵。他面对那高大的陵冢无从下手，便对陵园建筑"燔其宫室营宇"（《汉书·楚元王传》刘向语），掳走宝物而泄恨。同样，秦兵马俑坑中那粗大壮实的木构就成了他最好的引火物。今日发掘中看到俑体爆裂，焦炭遍地，应该是那次破坏"壮举"的见证。当然，著名的阿房宫前殿还仅仅是一个没有建造"朝宫"的基础工程。虽有附属工程"前殿阿房"，但还远远没有完工。①于是，丧气的项羽在匆忙中掳取了咸阳的财富和美女，后急于"荣归故里"，就回到楚地老家彭城（今徐州市）去了。

"羽引兵西屠咸阳，杀秦降王子婴，烧秦宫室，所过无不残灭"（《汉书·高帝纪》），大火"三月不灭"（《史记·项羽本纪》）。"秦民大失所望"，这就是史学

---

① 2003年，秦阿房宫考古队对前殿遗址做了一些钻探和试掘工作之后，在神州大地上竟刮起了一股不小的旋风：一些新闻媒体说"杜牧撒了个弥天大谎，传世名篇《阿房宫赋》骗了国人千年"，并说要"给项羽平反——没烧阿房宫"；一些学者也认为"委屈了司马迁——火三月不灭指的是秦咸阳宫"；等等。实际上，问题在于：一是对《史记》原文理解有偏差，二是概念不清。《史记·秦始皇本纪》的原文是这样表述的：

三十五年（公元前212年），……于是始皇以为咸阳人多，先王之宫廷小。……乃营作朝宫渭南上林苑中。先作前殿阿房，东西五百步，南北五十丈，上可以坐万人，下可以建五丈旗。周驰为阁道，自殿下直抵南山。表南山之颠以为阙。为复道，自阿房渡渭，属之咸阳，以象天极阁道绝汉抵营室也。阿房宫未就；成，欲更择令名名之。作宫阿房，故天下谓之阿房宫。隐宫徒刑者七十余万人，乃分作阿房宫，或作丽山。……二世元年（公元前209年），复作阿房宫。

由文中可知，阿房宫是一组群体建筑，绝不是孤零零的一座建筑，更不是单指阿房前殿那座土台子。就整体而言，范围是由大到小，彼此又具有包容的关系，表示方式是：上林苑→阿房宫→阿房前殿→前殿阿房。从中可以知道，阿房宫在上林苑里，是很多宫殿建筑的总称。

阿房前殿是阿房宫里的主体建筑，是拟建皇帝大朝的宫殿，正像秦甘泉宫有前殿名曰"甘泉前殿"、汉未央宫有前殿名曰"未央前殿"一样。秦阿房前殿，就是现在看到的那个夯土台子。这个夯打的基础，东西长1270米，南北宽426米，面积541020平方米。因此，我们不能把阿房前殿称为阿房宫，也不能因为这个土台子，就轻易地评说阿房前殿的基础是半拉子工程。因为在它上面的东、西、北三面都已经夯筑起围墙。至于南面无墙，那是为施工中运料和进出的方便，属于施工程序的安排。最后围（南）墙封门，当是必然。

前殿阿房是阿房前殿基址上的附属建筑。在北墙的中部，有323米长的一段墙体厚过东西两段，南北宽15米，现存高度2.3米。在这段墙的南侧有建筑堆积物，以板瓦和筒瓦为多，倒塌部分的宽度在7米以上。这里显然是前殿阿房的所在。

可见阿房宫是在秦上林苑里建起的工程，连宫名都没有确定，只是采用了个临时的称呼，而且在上林苑里，原来就有秦的离宫，正处在阿房前殿遗址的附近。如群众所称始皇上天台、烽火台等建筑基址，经钻探后考古队硬说这是"秦上林苑的东西"，而要把它们同阿房宫分开。试想：秦始皇筑阿房前殿和秦二世复筑阿房宫时，这些战国秦的建筑能跳过秦代15年而不被利用吗？秦筑群体性建筑阿房宫时，大概是不会把它们排挤在外的吧！既然阿房宫能"表南山之颠以为阙，络樊川以为池"，理所应当地把上林苑中战国秦的离宫包罗进来，就不能轻言项羽火烧咸阳而没有光顾阿房宫。

对此问题的辩证，参见王学理：《"阿房宫"、"阿房前殿"与"前殿阿房"的考古学解读》，见黄留珠、魏全瑞主编：《周秦汉唐文化研究》第四辑，三秦出版社，2006年。

家记录的项羽留给人的历史记忆。

二、秦在渭南的离宫为汉王朝提供了发展空间

项羽西屠咸阳，火烧秦宫室，竟使渭河南岸的诸多秦宫逃过了一劫！

司马迁在《史记·秦始皇本纪》里说："诸庙及章台、上林皆在渭南。"显然，这只是对渭河南岸诸多秦代建筑的概括，并没有一一点明。如果要进一步盘点的话，大略有如下一些情况。

秦二世的群臣进言时说："先王庙或在西雍，或在咸阳。"可见，秦的祖庙在西雍（今陕西凤翔西南），而先王庙在咸阳。此所谓"咸阳"，也应历史地分析，即咸阳的先王庙同王陵区一样，在早期的城市规划中，势必设立在渭北。在那里的先王庙，理应包括秦献公、孝公、惠文王和悼武王等君主之庙。大概在秦都咸阳地域扩大之后，特别是从秦昭王开始，因为早期庙小简陋，便把列宗神主迁入渭南新立的庙祧之中，而渭北先王庙被"轶毁"了。那么，渭南的诸庙有多少，又在什么地方呢？史书上缺载，只知道有昭王庙和始皇极庙。至于其他诸王的各庙，是否因"庙"也称"宫"而混淆了①，或因二世"尊始皇庙为帝者祖庙"（《史记·秦始皇本纪》）而入了"七庙"之中②？

始皇庙的前身是信宫，秦始皇统一天下后的第二年就开始建造，实际是按天极规划的"宫庙"，所以也称"极庙"。其规模宏大，地位显赫，当在渭南新区正中的北部。

渭南的离宫别馆台观庙宇不但数量多，而且分布广阔。

兴乐宫、章台宫、甘泉宫（南宫）和华阳宫在渭河南岸，是汉都长安城内长乐宫、未央宫和桂宫的基础，同渭河北岸的冀阙宫庭、咸阳宫南北对直，中有渭河桥连接。

秦长安宫和阿房宫北同渭河拉开了距离，计划占地范围相当大，南及终南山。

宜春宫在秦都咸阳渭南诸宫殿群的东南方向，位于风景如画的宜春苑内。

东越霸水，在东岸早已营造了彰显秦穆公功业的霸宫——芷阳宫。

---

① 庙的形制虽然还是前庙后寝，但在朝之君的庙并不举行祭礼活动，而是作为王宫使用的。所以庙也称宫，如西周时期的两个宗庙就是"京宫"（包括大王、王季、文王、武王和成王等五庙）和"康宫"（包括康王、昭王、穆王、夷王和厉王等五庙）。秦始皇在统一天下后的第二年（公元前220年），就开始建造信宫，虽是建庙，却并非一开始就称宫。同样，到了西汉，仍有称庙为宫的，像汉景帝的德阳庙称德阳宫，武帝的龙渊庙称龙渊宫，即使后来的孝元王皇后的长寿庙也称长寿宫。

② 按庙制，天子七、诸侯五、大夫三。秦始皇庙既为"帝者祖庙"，便把"襄公已下轶毁，所置凡七庙"。那么，在始皇庙中，按昭穆之制，入祧的正好是献公、孝公、惠文王、昭襄王、孝文王和庄襄王。

秦上林苑的范围，史乘无载，但从建阿房宫于上林苑中，曾有"表南山之颠以为阙，络樊川以为池"（《三辅黄图》）的设想，似乎说明了它的南北界线，即北界在中心宫殿之南，南界在樊川诸水的发源地——终南山北麓。其西以沣河为界，根据是秦惠文王四年（公元前334年）《瓦书》上明确记载：取杜县丰邱到滴水的一段土地作为右庶长寿烛的宗邑。既是私人的封地，就不可能在上林苑作"飞地"，所以沣河即是上林苑的西界。而宜春苑在渭河南区的东南部，正是上林苑之东邻。

渭河南岸秦的庙、宫、台、苑，随着都城范围的扩展及政治、经济、文化重心的转移，由原来的离宫别馆转化为秦都咸阳渭南新区的组成部分。虽然一些建筑遭受破坏在所难免，但毕竟逃过了秦末项羽纵火的劫难，幸运地存留了下来。可是，时移势易，终是风光不再。西汉初年，面对渭南的一片荒芜空旷，刘邦允许老百姓进入秦的旧苑园池中开垦种植，以解决人民的生计问题。所以才有萧何之请。他向刘邦荐言："长安地狭，上林中多空地，弃，愿令民得入田，毋收稿为兽食。"（《汉书·萧何传》）

既然渭河南岸的秦宫人去楼空，大片肥沃的土地又披上新绿，它就成了历史的新主人——汉高祖还定三秦、援汉战楚、建设新都的根据地。

第二节
楚汉战争中的军需基地

公元前207年，刘邦由蓝武大道攻入关中，进了咸阳，子婴投降，秦朝灭亡。公元前206年，鸿门宴之后，刘邦被封为汉王，尽管后来还定三秦，却面临着与项羽之间长达五年的楚汉战争。高祖五年（公元前202年）二月，汉王刘邦称帝，立都洛阳，旋即"入都关中"，因秦都咸阳残破不堪，渭北老城到处是断垣残壁，渭南新区也是满目疮痍，于是他把当时的朝会中心放在了栎阳。高祖七年（公元前200年）二月，"长乐宫成，丞相已下徙治长安"（《史记·高祖本纪》）。

长安，实际是秦都咸阳渭河南岸的长安乡。汉将其作为都城之名，可说是一语双关。历史学家把秦汉之分的时间放在公元前206年，这是因为后来天下归于汉。在楚汉战争的那段时间里，长安作为秦都故地，以人力、财力无私地支持了刘邦。所以，当人们在谈论汉初这段历史及阐述汉长安都城史时，秦都故地的历史作用是不应该被忽视的。

一、刘邦安抚民心的举措

刘邦领兵攻克武关、大战蓝田、击溃秦军进入咸阳之后，做了几件深得民心的大事。其一，"封秦重宝财物府库"，然后屯兵霸上；其二，召见关中父老豪杰"约法三章：杀人者死，伤人及盗抵罪"（《史记·高祖本纪》），不但废除了秦的苛法，而且还让原来的地方官维持社会秩序，并到各县乡邑宣告沛公为除暴而来，绝对不会侵暴百姓，无须恐慌。

这些做法让秦人看到了刘邦不贪财、敬重人的品德，从而为其打下了较好的群众基础。同时，萧何在兵荒马乱中不是见钱眼开地去发横财，而是"收秦丞相御史律令图书"（《史记·萧相国世家》），这也让秦人看到了刘邦一众人具有图取大业的深谋远虑，大家希望他们留下来，"唯恐沛公不为秦王"。

相反，在鸿门宴之后，项羽大肆掠夺，放火焚毁宫殿，"所过无不残破"，竟把秦都咸阳变成一片废墟。这无疑会激起秦人对霸王的反感与恐惧，但又"不敢不服"。

相比之下，从思想情感上三秦父老当然就对刘邦持有欢迎的态度。

项羽恃强倨傲，自立为"西楚霸王"，违背原来"先入关者王之"的约定，为堵塞刘邦之路，竟把关中封给秦的三位降将：章邯、董翳、司马欣，还只准刘邦带3万人去汉中就汉王位。在各股势力纷扰中，为了自己的前途，起事的人们在选择"跟谁走"的问题上，在对比中看到项羽的背信弃义、作风霸道，而刘邦的宽宏大量、行为民主有着"大家"的作风。人们心中自然有一杆秤，尽管项羽只准刘邦带3万人去汉中，但项羽及其所封诸侯的部下多达数万人因为敬慕而跟着刘邦上了路。刘邦一行从杜县城南进入蚀中山路，向汉中进发。当走过栈道之后，即行烧毁，用以表明无返还东进争霸之意。实际上，刘邦在汉中经过一段时间的准备，采用了韩信的计策，于公元前206年领兵走"故道"（即陈仓道），进入关中。他在陈仓、好畤接连打败雍王章邯，夺得雍地，东进咸阳。随着东进北击的军事进展，塞王司马欣、翟王董翳相继望风而降。刘邦还定三秦之后，便把初都定在了栎阳，随之拉开了同项羽争夺天下的楚汉战争的序幕。

自秦襄公立国开始，500多年来，可说是战争连年。兵役、徭役、赋税等重压在肩。而都城所在地关中成了重灾区。暴秦不再，楚汉又争。鹿死谁手，难于卜知。如何安抚百姓争取支持，至关重要。基于这一战略性认识，刘邦总是先行一步。根据《汉书·高帝纪》，高祖二年（公元前205年）以来，他采取的措施有：

第一，"令民除秦社稷，立汉社稷"。

既然秦亡汉兴，就立时拆除了秦的社稷坛，另建汉王朝的社稷坛，这首先从信仰上确定了民心向汉的意识。

第二，"施恩德，赐民爵"。

赐民爵是皇帝赐给老百姓的一种政治待遇。刘邦给民赐爵同秦的"上首功"有着本质的区别，因为秦把人卷入战争机器中去为国家卖命，而汉爵是建立在尊重人的基础之上的。尽管汉袭秦爵，也分为二十级，但有四等差。其中第八级（公乘）至第一级（公士）为低爵，又称民爵。按规定，除非有特殊原因，一般是不能升至吏爵的。百姓拜爵后可以享受一些特殊待遇：可以食封邑或免除赋税徭役；对有爵者，"有罪得以减"（臣瓒语）；可以优先任命为官吏，公乘以上还可以戴刘氏冠；等等。

第三，"蜀汉民给军事劳苦，复勿租税二岁。关中卒从军者，复家一岁"。

刘邦不忘起事时汉中与关中百姓给予的关照，特意免征汉中百姓两年的赋税，关中的兵户也免一年。

第四，"举民年五十以上，有修行，能帅众为善，置以为三老，乡一人。择乡三老一人为县三老，与县令丞尉以事相教，复勿繇戍"。

选拔50岁以上热心公益事业又有善行的人作为"乡三老"，再从"乡三老"中选一人为"县三老"，免去其徭役，配合县官从事百姓的教化工作。这种带有民主色彩的做法，有助于净化社会风气和行政管理。

第五，"以十月赐酒肉"。

汉初仍用秦历，以十月为岁首。过新年，赐以酒肉，体现了汉王对百姓的关爱。

汉王刘邦收拢民心的措施取得了立竿见影的效果。首先，三秦父老看到结束战乱的希望，因而对刘邦的军事行为有了认同感；其次，打好心理基础后，三秦父老则付诸行动——支持汉王的击楚之战。

二、支援前线

栎阳和咸阳（包括渭南的"大咸阳"）都是秦的故都，以此为中心的所谓"关中"，实际成了支持刘邦的军需基地。关中支援刘邦的军事行动，包括两大内容：一是军粮补给；二是兵力驰援。

汉高祖二年（公元前205年），当汉军兵败彭城（今江苏徐州）灵璧东睢水上，退守荥阳时，只剩下几十个随骑，一些原来降汉的诸侯王纷纷反叛。刘邦在战乱中丢了儿女，连老父太公、妻子吕雉也成了项羽手中的人质。就在这紧要关头，萧何却能征发关中老弱及"未傅者"（不够服兵役年龄的人），悉数充军，直达前线。同时，韩信也率兵来会。就这样，有了两股力量的支持，军队重新振作起来，与项羽大战于荥阳南的京、索之间。汉胜楚败的这一仗，终于遏制了楚军向西进攻的势头。

为巩固后方基地，刘邦返还栎阳，立刘盈为太子，赦免罪人，并引水灌注废丘城。

负隅顽抗的雍王章邯自杀，这就彻底地拔掉了敌军在关中的据点，解除了汉军的后顾之忧。刘邦因为拥有雍地80余县，再新置河上（冯翊）、渭南（京兆）、中地（扶风）、陇西和上郡五郡，并征发关中卒防守边塞，从而有了强大且牢固的地盘。加之萧何被委以重任，侍奉太子、坚守关中、主持立宗庙社稷、制定法律、修整宫室、组织县邑等，这就使刘邦成了真正"有土""有民"的汉王。楚汉相持于荥阳、成皋时，汉高祖屡遭挫败，经常失军亡众，军无现粮，处境相当危险。萧何及时调遣关中兵卒驰援，并漕转粮食供给军用，这就大大保证了前线兵员粮饷的补充，使得战局很快发生了有利于汉军的根本转变。

关中长期遭秦末之乱，百姓逃逸，"聚保山泽"。接着又是连年的楚汉之争，青壮年男子参军，老弱妇孺转运粮饷，农业荒废，粮食歉收，物资极其匮乏。加之年馑袭来，"关中大饥"，"民以饥饿自卖为人奴婢"，百姓困苦到了极点。这时，粮价飞涨，到了"米斛万钱，人相食"（《汉书·高帝纪》）的地步，饥民不得不流徙蜀汉一带去讨饭。即使在这样极端困苦的情况下，萧何仍按户口征收粮食，并通过水旱两路把粮饷运送到前线。刘邦多次兵败逃亡，尽管关中再无青壮男子，但萧何还是把"老弱未傅者"送去补缺。关中人民忍饥挨饿、不惧牺牲，用实际行动支援前线，足见关中老百姓对刘邦寄予着多大的希望。

第三节
洛阳—栎阳—长安

一、都城选址的辩论

项羽败亡之后,刘邦在"汜水之阳"的定陶正式即位,由"汉王"改称"皇帝",时为高祖五年(公元前202年)。同时,把首都确定在"天下中心"的洛阳。跟随刘邦打天下的部将多为关东人,而且成了各路诸侯,"诸侯皆臣属",这就坚定了刘邦"欲长都洛阳"的打算。

不久,都城确定在洛阳还是关中的问题就被提了出来。在西汉王朝建立之初,涉及社稷的稳定、国家的发展,要做到长治久安,这是朝野上下特别是统治者最关心的问题。因此,刘邦并没有专断独行,而是倾听各方的意见。争辩分为两派,一派主张建都关中,另一派则坚持留在洛阳。

迁都关中最早是由娄敬提出来的。他虽是齐人,却不带乡土观念。在去陇西戍边时,路经洛阳,他通过虞将军拜见了刘邦。他直接指出:"都洛阳,不便,不如入关,据秦之固。"(《汉书·高帝纪》)从军事战略出发,他认为迁都关中可以"搤(扼)天下之亢(喉咙)而拊其背"。分析其好处,在于"秦地被山带河,四塞以为固",有险要的地理形势;"美膏腴之地,此所谓天府者也",具有丰盈充足的物产;如果"关外"有乱,凭借关中繁盛稠密的人口,"百万之众可具","秦之故地可全而有也"。(《史记·刘敬叔孙通列传》)娄敬的建议遭到关东大臣们的反对,因为这些追随刘邦打天下的有功之臣想的却是"荣耀乡里"的事,所以主张汉都应该留在洛阳。

娄敬的建议却得到张良的大力支持。张良向刘邦指出：洛阳附近"不过数百里，田地薄，四面受敌，此非用武之国也"。而关中"左殽函，右陇蜀，沃野千里，南有巴蜀之饶，北有胡苑之利"，又能"阻三面而守，独以一面东制诸侯。诸侯安定，河渭漕挽天下，西给京师，诸侯有变，顺流而下，足以委输。此所谓金城千里，天府之国也"。（《史记·留侯世家》）

娄敬、张良对洛阳和关中做了对比，对两地宜都的优越性做了分析，显然他们主要还是从军事地理位置上着眼的，这无疑是有道理的。他们虽然也注意到两地具有的经济地位和作用，但这些轮廓性、概括性在司马迁、班固的笔下也只能写到这个地步。

谁都知道，首都是国家政权核心的所在地，起着象征国家主权的作用。因此，定都与选址备受历代开国之君的重视，刘邦也不会例外。选都考虑的应是多方面的因素，他听取了各方的意见，权衡利弊之后就选定了关中。

娄敬、张良对关中的军事地理形势已做过详尽的评述，这里不再重复。此外，大约还可看到以下一些优势。

第一，关中具有优越的经济条件。

这里土地肥沃，《禹贡》称道其"厥土惟黄壤，厥田惟上上"，早为人类所开发利用。原始人类在此繁衍生息，创造出早期的农耕文明。夏、商、周三代的农业、手工业、商业都有高度的发展。秦人越陇山而东，据有关中，沃野千里，为九州膏腴，又有鄠、杜竹林，南山檀柘，亦多大贾，通过耕战，统一中国。关中经济发达，蓄积饶多，"秦富十倍天下"（《史记·高祖本纪》）。司马迁说："关中之地，于天下三分之一，而人众不过什三。然量其富，什居其六。"（《史记·货殖列传》）历史事实表明：关中的富饶，足以满足人口集中的都城对各种物资的需要。

第二，关中具有人类宜居的优良环境。

关中除东面有汹涌澎湃的黄河天险之外，南有高耸云天的秦岭，西扼陇山莽莽苍苍，北山诸峰栉比鳞次。这连山与大河组成的环形，给关中盆地造就了一方"陆海"之势，而山林葱茏、河流纵横、生态平衡，也造就了人类繁衍生息的万代历史。泾、渭、浐、灞、沣、滈、潏、涝八河流经长安附近，如丝如缕，提供了灌溉、饮用的便利。"荡荡乎八川分流"，或浇灌大地，使稻谷丰稔，提供衣食之源；或便舟楫、利通航，沟通各地的往来与文化交流。特别是关中气候温暖湿润，四季分明，使农作物具有多样性；山阪原隰，地形多样，人们择优而居，式样别致，构成人类宜居的"天府"。

第三，关中控扼四塞与关隘要道，是都城安全的保障。

关中盆地被山带河，是名副其实的"四塞之国"，早为历代军事地理学家所看重。屏障的周边为天然工事，对都城的安全与稳定极有意义。有限的狭口成为出入的通道，也是"一夫当关，万夫莫开"的关梁所在。"太乙近天都，连山到海隅"，高峻漫长的秦岭，东接大河，西连陇山，北续岐山、嵯峨、尧山、梁山、龙门山，有似铜墙铁壁。函谷关、蒲津关、武关、峣关、陇关、萧关以及连接巴蜀的南北连云栈道，都是设险防守的要隘。周人立都丰镐，师次孟津，一举推翻殷纣江山；秦拒六国合纵之兵于函谷关之外，又出而统一天下，是历史并不算远的借鉴；刘邦入关、就国汉中、还定三秦的经历，也让他深知这关梁之固对立都的重要性。

第四，关中父老不忘沛公，早已建立起良好的社会基础。

刘邦当年率军入关，受降不杀，秋毫无犯，府库财物不取，同秦人约法三章，取信于民，得到秦人的喜爱。这和项羽屠烧咸阳"所过无不残破"的暴行截然有别。当刘邦被封为汉中王离开关中时，竟有数万人自愿跟随。后来他返还关中，之所以能迅速击败项羽所封的三秦王，同他建立的良好群众基础有关。特别是楚汉战争期间，尽管关中财尽民乏，生产、生活极度困难，但百姓还是提供了人力、物力和兵力资源，这对刘邦取得最后的胜利具有极为重要的作用。这都使刘邦深深体会到秦人淳朴、勤劳、厚道的品德，从而唤起长治久安的远虑。

刘邦作为一位具有远见卓识的开国之君，经过一番权衡，意识到无论近期还是长远，娄敬和张良的分析都是有道理的，于是下令迁都关中，车驾直奔长安。

二、定都长安

西汉政权建立初期，刘邦并没有固定的根据地。开始时把栎阳作为建设的重点，立太子、赦罪人，萧何治栎阳，立宗庙社稷等，都是在这里进行的。虽然把首都从洛阳迁到了关中的长安乡，但在改建秦兴乐宫为长乐宫的工程完成之前，他时而居住在秦的南宫，时而去栎阳朝拜父亲太公。经过一年多的施工，于高祖七年（公元前200年）二月"长乐宫成，丞相已下徙治长安"（《史记·高祖本纪》）。此时，长安才真正成了汉的首都。

本来秦都咸阳渭南新区有三个乡，由东向西依次是长安乡、阴乡和建章乡。因为汉初皇帝在长乐宫上朝，其地正处在长安乡的范围之内，加之"长安"原意是"长治久安"，于是就把这名字移植过来做了都城的名字。

西汉建都在秦都的渭南区，再不能采用原来"咸阳"的称谓是显而易见的道理。高祖六年（公元前201年），不但"更名咸阳曰长安"（《史记·高祖本纪》），而且把秦咸阳北区改成了"新城"，隶属于长安。后来，武帝又把这个降为行政一级的县改名为"渭城"，从京畿地区划出，归属于"三辅"之一的右扶风。（《汉书·地理志》）时变势易，前后两都的地位发生了历史性的倒置。虽然地位有升降，今非昔比也自是常理，但在渭南这一地区秦汉都城有了重叠，交织着历史的风云变幻则是有意思的现象。

汉都长安是在秦都咸阳南区的废墟上建立起来的，两者的重叠表明了这样一个事实：在地理位置、政治作用、军事功能等诸多方面，两者都具有共通性。即使时过境迁，生活在长安的人对咸阳仍是不能忘怀的。"长安故咸阳"，说明汉代人出于习惯也往往把长安当作咸阳来称呼。西汉前期，在细柳、棘门和霸上分别有重兵把守，可见咸阳是守护长安的军事门户。而汉家皇室的陵墓也多在咸阳原上，修筑、送葬、祭扫、守护之事，往来不断。五陵邑城，鼎盛繁华，形成长安的卫星城市，同皇室的关系至为密切。唐人送客，东到霸桥折柳相赠。西行话别，也不舍"渭城朝雨"、更饮一杯的深情。征人远去，"爷娘妻子走相送，尘埃不见咸阳桥"的情景更是让人唏嘘不已，感慨良多。由此可见，秦汉两都的重叠，使咸阳同长安地连一片、缘分绵延。今日两市携手、优势互补，自在情理，再不能在绘制秦咸阳地图时，漠视历史的存在而狭隘地把它限制在渭北那一块小区域了。

至于为什么将汉都选定在渭河之南的秦宫旧地，有学者对渭河南北做了地理优劣的比较，实在是多余之举。因为商鞅变法时，秦要从抗魏的前线——栎阳后退一步，但又不能远离军事争战的要地，于是便把都城定在了咸阳。随后由于都城扩大，城市重心自然产生了南移的倾向。秦末项羽纵火时，目标对准了渭北旧宫。而且，秦人早都感到渭北地方狭小，受到自然条件的制约，发展空间不大。从昭王起就把渭南作为都城建设的重点，秦始皇建阿房宫于上林苑，已做了国都彻底南移的准备。而后来刘邦选都址时，怎么还会把秦人已经放弃的渭北纳入考虑的范围呢？况且被项羽破坏严重的渭北，刘邦、萧何岂能不知？历史与现实都不存在让他们做比较、选择的可能。如果硬要比较、选择，恐怕是今人硬加给古人的想法。

汉都选址在秦的渭南新区，应该是由长安地区大环境直接决定的。而从发展前途着眼，具有战略意义的不过是两大因素：供水与安全。

"止霸产以西，都泾渭之南，此所谓天下陆海之地。"（《汉书·东方朔传》）这里不仅土壤肥沃，物产富饶，稻作丰稔，可提供不尽的衣食之源，而且河流纵横，水量丰沛，环境优美，具有天然的人居条件。周都丰镐选定在前，秦都咸阳发展在后。汉都长安后又充分利用河南岸来自终南的诸水，保障了长安城宫廷、居民、园囿及漕运的用水，这足以说明当时定都长安的认识具有前瞻性。

汉长安北有泾渭，东界浐灞，西临沣滈，在都城外围形成具有攻守功能的第一道防线（见图1-2）。特别是城址位于渭南的龙首原上，西南高、东北低，把皇宫置于地势最高处，不仅凸显了帝王之气，更主要的是有利于安全防卫。

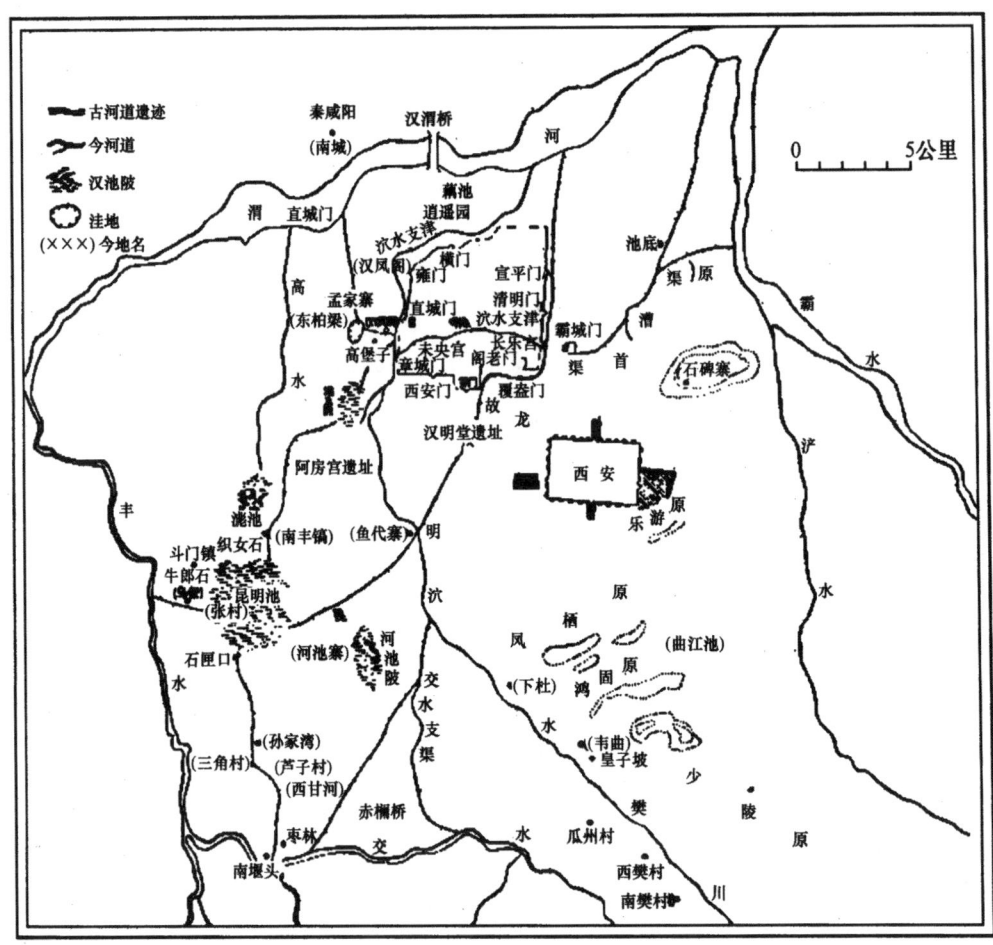

图1-2 《水经注》汉长安附近水系复原图
（黄盛璋文）

第二章 从秦兴乐宫到汉长乐宫

兴乐宫本是秦国在渭河南岸空旷地带建造的一处离宫，随着人事往来的频繁，便在水上架设了一座渭水桥。秦始皇扩大规模，曾一度在这里处理朝政。

所幸的是秦兴乐宫逃过了项羽放火的厄运。汉高祖刘邦迁都关中之初，面对咸阳的残破，就栖身栎阳。不过，秦都咸阳渭南新区的地理环境、秦建筑的遗存，毕竟还是引起了汉初谋臣们的重视。兴乐宫成了利用、修复、改造的首选，宫名也由"兴乐"改成了"长乐"。

汉高祖七年（公元前200年），刘邦正式由栎阳移都长安，长乐宫成了他发号施令的朝宫。当后来营建的未央宫完工时，刘邦还没有来得及享用这气势更加宏伟的宫殿便与世长辞。从汉惠帝起，皇帝移居未央宫听政，长乐宫就成了仅供太后常居之宫殿。汉长安城形成了皇帝与母后"两宫分置"的格局。

吕后居长乐宫期间，骗杀开国功臣之一的韩信、谋害刘邦后人与亲信、篡权扶吕，演绎出一系列的阴谋杀戮的政治活动。

第一节
刘邦对秦兴乐宫的改建

很可能在秦惠文王"新作宫室"之时，秦国就在咸阳的渭河南岸建造了兴乐宫。因为它带有离宫别馆的性质，秦昭王为了方便与渭北的联系，便于滔滔渭河之上建造了一座跨度达500多米的桥梁——横桥（汉时也叫"渭水桥"或"中渭桥"）。随着咸阳首都范围向南扩展，秦始皇也曾在这里处理朝政，说明兴乐宫在向着"朝宫"转化。据《长安志》引《三辅故事》说："大夏殿，始皇造。铜人十枚在殿前。"

汉初对幸存的秦宫的利用、改造，当首推兴乐宫。《史记·叔孙通列传》集解引《关中记》："长乐宫，本秦之兴乐宫也。"《三辅旧事》说到汉的长乐宫时，有"秦始皇造，汉修饰之，周回二十里"的记述。汉高祖五年（公元前202年），"后九月，徙诸侯于关中。治长乐宫"（《汉书·高帝纪》）。汉高祖七年（公元前200年），"二月，高祖自平城过赵、洛阳，至长安。长乐宫成，丞相已下徙治长安"（《史记·高祖本纪》）。由此可知，将秦兴乐宫改建为长乐宫的工程进行了一年多。这项工程是由少府阳成延负责的。

长乐宫是汉长安城中规模最大的一座宫殿建筑群，位于汉长安故城遗址的东南隅，东宫垣和南宫垣与城垣对应又相隔不远。据多次测绘校正，宫址位于今西安市未央区辖境，北到今雷寨村，南至阁老门，西迄讲武殿，东及霸城门遗址之西，占有唐寨、张家巷、罗寨、查寨、雷寨和讲武殿等村庄一带。因为汉长乐宫是对秦兴乐宫的利用和改造，原来的地位不可移除，所以平面轮廓就不很规整，略呈南北向的长方形。其中除东西两垣墙基本端直外，南北两垣墙都有几处曲折。北墙在雷家寨东南向南转，再折而朝东。南宫垣在李上壕和李下壕之间向北凹进。长乐宫东西最大宽度2400米，南北长2950米。宫城的东墙和南墙分别同长安城的东墙与南墙相距50米，宫城周长计11023米，面积6.767平方公里，约占汉长安城总面积的1/6强。①如果按"周回二十里"（《三辅旧事》《汉宫殿疏》）计，汉初修建的长乐宫规模比以前的兴乐宫大了近1/3。

据文献记载，长乐宫四面都辟有宫门，称作"司马门"。东司马门和西司马门是主要的通行大门，门外有阙（见图2-1），称作"东阙"和"西阙"。《汉书·宣帝纪》五凤三年（公元前55年）："三月辛丑，鸾凤又集长乐宫东阙中树上。"又《汉书·刘屈氂传》："太子引兵去，驱四市人凡数万众，至长乐西阙下，逢丞相军，合战五日，死者数万人，血流入沟中。"但截至目前，考古工作者还未发现阙门，只探出东、南、西三面之宫门。三面宫门分别东对长安城霸城门，南对覆盎门，西对直城门内大街。

经钻探，宫内的大道包括东西向的三条、南北向的二条，共计五条，其中连接宫门者为主要大道。东西向大道位于罗寨村和樊寨村之南，东出宫门通霸城门，向西与直城门大街相接。路宽45～60米，截面呈弧形，即中间高、两侧稍低。同向的路面分为三道，直通东西两宫门。在阁老门村西有一条南北向的大道，北接东西大道，南出南宫门，通覆盎门。（见图2-2）

图2-1 阙
（选自《四川汉代画象选集》）

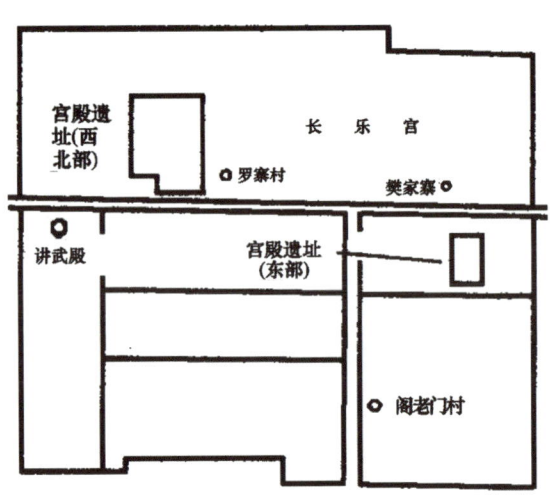

图2-2 长乐宫遗址平面图

---

① 董鸿闻、刘起鹤、周建勋等：《汉长安城遗址测绘研究获得的新信息》，载《考古与文物》2000年第5期。

第二节
长乐宫内的主要建筑

兴乐宫不是单体的一座宫殿,而是一处完整的建筑群。据载,除前殿之外,还有临华、温室、长定、长秋、永寿、永宁、椒房等殿,另外还有鸿台、八风台。其中的温室殿、椒房殿,在未央宫也有同名的宫殿,这正是对宫殿性质与作用的肯定。经考古发掘,能够确认的宫室建筑还有长信宫、凌室等。

长乐宫内的宫殿建筑群主要分布在宫中的东西大道之南。但集中的有两处,一处在宫城的东部,一处在宫城的西北部。池苑则处于城内的东北部。

前殿是长乐宫的主体建筑,是当时的政治活动中心。汉初诸侯朝拜高帝,或皇帝召见大臣,都是在长乐宫前殿进行的。《三辅黄图》载:前殿"东西四十九丈七尺,两序中三十五丈,深十二丈"。按秦汉时期的1尺合今0.231米折算,前殿面阔114.81米,进深27.72米。1958年之前,在今汉长安城内的樊寨村东南还能看到一个巨大的夯土殿基,可惜后来被夷为平地。经探测,夯土基址东西宽116米,南北长197米。其南面并列"三阶",基址上有南北并列的南、中、北三组殿址。[①]此建筑基址当是长乐宫的前殿遗址,而《三辅黄图》所记约为其中的南殿,但并不完全准确。

在长乐宫城内的西北部,以罗家寨为中心分布有多处建筑群。《水经注》载,明渠东经长乐宫北,"殿前列置铜人,殿西有长信、长秋、永寿、永昌诸殿,殿之东北有池"。

在罗家寨北,有一宫殿遗址被围筑在院落之中,编号为长乐宫第一号建筑遗址。

---

① 刘庆柱、李毓芳:《汉长安城》,文物出版社,2003年。

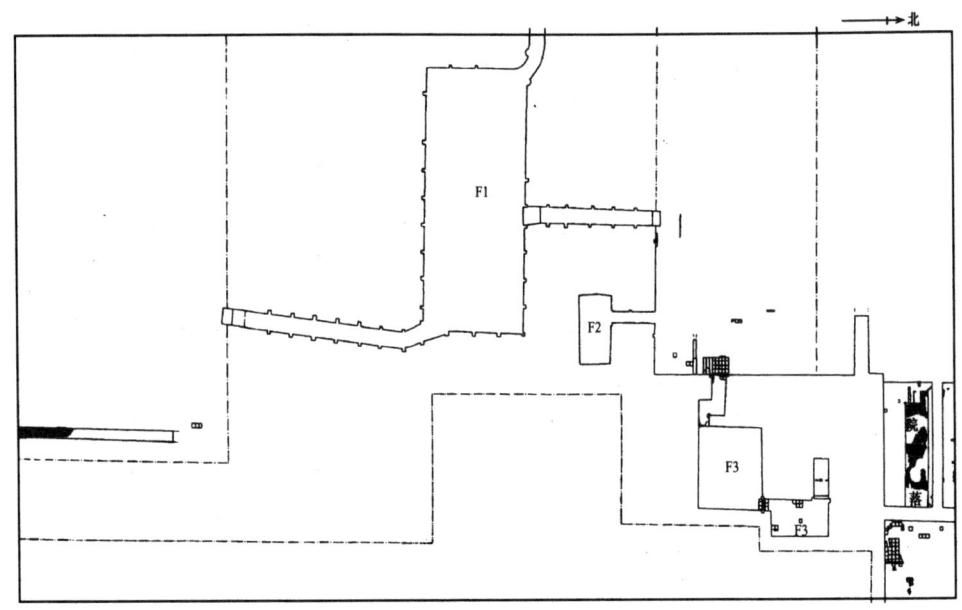

图 2-3 长乐宫二号建筑遗址平面图

1978年经发掘知，院落南北长550米，东西宽420米，门址在南面。宫殿台基东西面阔76.2米，进深29.5米，有回廊围绕。廊内用方砖铺地，廊外有鹅卵石散水。殿内北壁处有圆形陶管道把水排出，流入殿西的渗井之中。据发掘者称，这可能就是有名的长信宫遗址。[1]河北满城汉墓出土的长信宫灯，可能就是住在长信宫中的窦太后赠送给中山靖王刘胜妻窦绾的。

长乐宫第二号建筑遗址（见图2-3）也在罗家寨地界内，西距西宫墙472米，北距北宫墙380米，总面积4500平方米。建筑遗址为一台基，南北长96米，东西宽45.3米。在中部、东北部有两座半地下建筑和一座地下建筑。在宫殿台基的东北有天井和围廊组成的院落。出土物多为西汉早期的瓦类。（见图2-4）从第一号至第三号遗址中大量的红烧土堆积判断，此建筑毁于西汉末年的战火。[2]

长乐宫第四号建筑遗址位于罗家寨北约120米处，西距西宫墙850米，北距北宫墙620米。在院墙之内有一个大型的长方形夯土台基，东西长79.4米，南北宽27.4米。（见

---

[1] 李遇春：《汉长安城的发掘与研究》，见中国社会科学院考古研究所、《汉唐与边疆考古研究》编委会编：《汉唐与边疆考古研究》第一辑，科学出版社，1994年。
[2] 中国社会科学院考古研究所汉长安城工作队：《汉长安城长乐宫二号建筑遗址发掘报告》，载《考古学报》2004年第1期。

图 2-4 长乐宫二号建筑遗址出土瓦当拓片
（选自《考古学报》）

图2-5）台基北是庭院，庭院之南有三座并列的半地下式的房子。其中一号房子（F1）位于夯土台基的中部，二号房子（F2）和三号房子（F3）分别在夯土台基的东西两端。从庭院入一号房子（F1）的北门道，穿过附设门房的通道（见图2-6）进入主室。主室也呈长方形，东西长23.97米，南北宽10.06米，

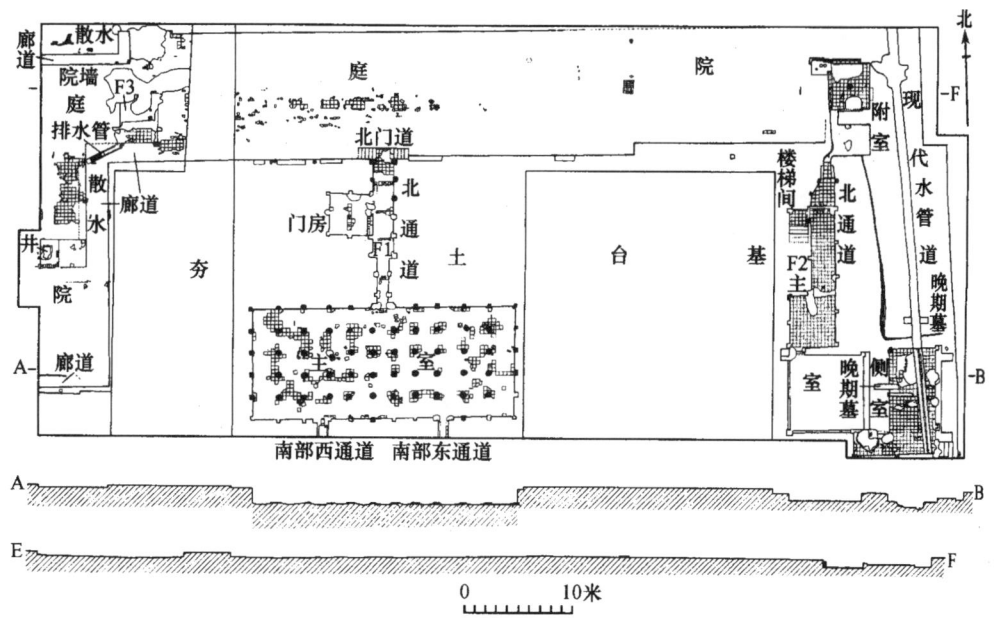

图 2-5 长乐宫四号建筑遗址平、剖面图
（选自《考古》2006年第10期）

图 2-6　长乐宫四号建筑北通道空心砖台阶

图 2-7　长乐宫五号遗址（凌室，方向：东—西）

向南有东西并行的两个通道。规模宏大，做工考究，显然是处理政务之所。二号房子（F2）在台基东端，由主室、侧室、附室、通道和楼梯间等五部分组成。主室地面涂朱，彩绘壁画，楼梯间有赤垩，显系起居之室。三号房子（F3）较小。此建筑建于西汉初年，很可能为太后居住之所，毁于更始年间的战火。①现已建起文物保护大厅，展示文物遗迹，供人参观学习与研究。

长乐宫第五号建筑遗址位于罗家寨东北，当在已发掘过的一、二、三、四号建筑遗址之东南，系长乐宫中的凌室遗址。②在围墙之内，四周有庭院，中间是藏冰的凌室（见图2-7）与管理用房。凌室东西长27米，南北宽6.7米，周围夯土墙宽厚可达5.5米，底铺条砖，中部低形成沟状，并连接五角形管道，把冰消融后的积水排到室外。同样，现在在凌室遗址也建起了文物保护大厅。

---

① 中国社会科学院考古研究所汉长安城工作队：《西安市汉长安城长乐宫四号建筑遗址》，载《考古》2006年第10期。
② 中国社会科学院考古研究所汉长安城工作队：《汉长安城长乐宫发现凌室遗址》，载《考古》2005年第9期。

第二章　从秦兴乐宫到汉长乐宫

图2-8　长乐宫排水管道遗迹

长乐宫第六号建筑遗址位于罗家寨北，北距四号建筑遗址约30米，形成南北一线。东临五号建筑遗址（凌室遗址），相距约50米。主体建筑是个大型夯土台基，东西长约160米，现存南北宽约50米。在主殿台基之北，分布着两组附属建筑，东边的大院内有配殿、廊房、廊墙和深8.3米的水井，西边有3间半地下式房子。建筑排水设施有沉淀池和陶管道（见图2-8）。①

在汉长乐宫中，还有一些宫殿原是秦兴乐宫中的建筑，西汉尽量予以改造和利用，像鸿台就是秦始皇二十七年（公元前220年）建造的，高可达40丈（合今92.4米），上面起造台观屋宇。因为皇帝常常在台上弋射鸿雁，便取名"鸿台"（《三辅黄图》）。秦鸿台毁于汉惠帝四年（公元前191年）的火灾，曾出土过飞鸿图像与"延年"文字结合的瓦当（见图2-9），当是鸿台在汉时维修的遗物。

秦始皇在统一六国之后，收缴

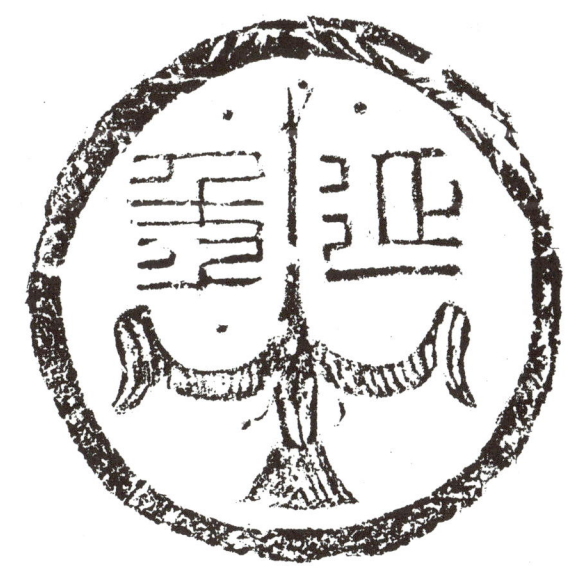

图2-9　飞鸿延年瓦当拓片（长乐宫）

---

① 刘振东、张建锋、徐龙国：《西安汉长安城长乐宫遗址发掘一组完整的排水设施》，载2006年2月22日《中国文物报》。

诸侯国与私家的兵器，聚集咸阳，改铸成12个大铜人。铜人高7.26米，重约60吨，立在咸阳宫城南门之外，后徙甘泉宫（南宫）。汉世又将其搬移到了"长乐宫大夏殿前"（《长安志》引《三辅旧事》）。[1]

另外，长乐宫中还有秦遗留的酒池，位于宫城内东北部，约在今雷寨村附近。《三辅黄图》引《庙记》载："长乐宫中有鱼池、酒池。池上有肉炙树，秦始皇造。汉武行舟于池中。酒池北起台，天子于上，观牛饮者三千人。"这是汉沿用秦酒池的一种说法。另一种说法是酒池为汉武帝所建造。（《元和郡县图志·长安县》）北魏郦道元、清代杨守敬均认为秦酒池在长乐宫前殿的东北，池北有层台，同汉酒池并非一地。

长乐宫虽历经多次维修，但也遭受汉末战火的洗劫，毁弃时间约在唐天宝年（公元742—755年）之后。

---

[1] 王学理：《追踪十二金人落脚咸阳印记》，见成建正主编：《陕西历史博物馆馆刊》第20辑，三秦出版社，2013年。

第三节
长乐宫的性质与逸事

通过多年对长乐宫的考古勘探和发掘,结合文献记载,可知汉初改造的秦兴乐宫遗址在宫城东部,即今未央区樊寨东南。汉高祖刘邦以此为政治中枢,这是他发号施令的朝宫。当萧何主持营建的未央宫完工时,汉高祖已经到了垂暮之年。他死后,太子刘盈即位,这就是汉惠帝。从惠帝起,皇帝移居未央宫听政,长乐宫的朝宫地位被取而代之,一直延续到西汉末。于是,长乐宫就成了仅供太后常居之宫殿,中心宫殿也有所转移。今罗家寨附近成为长乐宫的宫殿群所在地,其中规模宏大的六号建筑有可能是长乐宫前殿遗址。

从惠帝起,汉长安城形成皇帝与太后两宫分置的格局,即皇帝居未央宫,太后被奉养在长乐宫。因为长乐宫位于皇帝宿办的未央宫之东,所以被称为东宫或东朝。太后在长乐宫,又常住在长信宫,所以皇帝往往要"五日一朝长信宫"。

吕后居长乐宫期间,进行了一系列的阴谋杀戮活动,使这座受人崇敬的太后之宫染上了一层层灰暗的色彩。

她把开国功臣韩信骗至长乐宫,在钟室将其残忍地杀害了。

韩信的死,同其自身的性格有关。正如司马迁评议的那样:"假令韩信学道谦让,不伐己功,不矜其能,则庶几哉,于汉家勋可以比周、召、太公之徒,后世血食矣。不务出此,而天下已集,乃谋畔逆,夷灭宗族,不亦宜乎。"(《史记·淮阴侯列传》)

汉高祖、惠帝相继去世后,吕后专权,私欲膨胀,她以长乐宫为据点,封吕姓四人为王、五人为诸侯国的丞相,大杀刘姓诸王,进而篡夺了政权。在平定诸吕之乱中,朱虚侯刘章在未央宫郎中府的厕所杀相国吕产,掌握了南军,到长乐宫杀卫尉吕更始,掌握了北军，随之又捕杀了吕禄，用棍棒打死了吕后之妹吕媭，还分头捕杀了吕姓男女，使大权重回刘姓手里。

西汉后期，外戚势力抬头，倚仗帝母的威望，使得长乐宫成了干涉朝政的重要场所。成帝之母王政君（王莽之姑）活了84岁，在王莽篡位之后，仍发挥着她这位姑母的余威。据《汉书·郊祀志》载："莽篡位二年，兴神仙事，以方士苏乐言，起八风台于宫中。台成万金，作乐其上，顺风作液汤。"

在长乐宫遗址西南曾出土"八风寿存当"文字瓦当（见图2-10），即是长乐宫八风台的遗物，现存于陕西省考古研究院。

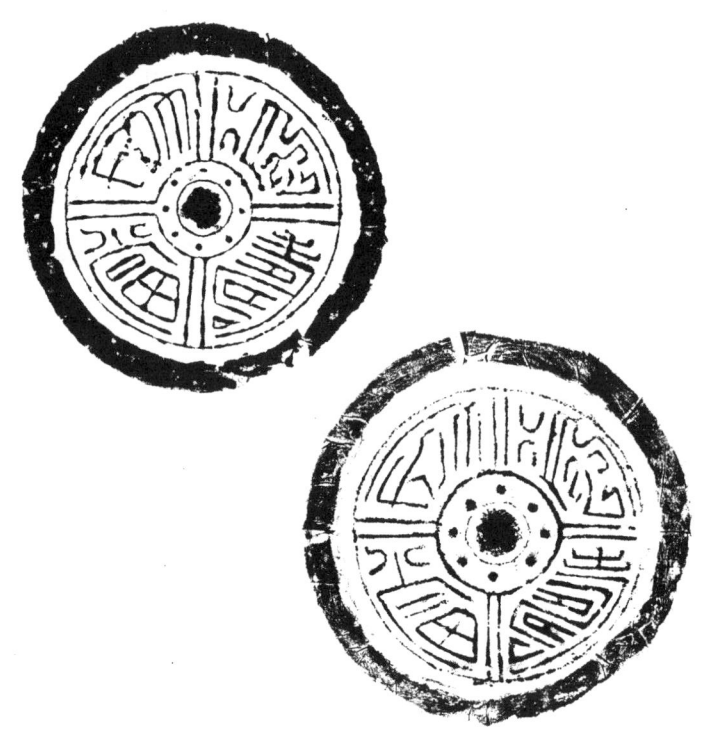

图2-10 "八风寿存当"瓦当拓片（长乐宫）

第二章 从秦章台宫到汉未央宫

"秦宫汉葺"是汉初国力薄弱情况下的权宜之计。萧何营建未央宫，即是继长乐宫之后第二项改造秦宫的杰作。

在"重威"思想指导下，萧何把秦的章台宫改造得壮丽无比。这也为西汉二百年政治中枢的稳定性、世界性打下了坚实的基础。

汉武帝建设未央宫，使之成为集中央政权机关、机要重地、图书秘籍、学术论坛和园林休闲于一体的综合宫殿区。

未央宫的建筑、布局、设置，可谓严整、合理、奇巧、大气。

首先，同长乐宫东西相对，处于汉长安城的南半部，商业、手工业、民居在后部，正是"前朝后市"的传统格局。

其次，未央宫处于龙首原之巅，再加之前殿建筑巍峨雄壮，无言地显示着独有的大汉雄风。

复次，未央宫前殿是皇帝的"大朝"之处，南面称孤。由前向后，从低到高，逐次推进，正殿在南，后宫随之，掖庭处于两侧。"前朝后寝"，也符合王宫之制。武帝扩建，宫殿群落有如繁星点点。

再次，以皇室为中心的百官衙署设置在未央宫之内，有利于中央集权制国家机器的运转，从而构筑了以后各代皇朝都制的框架。

最后，档案、图书集中在未央宫，皇帝带头办论坛，是汉王朝重视文化建设的一大特点，无怪乎"汉字""汉人""汉文化"等一系列以"汉"打头的词语具有世界性的影响。

第一节
"重威"之举

汉高祖七年（公元前200年），刘邦攻匈奴遭受"平城之围"七天。大概因为平定天下备尝劳苦，当他回到长安看见营建的未央宫（见图3-1）工程极尽壮丽时，就向萧何发脾气："天下匈匈，劳苦数岁，成败未可知，是何治宫室过度也！"岂知萧何回答得却是理直气壮："天下方未定，故可因以就宫室。且夫天子以四海为家，非令壮丽亡以重威，且亡令后世有以加也。"（《汉书·高帝纪》）经萧何这一解释，刘邦才笑逐颜开。

萧何说的"重威"，就是要显示（或加重）皇帝的威严与气势。有人说"重威"

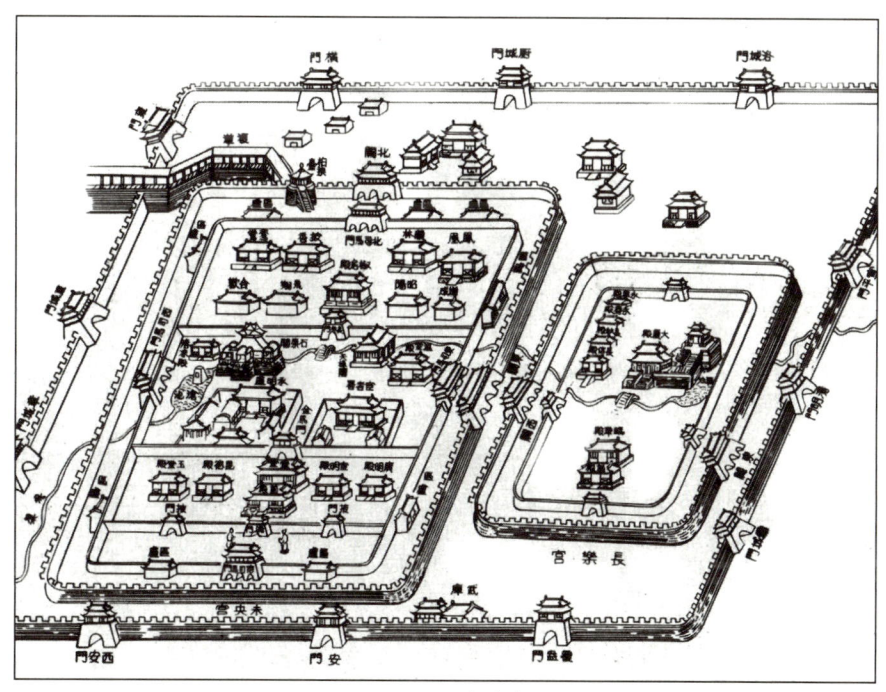

图 3-1　未央宫
（选自《关中胜迹图志》）

是为了"厌胜"（古代方士通过诅咒制胜的巫术），实际上那是自己的一种猜度。帝王重视朝宫的建设，可说是古今中外概莫能外。秦始皇建造阿房宫是如此，唐大明宫、明清紫禁城里的三大殿也是如此。英国伦敦的白金汉宫、法国巴黎的罗浮宫、美国华盛顿的白宫……哪个不是如此？皇帝在首都宿办的宫殿，应是标志性的建筑，正是国家强盛的标志。可见在2000多年前，秦建阿房宫未成而亡，而后来汉萧何付之于实践，开了历代"重威建筑物"之先河。他以为，虽然"天下未定"，但一统的大势明朗。既然中央集权，汉家奄有天下，只有高高在上的天子坐在壮丽的朝宫的宝座上，才能显示出"威加海内"的气势。而且这壮丽、隆重、博大的程度，当使后世望尘莫及。萧何的这一番话，既道出他建造未央宫的指导思想（"壮丽"）、追求目标（"重威"），实际也是对这一浩大工程的要求（"亡〔勿〕令后世有以加"）。（见图3-2）

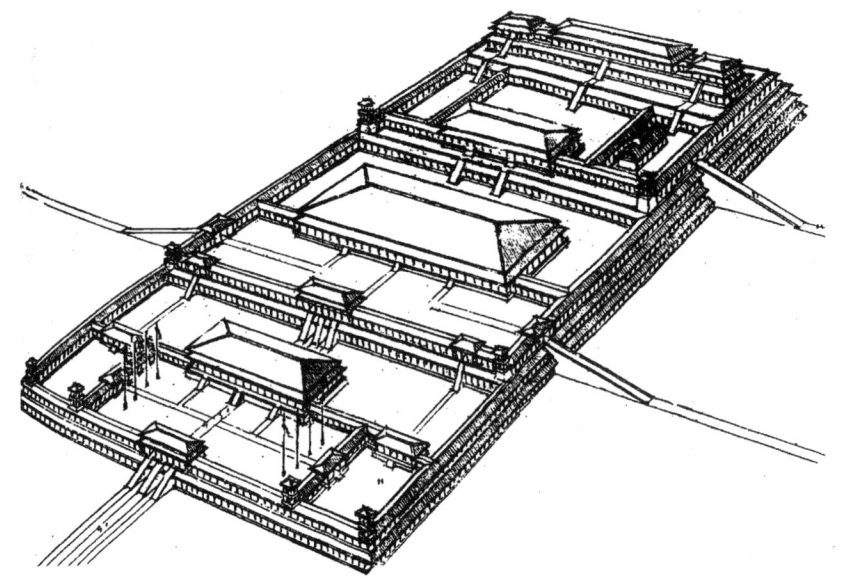

图 3-2 未央宫前殿复原设想鸟瞰图
（杨鸿勋复原）

整治未央宫的工程，可以说是在修建长乐宫时就已经启动了。这一大型建筑工程，虽说由萧何主持监造，而实际上负责施工的却是少府阳成延。阳成延是位军匠，用现代的话说，是军事工程专家。他是"秦之旧匠"，"起郏（今河南郏县）"，汉初任职少府。据记载，他曾"作长乐、未央宫，筑长安城"，吕后元年（公元前187年）封"梧齐侯"。（《汉书·高惠高后文功臣表》）不过，以阳成延主持的这几项工程来看，再联系景帝时的"将作大匠"、武帝时的"东园主章"，可知他不是"九卿之一"的"少府"，而应归属于"将作少府"。因为他是专业出身又有丰富经验，所以由他负责的工程规模很大，且非常壮丽，这些在文献记载和考古发现中都得到了证实。

第二节
改造旧宫及其所形成的规模

一、位置

未央宫工程实际上是对秦章台宫的改造。司马迁在概括秦咸阳的宫室时，仅仅用了"诸庙及章台、上林皆在渭南"（《史记·秦始皇本纪》）11个字。既然渭南的宫殿建筑那么多，而这里只以章台宫作为代表，这也不难看出章台宫在政治生活中的重要性。

章台宫是秦都咸阳范围扩大后在渭河之南建造的巨型宫殿，而"章台"封泥的出土即秦章台宫存在的力证。它曾是秦国的标志性宫殿，《史记·苏秦列传》记苏秦说楚威王曰："今乃欲西面而事秦，则诸侯莫不西面而朝于章台之下矣。"秦昭王八年（公元前299年），秦昭王诈骗楚怀王至武关，遂裹挟"西至咸阳，朝章台，如蕃臣，不与亢礼"（《史记·楚世家》）。赵国使臣蔺相如带了和氏璧西入秦，"秦王坐章台，见相如"（《史记·廉颇蔺相如列传》），上演了一场舌战秦昭王的活剧，留下了"完璧归赵"的历史典故。

秦章台的位置，据《史记·樗里子传》载：秦昭王七年（公元前300年）"樗里子（名疾）卒，葬于渭南章台之东。曰：'后百岁，是当有天子之宫夹我墓。'……至汉兴，长乐宫在其东，未央宫在其西，武库正直其墓"。即樗里子墓在两宫之间，又同武库对直。经考古探明这三者的情况是：武库遗址确实处于长乐和未央两宫遗址之间，其东隔安门大街当长乐宫城西墙的中部，其西当未央宫城外的东北角。武库之北，没有给两宫之间留下多少空间，因此武库之南就应当是樗里子墓的所在。既然樗里子墓在"章台之东"，也就是说秦章台就在汉未央宫之内。而武库之南，向西正直约1500米处就是我们今天看到的未央宫前殿遗址。① 汉长安城中有条东西向的大道取名为"章台街",属于"八街"之一,其西端对长安城的章城门,向东经过未央宫前殿之南。那么,汉章台街的取名,肯定是由秦"章台下街"而来。此间除气势宏大的未央宫前殿遗址之外,再无秦汉建筑遗址,所以我们有理由说汉未央宫前殿是在秦章台的基础上建造的,汉未央宫是秦章台宫的重建与扩大。同样,汉未央宫也是一处群体性建筑群,其外有宫城环绕。

未央宫的具体位置,在长乐宫遗址的西侧,当在今西安市未央区汉长安故城内的西南部,西北起自周家河湾、东北到大刘寨北、西南起自车刘村西北、东南到东张村东南所形成的正方形范围之内。这里处在龙首原上,是汉长安城内最高的地方,海拔为385～396米。

二、形制

对未央宫宫城周长的记载,各书不同,有作"二十八里"(《三辅黄图》),有作"二十二里九十五步五尺"(《西京杂记》),也有作"三十一里"(《长安志》引《关中记》)。经考古探测,其平面呈方形,东墙和西墙各长2150米,南墙和北墙各长2250米,周长8800米,合汉代21里。夯土墙基距今地表1～1.5米,②墙基与宫墙厚度等宽,均8米。宫城之内面积约5平方公里,约占汉长安城总面积的1/7。宫城的南墙和西墙对应的是汉长安城墙,二者的间距是50米。宫城向北80米,是直城门大街,向东800米是安门大街。文献记载与考古勘测资料两相对照,可知宫城周长以《西京杂记》的记载比较接近真实。未央宫的宫城是如此方正规矩,这在汉长安城所有的宫殿中是独一无二的,足见它是萧何精心规划的结果。

宫城的四面辟门,东西两面各有门2座,南北各有1座。经考古探测,宫门遗址都不在每面墙的正中,这可能是为了避开位于城中心的前殿,致使连接城门的大道也发生了位移。东西两面的宫门两两对直,南宫门同北宫门也是对直的。东宫门(北侧)

---

① 汉武库遗址南围墙东西长710米,折半为355米,加上未央宫前殿距宫城东墙1150米,共1505米,约为樗里子墓到未央宫前殿的距离。

② 中国社会科学院考古研究所编著:《汉长安城未央宫(1980~1989年考古发掘报告)》,中国大百科全书出版社,1996年。

位于今大刘寨村东南，距前殿东北角835米；西宫门（北侧）在卢家口；北宫门在小刘寨之北60米；南宫门在今马家寨西南。每门只有1个门道，宽约8米，进深与墙厚相等。这种情况和汉长安城每门有3个门道是不一样的。据《关中记》记载，在未央宫四面宫墙上还辟有方便出入的掖门（边门）14座。北宫门西侧的作室门是诸掖门之一，位于北宫垣墙的西段，北对桂宫的南宫门，因靠近工徒们劳作的织室和暴室而得名，也是特为这些劳动者出入皇宫专辟的门户，路宽12米。（见图3-3）

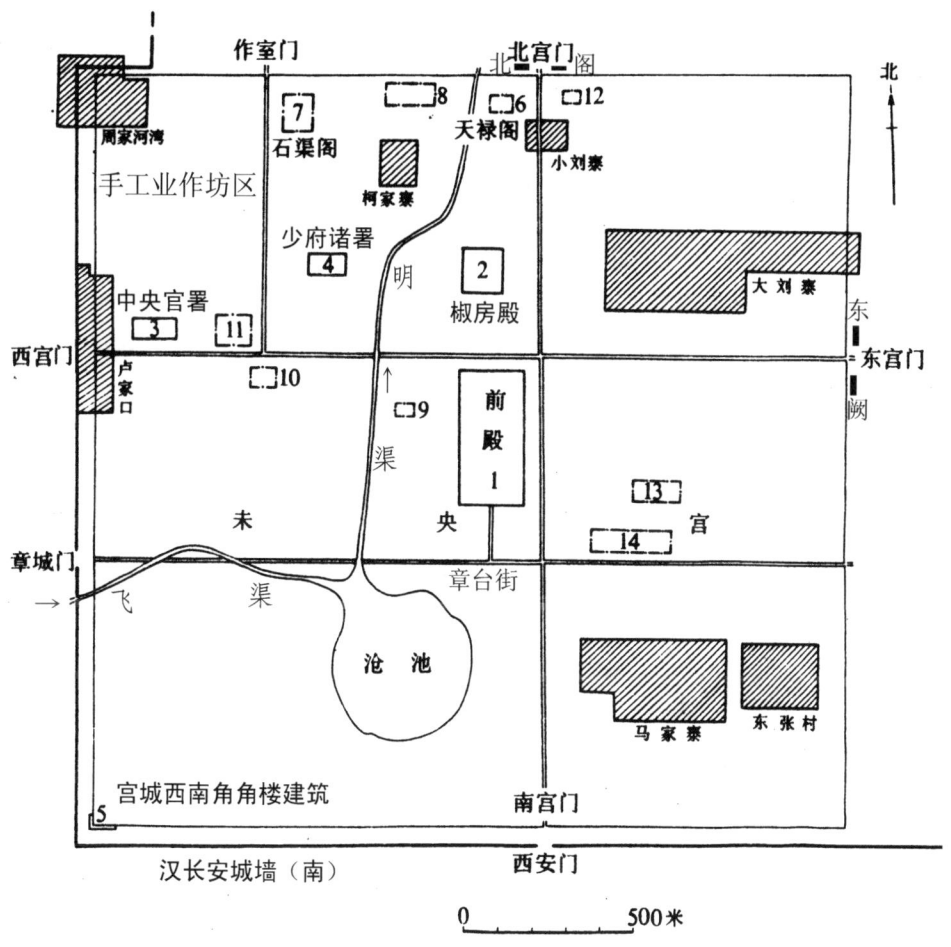

图 3-3 未央宫探测平面图

未央宫有东门阙和北门阙。《汉书·高帝纪》云："萧何治未央宫，立东阙、北阙。"颜师古注："至于西、南两面，无门阙矣。"东宫门位于今大刘寨村东南，门外有南北对称的两个夯土基址，当是东门阙。两阙间距150米，阙基东西各长32米，南北宽则不一致，北阙18米，南阙14米。北宫门两阙楼遗迹无存。

尽管未央宫四面有正门，南面是它的正方向，但由于出西门、南门不远就是高耸的城墙，加之人事往来频繁，所以使用率最高的还是东宫门和北宫门，也只在这两处建有高达30丈的阙楼，以显示两门政治地位之隆。"待诏司马门"，这里的"司马门"指的就是未央宫的北门。文武百官上书、觐见，都要在此等待皇帝的召见。一些贵戚显宦多居住在北宫门之外，这里被称为"北阙甲第"。长乐宫在未央宫之东，太后常住，称为"东宫"，隔安门大街同未央宫相望。而皇帝住在未央宫，称为"西宫"。皇帝还得不时地去东宫请安，以出东宫门最为方便。皇亲国戚觐见皇帝走东宫门，东阙门的使用率和地位相对高于其他几面门，所以东宫门被称为"朝诸侯之门"（《汉书·五行志》刘向语）。这样看来，萧何在建设首都时，把东阙和北阙列入汉长安城的首期工程，显然是有远见的高明之举，确实也体现了他"重威"的指导思想。

在宫城四角，原来建有曲尺形角楼。位于车刘村北的未央宫西南角楼已做过发掘，东西长67.4米，南北长31.5米。从出土"卫"字瓦当、剑、矛、镞、弩牙等铁兵器和铁铠甲片、胄片、弹丸推断，此处应是防卫性的建筑，是保卫宫城安全的"卫尉"士兵驻守之"区庐"。

第三节
宫殿工程的内容

未央宫的建造和充实是一个长期的过程。萧何主持完成的工程是宫城、前殿、东阙和北阙,另外,在国都建造了武库和太仓。而孝文帝"即位二十三年,宫室苑囿狗马服御无所增益"(《史记·孝文本纪》),未央宫也"独有前殿、曲台、渐台、宣室、温室、承明耳"(《汉书·翼奉传》)。武帝大兴土木,"恃邦国阜繁之资,土木之役,倍秦越旧,斤斧之声,畚锸之劳,岁月不息"(《三辅黄图·序》)。他不但在长安城内多处建造宫殿,而且对未央宫的增建、装修达到顶点。"未央宫营造日广,以城中为小",就跨越长安城西墙建了一座长廊形的飞阁,直通城西的建章宫。(《三辅黄图》)如此一来,建章宫显然成了未央宫的补充与延伸。

未央宫是皇帝大朝的地方,其布局按"前朝后寝"的原则设计。这一群体性建筑大体包含着三方面的内容:

一是未央前殿。主要建筑包括前殿、中殿(即宣室殿,也称"宣室阁")、后殿和后阁等。宣室殿是天子朝会的正殿,周代称为"路寝",王莽复古改制时称为"王路堂"。未央前殿处在未央宫城中部稍微偏南的位置上,位于诸宫之前。(见图3-4)

二是后妃宫殿。位于前殿之后,椒房殿为其正殿。

三是后宫掖庭。位于后妃宫殿的两侧,呈分散状态。

未央宫因汉武帝的增修,有着更加充实的内容。《西京杂记》说宫内有台殿43、宫池13、山6、门闼凡95,《关中记》说有台32、池12、土山4、宫殿门81、掖门14。《水经注·渭水》载:"未央殿东,有宣室、玉堂、麒麟、含章、白虎、凤凰、朱雀、鹓鸾、昭阳诸殿。"录载在《三辅黄图》一书中的主要宫殿有宣室、麒麟、金华、承明、武台、钩弋、寿成、万岁、广明、椒房、清凉、永延、寿安、平就、宣德、东明、飞羽、凤凰、鸳鸯、通光、曲台、白虎、增成、昭阳、延年、合欢、兰林、披香、回车、宣明、长年、温室、昆德、神明、武台、掖庭、安处、常宁、芷若、椒风、发越、蕙草、高门等，阁有麒麟、天禄、玉堂、增盘等，室堂有非常室、宣室、凌室、织室、朱鸟堂、画堂等，门有金马、青琐、高门等，阙有玄武、苍龙、甲观等。沧池中还修建有渐台。陈直教授见有"披香殿当"瓦当拓片，知其为披香殿之物。

宫中建筑用材考究、装饰华丽，单是对前殿的描述就足以使人陶醉："以木兰为棼橑，文杏为梁柱，金铺玉户，华榱璧珰，雕楹（柱）玉碣（础），重轩镂槛，青琐（窗）丹墀（阶），左城（阶）右平。黄金为壁带，间以和氏珍玉，风至其声玲珑然也。"（《三辅黄图》）

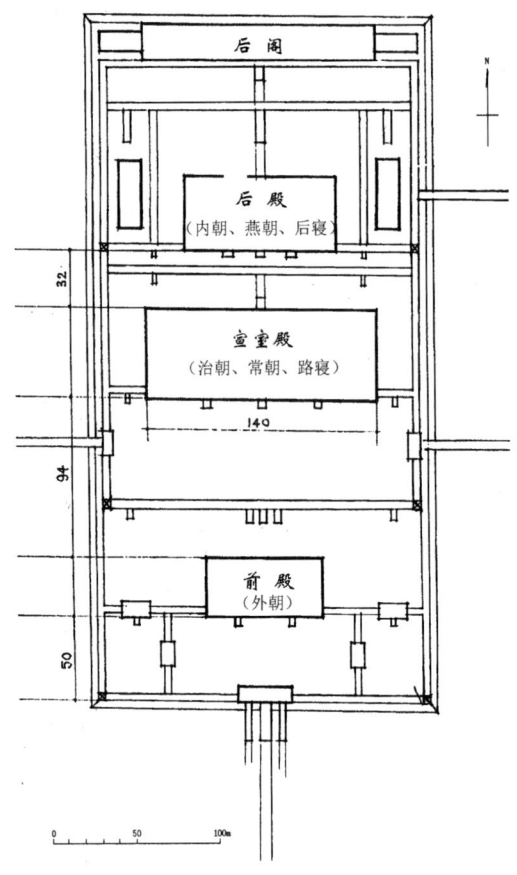

图 3-4 未央宫前殿复原设想平面图
（杨鸿勋图稍改）

第四节
未央宫主要宫殿地望与功能考述

未央宫中诸多宫殿皆以前殿为中心而展开。其相对位置，按《三辅黄图》记载："宣室、温室、清凉，皆在未央宫殿北。宣明、广明，皆在未央殿东。昆德、玉堂皆在未央殿西。"

目前，汉长安城遗址已探明的重要遗址点有46处，城墙和一些大型夯土遗迹依然清晰可见。根据考古专家探测，城内仅未央宫的面积就是北京紫禁城的6倍，宫内亭台楼榭、山水沧池壮观无比。尤其是未央宫前殿，至今残存的夯土台基最高处达15米，南北长约400米，东西宽约200米，作为汉长安城的最高点，当年汉武帝就是在这里指挥汉军反击匈奴，完成帝国扩张伟业的。

一、前殿

未央宫前殿故址位于今汉长安故城西南部马家寨村西北、大刘寨村西南。这里原来是一片丘陵地，北接渭水南岸，迤逦而南，直抵长安区南的樊川，长及60余里。相传秦时有黑龙自南山出，北去渭河饮水，所经地后成土山，北高南低，故称"龙首山"。未央宫选址在龙首山上，高可达20丈，气势磅礴，尽显真龙天子的出世之威。

自战国至秦汉，盛行高台建筑，一般是在平地起夯，或是选高地作台，再在顶部或周围建设房屋。未央宫前殿也正是利用龙首山这一丘陵地势建造殿堂的。不过，在处理建筑基础时，"疏山为台殿，不加板筑，高出长安城"（《三辅黄图》），利用山丘地形，采用了省工又坚实的包筑法，即对山丘四周的虚土做一番修整，按规程在外围筑土加夯打、增高，然后再在顶部建造宫殿。现存留的前殿基址，基本位于未央宫的中部，是一个南低北高呈三重阶地的大土台子，南北长约400米，东西宽约200

图3-5 未央宫前殿遗址（东侧）

米。北端最高处，距地面15米。（见图3-5）由南向北，分为低、中、高三个台面，在这三层台面上，都发现有建筑遗迹，说明前殿不是一座宫殿，而是由前到后、由低到高分布着三座宫殿。每座宫殿基址上，南设庭院，北有建筑。中部建筑的东西两侧，分列有厢房或廊房类建筑。

前殿建筑整体坐北向南，其中，由南向北，第一层台基上的宫殿建筑基址东西长79米，南北宽44米，即是未央宫前殿的"外朝"；第二层台基上的宫殿基址东西长121米，南北宽72米，应当是前殿的中心建筑——中朝（常朝或路寝）；第三层台基上的宫殿基址东西长118米，南北宽47米，当为后寝的所在。在北部宫殿建筑以北11米处的建筑基址东西长143米，南北宽116米，或为后阁建筑基址。在每座宫殿基址南部，均有一处大型的庭院。①

作为大汉王朝的象征，未央宫前殿不但建筑整体偏重于威严气派，而且内外的装饰也极尽华丽。殿顶以清香名贵的木兰做椽檩，以纹理雅致而坚实的杏木为梁柱，极尽雕梁画栋之能事。室内墙壁用黄金带（釭），屋檐口的瓦当甚至用宝石。檐角垂以和氏玉，微风吹拂，玲珑之声阵阵。殿门上镶嵌着宝石，再配以鎏金的铜铺首，在阳光照耀下熠熠生辉。庭柱彩绘，础用汉白玉。殿前石阶三级，用紫红色，略显高贵庄重。

未央宫前殿工程始于高祖七年（公元前200年），主体建筑完工时间在高祖九年（公元前198年）。刘邦曾于前殿举行盛大的宴会，他端着玉卮向太上皇敬酒，得意地说："始大人常以臣亡赖，不能治产业，不如仲力。今某之业所就孰与仲多？"（《汉书·高帝纪》）引得大家大笑，群臣皆呼万岁。尽管这个为人津津乐道的故事发生在未央宫，但刘邦至死都是住在长乐宫里的。在惠帝之后，未央宫才真正成为皇宫。

未央宫前殿同样由多所殿堂组合而成。最前面的殿堂（外朝），是皇帝举行登基大典、朝会、决事、布政、召见、斋戒、举办丧事之处。但有关军国大事的决策，不是在正殿，而是在宣室殿。宣室殿，位当正殿之北。洛阳人贾谊20岁出头即为文帝问

---

① 中国社会科学院考古研究所：《中国考古学·秦汉卷》，中国社会科学出版社，2010年。

对，官至太中大夫，迁为长沙王太傅多年。文帝曾在宣室召见贾谊，询问鬼神之事。答者侃侃而谈，问者听得入神，"至夜半，文帝前席"。（《汉书·贾谊传》）汉武帝曾想置酒宣室殿，还准备请其姑母窦太主和幸臣董偃出席。东方朔说："不可。夫宣室者，先帝之正处也，非法度之政不得入焉。"（《汉书·东方朔传》）武帝只好改酒宴于北宫。王莽地皇四年（公元23年）十月，农民起义军攻入宣平门，城内大乱，"官府邸第尽奔亡"。城中少年朱弟、张鱼火烧未央宫的作室门，又斧斫敬法殿的小门而入，大喊："反虏王莽，何不出降？"大火延及王莽所居的承明殿，莽急避"宣室前殿，火辄随之"。虽然他随后正襟危坐，故作姿态，但已是"时不食，少气困矣"。（《汉书·王莽传》）后殿是皇帝退朝后生活起居的地方，有寝室，也有办公、宴会、娱乐等殿堂。后阁是供瞭望休憩的地方，地址在前殿遗址北部最高处。

前殿路寝与宣室殿的东西两侧有东厢和西厢。后部则是皇帝更衣或下朝后暂居的"非常室"，有卫士守护，任何人不得擅入。

皇帝的居所，既有冬天保暖的温室殿，又有夏天避暑的清凉殿。温室殿建于武帝时，是皇帝在冬季与大臣议事的殿堂。其墙壁用特殊材料做过处理，衬以绣花的锦帛和帷帐，有控温的屏风，地铺毛毯，即使是隆冬季节，也倍感温暖。①

清凉殿也称延清室，是皇帝避暑的殿堂。内有花纹石床、玉盘、贮冰，再加上侍者摇扇，盛夏中也使人产生"含霜"的感觉。武帝的佞臣即其姑母馆陶公主的面首董偃，"常卧延清之室，以画石为床，文如锦，紫琉璃帐，以紫玉为盘，如屈龙，皆用杂宝饰之。侍者于外扇偃，偃曰：'玉石岂须扇而后凉耶？'又以玉晶为盘，贮冰于膝前，玉晶与冰同洁。侍者谓'冰无盘必融，湿席'。乃拂玉盘，坠，冰玉俱碎。玉晶，千途国所贡也，武帝以此赐偃"（《三辅黄图》）。清凉殿设置之华贵、董偃生活之侈靡可见一斑。

二、承明殿

承明殿位于未央宫前殿之北、天禄阁之东，是皇帝延请名儒、学士讲述篇章之所。班固《西都赋》有句："承明、金马，著作之庭。大雅宏达，于兹为群。元元本本，周

---

① 《西京杂记》载："以椒涂壁，被之文绣，香桂为柱，设火齐屏风，〔挂〕鸿羽帐，规地以罽宾氍毹。"罽（jì）宾，汉代西域的国名，据考，在今印度河西岸的喀布尔河下游、克什米尔一带。氍毹（qú shū），毛织的地毯。

见洽闻。启发篇章，校理秘文。"这里的"金马"，即金马殿的省称。

承明殿可能建于西汉初年，用"天之四灵"①做标识，昭示着王者宫殿的正位。这里还设有供该殿官员值宿的承明庐。张晏曰："承明庐在石渠阁外，直宿所止曰庐。"武帝时，严助为会稽太守，"数年，不闻问。赐书曰：'制诏会稽太守：君厌承明之庐，劳侍从之事，怀故土，出为郡吏……'助恐，上书谢"（《汉书·严助传》）。霍光同大臣们谋划废除即位后淫乱无度的昌邑王刘贺，"皇太后乃车驾幸未央承明殿"，听取了群臣对刘贺行为的指斥。（《汉书·霍光传》）成帝时，扬雄曾"待诏承明之庭"（《汉书·扬雄传》）。承明殿毁于西汉末年，城中少年朱弟放火，"火及掖庭、承明，黄皇室主所居也"（《汉书·王莽传》）。

三、后宫宫殿

前殿之北是后宫宫殿区。西汉早期的皇帝如高祖、孝文、孝景诸帝都比较节俭，宫女不过十余人，后宫建筑仅有椒房、掖庭两处，前者为皇后所居，后者仅住妃嫔。从武帝时起，奢侈之风日益浓厚，后宫美女增至数千，建筑规模也在不断增大，数量众多，形式别样，其建筑、装饰极尽侈靡华丽，分布在前殿之北的广阔地带。汉武帝增修未央宫时，将后宫分为八区，名曰：昭阳殿、飞翔殿、增成殿、合欢殿、兰林殿、披香殿、凤凰殿、鸳鸯殿，后又设殿并增修安处殿、常宁殿、芷若殿、椒风殿、发越殿、蕙草殿等，称作"14位"。另有云光殿、九华殿、开襟阁、丹景台、月影台、临池观等。这些宫殿按等级给予不同的称号，分别住着皇后、夫人及众嫔妃。

嫔妃的名号异常复杂，除皇帝正室称皇后、妾称夫人之外，今按《汉书·外戚传》列表如下：

表 3-1

序号	名号	地位	爵秩	名立时间	其他
1	昭仪	同丞相	比诸侯王	元帝加	
2	婕妤	视上卿	比列侯	武帝制	
3	娙娥	视中二千石	比关内侯（汉爵19级）	武帝制	
4	傛华	视真二千石	比大上造（16）	武帝制	
5	美人	视二千石	比少上造（15）		

---

① 四灵，指青龙、白虎、朱雀、玄武四种动物，也称"四象"或"四神"。

续表

序号	名号	地位	爵秩	名立时间	其他
6	八子	视千石	比中更（13）		
7	充依	视千石	比左更（12）	武帝制	
8	七子	视八百石	比右庶长（11）		
9	良人	视八百石	比左庶长（10）		
10	长使	视六百石	比五大夫（9）		
11	少使	视四百石	比公乘（8）		
12	五官	视三百石	无爵级		
13	顺常	视二百石	（同上）		
14	无涓	视百石	（同上）		以下地位最低
15	共和	（同上）	（同上）		
16	娱灵	（同上）	（同上）		
17	保林	（同上）	（同上）		
18	良使	（同上）	（同上）		
19	夜者	（同上）	（同上）		
20	上家人子	1.2斗/日			富良家女，无爵秩，斗食
21	中家人子	（同上）			中产家女，其他同上

（一）椒房殿

皇后居住在后宫的椒房殿里。唐人颜师古说："皇后殿称椒房。"（《汉书·董贤传》）据说，用椒和泥涂在墙壁上，既有温馨和暖的色彩，又有沁人心脾的芬芳之味，还取"多子"的暗喻。（《三辅黄图》）

经考古发掘的椒房殿遗址（见图3-6）编为未央宫二号建筑遗址，在未央宫前殿遗址之北330米处，当今大刘寨村之西290米处。椒房殿遗址是一处独立的建筑群，南北长148.75米，东西宽130

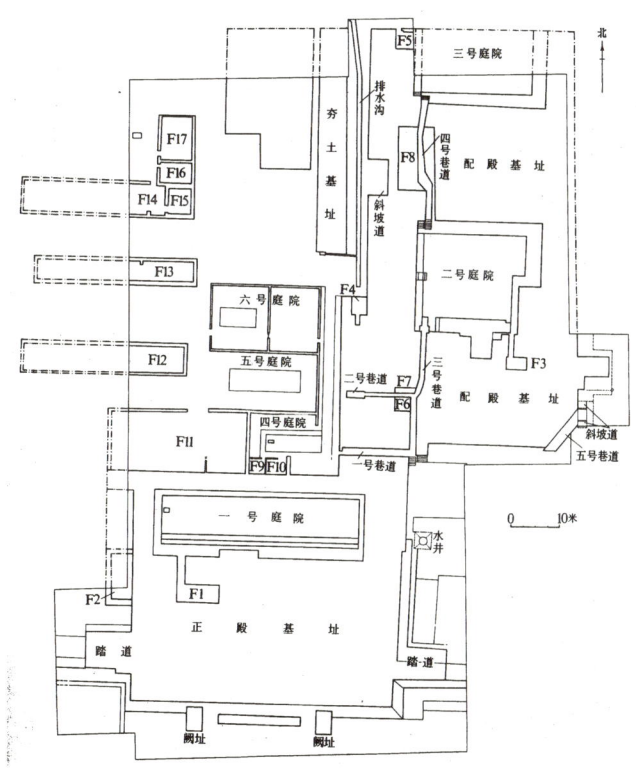

图3-6 未央宫椒房殿遗址平面图

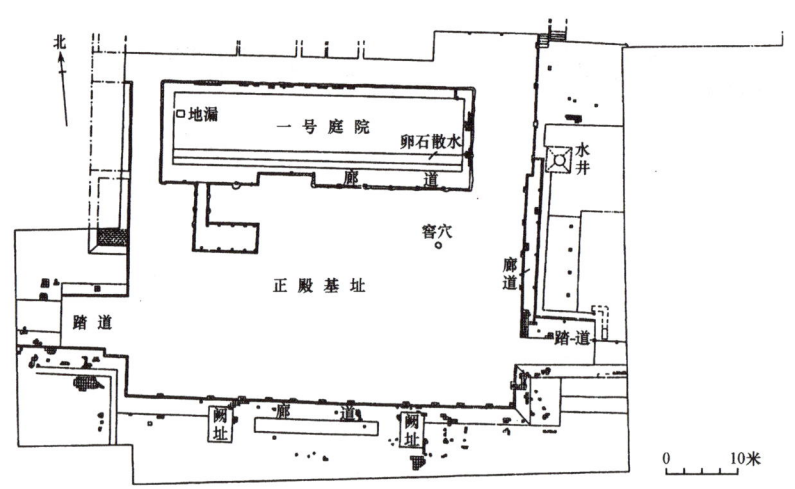

图3-7 未央宫椒房殿正殿遗址平面图

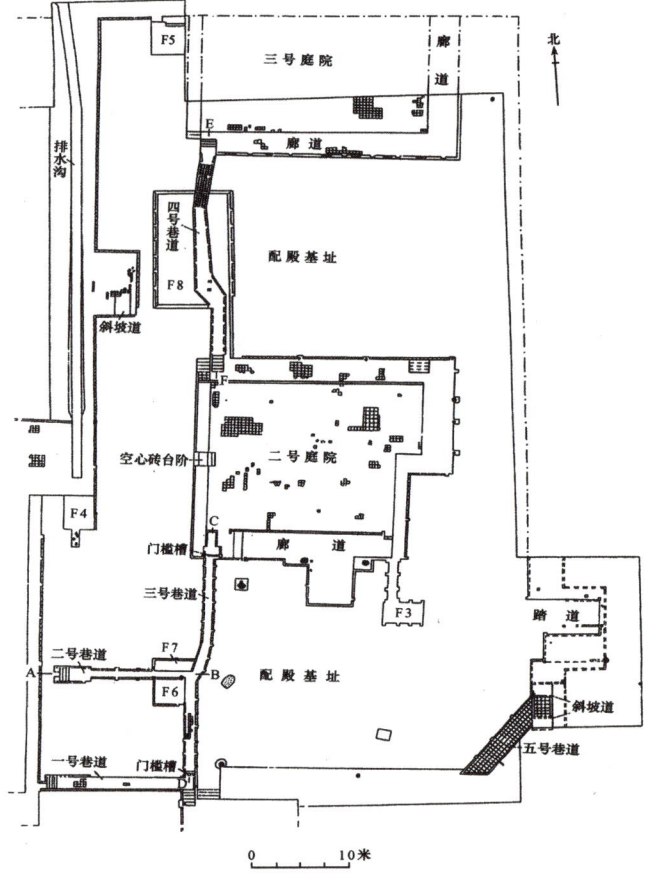

图3-8 未央宫椒房殿配殿遗址平面图

米,坐北朝南,分为正殿、配殿和附属建筑三部分。其正面是一对门阙,阙之后是正殿(见图3-7),殿后是进深很大的几处庭院。庭院东边有南北两处配殿(见图3-8)。附属建筑则分布在椒房殿北部。正殿原来坐落在一个高起的夯土台基上,早年平毁。探测出台基为一长方形,东西长54.7米,进深29~32米。殿堂周围有回廊,方砖铺地,东西设踏道。正殿之下设有密室(地下室)。在庭院和配殿之间还有暗道相通。①

椒房殿的整体布局显

---

① 中国社会科学院考古研究所编著:《汉长安城未央宫(1980~1989年考古发掘报告)》,中国大百科全书出版社,1996年。

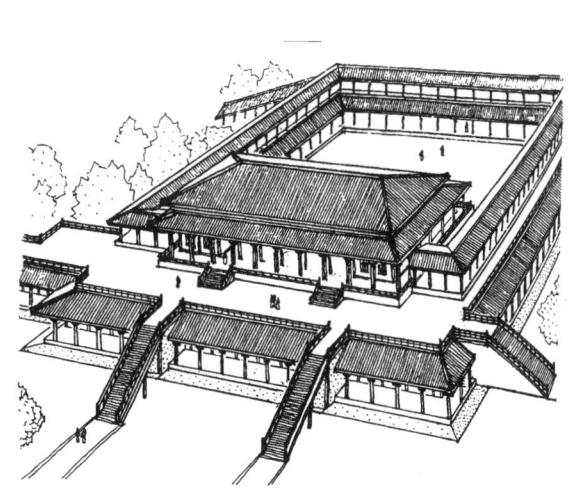

图 3-9　未央宫椒房殿复原透视图

"长乐未央"瓦当　　"长生未央"铺地方砖

"长生无极"瓦当　　"千秋万岁"瓦当　　"寿成"瓦当（寿成殿）

图 3-10　文字瓦当

示出高贵、庄重、神秘而又闲适、幽雅之态。（见图3-9）在此出土了大量的建筑遗物，其中以瓦当最具特色，有云纹瓦当和文字瓦当两种，在数量上各占一半。文字瓦当主要是"长乐未央""长生无极""千秋万岁"三种，而以"长生无极"为大宗，可占文字瓦当的60%以上。（见图3-10）

（二）掖庭殿

妃嫔等女官住在掖庭殿。掖庭的位置在前殿之北，由云光殿、九华殿、鸣鸾殿、开襟阁、月影台、临池观等多种形式的建筑组成，呈分散状态。顾名思义，有如人之左右两腋近在身侧，掖庭殿分布在天子后宫的两侧，集中着众多的妃嫔、宫女和女乐，正是"繁华窈窕之所栖宿焉"（《西京杂记》）。《汉官仪》上说"婕妤以下皆居掖庭"，那么，住在掖庭的应当是婕妤、娙娥、傛华、美人、八子、充依、七子、良人、长使、少使、五官、顺常、无涓、共和、娱灵、保林、良使、夜者等宫人。太初元年（公元前104年），武帝更名"永巷为掖庭"，置掖庭令、掖庭八丞、牛官令。因为这是掌管后宫贵人、采女的事情，所以这些官职均由宦官充任。掖庭歌女成群，"内有掖庭材人，外有上林乐府，皆以郑声施于朝廷"（《汉书·礼乐志》）。

女官们生活在深宫，是供皇帝享用的玩物。食宿穿着的华美，也掩饰不住她们生活的空虚、无奈与凄凉。

（三）昭阳殿

昭阳殿位于椒房殿之东，位列八区之首。居此的妃嫔，尽管地位较低，远远比不上椒房殿和掖庭的主人，但因为是皇帝纵情作乐的地方，其装饰陈设的奢华却是其他妃嫔比不上的。据《西京杂记》载："中庭彤朱，而殿上丹漆，砌皆铜沓。黄金涂，白玉阶，壁带往往为黄金釭，含蓝田璧，明珠翠羽饰之。上设九金龙，皆衔九子金铃，五色流苏。带以绿文紫绶，金银花镊。每好风日，幡旄光影，照耀一殿，铃镊之声，惊动左右。中设木画屏风，文如蜘蛛丝缕。玉几玉床，白象牙簟，绿熊席。席毛长二尺余，人眠而拥毛自蔽，望之不能见，坐则没膝。其中杂熏诸香，一坐此席，余香百日不歇。有四玉镇，皆达照无瑕缺。窗扉多是绿琉璃，亦皆达照，毛发不得藏焉。椽桷皆刻作龙蛇，萦绕其间，鳞甲分明，见者莫不兢栗。"

提起昭阳殿，就不能不使人联想到汉成帝与赵飞燕姊妹的荒唐。赵飞燕原为阳阿公主家的歌女，身轻似燕，能跳掌上舞。成帝见而悦之，遂召入宫，初封为婕妤，后立为皇后，居昭阳宫。飞燕荐其妹赵合德入宫，亦为婕妤，后立为昭仪，居昭阳舍。姊妹二人贵倾后宫10余年，皆无子嗣，骄纵嫉妒又心狠手辣。后宫中凡生子的嫔妃，母子都遭合德杀害。她亲手杀死了汉成帝与徐美人所生的幼儿，班婕妤恐久见危，请求供养太后于长信宫，退处东宫后作赋自悼。

第五节
文化工程的重要建筑

一、石渠阁——国家档案馆

石渠阁是汉中央的档案馆，为西汉初年萧何主持修建，是他任丞相期间与未央宫工程同时展开的。因为阁下用砻石（磨盘石）砌渠导流，所以取名"石渠阁"。建阁的目的，在于珍藏刘邦进入咸阳后搜集的秦的律令和图书典籍。及至汉成帝时，一直收藏图书秘籍和文件。国家把这一重要机构置于未央宫之内，又近在前殿之后，足见它对汉皇帝决策的参考价值是相当大的。

石渠阁遗址位于未央宫内西北部，距未央宫北墙60米，当今西安市未央区柯家寨西北250米、周家河湾村东400米处。（见图3-11）石渠阁遗址的基础部分系夯土，范围较大，南北长100米，东西宽80米。在夯基之上，为一大型夯土台基，底部东西长20米，南北宽65米，高出地面8.74米。这里曾出土"石渠千秋"文字瓦当，陈直先生在此采集过"大泉五十"钱范（背）和钱币，说明此阁废弃后王莽将其改作铸钱作坊。（《三辅黄图校证》）陈先生还见到碌石两具，尚保存在天禄小学之内。

在石渠阁中原只保存着秦遗书，到汉成帝河平三年（公元前26年）遣谒者陈农"求遗书于天下"，把从全国征集来的大批图书

图3-11　石渠阁遗址

充实了进来，使其藏书量和内容都大大超过了原有的规模。实际上，石渠阁作为国家档案馆，在西汉中后期竟成了汉都长安学术研究与思想文化交流的中心，许多学者都曾在这里查阅资料或论经讲学。经学大师韦玄成、萧望之、施雠、梁丘临、欧阳地余、林尊、周堪、张山拊、张生、薛广德、戴德、戴圣、刘向等，都是活跃在这里的学者。

甘露三年（公元前51年）三月，汉宣帝在石渠阁召开了一次"诸儒讲五经同异"的学术交流大会。讲论经义时，议及大射礼与乡射礼用乐之区别（《通典·军礼》）。这次大型的学术活动有施雠、梁丘临、欧阳地余、林尊、周堪、张山拊、王式、孟卿、薛广德、戴圣、刘向等23位著名学者参加，本来是让儒家内部不同学术流派各抒己见，以求统一思想，但其结果是在全国掀起了研习儒家经典、辩论各派是非的学术热潮，出现了"学者滋盛，弟子万数"的壮观场面。（《后汉书·翟酺传》）当时按照太子太傅萧望之等人的平奏，皇帝"亲称制临决"，增立了梁丘《易》、大小夏侯《尚书》、穀梁《春秋》等博士，形成了历史上著名的奏疏汇集《石渠阁奏议》（又名《石渠论》）。

二、天禄阁——国家图书馆

天禄阁即国家图书馆，也是汉初萧何主持建造的。《三辅故事》记："天禄、石渠并阁名，在未央宫北。"实际上，它在石渠阁遗址东侧520米处，南距前殿750米，北距未央宫北墙60米。在西安市未央区小刘寨村西北的未央宫小学之内，有夯土基址，东西长55米，南北宽45米。（见图3-12）在夯基之上有个方形的夯土台基，边长20米，高7米。所谓"天禄"，是汉代人想象的一种"如虎添翼"的神兽，代表吉祥如意。在这里，曾出土过"天禄阁"文字瓦当和天禄动物纹瓦当。

图3-12　天禄阁遗址

同石渠阁一样，天禄阁也是保存国家秘籍的地方，但收藏范围似乎更偏重于国家的文史档案与古代重要的图书典籍之类。

为了校勘流行的各种版本，著名学者刘向、扬雄等都受命在这里做过校书工作。据《隋书·经籍志》记载，汉成帝时，曾命攻有专长的学者在天禄阁对图书进行过一次大规模的整理和校勘。光禄大夫刘向校经传、诸子、诗赋，步兵校尉任宏校兵书，太史令尹咸校数术，太医监李柱国校方技。每校完一书，刘向就叙写概要为一录，辨其讹谬，禀告皇帝。刘向校书时汇编所撰叙录的全文，篇幅较多，定名《别录》，可以说是我国目录学之祖。

刘向死后，汉哀帝复令其子刘歆继承父业，继续校书。刘歆在其父《别录》的基础上，撮其旨要，成33090卷，定名《七略》。其中"辑略"是总论，其他的依次是"六艺略""诸子略""诗赋略""兵书略""数术略""方技略"。这是我国第一部综合性的系统反映国家藏书的分类目录，又是我国最早的图书分类法，成书于公元前6年，具有重要的历史意义。

三、麒麟阁——功臣纪念馆

麒麟阁遗址位于石渠阁与天禄阁两遗址之间，在今未央区柯家寨村北。遗址东西长150米，南北宽50米。其建造年代在《庙记》、《资治通鉴》（胡三省注）、《雍录》等书中说法不一，有说是汉初的萧何主持修建，有说是汉武帝因获麟而建。不过，在未央宫中有"麒麟殿"和"麒麟阁"两名并存的记载。殿与阁本来是两种不同的建筑形式，前者横长而庄严，后者方小而闲适。根据《水经注》所说，麒麟殿在前殿之东，再由麒麟阁中人事活动内容看，很可能是阁在殿旁。据说，麒麟阁也藏有典籍，扬雄曾做过校阅。

甘露三年（公元前51年），汉宣帝"思股肱之美"，就在麒麟阁图画霍光、张安世、韩增、赵充国、魏相、丙吉、杜延年、刘德、梁丘贺、萧望之、苏武等11位功臣像，在画像之旁标出姓名、官爵，借以表彰他们的功绩。

在麒麟阁表功画像，有如今天的专题陈列馆，显然具有思想文化教育的功能。西汉在麒麟阁图画功臣像开辟了画像表旌的先例，如东汉明帝在南宫云台阁画光武二十八将，唐太宗在凌烟阁令阎立本绘制二十四功臣像，都是它的遗制。

观功臣画像，感叹书生何不从戎，且看唐诗人李贺《南园》：

> 男儿何不带吴钩，
>
> 收取关山五十州。
>
> 请君暂上凌烟阁，
>
> 若个书生万户侯？

四、曲台殿——学术讲坛

秦时有曲台宫。《汉书·邹阳传》有邹阳奏书谏吴王的话："臣闻秦倚曲台之宫，悬衡天下，画地而不犯，兵加胡越。"应劭解释说："始皇帝所治处也，若汉家未央宫。"由名称可知，曲折变化的高台是这一宫殿建筑的最大特征。秦始皇居此宫能够"悬衡天下"，有似汉帝所居的未央宫，表明其政治地位相当重要。也许曲台宫就在汉未央宫的东部，汉因有曲台并做过改造，就成了曲台殿。至少在汉文帝时，未央宫里就有了曲台殿（《汉书·翼奉传》）。司马相如《长门赋》有"抚柱楣以从容兮，览曲台之央央"，表明曲台殿建筑宽广宏丽。

曲台殿是汉儒讲授礼教学问与校书著作的地方。作为射宫，汉天子在此举行大射礼，对群臣做道德教化。立署，置太常博士弟子。设有署长，主管讲学事宜。宣帝时，深通《易》家《候阴阳灾变书》的孟喜出任过曲台署长。作为著述校书的地方，汉成帝时，后仓也曾在这里"说《礼》数万言，号曰《后氏曲台记》"。（《汉书·儒林传》）

五、柏梁台——诗坛

柏梁台建于武帝元鼎二年（公元前115年）的春天，本是为了求仙。《三辅旧事》说它"以香柏为梁"，可知这是其名称的由来，但绝不是人们想象中那一般性的台子，其上是有建筑的，故而又称"柏梁殿"。《汉书·郊祀志》说此台铸铜为柱、架柏为梁，高数十丈，顶置铜凤凰，瑰丽巍峨，是汉长安城内一大建筑奇观。但可惜的是，它存世只有11年，毁于太初元年（公元前104年）的一场大火。

《汉书·五行志》有"未央宫柏梁台"的记载,《三辅黄图》也说"台在长安城中北阙内",所以此"北阙"当指未央宫北司马门外的玄武阙。未央宫北司马门在天禄阁遗址东北约60米的宫墙北垣上,[①] 柏梁台即位于此阙之北、直城门大道之南,即今未央区小刘寨村正北的地方。

柏梁台铜柱、柏梁,《三辅旧事》说它"高二十丈",合今46.2米。此建筑的宏伟与壮丽大大激发了汉武帝大兴土木的兴趣,使得长安"宫室由此日丽"。

汉武帝曾于元封三年(公元前108年)在柏梁台举行酒宴,召集二千石以上能作七言诗的大臣上台联句赋诗。据《三秦记》载,由皇帝带头先作第一句,后由亲王、大将军、丞相等按地位高低和诗,必须结合自己的职务,每人一句,而句末要用皇帝第一句的韵脚。

  日月星辰和四时,（汉武帝）
  骖驾驷马从梁来。（梁王）
  郡国士马羽林材,（大司马）
  总领天下诚难治。（丞相石庆）
  和抚四夷不易哉,（大将军卫青）
  刀笔之吏臣执之。（御史大夫兒宽）
  撞钟伐鼓声中诗,（太常周建德）
  宗室广大日益滋。（宗正刘安国）
  周卫交戟禁不时,（卫尉路博德）
  总领从官柏梁台。（光禄勋徐自为）
  平理清谳决嫌疑,（廷尉杜周）
  修饰舆马待驾来。（太仆公孙贺）
  郡国吏功差次之,（大鸿胪壶充国）
  乘舆御物主治之。（少府王温舒）
  陈粟万石扬以箕,（大司农张成）
  徼道宫下随讨治。（执金吾中尉豹）

---

① 经李遇春先生钻探,"在未央宫北墙西起约1300米处,天禄阁建筑遗址东北约60米处,有一道宽约10米的缺口,应是北司马门"。[李遇春:《西安市汉长安城未央宫遗址》,见中国考古学会编:《中国考古学年鉴(1985)》,文物出版社,1985年]

三辅盗贼天下危，（左冯翊盛宣）
盗阻南山为民灾。（右扶风李成信）
外家公主不可治，（京兆尹）
椒房率更领其材。（詹事陈掌）
蛮夷朝贺常会期，（典属国）
柱枅欂栌相枝持。（大匠）
枇杷橘栗桃李梅，（太官令）
走狗逐兔张罘罳。（上林令）
齧妃女唇甘如饴，（郭舍人）
迫窘诘屈几穷哉。（东方朔）①

据此可知，柏梁台是未央宫里诗歌交流与文化探讨的场所。汉武帝的身边凝聚了一大批颇有诗才的文臣武将。他们所创的这种每句押韵又联句唱和的形式，实际上开创了我国古代诗歌的新诗体，后人把这"连句诗"（齐梁以后称为"联句诗"）称为"柏梁体"。其特点是只有七言，没有五言，而且押平声韵，还是一韵到底。可以有重韵，逐句入韵。前后句意可以不相属，也不拘句数，可继续。

未央宫中，除以上几个大型的文化建筑工程外，还有金华殿、朱鸟堂等，在收藏不同典籍和讲授学问方面也很有名。不过，其所在位置都有待今后进一步考察确定。

---

① 在引文的联诗大臣中，有列官职和姓名的，也有仅列官职而不见人名的。清代大儒顾炎武在其《日知录》卷21的《柏梁台诗》中指出："汉武柏梁台诗，本出《三秦记》，云是元封三年作。……反复考证，无一合者，盖是后人拟作，剽取武帝以来官名及《梁孝王世家》乘舆驷马之事以合之，而不悟时代之乖舛也。"但陈直先生在《三辅黄图校证》中认为："柏梁台联句诗，气息古朴，确为真品，人名为宋人所妄加，遂滋疑义。"

第六节
皇室事务管理与寺署机构

经管皇室亲属事务的是九卿之一的宗正，其属官有都司空、内官，其寺署设在未央宫内。

同皇帝衣食住行有直接关系的机构与官员，莫过于"以给供养"的少府。在西汉初期修建未央宫时，少府的属官如尚书、符节、太医、太官、汤官、导官、乐府、若卢、考工室、左弋、居室、甘泉居室、左右司空、东织、西织、东园匠等十六官令丞署就设立在未央宫内。（见图3-13、图3-14）"掌宫中步帐裖物"的内谒者署，也"在未央宫"。（《三辅黄图》）有些还下设生产、加工、制作的手工业工场，以便更好地服务于皇室。

图3-13　宗正官当和都司空瓦拓片　　　　图3-14　右空和佐弋瓦当拓片

古代学者对这些职能部门做过一些解释，如淳说若卢"藏兵器"，臣瓒说考工"主作器械"，颜师古说"太官主膳食，汤官主饼饵，导官主择米，……东园匠主作陵内器物"，"胞人，主掌宰割者也"，"钩盾主近苑囿，尚方主作禁器物，御府主天子衣服"，等等。在这里，我们不一一介绍，只结合考古材料选择一二。

一、少府诸署及中央官署

（一）少府及其属官寺署

经发掘知，今柯家寨西南的未央宫第四号建筑遗址是一处大型的殿堂式建筑群，当是少府及其诸属官寺署的所在。

少府诸署建筑由殿堂、附属建筑及庭院构成，殿堂在南，庭院在北，附属建筑分布在两侧，由一东西向的长廊通过庭院之北连接起来。（见图3-15）

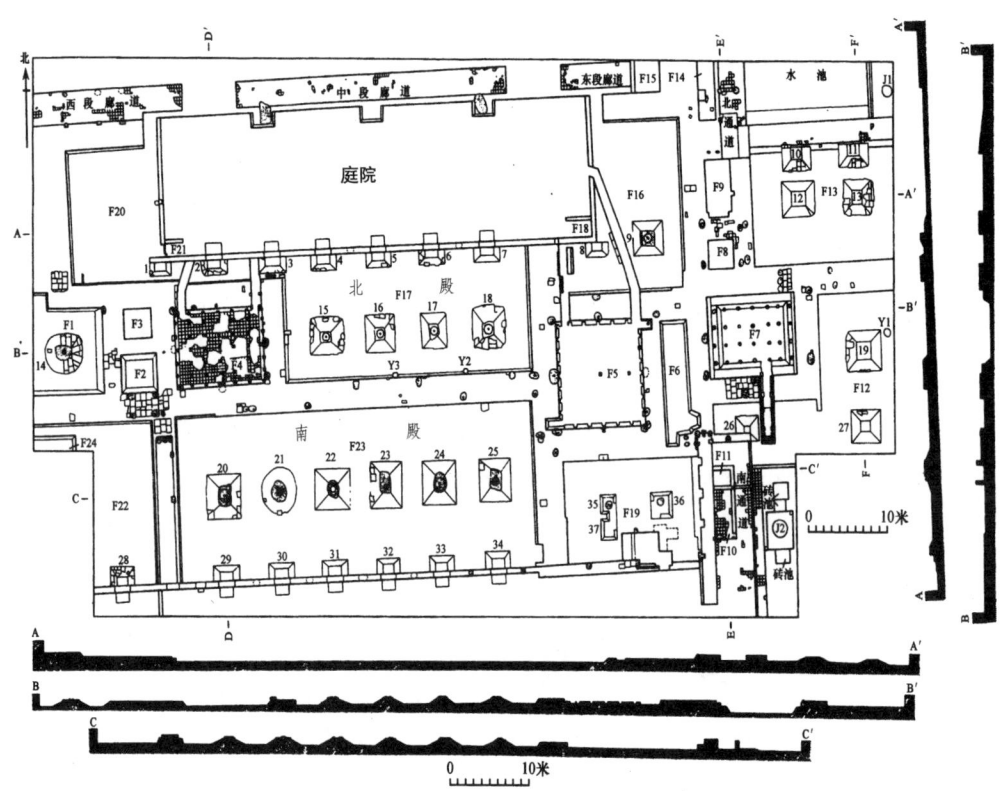

图 3-15　未央宫少府属官寺署遗址平、剖面图

作为主体建筑的殿堂有两座，南北并列，规模巨大，建筑考究。地面用木板铺设，地板以石礅支撑，形成通风道。南殿坐北朝南，面阔7间，进深2间，计东西跨度48.6米，南北17.5米，面积850.5平方米；北殿坐南朝北，面阔5间，进深2间，计东西跨度31米，南北12.9米，面积399.9平方米。

两侧的附属建筑有多处房舍。除公务与生活用房之外，在半地下式的储仓中发现了串连的王莽货泉1892枚、"汤官饮监章"封泥。在南殿东侧的南通道小房中，清理出封泥百余枚,其中有"司马喜章""史□之印"。我们知道,司马迁的祖父是五大夫司马喜,父亲司马谈也曾为太史令,此封泥同他们有无关系值得注意。另外,重要的封泥还有"掌牧大夫章""掌厩大夫章"及54件"汤官饮监章"封泥。(见图3-16)

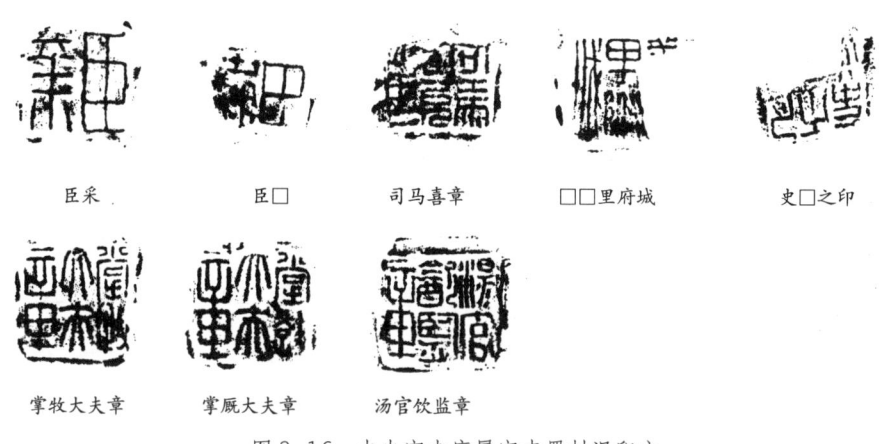

图3-16 未央宫少府属官寺署封泥印文

(二)中央官署

中央官署遗址在今未央区卢家口村东之未央宫三号建筑遗址内。(见图3-17)它东距前殿遗址850米,西距西宫墙110米,南临东西宫门大道。经发掘知,它是一处封闭式的大型院落,围以院墙,外设回廊(东墙除外)。整体平面呈长方形,东西长135.4米,南北宽71.2米,面积9640.48平方米。大院中部因有一南北向的排水沟,自然地将其分成东西两大院。两院中有南北两排房屋建筑。在两排房屋之间是开阔的空间,设有天井。北排房屋间次小,南排的间次大。

在建筑遗址中出土遗物较多,除建筑文物砖瓦和屋脊形水道外,还有陶质生活器皿、生活用具、生产工具、铁质兵器和车马器等。特别是在F3-F6、F9-F15号房子里出土有刻字的骨签(见图3-18)57000多片,极有研究价值。

骨签系动物骨骼制成,其中以牛骨最多。大小相近,一般长5.8~7.2厘米,宽2.1~3.2厘米,呈长条形的片状。上端浑圆,下端较尖,在磨光的正面刻字。两片为一对,侧面有凹口,以绳捆扎。骨签刻文,少者两三字,多者数十字。文字内容主要有两类:一类为代号与量词,如"甲三""服六石""乘舆八石""力

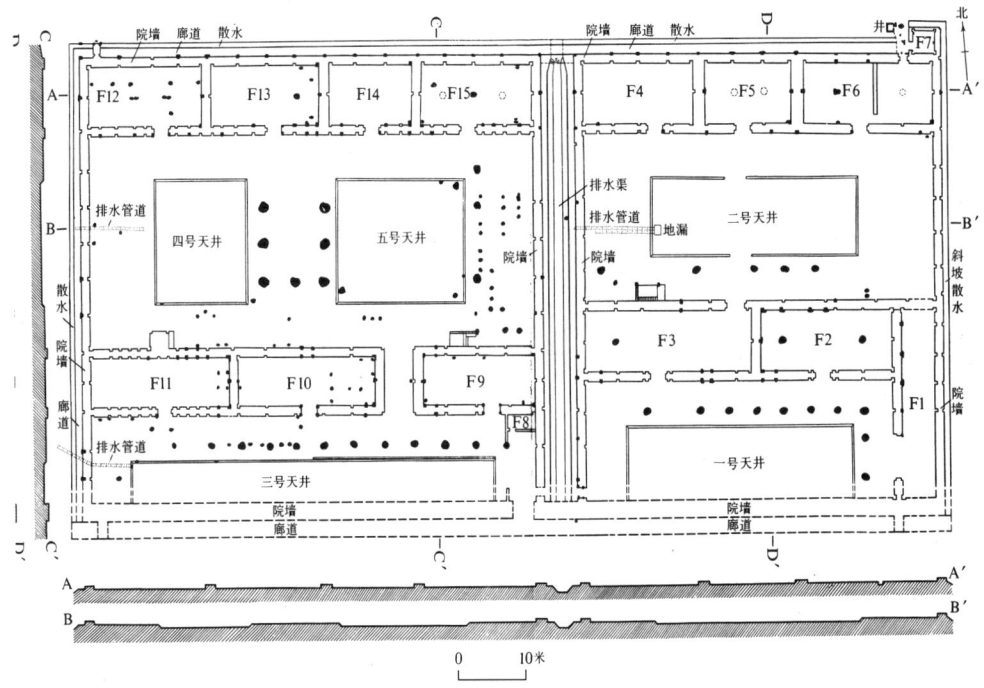

图 3-17 未央宫中央官署平面图

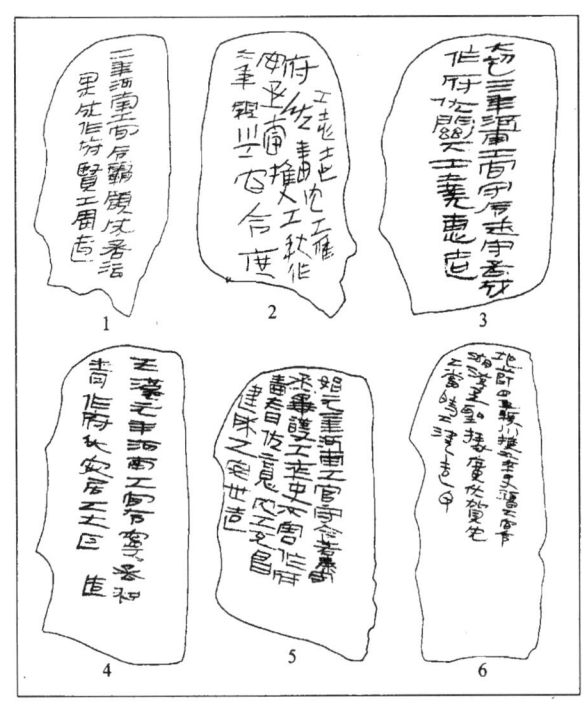

图 3-18 未央宫遗址出土骨签摹本
（选自《中国考古学》）

六石七斤""射三百六十步""乙二万八百五十""丙四万九百九十六"等；另一类为年号、官署、官吏与工匠名，如"太初三年河南工官守令丞□守丞成作府优关工尧惠造""元年河南工官令定丞文立作府地工易造""始元二年南阳工官令捐丞护工卒史□作府啬夫政□昌工政工臣造甲""始元五年颍川工官护工卒史春令狄丞福掾广作府啬夫凌□□审□工茂工同造""永光四年光禄弩官郎中晏工辅缮力六石"等。据研究，这批骨签的年代限定在汉文帝前元以后至元帝永光年之间,即汉文帝执政晚期到西汉晚期,时间跨度逾百年。

学者们对骨签定名、作用及储存的房子的性质,意见多有分歧。但对其形状、残缺的形成、刻字的作用做综合研究,并结合伴出物(弩机配件、陶器、骨器与石器)及国内外同类物,可得出以下两点结论:第一,骨签是弓弭(见图3-19);第二,三号建筑遗址是"为戍守未央宫驻军等集中修缮、贮储弓和弩等军械之所,或可推测为少府若卢、尚方、考工室(考工)等的专门作府"①。

图3-19　弓弭(未央宫三号遗址)

二、卫尉寺

负责宫廷安全保卫任务的是九卿之一的卫尉,《汉书·百官公卿表》中的表述是:"掌宫门卫屯兵,有丞。……长乐、建章、甘泉卫尉皆掌其宫,职略同,不常置。"这实际是说,卫尉统领着汉长安城的南军,主管宫内,同中尉主管城门的北军相为表里。长乐、建章、甘泉的卫尉则不常置,若设置必有专名,如长乐卫尉、建章卫尉、甘泉卫尉。

卫尉的属官有公车司马令、卫士令、旅贲令、宫掖门司马等。

卫尉寺在各宫内都有设立,未央宫则是重点。门前均有行马。

---

① 于志勇:《汉长安城未央宫遗址出土骨签之名物考》,载《考古与文物》2007年第2期。

三、作室——御府作坊

作室是未央宫中工徒劳作之室,《三辅黄图》:"作室,尚方工作之所。"《汉书·百官公卿表》:"尚方主作禁器物。"由此可知,作室是专为皇帝制作各种御用器物的手工业作坊。属少府,位于宫城的西北区,当中央官署的北部。

织室既是管理丝帛织造的官府,同时也是高级丝织品作坊之名。其任务是专为皇帝做冕服,可分为东织室和西织室,有令、丞。汉成帝"河平元年(公元前28年)省东织,更名西织为织室"(《汉书·百官公卿表》)。在汉长安城遗址内,曾出土过铜质的"织室令印"(见图3-20),陈直先生在其《两汉经济史料论丛》中推断其为"河平以后之物"。

图3-20 "织室令印"印文

管理丝绸的染练者,其官署称为暴室,名取"暴(曝)晒"之义。属掖庭令管辖,有掖庭令一职,具体管理者是暴室啬夫。暴室在未央宫西北区。

织室、暴室和尚方的劳动者都是些掌握着工艺技巧的所谓卒徒。这些服徭役的更卒(还有一部分正卒)和服刑的社会罪犯,集中在官府手工业作坊从事笨重劳动,并受到严格的管理。在未央宫北宫门的西侧,专门为工徒出入宫禁开辟了一个便门,叫"作室门"。此作室门隔"直城门大街(蒿街)",同桂宫的南门——龙楼门相对。由此可知,这几种手工业作坊都分布在未央宫内的西北部。王莽地皇四年(公元23年)十月,"二日己酉,城中少年朱弟、张鱼等恐见虏,趋欢并和,烧作室门,斧敬法闼"(《汉书·王莽传》)。颜师古注:"敬法,殿名也;闼,小门也。"

四、若卢

若卢是官名,"主治库兵""藏兵"。

若卢郎专司弩射,是宫中的侍卫,因而若卢有自己专用的武器库,不但负责发放、保管,还要对损坏之物进行修缮。

五、钩盾令署与弄田

钩盾署属于少府,职责是"主近苑囿",其寺署也设在未央宫的西北部。成帝建始三年（公元前30年）七月，"虒上①小女陈持弓闻大水至，走入横城门，阑入尚方掖门，至未央宫钩盾中"。

为管理宦官，在这一带还设立宦官署，作为宦官机构。

皇帝为表示自己不忘农耕，还在未央宫中开辟了一块弄田，归钩盾署管理。汉昭帝始元元年（公元前86年）二月，"上耕于钩盾弄田"。应劭云："时帝年九岁，未能亲耕帝籍，钩盾，宦者近署，故往试耕为戏弄。"（《汉书·昭帝纪》）

六、凌室

夏季为防暑降温、储藏食品以免腐败，我国早在西周时就在王宫内建造凌阴，以做藏冰之用。由于冰是特定季节与环境的产物，所以它的封藏和开启同季节有密切的关系。《诗·豳风·七月》云："二之日凿冰冲冲，三之日纳于凌阴。四之日其蚤，献羔祭韭。"讲的就是藏冰与启冰的时间。"二之日"是指二月，这是周历。周历的二月是夏历的建寅十二月。这四句诗是说："腊月里把冰砖冲冲地击捣，正月间将冰砖块块藏在冰窖。二月办了牲口去老爷寝庙，为开冰羔羊韭菜一齐送到。"（蓝菊荪：《诗经国风今译》）秦都雍城凌阴遗址的发掘给我们提供了详细的资料。

凌阴在汉代称作"凌室"。对长乐宫中的凌室已做过考古发掘，而西汉初年在营建未央宫时也修建了凌室。惠帝四年（公元前191年），"秋七月乙亥，未央宫凌室灾"（《汉书·惠帝纪》）。

七、御厩

宫中有养马房，方便乘舆用马。武帝设立了"路軨厩"，《三辅黄图》记"掌宫中御马，亦曰'未央厩'"。其机构庞大，有未央厩令、丞与监。《汉书·外戚传》记上官桀"少时为羽林期门郎。从武帝上甘泉，天大风，车不得行，解盖授桀。桀奉盖，虽风常属车。雨下，盖辄御。上奇其材力，迁未央厩令"。

---

① 虒（sī）上，汉长安城北渭河南岸的一个小地名，今不知其处。

第七节
宫门逸事、宫中道路与沧池

一、门阙逸事

未央宫的东门和北门都建有门阙。阙是宣布国家政令与张贴安民告示的地方，以便万民观看。遵照礼仪，百官进宫之前都要在这里暂做停留，以便考虑自己是否还有欠缺与不周之处。阙体量高大，形状对称，萧何建造时给予极大的关注，以体现皇权的威严。在两阙之间又以网状的罘罳①相连，取意于"复思"，是让朝请的大臣见到镂空的罘罳，反复思考自己奏章的合理性与可靠性。而未央阙罘罳的繁缛，更增强了它高大壮丽的厚重感。

图 3-21　青龙瓦当

东阙位于未央宫之东，属于四象中东方七宿之位，所以又称"苍龙阙"或"青龙阙"（见图 3-21）。

当时的皇亲国戚往来于长乐、未央二宫之间，都要出入东门阙，因此东门也号称"朝诸侯之门"。但来朝的诸侯王到了东宫门，即进入宫闱禁地，就不能再驰车前往，所以东宫门也别称"止车门"。

北阙还是汉天子发号令、行赏罚的地方。昭

---

① 罘罳是古代的一种建筑形式，即在双阙间用网状的木头相连，成为空中的阁道。《汉书·五行志》作"罘思"。罘罳的图形在四川成都画像砖和河南焦作汉墓中都可以看到。但过去注家对罘罳的解释，各书不同。只有唐人颜师古把它说成是"连阙曲阁"（《汉书·文帝纪》颜师古注），比较接近实际。

帝时，新楼兰王安归受匈奴指使，多次杀死前往大宛的汉使。傅介子出使后，刺杀楼兰王。皇帝下诏，历数他的罪状，并将其头颅悬挂在北阙。（《汉书·傅介子传》）诗仙李白留下"愿将腰下剑，直为斩楼兰"（《塞下曲》）的名句，从而有了"斩楼兰"的典故。

汉武帝时，因为得到有名的大宛马，铸了铜马雕塑，立于北宫门之外，于是又把北宫门称为"金马门"（简称"金门"，原称"鲁班门"）①。未央宫北门是名儒学者待诏之处，文化气息浓厚，人事活动非常，相当有名。汉代学者东方朔、主父偃、严安、徐乐、刘向、张子侨、华龙、柳褒等人，为了得到皇帝召见以求重用，都曾"待诏金马门"。在金马门之外，立有高大的对阙，是公元前200年由萧何主持修建，高30丈（合现在69.3米）。因其位于未央宫之北，属于四象中北方七宿之位，所以又称"玄武阙"（见图3-22）。未央宫的正方向在南，北阙对面从西向东有桂宫、北宫和明光宫，再向北又有长安市和横桥大道市两大商业区。自秦孝公之后，这一带一直是沟通秦都咸阳渭河南北的交通枢纽。所以，自秦而汉，汉长安的西北部都是人事往来频繁和商业发达的市区。西汉时，大臣们上书、奏事、谒见，往往都要在北阙之下等候召见。也正因为汉长安的活动重心在北边，主受章疏的"公车"和警卫宫门的公车司马就在此设署和经办公务，所以北阙门就成了未央宫事实上的正门，特别称为"公车司马门"。

图3-22　玄武瓦当

凡皇宫正门之侧或宫殿正门两旁的边门，有如"人之臂掖"（《汉书·高后纪》颜师古注），称为"掖门"。据载，未央宫有14座掖门，但作为宫城的掖门，见载的只有作室门。经考古探测，作室门在未央宫北墙的西端，当北宫门之西，其东南即石渠阁。除此之外，文献中提到的门，多是宫殿的门名，如朱鸟门是前殿的正南门（本名端门），白虎门是前殿庭院的西门，长秋门可能是前殿庭院的北门，青琐门不知是哪一宫之门。

---

① "金马门"名称的来源，另有一说。《汉书·公孙弘传》如淳注："武帝时，相马者东门京作铜马法献之，立马于鲁班门外，更名鲁班门为金马门。"所以，鲁班门、金马门都是未央宫北宫门的别称。

二、道路与沧池

在未央宫内，东西向的主干道有两条，南北向的主干道一条、支道一条。

东西向的两条大道平行：其一在前殿之北，是连接东西宫门的北大道，路宽8～12米；其二即前殿正南150米处的南大道（即《汉书·五行志》中所谓"路寝之路"），西端对着汉长安城的章城门，路宽12米。南北向的干道只有一条，位于前殿的东侧，其两端直对南北宫门，出北宫门80米与直城门大街呈十字相交，北对横门大街，出南宫门通向长安城的西安门。道路宽10～12米。另有一条支线，北对作室门，南通东西向的大道，形成丁字路。

由未央宫中的南大道东出宫门，有一段长230米的甬道遗迹。在道路南北两侧均有夯土墙，间距3～5米。

前殿西南270米处有一大型的池苑建筑，这就是未央宫里的沧池遗址，位当今马家寨村西南的一片洼地。《水经注·渭水》云："（昆明）故渠又东而北屈，径青门外，与沆水枝渠会。渠上承沆水于章门西。飞渠引水入城，东为仓池。池在未央宫西，池中有渐台。"

张衡《西京赋》有"顾临太液，沧池漭沆，渐台立于中央"之句，因为池水苍翠，故名"沧池"。平面呈石榴状，进水口和出水口形如榴蕊。近似圆形的池体，东西宽400米，南北长510米，水面面积20.4万平方米，深1～2.5米。南岸距南宫墙250米，西岸距西宫墙700米，岸边绿树成荫，池中假山（渐台）奇异，碧波万顷，风景如画。渐台处于沧池中央，是皇室贵族游乐、观景、欢宴的地方。新莽初年，王莽喜得传国玉玺，置酒渐台欢宴太后。不料想，地皇四年（公元23年）十月，更始军攻入未央宫后，王莽从前殿逃至渐台，这里也就成了他送命的地方。

为满足汉长安城内饮水、浇灌的需要，从汉城西引沆水，跨章城门入城，称为"飞渠"。水入沧池，再北流，经未央宫前殿西侧，北入桂宫，再向东过长乐宫北而流出城外。城内这段水渠被称为"明渠"。未央宫内的明渠段，渠道底部距地面2.8～3米，渠宽8～15米。渠内底部为细沙层，厚1.5～2米；上部为淤土，厚0.4米。沧池作为蓄水池，供应着汉长安城的用水。

第八节
未央宫平面布局白描

未央宫由方形宫城围绕，在四面辟门，四角建有角楼。东宫门和北宫门外建有双阙。

宫城之内，从前到后由两条东西向的大道很自然地分为三个地段。中段在东西宫门大道与章城门内大街之间，这是主体建筑——未央宫前殿的所在，两侧则分布着多处功能不同的宫殿。左侧有鸳鸯殿、凤凰殿，右侧有昆德殿、白虎殿等。前段处在南宫门和章城门内大街之间，左侧有很多附属建筑，右侧则有沧池。后段在东西宫门大道之北，直到北宫墙之内，属于官署文化区。中前部为椒房殿及其他后宫建筑。左侧有一些礼制性建筑，右侧是服务皇室的手工业制造工场及其管理机关，靠后部则有多处文化性建筑，如石渠阁、天禄阁、麒麟阁、承明殿等。这一地段的分区，前为游乐休闲区，中有政治中枢，后为文化享受区。

因为未央宫是汉皇帝的大朝之处，其格局仍然沿用"前朝后寝"之制。前殿处于中心的主体位置，后部是宫寝群落。

未央宫的北宫城紧贴东西向的直城门大街，再向北是南北向的横门大街。在横门大街的南段有桂宫和北阙甲第区并列，北段两侧有东市和西市。从汉长安城西半部看，确有"前朝后市"的味道。但从整体布局着眼，就显得不怎么协调了。在中国都城史上，建立在秦都咸阳渭南新区基础上的汉都长安毕竟还带有早期的特征，至唐长安城才臻于完善，至明清北京城才达到了规范化的顶峰。

未央宫从西汉初年萧何主持建造就奠定了皇权"重威"的基础，延续200年之久，对后代皇宫的建造具有深远的影响。

虽然汉未央宫早已淡出了人们的记忆，留下的只是一个硕大的土丘，但辉煌瑰丽的过去由黄土散发的气息留给后人的却是无穷的想象。

望未央宫
唐　刘沧
西上秦原见未央，山岚川色晚苍苍。
云楼欲动入清渭，鸳瓦如飞出绿杨。
舞席歌尘空岁月，宫花春草满池塘。
香风吹落天人语，彩凤五云朝汉皇。

第四章 武库、仓储与市场的设立

汉初，丞相萧何于长安主持建筑工程，在营造未央宫前殿及东阙、北阙的同时，还建造了武库和太仓。武库用以藏兵，太仓在于储粮。这两项工程都涉及中央机关的安全和汉政权的稳固问题，所以在汉都建设的初期就先于其他工程而抓紧进行。看来，作为政治谋士的萧何，对其重要性的认识是异常明确的。

设武库与太仓的时间，《史记·高祖本纪》记在高祖八年（公元前199年），《汉书·高帝纪》记在高祖七年（公元前200年）十二月之后的二月。有人以为这是两个不同的时间，实际上二者并不矛盾。因为在汉武帝元封七年（公元前104年）之前，纪年沿袭秦制，采用颛顼历，夏正以十月为岁首，所以七年十二月后的二月已属于汉高祖八年了。否则，七年怎么会有两个二月呢？所以按字面解释，萧何建造武库与太仓的时间当然是在汉高祖八年了。但这个"二月"毕竟是汉高祖看到工程已具"壮丽"规模的时间，那么，这几项工程的起造时间还应更早一些，也许中间还有着先后的安排。

第一节
武库

武库是国家精良武器等军械的储存地，内藏的兵器不但涉及国家的安全保障问题，而且其本身的安全也备受汉统治者的重视。武库由中尉属官武库令掌管，汉惠帝时改称"灵金内府"，也称作"灵金府"，吕后又更名为"灵金藏"。

关于武库的具体位置，诸史料记载存在矛盾。《三辅黄图》说武库"在未央宫"，而《史记·樗里子传》载："昭王七年，樗里子卒，葬于渭南章台之东。曰：'后百岁，是当有天子之宫夹我墓。'……至汉兴，长乐宫在其东，未央宫在其西，武库正直其墓。"但是，在《汉书·刘向传》和《水经注·渭水》中，只有樗里子墓、渭水、武库相对位置的记叙，并没有提到未央宫。再从《史记·高祖本纪》《汉书·高帝纪》《论衡·实知篇》看，武库并不在未央宫内，而是同樗里子的说法相一致，即在长乐宫和未央宫之间。由此可见，这唯一的一处中央武库设在长乐宫和未央宫之间，其北有秦樗里子墓。

1975—1980年，经中国社会科学院考古研究所发掘，确知武库遗址在汉长安城内的中南部，地当今未央区大刘寨村东北的高地上，当直城门大街之南，安门大街西侧约82米处。武库南距汉长安南城墙1810米，西距未央宫东墙75米。[①]

已经探明，汉武库的规模相当大。其四周有围墙，墙厚2.9~3.6米，平面呈长方形。东西长710米，南北宽322米，周长2064米，占地约23万平方米。（见图4-1）在中部有一道南北向的隔墙，把整个武库分成东西两个院落。共有长方形库房七座，其中东院四座（一号至四号），西院三座（五号至七号）。库内隔出的间次大小与数目不一致，有的库房内无隔间，用通库（六号）；最多的，分成七间（七号）。东院库房分布

[①] 中国社会科学院考古研究所编著：《汉长安城武库》，文物出版社，2005年。

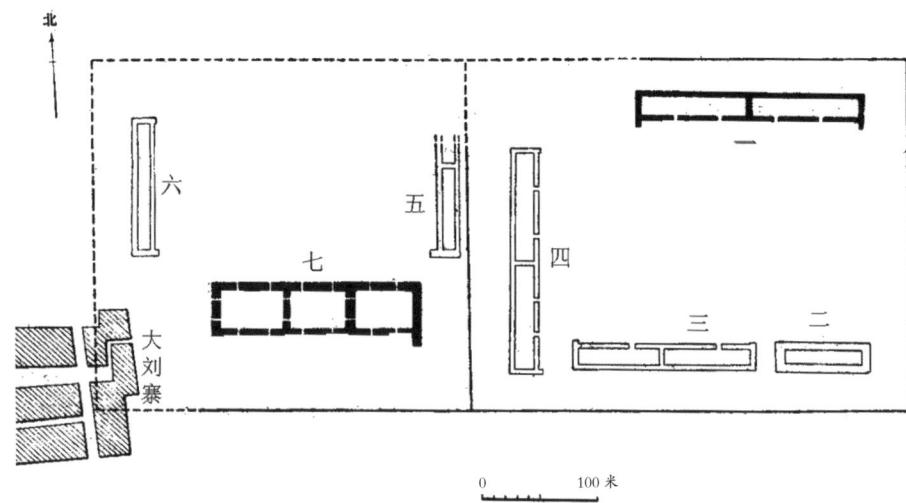

图 4-1 武库遗址平面图

在北、南、西三面，西院的在东、西、南三面，但都朝向各院的中央。其中，二号库房规模最小，东西长90.4米，南北宽24.1米；七号库房最大，东西长234米，南北宽45.7米，南北都有门址（见图4-2、图4-3）。

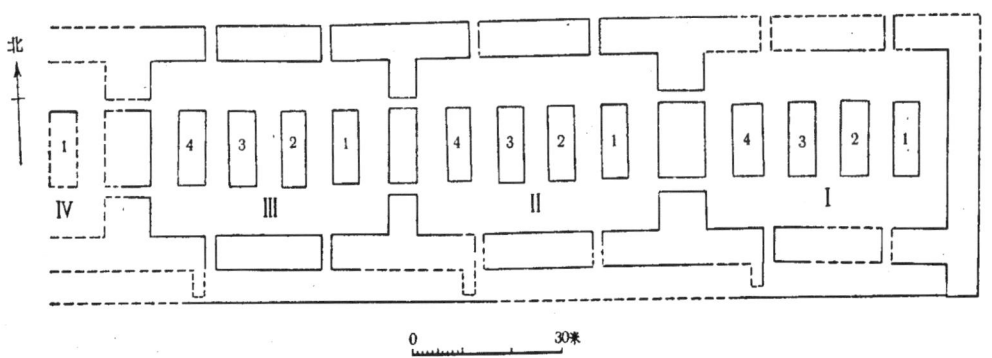

图 4-2 武库第七号遗址平面图

图 4-3 武库第七号建筑遗址发掘情况（西—东）

武库内各库房存放的兵器种类不尽相同，因库而异，各有侧重。从发掘出土物看，一号库是铠甲库，内藏铁铠甲最多，另有刀、矛、戟、铜戈、镞等。七号库是兵器库，内藏铁刀、戟、矛、镞，其中以镞数量最多，有铁镞1000余枚，铜镞100余枚。

（见图4-4）另有铜剑格等。四号库北房内还出土了29件骨签，其中除"鸿嘉元年考工"为中央官署外，还有河内、河南、颍川、东平、武威等地方的工官。这批工官骨签记录的都是弩，由此可见此库应当是弩库。兵器在库内都是放在兵器架上。张衡《西京赋》有"武库禁兵，设在兰锜"之句。《昭明文选》李善注："锜，架也。……受他兵曰兰，受弩曰锜。"可惜木架已腐，留下来的只有大量的木灰和立架的石础。

武库建筑遗址中出土的兵器种类，不外乎远射程兵器、长兵器和短兵器（也称"卫体兵器"）三类。远射程兵器主要是弩机（原弩干、弦腐朽）和矢镞；长兵器有戈、矛、戟等；短兵器主要是剑和刀。另外，武库中储藏的又一大宗物品是护体设备甲胄。当然，在库中也应保存格斗时护体的盾牌，可能由于其他原因而未见保存。这些兵器和护体设备都系铁质，戈、矛、戟、剑、刀、甲片系锻造而成，镞系浇铸而成。

中央武库为"精兵所聚"（《汉书·魏相传》），其所藏兵器都是国家工官制造的上等产品。武库的管理牢牢地掌握在"徼循京师"的中尉之手，执行具体任务的则是其属官武库令、丞。中尉为汉中央政府的列卿，担负着保卫京都安全的重任，统领着北军。中尉同负责宫内或殿内安全的长官不同，汉长安的南军虽然由九卿之一的卫尉辖领，但只能屯卫在宫门和殿门，负责宫内的安全。和皇帝最亲近的卫士是郎，其侍卫长官是郎中令，其职责范围更小，只负责守卫殿门之内。从三者的对比中可知，中尉虽说是警备京师，实际上成了汉三辅的军事首长。也正因为中尉有着很大的权力，所以统治者是不会轻易任命的。吕后掌权时，重用娘家人，以赵王吕禄为上将军居北军，以梁王吕产为相国居南军。武库令一职也多由皇帝的亲信担任。汉武帝太初元年（公元前104年），中尉改名执金吾，以后中央武库也自然归属于执金吾掌管。北军装备精良，机动性甚强，掌握北军即等于控制京师。在诛灭诸吕时，太尉周勃先入领北军，孤立了南军。同样，在平叛"七国之乱"中，周亚夫也是"以中尉为太尉，东击吴楚"（《汉书·周亚夫传》）。

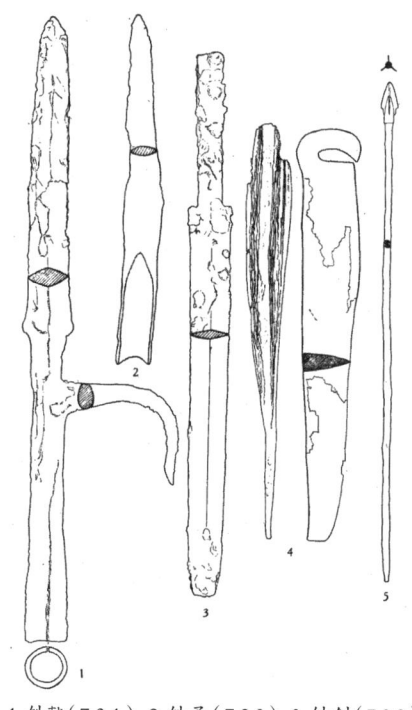

1. 铁戟（7:3:1） 2. 铁矛（7:2:3） 3. 铁剑（7:3:8）
4. 铁刀（7:2:43） 5. Ⅱ式铜镞

图4-4 武库第七号遗址出土兵器

汉阳陵南区从葬坑出土有"军武库丞""军武库兵""军武库器"等微型铜印章①，在汉代官印中还见有"军武库丞""军武库印""票军库印"等铜印②。这些武库印前冠以"军""票"，说明它们绝不是汉长安城里的中央武库。据文献记载，军队设有自己的武库。《汉书·杜周传》："帝舅大将军王凤以外戚辅政，求贤知自助。凤父顷侯禁与钦兄缓相善，故凤深知钦能，奏请钦为大将军军武库令。"《左传·成公七年》记晋国有"军府"，杜预注为"军藏府也"，或即为晋军的武库。汉阳陵是汉景帝的陵墓，其南区从葬坑被认为是模拟汉长安城的北军形象。那么，此"军武库"定是大将军的军武库。不难想象，汉长安城除了中央武库之外，起码还应有大将军和骠骑将军的两座武库。

武库不仅是储存兵器的仓库，同时也是管理兵器铸造的机构。西汉制作兵器由少府的属官尚方令负责，周亚夫子曾"为父买工官尚方甲楯五百被可以葬者"。"工官即尚方之工，所作物属尚方，故云工官尚方。"（《史记·绛侯周勃世家》司马贞索隐）在《金石索·金索》中就收有建始二年（公元前31年）尚方造弩机。当然，中央武库本身不一定制造兵器，但官府手工业部门生产的武器一定要入武库，即"兵器弓弩刀铠之属，成则传执金吾入武库"（《后汉书·百官志》注）。未央宫中有制作御用器物的手工业作坊，当有青铜武器的生产。而铁兵器的冶铸则依仗于产铁地，因此汉中央政府在这些地方设立工官，如南阳已制造出热鼓风熔炉，古荥阳有日产近1吨铁的高炉。南阳的冶铁业相当发达，是全国重要的冶铁基地之一，其领先的冶铁设备和较高的工艺水平为铸造兵器提供了充分的条件，画像石中也有冶铸兵器和武库的图像。从未央宫三号建筑遗址出土的骨签看，河南、颍川、南阳三地工官生产的武器，经登记造册后，再集中到武库存放。江苏连云港尹湾汉墓出土的《武库永始四年兵车器集簿》，反映的就是汉中央在地方设库的事实。③

汉长安城的中央武库几乎同西汉政权相始终。遗址中出土遗物时代最晚的是王莽时期的货币，可见武库毁于新莽末年的战火。

---

① 王学理：《论汉阳陵南区从葬坑的军事属性》，见《王学理秦汉考古文选》，三秦出版社，2008年。
② 中国玺印篆刻全集编辑委员会编：《中国玺印篆刻全集·玺印》，上海书画出版社，1999年。
③ 1993年，在江苏省连云港市东海县温泉镇尹湾村发掘的6号汉墓，出土竹简17种，其中的《武库永始四年兵车器集簿》记录了乘舆车器和库兵车器两大类240种计23268487件。汉中央政府在东海郡设立武库，这份"集簿"即是存放的总账，但还未见到车器和武器调出与库存的清单。尹湾汉墓简牍部分资料和释文见连云港市博物馆：《江苏东海县尹湾汉墓发掘简报》，载《文物》1996年第8期。

第二节
都城粮仓

长安作为汉都城，是以皇帝为中心的统治中枢的所在，其大宗消费品之一就是粮食。因此，粮食储备的充盈与否，是关系到国家安危的大事。萧何在建造未央宫时把太仓、未央前殿、武库列为首批重点项目，这不能不说明他具有战略眼光。

一、太仓

太仓是设立在京城的国家粮食仓库，据《三辅黄图》记载，"萧何造，在长安城外东南"。但据常理推测，作为皇家粮库，太仓不可能距宫殿太远，出于安全考虑，也应是国家保护的重点。汉长安城外东南有大的低洼地存在，后积水成了王渠。若太仓远处渠外，显然不合要求。而且从东汉洛阳、北魏洛阳、隋唐长安等都城的情况看，太仓都处在城内，绝对没有在城外的。《汉书·息夫躬传》给我们提供了这么一条确定太仓位置的线索：汉哀帝接受息夫躬的建议，并令他持节领护三辅都水。于是，他"立表，欲穿长安城，引漕注太仓下以省转输"。虽然这计划未获通过，但要打穿长安城，把城外的漕渠引入城内"注太仓下"，这就很清楚地说明太仓在城内而不在城外。可见《三辅黄图》的"城外"也许是"城内"转抄之误。但城内东南是长乐宫的范围，只有武库之南还有大片的开阔地带，太仓作为粮库，同武库共处一地，一南一北，必定是萧何所做的最佳选择。

尽管太仓遗址还未被发现，但可以与秦都咸阳仓相对照。咸阳仓囤积的粮食是"十万石一积"。栎阳仓虽小，但也有"二万石一积"（《秦律·仓律》）。随着时间的推移，人口逐渐增加，估计西汉末年可接近50万。作为汉朝国家粮仓的太仓的规模必定远远超过咸阳仓。

西汉初年经过文景之治，至武帝年间，国家无战事，风调雨顺，"民人给家足，都鄙仓廪皆满，而府库余财。京师之钱累百巨万，贯朽而不可校。太仓之粟陈陈相因，充溢露积于外，腐败而不可食"（《汉书·食货志》）。

太仓的管理有太仓令丞，归属于中央九卿之一的大司农，有员吏99人。（《汉官》）

二、近郊粮仓

除太仓之外，都城周围还有几处粮仓。

（一）籍田仓

籍田仓在清明门内，长官是籍田令丞，专门储存皇帝籍田（亲耕）的粮食，作为祭祀活动的用粮，但规模不是很大。

（二）常满仓

常满仓位于城南礼制建筑附近，王莽在周围建有明堂、辟雍，为来自全国的太学生筑舍万区，仓北设有槐市。仓粮供应太学食用。

（三）嘉仓（嘉禾仓）

《三辅故事》云："城东有嘉禾仓。"《玉海·仓庾》说："初建一百二十楹。"

（四）细柳仓

关于细柳仓的位置，家在左冯翊的三国魏人如淳说"长安细柳仓在渭北，近石徼"（《汉书·文帝纪》注），而《三辅黄图》又言"古徼西有细柳仓"。《水经注·渭水》："渭水又东，与丰水会于短阴山内，水会无他高山异峦，所有惟原阜石激而已。水上旧有便门桥，与便门对直。""徼"与"激"通，互为双声叠韵字。因为声旁相同，就很容易通转。那么，"古徼"即"石徼"，也就是石激。在这里，我们应该把它理解成石堤。由于渭水流经的关中平原位于黄土地带，为防止细柳仓所在的渭岸崩塌，就用石料筑堤。像秦都咸阳的"横桥"就是"南北有堤，激立石柱"（《三辅黄图》）。既然渭水与沣水会于短阴山内，在今沙河故道入渭的文王嘴一带固然见不到"石激"的遗留，但其地面高出5米多，倒是一处土质坚硬如石的台塬，能说这不是所谓的短阴山（石激）吗？

《元和郡县图志·关内道》："细柳仓在（唐咸阳）县西南三十里，汉旧仓也。"1989年4月文物调查时，在咸阳市秦都区渭滨乡过唐村东南300米，当沣河之西，发现了两寺渡二号遗址，东西长259米，南北宽200米，面积约51800平方米，地属两寺渡村。

遗址中出土有柱础石、"百万石仓"瓦当、云纹瓦当、绳纹筒瓦、板瓦及灰陶罐残片等。在渭水上架设有便门桥，两寺渡村正处于"古徼西"，这里又同汉长安城的便门东西对直，正因为方位同文献记载吻合，所以细柳仓的所在才得以确认。①

细柳仓地址的选择，当同汉长安城的防卫有关。西渭桥（又称"便门桥""便桥"）是汉长安城去往西北以及北方许多地方必经的津梁，因此也是长安城西北面最重要的交通枢纽，对汉长安城的安危也特别重要。汉文帝后元六年（公元前158年）冬，匈奴大举入侵上郡、云中。文帝一面派大军驻守边地，一面在长安城外围部署防卫力量，令"河内守周亚夫为将军，居细柳；宗正刘礼为将军，居霸上；祝兹侯军棘门：以备胡"（《史记·孝文本纪》）。如果匈奴骑兵由渭河北岸进犯长安，必然要经过西渭桥。那么，周亚夫率军驻防的细柳既可扼守大桥，也能保护细柳仓。

三、关辅储仓

（一）华仓——京师仓

因为京城用粮量大，为从关外把粮食运进来，汉武帝于元光六年（公元前129年）接受大司农郑当时的建议："引渭穿渠起长安，旁南山下，至河三百余里。"（《汉书·沟洫志》）令水工徐伯率军卒用3年时间开凿了一条运粮的专用水道——漕渠，并在漕渠东端即渭河入黄河不远的渭口设立了京师仓（或称华仓）。仓址在今陕西省华阴市东9公里，北临西泉店村，南有段家城、王家城村，西近沙城村和沙坡村，一面依山，三面近崖，地势险要。遗址东北2公里处有三河口村，意即黄河、渭河和洛河汇流之地，距汉长安城仅130公里，可见水陆交通均很方便。京师仓有仓城，依地势而建，呈长方形，东西长1120米，南北宽700米，周长3640米，占地78.4万平方米。

陕西省考古研究所在华阴市砬峪段家城村北的瓦碴梁上对华仓遗址做了考古发掘。在仓城之内北偏西处，共有6座围墙环卫的粮仓。②（见图4-5）

一号仓平面呈长方形，坐西面东，东西长62.5米，南北宽26.6米，总面积达到1662.5平方米。两道东西向的隔墙把一号仓分成南、北、中三室。（见图4-6）二号仓平面呈南北向的长方形，在一号仓南面，由东西二室组成。三号仓在一号仓西南，长方

---

① 曹发展：《汉"百万石仓"与"细柳"地望考》，见成建正主编：《陕西历史博物馆馆刊》第15辑，三秦出版社，2008年。
② 陕西省考古研究所编著：《西汉京师仓》，文物出版社，1990年。

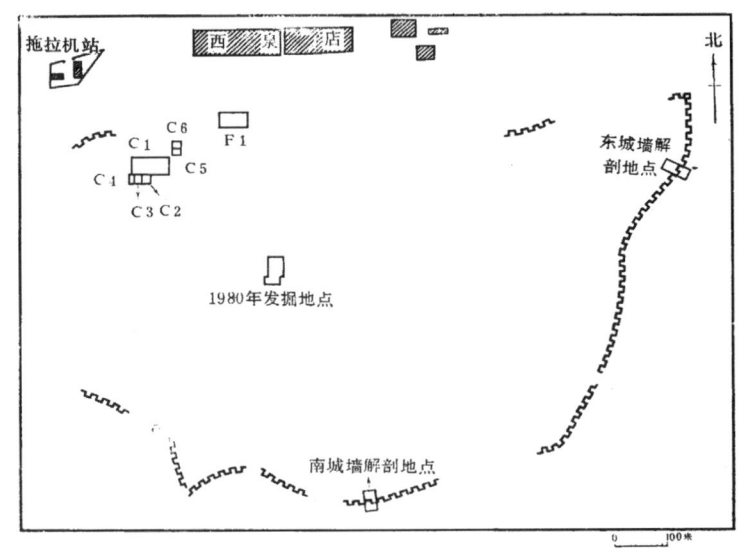

形,南北向,由东西二室和室外披檐组成:东室面阔4.8米,进深9.6米,面积46.08平方米;西室面阔5.1米,进深9.5米,面积48.45平方米;披檐东西长8.8~8.9米,南北宽2.65米。四号仓在一号仓西南角外侧,平

图 4-5　京师仓城和一号至六号仓实测图

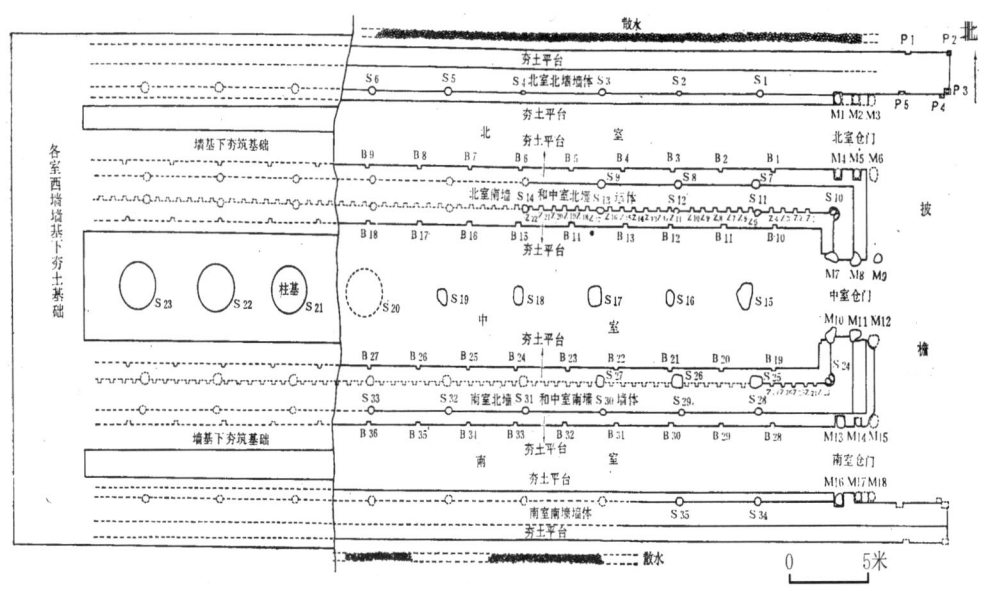

图 4-6　京师仓遗址一号仓平面图

面也呈长方形,坐北朝南,由东西二室和披檐组成。五号仓在一号仓东北角外,坐东向西,平面呈长方形,东西长15.35米,南北宽10.45米,面积约160.4平方米,由南北二室和披檐组成。六号仓位于五号仓北面,和五号仓相连,平面呈长方形,东西长15.35米,南北宽10.45米,面积约160.4平方米,由南北两室和披檐组成。

一号仓是一座大型的木结构建筑，较为复杂，墙壁崇厚，内设架空的地板，门外有披檐，屋面用板瓦和筒瓦，屋檐瓦当还施彩，整体规模宏大，气魄雄伟；二、三、四号仓是半地下式土木混合结构，宜存散粮或不同种类的粮食；五、六号仓是地面上的多层建筑，室内地面不但夯筑，而且经火烘烤过，异常坚硬，墙体也相当厚重。

在京师仓遗址中出土有大量的建筑文物——条砖、空心砖、瓦、云纹和文字瓦当，以及陶量、陶罐、陶盂、陶盆、陶瓮、铁锄、铁凿、铁锸、铁锯条、剑、戈、刀、铜镞、半两、五铢、布泉、货泉等。文字瓦当中的"京师仓当""京师庾当""华仓""与华无极""与华相宜"等，足以证实这里就是京师仓的故址。（见图4-7、图4-8）

这一转运途中暂存粮食的库房规模如此宏大，由此不难想象京都太仓藏量是多

图4-7 华仓复原透视图

图4-8 华仓出土的文字瓦当

么庞大！

在漕渠开凿之前，每年从关东运来的粮食不过百万石，而在漕渠开通后所运粮食每年猛增到400万石，最多可以达到600万石。

（二）澂邑漕仓

澂邑漕仓是一处漕运仓储遗址，地处今蒲城县洛滨镇西头村东侧洛河西岸的二级台地上。经调查，该遗址范围很大，南北长约3公里，东西宽1.5～2公里。中心区位于村东，文化层厚达1～3米。北部发现陶窑5座，残留有陶器和大量瓦坯。南部探出一夯土基址，东西长25米，南北宽10米，内有石柱础。在遗址内，还发现一口水井。采集的文物有外绳纹内麻点纹、菱形纹或布纹板瓦和筒瓦，连弧纹、平行双弧纹、云纹瓦当，"澂邑漕

图4-9 "澂邑漕仓"瓦当

仓"文字瓦当（见图4-9），以及陶罐、瓮、盆、壶、钵等器物残片。

粮食的入仓与运出靠的是一条长达32公里的洛渭漕渠，在今蒲城县与渭南市临渭区之间。人们利用古代洛河泛滥流经的河道，再加人工开凿，引洛入渭。

有学者认为该遗址是春秋时期晋国的北澂（又作"北征"）故城，属于晋国河西的重要城邑。秦康公四年（公元前617年），秦"取晋北澂"设县。汉因之，并于此建漕仓。

2003年9月，澂邑漕仓被公布为第四批陕西省文物保护单位，并确定了保护范围。2013年5月，其又被国务院公布为第七批全国重点文物保护单位。[1]

（三）汧河储仓

西汉政府在关中西部也建有粮仓。2004年，考古工作者在凤翔县西南15公里处的长青镇孙家南头村西、汧河东岸发现了仓储遗址（见图4-10）。[2]该建筑遗址之东600～

---

[1] 陕西省地方志编纂委员会编：《陕西省志·文物志》第13卷，陕西人民出版社，2016年。
[2] 陕西省考古研究所、宝鸡市考古工作队、凤翔县博物馆：《陕西凤翔县长青西汉汧河码头仓储建筑遗址》，载《考古》2005年第7期。

图 4-10　汧河储仓遗址与瓦当拓片

700米处，由北而南，是秦汉蕲年宫和羽阳宫遗址。

凤翔县孙家南头村的西汉仓储遗址整体呈长方形，南北总长216米，东西宽33米，建筑总面积约7200平方米。遗迹有墙垣、通风道、门、柱础石等，由南北并列的3座库房组成。南北围墙之间有两道隔墙，将整个建筑等分成3个单元，其中北库已遭破坏，中间和南侧的两个库保存状况较好。整个建筑不但规模大，而且构筑工艺复杂。

目前已发掘完成的是中间的库房和南北两道隔墙。该单元南北长72米，东西宽33米，发掘面积近2400平方米。墙垣上方已遭破坏，南北墙基各有2条通风道，东西墙基有7条通风道，通风道一般宽0.7~0.8米。库房地面排列着整齐的小石块，东西有14行，南北有43行，共计石块602个，石块间距1~1.3米。在石块分布区，又有柱石，东西2行，南北9行，东西柱间距7.2米，南北柱间距5.2米或8.2米。现在看来，小石块是木地板的支撑点，柱石是库房顶的立柱基础。墙基系平板夯筑而成，墙体内壁均有一层红烧痕迹，当为防潮处理工艺。每个通风道两侧面各有4道柱槽。过去在凤翔曾采集有汉代"百万石仓"文字瓦当。发掘者认为该仓储建筑可能就是当时的"百万石仓"，类似于华阴京师仓，是西汉中央政府设在关中西部的一个水上转运站，具有仓储、转运和军需守备多重作用。

西汉政府储粮多，以致"太仓之粟陈陈相因，充溢露积于外，腐败不可食"（《汉书·食货志》）。

作为国家粮库，它有着一套严格的管理制度，粮食的入库、出仓、储存均有登记，防霉有措施，安全有警戒。其负责人就是太仓令。

第三节
从"大市"到"九市"之变与长安的商业

城市人口集聚,这是一个庞大的消费群体。正所谓"无商不活",商业也是城市繁荣的主要因素之一。汉建都长安初期,就注意到设立商品交换地的合理性。这是因为受长期战乱的影响,社会经济遭受严重破坏,城市商业萧条,市场不振,商贾较少,造成商品极度匮乏。为了扭转不能正常"合市"的局面,"立大市"很有必要。西汉中期以后,长安交易活跃,商业发达,市场趋于繁荣。

一、市的设立

(一)长安市

1. 国立大市:东市与西市

由国家主持在汉都长安设市的时间最早是高祖六年(公元前201年),即丞相萧何"立大市"(《史记·汉兴以来将相名臣年表》)。汉惠帝六年(公元前189年)"起长安西市"(《汉书·惠帝纪》,《史记》载与此相同)。汉初设立的长安两市,当然不是一般露天的集市贸易场所。即以开市而言,在"市日三合(朝市、大市、夕市)"中,中午到下午这段时间内的商贸活动不再是商贾小贩间的交易,连普通百姓都因生产、生活之需而进入市场。所以开"大市"时,范围最广,人数最多,交易量也最大。从恢复生产、繁荣经济的角度出发,这无疑是利国利民的。

刘邦立的所谓"大市",应该说其等级就全国而言是属于中央一级的。那么,这"大市"一定是史籍中一再称说的"长安市"[①]。

---

① 《汉书·百官公卿表》:京兆尹"属官有长安市、厨两令丞"。《汉书·张敞传》:"长安市偷盗尤多,百贾苦之。"《汉书·赵广汉传》:"广汉客私酤酒长安市。"

东市（即大市）遗址在今未央区袁家堡东、曹家堡西的南北向水渠之西，周家堡北、相家巷村的东西公路附近。经探测，北距城墙170～210米，南距雍门大街只有40米，西距横门大街90米，东距厨城门大街120米。市的平面基本呈方形，四周有围墙，东西长780米，南北宽650～700米，占地约52.65万平方米。①市内有纵横各两条道路，交叉成"井"字形，这四条大街把市内划分成9个独立的区域。大道通墙，使得每面墙有门两座，计八门，从而形成"一市八门九区"的市制。

所谓"西市"，实际是因为建大市在前，相对而言才有了这一称呼。同时，这也说明它位于大市之西。而刘邦所立的大市也就是东市，只不过当时不这么叫而已。在今汉长安城遗址内的横门大街上，北距横门遗址160米处勘察到一处长宽各300米的大型建筑群遗址。其中心建筑东西长147米，南北宽56米，这有可能就是市楼遗址。本来市楼应该在市的中心，而它处于东市西侧的大街上。显而易见，此市楼也监管着西市。在汉长安城西北一隅，当横门大街之西、雍门大街之北，是中央官署手工业作坊区。在今西安市未央区六村堡街办的六村堡东、袁家堡西、相家巷村南、黄庄和铁锁村北，有一大型遗址，东西长550米，南北宽420～480米，占地约24.75万平方米，有一小城，四面各辟两门，计八门。城内有纵横各两条道路，四条道路形成"井"字形。②应当说，这小城就是西市的所在。在西市遗址内发现了多处手工业作坊遗址。20世纪80—90年代，在汉长安城内共发掘了50座窑址，其中37座位于汉长安城西北角的西市及其附近。西市（小城）内的陶窑，已发掘21座，烧造的是裸体陶俑。而西市西侧有6座陶窑，但分布散乱，主要出土遗物有陶俑、日用器皿、砖瓦等。市内之窑属于少府所属东园匠的官窑。③

西市东北部有不少铸币遗址，出土了数以千计的"五铢"砖雕范母，个别的是石雕范母。题记内容主要是纪年，多为西汉"元凤""本始""甘露"等年号，也有编号、工匠名等，这处遗址应为中央政府辖属的铸币遗址。带有纪年题记的五铢钱范母的出土，为五铢钱的年代断定提供了一批极为宝贵、科学的资料。

东西两市在商贸活动的内容上有所不同。东市业务主要是货物销售与交易，规模大，人员多。斩首示众也多在这里进行，这是先秦传下来的制度。《礼记·王制》云：

---

① 何岁利：《汉唐长安城市场探析》，见中国社会科学院考古研究所、陕西省考古研究院、西安市文物保护考古所编：《汉长安城考古与汉文化》，科学出版社，2008年。
② 刘庆柱：《西安市汉长安城东市和西市遗址》，见中国考古学会编：《中国考古学年鉴（1987年）》，文物出版社，1988年。
③ 中国社会科学院考古研究所汉城考古队：《汉长安城窑址发掘报告》，载《考古学报》1994年第1期。

"刑人于市，与众弃之。"因而死刑一般又称"弃市"。晁错、吴章、刘屈氂和成方遂都被处死于东市。西市业务主要是以手工业作坊为中心而进行的交易活动。

因为市又是行刑的处所，达官贵人一般是不能随便去市肆的。照先秦制度，尊卑等级森严，贵族无故游观于市要受到处罚。到了西汉时期，贵族观念已较为淡薄，《史记》中就记载了中大夫宋忠与博士贾谊同去长安东市，到卜馆和卜者司马季主攀谈（《史记·日者列传》）。军队驻地设有军市，军人也可到市肆进行商业活动。当然，有市籍的居民地位很低，常活动在市场，被称作"市井小人"。

2. 平民市场：九市

关于京都一带的市场数量，古文献往往说"长安市有九市"。《三辅黄图》引《庙记》说："长安市有九，各方二百六十六步。六市在道西，三市在道东，凡四里为一市。致九州之人在突门。夹横桥大道，市楼皆重屋。"又说"旗亭楼，在杜门大道南"。接着，还列举了柳市、东市、西市、直市。《文选·两都赋》李善注引《汉宫阙疏》也说"长安立九市，其六市在道西，三市在道东"。宋敏求在其《长安志》中还举有四市、柳市、东市、西市、直市、交门市、孝里市、交道亭市。此外，陈直教授说在汉长安城遗址上还出土过"高市"陶瓶（《三辅黄图校证》）。

由于古文表述简约，或传抄有误，或错简所致，长期以来学者们对长安这"九市"的有无、分布、组成等问题，在认识上多不一致。因而就出现以下几种说法：

第一种，长安只有东市和西市两大市，地处洛城门外的杜门大道两侧。大道西侧的西市下设6个小市，东侧的东市下设3个小市[①]。

第二种，"九市"各有专名，即：东市、西市、南市、北市、柳市、直市、交门市、孝里市、交道亭市。其中，东市、西市、南市、北市、柳市、孝里市等6市位于城内的安门大街以西，直市、交门市、交道亭市等3市位于城外大道之东[②]。

第三种，认为"九市"之"九"只是约数，并非实指，取意在多[③]。

另外，指名"九市"的学者对其所在位置也有分歧，一说全在城内北部，因为南部和中部是宫殿区[④]；一说除孝里市、直市、交道亭市和交门市在城外，其余都在城内。[⑤]

---

① 杨宽：《西汉长安布局结构的探讨》，载《文博》1984年创刊号；《西汉长安布局结构的再探讨》，载《考古》1989年第4期。
② 刘运勇：《再论西汉长安布局及形成原因》，载《考古》1992年第7期。
③ 刘庆柱：《再论汉长安城布局结构及其相关问题》，载《考古》1992年第7期。
④ 王仲殊：《汉代考古学概说》，中华书局，1984年。
⑤ 何清谷：《三辅黄图校注》，三秦出版社，1995年。

以上诸说，各自有理，但不全对，甚或有错。鉴于文献记载有歧义，在研究汉长安设市问题时又不可回避，因此有必要重新做一梳理。首先，明确一下长安市制与大体布局，这里有三层意思：

第一，长安城内与近郊有市场9个，每个市场占地"方二百六十六步"。其中6个市在"道西"，3个市在"道东"。为方便交易，每隔4里设一市。

第二，在突门之外，横桥大道的两侧汇集着做买卖的"九州之人"。

第三，市楼建筑都是"重屋"的形式。旗亭楼就位于"杜门大道南"。

现在做一具体分析。首先，尽管《水经注·渭水》说雍门"亦曰突门"，但《后汉书·窦融传》李贤注作"突门，守城之门"[①]，可见长安城十二门外都有这种特设的小门。那么，横桥大道是过渭河、通五陵、上甘泉、向西域的唯一要道，在两旁有那么多客商从事贸易活动，其生活必在横门的突门之外，而不是雍门之外。架设在渭水上的横桥，距横门只有3里（合今1252.59米），而且在横门之外已经探测出通桥的大道，断头的部分正是桥头的河漫滩。所以，横桥大道就是横门大道。横门大道两侧商铺林立，又同城内长安市形为表里，从而构成京都北部的一大商业区，其繁盛的情景正如班固在《西都赋》中描述的那样："阛城溢郭，旁流百廛。"

其次，在长安九市中，除大市外，特别强调两大市是横桥大道（横门之外）之市和杜门大道（覆盎门外）之市。覆盎门（杜门）外有孝武卫皇后的思后园、戾太子妃史良娣的戾后园，并在博望苑。又有昆明故渠经过，漕运繁忙。去杜陵、上子午道去汉中，都得出覆盎门。杜门大道两侧人口稠密，消费旺盛，设市建旗亭势所必然。

复次，长安有九市，应该是东、西两个大市之外，就大型的民市而言的。在此，有名气的市包括杜门大道之市、横桥大道之市、交道亭市（便桥东北）、直市（渭桥附近）、细柳仓市（简称"柳市"，今咸阳西南渭河边）、孝里市（渭河北任家嘴）、会市（又称"槐市"，在太学之北）、交门市（渭桥之北）。陈直先生在《三辅黄图校正》一书中说"汉城曾出土有'高市'陶瓶，为余所得，后赠与兰州图书馆"。他在《汉书新证》一书中还说："西安汉城遗址中，出土'市府'封泥最多，文字最精。又有东西南北四市封泥，皆为半通式，为左冯翊长安四市长所用者。"以上共13个市，如果除去远郊的柳市、交门市、直市和孝里市，正好是9个市。

---

① 《后汉书·窦融传》："（隗）嚣又引公孙述将，令守突门。"李贤注："突门，守城之门。"既是"守城之门"，当然属于军事设施。《墨子》说"城百步，一突门"，可知此设早已存在。

再次，汉长安除过东西两大市、九市外，还有军市（都城驻军附近）、酒市等等。西汉末期，一些权臣贵族还立有家市，如哀帝时的曲阳侯王根"臧累巨万，纵横恣意，大治第宅，第中起土山，立两市"（《汉书·元后传》）。除此之外，还有很多集市仅有商品交换地，按旬定日进行交易，像槐市在长安城南，因市场有槐树数百行而名之。《三辅黄图》载，在"常满仓之北，为槐市，列槐树数百行为队，无墙屋。诸生朔望会此市，各持其郡所出货物及经书传记、笙磬乐器，相与买卖，雍容揖让，或论议槐下"。

最后，长安九市中，较为重要的是四市。左冯翊属官有"长安四市四长丞"（《汉书·百官公卿表》），戾太子曾"驱四市人凡数万众，至长乐西阙下"（《汉书·刘屈氂传》）对抗政府军。再证之以东西南北四市封泥的出土，其各有长丞管辖，并非一市之名，也不是四个市的专称。至于"六市在道西，三市在道东"，很可能是长安城内北部诸市以安门大街为轴来分布的。

（二）市制与交易

汉代市场的形象资料，在四川成都、广汉、新繁、彭州等地出土的一些市井画像砖（见图4-11、图4-12）上更为直观。不过，方形围墙之内十字相交的两条大街，把市内分成4个区域，显然是比不上都市的地方性市场。但有四望的楼阁式建筑——市楼，即所谓"市亭""旗亭"①，则是少不了的实用设施与标志性建筑。张衡《西京赋》中有"廊开九市，通阓带阛。旗亭五重，俯察百隧"的句子，说明市楼位于"四通之街"的中心，有"俯察百隧（街衢的道路）"的方便。《三辅黄图》中有这样的记述："当市

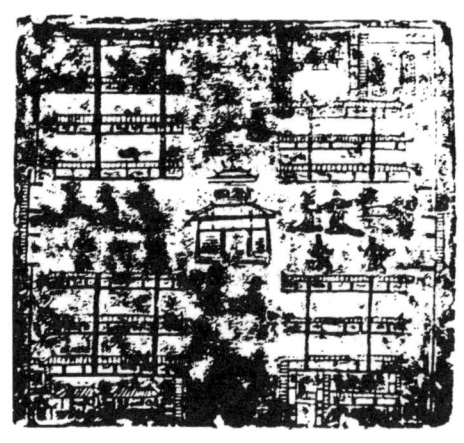

图4-11 市井画像砖像

图4-12 市楼画像砖像

---

① 刘志远、余德章、刘文杰：《四川汉代画象砖与汉代社会》，文物出版社，1983年，第62页。

楼有令署，以察商贾、货财、买卖贸易之事，三辅都尉掌之。"都尉是一级军事长官，但"三辅都尉"作为武职，主管着三辅境内的治安，还要介入管理市场，可见它的管辖范围绝对不会以一市为限。那么，画像砖上这一建筑是否就是当市楼（即当市观）呢？看来是不会错的。

汉长安市内"井"字形四街构成九区的格局被后来的唐长安两市所继承，说明汉代都市远比已发现的秦雍都、咸阳的市要成熟得多。张衡所指，实际是就一个完整的市场而言。所谓九市也绝不是以汉长安京都范围立说，而是指在一个市内有9个区域。因为市有围墙（阛）环绕，市门（阓）开向四方，街道（隧）两侧有紧邻相接的店铺（列肆）。而在四条街交叉形成的九区中的每个区，四面临街，从而大大增加了商户数及其营业面。特别是汉长安城内，无论贩卖鬻物的行商，还是设肆售货的坐贾，都按行业划区交易，所以出现了"九市开场，货别隧分"（班固《西都赋》）的井然秩序。这样做，不只是为了广大客商和百姓交易的方便，也有利于司市进行物价评比、征取税收，还可防止奸商投机取巧、哄抬物价。

商人要受到层层管理，市井设有市令或市长。管理市井的官署设在市楼（亦名旗亭），楼皆重屋。市楼上悬大鼓，击鼓以行市。从《西京赋》描写的"旗亭五重，俯察百隧"的情况看，市楼的建筑及其规模相当壮观。京兆尹属官有长安市、厨两令丞和长安四市四长丞。凡有市籍的商人，都须向官署缴纳市租，一并入少府。

长安市场的商业活动之所以活跃，是因为它是国家级市场。而其中最为典型的莫过于东市。东市的商品种类繁多，交易量大，诸如粮食（五谷原粮）、农副产品（枣、栗）、饮品（酒、浆）、佐料（醋、酱、盐、豆豉、曲等）、丝麻纺织品（帛、细布、文采、榻布等）、染料和涂料（卮、茜、漆等）、皮毛产品（狐裘、貂裘、羔羊裘等）、菜蔬、车辆、木材、牲畜、肉食、水产、铁器、铜器、漆木器等，应有尽有。此外，还有许多熟食出售，也有高等级的奢侈品如玳瑁、珠玑、旄羽等的销售，更有奴婢的买卖。各种各样的商品既可满足普通百姓日常生活的需要，也能满足贵族与官僚的物欲所好。

班固在《西都赋》中对长安市场的繁荣景象有着绘声绘色的描述："九市开场，货别隧分。人不得顾，车不得旋。阗城溢郭，旁流百廛。红尘四合，烟云相连。"

当然，市场里的商品来自全国各地。从短途到长途，负责各类商品贩运的，往往是专业的商旅团队。这类商人必须以丰厚的资财为后盾，如果还具有高于一般人的政治眼光，又能结交官府，做到"官商勾结"，其获利将是无穷大。像吴楚七国之乱时，汉景帝征发的列侯与封君纷纷要借贷筹集军旅费用,但没有哪一个高利贷者(子钱家)愿借钱给他们,因为对远在关东的战争谁也没有取胜的把握。独有毋盐氏愿出贷千金给他们,条件是事后要付10倍的利息。结果,仅仅过了3个月,那场叛乱便被平息,毋盐氏因此获利息10倍,这笔大财竟让他"富甲关中"。

市场的活跃,造就了不少有名的商业巨头。西汉前期,关中的富商大贾莫过于诸田,即田啬、田兰、田甲、田信,另有韦家栗氏、安陵杜氏等。他们都是家累"巨万"的富户。西汉后期,京师富人如杜陵的樊嘉,家财有5000万。茂陵的挚纲,平陵的如氏、苴氏,长安卖丹的王君房,卖豉的樊少翁、王孙卿,尽管财富次于樊嘉,但家资仍在"巨万"之数。特别是王孙卿"以财养士,与雄桀交",以钱铺路,混迹官场,竟当上了"东市令"(《汉书·货殖传》)。也有为富不仁的,像"东市贾万"称霸一方,同城西的萬章、翦张禁、酒赵放、杜陵杨章等人结成流氓团伙,"通邪结党,挟养奸轨",竟能"上干王法,下乱吏治,并兼役使,侵渔小民",被称为"百姓豺狼""长安宿豪大猾"。他们为非作歹20多年,官府莫能"禽讨",但最后还是被王尊正法。(《汉书·王尊传》)

(三)商人

通过远程贩运、组织货源或居肆列货直接向消费者售卖而获取利润的人,无论是行商还是坐贾,都可以称为商人。西汉长安的商人,其经营方式不外乎贩运、囤积、零售、经纪几种,或专职,或兼营,加之西域商人来华,构成了长安城商品经济发展中一股活跃的力量。

长安市场上销售的货物,来自都城郊野和关中的仅是极少的一部分。即使像关中有千树枣、千亩竹一类土特产品,或像张安世家七百童仆生产的家庭手工业产品,除自产自销之外,总得有专事贩运的商人通过贱买贵卖,从差价中牟取利润。"山西饶材、竹、榖(皮可为纸)、纑(可做布)、旄、玉石;山东多鱼、盐、漆、丝、声色;江南出楠、梓、姜、桂、金、锡、连(铅矿石)、丹沙、犀、瑇瑁、珠玑、齿革;龙门、碣石北多马、牛、羊、旃裘、筋角;铜、铁则千里往往山出棋置⋯⋯"(《史记·货殖列传》)这些都是从普通老百姓到达官贵人生活中离不开的"奉生、送死之具"。也只有"待农而食之,虞而出之,工而成之",再通过"商而通之",才能满足社会需要。在这里,贩运商人致远穷深、通有无、调余缺、便利百姓的作用就显得极其重要了。

商人唯利是图,囤积居奇本是其获取高额利润的手法。茂陵的富户焦氏和贾氏,曾以千万元的积蓄买下大量的木炭、芦苇一类物资储存起来,以便日后卖高价。适逢昭帝年少暴崩,皇室来不及准备修陵墓用的炭苇等物,于是大司农田延年上书宣帝,没收了焦氏和贾氏囤积的货物。结果，亡财生怨的焦氏和贾氏因掌握了田延年贪污的证据，将其告到了丞相府。面对牢狱之灾，田延年选择了自杀。（《汉书·酷吏传》）

长安市上编有市籍的商人，多为有店铺的坐贾。他们列肆销售，或行业专卖，或多种经营，既受市吏的管理，也是课税的对象。

长安市商业活动的展开，同商业政策的变化也有极大的关系。西汉初年，高祖刘邦执行重农抑商的政策，对商人多有限制，"贾人不得衣丝乘车，重租税以困辱之"，商人及其子孙不得"仕宦为吏"。惠吕时期，推行无为而治，下诏"复弛商贾之律"，商业活动逐渐展开。特别是孝文帝采取"利商"政策，令通关梁、弛山泽之禁，从而出现了民"皆背本趋末"（《汉书·食货志》）、"富商大贾周流天下，交易之物莫不通"（《史记·货殖列传》）、"今法律贱商人，商人已富贵"（《汉书·食货志》）的局面，为武帝时期商品经济的迅速发展奠定了基础。

汉初从事商业活动的人，多为旧贵族的后裔和部分官僚地主。《史记·货殖列传》载："关中富商大贾，大抵尽诸田，田啬、田兰。韦家栗氏，安陵杜氏，亦巨万。"本来鲁人"好贾趋利"，齐人"设智巧，仰机利"，具有工商业传统。而迁入关中的"诸田"，就是原田齐的后代。他们本着经营"布帛鱼盐"而致富的理念与经验，在长安经商，很自然地发了家。

受到工商业巨大利润的吸引，从西汉前期开始，官僚地主也纷纷进入经商的行列。公元前156年，景帝刚即位就遇到官吏"受财物，贱买贵卖"（《汉书·景帝纪》）的事。以后官僚地主经商的现象更为普遍，至汉武帝时，无论是王侯公卿还是下级小吏，几乎都有经商。例如，景帝皇子赵王彭祖"使使即县为贾人榷会，入多于国经租税"（《史记·五宗世家》）。因为派人充当各县市场的经纪人，垄断交易，他的收入比朝廷在赵国征收的赋税还要多。

这一时期，贵族、官僚普遍涉足借贷活动。旁光侯刘殷"贷子钱"（《汉书·王子侯表》），放高利贷，"取息过律"被武帝夺爵。贵族靠势、官吏靠权从事商业活动者，即现在所谓的"官商"，他们发财更为容易，冒尖到了"大者倾郡，中者倾县，下者倾乡里"的程度。

社会生存的现实告诉人们："用贫求富，农不如工，工不如商，刺绣文不如倚市门。""趋利如水走下"，民"皆背本趋末"成为一种趋势。"长安诸陵，四方辐凑并至而会，地小人众，故其民益玩巧而事末也。"（《史记·货殖列传》）"商贾大者积贮倍息，小者坐列贩卖"（《汉书·食货志》），在市场上既有坐列的大贾，也有小规模经营的个体户。西汉经济恢复，长安繁荣，在宽松的工商政策驱动下，庶民地主中的不少人也卷入商业机器中来，或农商兼营，或工商兼营，或专事商，竟成为新一代的富商大贾。个体农民和城市平民因资金欠缺，进入商业队伍，只能是构成小商小贩的主体。

二、长安市上的域外商品

长安市场交易活跃、商业繁荣，同丝绸之路的开通、西域商人的进入也有着很大关系。

丝绸之路这条国际大道的畅通，大大地保障了汉长安市上外来商品的多样性与持续性。市场交易的商品中，外输的中国商品主要是丝织品和铁器，另外还有大量的漆器、竹器、生姜、肉桂、大黄、土茯苓等；而境外输入商品有安息、奄蔡、犁靬、条支、身毒等国的橐驼、良马、香料、葡萄、安石榴、无花果、苜蓿、胡瓜（黄瓜）、胡豆（蚕豆）、胡桃（核桃）、胡麻（芝麻）、胡椒（麻椒）、大葱、大蒜、番红花、胡荽（芫荽、香菜）、苏合香、酒杯藤和玻璃、海西布（呢绒）、宝石等。而名贵花果、珍禽异兽首先是宫廷的享用之物。《汉书·西域传》载："明珠、文甲、通犀、翠羽之珍盈于后宫，蒲梢、龙文、鱼目、汗血之马充于黄门，巨象、师子、猛犬、大雀之群食于外囿。殊方异物，四面而至。于是广开上林（宛），穿昆明池，营千门万户之宫，……设酒池肉林以飨四夷之客，作《巴俞》都卢、海中《砀极》、漫衍鱼龙、角抵之戏以观视之。"《史记·大宛列传》记："宛左右以蒲陶为酒，富人藏酒至万余石，久者数十岁不败。俗嗜酒，马嗜苜蓿。汉使取其实来，于是天子始种苜蓿、蒲陶肥饶地。及天马多，外国使来众，则离宫别馆旁尽种蒲陶、苜蓿极望。"离宫别馆之旁尽种葡萄、苜蓿，上林苑西的一处宫殿就直接取名葡萄宫。1965年在长安城遗址内的今西查寨村出土了有外国铭文的铅饼13枚，1973年在扶风县姜塬村出土了有外国铭文的铅饼2枚，推测其均出自西汉末年的胡商之手。另外，中国国家博物馆还收藏了同样文字的铜饼4枚。[①] 这些都是丝绸之路开通、中西文化与商业交流的见证。

汉政府设立大鸿胪，以满足日益增长的商业交往与中西文化交流的需要。在长安藁街西域商人聚居的地方，还建有蛮夷邸。

---

① 安志敏：《金版与金饼——楚、汉金币及其有关问题》，载《考古学报》1973年第2期；罗西章：《扶风姜塬发现汉代外国铭文铅饼》，载《考古》1976年第4期；作铭：《外国字铭文的汉代（？）铜饼》，载《考古》1961年第5期。

第五章 汉惠帝修建长安城

秦的离宫别馆星星点点地散布在渭河南岸广阔的地域上。出于防卫的需要，汉惠帝元年（公元前194年）正月开始了大城的筑城工程。经过5年的修筑，终于完成汉长安城的夯土围墙。

西汉长安城西有沨河自南而北，又折而向东北流去，加之南有未央、长乐二宫错位布置，东临秦的平民墓区，于是，为了最大化地利用受地形限制的空间，宫城的平面成了南北两墙多有转折、东西两墙并非直线的形状。

围城工程从选线规划、组织管理、攻防设施到劳力调配，足见汉长安城工程主持人的智慧与能力。

第一节
"先宫后城"的城建趋势

汉都长安在"城"与"宫"的建筑顺序上不是先围城后建宫，而是"先宫后城"。

汉初把都城定在了渭河南岸，而在这个长安乡和阴乡的广阔地域里本来就分布着诸多的秦宫殿群落，虽然它们也遭受秦末战乱的破坏，但毕竟幸免于项羽纵火的厄运。它们完整或部分地保留了下来，终竟给了汉初皇帝们宿办的方便。

面对残存的秦宫，萧何做了大胆的维修、改造、扩建，特别是对秦兴乐宫与章台宫做了重点改建，从而使长乐宫和未央宫初具规模，在渭南诸多宫殿群落中特别显眼。未央宫北阙与东阙高高耸立，前殿巍峨壮丽，彰显汉家的天子之气。长乐宫曲折多变，东阙和西阙遥相呼应，殿苑台榭放射着帝廷的光华。这两座宫城分别为皇帝与太后之宫，占据了秦渭南新区的南部，东西跨度6000多米，南北3000米左右。在两宫之北，除了秦的极庙、甘泉宫之外，就是通往横桥的南北大道了。秦旧宫与汉新宫混杂的形势，加之宫殿、市场、作坊、库藏的基本构架已经形成，铺就了建设汉都的底盘。从安全和管理出发，更建都城的大事就被历史地提到了议事日程上来。

第二节
汉惠帝的围城工程

一、时间与劳力

据《汉书·惠帝纪》记载，修筑汉长安城的工程历经5年多时间，开始于汉惠帝元年（公元前194年）正月，"春正月，城长安"，完工于惠帝五年（公元前190年）九月，"九月，长安城成"。

但在这5年多的时间内并不是连续施工，而是在轻徭薄赋、不违农时的条件下，遵照成年男子当更卒一月的服役时间，尽量利用农闲时间施工。实际上，集中、大规模的筑城工程主要有三次：

第一次是在惠帝三年（公元前192年）春，征发长安周围600里内的男女劳力14.6万人，只干了1个月（"三十日罢"）。

第二次是在同年六月，征发的主要对象是诸侯王和列侯的徒隶，共计2万人。时间大约也是1个月。

第三次是惠帝五年（公元前190年）正月，再次征发长安周围600里内的男女劳力14.5万人，也是"三十日罢"。

筑城工程的时间和施工顺序，各文献记载详略不一。除《汉书·惠帝纪》之外，《史记·汉兴以来将相名臣年表》中说孝惠元年"始作长安城西北方"，三年"初作长安城"。《史记·吕太后本纪》又作："三年，方筑长安城，四年就半，五年六年城就。"（司马贞索隐按《汉宫阙疏》："四年筑东面，五年筑北面。"）很显然，这里的"始作""初作""方筑"既存在时间上的矛盾，又使人产生工程内容不同的疑问。司马迁把"初作"和"方筑"都记在汉惠帝三年，这正是第一次大批征发劳力的时间。

看来，他认为这一年才算正式筑城，元年的"始作"似乎还带有不确定性，这同现在流行的那种"试运行""前期工程"有点相似。至于"六年城就"的话，是否带有收尾工程的意思？笔者以为"始作"就应算是筑城工程的开始。在这一点上，既然《汉书》的"城长安"和《史记》的"始作长安城西北方"是一致的，汉惠帝元年怎么能不算在筑城的时间之内呢？

在这里，笔者以为有两个问题需要弄明白：

第一，不能因为文献未载，就认为修筑工程停顿了。因为载于史册的只能是特别事件，不可能把正常运作都当作"日记"。

第二，筑城工程的主要劳力是"徒隶"。秦律中有"城旦"的刑名，也明确"城旦之垣及它事而劳与垣等者"（云梦秦简《仓律》）。这就是说，城旦要从事筑城或与筑城强度相等的劳动，而且还要做土工。人们还清楚地知道，修秦始皇陵墓和建阿房宫时，就曾动用"隐宫徒刑者七十余万人"（《史记·秦始皇本纪》）。同样，汉朝修筑皇陵无一不是对这些社会罪犯劳动力的利用。惠帝三年六月"发诸侯王、列侯徒隶二万人城长安"（《汉书·惠帝纪》）的记载，既是徒隶劳动力来源范围扩大的证明，也是筑城工程量大的说明。

综上所言，修筑汉长安城的经常性劳力主体，应该就是服刑的社会罪犯（徒隶）。因为工程量大，在这期间曾两次大规模征发老百姓短期服役，所以史家才把这带有突击性的例外事件给记录下来，以致让后人产生劳动力主体转移的误解。

二、施工次序

经过梳理可以看出，汉惠帝修筑长安城用了 5 年多时间。其工程内容包括墙体及所含的防卫设施、城门、门楼。整个进程大约是这样的：

第一年（公元前194年）年初，筑城工程先从汉长安的西北角开始。

第二年（公元前193年）集中修筑西城墙。

第三年（公元前192年）从西南角折而向东，修筑南城墙。因为是城墙的第一个拐角，所以称"方筑长安城"。这次征发关内14.6万人，集中干了一个月。随后，再增加诸侯王和列侯的徒隶2万人，加强筑城力量。

至第四年（公元前191年）年初，汉长安的围城完成了一半工程量（"就半"）。这一年，集中修筑东城墙。

第五年（公元前190年），从正月起，再次征发长安周围600里内的男女劳力14.5万人，集中干了30天，配合徒隶修筑北城墙。这才使得长安城合拢，成为"卫君守民"的闭合圈。

第六年（公元前189年），再做些围城的收尾工程，最后达到"城就"的效果。

围城工程的施工次序是：西北城角→西墙（由北向南）→南墙（由西向东）→东墙（由南向北）→北墙（由东向西）。

"始作长安城西北方"一语，道出了修建汉长安城的起点在西北角。为什么要选这里作为起点呢？笔者以为，在长乐、未央二宫位置早已确定的条件下，要定城的范围，不能不受到沨河（潏河下游）自南而北、再西南而东北流向的限制，也就不得不以未央宫的西界为准，于是便选取了这"尽可能大"的端点。既然围城工程从"城西北方"开了头，就很自然地向南推进，包进未央、长乐二宫，再由长乐宫东墙外侧向北，"尽可能大"地直指沨河之滨。

第三节
形成的规模

汉长安城从完工之日算起,至今已历经2200多年的风风雨雨,虽然我们面对的远非当年那"建金城而万雉,呀周池而成渊,披三条之广路,立十二之通门"(《西都赋》)的雄姿,但2000多年前留存下来的遗迹与文物遗存,也足以令人震撼。

一、城制

汉长安城东、西、南的三面城墙,除略有内收或突出的段落不计外,大致是端直的,唯独北墙呈由西南向东北的斜行。乍看平面,近似于缺少西北角的方形。其周长在古书的记载中稍有不同,小到60里,大及65里。[①] 20世纪50年代以来,考古工作者曾几次测量过。最近的测绘是由陕西省测绘局进行的。他们在考古专家的支持与帮助下,利用现代测绘技术,进行了多次测绘研究,其成果如下:

汉长安城周长为25014.83米,占地约34.4平方公里。四面城墙中,东墙实长5916.95米,西墙实长4766.46米,南墙实长7453.03米,北墙实长6878.39米。[②](见图5-1)

通过实测验证,东汉初年卫宏《汉旧仪》作周长"六十里"的记载比较接近实际。

长安城并不是方方正正的形状,仅以城东北角和西北角而言,它们并不在东西一

[①] 汉长安城周长有几种数值:"汉长安城方六十里"(卫宏《汉旧仪》)、"方六十三里"(《史记·吕太后本纪》引《汉旧仪》语、《续汉志补注》)、"周回六十五里"(《三辅黄图》)。按陈梦家先生《亩制与里制》(载《考古》1966年第1期)一文的折算,西汉1里合417.53米,唐1小里合今442.5米。那么,东汉初(卫宏在东汉光武帝时曾任仪郎)"六十里"合今25051.8米,唐"六十三里"合今27877.5米,西汉"六十五里"合今27139.45米。

[②] 董鸿闻、刘起鹤、周建勋等:《汉长安城遗址测绘研究获得的新信息》,载《考古与文物》2000年第5期。

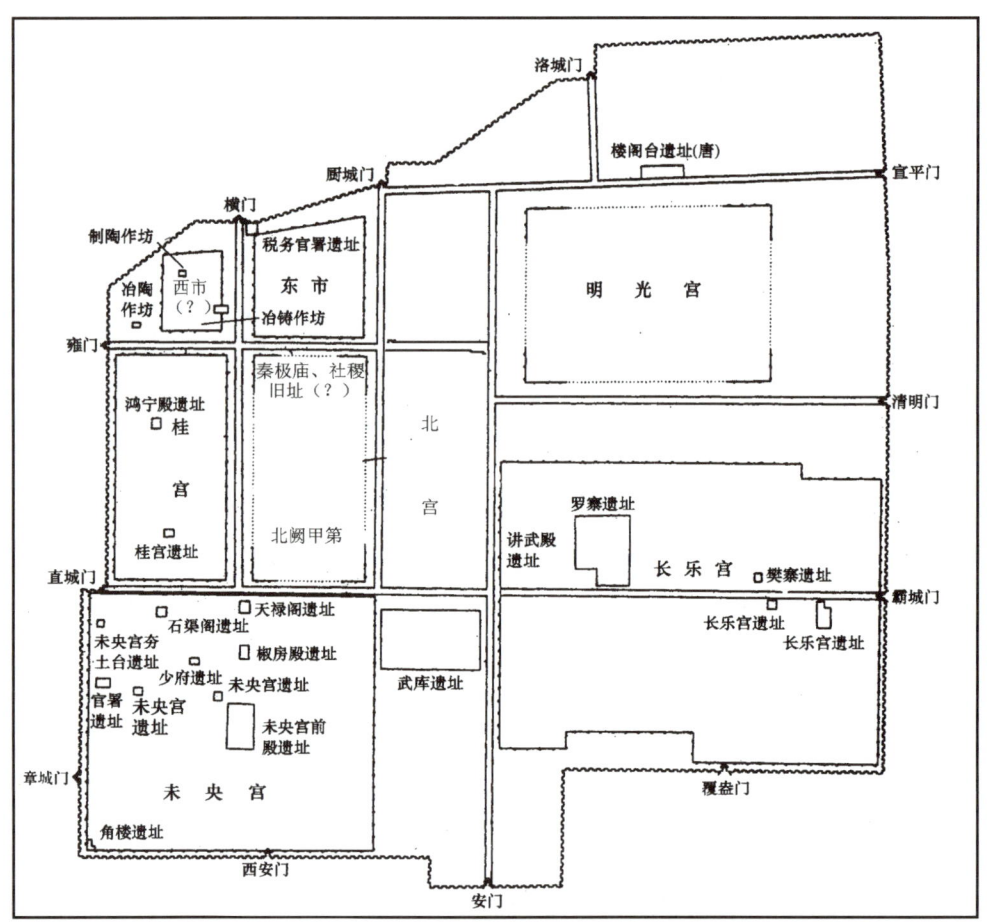

图 5-1　汉长安城城墙长度与面积图

说明：a. 章城门至东南城角 6277.02 米

b. 城东北角至安门墙延长线直距 6853.96 米

条直线上，竟北偏西近200米。同样，南墙的中段向外突出，比西段偏南200米，比东段偏南900米。在这里，我们暂时排除它缺角和多处转折的因素，勉强地说，其纵横方向最大的直线距离确实有接近之处。《汉旧仪》说城"经纬各十五里"①，意即纵横各为6262.95米。经实测，东西最大的跨度在章城门到城东南角之间，为6277.02米；南北最大跨度在安门向东的延长线至城东北角之间，为6853.96米。纵横之差在576.94米，足见汉长安城是个南北距离略大于东西距离的"缺角长方形"。但在东汉初年，人们把东西"十五里"也当作南北的距离，从而得出汉长安是方形都城的看法。城内涵盖的面积，

---

① 《三辅黄图》引《汉旧仪》作"经纬各长三十二里十八步"，同实际差距太大，可能原书佚失之后，在传抄过程中致误。

《汉旧仪》作"积九百七十三顷",按新莽时期1亩等于461.0390平方米折算[①],合今44859094.7平方米。经实测,只有34392202平方米(约34.392平方公里)。

城墙原来由黄土版筑夯打而成,城墙中还留有穿棍、绑绳和夹板的痕迹。土色泛黄,质地纯净,结构坚硬,夯层清晰,一般层厚7~8厘米。(见图5-2)但经过历代人为的破坏和风雨的剥蚀,墙体已经面目全非。(见图5-3、图5-4)六村堡、铁锁、民娄、夹城堡、周家河湾、卢家口等村庄,由北向南,都依汉城西墙建村,多处城墙成了村民的院墙。在留下的汉长安城墙遗迹中,北墙保存最差,现存长度仅有1399.7米,仅占原长的约1/5,北墙的3座城门遗址也都成了一个个孤零零的残点。只有在今西安市五十九中院北、曹家堡村北、席王村、高庙村西、惠西村、吴高墙、三官庙等地,还能找到城墙的残迹。而汉长安城的量化数字,据《三辅黄图》记载,"高三丈五尺,下阔一丈五尺,上阔九尺,雉高三坂"。经折算,城墙高约8.1米,根基宽近3.47米,顶部宽2.08米。经实测,墙基宽12~16米,向上的倾斜度内外两侧各是11度,高在12米以上。[②]二者比较,可以看出:在筑墙时,为墙体稳固起见而要自下而上地"收分",从而形成

图 5-3 城墙（西安门东）

图 5-2 城墙夯土

图 5-4 城墙西南角

---

① 陈梦家:《亩制与里制》,载《考古》1966年第1期。
② 王仲殊:《汉代考古学概说》,中华书局,1984年。

下宽上窄的梯形截面。对此，尽管《三辅黄图》的描述符合此形状，但所记尺码有误，才导致墙体那么单薄。

在城墙四角的外侧，原来建有角楼。经社科院测定，东北角楼基址东西长36米，南北宽27.7米，其南边接东城墙，北边接北城墙。登道设南侧，南北向，贴近东城墙，长10.6米，宽4.9米。西南角楼东西长28米，南北宽20米。

城墙外侧有城壕，宽40～50米，深约3米。城墙与城壕之间是一周空白地带，宽20~30米。

二、城门

（一）门制

东汉的科学家、文学家张衡（公元78—139年）游历长安，登山临水，凭吊古迹，后在其《西京赋》中说汉长安"城郭之制，则旁开三门，参涂夷庭，方轨十二，街衢相经"。经考古证实，长安城的四面各有三门，全城共计12座门。每座城门有并行的3个门道，每一门道宽约8米，进深16米，可并行四车。道路平直，街衢取正方向。

长安城的12座城门，其规模并不一样。与长乐宫相对的霸城门、覆盎门，与未央宫相对的西安门、章城门，建筑宏伟而壮观。其中西安门、霸城门的城门面阔约52米，城门的两道隔墙相当厚实，各宽14米。而其他城门面阔只有32.4米，门道隔墙宽仅4米。在宣平门外20米处，有两个向外凸出的夯土基址，现存东西长13.8米，南北宽11.7米，残高8.2米。同样的例子，还有霸城门。这是否为门外之阙，未见文献记载。在其他门址外侧并未发现这一情况。

汉长安十二门各有专名和别名，具体情况见表5-1。

表5-1　长安12座城门列表

城墙	方位	城门	别名	今址
东墙	北	宣平门	东城门，王莽改名春王门	西安市未央区青门口村西
	中	清明门	籍田门、凯门、城东门，王莽改名宣德门	西安市未央区北玉女村东约100米
	南	霸城门	青城门、青门、青绮门、青雀门、万城门，王莽改名仁寿门	西安市未央区樊家寨东范北村，保存较好，两边墙高仍有10余米（见图5-5）

续表

城墙	方位	城门	别名	今址
西墙	北	雍门	西城门、函里门、突门，王莽改名章义门	西安市未央区六村堡西南、铁锁村北
西墙	中	直城门	直门，王莽改名直道门	西安市未央区周家河湾村北、夹城堡西南，保存最好
西墙	南	章城门	章门、光华、便门，王莽改名万秋门	西安市未央区延秋门村东南1000米
南墙	西	西安门	平门，王莽改名信平门	西安市未央区马家寨南1000米
南墙	中	安门	鼎路门，王莽改名光礼门	西安市未央区西张村北与吕家壕之间
南墙	东	覆盎门	端门、下杜门、杜门，王莽改名永清门	西安市未央区大白杨阁老门村南约1公里处、小白杨村之北门
北墙	西	横门	武朔门、便门、光门、突门，王莽改名朔都门	西安市未央区关庙村东、相家巷村西
北墙	中	厨城门	厨门，王莽改名建子门	西安市未央区曹家堡村西、唐家村南，门址残高10余米
北墙	东	洛城门	鹳雀台门、高门、朝门、客舍门，王莽改名进和门	西安市未央区高庙村北，门址尚存（见图5-6）

图 5-5　霸城门遗址

直城、西安、霸城、宣平四门已于1957年进行考古发掘。①后来，对横门也做过试掘。由发掘知，西安门和霸城门面阔52米，其他几门面阔只有32.4米。每座门内都有两道并列的隔墙，将城门分成3个门洞，如果除去门道两侧立柱所占的空间，门道实宽6米左右。从霸城门内存留

图 5-6　洛城门遗址

① 王仲殊：《汉长安城考古工作的初步收获》，载《考古通讯》1957年第5期；王仲殊：《汉长安城考古工作收获续记——宣平城门的发掘》，载《考古通讯》1958年第4期。

的车轨痕迹宽1.5米看，每个门道可并行4辆车。每座城门的3个门道中，即可容纳12辆车并列通过。这同班固《西都赋》中"披三条之广路，立十二之通门"之句正相符合。《三辅决录》也有"并列车轨十二，门三涂洞辟"的记载。三国薛综注《西京赋》云："一面三门，门三道，故云三途，途容四轨，故方十二轨。"据历史文献记载，3个门道中的中门道是专供皇帝使用的"驰道"，其他人出入只能使用两旁的门道。由于两侧门道是车辆行人之道，使用频繁，路面多已凹凸不平，而中门道往往平展如新，连路面上涂抹的一层草泥都保存完好。

不过，汉长安城的城门建筑仍属于土木结构，整体并未用砖砌，门洞没有采取圆弧形的券顶，而在两壁垂直的阙口之边密排立柱，在柱顶横架棚木，做成桁架式。再在门顶棚之上建城楼。门道之深和城墙的厚度大致相等，约为16米。门道靠外侧平铺一列方石作为门槛，两端之石是门础，即门枢的所在。长安城十二门中，只有东面三门较为特殊，在城门外有凸出的夯土台基，很可能是原来的门阙建筑遗存。如宣平门外有阙址，二者相隔20米，现存夯土台基高8.2米，东西宽13.8米，南北长11.7米。

城门是进出城市的通道，属于锁钥所在。汉长安作为当时东方的大都会，12座城门就成为国内外经济文化交流的枢纽。长乐宫和未央宫在汉长安城的南部，占了全城总面积的33.7%，如果加上后建的桂宫、北宫和明光宫，宫殿就占了全城总面积的50.8%。由于宫殿占据着长安城东、西、南三面的大部分地域，除少数达官显贵住在未央宫北阙附近的"北阙甲第"之外，市民同一般官吏只能住在城北，基本集中在宣平门一带。而城内西北部是手工业作坊和长安市，北中部又是秦极庙旧址。既然汉长安十二门中的霸城门、覆盎门、安门、西安门、章城门和直城门几乎成了皇室宫廷的专用门户，那么，北城的横门和宣平门也就成了长安城中吏民出入最为频繁的通道，清明门和雍门成了汉长安沟通东西的重要门户。

（二）十二门介绍

汉长安城四面辟门，每面3座城门，共计12座门。

1. 东墙三门：由北而南，依次是宣平门、清明门、霸城门

（1）宣平门。宣平门是汉长安城东墙三门中最北端的一座，王莽曾把宣平门更名为"春王门"。门址在今西安市未央区汉城街道办青门口村西。上建门楼，下开三门。门道间距约4米，门洞宽约8米。门外建双阙，东去6.5公里设有郭，郭门称"外郭门"，

也叫"东都门"，省称"都门"①。门址约在漕渠饮马桥以东，由此再向东2公里就是霸桥。宣平门东去13里（汉），有著名的轵道亭，是轵道上的一处驿站。刘邦入关，秦王子婴"系颈以组，白马素车，奉天子玺符，降轵道旁"（《史记·秦始皇本纪》）。

轵道是秦都咸阳渭南新区东去的一条大道，直去霸上，与驰道相接。汉长安宣平门外这条通往东方的大道，也就是秦轵道的沿用与扩大。所以，宣平门作为汉长安城向东的重要出入口，迎来送往，人流密集，历史上很多故事都发生在此一线。兰陵人疏广治《春秋》，为宣帝太子太傅，侄儿疏受为少傅，学问道德受人尊敬，朝廷引以为荣。广告老还乡时，公卿大夫、故人邑子聚集在东都门外设"祖道"（饯行），送别的车辆数百，颇为壮观。（《汉书·疏广传》）汉昭帝去世，无子继位。霍光等大臣征昌邑王刘贺进京，早晨到了广明东都门。郎中令龚遂按礼，劝奔丧的刘贺哭临，但他借口"我嗌痛，不能哭"，随之进入宣平门。（《汉书·武五子传》）公元23年，申屠建率领的绿林农民起义军，从宣平门进入长安城。

西汉末，宣平门焚毁于战火中。东汉、后赵朝时，经过两次大的修复和改建，虽然门道变窄成5.3米，但完整的城门依然是供人进出的通道。北周至隋代，中门道被一道厚1.7米的夯土墙封闭。唐时，汉长安城一带设为禁苑，整个汉长安城成了园中园。因宣平门距唐太极宫远，交通不便，于是把整个宣平门封闭了。

（2）清明门。清明门是汉长安城东墙三门中中间的一座，位当西安市未央区汉城街道办北玉女村（现改名"玉丰村"）东、石化大道北。②因为门内有皇帝在每年春天举行亲耕之礼的籍田，所以又称籍田门。有籍田，则设籍田仓，以储存收获物，有令、丞管理，仓粮作为祭祀天地与宗庙之用。门内为东西向的清明门大街。一条明渠自西南来，横贯长安城，出清明门汇入王渠，北流入渭，另一部分东入漕渠。王莽更改清明门为宣德门。因门内有明光宫，蓄养着从各地征召来的美女2000多人，这大概是清明门又称"玉女门"及流传至今的玉女村的来源。

（3）霸城门。霸城门是汉长安城东墙三门中最南端的一座，门址位于今西安市未央区未央宫街道办阁老门东北、汉城街道办樊寨村以东范北村，西对长乐宫东门。门呈青色，民间称为青城门或青门。秦朝的东陵侯邵平在秦亡之后沦为布衣，种瓜于青

---

① 在汉长安城12门中，唯有宣平门和横门门外设郭，其他门未见记载也无遗迹。
② 在朱宏路和石化大道路口西北角建有清明门广场，广场西的一段城墙上有一宽五六米的豁口，很多人都误以为是清明门遗迹。实际上，清明门遗址位于石化大道北沿一处南北长50多米、东西宽20多米的开阔地，清明门的文物保护碑就立在这处开阔地的南侧。

门之外。瓜甜美，颇有名气，人称东陵瓜。后来，邵平成为汉丞相萧何的谋士。（《史记·萧相国世家》）今西安市东郊与临潼区交界处有村名邵平店，临近秦芷阳地的东陵陵区，可能同邵平有关。三国魏诗人阮籍在其《咏怀诗》中有"昔闻东陵瓜，近在青门外。连畛距阡陌，子母相钩带。五色曜朝日，嘉宾四面会"的佳句。王莽更名为"仁寿门"。

2. 西墙三门：由北而南，依次为雍门、直城门、章城门

（1）雍门。据《三辅黄图》载，门外北有函里，故民间称之为"函里门"。门址在今西安市未央区六村堡街道办六村堡西南、铁锁村北。原来门上有城楼，下开三门。门内通东西向的雍门大街，东与安门大街呈丁字相交。

（2）直城门。直城门原名"直门"，王莽改称"直道门"。门址位于今西安市未央区未央宫街道办周家河湾村北、六村堡街道办夹城堡西南。汉长安城西墙在中部偏南处向西拐出再南折，该门处在曲折的北面。经1957年和2008年两度考古发掘知，直城门面宽32米左右，进深20米，共有3个门道。每个门道宽8米左右，相邻的两个门道间是4米宽的夯筑隔墙。门道两侧紧贴夯土壁有柱础石，础石上放东西向枋木，枋木之上立有木排柱。在南门道中部地面以下3米处发现了保存完好的东西向砖筑地下排水涵洞，涵洞东西两壁用条砖砌成，高约1.3米，用子母砖券顶。北门道下也有地下排水涵洞，但由于东汉初城门被毁后南门道、中门道废弃，北门道经过清理后经十六国、西魏、北周沿用至隋初，所以北门道下的排水涵洞有过多次维修，有些地方还用上了当年被毁城门的废弃物，因此远没有南门道完好。

直城门内通东西向的大街——藁街，有驰道通过，南临未央宫，北有桂宫和北阙甲第。张骞出使西域时，有可能是从直城门出发的。汉成帝为太子时，"上尝急召，太子出龙楼门①，不敢绝驰道，西至直城门，得绝乃度，还入作室门。上迟之，问其故，以状对。上大悦，乃著令，令太子得绝驰道云"（《汉书·成帝纪》）。东汉和魏晋北朝时，直城门的中门道和南门道废弃，仅留北门道作为进出的通道。

（3）章城门。章城门本名章门，是汉长安城西墙三门中最南端的一座，王莽更名为"万秋门"。门址位于今西安市未央区延秋门村东南1000米处。武帝建元三年（公元前138年）为修茂陵，在自西南流向东北的渭河上架设了一座桥（即西渭桥），方

---

① 龙楼门是桂宫的南门。

便了同长安的往来。桥同章城门正好东西对直，中间又有便捷的大道相通，所以时人称桥为"便桥"，称门曰"便门"。（见图5-7）汉以后，桥称"西渭桥"。同西方的往来，需出入章城门，经过西渭桥，这里成了交通频繁的咽喉地带。汉长安西城墙在唐时被用作禁苑的西墙，汉章城门改名延秋门。唐玄宗天宝十四载（公元755年），"安史之乱"爆发。次年六月十三日，唐玄宗携杨贵妃等从大明宫入禁苑出延秋门、过便桥仓皇逃离长安，次日凌晨杨玉环即香殒马嵬坡。

图5-7 "便"字瓦当

3. 南墙三门：由西向东，依次为西安门、安门、覆盎门

（1）西安门。西安门本名平门，王莽更名"信平门"，位于今西安市未央区未央宫街道办马家寨村南1000米处。该门西距城西南角1475米，东距安门1830米。西安门北对未央宫南宫门，间距55米。据考古发掘，西安门面阔52米，进深19~20米，门有三道，间距14米。现仅存东门道和中门道，西门道被现代水渠破坏。另外，在城门东侧城墙以北还发现了一排房子，现仅存5间，西边4间应该是守卫人员的居住和工作场所，最东一间地面东部呈斜坡状，自西向东逐渐升高，应该是登上城墙的马道。

在东门道下，有砖砌的涵洞，底宽1.65米，顶宽1.32米。两侧用条砖一横一直地叠砌，高至58厘米时，用楔形砖券顶。底部垫黄土，北高南低，有利城内水排出。

历史上王允联手吕布杀董卓就发生在这里。

（2）安门。安门是汉长安城南墙三门中中间的一座，又称"鼎路门"，王莽更名"光礼门"。门址位于今西安市未央区西张村北、吕家壕南，西距西安门1830米。门内是贯穿长安城南北的主干道——安门大街，其西临武库，东侧由南而北有长乐宫和明光宫，北同宣平门大街呈丁字相接。门外有以后修建的礼制建筑。出门向南，上蚀中道（后来的子午道）通往秦岭。因而此门是汉长安城通往汉中的重要门户。

（3）覆盎门。覆盎门是汉长安城南墙三门中最东端的一座，位于今西安市未央区未央宫街道办阁老门村南约1公里处、小白杨村之北。因北对长乐宫的南宫门，直通汉初的朝宫——长乐宫前殿，故称"端门"。在门外的王渠（护城河）上架有石桥，"工巧绝世"，传说这是工匠之祖鲁班所修。出覆盎门，南下直去下杜城，是古杜伯国的所在，故又称"下杜门"或"杜门"。王莽更名"永清门"。门上原有楼观，下开三门。

武帝时，蔡义曾为覆盎门侯。征和二年（公元前91年）七月，太子刘据在"巫蛊之祸"中与政府军战于长乐宫西阙下，兵败后逃出覆盎门，最后死于湖县（今河南灵宝西）。

4. 北墙三门：由西向东，依次为横门、厨城门、洛城门

（1）横门。横门是汉长安城北墙三门中最西端的一座，位当今西安市未央区六村堡街道办相家巷西关庙村一带。又名光门、突门。出横门，北行"三里"（魏里，合今1300.68米），即跨度为526.68米的横桥（渭水桥），①这也就是横门、横城门名称的由来。过横桥，有通向三个方向的大道：一是过棘门，东北向长陵、阳陵，或西北行，沿驰道，经安陵，下长平阪，渡泾水，至池阳宫，直驱避暑胜地甘泉宫；二是向东，过泾河，沿渭北大道，去栎阳宫，到太上皇陵；三是经渭城，西北行，过孝里（即秦之杜邮），可去汉诸陵，直接细柳（汉武帝后则多经西渭桥）。在横桥南北两端都发现了端直的大道遗迹，北对秦故都咸阳的"冀阙宫庭"建筑群，南对横门，穿过华阳街，直向未央宫。正因为横门是连接北方和通往西域各国的出入口，门内不但有贸易活跃的长安市，门外至横桥间也是"夹横桥大道，市楼皆重屋""九州之人在突门"（《三辅黄图》）的国际性商业地带，商贸活跃，而且交通繁忙，西汉一些军国大事都同此门有关。汉成帝建始三年（公元前30年），"秋，关内大水。七月，虒上小女陈持弓闻大水至，走入横城门，阑入尚方掖门，至未央宫钩盾中"（《汉书·成帝纪》）。董卓"尝至郿行坞，公卿已下祖道于横门外"（《后汉书·董卓传》）。

（2）厨城门。《水经注·渭水》载：厨城门"一曰厨门，其内有长安厨官在东，故名曰厨门也"。长安厨为京兆尹属官，厨官"主为官食"，并负责供应郡国侯神方士使者所立祭祠的食品，规模相当庞大。厨城门，省呼厨门或广门、暗门，王莽更名"建子门"。门上原有门楼，下开三门。门通南北大街，南抵直城门大街呈丁字相接。门址位于今西安市未央区六村堡街道办曹家堡西、唐家村南。公元25年，更始帝住长乐宫中的长信宫，"赤眉入城。更始单骑走从厨城门出"（《后汉书·刘立传》），仓促中逃窜去高陵。2012年，在门北800米处发现古桥，定名为厨城门桥。

（3）洛城门。洛城门名称甚多，如高门、洛门、杜门、利城门、鹳雀台门（台上有汉武帝承露盘）、客舍门（门外有客舍），王莽更名"进和门"。门址在今西安市未央区汉城街道办高庙村北。门上原有门楼，下开三门。门内的南北大道甚短，同宣平门

---

① 王学理：《咸阳帝都记》，三秦出版社，1999年。

大街呈"丁"字相接。2012年，在门外原渭河上发现古桥梁。

（三）护城河与桥梁

除了固若金汤的城墙与坚固不摧的城门之外，汉长安城也有护城河作为城市安全的第一道防线。班固在《西都赋》中就有"呀周池而成渊"的句子。《三辅黄图》载："城下有池周绕，广三丈，深二丈。石桥各六丈，与街相直。"在今汉长安城遗址东南侧有座从1951年至1972年整修成的大型曲尺状水库，其西端抵达西叶寨南，向东绕过东南城角，北至雷家寨之东，包在东墙南段的外侧，名曰"团结水库"。它全长6.2公里，水面面积约为890亩，承担着兴庆湖、护城河、老城区和西北郊区共计61平方公里的城市排污、城市雨水与洪水排泄的任务。其实这座水库是对汉长安城王渠的粗放式利用，而其前身是在汉长安筑城之前即已存在着的一段古河道，地势低洼而宽阔。修筑城墙时，在城基外侧取土成沟渠，用土堆筑城墙，外低内高，有外有内，既省了远地取土之功，又形成城守的两道防线。不用说，在此洼地取土，也对它做了修整。这个作为护城河的"城下之池"原本是绕城一周的，实宽"三丈"（合今6.93米），深"二丈"（合今4.62米），经过每座城门时都有宽达"六丈"（合今13.86米）的石桥架在水上。因为石桥在城门外，自然也和洞开的城门以及与门相连的大街对直。经考古查勘，护城河宽8米，深3米。在章城门外的壕沟上未见石桥。很可能原来在长安城门外的护城河上架的是木桥，只是部分材料用石头，因而后人将它说成了石桥。尽管如此，城墙、护城河、大桥、城楼、门阙、大街等建筑的壮观程度，不能不引起人心灵的震撼。

第四节
斗城的形成及其原因

长安城筑成了，除了东西两面的墙基本呈南北向的直线外，南北两面的墙出现了多处曲折，而且北墙还是斜向的。《三辅旧事》说："长安城南为南斗城，北为北斗城。"《三辅黄图》承认"南斗、北斗"之形，并肯定"至今人呼汉京城为斗城"。

汉长安城的南北墙果真是天象中南斗、北斗的形状吗？如果是，那不就是汉人有意为之？

笔者以为，汉长安城墙曲折的形成，首先取决于历史地理条件。因为这里是秦都咸阳的渭河南岸新区，"诸庙及章台、上林皆在渭南"（《史记·秦始皇本纪》）的周边环境与秦宫汉用限制了城址与形状的选择。我们循着汉城墙走一圈，就会明白它走向的来由。

西墙沿氵公河右岸的南北走向，基本呈端直的指向；到了今周家河湾村一带，遇上未央宫北墙的西段，只有西拐，绕过宫墙西北角而南下，于是就出现了西城墙南北两段错位的情况；而借便就在拐点处留出了直城门的位置，同时这里正好形成东西干道——直城门—霸城门大街。

同样，东墙虽然是南北笔直的，但向北到了杨善村东南遇上了一片落差有3米左右的低洼地带。为了城防安全，不能随地势的起伏而筑城，更无大面积垫方的必要，就只能向西偏斜。所以，汉城东北角到宣平门之南的一段东城墙呈北偏西的状态。

曲折较大的南北二墙，受地理因素的影响也是非常明显的。因为长乐宫和未央宫早已建在呈西南—东北走向的龙首原上，两宫的南墙位置错开，并不在一条东西直线上。所以，汉长安城南墙也只有沿着两宫南墙的外侧修筑，西段偏南，东段偏北。而在两段连接的中段，又有一处高地。此垄状的高地是龙首原向南突出的部分，为保持城墙顶部的水平，就只有向南绕行。所以，南墙中段呈向南凸出的"凸"字状。南墙三段曲折的中心，分别是汉城的南三门。特别是中段的安门，向内是南北向的安门大街，属于汉长安城的中轴线。两侧的西安门和覆盎门，分别向北对着未央宫和长乐宫。与其说这是"天然成趣"，还不如说是"人谋"的结果。

北墙有10段的曲折，但都处在同一海拔——380米的等高线附近。而当时渭河高水位线的海拔为370米左右，距墙基仅有2500米。况且近城的河流就是"沉水支津"。如果没有对渭水水位和沉水涨幅的长时间观测和勘察，没有准确的水文数据作为城基选择的支撑的话，要既避免水患又保障城防安全，简直是不可想象的。可见汉城北墙完全是适应"沉水支津"斜行而又为了保持方向规整的必然。①这样做，也是尽可能利用渭河之南的空间以扩大首都范围之举。

汉长安城占地37平方公里，除长乐宫和未央宫占据龙首原之巅外，其他的则坐落在原的北麓，即渭河南的一、二级阶地上。那么，要在受地理环境限制的情况下修筑一座周长25公里的城墙，既求其高度一致，不能有太大的起伏以有利于军事城防，又要做到城门选位恰当并与大道对接以有利于交通，还要使城市布局合理，等等，若没有科学的勘测与规划是实难办到的。

其次，"法天"意识在格局上对汉宫建筑有填充作用，但并不是围城工程的指导思想。

最早的《史记》《汉书》并没有关于修建汉长安城"象斗"的记载。因为秦孝公初都咸阳时，只是"筑冀阙，秦徙都之"。只有在秦始皇统一六国之后，对首都建设重新规划时，才以咸阳宫为中心，对应天帝（"太一"或"泰一"）常居的"紫宫"，有意识地"因北陵营殿，端门四达，以制紫宫，象帝居"，并从总体上使整个都城形成"渭水贯都，以象天汉。横桥南渡，以法牵牛"（《三辅黄图》）的总格局。但因历史形成的散点结构，他不能做彻底的改造，只好在后续的建筑工程上体现自己"法天象地"的指导思想。《史记·秦始皇本纪》记载：始皇二十七年（公元前220年）"作信宫渭

---

① 元李好文在《长安志图》一书中认为，汉长安北城墙之所以呈斜行东北，是"渭水向西南而来，其流北拒高原，千古无改。……人有至其北城者，言其委曲迂回之状，盖是顺河之势，不尽类斗之形"。从大的地域范围着眼，汉长安城的地质地貌同渭河的走向有关。但其直接的影响因素不是渭河而是沉河。因为西汉时渭河南岸距长安城的横门还有3里路。而在渭河之南有一条"渭水支津"，据《水经注·渭水》记载，沉水自樊川而来，向西北流经下杜城、汉长安城西、建章宫凤阙之东，再分为两支：一支西北入建章宫，经神明台，北入渭水；另一支东北流，称为"沉水支津"，到横桥之东北注于渭。可见"渭水支津"是使汉长安城西墙北段和整个北墙变形的制约因素。在筑长安的这段城墙时，完全是"顺河之势"。

南。已，更命信宫为极庙，象天极"。三十五年（公元前212年），"乃营作朝宫渭南上林苑中，先作前殿阿房。……为复道，自阿房渡渭，属之咸阳，以象天极阁道绝汉抵营室也"。即使在自己的陵墓之内也是"上具天文，下具地理"，营造的也是一种独有的宇宙氛围。虽然未曾记述，但咸阳的另一些宫苑、池囿、府库、交通、防务等重大设施也能在天上找到相应的星宿。例如，兰池宫与兰池对毕宿的"五车"与"咸池"，宜春苑和上林苑对昴宿的"天苑"，诸府库对奎宿的"天府"和胃宿的"天囷"与"天廪"，厩圂对娄宿，御道对牛宿的"辇道"和奎宿的"阁道"，等等。同样，在北阪的秦宫和渭南的阿房宫遗址出土了为数不少的苍龙绕璧纹空心砖和罕见的凤纹空心砖，虽然没有明确的方位，还不具备四方守护神的含义，但为人们提供了秦"法天"意识的物证。

汉建都长安初期利用秦时宫殿，同秦始皇统一天下之后面对都城重新规划的情况十分相似。天人一体、天人感应的天象观虽然早在古人的头脑中牢固地树立了，但历史遗留的现实是无法彻底改变的。因此，汉惠帝进行围城工程时就带有很大的被动性。他和他的高参们不可能摆脱地形、河流、旧宫的限制，只好一仍其旧，并没有刻意地去仿照天象做成"北斗""南斗"之形。如果不是这样，司马迁和班固怎么会漏记这重要的一笔呢？

班固在其《西都赋》中云："其宫室也，体象乎天地，经纬乎阴阳，据坤灵之正位，仿太紫之圆方。……徇以离殿别寝，承以崇台闲馆，焕若列星，紫宫是环。……周以钩陈之位，卫以严更之署"。这"体象乎天地，经纬乎阴阳"的行为，发生在汉武帝时代，体现在宫室、正殿、别寝上。由他开头，郊祀从汉初的"多神崇拜"到"五帝专一"，进而把"通神"活动引进城市建设之中。从建飞廉、桂馆，起建章宫，立泰一祠，到以后南北郊祀，都是这一思想的体现。[①]但无论怎么说，这都是汉惠帝围墙之后的事。而围墙本身，更同南斗、北斗发生不了思想上的联系。

斗城是南北朝时期的说法，其影响深远，连唐宋元时期的大学者都深受影响，如李吉甫在其《元和郡县图志》、宋敏求在其《长安志》、骆天骧在其《类编长安志》中都沿袭了这一观点。尽管元人李好文在其《长安志图》中对"有意为之"提出相反的意见，但当今不少学者仍遵循"斗城"的旧论，看来这还是缺乏历史分析的臆测而已。

[①] 王学理：《汉代国祀史迹考索》，见秦始皇兵马俑博物馆《论丛》编委会编：《秦文化论丛》第十四辑，三秦出版社，2007年；又见王学理：《王学理秦汉考古文选》，三秦出版社，2008年。

第六章 汉武帝大兴土木

汉武帝大兴土木的阶段是汉长安城扩建与充实的时期。除在城内扩建北宫、修建桂宫和明光宫，在城西建造"度比未央"的建章宫之外，还扩建上林苑，开凿昆明池。这些工程的内容和所形成的规模，同他的文治武功一样，都大大地提升了汉都长安在国际上的历史地位。

第一节
建章宫

太初元年（公元前104年），未央宫的柏梁台遭了火灾，汉武帝本想重新修建宫殿，但想到汉长安城内地方太小，没有自己理想中的空地。恰好这时有个名叫勇之的越地巫师，说了"有火灾，复起屋必以大，用胜服之"的话，他就毅然决然地在城西原秦之建章乡选地建宫，借用旧名仍称之为"建章宫"。

建章宫遗址经中国社会科学院考古研究所勘测，报告虽然还没有公布，但宫的位置大致可以确定在今西安市未央区三桥街道办事处以北的高堡子、低堡子、双凤村、太液池苗圃、柏梁村和孟家村一带。

据《史记·孝武本纪》载，建章宫"度为千门万户，前殿度高未央。其东则凤阙，高二十余丈。其西则唐中，数十里虎圈。其北治大池，渐台高二十余丈，名曰泰液池，中有蓬莱、方丈、瀛洲、壶梁，象海中神山龟鱼之属。其南有玉堂、璧门、大鸟之属。乃立神明台、井干楼，度五十余丈，辇道相属焉"。文中所列宫殿建筑，虽然不是建章宫内的全部，但已经点出了它们的相对位置。若按《三辅黄图》的记载，宫内还有驰荡、骀娑、枍诣、天梁、奇宝、鼓簧等宫，又有玉堂、神明、疏圃、鸣銮、奇华、铜柱、函德等26殿。东方朔也说："今陛下以城中为小，图起建章，左凤阙，右神明，号称千门万户；木土衣绮绣，狗马被缋罽；宫人簪瑇瑁，垂珠玑；设戏车，教驰逐，饰文采，丛珍怪；撞万石之钟，击雷霆之鼓，作俳优，舞郑女。上为淫侈如此，而欲使民独不奢侈失农，事之难者也。"（《汉书·东方朔传》）建章宫殿屋重重，千门万户，风格奇丽，装饰华贵，歌舞游乐，其规模之宏大，世所罕闻。汉武帝为通行未央宫方便起见，还跨长安城建造了一座飞阁。两宫相连，辇道相通，有似虹霓。不难想象，武帝凭借汉初休养生息创造的雄厚财力，使建章宫无论是建筑规模还是装修华丽的程度都远远

超过了未央宫。（见图6-1）

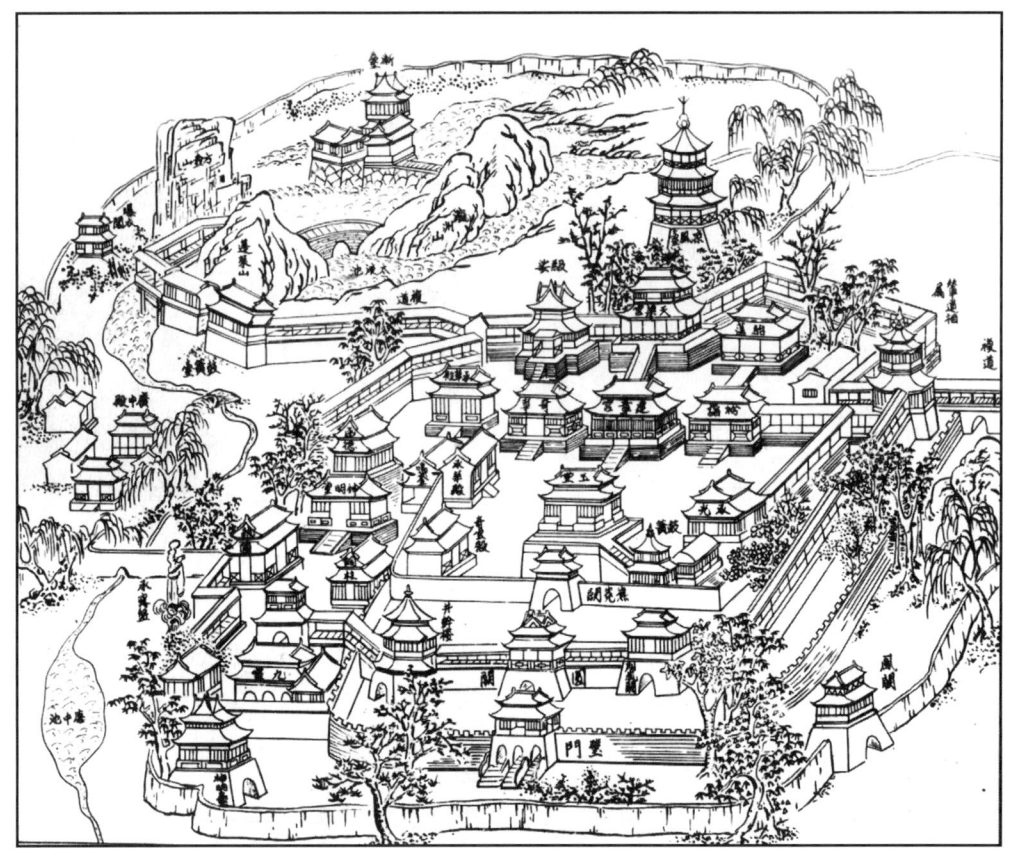

图 6-1 建章宫
（选自《关中胜迹图志》）

一、宫城与门阙

汉建章宫作为由诸多宫殿组成的群体性建筑，同样有宫城围绕着。据地面踏查，建章宫坐北朝南，从三桥街道办之北到西柏梁、孟家村一带，东西长约2130米，南北宽约1240米，占地2.641平方公里。四面辟门，其中除西宫门之外，其他三面宫门都以雄伟、高大而著称于世。同秦与西汉早期的宫阙建筑不同，建章宫宫门内外都筑有阙门，从而形成三重门。人们把宫门之内的次门称作女阙。建章宫的门由外往内的次序是：阙门→宫门→女阙。

南宫门是正门，象征天门（天上紫微宫之门），故称"阊阖门"。又因其以玉璧作为建筑橼首的装饰，也称"璧门"。整个门楼通高30丈（合今69.3米），建造华丽。门楼3层，上有大殿12间。在楼顶上，装有5丈（合今11.55米）高的鎏金铜凤凰，在阳光下闪闪发光。它展翅欲飞，造型别致而生动，给人以生的律动和向上的力量。

东宫门之内的女阙，在门内偏东位置上，通高50丈（合今115.5米），是建章宫中最高的建筑。在阙楼上同样置有铜凤凰，用以辨别风向，因而被称为"别凤阙""折凤阙""凤凰阙"。因阙高大，造型别致，当时就流行有"长安城西有双阙，上有双铜雀。一鸣五谷生，再鸣五谷熟"的民谣，还把"凤凰阙"称为"贞女楼"。传世文物中有"折凤阙当"文字瓦当（见图6-2），应当是折凤阙的遗留。（罗振玉：《秦汉瓦当文字》）

东宫门外有南北相对的双阙，高25丈（合今57.75米）。顶上各有一只高丈余的鎏金铜凤凰，所以人们又把东阙门称为"双凤阙"。今高堡子、低堡子东北有两座底径为17米、高11米的夯土堆，间距53米，当地人称"双凤台"或"凤凰台"，这就是双凤阙遗址，至今还有名为南双凤村和北双凤村的两个村子。双凤阙遗址西距建章宫前殿遗址700米。（见图6-3、图6-4）

图6-2 "折凤阙当"瓦当拓片

图6-3 双凤阙遗址

图6-4 建章宫双凤阙的西阙

在别凤阙之西，也就是南宫门之内大道西侧，建造有一座八角形的木构建筑，叫"井干楼"。别凤阙与井干楼，二者一般高大，东西相对，空中有阁道相连，构件雕琢奇丽，图画云气，威威赫赫，同南宫门（璧门）互为表里，形似上天之门。实际上，建章宫中的三大建筑分别是：阊阖门（璧门）、别凤阙、井干楼。

北宫门外的阙门，是一对圆形的阙楼建筑，东西相对,故称"圆阙"。阙楼高25丈(合今57.75米),顶上也立有1丈(合今2.31米)高的铜凤凰。(《三辅黄图》引《三辅旧事》)张衡在其《西京赋》中云:"圆阙竦以造天,若双碣之相望。凤骞翥于甍标,咸溯风而欲翔。"阙高擎天,有如碣石对峙。铜凤迎风,展翅欲翔。情景交融,其作用同未央宫的北阙相似。北宫门之内仅200步又有女阙,名"嶕峣阙"(《三辅旧事》引《庙记》),也是"眇丽巧而竦擢",奇特高大。

二、主要宫殿建筑

(一)玉堂殿

进入南宫门,从折凤阙与井干楼的飞阙下穿过,迎面便是建章宫的正殿——玉堂殿。这座前殿巍峨雄壮,建筑高大,登临可"下视未央"。在当时的一些诗人、文学家的笔下都有对它的形象描述。司马相如在其《长门赋》中有句:"正殿巋以造天兮,郁并起而穿崇。"班固《西都赋》中也有"正殿崔巍,层构厥高,临乎未央"的佳句。太始四年(公元前93年),武帝在建章宫"大置酒,赦天下"。始元元年(公元前86年),"黄鹄下建章太液池中",百官为天子祝寿,昭帝在建章宫"赐诸侯王、列侯、宗室金钱各有差"。元凤二年(公元前79年),昭帝徙居未央宫。可见武、昭两代皇帝都曾在建章宫里举行朝贺大典。

玉堂殿是三层高台建筑,高30丈(合今69.3米)。内殿有12座门,阶陛都用玉石砌成。屋顶上也装有高5尺(约合今1.16米)的鎏金铜凤凰,因为下边装有转轴,可以随风而变方向,这实际上是我国最早的风向标。在今未央区高低堡子一带,有一处大型的建筑基址,北高南低,东西宽200米,南北长320米。从所处位置、进深大于跨度、高台形态看,可以断定它就是建章宫的前殿遗址——玉堂殿。(见图6-5、图6-6)

(二)骀荡宫

在前殿之后,有诸多宫殿分布在建章宫的北部。它们不但建造得高大宏伟,飞檐翘角,形制有别,而且根据景物变换、布置的奇特而赋予不同的作用。

骀荡宫在前殿东北,春光明媚,可使日影折射入殿。宫中有骀荡殿、骀荡台。据记载,骀荡宫曾有"骀荡宫铜壶""骀荡宫镫""骀荡宫高镫"(《小校经阁金文》)等铜器和"骀汤万年"(《金石索》)、"骀滛万延"(《陕西金石志》)等文字瓦当的拓文传世。

图 6-5　玉堂殿遗址

图 6-6　建章宫遗址北侧

（三）駊娑宫

同骀荡宫相邻的是駊娑宫，在前殿的西北。班固《西都赋》有"经骀荡而出駊娑，洞枍诣以与天梁"之句，前者是说马迅速奔跑一天，才能在骀荡和駊娑两宫中周游一遍；后者是说枍诣和天梁两宫不但高大，而且树冠擎天。

（四）鼓簧宫

鼓簧宫在前殿的西北，顾名思义，当是从汉武帝开始的鼓簧作乐之处。据载，绕宫一周为130步（约合今195米）。

（五）天梁宫

或说天梁宫在前殿之北，枍诣宫在东。《汉金文录》载有"天梁宫镫，太初四年造"铭文。

（六）奇华殿（奇宝殿）

建章宫里的名殿，分布在西部和西北部。奇华殿在前殿的近侧，专门收藏或陈列外国的奇货和使节献给汉天子的礼品。《三辅黄图》举例说"四海夷狄器服珍宝"有火浣布（石棉布）、切玉刀、巨象、大雀（鸵鸟）、师子（狮子）、宛马（大宛国所产的汗血马）等。正因为这些东西来自异域，所以也把奇华殿称作奇宝殿。

（七）神明台

在建章宫的高层建筑中，最具神奇色彩的莫过于神明台（又称"九天台"）（见图6-7、图6-8、图6-9）。东方朔曾对汉武帝说："今陛下以城中为小，图起建章，左凤阙，右神明，号称千门万户。"（《汉书·东方朔传》）这处用以祭祀仙人的楼台，位于建章宫内西北，地当今孟家村北。

据载，神明台有复道通太液池中的蓬莱山，再跨城后与桂宫的明光殿连接起来。

图 6-7 建章宫神明台遗址

据记载:"神明台高五十丈(合今115.5米。而现存夯土台基东西长52米,南北宽5米,残高10米),上有九室(象征天上中央与八方的'九天'),恒置九天道士百人。"(《汉书·郊祀志》颜注引《汉宫阁疏》)神明台同井干楼一样高,是"筑累万木,转相交架"(《史记·孝武本纪》司马贞语)、"叠而百层"(《西京赋》)的古代超高建筑,而且还在两座建筑之间上架阁道,下通辇道。

在高大的神明台基上立铜柱,柱顶有一座巨大的铜仙人雕像。仙人"掌大七围",擎着一个直径27丈(合今62.37米)的大铜盘,名曰"承露盘"。盘内又放一巨型玉杯,用以承接露水。汉武帝坚信用天露和上玉屑,饮用之后就可以羽化成仙。三国魏文帝曹丕想把铜盘搬到洛阳去,拆除时铜折盘落,"声闻数十里"。临载,铜仙人竟"潸然泣下"。

图 6-8 "维天降灵"十二字瓦当(建章宫神明台)

图 6-9 "益延寿"瓦当(建章宫神明台)

唐诗人李贺的《金铜仙人辞汉歌》写道:

茂陵刘郎秋风客,夜闻马嘶晓无迹。
画栏桂树悬秋香,三十六宫土花碧。
魏官牵车指千里,东关酸风射眸子。

空将汉月出宫门，忆君清泪如铅水。

衰兰送客咸阳道，天若有情天亦老。

携盘独出月荒凉，渭城已远波声小。

仙人铜盘的拆除令人感慨，而神明台留下的也是一片荒丘。在今未央区孟家村北，有一正方形夯土台基，高约10米，这就是神明台遗址。在断面中有红烧土和火红色的瓦砾，显然是毁于火焚。

三、湖泊

利用自然地理条件，人工修凿，造出一个个池沼，是建章宫人为小环境的一大特色。

（一）太液池

前殿西北450米处有太液池（也作"泰液池""清渊海"），遗址当在今高低堡子西北的曲尺形洼地，现存东西最大径510米，南北最大径450米，占地15.16万平方米，现辟为西安市太液池苗圃。太液池是人工湖，其水引自汉长安城西南的昆明池。昆明池北出之水，流经周都镐京之东、秦阿房宫西侧和北侧，东北入揭水陂。从揭水陂泄出之后，一条东北注入沇水，经飞渠入城；另一条北流经建章宫东，在凤阙南入沇水，后又在南双凤之东从沇水分出，经南北双凤村之间，西北注入太液池，最后再从太液池北出，经孟家寨入渭河。实际上，流入的渠水补给了太液池及其南边的唐中池、西北的琳池，为建章宫提供了丰富的蓄水。光太液池的水域面积就达"周回十顷"（《三辅黄图》引《庙记》），即占地461039平方米[①]。

太液池的建造，在"津润所及广"思想的指导下，成了古代传说故事的集合体。有说它是仿照"天池"建造的，即"日出旸谷，浴于咸池，至虞渊即暮"（《三辅旧事》），有说它象"北海"或者"东海"（《三辅黄图》）。

池中除了建造高20余丈（合今46米多）的渐台（基址东西长60米，南北宽40米，残高8米，见图6-10）、避风台之外，还人工模仿堆筑起了海中的蓬莱、方丈、瀛洲三座神山。

[①] 据陈梦家先生研究，新莽时期1亩为461.039平方米。（见陈梦家：《亩制与里制》，载《考古》1966年第1期）由"百亩为顷"知，太液池"周回十顷"当折合今461039平方米。这比今日看到的洼地面积（15.16万平方米）大了两倍多，可能同池形不规则而估量的标准不同有关，或是与古今地形地貌变化有关。

图 6-10 太液池渐台遗址

水中除人工放养的水游生物，还"刻金石为鱼龙、奇禽、异兽之属"。《三辅黄图》引《关辅记》云："建章宫北有池，以象北海，刻石为鲸鱼，长三丈（合今6.93米）。"1973年，在太液池遗址出土了一个石刻的巨型梭状物，长达4.9米，身径1米，是否为汉武帝"刻"的石鲸鱼？现放置在陕西历史博物馆门前。在当年太液池中，还有各长6尺（合今1.386米）的石鳖三个。池边长满菱白、葭苇和荷花，池中"凫雏、雁子布满充积，又多紫龟、绿鳖。池边多平沙，沙上鹈鹕、鹧鸪、鹡鸰、鸿鸨，动辄成群"（《西京杂记》）。昭帝始元元年（公元前86年）春二月，有"黄鹄（天鹅）下建章宫太液池中"，群臣以为是祥瑞，公卿上寿，诸侯王列侯宗室都领到了赏钱。（《汉书·昭帝纪》）皇帝一高兴，也作歌一首："黄鹄飞兮下建章，羽肃肃兮行跄跄，金为衣兮菊为裳；嗟喋荷荇，出入蒹葭，自顾菲薄，愧尔嘉祥。"（《西京杂记》）池中放置着鸣鹤舟、容与舟、清旷舟、采菱舟、越女舟等各式各样的游船，以供泛舟游湖。

建章宫中小环境气候湿润，植物茂密，太液池里水游动物成群。造景幽深，湖光水色同周围的宫殿楼台融为一体，堪称我国古代园林建筑的杰作。（见图6-11）这里山水相映，景色宜人，因而成了西汉帝王经常嬉戏游乐的场所。汉成帝与号称"掌上轻"的赵飞燕荡舟太液池，以翠缨结裾，有史载，有传记，即是故事之一。

（二）唐中池

在太液池之南，位当前殿偏西南处，有另一个人工湖——唐中池。"周回十二里"，即绕池一圈合今5202.72米①。池水由太液池向南分出的一支灌注而成，当然，正源还是来自昆明池

图 6-11 "涌泉混流"瓦当拓片（建章宫遗址）

---

① 据陈直先生认为《三辅黄图》成书于"东汉末曹魏初"，再据陈梦家先生研究，东汉晚期1里当今433.56米。

的水①。池边有唐中宫，是个可容纳万人的大型宫殿。

（三）琳池和孤树池

太液池之西有琳池和孤树池，开凿时间可能要晚一些。据《三辅黄图》载，淋池东引太液之水，建造于昭帝始元元年（公元前86年），广千步。

池南起造桂台，可以登高望远。池中种植一种分枝荷，一茎长出四叶，形状就像骈车的车伞盖，遇日照则叶垂至根，有如卫足，所以也把它称作"低光荷"。籽实像黑色的珠子，可做佩饰。花叶难枯萎，隔十里能闻到"芬馥之气"，食之能使人口气常香，益脉治病。宫女们对它很是喜爱，每每出入，常常口含咀嚼。宫女还把荷叶裁剪成衣服披身，或撑着当伞遮日，嬉戏游乐。

《西京杂记》载，孤树池中有洲，上有黏树（即杉树）一株，丁径粗大有六十余围，望之重重如盖。

四、建章宫的废毁

西汉末，新莽政权在篡僭中诞生。王莽面对遍地蜂起的农民起义大潮，把希望寄托在修建九庙上，"欲视为自安能建万世之基"，于地皇元年（公元20年），"坏彻城西苑中建章、承光、包阳、大台、储元宫及平乐、当路、阳禄馆，凡十余所，取其材瓦，以起九庙"（《汉书·王莽传》）。（见图6-12）这是建章宫第一次遭到毁灭性破坏，及赤眉军进入长安之后纵火烧掠，它便成了一片废墟。

图6-12 "日月同光"字纹砖
（柏梁村出，长48厘米，宽10.1厘米，厚8.7厘米）

---

① 《雍录》载：昆明池水第三支注入揭水陂，然后"自南而北，径趋建章。先为唐中池，周回十里，已而从东宫转北，则为太液池"。今从史念海先生说，昆明池水入建章宫后先注太液池，后从太液池分水才注唐中池。

第二节
桂宫、北宫与明光宫

一、桂宫

（一）桂宫的确认

太初四年（公元前101年），汉武帝在原秦渭南新区的甘泉宫旧地建造了桂宫。秦昭王最早为太后在这里设宫，相对渭河北的"冀阙宫庭"而称之为"南宫"，后来这里竟成了国事频繁的政治中枢。如昭王三十五年（公元前272年）宣太后诱杀义渠王，秦王政十年（公元前237年）从雍地迎回太后"复居甘泉宫"，始皇三十五年（公元前212年）起造"甘泉前殿，筑甬道自咸阳属之"（《史记·秦始皇本纪》），这里竟成了秦皇帝大朝的地方，以至于沦为秦二世享乐"方作觳抵优俳之观"的地方。有些学者认为，秦的甘泉宫在今淳化县或乾县。但笔者据《三秦记》和《关中记》说汉桂宫"一名甘泉宫"的记载，断定秦在渭南有甘泉宫，并且它就是最早的"南宫"。① 由前述也可看出：秦甘泉宫并没有完全毁于秦末的战火，因而也就成了汉建桂宫的基础。

20世纪90年代，在未央区相家巷村南，即桂宫遗址东北角的外侧，陆续出土了数以千计的秦封泥（见图6-13），其中就有"南宫郎丞"封泥（见图6-14）。这除了说明南宫在郎官"丞"的主管下，有郎官负责宿卫外，还为确定汉桂宫的位置提供了线索。后来探明桂宫遗址位于西安市未央区夹城堡、民娄村、黄家庄、铁锁村和六村堡一带，其范围大致处于汉长安城直城门大街之北、雍门大街之南、横门大街之西，东为汉代达官显贵的住宅区（即所谓"北阙甲第"），北为官营手工业作坊区。据文献记载，桂宫"周回十余里"。1962年，中国社会科学院考古研究所在未央区夹城堡、民娄村、铁锁

---

① 王学理：《咸阳帝都记》，三秦出版社，1999年。

图 6-13　相家巷秦封泥　　　　图 6-14　"南宫郎丞"封泥印文

村和黄家庄一带做过考古钻探,发现桂宫是一座南北向的长方形城垣。其东西两墙等长,各为1840米,南墙和北墙各长880米。在东、南、北三面各辟一门,连接南北宫门的是一条主干道,其分支通东门,形成"丁"字形的宫中大道。宫城周长5440米,占地1.66平方公里。宫城同四邻的西城墙、雍门大街、横门大街、直城门大街间距为50米。(见图6-15)

《关中记》说汉桂宫"周回十余里",而今探测的宫城周长约合西汉12.6里,可见二者较为接近。宫城有三门,南北二门对直并有大道相通,东门大道同南北大道形成"丁"字相交。南宫门是桂宫的正门,因城楼上有铜龙作为装饰,所以也称"龙楼门"。出南宫门,过直城门内大街,与未央宫掖门之一的作室门相对。出北宫门,过雍门大街十字,东拐,直抵东市。

(二)鸿宁殿和明光殿

宫中的宫殿建筑主要集中在南部,有鸿宁殿和明光殿。桂宫作为后妃之宫,其建造宏伟、装饰富丽堂皇的程度,可同未央宫的椒房殿相媲美。

鸿宁殿是桂宫的正殿,系帝太后常居之处,有"紫房复道"直通未央宫。汉哀帝的祖母傅太后即久住鸿宁殿。

明光殿有复道跨过西城墙,直通建章宫的井干楼、神明台,折而直至太液池的蓬莱山。至今遗留在夹城堡东面的高地，被当地人称为"凤坡"或"凤圪垯"，可能就是明光殿的土山。《三辅黄图》载，明光殿的台阶用白玉砌成，护以黄金，帘箔则由金玉珠玑编造，整个殿内琳琅满目，昼夜光明。由于汉武帝把七宝床、杂宝案、厕宝屏风和列宝帐等四种稀世珍宝收藏于宫中，所以时人也把桂宫称为"四宝宫"。（《西京杂记》）

在桂宫内还有台名"走狗台"。

（三）桂宫第二号建筑遗址

通过考古勘测，在桂宫宫城遗址内的南部发现了多处大型的宫殿建筑基址。1996年以来，中日考古学者组成中日联合考古队对夹城堡东的桂宫第二号建筑遗址进行了大规模的考古发掘。①（见图6-16）该遗址处于桂宫西南部，南与未央宫西北部的石渠阁遗址相对。

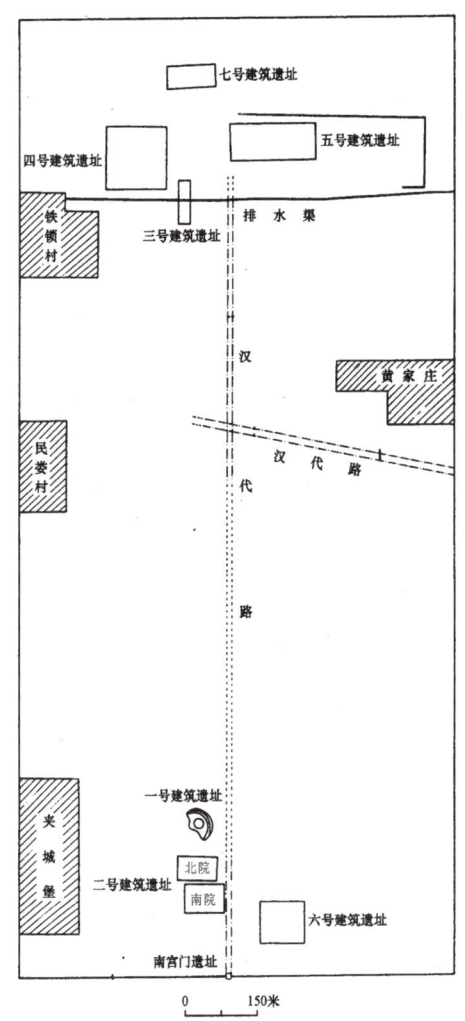

图6-15　桂宫遗址平面图

在南北长200米、东西宽110米的范围之内，自南而北，由南院、北院和高台三部分组成。南院和北院之间有一道隔墙，偏西处辟有一宽大的门道。

南院中，前有殿堂居中，后有庭院。此殿堂是建筑群中的主殿，东西长57米，南北宽35米，四周有回廊，南面设有二阶，用花砖铺砌。北面有两通道。在北部居中的位置，有一个半地穴式房屋建筑，面阔6.7米，进深4.1米，北边连一长达5米的地下通道。

北院东西长84米，南北宽46米，有多座小宫室，有多处地下通道穿过。中部是一殿堂基址，其南有东西并列的三座院落，北部又有东西并列的两座庭院。西南有储藏食品

---

① 中国社会科学院考古研究所、日本奈良国立文化财研究所中日联合考古队：《汉长安城桂宫二号建筑遗址发掘简报》，载《考古》1999年第1期；中国社会科学院考古研究所、日本奈良国立文化财研究所中日联合考古队：《汉长安城桂宫二号建筑遗址B区发掘简报》，载《考古》2000年第1期。

的地下窨穴。

北院以北40米处，有一高12米的夯土台基，有登道可上。

通过对桂宫第二号建筑遗址的发掘可以看出，南院与北院的不同正在于"前堂后室"的布局。南院的宫殿居中，庭院在后，显然是处理政事的宫殿；北院的殿堂处于南北布列的庭院之间，而且还有通道贯穿宫室中央，显得松散、自由，显然同生活起居有关。或许这即文献中的鸿宁殿和明光殿，后面的夯土台也即明光殿的观景台。

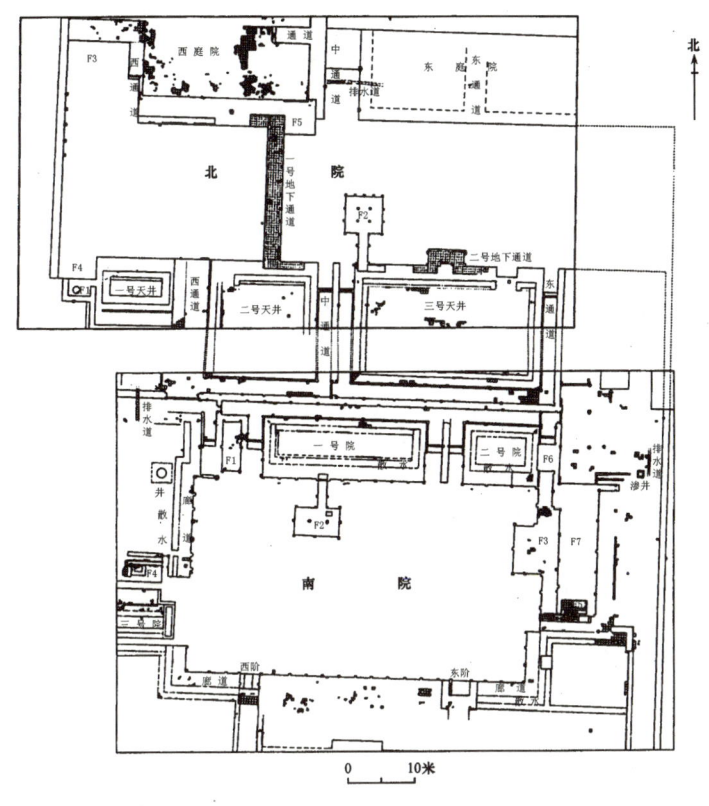

图6-16 桂宫第二号建筑遗址平面图

（四）桂宫第三号建筑遗址

在西安市未央区铁锁村东，即桂宫宫城内的北部，有第三、四、五、七号建筑遗址，形成一处独立的建筑群。[①] 其中第三号建筑遗址位于铁锁村东160米处，距宫城西墙340米，距宫城北墙345米。建筑遗址呈南北向的长条状，坐东面西。南北跨度84米，东西进深24米，面积2016平方米。平面布局是：南北两端各是一个建在夯土台基上的大房子，两房间由6个厚隔墙分成南北并列的7个条形房间。7个房间的门开西檐下，而后部是南北贯通的。北房最大，南北长31.03米，东西宽16.25米。从第三号建筑遗址的朝向、结构、布局看，它同汉长安城内其他宫室建筑有很大的不同，很可能是桂宫内一处仓储性建筑，其两端的大房子当是守护人的住处。（见图6-17）

---

① 中国社会科学院考古研究所、日本奈良国立文化财研究所中日联合考古队：《汉长安城桂宫三号建筑遗址发掘简报》，载《考古》2001年第1期；中国社会科学院考古研究所、日本奈良国立文化财研究所中日联合考古队：《汉长安城桂宫四号建筑遗址发掘简报》，载《考古》2002年第1期。

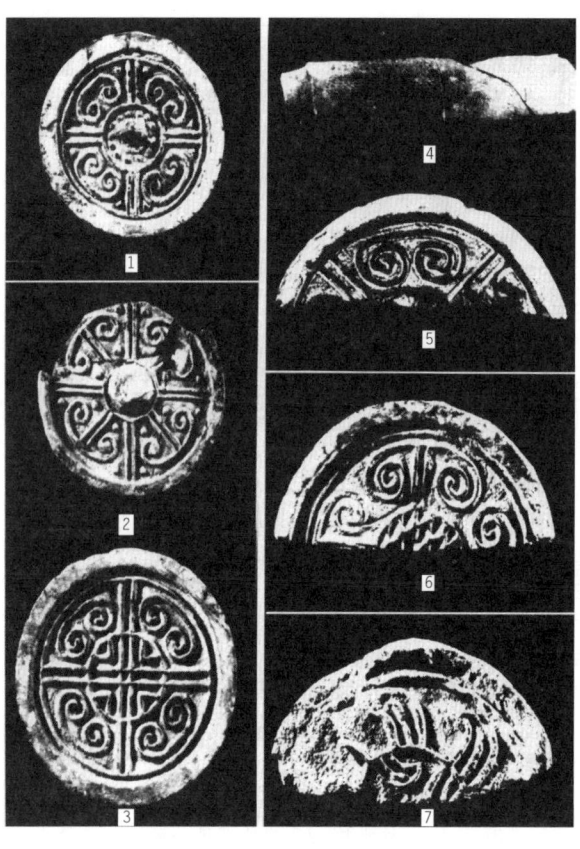

图6-17 桂宫第三号建筑遗址出土瓦及瓦当

（五）桂宫第四号建筑遗址

第四号建筑遗址处于桂宫遗址北部，地处六村堡东，北距宫墙215米，西距宫墙182米。建筑遗址东西长124米，南北宽120米，由中间的南北通道把建筑分成东西两部分。（见图6-18）通道由两侧的夯墙形成，有如甬道，南北现长95米，东西宽8.92米。通道东的殿堂基址呈曲尺状，东西长50.08米，南北宽40.8米，周环廊道和散水。殿堂基址上有两座地下室和两个天井。通道西的殿堂基址也略呈曲尺状，南临庭院。西殿堂基址上除大型殿堂外，还有两个附属性建筑（其中一个是地下室）。从整体结构分散、形式多样看，第四号建筑可能是后宫的生活区。

（六）桂宫建筑的时代

通过对桂宫几处建筑遗址的考古发掘可知，它们都在西汉中期的地层之下，出土物也属中期之后，这同汉武帝建桂宫的年代相一致。为数不少的五铢钱、"大泉五十"、货泉等货币，大量的中晚期粗绳纹板瓦、筒瓦、网格心的云纹瓦当，以及红烧土堆积，可以说明桂宫毁于新莽末年的战火。

二、北宫

北宫是汉初遗留的旧宫，因为高祖刘邦时制度草创，居处多沿用秦宫，其所居的北宫也相当简陋。汉武帝对北宫做了一次大的增修，使之规模巨型化、布局制度化，而且

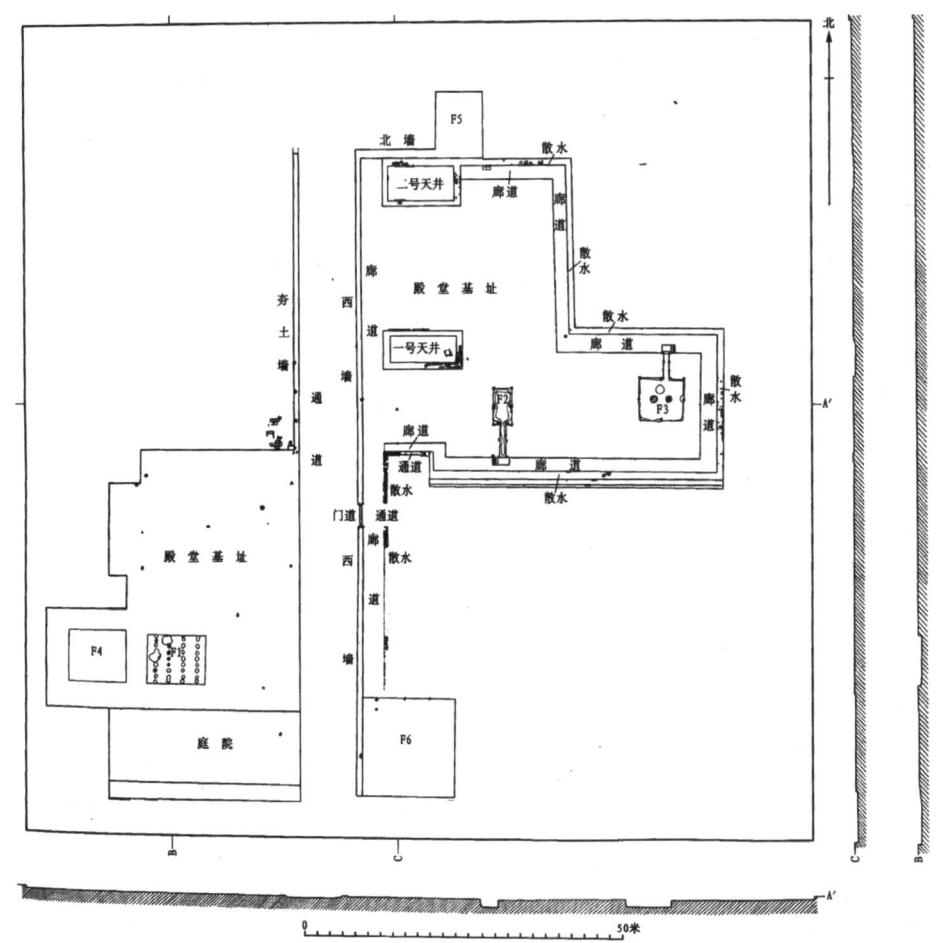

图 6-18 桂宫第四号建筑遗址平、剖面图

更加华丽。

(一) 北宫位置的确定与形制

对于北宫的位置,过去学者受《三辅黄图》所说"北宫,在长安城中,近桂宫,俱在未央宫北"的影响,多以为在桂宫之东附近。也有不少学者把北宫标定在雍门大街之南、直城门大街以北、横门大街以东、厨城门大街以西这一范围之内。事实上,在桂宫之东的这一区域内并未找到任何宫城的遗迹。而且根据文献记载,在未央宫北阙附近,即直城门大街之北,居住的多是王侯贵族。他们是皇帝身边的显贵、政要,不受长安居民"里居"的限制,其甲第可以面向大街,形成"廛里端直,甍宇齐平。北阙甲第,当道直启"(张衡《西京赋》)的局面。像高祖时的汝阴侯夏侯婴、武帝时的丞相田蚡、宣帝时的大将军霍光、成帝时的"王氏五侯"(谭、商、根、立、逢时)、哀帝时的佞

臣董贤等人都建有豪宅，所以这一带不可能是后宫的所在，而很可能是萧何当初规划中就确定了的。

1994年，中国社会科学院考古研究所汉城工作队在汉长乐宫西北、武库之北，即今未央区的讲武殿村、施家寨、周家堡、曹家堡一带，发现了一处宫城遗址。[①]据查知，北宫处于厨城门大街以东、安门大街以西，北临雍门大街，南有直城门大街。宫城的夯筑墙体距地表0.95米，平面为长方形，南北长1710米，东西宽620米，宫城周长4660米，基本符合"周回十里"（合今4335.6米）的记载。（《三辅黄图》）有南北两宫门，相对直。宫门面阔7米，进深12米。南宫门之外，有一条宽9米、长225米的南北大道，南接直城门大街。北宫遗址的确认，不但纠正了文献记载的失误，而且明确了它在汉长安城中的确切位置。

（二）前殿与太子宫

据载，北宫中"有前殿，广五十步"，是为正殿，因为住有后妃，装饰考究，"珠帘玉户如桂宫"。

桂宫中既有供奉和敬祀神仙的"寿宫"和"神仙宫"（《三辅黄图》），又有供怀孕产子的"太子宫"（《玉海》）。

特别值得一提的是，在作为产房的太子宫中，设置有"甲观画堂"（《三辅黄图》），绘有一母九子的壁画，既含多生贵子的希望，也有对胎教的关心。元帝皇后王政君就是在太子宫中的甲观画堂生下成帝的。顾名思义，太子宫当是太子之宫。作为国家储君的太子还要在这里生活。巫蛊之乱时，江充曾"掘蛊太子宫"（《汉书·武帝纪》）。宣帝曾"幸太子宫"（《汉书·疏广传》），元帝为太子时，就长期住在太子宫中。

入住北宫的后妃，多是政治上的失意者、贬废者。如孝惠张皇后在诸吕之乱平定后被废处北宫；哀帝崩，王莽专权，把贵为皇太后的赵飞燕贬为孝成皇后，连同哀帝傅皇后一起退居北宫。

三、明光宫

汉武帝为求仙，于太初四年（公元前101年）秋天，在长乐宫之后起造明光宫，发

[①] 中国社会科学院考古研究所汉城工作队：《汉长安城北宫的勘探及其南面砖瓦窑的发掘》，载《考古》1996年第10期。

15~20岁的燕赵美女约2000人充实其中。由掖庭令著录名籍，年满30岁出嫁，死出者随补之。明光宫同长乐宫之间隔着东西向的清明门大街，并有复道连接，从而方便了两宫之间的往来。《西都赋》中有"辇路经营，修除飞阁。自未央而连桂宫，北弥明光而亘长乐"之句，这就表明用飞阁式的复道把桂宫、明光宫、长乐宫和未央宫串联起来，形成一个环形的空中闭合圈。同样，《西京赋》中也有"阁道穹隆，属长乐与明光，径北通于桂宫"的句子。在这里，尽管"辇路"与"阁道"在形式上有所区别，但作为皇帝专用的一种特殊御道——复道，把相对集中又分在四处的宫区连起来，却是不容置疑的事实，所以这"复道"绝不仅限于明光与长乐二宫之间。对明光宫的具体位置，学者还未取得一致的看法。据《三辅黄图》载：明光宫的位置"在长乐宫后"，与长乐宫相连。经1956年考古钻探，在今长乐宫遗址之北，当安门大街之东、汉长安城东墙之内，在宣平门大街之南、清明门大街之北，有一横长形的空旷地带，周长6.6公里，占地2.7平方公里，虽未被考古证实，但学者多以为这一带就是明光宫的范围。

明光宫是汉武帝为安置宫女而设置的，其舒适的环境同其他宫殿比较自然是略胜一筹。但到西汉后期，其地位则有所下降。汉成帝的舅父王商被封为成都侯，有病，曾请求到明光宫避暑，得到批准。平帝元始元年（公元1年），明光宫被废。王莽篡位，废孺子婴，封其为"定安公"，封平帝皇后为"定安太后"。始建国元年（公元9年），改废宫明光宫为定安馆，用以安置定安太后。（《汉书·王莽传》）

第三节
拓展上林苑

一、秦汉上林苑的相接与扩大

早在战国时期，秦国已经重视国家苑囿的开辟与经营，在渭河之北有"五苑"，种植蔬菜和橡实、栗、枣等副产品。《史记·秦始皇本纪》说"诸庙及章台，上林皆在渭南"，这说明秦对周丰镐之地的"灵囿"加以扩大而成了上林苑。可见秦上林苑的范围大概北自汉长安城之南，南至秦阿房宫遗址之南，东西则在灞浐之间到沣河西岸。

图6-19 上林瓦当

（见图6-19）当时，还计划在苑中建造"离宫别馆一百四十六所"（《三辅故事》）。另外，把上林苑东南的曲江及隑州（曲江中的半岛）一带开设成宜春苑，还把潏河与滈河汇流的神禾原一带辟为杜南苑，等等。①

可惜，秦始皇在上林苑中的宏图大计没有得以实施，仅仅夯实了阿房前殿的地基，秦朝就土崩瓦解了。而在那里改天换地的任务就落在后起的汉王朝身上。

汉武帝多次游猎，越出秦上林苑的范围，践踏农田，引起百姓怨怒与詈骂，这就激起了他扩大上林苑的想法。建元三年（公元前138年），汉武帝在秦上林苑的基础上大兴土木，不但范围扩大，而且工程内容也有所增加。汉上林苑，据张衡《西京赋》说："上林禁苑，跨谷弥阜。东至鼎湖，邪界细柳。掩长杨而联五柞，绕黄山而款牛首。缭

---

① 王学理：《咸阳帝都记》，三秦出版社，1999年。

垣绵联，四百余里。"看来说西界只到长安城西门便门桥附近，显然不正确。而据《汉书·扬雄传》载："南至宜春、鼎湖、御宿、昆吾，旁南山而西，至长杨、五柞，北绕黄山，濒渭而东，周袤数百里。""四百余里"也罢，"数百里"也好，均属估计数字。但显而易见的是，汉武帝扩建的上林苑东南自今西安市蓝田县西南焦岱镇的汉鼎湖延寿宫遗址，沿秦岭北麓西行，到今周至县东部的汉长杨宫和五柞宫遗址；再向东北行，至今兴平市东南的田阜乡侯村汉黄山宫遗址；继而沿渭河南岸东行，直到泾、渭之交，后沿灞河东岸直驱蓝田西界，从而形成把长安八水都包罗其中的闭合圈，长达400余里。"缭垣绵联"，说明上林苑周围筑有垣墙。上林苑筑有周长400余里的垣墙，竟是汉长安城的七八倍。若真的如此，那岂不是又一奇迹？

上林苑中有很多天然池沼，初池、麋池、牛首池、蒯池、积草池、东陂池、西陂池、当路池、犬台池、郎池等被称为"上林十池"。（《三辅黄图》）

上林苑被划分成36个小区，数量众多的宫观、池沼和园林融合在不同的自然景色之中，"天人合一"，从而构成别具特色的汉家皇室公园。

二、苑中宫观

苑中的离宫别馆，有说是"三十六所"（《后汉书·班固传》引《西都赋》），有说是"七十余所"（《三辅黄图》《汉旧仪》），还有说"秦始皇上林苑中，作离宫别观一百四十六所"（《文选·东京赋》李善注引《三辅故事》）。

见载的著名离宫，有"建章宫、承光宫、储元宫、包阳宫、尸阳宫、望庭宫、犬台宫、宣曲宫、昭台宫、葡萄宫"（《长安志》引《关中记》）及宜春宫、鼎湖延寿宫、萯阳宫、长杨宫、五柞宫、蹄氏观等。

上林苑中的汉宫遗址，得到考古确认的有如下一些：

（一）宜春宫

宜春宫原为秦离宫，在宜春苑内，西汉沿用。曲江风景如画，秦称曲江岸为"隑州"。《三辅黄图》云："曲池，汉武所造，周回五里，池中遍生荷芰菰蒲，其间禽鱼翔沐。"《汉书·司马相如传》说"还过宜春宫，相如奏赋以哀二世行失"，还描述此间的景色是"登陂陁之长阪兮，坌入曾宫之嵯峨，临曲江之隑州兮，……览竹林之榛榛，东驰土山兮，北揭石濑"。颜师古注："宜春，宫名。在杜县东，即今曲江池是其处也。"陈直先生在《汉书新证》中说今西安市雁塔区曲江"春临村西南的秦汉建筑遗址上采到一瓦，筒部有'十二二月令'五字刻款，还有'富贵毋央'瓦当一品，可能就是秦汉宜春宫建筑用瓦"①。

（二）扶荔宫

《三辅黄图》记："扶荔宫，在上林苑中。汉武帝元鼎六年，破南越起扶荔宫（宫以荔枝得名），以植所得奇草异木：菖蒲百本，山姜十本，甘蕉十二本，留求子十本，桂百本，密香、指甲花百本，龙眼、荔枝、槟榔、橄榄、千岁子、甘橘皆百余本。上木，南北异宜，岁时多枯瘁。荔枝自交趾移植百株于庭，无一生者，连年犹移植不息。后数岁，偶一株稍茂，终无华实，帝亦珍惜之。一旦萎死，守吏坐诛者数十人，遂不复莳矣。其实则岁贡焉，邮传者疲毙于道，极为生民之患。至后汉安帝时，交趾郡守极陈其弊，遂罢其贡。"

以上所列果实均产自南方。元鼎六年（公元前111年），汉武帝在东巡途中得到破南越的消息后非常高兴，就在上林苑中修建扶荔宫，专作移植南方花草果木之用。

（三）荣宫

荣宫是文献中失载的一处宫殿。1969年在西安市东郊延兴门村出土一铜方炉，现收藏于陕西历史博物馆。炉分上下两层，四角各有蹄形短足。上层为炉，下层为承灰盘，长47.5厘米，宽23.75厘米，通高16厘米，重9.1公斤。（见图6-20）炉沿上篆刻的铭文

图6-20 上林荣宫铜方炉

是："上林荣宫，初元三年受。弘农宫铜方卢（炉），广尺，长二尺，下有承灰，重卅六斤。甘露二年，工常绚造，守属顺临，第二。"②由铭文可知，炉造于汉宣帝甘露二年（公元前52年），原在弘农宫使用，元帝初元三年（公元前46年）调至上林荣宫，并加刻铭文。薛尚功在其《历代钟鼎彝器款识法帖》卷二十中，著录有"上林荣宫铜雁足灯"，同样证明荣宫确实是上林苑中的一处离宫。今延兴门村当唐长安城东面最南的延兴门遗址，地近曲江池偏北处。那么，汉荣宫可能就在西安东郊延兴门村一带。

---

① 陈直：《汉书新证》，天津人民出版社，1979年。
② 秦波：《西汉皇后玉玺和甘露二年铜方炉的发现》，载《文物》1973年第5期。

（四）太乙宫

王先谦《汉书补注·地理志》云："汉元封初，南山谷间云气融结，阴翳成象，武帝于此建宫。"据上可知，太乙宫当今西安市长安区太乙宫镇，宫旁有太乙池。

（五）包阳宫、储元宫

包阳宫同储元宫相隔不远，在汉建章宫遗址西部。史载不多，只知在王莽时期被拆毁，材料用于九庙。

《汉书·外戚传》云："冯婕妤男立为信都王，尊婕妤为昭仪。元帝崩，为信都太后，与王俱居储元宫。"《三辅黄图》说："储元宫，在长安城西。"当在建章宫遗址西部，同建章、承光、包阳、犬台等宫观一样，在王莽建九庙时被拆毁。

（六）昭台宫

《汉书·外戚传》：宣帝地节四年（公元前66年），"霍后立五年，废处昭台宫。后十二岁，徙云林馆，乃自杀"。成帝鸿嘉三年（公元前18年），许皇后也废处昭台宫。由此可以说明昭台宫是安置失宠后妃之宫。

《三辅黄图》云："昭台宫，在上林苑中。"《小校经阁金文》记有："昭台宫铜偏壶，元康三年（公元前63年）造。"《雪堂藏古器物目录》收录有成帝永始三年（公元前14年）"杜陵东园"扁壶，但铭中刻有"昭台铜扁（壶）"等字，当系昭台宫中之物。1961年西安市三桥镇南的高窑村曾出土铜器22件，其中有"上林昭台厨铜锔"，铭刻"容一石重二十斤""第七百二十六"。出土铜器群窖穴的周围多有建筑遗址，很可能是上林苑中昭台宫的所在。

（七）宣曲宫

《三辅黄图》云："宣曲宫，在昆明池西。孝宣帝晓音律，常于此度曲，因以为名。"《汉书·东方朔传》说汉武帝微行时"宣曲尤幸"，"后乃私置更衣，从宣曲以南十二所，中休更衣，投宿诸宫"。西安市三桥街道办事处高窑村出土的十四号铜鼎有"上林宣曲宫"的铭文，《小校经阁金文》卷11有"宣曲宫鼎"。今西安市长安区斗门镇东有一片低洼地带，地当细柳原和高阳原之间，其地势比周围地面深2~4米，当是昆明池遗址所在。马营寨和张村之东是昆明池的西岸，村西是沣河。在河西岸的客省庄东、东堡子南、西堡子之间多有西汉建筑基址，此间正处在"昆明池西"，所以胡谦盈先生考察后认为这里是宣曲宫的遗址。

（八）鼎湖宫

图6-21 "鼎胡延寿宫"瓦当

《贞松堂集古遗文》收有蓝田鼎湖宫行镫，也多有"鼎胡延寿宫"瓦当（见图6-21）、"鼎胡延寿保"瓦的流传，但《三辅黄图》说鼎湖宫在"湖城县界"，是黄帝采首山铜铸鼎升仙的地方，"汉武帝于此建宫"。湖城县是西汉时的湖县，属京兆尹，治所在今河南灵宝西北。北魏时才改名湖城县。实际上，鼎湖宫确是汉武帝建造，不在湖县而在今陕西蓝田县。

《史记·封禅书》司马贞索隐引《三辅黄图》云："鼎湖，宫名，在蓝田。韦昭云：地名，近宜春。"1988年，在蓝田县焦岱镇的文物普查中发现宫殿遗址。自1989年12月2日起，陕西省考古研究所秦汉研究室主任王学理率鼎湖宫考古队，对焦岱镇西和岱峪河之间的高地做了大面积调查与考古钻探，随即选点发掘，清理出花砖铺地地面，在瓦砾堆积中发现"鼎胡延寿宫"瓦当。

（九）萯阳宫

萯阳宫本属秦的离宫，因远离咸阳，未遭秦火厄运，至汉犹存。《三辅黄图》："萯阳宫，秦文王所起，在今鄠县西南二十三里。"秦无"文王"，只有惠文王与孝文王。因秦孝文王是"生五十三而立"的垂暮老人，在位只有三天，而且他有着与其他秦王不同的"褒厚亲戚，弛苑囿"（《史记·秦本纪》）的善举，所以是不可能建造离宫别馆的。而变法后雄心勃勃的秦惠文王，曾"取岐、雍巨材，新作宫室。南临渭，北逾泾，至于离宫三百"（《三辅黄图·序》），在渭南起造萯阳宫绝对是可能的。所以，《大清一统志》也就认定了此"秦文王"实是"秦惠文王"之误。武帝游猎，常宿长杨、五柞、萯阳诸宫（《汉书·东方朔传》）。宣帝"甘露二年（公元前52年）冬十二月，行幸萯阳宫属玉观"（《汉书·宣帝纪》）。成帝元延二年（公元前11年）冬，"行幸长杨宫……宿萯阳宫，赐从官"（《汉书·成帝纪》）。可见萯阳宫的存在自秦惠文王始，终西汉一朝，前后长达300余年时间。

《水经注·渭水》："渭水又东合甘水，水出南山甘谷，北径秦〔惠〕文王萯阳宫西，又北径五柞宫东。又北径甘亭西，在水东鄠县。"今陕西鄠邑区西有甘河（甘水），出自秦岭北麓甘峪沟（"甘谷"）。从甘水由南向北的流经次序（先萯阳宫后五柞宫）和二宫的相对地理位置（一在水东，一在水西），结合已知五柞宫遗址（今周至县东南集贤镇集贤村），再据萯阳宫"在今鄠县西南二十三里"度量，推知秦萯阳宫的主宫位于今鄠邑区西南甘河出秦岭的富村窑一带。今富村窑原名"富阳窑"，显然是"萯阳"的音转。在今曹村的鸡子山上已有秦汉宫殿建筑文物的发现，有可能是"属玉观"遗址。①

（十）黄山宫

《汉书·地理志》颜师古注：槐里（今兴平市）"有黄山宫，孝惠二年（公元前193年）起"。《元和郡县图志》云："汉黄山宫在县西南三十里。"《水经注·渭水》作"渭水又东北径黄山宫南"，说明宫在水北。今兴平市东南田阜乡侯村西北侧有一处秦汉文化遗址，东西长1000米，南北宽400米，文化层厚约2米。暴露有夯土层、陶水管道、窑址、墓葬等。出土有秦汉时代的绳纹筒瓦、板瓦、虎纹空心砖、铺地砖、饕餮纹半瓦当、"长生无极"瓦当、各类云纹瓦当，以及圆形、脊形陶水管道。1984年2月，当地农民取土时，还发现刻铭"横山宫"铜灯一盏。1992年发掘，除生活陶器和各式瓦当等建筑遗物外，最珍贵的是"黄山"瓦当和直径达76.5厘米的夔凤纹瓦当。②（见图6-22）"黄山"字作"横山"，古"横"与"黄"相通，故"横山宫"即"黄山宫"。

图6-22 黄山宫瓦当拓片

黄山宫的器物，见有"黄山共鼎"③、"黄山锏"④等。《汉书·王莽传》记载：民

---

① 清康熙二十一年（公元1682年）康如琏撰修的《鄠县志》载："秦萯阳宫在县西三里，秦文王所造也。……父老相传今陂头东岳宫即其旧址。旧志西南二十三里误矣。"此后，乾隆四十二年（公元1777年）的《鄠县新志》、民国二十二年（公元1933年）的《重修鄠县志》均从康说，而且广为流传，以为户县西1.5公里的陂头村渼陂旁的东岳宫就是秦萯阳宫旧址。今又设陈列室，塑绘秦始皇迎太后入萯阳宫事。传说无证，考之无据，实不可信。

那么，秦萯阳宫遗址究竟是在"县西三里"还是在"县西南二十三里"？自唐至宋，户县、周至间曾两度设立终南县，因而对确切位置的理解就出现了偏差。1982年，为编修《户县志》，曾于县西南白庙乡曹村的东门外发现元仁宗延祐六年（公元1319年）的《创建崇真观碑》一通。碑文载有"秦之萯阳宫故址在焉，信夫天壤间自昔为佳处也"。户县县志办的李养民于2002年10月终于在鸡子山上找到秦汉时期的云纹瓦当2件、文字残瓦当1件，还有各类绳纹板瓦、筒瓦、回纹和雷纹铺地砖、青绿釉陶鼎残片及建筑饰件等（载2005年10月25日《华商报》）。看来，秦萯阳宫在今鄠邑区西南二十三里的鸡子山的可能性很大。

② 陕西省考古研究所编著：《陕西兴平侯村遗址》，三秦出版社，2004年。

③ 陈直：《三辅黄图校证》引《小校经阁金文》卷11，第40页。

④ 庞文龙：《陕西岐山县博物馆收藏的汉代铜锏》，载《文物》1983年第10期。

间传说有黄龙堕死在黄山宫，百姓奔走观看。足见黄山宫终西汉一世。

汉黄山宫可能是在西周犬丘、秦废丘的基础上建造的，而该遗址的确认也纠正了把黄山宫记在"兴平县西三十里"的错误。①

（十一）长杨宫

长杨宫是秦昭王建于秦岭北、渭河南的一座离宫。《三辅黄图》记："长杨宫，在今周至县东南三十里，本秦旧宫，至汉修饰之以备行幸。宫中有垂杨数亩，因为宫名，门曰射熊观，秦汉游猎之所。"

《水经注·渭水》云："东有漏水，出南山赤谷。东北流径长杨宫东，宫有长杨树，因以为名。"漏水即今周至县东的赤峪河，由秦岭北麓的赤峪流出，东北流经今终南镇东，北流入黑河。有多位学者都曾涉猎这一带。人们看到的今赤峪河正流在长杨宫遗址所在地竹园头村西1公里，这与《水经注》所言"东北流径长杨宫东"的记载严重不符，因而怀疑它不正确。事实上，在竹园头村东已知有一条古河道。所以考虑到暴雨、洪水冲击迫使秦岭北麓的河流经常改道这一事实，就会明白：竹园头村东的古河道就是漏水的故道，那就是郦道元所述的赤峪河主流。同样，上述那种小范围的"不符"也是完全可以理解的。另外，《三辅黄图》和《元和郡县图志》两书均有"秦长杨宫在县东南三十三里"的记载，那所言的"县"均指的是今周至县的所在地。②由今周至县城到竹园头村的距离正好是15公里，可见推定秦汉长杨宫遗址位于今周至县终南镇东南竹园头村西是可信的。（见图6-23）

据调查，今终南镇东南3公里有竹园头村，村西南有地名圪垯顶，原有高达3米多的大型夯土台基，10年前平整土地时用挖土机铲平，当时周至县文化馆进行了抢救性清理，得到大量秦汉建筑材料。《新编秦汉瓦当图录》中收有在此遗址采集的秦云纹瓦当2品，汉云纹瓦当3品，标志方向的白虎、朱雀、玄武瓦当各1品，还有"汉并天下""与天毋极""长乐未央""宫"等文字瓦当。也有汉代"长杨共鼎"传世，现藏于故宫博物院，铭文见于容庚《秦汉金文录·汉金文录》卷一。在圪垯顶土堆下有几大

---

① 黄山宫方位，记在"兴平县西"的有《三辅黄图》、《元和郡县志》卷一、《雍录》等；记在"县西南三十里"的有《元和郡县志》卷二、钱坫《新斠注地理志集释》等。

② 《史记·司马相如列传》张守节正义引《括地志》："秦长杨宫在雍州盩厔县东南三里，上起以宫，内有长杨树，以为名。"《括地志辑校》据《三辅黄图》及《元和郡县图志》补改，因引脱"十三"字，补为"三十三里"，而"上起以"三字衍，故删。

堆秦汉残砖碎瓦，在附近一家农民厕所墙上盖着数十页秦汉绳纹板瓦。由于水利灌溉的需要，赤峪河下游河道曾多次变动。在1968年出版的地图上，还标有赤峪河支流从竹园头村南东北向流，今此支流已并入村西1公里处的赤峪河正流。因此，据竹园头村西南秦汉宫殿遗址的考古调查资料，结合《水经注》的记载及河道的变

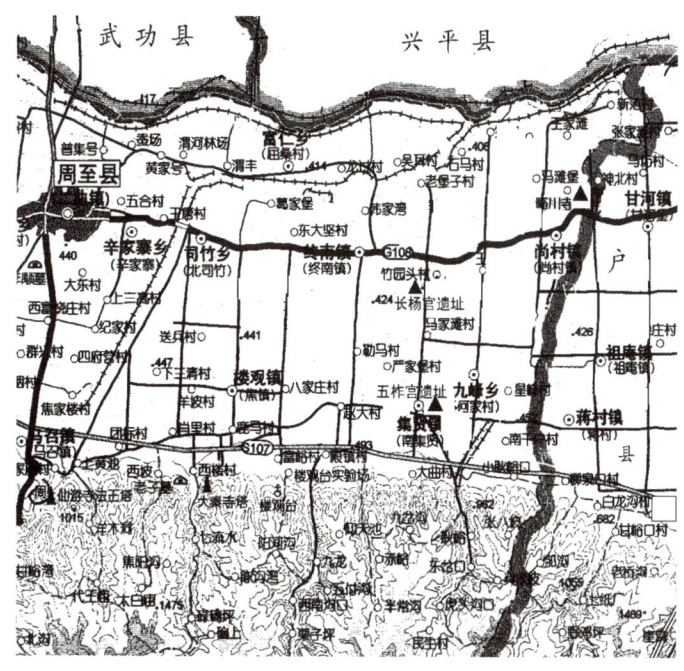

图 6-23　长杨宫与五柞宫位置图

迁，可以推定竹园头村的秦汉宫殿遗址就是秦长杨宫的旧址。

另外，周至县东48里处的尚村镇临川寺村出土有云纹瓦当，在临川寺村与西凤头村附近发现"长生无极"和"长乐未央"瓦当，在神策庄（属鄠邑区，位于临川寺村东）发现"延年益寿"瓦当与云纹瓦当。临川寺村也曾一度改名射熊铺，所以一般人认为这里是长杨宫的射熊观遗址。

（十二）五柞宫

汉武帝时修造。晋葛洪在《西京杂记》中说："五柞宫有五柞树，皆连三抱，上枝阴覆数十亩，其宫西有青梧观。"元骆天骧《类编长安志》引《水经注》载："南山耿谷北，长杨、五柞两宫之间，有青梧观。"《三辅黄图》中说宫在"扶风周至"。《水经注》说五柞宫在周至县东北48里①，据此有人认为五柞宫不在县东南38里，而在东北。

据最新的考古调查认为，汉五柞宫在秦长杨宫之南偏东。《水经注·渭水》云："〔耿〕水发南山耿谷，北流与柳泉合。东北径五柞宫西。长杨、五柞二宫相去八里，

---

① 《水经注》说五柞宫"在周至县西"，当是"在周至县东"之误。但又说在县东北48里，显然有偏差。

并以树名宫。"《雍胜略》载:"五柞宫在周至县东南三十八里,汉武帝造。"这些里程数同《三辅黄图》所记周至县距长杨宫"三十里"是一致的。在集贤村东屠宰场一带,原有两个土岗,高达10多米,因多年取土竟成了一处洼地。在洼地的断层中,仍能见到夯土,并夹杂有陶水管道、云纹瓦当、回纹铺地砖、板瓦等。这里北距竹园头村正好8里。所以说,汉五柞宫遗址在今周至县东南集贤镇的集贤村附近。

西安市文物中心收藏有五柞宫鼎的鼎盖,盖面上有两处铭文,作"杜五柞宫三升少半二斤""户五柞共盖容三升,少半重二斤第百十"①。铭中"杜""户"均是秦汉县名,可能是五柞宫的分属地曾有不同。武帝常住五柞宫,病死于此。

长杨宫、五柞宫和萯阳宫以终南为屏,地处秦岭北之上林苑中,连峰错列,溪谷相杂,林木葱郁,禽兽繁多,可以说是风景优美,气候宜人。它是秦汉时期帝王游幸的离宫,也是皇家通过围猎进行蒐、苗、狝、狩一类军事演习的野外场地。②

(十三)葡萄宫

葡萄本产于大宛,那里盛酿酒,据《史记·大宛列传》载:宛左右以蒲陶为酒,"富人藏酒至万余石,久者数十岁不败"。《汉书·匈奴传》云:"哀帝元寿二年,单于来朝,上以太岁厌胜所在,舍之上林苑蒲陶宫。"《三辅黄图》说宫"在上林苑西",《长安志》引《十道志》也说"在上林西"。似乎葡萄宫不在上林苑中,而《陕西通志》引《雍胜略》云:"此宫在周至县境。"因为周至县大部分属于上林苑范围,所以还应归入苑中。

(十四)犬台宫

《三辅黄图》云:"犬台宫在上林苑中,长安西二十八里。"《汉书·江充传》晋灼注曰:"上林有犬台宫,外有走狗观。"因养狗名宫名观,知其专为皇帝行幸打猎,地在今咸阳市沣西镇一带。

(十五)神光宫

汉扬雄在《羽猎赋》中有"秋秋跄跄,入西园,切神光。望平乐,径竹林,蹂蕙

---

① 王长启:《西安市文物中心藏战国秦汉时期的青铜器》,载《考古与文物》1994年第4期。
② 班固《西都赋》:"天子乃登属玉之馆,历长杨之榭,览山川之体势,观三军之杀获。原野萧条,目极四裔,禽相镇压,兽相枕藉。然后收禽会众,论功赐胙。"《汉书》帝纪中就有武帝、元帝、成帝游幸长杨宫的记载。武帝多次狩猎,又亲自同兽搏斗。元帝在射熊观布置车骑,大举狩猎。成帝也曾向"胡人"夸南山"多禽兽",竟"命右扶风发民入南山,西自褒斜,东至弘农,南驱汉中,张罗网置罘,捕熊罴、豪猪、虎豹、狐兔、麋鹿,载以槛车,输长杨射熊观。以罔为周陆,纵禽兽其中,令胡人手搏之,自取其获,上亲临观焉。是时,农民不得收敛"。违误农时,民怨沸腾。扬雄从射熊观归来,对成帝的这一荒唐行为写了一篇有名的《长杨赋》加以讽谏(《汉书·扬雄传》)。

圃，践兰唐"之句，张晏注："切，近也。神光，宫名。"所云"西园"乃上林苑，"平乐"为上林中平乐馆。"户杜竹林"在上林苑中是有名的地方，可见神光宫在上林苑的西部。

（十六）其他楼观

上林苑中楼观甚多，见载的就有：虎圈观（建章宫西）、茧观、豫章观（又名"昆明观"，在昆明池中）、白杨观（在昆明池东）、东观（在昆明池东）、飞廉观、上兰观（在西安市西南）、阳禄观、柘观、郎池观、当路观、平乐观、观象观、白鹿观（在白鹿原南端）、龙台观（在沣水西北）、琢沐观、细柳观（在今咸阳市秦都区渭滨街道办事处过唐村附近）、宜春观（在今鄠邑区陂头村东边的渼陂附近）、属玉观（在蒉阳宫中）、青梧观（在五柞宫西）、射熊观（在长杨宫中）、碻氏观等。（见图6-24）另外，在长安城附近见载的还有走马观、鱼鸟观、燕升观、远望观、便门观、石关、鸧鹔观、封峦观、露寒观、樛木观、椒唐观等，但不能确定其是否在上林苑范围之内。

三、苑区出土的珍贵文物

在上林苑中心区出土的文物，更是这处皇家禁苑的见证。今西安市未央区三桥街道办南的高窑村、蔺家村和北面的三桥农具厂一带，在汉上林苑中占有重要地位，前后出土过几批有关上林苑的皇家重器。

（一）上林铜鉴

第一次发掘在1961年，在今西安市未央区三桥街道办高窑村的一处窖藏坑中出土了汉代铜器22件，其中有鉴10件、鼎5件、钟5件、钫1件、铜1件。①

图6-24 "平乐阿宫"瓦当拓片

就在这铜器坑的四周，布满了汉代的建筑基址。坑北241米处的夯土台基东西长143米，南北宽62米，高3.5米；坑西199米处的夯土基址南北长339米，东西宽65米，高

---

① 西安市文物管理委员会：《西安三桥镇高窑村出土的西汉铜器群》，载《考古》1963年第2期；西安市文物保护考古所编著：《西安文物精华·青铜器》，世界图书出版西安公司，2005年；张永禄主编：《汉代长安词典》，陕西人民出版社，1993年。

2~2.5米。在铜器坑的东面和南面都有建筑基址。在这些建筑基址附近的地面上,原来都有大量的建筑遗物。其中,云纹瓦当占有相当数量,红烧土遍地。可见,这处上林苑建筑毁弃于新莽末年的战火。此建筑与铜器在一定程度上向世人展示了汉上林苑中的生活面貌。

铜鉴中,有一件高47.5厘米,口径68厘米,腹深39.2厘米,底径34.3厘米。在8件铜鉴的外壁口沿下,无一例外地有篆隶混书的刻铭,其中铸于汉元帝初元三年(公元前46年)的有2件,系东郡调入的,其余均是成帝阳朔和鸿嘉年间为上林苑铸造的。(见图6-25)另外,"昆阳乘舆鼎"、"泰山宫鼎"、"河间食官钟"、"河间食官楗"(扁壶)、"上林九江共钟"、"上林共府东郡钫"等食器,制作异常精美,都是地方进贡给朝廷之物。

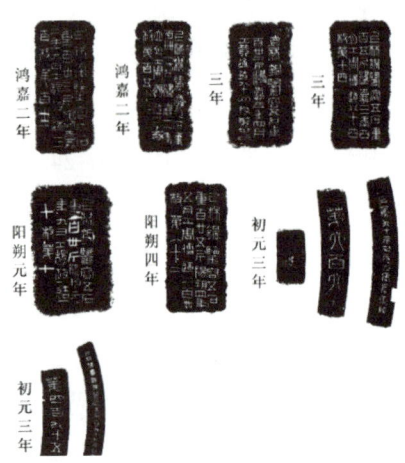

图6-25 上林铜鉴与铭文

(二)上林铜鼎

1977年5月在高窑村第二次出土器物,这次发现了汉成帝时铸造的上林铜鼎2件。①鼎一铭文为:"上林铜鼎容一石,并重六十斤,鸿嘉二年(公元前19年)六月,工李音造,五十合,第十一。"鼎二铭文为:"上林铜二斗鼎,并重十六斤八两,元延二年(公元前11年)四月,工孙敞造,百卅十四枚,啬夫襃省,第五十七。"盖刻"上林第廿六"。

这两件上林铜鼎是专为上林苑铸造的,为避免紊乱,铸造时有编号,调入后又给了统一编号,所以就刻在了盖上。

(三)上林铜锺、锏、钫

南宫锺造于汉武帝天汉四年(公元前97年),是这批铜器中时间最早的一件,应是

---

① 西安市文物保护考古所编著:《西安文物精华·青铜器》,世界图书出版西安公司,2005年。

桂宫之物，后调入上林苑中。又有一上林八棱锤，高45.2厘米，腹径34厘米。

在铜铜的外壁上，刻有"上林昭台橱铜铜，容一石，重廿斤。宫"的铭文，表明它是上林苑内昭台宫的厨用容器。口沿上刻"第十百廿六"五字，表明它在上林苑的器物编号中属1026号。

有上林府钫，高36厘米，腹边长21.5厘米。有称"上林九江共壶"和"上林八棱壶"的两件铜器，实属"锤"。（见图6-26）

（四）其他铜器与马蹄金

元帝初元三年（公元前46年），自郡国调入上林苑的铜器，除上述高窑村出土的两件铜鉴来自东郡外，还有从弘农郡渑池宫调入的一件椭圆形单柄铜量器。该量器口沿一侧刻铭文两行："上林共府初元三年受弘农郡。""黾池宫铜升，重一斤二两，五凤元年，工常务造，守□顺临，第六。"后者是首刻，在渑池县；前者是调入上林后的第二次刻。

图6-26 上林铜器

1974年和1975年两次在西安南郊鱼化寨北石桥的旧皂河河床发现马蹄金4枚、麟趾金2枚，其含金量达到77%～97%。①

四、珍禽异兽

上林苑中宫观的功能，可说是多种多样，既有游乐、休闲、观赏性的，也有豢养各类动物的。前者见有昆明观、平乐观、远望观、燕升观、便门观、三爵观、阳禄观、阴德观、鼎郊观、櫖木观、椒唐观、元华观、柘观、上兰观、郎池观、当路观等；后者见有茧观、观象观、白鹿观、鱼鸟观、走马观、虎圈观、射熊观等。广阔的上林苑中，放养百兽，供皇帝观赏与狩猎，甚至帝、后下葬时，也以上林苑中的珍禽异兽从葬。武帝茂陵用大量的"鸟兽鱼鳖牛马虎豹生禽"（《汉书·贡禹传》）从葬。在薄太后南陵从葬坑里，

---

① 李正德、傅嘉仪、晁华山：《西安汉上林苑发现的马蹄金和麟趾金》，载《文物》1977年第11期。

图 6-27　大熊猫头骨（南陵从葬坑）

出土有大熊猫和犀牛的骨架，显然是取自上林苑的兽圈。①（见图6-27）

"众鸟翩翩，群兽驰骇。散似惊波，聚似京峙。伯益不能名，隶首不能纪。"（《西京赋》）上林苑中众鸟飞舞、群兽疾驰，散开有似风动扬波，聚集又像高地连连。品种有多少，恐怕连担任舜时虞官的伯益也说不上来；数量又有多少，恐怕连担任过黄帝史官的隶首也难于计算。

五、奇花名果

在上林苑内有川原隰坂，地形多种多样，既有天然的林木花草，又有人工广泛种植的奇花名果3000余种。据《西京杂记》载，梨有10个品种，如紫梨、青梨（实大）、芳梨（实小）、大谷梨、细叶梨、缥叶梨、金叶梨（出于山东半岛，太守王唐所献）、瀚海梨（出于贝加尔湖一带，耐寒不枯）、东王梨（出于海中岛屿）、紫条梨；枣7种，计有弱枝枣、玉门枣、棠枣、青华枣、樿枣、赤心枣、西王枣（出于昆仑山）；栗4种，计有侯栗、榛栗、瑰栗、峄阳栗（出于山东邹城，大如拳）；桃10种，计有秦桃、榹桃、缃核桃、金城桃、绮叶桃、紫文桃、霜桃（下霜时可食）、胡桃（出于西域）、樱桃、含桃；李15种，计有紫李、绿李、朱李、黄李、青绮李、青房李、同心李、车下李、含枝李、金枝李、颜渊李（出于山东）、羌李、燕李、蛮李、侯李；柰（类似花红的果子，与林檎同类）3种，计有白柰、紫柰和绿柰；椑（似柿子，果实小，色青黑，又名"漆柿"）3种，计有青椑、赤叶椑和乌椑；查（楂）3种，计有蛮查、羌查和猴查；棠（落叶乔木，球形果）4种，计有赤棠（甘棠）、白棠（棠梨）、青棠和沙棠；梅7种，计有朱梅、紫叶梅、紫花梅、同心梅、丽枝梅、燕梅和猴梅；杏2种，计有文杏、蓬莱杏（东海都尉于吉献，一花五色、六出）；桐3种，计有椅桐、梧桐和荆桐。稀有者按株计，如林檎10株，枇杷10株，橙10株，安石榴10株，楟（山梨）10株，白银

---

① 王学理：《汉南陵从葬坑的初步清理——兼谈大熊猫头骨及犀牛骨骼出土的有关问题》，载《文物》1981年第11期；王学理：《汉南陵大熊猫与犀牛探源》，载《考古与文物》1983年第1期。

树（铁冬青，生长在长江流域及其以南）10株，黄银树（银白杨）10株，千年长生树10株，万年长生树10株，扶老木10株，守宫槐10株，金明树20株，摇风树10株，鸣风树10株，琉璃树7株，池离树10株，离娄树10株，柟4株，枞7株，白俞楠、杜楠、桂蜀漆树共10株，栝10株，楔4株，枫4株。从《上林赋》中辑录出的种类还有卢橘夏熟、黄甘橙楱、枇杷橪柿、亭柰厚朴、樗枣杨梅、樱桃蒲陶、隐夫薁棣、荅遝离支、沙棠栎槠、华枫枰栌、檗檀木兰、豫章女贞等等。这些由群臣从远方各地献来的不同品种的花木与果树，使上林苑成了大汉帝国与外域异邦的博览园。春华秋实，落英缤纷，其经济价值与观赏价值大大超出了一般人的想象。

六、上林苑在经济生活中的作用

虽说上林苑是汉家的园林，但汉武帝并没有把它当作纯粹的游乐享受之地，而是使之同国家的经济生活发生了联系。

上林苑中大量的良田沃土被用作皇室耕地，"上林农官"瓦当（见图6-28）的出土足以证明有农官的设置及农事活动。

上林苑中有蚕观，每年皇后"春幸"，其所缲之丝，也应当是未央宫织室的原料。

这里的手工业作坊则从事着规模化的生产，设有官署和工场。1956年，在汉长安城外西南角300米处的皂河岸，发现了不同形状的紫铜锭10块，体积约为38厘米×20厘米×7厘米，含铜量99%，上刻"百三十斤""百二十九斤"等。有一块刻记"汝南富波宛里田戎卖"等字，足见上林苑里铜器铸造业的原料也是来自中国各地。[①]汉武帝以来，取消郡国铸币权，使钟官、技巧和辨铜三个机构铸造精致的五铢钱，称为"上林三官钱"，

图6-28 "上林农官"瓦当拓片

---

① 贺梓城：《西安汉城遗址附近发现汉代铜锭十块》，载《文物参考资料》1956年第3期。

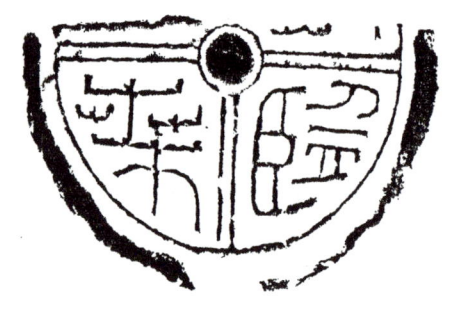

图6-29 "□监□桑"瓦当拓片

成为通行全国的统一货币。在苑区内曾发现多处铸币遗址,如西安市三桥街道北的好汉庙村、昆明池遗址南沧浪河畔的西赵村、长安区的窝头寨,特别是今鄠邑区的钟官城铸钱遗址规模大、遗物多,更具代表性。钟官城铸钱遗址在鄠邑区大王镇兆伦村,南北长1500米,东西宽600米,总面积达90万平方米。遗址内除大量的建筑遗物及"上林""千秋万岁""永奉无疆"文字瓦当外,还有大量的陶钱范和铜钱范,也有坩埚、铜渣等遗留物。①从五铢钱和新莽钱范知,此钟官遗址的铸钱时间跨越了从西汉中期到西汉末近一个半世纪。

汉武帝扩建上林苑,选择了山环水绕的地理环境,其中有宫观掩映,花木扶疏,容得千乘万骑,使喧嚣繁盛的都城长安难得有一处净土,供皇室贵族悠然闲适地尽情享受奢华的生活。但作为都城的苑囿,实际上在政治、经济、安全以至文化上都起着补充作用。其伸缩性是显而易见的。像汉宣帝曾在平乐观接待匈奴来使及外国君长,葡萄宫专做匈奴单于的接待站。总之,上林苑从另一个侧面显现着汉帝国峥嵘博大又雍容华贵的气势。

---

① 陕西文保中心兆伦铸钱遗址调查组:《陕西户县兆伦汉代铸钱遗址调查报告》,载《文博》1998年第3期。

第四节
开凿昆明池

一、开凿昆明池的起因

汉武帝元狩元年（公元前122年），博望侯张骞称其在大夏看到从身毒（印度）运来的"蜀布"和邛竹杖，说明身毒距西南夷不远，必有商路可通，激起武帝开辟"南方丝绸之路"的热情，以便绕过匈奴阻隔而直通西域。于是，武帝派使臣王然于、柏始昌等到西南夷地区寻求通往身毒的道路，并调发巴、蜀二郡的士兵开山修路，开辟从僰道（汉置县，治所在今四川宜宾县西南安边镇）直通牂柯江的"南夷道"。到达云南滇池，滇王当羌给予友好的接待，还派了熟识路径的羌人帮助探路。但后因昆明国阻挠、追杀西汉使臣，加之汉王朝要集中力量对付北方的匈奴，花费浩大的修路工程不得不暂时停滞了下来。但随着对北方匈奴之战的取胜，武帝再次加紧了对西南夷的开拓。为了对付阻碍开辟南方丝绸之路的昆明国，汉武帝于元狩三年（公元前120年）"发谪吏穿昆明池"，练水军做好军事进攻的准备。

汉武帝扩大了昆明池的规模，也建造了多艘楼船，加紧水上作战的训练。从以后的战况看，练水军是很有成效的。元鼎六年（公元前111年），闽越国叛乱。汉武帝派横海将军韩说、楼船将军杨仆分四路进攻。东越凭借险要的地理优势，曾几度"败楼船军数校尉"（《史记·东越列传》）。最后由于内外配合，杀了东越王余善，才灭亡了闽越国，把当地人内迁到江淮一带。同年，南越丞相吕嘉反叛，武帝派楼船将军杨仆和伏波将军路博德分五路进军番禺（今广州），终于击灭南越，在其地设立了九个郡。

二、地理位置与规模实测

古代的关中雨量充沛，西安地区河渠纵横，湖泊遍布。周灵囿中有灵沼，以丰镐附近水域形成独有的景区，镐池、滮池之水北流，灌溉稻田。秦上林苑中沉水与沣河间湖泊处处，宜春苑中陷州形成曲江。周秦的胜迹并没有因为改朝换代而荡然无存，反倒成了为汉初增光添色的基石。汉长安除了沧池和太液池这些人工湖之外，上林十池竟把京兆一带装扮成满天星斗的世界。汉武帝并没有因此而满足，他把建设汉长安的工程外延又远远地扩大了。（见图6-30）

开凿昆明池是汉武帝的又一壮举，时在元狩三年（公元前120年）。在周灵沼的基础上，他把驻守陇西、北地、上郡的戍卒中的一半人用作劳动力，又征发各地的"谪吏"（《汉书·武帝纪》）——犯法的官吏，建成了水面辽阔又兼有各种功能的昆明池。

据载，昆明池"在长安西南，周回四十里"（《汉书·武帝纪》臣瓒注，《西京杂记》同此）。在今西安市长安区斗门镇东有一片低洼地带，地当细柳原和高阳原之间，其地势比周围地面深2～4米，这里当是昆明池遗址所在。

昆明池的水源来自秦岭石砭峪的滈河，在长安区香积寺与潏河汇流后那一段称洨河，向西于鄠邑区秦渡街道附近注入沣河。洨河在秦渡街道东的堰头村折而向北，经三角村北、杨柳村东、普贤寺西，到石匣口村西侧，流入一个长8.5公里、面积约11500平方米的人工渠道，把水向北引入昆明池。

对昆明池的考古前后做过三次。第一次是20世纪五六十年代中国科学院考古研究所在开展丰镐遗址考古时做了调查，确定池址范围东缘在孟家寨、万村之西，西界在张村和马营寨之东，北自北常家庄之南，南到细柳原北侧的石匣口村。[①]这次调查基本确定了昆明池的位置、范围及周边遗址分布。但在确定了两个出水口的同时，未发现进水口及相关的水网遗存。

第二次是2005年由中国社科院考古研究所汉城队重新钻探，确定了昆明池池岸线，发现一个进水口及三个出水口、四个池内高地及三座池岸建筑遗址，还确定了昆明池北的镐池与滮池位置。后测知昆明池的范围在斗门镇、石匣口、万村和南丰村之间，

---

① 胡谦盈：《汉昆明池及其有关遗存踏查记》，载《考古与文物》1980年创刊号。

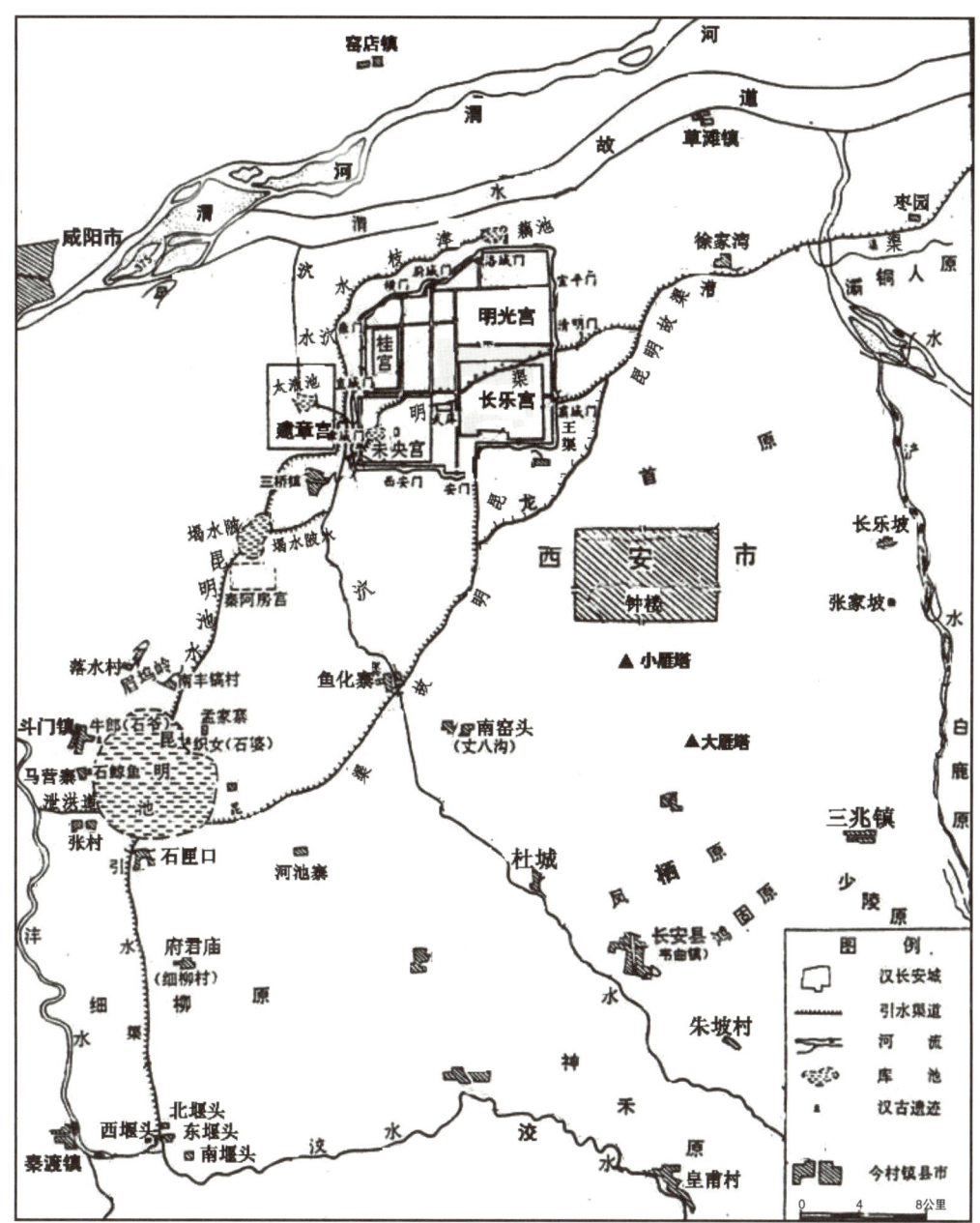

图 6-30　长安城引水工程示意图

东西约4250米，南北5690米，周长约17.6公里，面积约16.6平方公里。①（见图6-31、图6-32）

---

① 中国社会科学院考古研究所汉长安城工作队：《西安市汉唐昆明池遗址的钻探与试掘简报》，载《考古》2006年第10期。

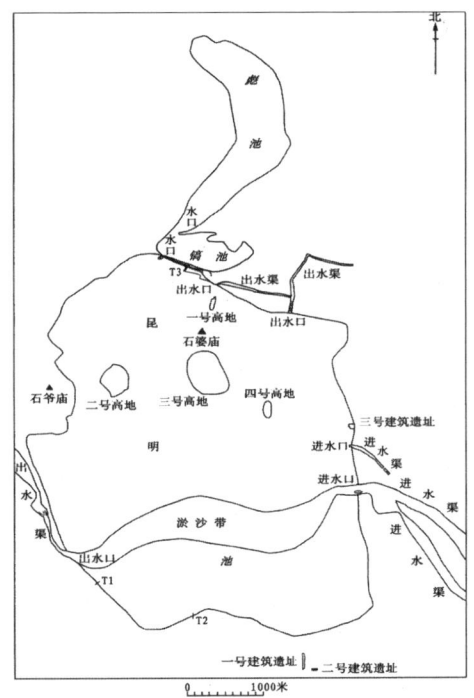

图 6-31 昆明池遗址钻探试掘平面图
（选自《考古》2006 年第 10 期）

1.A 型筒瓦　2.A 型板瓦　3.7. 云纹瓦当　4.B 型筒瓦
5. 漩涡纹瓦当　6.C 型板瓦　8.B 型筒瓦

图 6-32　昆明池遗址出土建筑材料拓片

以上两次探测存在很多差异，同文献记载也难以对应。所以很多学者一直在苦苦寻觅正确答案。昆明池在西汉之后经过北魏特别是唐代的多次疏浚，并且面积有所扩大。今考古探测之数据当是唐昆明池的范围。而且文献中所谓"周回四十里"之说，又大于现存的池址，很可能包括了昆明池引水、泄水、排洪渠道和揭水陂在内。①

第三次勘探是 2012 年至 2016 年由中国社会科学院考古研究所与西安市文物保护考古研究院联合组成的阿房宫与上林苑考古队进行的。

据发掘资料可知，早期昆明池面积约 14.2 平方公里，到唐代中期扩大到 15.4 平方公里左右。池最深处约 3.3 米。

同时还确定了昆明池进水、出水渠道等问题。

总之，对昆明池的第三次勘探与试掘，取得的成果很有意义。它"较完整的确定了汉唐时期昆明池池岸的准确走向，确定了昆明池的进水河、进水口及庞大的进水系统，发现并确定了池岸走向的早晚变化及出水口、出水渠变化。通过多年大量的考古勘探与试掘，首次发现确定了过去聚讼不已、关系汉唐首都粮食安全的漕渠遗址。它与昆明池的进水渠、昆明池本

---

① 何清谷校注：《三辅黄图校注》，三秦出版社，1995 年。

身、昆明池诸出水渠一起，构成一个庞大的长安城外水网系统，填补了汉唐时期都城外大规模水利考古的空白"[①]。

三、昆明池的历史作用

汉武帝开凿昆明池的初衷是为伐昆明国而操练水军之用，实际上它的功能是多方面的。

第一，昆明池是北方陆上士兵适应水面作战的教习学校。

西汉对付匈奴的作战方式由商周以来车、步为主转入骑、步为主。现在要对付处于水泽之地的昆明国，就得由陆上作战转为水上作战。长期生活在北方的士兵不习惯水上活动，而且水战也有一套作战程式。具有胆略的汉武帝更愿意用浩浩荡荡的战舰造成大兵压境的阵势，一举降服西南夷。

在昆明池练兵的场面，仅以战船就很壮观。据《西京杂记》记："昆明池中有戈船、楼船各数百艘。楼船上建楼橹，戈船上建戈矛，四角悉垂幡旄，旍葆麾盖，照灼涯涘，余少时犹忆见之。"戈船和楼船都是战船。戈船载戈矛，短兵相接时士兵可直接白刃格斗；楼船体积高大似楼，适应远攻近战，是作战的主力船，又是主帅所乘的指挥船。戈船与楼船配合，主次得当，各有"数百艘"，同时在船上多竖旌旗以壮声威，足见昆明池上练军的壮观。

汉武帝时代组建的水军战功赫赫，光耀史册。灭亡闽越国和南越国，楼船将军杨仆可说是功不可没。

组建水军在秦汉时代有一个逐步完善的过程，对水兵的习练也在常态化的培训之中。战国时的秦水军在长江、黄河上已经掌握了主动权，因此张仪就敢以强硬的口气正告魏国："乘夏水，浮轻舟。强弩在前，铩戈在后。决荥口，魏无大梁；决白马之口，魏无外黄、济阳；决宿胥之口，魏无虚、顿丘。陆攻则击河内，水攻则灭大梁。"（《战国策·燕策二》）同样，他还威胁楚怀王："秦西有巴蜀，大船积粟，起于汶山，循江已下，至楚三千余里。舫船载卒，一舫载五十人与三月之食，下水而浮，一日行三百余里，里数虽多，然而不费牛马之力，不至十日而距扞关（今湖北长阳西）。扞

[①] 中国社会科学院考古研究所、西安市文物保护考古研究院：《陕西西安汉唐昆明池水系》，载《故宫历史网》2017年10月17日。

关惊，则从境以东尽城守矣，黔中、巫郡非王之有。"（《史记·张仪列传》）事实确是如此，秦昭王二十七年（公元前280年）"司马错率巴蜀众十万，大舶船万艘，米六百万斛，浮江伐楚"（《华阳国志》），水陆并进，战于三峡。

秦司马错伐楚时率领的10万巴蜀士兵原来就有着水上作战的习惯，但汉平灭闽越时的军队则是来自北方的。所以，汉武帝凿昆明池、操练士兵是既必要又适时的。练习水战，这当然也应是传统做法的继续。

第二，它是皇家的又一水上游乐场所。

在池中建豫章台，台上有灵波殿，水中刻有长达3丈（合今6.93米）的石鲸鱼。据说，"治楼船，高十余丈，旗帜加其上，甚壮"（《汉书·食货志》）。水中的豫章大船，"可载万人，上起宫室，因欲游戏"。也常令宫女泛舟池中，张凤盖，建华旗，作棹歌，杂以鼓吹，而汉武帝则坐在豫章观上悠然自得地欣赏。（《三辅旧事》《三辅故事》）

在昆明池周边还建有很多宫观建筑，"列馆环之"，都是皇帝行幸的地方。文献记载：池西有宣曲宫，曾是宣帝的"度曲"之处。池东有白杨观，池南有细柳观。但在昆明池遗址岸边考古探测出的建筑遗址只有三处，其中两处在南岸（一号建筑位于蒲阳村西360米处，二号位于一号东85米处），东岸一处（三号位于万村西北760米处）。西岸的宣曲宫遗址稍远一些，位于西安市长安区马王街道办一带。

汉昆明池北有周的镐池和滮池，昆明池与两者之间有河道相通。《关辅古语》和《西京赋》中都说为象征天河（银河）有牛郎和织女的鹊桥相会，在昆明池中刻有牵牛和织女两尊火成岩石雕像。庆幸的是，这来源于神话故事的艺术品经过2000多年的风雨沧桑，竟完整地保存了下来。河东的北常家庄原有座石婆庙，庙里的挺立石像高1.92米。河西的斗门镇棉绒加工厂里有一座石爷庙，庙里的跽坐石像高2.3米。两石像相距3公里，然而，因为当地人未区别清楚石像的性别竟将男女倒置了。实际上，石婆庙里供奉的是"石爷"（即牛郎像，见图6-33），石爷庙里供奉的是"石婆"（即织女像，见图6-34）。秦始皇统一中国后，按照天象重新规划秦都咸阳，形成了"渭水贯都，以象天汉。横桥南渡，以法牵牛"（《三辅黄图》）的规模。汉武帝开凿昆明池时，进一步将这美丽的神话具体化，一河之隔，男东女西，变成可视、可触摸的景物，不仅为悠游增添了乐趣，更为汉都增添了神秘色彩。

 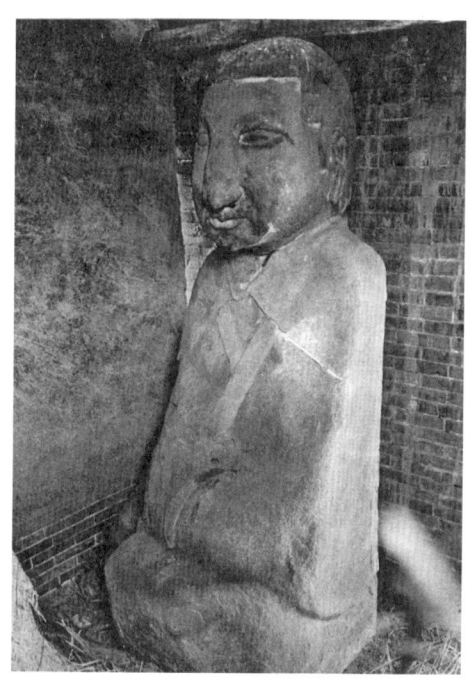

图 6-33　昆明池牛郎像　　　　　　　图 6-34　昆明池织女像

第三，利用昆明池广阔的水面，发展养殖业。

据载，"养鱼以给诸陵祭祀，余付长安厨"（《三辅黄图》引《庙记》），"上林苑中昆明池、镐池、牟首诸池，取鱼鳖给祠祀，用鱼鳖千枚以上，余给太官"（《汉旧仪》），"昆明池……于上游戏养鱼，鱼给诸陵庙祭祀，余付长安市卖之"（《西京杂记》）。汉皇室的宗庙、陵庙祭祀与皇帝的饮食宴会，用鱼量相当大，一次竟有"千枚以上"。如果还有剩余，就送到集市上出售，竟然使得"长安市鱼乃贱"。

第四，昆明池最重要的作用还在于它是汉都长安西南的一处总蓄水库，具有极强的供给与调节功能。

据《水经注·渭水》载，昆明池周围有 5 条人工渠道（池南的洨水渠、池西的沣水渠、池北的滴水渠、池东北的揭水陂和池东的昆明故渠），把长安城南来自秦岭北麓的多条天然河流联结为一个整体。筑石㘵堰壅洨水作为水源，充分利用昆明池的地势，通过揭水陂，供应长安城和城西建章宫的生活用水与园林用水；通过昆明渠供应城南和城东的用水，还接济了漕渠，保障其有足够的水量；既要保障城市正常用水，还要避免洪水期水量大增造成水患，于是通过沣水渠和滴水渠的二次调水，控制了水量，避免了水患的发生。

第五，昆明池建成之后，同汉长安城内外诸多湖泊、池塘、河流一起形成供排水网络，而大范围的水面分布和苑囿林木对调节气候也起了至关重要的作用。

沧海变桑田，唐代修整昆明池，填塞了北流的注水口，使镐池、滮池干涸。唐文宗太和年间（公元827—835年）石堰堵塞，输水来源断绝，昆明池逐渐干涸。随着岁月的流逝，到20世纪60年代初期，整个昆明池旧址地区成为沼泽密布的农田。而在原来的池底处现在已经有了20多个村庄，周边有了9个村镇。昔日那烟波浩渺、水天一色、云蒸霞蔚、游人如织的盛况一去不复返，留给人们的只有千年前诗人的历史记忆。

第七章 祭天坛庙与礼制建筑

古人重视祭祀，以为可以"昭孝事祖，通神明"（《汉书·郊祀志》）。西汉皇帝的郊祭，除幸雍礼祀五畤，或去山东封禅，或礼典山川神祇。武帝时为适应大一统帝国的政治需要，还把至上之神五帝改为太一，把后土的祭祀纳入郊祀的范围中来。

汉代祭祀的范围、对象、形式等在二百多年间有所变化。但众多的礼制建筑，包括坛、庙、社、祠等，都在首都长安留下了踪迹。

第一节
长门五帝坛

长安立有五帝坛,《史记·封禅书》载:"文帝出长安门,若见五人于道北,遂因其直北立五帝坛。"汉文帝所见并非常人,才有立坛的举动,恍惚幻化在汉代往往与祈求羽化升仙的思想有关。(见图7-1)推想文帝以为遇见五帝,所以在其北边建了五帝坛。

长门在哪里?此长门不是汉长安城十二门中任何一门的别称。如淳和李泰都说它是亭名。其位置在《史记》中有两

图 7-1 羽人
(汉长安城南出土)

说,徐广以为"在霸陵",《括地志》则说:"在雍州万年县东北苑中,后馆陶公主长门园,武帝以长门名宫,即此。""在霸陵",除三字外,无他解;若说在唐长安城北的禁苑,那范围很大。据《唐两京城坊考》知,唐禁苑"东距灞,北枕渭,西包汉长安城,南接都城。东西二十七里,南北二十三里,周一百二十里"。我们知道,唐长安城以南北向的朱雀大街为轴,分为东西两个部分,由万年、长安两县分治。由长门园、长门宫说明长门是个具体的地方。在这里,必须排除《括地志》"长安门,故亭"之说,因为这是容易引起混乱而没有必要的重复。既是亭名就不应该同时做门名。不过,由长门处于"万年县东北苑中"的记述可以看出,其位置必在汉长安之东或东北方向。再由《资治通鉴》"于长门道北立五帝坛"的记载,可知这条长门大道是东西向的。显然,

范围一下子圈定在今西安市北郊的草滩农场以东的地域。由此可见，长门五帝坛在渭河之南这一地区。

　　《说文解字》："坛，祭场也。"《礼记·祭法》郑注："封土曰坛，除地曰墠。"《汉书·孝文帝纪》颜注："筑土为坛，除地为场。"墠，即场。古代郊祀时，简易的做法是除草平地，称之为"墠"。若起筑封土，则称之为"坛"。汉文帝在长安设坛祭祀的五帝是：周人尊奉的神农氏的继承者黄帝和炎帝、秦人的宗祖神白帝与另一位青帝、汉高祖立时的黑帝。实际上，这五帝从战国到秦统一在邹衍"五德终始"学说的指导下，对天界、封神确立了各主一方的统治蓝图，即东方是青帝（太昊）、西方是白帝（少昊）、北方是黑帝（颛顼）、南方是炎帝，只有黄帝居中央成为天界诸神的主导。五德相传成了人间统治者固守地位的理论根据，因此五帝祭祀极为隆重，成了压倒一切的祭礼。

　　秦与汉初祭五天帝——祠五畤，无论分祭还是合祭，毕竟要不辞劳苦地折腾。那么，汉文帝设长门五帝坛用作近祀，可谓是其节俭作风的表现。

　　西安北郊阎新村旁有个叫北辰堡的村子，在20世纪50年代还有几处高台基址存在。从地望着眼，很有可能就是秦汉时期祭天的地方。①

---

　　① 王学理：《汉代国祀史迹考索》，见秦始皇兵马俑博物馆《论丛》编委会编：《秦文化论丛》第十四辑，三秦出版社，2007年；又见王学理：《王学理秦汉考古文选》，三秦出版社，2008年。

第二节
渭阳五帝庙

汉文帝相信赵人新垣平有关"祥瑞"的胡诌，于前元十五年（公元前165年）修建了渭阳五帝庙。第二年"夏四月，文帝亲拜霸渭之会，以郊见渭阳五帝。五帝庙南临渭，北穿蒲池沟水，权火举而祠，若光辉然属天焉"（《史记·封禅书》）。对这一盛会，《汉书·郊祀志》中也有同样的文字。颜注："蒲池，为池而种蒲。"

要确定渭阳五帝庙的位置，必须抓住文献中这几个关键词："渭阳"，"霸渭之会"，"南临渭，北穿蒲池沟水"。从中可以确认的是，五帝庙在霸、渭二水交汇的渭北，而且北有蒲池沟水穿过。但是，这和我们今天看到"霸渭之会"的渭北地理、地貌全然不同。今渭河在西安市北郊草滩镇之北，特别是高陵的梁村以东，已经接近咸阳原，况且在原上也不可能有东西向的蒲池沟水。这个历史与现实的矛盾，只有回到历史发展过程中才能释然。

笔者在秦都咸阳和汉阳陵考古，前后时跨20余年，曾数次对今咸阳市正阳镇杨家湾一带的秦兰池和兰池宫遗址做过调查。那里地势低洼，又处于咸阳原南缘的内曲之处，是秦都东郊的一处风景区——兰池（又称"长池"）的所在地（汉称"周氏曲"，今名"杨家湾"）。笔者也曾捡到有"咸蒲里奇"印戳的陶片，结合起来看，可以说明这里是因蒲草丛生而命名的行政基层单位——蒲里。①

秦汉时期，渭河在这一段的流向偏南。同样是"霸渭之会"，但今非昔比。其具体的地点也应当在今两水之南又偏西的位置，根据是对比1981年和2004年出版的《陕西省地图册》，灞河口在23年间向东移了1公里多。再从西安市北郊未央区的北辰村来看，它同阎家寺村的秦建筑遗址邻近，其取名必定同秦汉时期的祭天有关，但它们现在都远远地离开了北去的渭河。可以看出，2000多年前，在今梁村以南起码存在3公里的地理空间，这无疑给由兰池东流入渭的蒲池沟水留出了一条通路。那么，再回头看"五帝庙南临渭，北穿蒲池沟水"的记载，就会确认五帝庙位于今渭河发电厂之东南、梁村之

---

① 王学理：《咸阳帝都记》，三秦出版社，1999年。

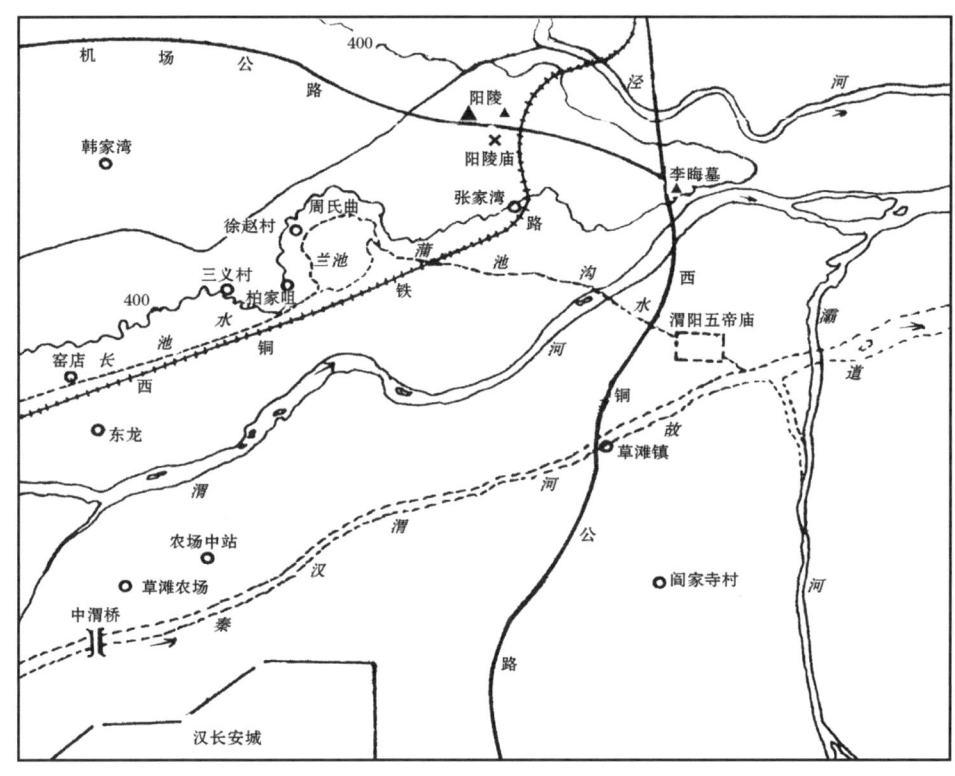

图 7-2 渭阳五帝庙位置图
（王学理复原）

南。若以地理方位校正，《括地志》说"渭阳五帝庙在雍州咸阳县东三十里"，可见汉庙址与唐代咸阳县正处在东西一线上。当然，这也符合距秦汉时期"霸渭之会"不远的实际。（见图7-2）

《汉书·文帝纪》韦昭把"渭阳五帝庙"说成"在渭城"。而颜师古予以驳斥，指出："《郊祀志》云在长安东北，非渭城也。韦说谬矣。"因为汉初改秦都咸阳为新城县，还把县治向西迁移，后又并入长安县。武帝元鼎三年（公元前114年）复设，改名渭城县。无论是汉新城或是渭城，都位于渭河之北的咸阳原南缘，绝不是"渭阳五帝庙"的所在地。

今天找不到渭阳五帝庙址，难怪有人把它定在今渭河之北，从而认定是汉景帝阳陵庙的前身。之所以发生误判，是因为它早已沦陷于北移的渭河之中，随之又被甩在了渭河之南，只不过没有注意到渭河侧蚀之态罢了。[①]

汉文帝前设长门五帝坛，后又建渭阳五帝庙。由坛到庙，显然后者更为正规化、持久化。因屡遭新垣平的欺诈，后诛杀新垣平，自己不再亲往，交由"祠官领，以时致礼"（《汉书·郊祀志》）。

---

① 王学理：《"渭阳五帝庙"与"阳陵庙"并非一地说》，见《王学理秦汉考古文选》，三秦出版社，2008年。

第三节
明堂、辟雍

一、对明堂、辟雍名实的考订

古文献中常常把明堂与辟雍分称，但又往往相提并论。对这一矛盾现象该如何解释呢？

首先，从功能的解析上看，明堂是"正四时，出教化，天子布政之宫"（《三辅黄图》）。也就是说，它是帝王宣布政令、举行朝会之处。而辟雍是周王为贵族子弟设立的大学，《礼记·王制》说"大学在郊，天子曰辟雍"。显然二者有别。

其次，以形状而言，《大戴礼》说"明堂九室，一室有四户八牖。凡三十六户，七十二牖。以茅盖屋，上圆下方"。《孝经援神契》也认为明堂是上圆下方，有户有牖。《三辅黄图》说辟雍是"如璧之圆，雍之以水，象教化流行也"。

再次，明堂之设固然很早，有提到三代的，只是称呼不同。据考，周明堂既"在国之阳"，就当位于丰镐遗址之南。周辟雍，有称在沣河西岸的秦渡镇至灵台之间，现在是一片洼地。

由前述看来，这里所言的明堂与辟雍，应当是西周之制。

虽然仍名为"明堂辟雍"，但由周到汉其在功用上发生了根本的变化。汉明堂不全是西周时期"出教化，天子布政之宫"，更多的是"顺四时，行月令，宗祀先王，祭五帝"，成了"天道之堂"。辟雍也不再是教化子弟的大学，而成了明堂的组成部分，周环以水，带有"如璧之圆"的象征性。

二、汉初议立明堂遇阻与三雍宫的建立

汉武帝即位，欲立明堂，但遭到窦太后的反对而不得行。《史记·孝武本纪》载：

建元元年（公元前140年），"上乡儒术，招贤良，赵绾、王臧等以文学为公卿，欲议古立明堂城南，以朝诸侯。草巡狩、封禅、改历、服色，事未就。会窦太后治黄老言，不好儒术，使人微伺得赵绾等奸利事，召案绾、臧，绾、臧自杀，诸所兴为者皆废"。连丞相窦婴、太尉田蚡也被免职。

"事未就"，说明汉武帝所建的明堂工程已经开始，只是没完工。当然，明堂工程在一年之内也不会有太大的成就。时隔势禁，就只有把中辍的明堂改成三雍宫。《汉书·景十三王传》："武帝时，献王来朝，献雅乐，对三雍宫及诏策所问三十余事。"而应劭把辟雍、明堂、灵台三者合称为三雍宫，显然是把不完全存在又彼此无联系的建筑物混在了一起。三雍宫存在过，这是不容置疑的历史事实。要不然，他怎么又说"汉武帝造明堂，王莽修饰令大"（《汉书·武帝纪》应劭注）呢？王世仁先生曾著文说过，在汉长安城南或东南原来有一座三雍宫，"中心建筑建在一个205×206米的土台上，土台的面积比院落小而比中心建筑大，在这座遗址中看不出有什么功用，它很可能就是原来三雍宫的基址"①。

汉武帝在汉长安城没有建成明堂，过了30年终于在泰山实施了自己的计划。《史记·封禅书》中有这么一段记载："初，天子封泰山，泰山东北阯古时有明堂处，处险不敞。上欲治明堂奉高旁，未晓其制度。济南人公玉带上黄帝时明堂图。明堂图中有一殿，四面无壁，以茅盖，通水，圜宫垣为复道，上有楼，从西南入，命曰昆仑。天子从之入，以拜祠上帝焉。于是，上令奉高作明堂汶上，如带图。"元封二年（公元前109年），汉武帝命令奉高县（今山东泰安市东）在汶水边上建造了一座明堂，并暂定皇帝五年来此祭祀一次。皇帝须从昆仑道进入正殿，在明堂拜太一、五帝，以如在雍祭天一样的郊礼祭祀明堂。礼毕，烧祭品于殿下，随后又登山巅祭祀。后到泰山下祭五方天帝。祭祀时，山下举火同泰山之巅的仪礼相呼应。

三、王莽所建明堂及其形制

（一）明堂在长安南郊所处位置

年仅9岁的平帝即位，王莽专权。元始四年（公元4年），"安汉公奏立明堂、辟雍"（《汉书·平帝纪》）。

按应劭的说法，"明堂所以正四时，出教化"，其形状是上圆下方，开有"八窗"

---

① 王世仁：《汉长安城南郊礼制建筑（大土门村遗址）原状的推测》，载《考古》1963年第9期。

象征八风,"四达"象征一年四季,"九室"象征九州,"十二重"象征一年十二个月,"三十六户"象征三十六旬,"七十二牖"象征七十二侯;辟雍的形状像璧,圆形,周流有水,象征"教化流行"。

明堂在长安的什么地方,文献记载很不一致。《水经注·渭水》说"在鼎路门(即安门)东南七里",《史记·孝武本纪》司马贞索隐引《关中记》说在"杜门(即覆盎门)之西",二者把明堂定在覆盎门和安门之间的南侧;隋宇文恺在其《论明堂》中认为在"长安城南门"(《册府元龟》卷五八四);《太平御览》引《三辅黄图》也说在"长安城南";但今本《三辅黄图》又记"汉明堂在长安西南七里",这里的长安显然是唐长安县治,地在唐长安城内的长寿坊(即今雁塔区蒋家寨),其西北七里正是今西安市莲湖区大土门以北。

(二)明堂的结构

汉明堂、辟雍实为同一个礼制建筑,只是不同部位的称呼有别。地点位于今西安西郊大土门村之北。1956年7月—1957年10月,考古工作者在西安市西郊大土门村北的建设工地发掘,才使得汉明堂、辟雍重见天日。①明堂建筑群从里到外由中心建筑、方形围墙和外部圜水沟三大部分构成(见图7-3)。

中心建筑属于明堂的主体,其构筑是围墙内有一个大的方形夯土台,东西长206米,南北长205米,高1.6米。在大方土台中央又有一个直径62米、高出地面1.9米的圆形夯土台基。(见图7-4)中央的主体建筑就安置在圆台之上,筑屋平面呈南北方向的"亚"字形,东西长42.4米,南北长42米。"亚"字形建筑物的中央是一个东西长17.4米、南北

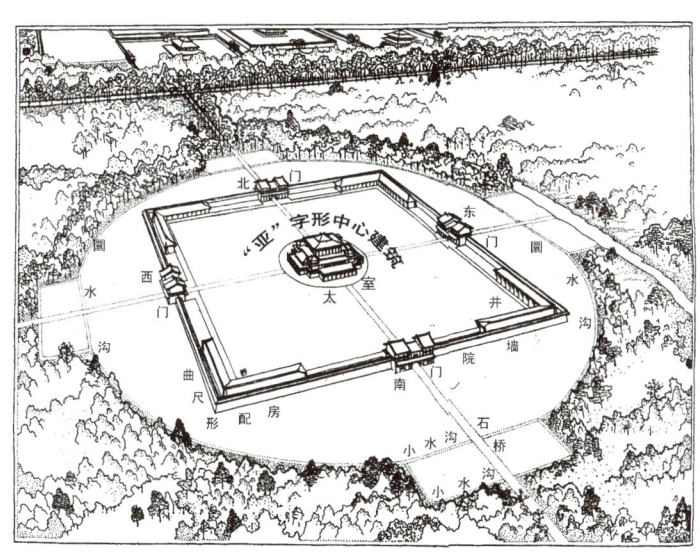

图7-3 明堂(辟雍)复原图
(王世仁图加注)

---

① 唐金裕:《西安西郊汉代建筑遗址发掘报告》,载《考古学报》1959年第2期;中国社会科学院考古研究所编著:《西汉礼制建筑遗址》,文物出版社,2003年。

长16.8米、高出圆台面1.9米的方形夯土台基。方形台上的建筑高耸，是个四角攒尖的重檐大屋，即文献中所言的太室（或通天屋）。在方台的四面，各有建筑物，由外到内分成三层，外层是面阔8间的敞廊，中层改为5间，内层是通往太室的狭长楼梯间。前两层实际上是前堂

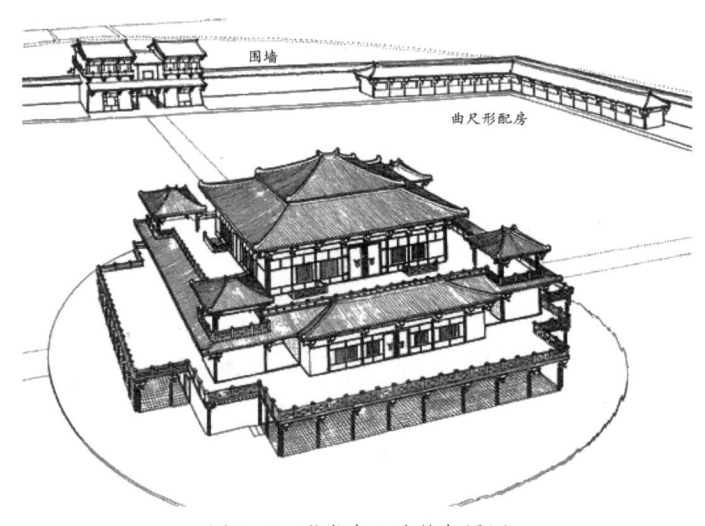

图7-4　明堂中心建筑复原图
（王世仁图）

与后室的配置，堂两侧各设一个，堂前有二阶，各设一阶。

明堂建筑之外，筑有正方形的围墙，形成一个独立的院落。方形围墙每边长235米，厚约1米，顶部覆瓦，水滴至内外两侧，有散水承接。围墙正中辟门，四门相对，太室处于通门大道十字相交的中点上。门道（隧）宽4.5米，进深12.5米，中置门，门有槛。门内外两侧有塾，正合一门四塾。在围墙的四角，有曲尺形配房，每边长47米，外侧为墙，内侧是由檐柱分成10间的廊道。在院落东南角的配房前，有一深5.8米的水井，井口直径1.38米，井底部存有陶井圈。

王莽所建的明堂，据应劭解释："明堂上圆下方，八窗四达，……上八窗法八风，四达法四时，九室法九州，十二重法十二月，三十六户法三十六旬，七十二牖法七十二侯。"（《汉书·平帝纪》应劭注）。这种平面呈"亚"字形的多室建筑，其实是复古主义者王莽的想象之作，带有很大的象征性。

明堂建筑遗址内出土有空心砖、几何形花纹砖、板瓦、筒瓦、瓦当，均是西汉中晚期的建筑材料。而大量的素面圆瓦当的出现，是否别有含义？此外，还出土有铁钉、铁刀、五铢钱等。

（三）辟雍

在方形围墙之外，有一道平面呈圆形的圜水沟，这就是辟雍。圆形沟直径368米，宽1.8~2米，深1.8米。在明堂外围墙四门对着的圜水沟外侧，各有一耳状的长方形小水沟。东西两面的小水沟长90米，南北两面的小水沟长72米。原来在四门外的水沟上都架有石桥。

第四节
宗庙

一、西汉皇帝的生祠——宫

宗庙本是古代帝王祭祖的圣地，虽说三代已经设立，但难于考究。形成制度的，还仅见于儒家对西周的理论阐述。《礼记·王制》："天子七庙，三昭三穆，与大祖之庙而七；诸侯五庙，二昭二穆，与大祖之庙而五；大夫三庙，一昭一穆，与大祖之庙而三；士一庙，庶人祭于寝。"但西汉一朝200余年，并未遵照这一礼仪。正如东汉大学问家蔡邕的经典性总结："汉承亡秦灭学之后，宗庙之制，不用周礼。每帝即世，辄立一庙，不止于七，不列昭穆，不定迭毁。"（《后汉书·祭祀》注引《袁山松书》）

西汉每位皇帝都为自己立庙，而且多是在生前建造，所以也很难用"祖庙"或"宗庙"称呼它。当然，如果是为逝去的先帝建庙，称之为"祖庙"也未尝不可。设庙之地，或在京师，或在陵墓之旁。据《汉书·韦贤传》记载："京师自高祖下至宣帝，与太上皇、悼皇考各自居陵旁立庙，并为百七十六。"这个数字不少，但还只限于汉初到中期，如果加上后期的，其数字可说是巨大了。

生前建造的庙，或称"生祠"，为了避讳，不称"庙"而称之为"宫"。西汉皇帝庙在长安的位置列表如下：

表7-1 长安的西汉帝庙列表

庙主	名称		位置	文献根据
	庙名	祠名		
太上皇	太上皇庙		长乐宫北、清明门大街（香室街）以南	《三辅黄图》："长安故城中，香室街南。"《括地志》："酒池之北，高帝庙北。"

续表

庙主	名称		位置	文献根据
	庙名	祠名		
高祖	高祖庙	高庙	安门大街东、长乐宫西南，今未央区东叶寨村东。有建筑基址发现	惠帝筑。《三辅黄图》："在（唐）长安西北故城中。"《三辅旧事》："高庙钟重十二万斤。"《汉旧仪》："钟十枚，各受十石，撞之，声闻百里。"
	原庙		长安渭北长陵	惠帝四年（公元前191年）立
			江苏沛县	惠帝五年（公元前190年）改沛宫为原庙
	太祖庙		长安渭北长陵	景帝初元元年（公元前156年）尊称
惠帝	惠帝庙	孝惠庙（西庙）	安门大街以西、武库之南	《关中记》："在高庙之西。"
文帝	文帝庙	顾成庙	今西安市玉祥门西、大庆路北	《汉书·文帝纪》服虔注："在长安城南。"
	太宗庙			《汉书·景帝纪》：初元元年（公元前156年），准丞相申屠嘉等奏，尊称
景帝	景帝庙	德阳宫	今咸阳原上阳陵东南罗经石遗址	《汉书·景帝纪》：中元四年（公元前146年）"起德阳宫"
武帝	武帝庙	龙渊宫	今咸阳原上茂陵	《汉书·武帝纪》服虔注："在长安西。"
	世宗庙			
昭帝	昭帝庙	徘徊庙	今咸阳原上平陵东	
宣帝	宣帝庙	乐游庙	今西安市东南的杜陵西北	《三辅黄图》："在杜陵西北。"
	中宗庙			
元帝	元帝庙	长寿宫	今咸阳原上渭陵附近	
	高宗庙			
成帝	成帝庙	阳池庙	今咸阳原上延陵附近	《三辅旧事》："成帝作延陵及起庙。"
哀帝	哀帝庙		今咸阳原上义陵附近	
平帝	平帝庙		今咸阳原上康陵附近	

高祖庙是西汉最重要的宗庙，为惠帝所建。在今西安市未央区东叶寨村发现有西汉时期的建筑基址，东西长69米，南北宽34米，可能是高庙故址。这里多有建筑遗物的发现，文字瓦当有"高祖万世""高庙万世""高安万世""西庙"几种，其中以"高安万世"（见图7-5）出土数量最多，余少见。

惠帝庙在高庙之西，称作"西庙"，曾有文字瓦当传世。

以汉文帝庙为界限，此前诸帝庙（太上皇庙、高庙、惠帝庙）皆在汉长安城内，都位于未央宫之东；而自汉文帝顾成庙起，诸帝宗庙皆置于长安城外。

二、王莽修建的新庙

王莽居摄时，曾经"建郊宫，定祧庙，立社稷"（《汉书·王莽传》）。据《左传·昭公元年》杜预注："祧，远祖庙。"

在汉长安故城遗址南墙之南，西安门和安门向南的平行线之间，有一汉代建筑群，地处今西安市三桥枣园村和阎庄一带的西安冶金机械厂。

图 7-5 "高安万世"瓦当拓片（高祖庙）

1958年，经考古发掘知，此建筑群的北沿和汉长安南墙之间的直线距离有1200米。[①] 它就是王莽为西汉皇帝立的宗庙，一般统称为"王莽九庙"。（见图7-6）

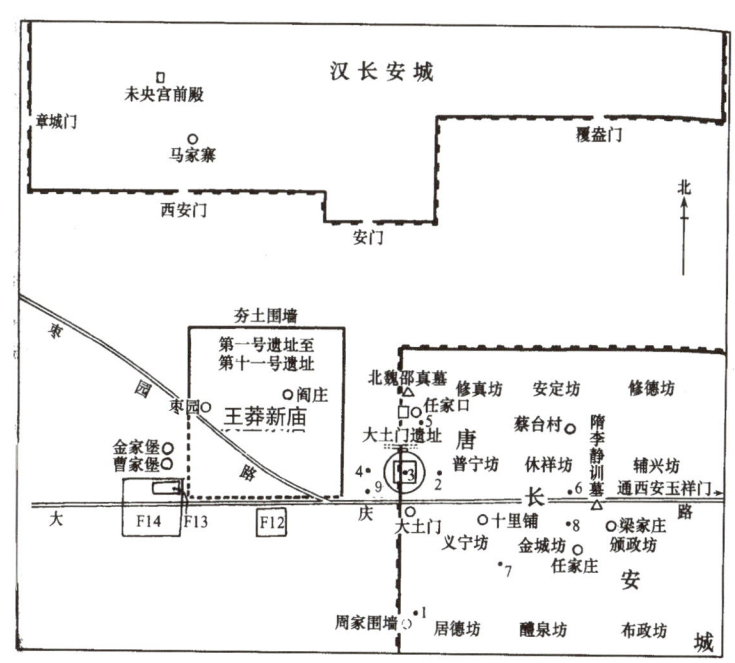

1. 圜丘　2. 明堂　3. 辟雍　4. 太学　5. 灵台
6. 顾成庙　7. 卫思后园　8. 戾后园　9. 太社

图 7-6 "王莽九庙"位置示意图
（黄展岳图稍改）

---

① 中国社会科学院考古研究所编著：《西汉礼制建筑遗址》，文物出版社，2003年。

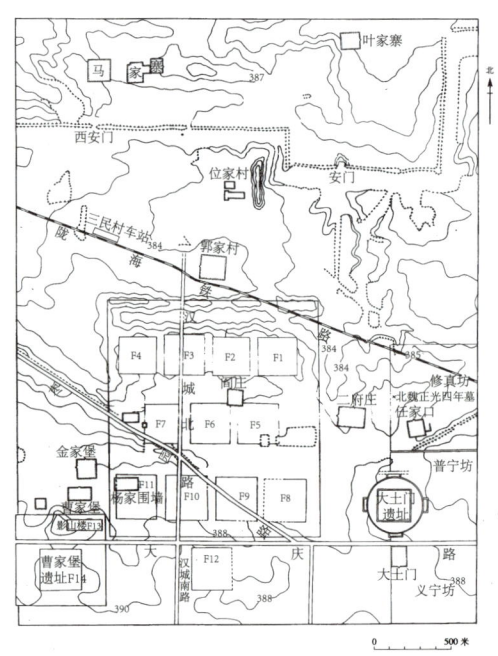

图7-7 新庙的排列
（选自黄展岳报告）

图7-8 四神瓦当

王莽九庙建筑群由12座相同的单体建筑构成。其中的11座（编号为一至十一）在北，一座在南，共用一道每边长1400米的方形围墙。也就是说，它们都处在一个大院落之内。而在大围墙之内，由北向南分三排，北排自东向西编为一、二、三、四号，中排五、六、七号，南排八、九、十、十一号；（见图7-7）另外，有一座建筑（十二号）位于大院落之南居中的位置，二者间距仅有10米。值得注意的是，这12座建筑遗址，各自都筑有围墙，从而形成独立的方形小院落，平面有如"回"字形，内有宏伟的中心建筑，外设夯土围墙，围墙的四隅建有曲尺形配房①。

每座小院都有方形围墙，边长270～280米，宽4.5米，中心辟门。四门正中道路的交叉点处，正是中心建筑，中心建筑与四门距离是135米。门道宽5.4米，进深13.6米。塾将门道两侧的左右塾又分隔成内外两部分，遂成"一门四塾"之制。发掘时，建筑群出土有土坯、板瓦、筒瓦、云纹瓦当、月牙形瓦当，特别是四门分别出土有青龙、白虎、朱雀和玄武图案的"四神瓦当"（见图7-8），这同文献中"四神分司四方"的记载一致，表明它们分别代表着东、西、南、北四门的方向。

在小院围墙的四隅置有曲尺形配房，比较简陋，似为廊屋式建筑。配房距围墙7

---

① 中国社会科学院考古研究所编著：《西汉礼制建筑遗址》，文物出版社，2003年。

米，以拐角为基点，呈直角各延伸84米，宽12米，内侧有柱础石。

以第三号遗址为例，方形围墙边长274米。中心建筑是一个高出地面2米的大夯土台基，平面由5个正方形组合而成。4个小方形压在中心大方形的四角上，图形像"▦"样，边长54.5米。中心的大方形在《吕氏春秋·月令》里被称为"太室"，中心台边长28.4米。四角的小方形称"夹室"，边长只有7.5米。（见图7-9、图7-10）太室和夹室代表着阴阳五行中的木、火、土、金、水。在太室的四面，原来各有一座厅堂，分别称

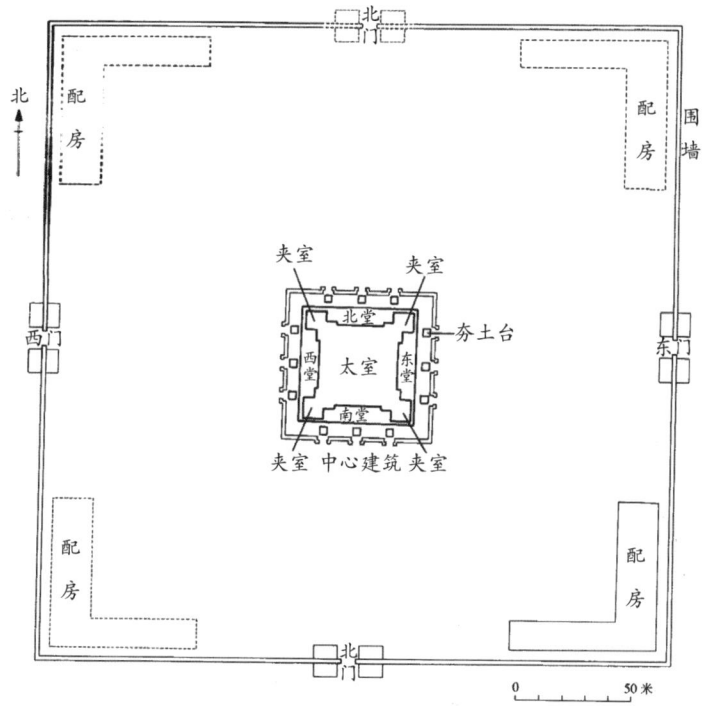

图 7-9　第三号遗址总平面图
（选自黄展岳报告）

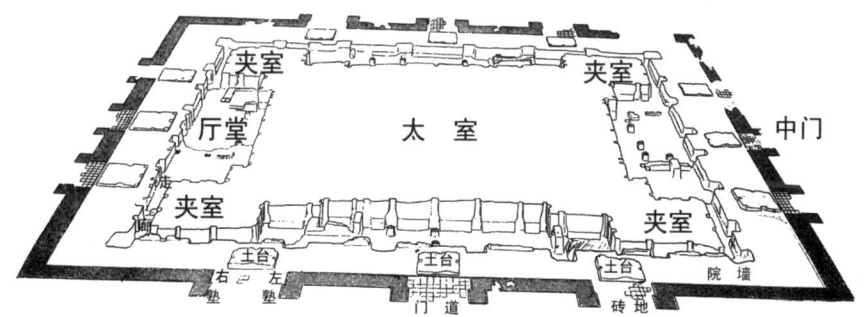

图 7-10　第三号遗址中心建筑基础平面鸟瞰图

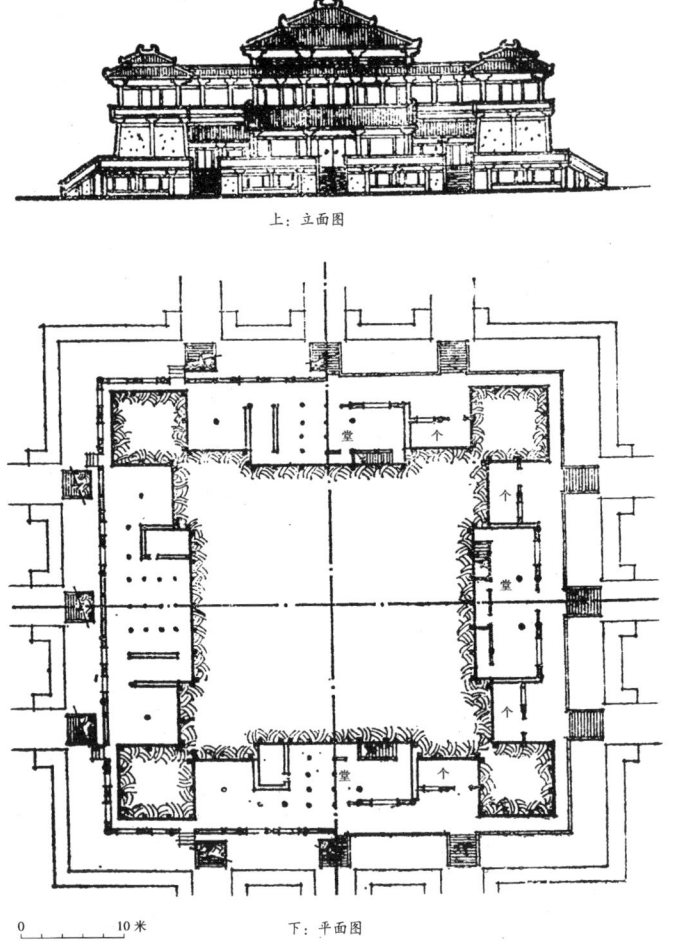

图 7-11 第三号遗址中心建筑复原图
（选自黄展岳报告）

为"青阳"（东）、"总章"（西）、"明堂"（南）和"玄堂"（北）。而在每一厅堂的两端，都有一间称作"个"的小房间。（见图 7-11）另外，围绕大土台基（即太室四周的厅堂、四夹室）的是一周廊道。廊道贴近中央台基的一侧，共有壁柱（嵌在夯土台基中的柱子）100 根，外侧的檐柱只有 28 根，廊檐前的地面上铺有卵石装的散水。四面厅堂前有 3 条砖铺的道路，其中道正对着围墙的大门。

第五节
社稷

"社"本是土地神,"稷"是周人的祖先后稷,被尊为五谷神(农神)。周人祭社时,以后稷配享,合称"社稷"。在以农立国的古代中国,国土稳固和农业丰收当然是关系国计民生的大事。"人非土不立,非谷不食。……故封土立社,示有土;尊稷五谷之长,故封稷而祭之也"(《白虎通义·社稷》),所以社稷就成了国家的代称。统治者非常重视对社的祭祀,因而各地普遍立社。上自京师下至乡里,都有社。(见图7-12)

杜佑在其《通典》中引述《礼记·祭法》时指出:周制的天子三社是太社(为群姓立,即周社)、王社(自立)、亳社(为亡国立,即殷社),诸侯三社是国社、侯社、亳社,大夫以下立一社。按等级制度,西汉中央政府在京师长安立有官社(国社),在地方的郡县有公社,乡、里分别也有社。

西汉初年的郊社之礼是不完备的,而且祭祀地点也不固定。汉高祖在长安立北畤,祠黑帝。汉文帝在其十五年(公元前165年)到雍对五帝行亲郊之礼,次年又在长安对新立的五帝庙(地当今咸阳市正阳镇东南)亲拜郊见。汉景帝在中元六年(公元前144年)至雍亲郊。像这种不确定的祭祀到了汉武帝时代,随时间的推进才使不断增加的新内容最后定制化。元光二年(公元前133年)武帝亲郊雍五畤,随后在长安东南郊令太祝祠祀泰一。元鼎五年(公元前112年),在甘泉起泰一祠坛。按照亳人谬忌"天神贵者泰一,泰一佐曰五帝"(《汉书·郊祀志》)的说法,汉武帝正式确立了泰一的地位。但又发现了没有地神后土祀的缺憾。于是,经过有司与太史令司马谈、祠官宽舒等人一番商议之后,汉武帝在东幸汾阴时,正式择地而"立后土祠于汾阴脽上"(《汉书·郊祀志》)。至此,作为宗教活动三大地点的甘泉泰一、汾阴后土、雍之五畤,才

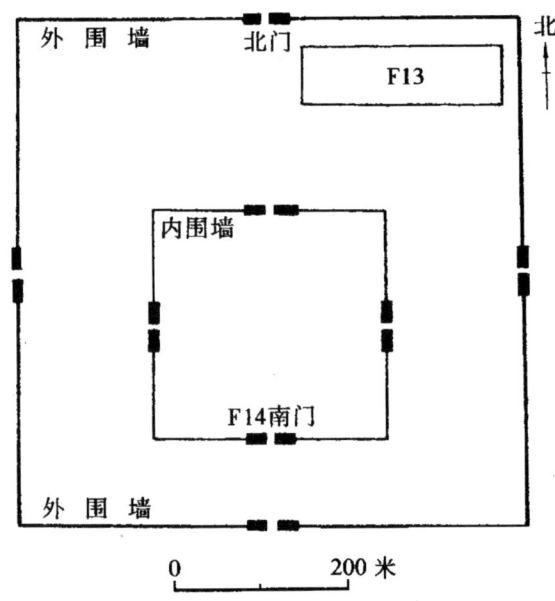

图 7-12　汉长安城社稷遗址平面图

算规模齐备。

社稷的存亡，就是国家的存亡。《史记·秦始皇本纪》说"诸庙及章台上林皆在渭南"，那么，秦的官社也应当距"帝者祖庙"不远。高祖二年（公元前205年），刘邦进入关中，就"令民除秦社稷，立汉社稷"（《汉书·高帝纪》）。显而易见，汉代秦而立的初期，也只是把社稷的属主撤换罢了，社址当不会有太大的变动。

据《汉书·郊祀志》载：王莽在平帝元始三年（公元3年），"言：'圣汉兴，礼仪稍定，已有官社，未立官稷。'遂于官社后立官稷，以夏禹配食官社，后稷配食官稷。稷种穀树。徐州牧岁贡五色土各一斗"。既然汉代秦、"社"易主，才有补"稷"之举，那《汉书》所言"令民除秦社稷，立汉社稷"只是就各地的民社而言，并不包括在京师之地设立官社与官稷之事。

"社者，土也"，"稷者，百谷之王"。（《汉书·郊祀志》）国君之所以祭祀社稷，就在于"为天下求福报功"（《白虎通义·社稷》）。既然汉的官社在前，立官稷在后，而且稷在"社后"，可见社与稷两神祀地相距不远。

第六节
祭天地的南郊（圜丘）和北郊

一、长安设南北郊的缘起

建始元年（公元前32年），汉成帝接受匡衡等人的建议，把甘泉泰一和汾阴后土之祠迁到了长安南北，以为"祭天于南郊，就阳之义也。瘗地于北郊，即阴之象也"，如此才合礼制。这就是说，南北郊实际是把甘泉泰一和河东后土之祠徙置长安的合称，位在长安而地分两处。同时，因为五帝已列入祭天的对象，就废止了雍四畤的祭祀。但从此以后，政局不稳，朝臣纷争，祭祀活动便在长安南郊和甘泉、汾阴之间反复不定。汉平帝元始五年（公元5年），在王莽的主持下，于长安南郊和北郊分别设立郊坛，祭祀天地。从成帝建始元年（公元前32年）到平帝元始元年（公元1年），天地之祠搬迁过5次。虽然名义上是有板有眼的"制礼"活动，但其实不过是穷途末路的政治游戏而已。[①]

不过，在祭礼上，王莽为拉拢人心把汉高祖与吕后抬上了配享的祭坛。据《汉书·郊祀志》载，王莽的奏言是："孟春正月……天子亲合祀天坠于南郊，以高帝、高后配。……以日冬至使有司奉祠南郊，高帝配而望群阳，日夏至使有司奉祭北郊，高后配而望群阴。"

《三辅黄图》也说"成帝徙泰畤后土于京师，始祀上帝于长安南郊，祀后土于长安北郊"，但失之笼统。《汉书·成帝纪》应劭注作："天郊在长安城南，地郊在长安城北长陵界中。"虽然进了一步，可是长安、长陵二县范围相当大，天地之郊址何处寻呢？

[①] 王学理：《汉代国祀史迹考索》，见秦始皇兵马俑博物馆《论丛》编委会编：《秦文化论丛》第十四辑，三秦出版社，2007年；又见王学理：《王学理秦汉考古文选》，三秦出版社，2008年。

二、汉圜丘（南郊）的参照物

长安南郊有汉圜丘。建始元年（公元前32年）十二月，成帝"作长安南北郊，罢甘泉、汾阴祠"。"二年春正月，罢雍五畤。辛巳，上始郊祀长安南郊。"《水经注·渭水》也说昆明故渠"南有汉故圜丘，成帝建始二年，罢雍五畤，始祀皇天上帝于长安南郊，应劭曰：天郊在长安南，即此也"。显然，这圜丘就是成帝在长安南郊建造以祭天的天郊。《括地志》说"汉圜丘在长安治内四里居德坊东南隅"，该遗址地当西安市西郊周家围墙附近。

圜丘，也作"圆丘"，是古代取圆形的自然土丘作为祭天的坛。按照天圆地方的观念，圜丘既象征天，自然就是圆形的土台子。北京市明清的天坛就是中国古代圜丘形成的最后形式。那么，西汉圜丘究竟是什么样子呢？《三辅黄图》只是说它"高二丈，周回百二十步"，没有给出具体的形状。文献中说甘泉的"泰一坛"（紫坛），是"八觚宣通八方"的三重坛（三陔），下有"五帝坛""群神之坛"。其可能是今淳化县汉甘泉宫遗址上那个高16米的通天台基址。

经过考古发掘，时间、地点与西汉圜丘接近的要数唐长安圜丘遗址了。[①]（见图7-13）它位于陕西师范大学南操场的东侧，当唐长安城正南门——明德门遗址东950米处。它是高约8米的四层圆台，台面由下到上逐层缩小。最底的第一层台面直径约52.8米，第二层台面直径约40.5米，第三层台面直径约28.4米，处于最上面的第四层台面直径约20.2米。每层台的高度不一致，在1.5米

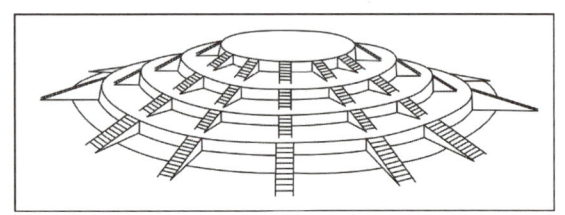

图7-13　唐圜丘遗址复原示意图
（据唐天坛遗址保护工程图片清绘）

至2.3米之间。所有台面都设有十二陛阶，均匀地分布在周围以表十二辰。其中的午陛（正南之阶）最宽，是皇帝的登阶之道。除了从"八觚宣通八方"的八阶到"十二阶表十二辰"，汉唐圜丘还有其他方面的异同，这些都对理解这一祭天之坛有所帮助。

三、地郊（北郊）的参照物

地郊，也称"北郊"，祭地，方坛。它在长安的位置有两说。一是《汉官仪》卷

[①] 中国社会科学院考古研究所西安唐城工作队：《陕西西安唐长安城圜丘遗址的发掘》，载《考古》2000年第7期。从发掘迹象看，此圜台分为五级，但文中按四层算，把最底层人工基础漏掉了。今选用资料仍从原文。

下："北郊坛在城西北角，去城一里所。谓方坛四陛，但存坛祠舍而已。"另一是《汉书·成帝纪》应劭注："地郊在长安城北长陵界中。"前书与后注，同出应劭一人，而差距何其大也！考之，长陵仅是汉高祖的陵邑，范围甚小，不可能在陵邑中设祭地之坛。而长陵南界也到不了咸阳原下，如坛设在原下必定会以渭河为参照物而不及其他。既然说"北郊坛在城西北角"，而且对遗存情况叙述得那么详尽，有如目睹，可见遗址就在西安市未央区六村堡西北一带。

地郊也是祭坛，基座呈方形。既然汉武帝把地神当作祭祀的对象，也就具体到了后土。后土祠是什么样子的，谁也说不上来。于是，太史令司马谈、祠官宽舒等人经过一番商议，认为后土祠应该建在周围有水的圜丘之上，并作有五坛。后来，终于选中汾阴脽上（今山西万荣县西南40公里的庙前村）建立了后土祠。汉成帝在长安北郊立地郊，不可能是后土祠，也不应是周围有水的圜丘形式，必定是四阶的方坛。

西汉地郊未被发现，可做借鉴的是南朝的北郊坛。20世纪末，在南京紫金山主峰头陀岭南麓发现了刘宋孝武帝在钟山建造的北郊坛遗址（见图7-14），由两个祭坛和一处祭坛附属建筑组成，南北排列，长达300多米，总面积达20000平方米。坛址位于山顶，是个坐北朝南、分为五层的方坛。东、西、南三面的每层台面外缘用石垒砌，五层台面从上到下依次变大，最大高差在10米以上，最下一层的南台面宽88米，高约1米。主坛之上有4个黄土堆筑的小方坛。祭坛南面

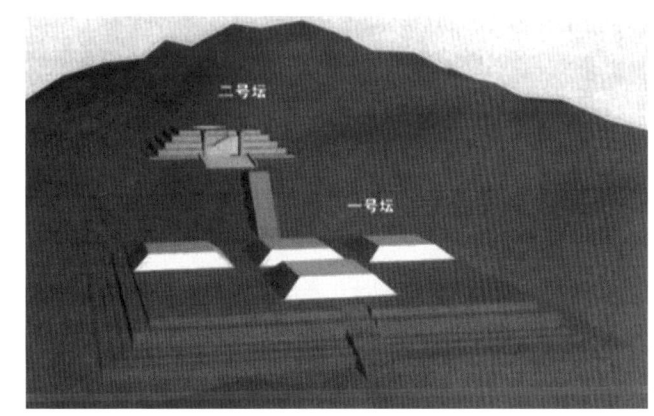

复原图

一号坛西侧

图7-14 南京紫金山南朝北郊坛（部分）

有一条顺山坡砌造的正南北向的石阶道路，应是古代文献中所说的南陛。①

四、五帝祠

《汉书·地理志》载："九嵕山在西。有天齐公、五床山、仙人、五帝祠四所。""谷口"也称"寒门"，是泾河出山之处，故名"谷口"。汉谷口县治在今礼泉县东北50里的北屯村附近，仍有城址，地当九嵕山之东。

在三原县西北15公里的黄土原上，有个天井岸村。村南有一个巨型圆盆状的大土坑，即所谓"天井"。经测量，天井口部南北315米，东西260米，坑底南北191米，东西160米，深32米，坑底距生土层23.8米②。经西北大学文化遗产学院调查，在天井东有5个平面呈梅花桩式的夯土建筑基址，根据迹象原来均呈四棱台体。中台基平面呈方形，距四侧的台基约500米。其中除北台基被毁无存之外，其他均有保留。西台基址距天井最近，相隔450米，基部东西15.4米，南北16米，高10米。南台基四周散落有残瓦片和鹅卵石。在农村还收集到一些建筑文物，有板瓦、筒瓦、文字瓦当（"长乐未央""千秋万岁"）、回纹铺地砖等。③

巨坑之西有嵯峨山，在峰顶发现有相当数量的汉代绳纹筒瓦、板瓦。此山有五座山峰，这也就是汉谷口县的五床山。山上的建筑也应同祭祀有关。古代祭祀的"八神"有着久远的历史，"天齐"即是其中之一。《汉书·郊祀志》颜师古注"天齐"为"如天之腹齐也"。齐即脐，天齐也就是天公的肚脐眼。那么，这巨型的天井当是天齐公。天井岸村东的五个四棱台体基址很可能是五帝祠遗址④。

---

① 消息报道见1999年9月8日《中国文物报》。该发现被列入2000年全国十大考古发现。
② 1992年，笔者在汉景帝阳陵考古，应张在明之请，队上派了两名探工去帮助钻探。随后，秦建明、张在明在《文物》上发文，展现这次考古的成果：《陕西发现以汉长安城为中心的西汉南北向超长建筑基线》（《文物》1995年第3期）。2015年1月，西北大学文化遗产学院再次对天井岸的古遗址进行了调查与局部钻探。
③ 西北大学文化遗产学院、咸阳文物考古研究所：《陕西三原县天井岸村汉代礼制建筑遗址调查简报》，载《考古与文物》2017年第1期。
④ 《史记·封禅书》所言的八神是：天主祠天齐，地主祠梁父，兵主祠蚩尤，阴主祠三山，阳主祠之罘，月主祠莱山，日主祠成山，四时主祠琅邪。此八神的祭祀地均在齐地。秦始皇东游海上时，也祭祀过那里的名山大川及八神。但汉初高祖除在老家"治枌榆社"外，立了"黑帝祠"（北畤）凑足"五帝"，令官员去祭祀，自己又"不亲往"，还干脆把蚩尤、五帝的祭祀放在了长安。

第七节
太学与灵台

一、太学

太学是汉中央政府培养教育高等人才的学府,即所谓"贤士之所关也,教化之本原也"(《汉书·董仲舒传》)。长安兴办太学始于汉武帝元朔五年(公元前124年),据丞相公孙弘"请为博士置弟子员"的建议,以五经博士为教师,以郡国选送的弟子为太学生。开始只有弟子员50人,以后逐渐增加,成帝时已达到3000人。王莽时期,因为校舍不足,还添建了"弟子舍万区"。

《关中记》说"汉太学、明堂皆在城南安门之东,杜门之西"。《长安志》引《两京新记》说唐长安普宁坊西街有汉太学旧址,当辟雍之西,地在今西安市西郊大土门村西北,但今已无踪迹存。不过,在这一地点的东边是唐长安普宁坊东街,有汉明堂、辟雍遗址,在西边有汉室宗庙遗址,那么,太学当在附近。

二、灵台

灵台是土筑的高台,本是周天子用来"观祲象,察氛祥"的天文台。西汉在都城南也建有灵台,同农事发生紧密联系,以便"候者观阴阳天文之变"。初名"清台",也称"清灵台""清冷台",后改名"灵台"。

汉灵台"高十五仞",按汉制1仞为7尺,高可达24米多。在台上设置的观测仪器有:"相风铜乌"——铜制的风向仪(或叫"候风仪"),做成乌鸦形状,固定在转轴上,遇风则动,使人知其风向与风力;铜表——铜制的圭表仪,用日照表(竖直的立竿)在圭(平卧的条板,与表形成90度夹角)上投影的长短测定一年的二十四节气。其表高8尺（约合今1.85米），圭长1丈3尺（约合今3米），体宽1尺2寸（合今27.72厘米）。《三辅黄图》据南朝宋人郭缘生《述征记》一书记载，说台上还有张衡制造的浑仪（即"漏水转浑天仪"）。而张衡生活在东汉章和时期，其发明成果的复制品怎么能出现在长安的灵台之上？是否在西汉已经出现了浑仪的雏形？

　　《三辅黄图》记汉灵台"在长安西北八里"，记汉辟雍和太学"在长安西北七里"。这里的长安应指唐长安县治所在的唐长安城长寿坊，相当于今西安市雁塔区蒋家寨。由此向西北推七唐里，就是莲湖区大土门以北。可知，汉辟雍和太学在东，灵台在西。不过，《三辅黄图》多用唐地名做参照物，显示了该书从初本到今本的成文历程，引用时不能不注意。在《水经注·渭水》中，也记作昆明故渠"东径明堂南，旧引水为辟雍处，在鼎路门东南七里。……堂北三百步，有灵台"。可见，地点还是可靠的，只是灵台遗址还未发现而已。

第八章　长安城的建制与规模

汉长安有了大城围墙，就使得"城"与"郊"容易区别。

城内的布局由"八街九陌"划分成十一个区间，包罗了祖社区、各宫殿群、官寺衙署、商业区、甲第区、市民区、手工业区等，另外还有一些空置区。由各区人员成分大体可以推算出都城人口的总数量。

由都城的所在进而明确京畿与三辅的范围，也是必要的。

第一节
平面格局鸟瞰

一、城与郊的概念

西汉王朝是继秦之后的第二个统一的、多民族的、中央集权的郡县制国家,其都城长安的建制也同秦都咸阳有着不少的相似之处。①但也因为汉代秦而立,时空关系有变化,城建经验有长进,从而在都城发展史上又呈现出一些新的特点。长安诸宫各自都有宫城环围,这同秦都咸阳的"宫自为城"是相同的。但汉长安城这座大城又把皇室的宫殿建筑群围了起来。尽管建章宫处于这座大城之外,是一个特殊的情况,但如果把它看作城内皇宫的延伸也未尝不可。②对此大城包围诸宫的形态,有的学者称之为"宫城",有的称之为"外郭城",于是便引起了"长安有郭还是无郭"的争论,最后干脆提出了将"城郭合一"理论作为城市布局的特征去研究。

实际上,汉长安城就是城,无所谓什么宫或什么郭的。因为在两部最早的经典性史书《史记》和《汉书》中一致称其为"长安城",另外并没有什么宫城或皇城的说法。在这里,它同春秋战国时期"城郭相并"的双城制相去甚远,又超越了秦都咸阳"城郊模糊"的状态而变得更清晰具体。③即使同后来的唐长安城比较起来,也可以归结为八个字:乍看相似,实则有别。简言之,唐长安城方方正正,有城围拢,同汉长安城相

---

① 王学理:《咸阳帝都记》,三秦出版社,1999年。
② 建章宫处于汉长安城外,应看作未央宫的外扩。
③ 《吴越春秋》有"筑城以卫君,造郭以守民"的话。确实,在东周时期的一些国都如齐临淄、燕下都、郑韩故城、邯郸赵城等,多半是一大一小的二城相并或斜式相依,其小城即常说的"内城",大城就是"外郭城"。小城内有君主、贵族和官署,以及他们所需要的手工业作坊。今见之夯土台基多是当年作为高台建筑的宫殿遗址。在大城里则住一般官吏、私营手工业者、平民和农民,商业活动也多于此进行。这种"郭附于城"的状态,到秦汉时期已经发生了根本的改变。秦咸阳、汉长安都呈"有城有郊"的状态,所以今天还要找"一大一小"或"大城包小城"的所谓"外郭城",可以说是徒劳的。

同；把大明宫、兴庆宫和禁苑置之城外，同汉建章宫与上林苑的情况相似；城内有东西二市，也有坊的结构，同汉长安城如出一辙；等等。但是，前后两都城所包含的内容与位置全变了。其最大的区别，就在于最早的唐太极宫和皇宫被包罗在城内，形成有城（指皇城、宫城）有郭（指大城）、郭大于城的平面布局。而皇城"高高在上"（居后中部），并以此为中心使坊与市处在两翼和正前方，形成"君临天下"的态势。皇权极致化，布局规范化，颠覆了"前朝后寝""面朝后市"的观念，这是唐长安城高于前代都城的最大特点。在此，我们不应忽视的是：唐长安城是汉长安城的继承与发展，也是以后历代都城直至明清北京城完善的基础与先导。中国都城发展史告诉人们：时代性、阶段性是研究中离不开的界标，舍此，将前后看似相同的某些元素拿来用同一标尺衡量，就难免引起一些混乱。

二、汉都长安城与郊的范围

《周礼》有一套"体国经野，设官分职"的建政方略，以"天下之中"的王国为圆心，以里数为半径，由近及远依次画同心圆，在布局上就出现了郭、郊、甸、稍、都等地域称呼。关于其各自的内涵，后世历代注家有多种说法。不过，从大类上区分为有国有野则是看得见、摸得着的事实。《说文解字》把城邑说成国，把野说成郊，是可以的。经过春秋战国到秦的历史演变，郡县制的推行使后世儒家想象中的周制不复存在，原先入住城中的国人与郊外的野人也发生了变动。

汉都长安城的独立形态，形成了城与郊这一新型的都制。其城与郊很分明，也很具体。城，指一周围墙之内；郊，指城墙之外。郊还有近郊与远郊的区别。王莽曾"分长安城旁六乡，置帅各一人"（《汉书·王莽传》），这个城旁即一周城墙外的广阔地域。那么，南城外的礼制建筑群、北城渭桥之南、东城墙外的平民墓区、西城的建章宫，都属于城旁的近郊范围。而城东南的霸陵、杜陵，咸阳原上九座皇陵及其陪葬墓，还有陵邑，都在远郊，当属于野了。上林苑的范围很大，既占据了汉长安的近郊，也包括了南面和西面的远郊。至于一般意义上的长安，当然是包括了城与郊在内的。（见图8-1）

长安四郊有多大？其四至当然在与邻县的接壤之处，地涉三辅。

北至渭河的东南一线。其北岸由西向东依次是右扶风的渭城县、长陵县和左冯翊的阳陵县。

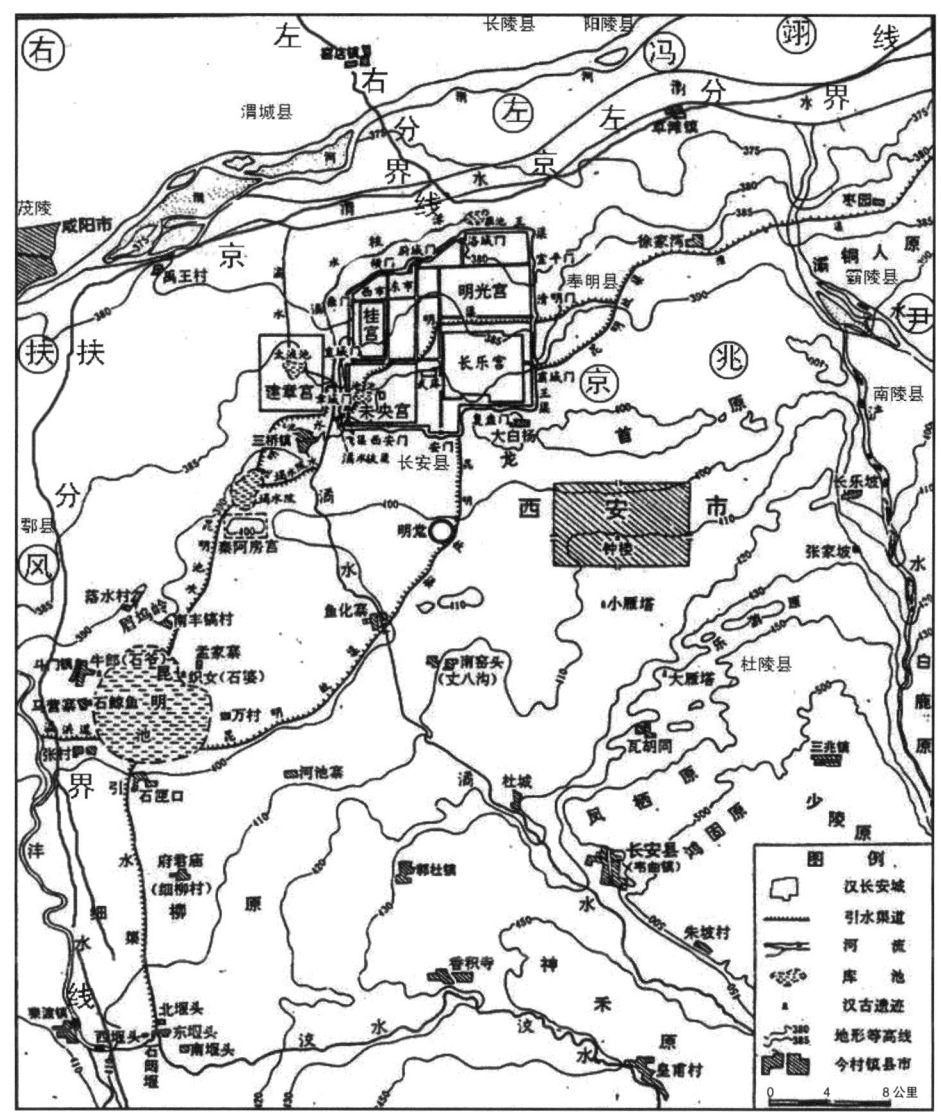

图 8-1 长安城郊示意图

东至灞水、浐水的南北一线。城东有奉明县，河东岸由北向南有霸陵县、南陵县。

南至杜陵县、鄠县的北界，即由今西安市东南的乐游原西麓起，过曲江池遗址，延伸到秦阿房宫前殿遗址南，向西至沣河。

西至南北流向的沣河。

在长安城东，宣平门外有奉明县。《水经注》载：明渠出城后分为两支，其中一支"东径奉明县广城乡之廉明苑南，史皇孙及王夫人葬于郭北，宣帝迁苑南，卜以为

'悼园'，益园民千六百家，立奉明县以奉二园。园在东都门"。悼园所在的东都门，是宣平门外的郭门。县治当今西安市未央区张家堡附近。过去很多学者据宋敏求《长安志》，以为奉明县在汉长安城南，地在唐长安城内的休祥坊（即今西安市丰镐路北劳动公园一带）。实际上，宋敏求据《括地志》"汉奉明县地，今县治北八里"的记载，把唐长安县治所在的长寿坊（今西安市徐家庄一带）作为计算的起点，向北推 8 里就是休祥坊的范围。这显然是南辕北辙了。无论如何，汉奉明县是从长安县划出来的园邑，范围也不会太大。

京师长安处于长安县境之内，而都城长安四郊同长安县有没有地理分界线，这在古代文献记载中从来没有涉及。按卫宏《汉官旧仪》讲，都城内的一般行政事务还得由长安县令来处理。那么，汉都长安四郊的边界之内实际也就是长安县的管辖范围。如果硬要找出分界线的话，恐怕就是城东的王渠、城西与城北的沇水支津、城南的昆明故渠了。从这个意义上说，把自然的和人工的河渠所形成的都城护卫设施当作外郭也是说得过去的。

在城外的"郊"，实际上也存在着行政管理的建制。郊内除奉明县是个例外，乡一级见有建章乡、卢乡和东乡，亭有轵道亭、长门亭、广明亭、平望亭、桐柏亭和白亭等。

从平面上看，汉长安城尽管不是方形或长方形的，但城墙的走向除了受当时地形的影响不得不改变方向外，一般还是视作正方形的。东城墙在宣平门以南一段，西城墙在直城门的南北两段，都笔直如矢，同子午线保持一致。南城墙因迁就早先长乐宫、未央宫建成的事实，顺应安门一段地势，不得不做外突和伸缩的变化。而北城墙因沇水由西南向东北的斜行，造成了多处曲折。但无论南北二墙做怎样的曲折，除了西北角的一段（今六村堡至相家巷村东北）外，都如矩折般规整。那么，如果汉长安城不是受地理环境的限制，我们有理由相信它必定是方形的。但面对历史事实，只能说汉长安城在平面上是一个"走了样的方形"。如果我们再联系早期建成的长乐、未央、桂宫等宫城，以及后来的南郊礼制建筑，其平面都是方形或矩形。显然，这是中国人"方正"观念在汉都长安规划中的体现。从理想化的井田制到"匠人营国，方九里，旁三门"（《周礼·考工记》）的周王城，无不与方形有关。同样，早已确立的四方位空间模式也在汉长安的城建工程中得到了具体的运用。

第二节
城内区间的内容与分布及其联系

一、"八街九陌"的形成与分布

（一）"八街九陌"的形成

城内的街道是连接城门的通畅大道，更是城内建筑与人事活动的经络。《三辅旧事》有"八街九陌"之说，实际是对汉长安城街道的概括。所谓"八街"，指的是八条大街；"九陌"则指九条大路，也称"九逵"。

城内由陌而街，是形成过程中的一般道理。按说，汉长安城共有十二门，应当有十二条大街，但为什么却称作"八街九陌"呢？这是因为覆盎门和霸城门有大道直通长乐宫，不是城内的通畅大街，章城门和西安门内对未央宫，同样不能形成大街，只供皇室专用。而剩下的八门内大道是官民共用的通衢，故而就形成了所谓的"八街"。

长安城十二门中，除了南城的西安门向内通未央宫、覆盎门通长乐宫外，另有西城的章城门对着未央宫西墙，而其他九门都有一条宽阔的大道笔直地通向城内。因为每一条大道实际是一条街，所以九条大道"十"字相交或"丁"字相接的结果，就形成了八条大街。这就是人们常说的"八街九陌"。（见图8-2）

八街九陌间的空白即是11个区域，其中，城内的未央宫殿（包括武库）、长乐宫（包括太上皇庙、高庙和惠帝庙）、桂宫、北宫、明光宫、东市、西市各占一区，而里居占4个区。

尽管这11个区大小不等、形状各异，在平面上还没有像后来唐长安城内的坊那么整齐划一，但毕竟是坊的雏形。不过，汉惠帝时围建起墙垣之后，长安城内除了长乐宫

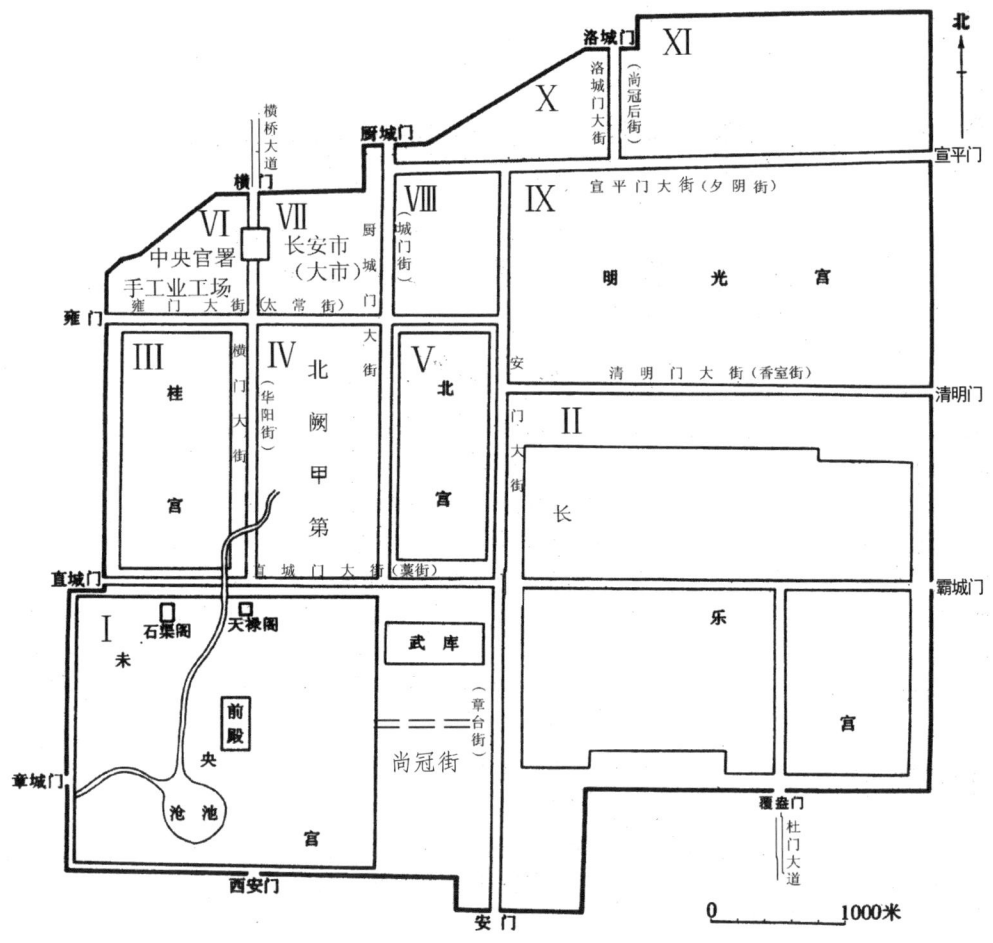

图 8-2 长安划区与街道示意图

(Ⅱ)、未央宫与武库(Ⅰ)、长安市(Ⅶ)所占几区外,多是些空旷地带。自汉武帝时代起,城内又增加了桂宫、北宫和明光宫,在不可能再有大面积的空地可以利用之时,武帝便在西城外兴建了"千门万户"的建章宫。

《周礼·考工记》中关于都城建设的布局,有这样的规范要求:"匠人营国,方九里,旁三门。国中九经九纬,经涂九轨。左祖右社,面朝后市。"如果说秦都咸阳由于特殊的历史环境未能遵循此制的话,汉都长安的建设,由萧何开始,则一直把这一理念贯穿始终。近似方形的长安城,每面三门,每门三个门道。"左祖右社,面朝后市",则体现着礼制的整肃和等级制的尊严。

(二)八街

八街由纵横各四条大街组成。以城门为起点,大道直通城内,道旁筑屋形成大街。在八街中，霸城门和直城门东西对直，两门之间有一条大道相通。但在此大道的东段，要穿过长乐宫，行人车马不得随意往来，因此把安门大街以西的一段称为直城门大街，长乐宫内一段街道应是霸城门大街，也可看作直城门大街的延长部分。正因为南北向大街和东西向大街相遇时出现十字交叉或丁字相接的情况，所以街道就长短不一。最长的街道是安门大街，计5600.7米；宣平门内大街居次，长3714.8米；最短的是洛城门大街，只有839.4米。其余的大街，多在3000米左右。① 在大街的十字路口都立有路标，称为"交午柱"（即华表）。东西向的宣平门大街、清明门大街、直城门大街、雍门大街和南北向的安门大街，道面宽45～56米；南北向的横门大街、厨城门大街的路面宽约45米。

大街的路面可划分为并行的大道三条，这就是《礼记·王制》所讲的"道有三涂"。中央路宽20米，是专供皇帝车马行走的御道（驰道）；两侧的路各宽12米左右，是吏民通行的普通道路。在驰道两侧，各有御沟一条，宽0.9米，深0.45米，沟上植以杨、柳、槐、松、柏。御沟固然是排水设施，但在等级制下也起着界标的作用。道路的路土是经过人为加工的，厚0.3～0.4米。

在汉长安城墙内侧，有一周紧贴墙根的环城路，宽约35米。这就是《考工记》中记载的"环涂"。

汉长安城的八条大街以与之相连的城门命名，依次排列如下：

（1）安门大街——由安门内向北，与宣平门大街成丁字相接，是八街中最长的一条，南北长5600.7米。

（2）直霸大街——由直城门内向东，经未央宫、武库北，与安门大街十字相交，穿过长乐宫的东西宫门，直通霸城门（从直城门到霸城门的大街长6081.3米，但长乐宫内一段街道非常人可行）；如果减去长乐宫东西的长度，可通行的路段大约只有3000米，所以这条街可称作"直城门内大街"。

（3）清明门大街——由清明门向西，经长乐宫北，与安门大街丁字相接，东西长3082.5米。

（4）宣平门大街——由宣平门向西，过洛城门大街南口、安门大街北口，同厨

---

① 董鸿闻、刘起鹤、周建勋等：《汉长安城遗址测绘研究获得的新信息》，载《考古与文物》2000年第5期。

城门大街丁字相接，东西长3714.8米。

（5）雍门大街——由雍门向东，经中央官署手工业作坊区、东市南，同横门大街、厨城门大街十字相交，再与安门大街丁字相接，东西长同直城门大街相等，即3255.9米。

（6）横门大街——由横门向南，穿过东市、中央官署手工业作坊区之间，同雍门大街十字相交，再经桂宫东侧，与直霸大街丁字相接，南北长2945.6米。

（7）厨城门大街——由厨城门向南，同雍门大街十字相交，经北宫西侧，再向南与直霸大街丁字相接，南北长3232.3米。

（8）洛城门大街——由洛城门向南，与宣平门大街丁字相接，南北长839.4米，是八街中最短的一条街。

以上八条大街，是我们现在为了方便而按门取名的。文献记载中的街名，经过考辨，与今名对照如下表：

表8-1 汉长安城八街古今名称对照表

序号	街名		位置记事
	原名	今名	
1	香室街	清明门大街	《三辅黄图》：太上皇庙在香室街南、鸿翔府北 《关辅记》：在酒池（长乐宫前殿东北）北
2	夕阴街	宣平门大街	《三辅黄图》：右扶风在夕阴街北
3	尚冠街	未央宫东门外通安门大街之大街	《三辅黄图》：长安有尚冠前街。颜引："尚冠前街东入故中尉府。"《汉书·宣帝纪》：宣帝常在下杜，舍长安尚冠里
4	华阳街	横门大街	《汉书·刘屈氂传》：刘屈氂腰斩东市，妻子枭首华阳街
5	章台街	安门大街	《史记·樗里子传》：秦樗里疾葬章台东。《汉书·张敞传》：张敞罢朝会过走马章台街 《太平御览》引《三辅黄图》：高庙在长安城门街东，太常街南。《汉书·叔孙通传》引《三辅黄图》：高庙在长安城门街东
6	槀街	直城门大街	街有蛮夷邸，地近未央宫北阙
7	太常街	雍门大街	因太常（奉常）设署得名
8	前街	厨城门大街	

以上八街，在《三辅黄图》中只列出香室街、夕阴街、尚冠街、华阳街、城门街和藁街六街，只有北宋宋敏求的《长安志》补入了太常街和前街，才成了八街。

（三）九陌

对"长安城中八街九陌"中的"九陌"，学者们的认识并不一致。文献中有"街陌"一词。汉灵帝熹平四年（公元175年），议郎蔡邕、张训等正订六经文字，刻成熹平石经，立在太学的讲堂之外，作为经书的标准版本，"及碑始立，其观视及摹写者，车乘日千余两，填塞街陌"（《后汉书·蔡邕列传》）。要去洛阳城南门外，就必然走街道，出开阳门，踏上城外的道路。既然街陌相连，便知其不同。可见，街在城内，陌在城外。这也符合阡陌为田间道路的原意。那么，汉长安城有十二门，城内有八条大街，而为史家所称道的"九陌"指的又是什么？

有的学者已经注意到《三辅黄图》中将长安城内的大路均称"街"，城外的大路都称"道"（如横桥大道、杜门大道等）。城内的街与城外的道相对，这里的道实际上就是前面提到的陌。因此，汉长安城的九陌可能是指北面的横门、厨城门、洛城门，东面的宣平门、清明门，南面的覆盎门（杜门大道）、安门，西面的雍门、直城门等通往城外的九条大道。①因为霸城门外对着低洼地带，正有王渠挡路。西安门内对未央宫，城外是礼制建筑。章城门内对未央宫，外对建章宫。虽然这三门外都有路，但非车马大道，应属于官道，故而未计入门外之陌中。所以，九陌只是指汉长安城外九条交通频繁的著名大道。

二、十一区间的划分与内容

在汉长安城的十一区间内，建筑、人群（身份、地位、职业）往往有跨区的情况，因而就出现了交织或重叠现象。

（一）祖社区（Ⅱ区、西安门外）

所谓"左祖右社"的"祖"，即祖庙，也就是宗庙。"社"，即社神，也就是社稷。此两尊神的位序，按"右为上"的原则，《周礼·春官宗伯》就明确规定小宗伯的职责是"掌建国之神位，右社稷，左宗庙"。那么，西汉的情况是怎样的呢？

---

① 孟凡人：《汉长安城形制布局中的几个问题》，见中国社会科学院考古研究所、《汉唐与边疆考古研究》编委会编：《汉唐与边疆考古研究》第一辑，科学出版社，1994年。

"汉兴，礼仪稍定，已有官社，未立官稷"（《汉书·郊祀志》），其官社又是由废除秦社而来（《汉书·高祖纪》）。而秦的诸庙皆在渭南，其中昭王庙是樗里子墓的东邻。据樗里子墓与汉武库位置关系推测，秦社当在章台宫前偏西处。既然汉高祖的高庙和惠帝庙都位于安门大街之东，处于长安城的东南，那么，由这一东一西的对应关系，就可推知汉初之社当在高庙西侧不远处。

西汉末年，王莽复古改制，为汉室建庙与官社、官稷于城南。它们处于未央宫南宫门与西安门外大道的东西两侧，是"左祖右社"的规矩化。

（二）宫殿区（Ⅰ、Ⅱ、Ⅲ、Ⅴ、Ⅸ区）

宫殿建筑面积在汉长安城中占有很大的比重，城中11个区中占了5个大区，分布在城墙内的中部和南部。其中太后常住的长乐宫和皇帝朝寝的未央宫均坐落在城的南半部，一东一西。前者占地约6.768平方公里，后者占地约4.838平方公里，合计约11.606平方公里，约占长安城总面积（34.392平方公里）的33.746%。另外，嫔妃之宫的桂宫占地1.594平方公里，废后所居的北宫占地1.6平方公里，明光宫占地2.68平方公里。五处宫殿群总面积约为17.48平方公里，即占长安城的50.83%。由此可见，汉长安是以皇权、皇族为中心的政治都会。

（三）市场区（Ⅵ、Ⅶ区）

虽然在长安设立有九市从事商业活动，但城内最具规模的还是长安市（大市），城外最大的市场是城北的横桥大道市场和城南的杜门大道市场。

因为长安是最具消费力的都市，不仅有大量的皇族、官吏、驻军、贵族、富豪、手工业者、奴婢、外国使臣、学生、无业游民，还有郊县的农民。西汉末年人口殷盛，据《汉书·地理志》统计，元始二年（公元2年），京都所在的长安县有户80800、人口246200，有陵邑的长陵户50057、人口179469，茂陵有户61087、人口277277。三县共有191944户，人数达到702946口。如果把文献没有记载的近郊南陵、奉明、霸陵、杜陵、渭城、阳陵等县邑的人口算在内的话，人数估计在百万以上。

长安市处在汉长安城的西北部，于未央宫之后，既符合"前朝后市"的礼制要求，同时也兼顾了城内外交易的方便。其南面有皇宫和达官贵族的富人区——北阙甲第，东临宫殿之外的广大市民。而北出横门，两旁有横桥大道市场，位当通渭北的交通枢纽，客商往来频繁，地理位置的优越是其繁荣的基础。所以，这一内一外的两市在建城初期被列入总体规划之中，完全是可以理解的。西汉中期以后，漕渠的开通，居住在杜陵邑的达官显贵和豪富巨贾，以及往来京师的车马喧嚣，也促成了杜门大道市场的兴隆。

（四）官寺衙署区（Ⅰ、Ⅱ、Ⅸ、Ⅺ区）

长安作为国都，是全国的政治中枢。三公九卿及其属官都各有衙署，但因职责与管辖内容的不同，办事机构与驻地并未在城内集中设区。为便利司职起见，便选地立寺。中央职官大致分为三类：一是国家级的各行政机构，如丞相、廷尉、御史大夫、典客、大司农等；二是负责皇帝饮食起居与皇族有关事务的机构，如太常（奉常）、郎中令、卫尉、太仆、宗正、少府、将作少府、詹事、水衡都尉等；三是负责京师及京畿地区治安和管理事务的机构，如中尉、内史、京兆尹、左冯翊、右扶风等。

一般说来，同皇帝和皇族有关的机构，其署多设在未央宫、长乐宫中。

掌宗庙礼仪的太常（奉常），其衙署设在太常街，成帝鸿嘉二年（公元前19年）有飞雉"集太常、宗正、丞相、御史大夫、大司马、车骑将军之府"（《汉书·五行志》），可知他们的寺署府第就集中在未央宫北门外的直城门大街南侧。

比如卫尉寺，少府所属的钩盾署、东西织室、尚方作室、宦者署、内谒者署、暴室，太仆所属的未央厩，詹事所属的永巷等，都设在未央宫中。詹事所属的长秋，则设在长乐宫中。

负责处理国家行政事务和京畿管理事务的机构多分布在城内其他地方，如大司农所属的太仓和中尉所属的武库位于未央宫之东。

关中三辅的辖区方位明确，在京的治所也与之对应。京兆尹治长安南部于尚冠街的南尚冠里；左冯翊治在长安东部，即长乐宫以北、香室街南的太上皇庙西南；右扶风治位于长安城西北的夕阴街北。

（五）官邸区（Ⅰ、Ⅱ、Ⅳ区）

西汉的行政系统虽然是继承秦的郡县制，但又分封了很多诸侯王。这些诸侯王、列侯并未就国，而是长期留住在京师。他们在都城内建造有豪华的邸第，生活费用则取自封国。据载，西汉初年，在长安城中有"诸侯邸第百余〔所〕"（《汉书·燕王刘泽传》）。这些邸第的地望是否划区集中或分散设置，未见记载，也无考古资料可凭，估计应该在未央宫、长乐宫附近。

除了前述诸侯国在京有宿办的国邸之外，各郡在京也设立有郡邸，用以太守和上计吏年终进京上计（向朝廷报告当年本郡的户口、钱粮、税收、狱讼、治安等）住宿。

西汉末年，全国有郡国103个，长安城内的郡国官邸相当多。文献见载的诸侯邸第，前边都冠以国名，如齐邸、赵邸、代邸、定陶邸、河东邸、淮南邸、鲁邸、昌邑邸、会稽邸等。这些郡国官邸的规模相当大，建造非常讲究。据《汉书·文帝纪》载：平定诸吕之乱后，陈平等大臣迎代王刘恒入京。车驾至渭桥，尽管群臣拜谒称臣，太尉周勃跪献天子玺，代王却说"至邸而议之"。在代邸，听了群臣奏议，他才即天子位。随后，群臣奉天子法驾迎接文帝于代邸，遂入住未央宫。

为安排外国使节和来宾的住宿，在长安的藁街设立蛮夷邸。匈奴单于和少数民族使者还有单于邸。曾有"金"字瓦当出土，可能是匈奴休屠王太子金日䃅邸第之物。①

（六）甲第区（Ⅳ、Ⅰ区）

长安城的住宅可分为大第室和小第室两类。大第室简称大第，或称甲第、甲舍，列侯食邑者才有住大第室的资格，而且还必须由皇帝赐予。因为地位显赫，宅第富丽堂皇，极尽豪华阔绰。在长安的二千石官职，就只能住小第室。

长安城内高级官僚和显贵们的大第室都选择在未央宫的周围，由此就形成两个贵族住宅区，即所谓北第和东第。

北第在未央宫北阙附近，即人们说的"北阙甲第"。在直城门大街、雍门大街、横门大街和厨城门大街纵横交叉形成的区域（Ⅳ区），隔街西临桂宫、东临北宫、南临未央宫、北临长安市，分布范围约当今未央区北徐寨、南徐寨、何家寨等村。在这一区域的北半部，西侧有可能是秦宗庙的故址；南半部隔直城门大街面对未央宫。汉惠帝非常感激汝阴侯夏侯婴，不仅因为他是高祖的同乡，南征北战，功勋卓著，多次救刘邦脱险，而且还是自己的救命恩人。惠帝即位，"乃赐婴北第第一，曰'近我'，以尊异之"。颜师古曰："北第者，近北阙之第，婴最第一也。故张衡《西京赋》云'北阙甲第，当道直启'。"（《汉书·夏侯婴传》）

宣帝时的司马大将军霍光是三朝元老，为人做事勤恳小心，从无闪失，深得武帝信任，是托孤大臣之一。辅佐昭帝，为西汉中兴贡献至伟。废刘贺、立宣帝，立有大功。所以宣帝下诏表彰他"宿卫忠正，宣德明恩，守节秉谊，以安宗庙"，赏赐最厚，并赐住"甲第一区"（《汉书·霍光传》）。

---

① 陈直：《汉书新证》，天津人民出版社，1979年。

汉哀帝曾"诏将作大匠为〔董〕贤起大第北阙下"（《汉书·佞幸传》），"为贤治大第，开门乡〔向〕北阙，引王渠灌园池"（《汉书·王嘉传》）。董贤家"重五殿，洞六门，柱壁皆画云气华花、山灵水怪。或衣以绨锦，或饰以金玉。南门三重，署曰'南中门'、'南上门'、'南更门'。东西各三门，随方面题署，亦如之。楼阁台榭，转相连注。山池玩好，穷尽雕丽"（《西京杂记》）。

东第处在未央宫以东、武库以南、安门大街以西，当今未央区东张村、西叶寨和大刘寨一带（Ⅰ区）。

当然，官位不高但比较阔绰的、住不到北第或东第的人，往往在市民住宅区的闾里建起自己的豪宅，从而形成鹤立鸡群的态势，以显示其与众不同。

（七）里居的市民区（Ⅸ、Ⅹ、Ⅺ区）

《三辅黄图》说"长安闾里一百六十，室居栉比，门巷修直"。里是秦汉时期最基本的行政单位，在城里，外围筑有墙，辟门。里之大门称为闾，设有门管人员，称为里监门。里作为最小的基层单位，头目为里正，任务是监管里民，维持治安。这160个均有围墙的闾里，方方正正，里中又有巷。闾里内住户相邻，密密麻麻又整整齐齐，如同木梳齿一般排列着。在里内，除个别显贵可以当街辟门之外，绝不允许一般居民当街开设门户，以便做到门巷端正修直。张衡在其《西京赋》中有"参涂夷庭，方轨十二，街衢相经，廛里端直，甍宇齐平"的句子，所谓"廛里"是古代城市中住宅区的通称。按孙星衍对《周礼·地官司徒》的解释，庶人、农、工、商等所居谓之廛，士大夫所居谓之里。但不知汉长安城内是否分得这么清楚，或许也不见得像等级森严的周制。不过，言大街并行三车道，街道交汇有序，住宅端直，屋脊房檐齐平，恐怕是符合长安城实际的。

《汉书·食货志》云："在野曰庐，在邑曰里。五家为邻，五邻为里，四里为族，五族为党，五党为州，五州为乡。乡，万二千五百户也。"颜师古注："里，聚居也。"这固然是周编制户口的制度，但战国时期仍然沿用。《管子·小匡篇》说管仲整顿齐国的乡村组织是"五家为轨，五人为伍，轨长率之"。五家出五人当兵，编为一伍。《周礼·地官司徒》说"五人为伍，五伍为两"，《商君书·境内》规定"五人束〔来〕薄为伍"。农村最基层的行政单位是以"五家为伍"，在军队中按此编制而五伍相保，到了汉代也没有大的改变，所以晁错就说"卒伍成于内，则军正定于外"（《汉书·晁错传》)。这样,"五家为邻,五邻为里"的编制作为兵民合一的军事组织就被固定了下来。所以,里内的住户数一般应是25家。不过,在长安城内也不尽如此。如汉平帝元始二年(公元2年)夏,"起五里于长安城中,宅二百区,以居贫民"(《汉书·平帝纪》)。一区即一个居住单元(户),王莽曾奏"为学者筑舍万区"(《汉书·王莽传》)。那么,在五里中住200户,平均一里有40家。这种情况说明:一是汉长安城内有相当多的空旷地带;二是闾里建制固然相同,但面积有大小;三是闾里未必集中在一个区域,也有分散在别处的;四是"长安闾里一百六十",这应是个约数,不该拘泥。

在长安城内,市民是否有足够的居住空间,这需要通过计算来确定。在城内,宫殿官署、甲第、武库和太仓占据着中部和南部,再加上宽阔的道路,占地为总面积(34392202平方米)的2/3以上。而西北部是长安市和官署手工业作坊区。这给普通居民留下的可供居住的空地就只有1/5(6878440.4平方米)。若要在这一范围内容纳160个闾里,则一闾里占地也就是42990.2525平方米。若按每里25户算,平均每户居民的占地面积约是1719.6平方米。如果除去里内的巷道等公用地,每户的居住面积至少在1500平方米以上,这对一个五口之家来说是足够用的。

长安160个闾里,史载名称者也不过24个,如《三辅黄图》载有宣明、建阳、昌阴、尚冠、修城、黄棘、北焕、南平、大昌、戚里、陵里、高都、外杜、穷里等14个里名,《水经注》记有函里,从《居延汉简释文》中理出长安的里名有宜里、乐陵(梁陵)、发利、有利、南里、假阳、棘里、嚣陵、当利、李里、苟里、敬上、尚里等13个。从后人书中还录出孝里、杜里2个。陈直教授认为《居延汉简释文》中的"棘里"是"黄棘里"的简称,"梁陵里"即万石君石奋所居的"陵里"①。我们不但不能考出长安所有的里名,就连知里名而能确定地望的也是寥寥无几。现在能推定大体位置的只有3个。

提到长安160个闾里,人们总以为集中在城北部的Ⅸ、Ⅹ、Ⅺ三区。从总体上说,这无疑是对的,不然,哪里来"室居栉比,门巷修直"的话?但是,长安160个闾里中还有相当一些散里,并不全在北三区(Ⅸ、Ⅹ、Ⅺ),甚至还有些在城外,如戚里、尚冠里和函里。

---

① 陈直:《三辅黄图校证》卷二《长安城中的闾里》,陕西人民出版社,1980年。

1. 戚里

在宣平门大街之北的Ⅺ区，紧临明光宫，地当汉长安城东北，其中就有达官权贵居住的戚里，因此这里被称作"贵里"，也应该说是些大里。城北部受地形的限制，里的规模大小不同，住户多寡也就不统一。有相当一部分官宦富豪虽居住在闾里，却有自己的豪宅。"于上有姻戚者，则皆居之，故名其里为戚里。"景帝时，万石君石奋为九卿之一，"以姊为美人故"，先居戚里，后徙陵里。（《史记·万石君列传》）曲阳侯王根，虽为成帝之舅，却住在高都里。（《汉书·元后传》）

2. 尚冠里

尚冠里的居民主要是王侯贵族以及官吏至亲，因此很有名气，不但《汉书》中多有提及，而且《三辅黄图》《西征赋》里也有记载。据知，尚冠里就在尚冠前街。尚冠前街是未央宫东阙外通向章台街的一条东西向街道，地近帝、后所居的未央宫和长乐宫。《三辅黄图》有"京兆在尚冠前街，东入故中尉府"的记载，由此可知，尚冠里在长安城内南部，接近尚冠街，可能就在未央宫东阙门外与章台街之间的地带。这里既是京兆尹治所的所在地，又成了衙署、权贵和小吏的居住地。冠阳侯中郎将霍云就居住在尚冠里，其叔祖父是赫赫有名的大将军霍光。（《汉书·霍光传》）汉宣帝幼年时生活在民间，"取暴室啬夫许广汉女"，因此也"舍长安尚冠里"。（《汉书·宣帝纪》）

3. 函里

《水经注·渭水》："雍门，王莽更名章义门著谊亭。其水［指沇水］北入，有函里，民名曰函里门。"函里就在雍门外附近。另外，武库、太仓之南，以至长乐宫的南北还有大片的空白地带，岂可没有人住？

（八）官署作坊区（Ⅵ、Ⅰ、Ⅴ区）与宫廷轻纺业

城市手工业存在的前提是服从城市建设和生活的需要。其产品或为皇室专门生产，或是提供给市场。生产地或在作坊，或在家庭。

在城市布局上，只给中央官署作坊单独划区（Ⅵ区），而宫廷的轻纺手工业作坊则被安排在未央宫的一隅。

官府手工业按种类附属于某些部门和行业，其规模大，生产比较正规，质量上乘；而私营手工业规模小，比较分散，但也不乏精品问世。甚至在一些富豪人家，其家庭手工业往往也会有相当的规模。张安世"身衣弋绨，夫人自纺绩，家童七百人，皆有手技

作事。内治产业,累积纤微,是以能殖其货"(《汉书·张安世传》)。

　　汉长安城内的官府手工业遗址主要分布在横门大街、雍门大街及西北城墙之间的三角地带(Ⅵ区)。遗址处在六村堡东、袁家堡西、相家巷村南、黄家庄和铁锁村以北。其东西长550米,南北宽420~480米,占地约0.2475平方公里,有围墙、门和街道。(见图8-3)

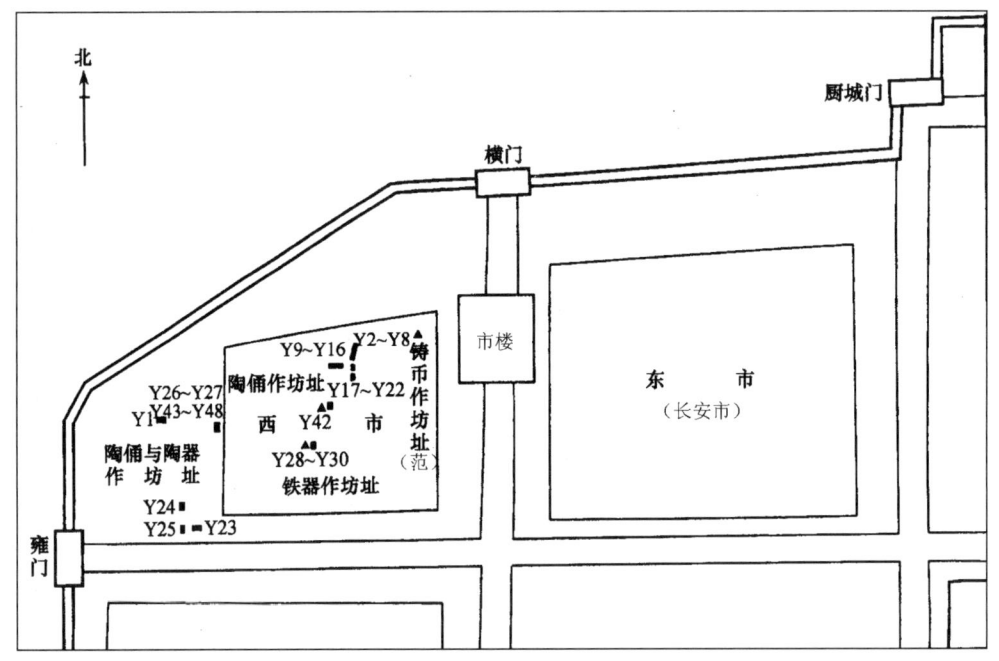

图8-3　城西北部作坊遗址分布图

　　在遗址的北部,即今未央区相家巷村南,发掘了21座烧制陶俑的窑址。①在这些大小不同的馒头窑里,装置倒立的裸体陶俑坯,少者一窑350个,多者达450个。《汉书·百官公卿表》颜注:"东园匠,主作陵内器物者也。"西汉薄太后南陵从葬坑砌筑的条砖上就有"东园"印文②,汉景帝阳陵南区从葬坑也有"东园主章"铭文③。作为陵墓内的随葬品、陵外从葬物,这些器物都被称为"东园秘器"。那么,我们有理由断定,这排列有序、生产规模巨大的21座陶窑必定是少府辖下由东园匠主持的一处官窑窑场,是专门为皇帝陵墓制作裸体陶俑的作坊。(见图8-4)

---

①　中国社会科学院考古研究所汉城队:《汉长安城窑址发掘报告》,载《考古学报》1994年第1期。
②　王学理:《汉南陵从葬坑的初步清理——兼谈大熊猫头骨及犀牛骨骼出土的有关问题》,载《文物》1981年第11期。
③　陕西省考古研究所汉陵考古队:《汉景帝阳陵南区从葬坑发掘第一号简报》,载《文物》1992年第4期。

在六村堡东及东南一带，有一些小型陶窑，所产陶俑多为墓葬中的明器，也生产生活陶器和少量砖瓦。从生产规模和产品看，当是供应市场出售的民窑。

西南部是烧制砖瓦的制陶业作坊所在。这里有分散的馒头窑窑址。窑床长2.86米，宽2.34~2.44米。①

在中南部，地当今未央区相家巷村南，已经清理了烘范窑1座、铸范坑3座，以及各种冶铸遗物。出土物中有大量的夹细砂泥质的陶叠铸范和坩埚残块，可辨识的器物范有圆形轴套范、六角承范、带扣范、圆环范、齿轮范、权范、器托范、马衔范等。另外，还出土了铁块和铁渣等遗物。②从烘范窑和大量叠铸范判断，应为西汉中晚期遗址，同盐铁官营的时代吻合。

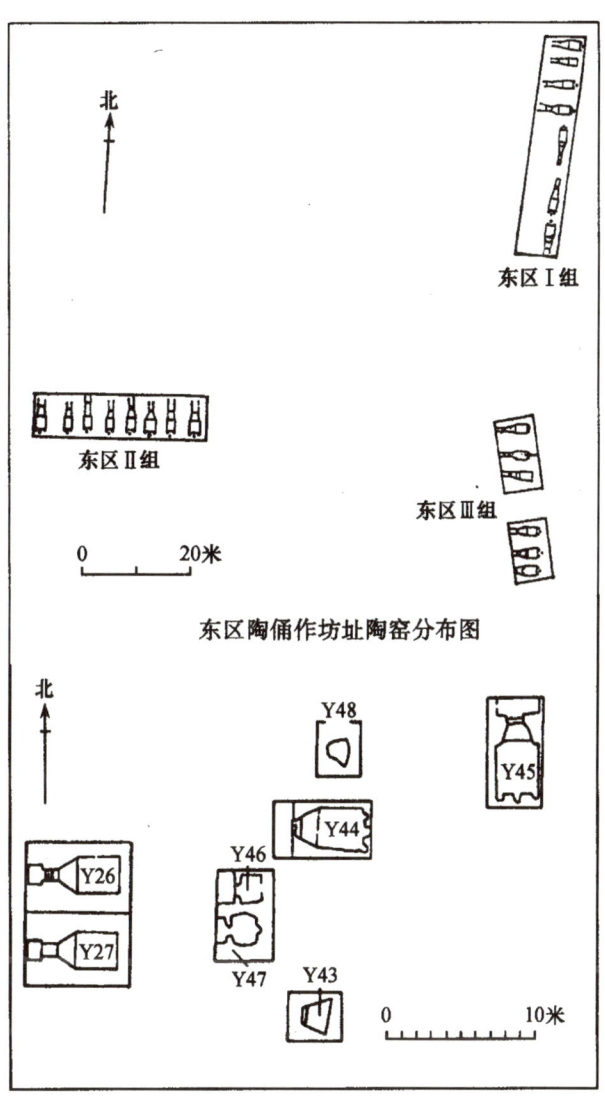

图8-4 城西北部陶作坊陶窑分布图（上东区，下中区）

在遗址东北部的今相家巷村东南和村东，发现了不少的钱范遗址，见有大量的五铢钱范母，其中以砖雕者最多，数以千计。还出土有西汉中晚期叠铸范等，说明这里是汉中央制陶、制范的作坊区。另外，还有石雕范母。因为这里既不见坩埚，也没有铜渣，

---

① 中国社会科学院考古研究所汉城工作队：《汉长安城1号窑址发掘简报》，载《考古》1991年第1期；中国社会科学院考古研究所汉城工作队：《汉长安城23—27号窑址发掘简报》，载《考古》1994年第11期。

② 中国社会科学院考古研究所汉城工作队：《1992年汉长安城冶铸遗址发掘简报》，载《考古》1995年第9期。

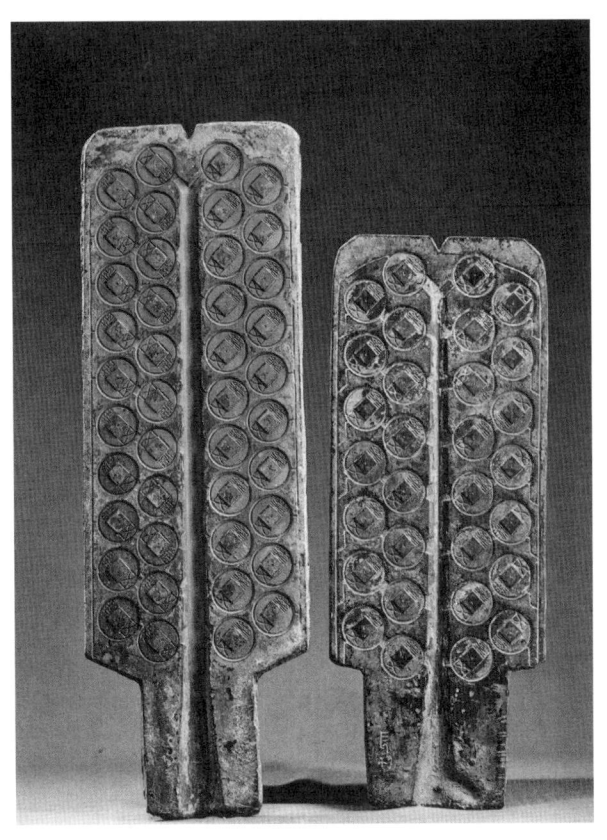

图 8-5　上林三官铜钱范

说明不是冶铸作坊区，而有可能是根据标准化要求专门制作钱范以供铸钱作坊使用的。

汉武帝在实行盐铁官营的同时，禁止民间私自铸钱，统一由国家管理。负责铸钱的中央官署是上林三官，分别称钟官、技巧和辨铜。（见图8-5）地设上林苑中，在今三桥街道北的好汉坡村、长安区的窝头寨、鄠邑区大王镇兆伦村的钟官城。在未央宫内石渠阁、三桥北的好汉坡村都发现了王莽时的钱范，所造的范祖有"大泉五十""小泉直一""契刀"等。钱范正背的出土往往不在一地，也就是说，出正面范的地方极少有背面范。同样，出背面范的地方也绝不见正面范。当年分两地制范，只有铸钱时才合范。[①]严格管理，是为防止盗铸和滥铸。既然在这些地方都有铸钱遗址的发现，其铸出的钱币又是统一的规格，可见所用范母均由中央政府统一发给。

另外，在北宫遗址之南、直城门大街以北，即今未央区讲武殿村，发现了砖瓦窑，从"大匠"陶文断定其为将作大匠管辖下的一处官窑。经清理的11座砖瓦窑中，既有西汉前期的单烟道、椭圆形窑室的陶窑，也有西汉中期以后的三烟道、长方形窑室的陶窑。[②]窑中出土了各种形状的砖（花纹方砖、条砖、子母砖、券砖、空心砖）、筒瓦、板瓦、瓦当（图案瓦当以云纹为主，文字瓦当主要有"长乐未央""长生未央""长生无极""与天无极""延年益寿""千秋万岁""汉并天下""延年""右空""都司

[①] 陈直：《两汉经济史料论丛》，陕西人民出版社，1980年。
[②] 中国社会科学院考古研究所汉城工作队：《汉长安城北宫的勘探及其南面砖瓦窑的发掘》，载《考古》1996年第10期。

空瓦""卫""维天降灵延元万年天下康宁"等）、屋脊形的排水管道、圆筒井圈等。这11座陶窑位于长安城中部，排列整齐（北行4座、中行3座、南行4座），规模一致，产品属于同一时代，当是专供长乐宫、未央宫、武库和北宫建筑之需的砖瓦窑，随后平毁，其地做了北宫南侧的广场。

宫廷轻纺业归少府属下的东织室和西织室，均设有令、丞管理。在未央宫里设立有织室和暴室，并有"织室令印"铜印的出土。丝织品产量大、质量高，是皇家馈赠宾客的礼品。"尉佗献高祖鲛鱼、荔枝，高祖报以蒲桃锦四匹。""霍光妻遗淳于衍蒲桃锦二十四匹，散花绫二十五匹。绫出钜鹿陈宝光家，宝光妻传其法。霍显召入其第，使作之。机用一百二十蹑，六十日成一匹，匹直万钱。"（《西京杂记》）丝织品花样繁多，蒲桃锦、散花绫都是锦绣中的新颖品种，价值不菲，除官府手工业作坊外，私人富户也能够生产。汉王朝赠送给匈奴的礼品中，往往有"绣十匹，锦二十匹，赤绨绿缯各四十匹"（《汉书·匈奴传》）。和亲时，皇帝也多送公主以丝织品。丝织品种类多、数量大，若没有大规模的生产，显然是难以满足需要的。丝绸原料来自养蚕，上林苑设立的茧馆即是皇后的亲蚕之地。

织室和暴室不仅管织与染，还负责缝制成衣。赵飞燕为皇后，其女弟居昭阳殿，在给姐姐的献礼中，就有襚35条，还有金华紫轮帽、金华紫轮面衣（包括上襦下裳）、五色纹绶、鸳鸯襦、鸳鸯被、鸳鸯褥、金错绣裆、七宝綦履等。这些华贵的服装必然产于京都高级缝纫师之手。

（九）空置区（Ⅷ区）

截至目前，这一区的情况还未探明。

第三节
城市人口成分构成与总量估算

一、近都县邑人数的误判

《汉书·地理志》记载，汉平帝元始二年（公元2年）京兆尹辖下的长安县有户80800，人口246200。这个户口数是长安县本身的，还是包括汉都长安在内的？长期以来，学者们将其当作汉都长安城人口的基数，应该说这是一个误解，很值得讨论。

汉都长安城处在长安县境之内，该县是京都的郊区，二位一体，关系密不可分。如果算在一起，平均每户只有3.047029人。如果将人口密集的都城户均人数加大，就势必降低了县级一方。显然，这无论对哪一方都是不合理的。平均每户人数少的例子，同样存在于关中其他县邑。如京兆尹户均人数为3.4872817人，左冯翊为3.903948人，长陵为3.5852928人，右扶风为3.8639504人，茂陵为4.5390509人。①按说这是西汉人口最为殷实时期的统计，但户均人数最多的茂陵还是赶不上全国的平均数。这是为什么？

"自高祖讫于孝平，……汉极盛矣"（《西汉会要》），全国有民户12233062，计59594978人，平均每户是4.8716321人。东汉顺帝永和年间（公元136—141年），全国10780000户，人口53869588人（《汉官仪》引《续汉志》），平均每户是4.9971788人。两汉平均每户的人数应该说基本上符合"今农夫五口之家"（《汉书·食货志》）的实情。但具体到西汉京都的统计数字，相差竟是如此之大，其中的蹊跷毕竟是显而易见的。基于这种矛盾现象，我们再检索史书的记载，就觉察到这一状况很可能同近在京畿的各类"著外徭"有关。例如，惠帝三年（公元前192年）曾征发长安600里之内的男女

---

① 《汉书·地理志》载：京兆尹"元始二年户十九万五千七百二，口六十八万二千四百六十八"；长安"户八万八百，口二十四万六千二百"；左冯翊"户二十三万五千一百一，口九十一万七千八百二十二"；长陵"户五万五十七，口十七万九千四百六十九"；右扶风"户二十一万六千三百七十七，口八十三万六千七十"；茂陵"户六万一千八十七，口二十七万七千二百七十七"。

146000人筑城，尽管30天而罢，但这毕竟不在更役之列。所以，笔者以为长安县约8万户计24万人的数字纯属由于误报和瞒报而造成的。或者还有另一个原因值得注意，那就是长安有近在京师的方便，百姓的文化程度、经济能力、人员素质等都较高，在社会生活中的活跃程度与能动性都高于其他地区。因而其中有相当数量的人进入了中央机关，或成为掾吏，或充作仆役，因此在地方统计人口时不再列入民户。现在不论属于哪一种原因，退一步讲，每户不按五口之家而以四口为单位计算，长安县也应该有323200人。况且这还是低估了的数字，不准确是可以肯定的。所以，综合前面的情况看，尽管官方给予的数字非常具体，也是"案户比民"之后的普通百姓之数，但其远远没有反映出当年长安县户口的实际情况。

二、都城长安"城里人"的成分与数量估算

当我们计算汉都长安的常住人口时，不可避免地同长安县户口发生纠缠。由前面的论述判断，长安县的人口绝对代表不了都城长安的人口，我们也绝对不能把长安县的民户当作都城长安的官户，所以西汉京师人口的总数在文献记载上还是一个空白。笔者这一大胆的结论是从琢磨下面一些特殊因素中得出的。在此，不能不稍做引申。

第一，封建统治者管理国家，统计户口的作用在于征收税赋和力役，因此登记对象是民而不是官。从周宣王"料民太原"、秦商鞅变法"民有二男以上不分异者，倍其赋"到秦始皇"令男子书年"，无一不是为了核实交纳田租、当兵、服役的实际人数。而《汉书·地理志》所列的各郡户口数是那么具体，正如文中指明的是民户。在此，"民户"两字需要研究者切切注意，否则，推导出来的结论就将南辕北辙。所以，前文估算出来长安县的323200人，也绝不是包括长安城内各阶层在内的总人数。

第二，庞大的中央行政机构自然不列入民户的统计之中，故而在统计上存在很大的困难，现略作计算如下：

三公是汉中央政府的首领，丞相开府治事，下设诸曹（西曹、东曹、集曹、奏曹），有掾属约744人；太尉在武帝时改为大司马大将军，下属只设长史；御史大夫下属主要官员为御史，共45人。（《汉官旧仪》）

丞相下属的九卿虽是中央的专职部门，实则是承命于皇帝的仆役。

（1）太常（秦称奉常）掌宗庙礼仪，属官众多。其属官有：太乐等令丞6人，均官、都水长丞2人；诸庙寝园食官令长丞，有雍太宰、太祝、令丞，五畤尉5人，几近

1000人；博士及博士弟子在成帝时达到3000人。（《汉书·百官公卿表》《汉旧仪》）

（2）光禄勋（秦称郎中令），除丞1人外，大夫无员额，多至数十人；郎官从"多至千人"到3000人，另有谒者70人。

（3）卫尉，负责皇宫守卫，属官主要是公车司马、卫士和旅贲3令丞，卫士3丞，诸屯卫侯、司马22官员，计29人；卫士令下辖卫士1000人。

（4）太仆掌舆马，有2丞，属官有"大厩、未央、家马三令，各五丞一尉"，车府等4令丞，龙马等5监长丞，"边郡六牧师苑令，各三丞"，牧橐、昆蹄令丞，计65人。

（5）廷尉主司法和监狱，下属官员主要有廷尉正、左右廷尉监、左右廷尉平，计5人。

（6）大鸿胪（秦名典客）掌外交与少数民族事务，有丞，下辖行人令丞、译官令丞、别火令丞、郡邸长丞，计9人。

（7）宗正主皇族事务，有丞，下有都司空令丞、内官长丞、诸公主家令、门尉，计员吏约41人。

（8）大司农（秦为治粟内史）管国家财政钱粮，有2丞，下辖太仓、均输、平准、都内、籍田5令丞，斡官、铁市2长丞，郡国诸仓农监等65官长丞，计约81人。

（9）少府管皇帝个人财政、生活事务，并管宫内所有宦官及皇家园林中的官员。下辖的机构设置最为庞大，有丞6人，下辖符节等16官令丞，胞人等3长丞，上林十池监，中书谒者等8官令丞，佽飞9丞2尉，太官7丞，昆台5丞，掖庭8丞，宦者7丞，钩盾5丞2尉。武帝时专设水衡都尉主管上林苑，有5丞，属官有上林等9令丞、衡官等7长丞、12尉。少府总计员额166人。

九卿之外，还有一些掌管专门性政务的所谓"列卿"，如：

（1）执金吾（原名中尉）警卫京师，其车骑豪华壮丽，"舆服导从，光满道路。群僚之中，斯最壮矣"（《后汉书·百官志》）。有2丞、侯、司马、千人，属官有中垒、寺互、武库、都船4令丞，武库、都船各3丞，中垒还有2尉，式道侯3侯，又有侯丞、左右京辅都尉，计有吏员23人，还有隶属的缇骑200人，舆服导从520人。

（2）将作大匠主管宗庙、路寝、宫室、陵园修建工程与植树绿化，有2丞、左右中侯，属官有石库、东园主章等7令丞，主章长丞，计18人。

（3）太子太傅与太子少傅，系太子的老师，下属官员有太子门大夫5人、太子庶子5人、太子先马16人、太子舍人等，计约30人。

（4）大长秋（秦名将行，汉省詹事而并入），主管皇后、皇太后、太子家事务。有丞，属官有太子率更等6长丞、中长秋等7令长丞。由于西汉时后宫的男女大防不严，因而士人和宦官杂用之。计约34人。

驻京的三辅在西汉83郡中地位最尊。因近在京畿，其治所都设在都城长安之内。据《汉书·百官公卿表》载，京兆尹的属官有"长安市、厨两令丞，又都水、铁官两长丞"，左冯翊的属官有"廪牺令丞尉，又左都水、铁官、云垒、长安四市四长丞"，右扶风的属官有"掌畜令丞，又有都水、铁官、厩、雍厨四长丞"。三辅计员25人。

另外，尚书台主管皇帝文书，有令丞，级别同三公九卿下属的其他令丞，为六百石。汉成帝时，把少府属官的"中书谒者令"改名"中谒者令"，"初置尚书，员五人，有四丞"。设尚书令1人、尚书仆射1人、尚书5人（五曹——常侍曹、二千石曹、民曹、客曹、三公曹）。

汉武帝为削弱丞相之权，重用加官，在中央政府之外，以大司马为首形成了"中朝"，与三公九卿为首的"外朝"相对。中朝组织的官职有侍中、左右曹、散骑、中常侍、给事中、给事黄门等，都是加官而来。在组织设置上，无员额，故不再列入统计。

总结以上，汉中央机关掾吏约有6512人。

第三，京师的军事防卫力量有三层：中尉（执金吾）掌握北军，内卫京师，外备征战，本是卫戍部队，但因"掌徼循京师"的任务，就带上了维持治安的性质；卫尉职南军，"掌宫门卫屯兵"，负责宫内殿外的安全，同中尉互为表里。由这两者结合起来的城防部队拥有不少的人数。另外，负责皇宫中各殿内的护卫、陪同皇帝出巡的是由郎中令（武帝时改名为光禄勋）主管的郎官。

北军的执金吾遇到"车驾出，从六百骑，走六千二百人"。武帝时，北军达到20000多人。

南军的"卫士转置送迎二万人"（《汉书·武帝纪》），这大概是创建初期长安城诸宫（未央、长乐、建章、甘泉等）卫尉的士兵总数，以后固定在10000人左右。但驻守"诸庙寝园祭祀"（《西汉会要·兵一》）的卫士竟有45129人。

郎中令作为皇帝的侍卫长官，其下属的郎官虽然任务只是"掌守门户，出充车骑"，但其人数"多至千人"（《汉书·百官公卿表》），已构成一个特殊的武装集团，武帝设置了期门、羽林孤儿，使之越来越庞大。

第四，以皇帝为中心的皇族是都城里最大的家族。除皇后和众多的嫔妃外，上自皇太后或太皇太后辈，下迄太子、众公子与公主或皇孙辈，外及伯叔、侄子，整个皇室成员结成了一个连根带枝的整体。刘姓族员得爵封国者，如果没有就国，必然留在长安。少府的属官就有郡邸长丞，后归之于大鸿胪，专管郡国设邸与奏报的业务。郡国在都城设立的办事处称为"邸"。如代王刘恒被迎入长安，先住在代邸。郡国邸的建筑遗物，见有仅存"淮南"二字的残瓦当（见图8-6），当是淮南王在长安之邸的遗留。"梁宫"瓦当（见图8-7），不用说即知是梁王邸之物。因为梁孝王刘武是汉景帝刘启之弟，深得窦太后的宠爱，于是把梁邸径称为"宫"。可见，刘姓皇族及其办事人员的人数相当可观。

图8-6　"淮南（淮南王邸）"文字瓦当拓片　　图8-7　"梁宫（梁王邸）"文字瓦当拓片

据《汉书·王子侯表》《汉书·高惠高后文功臣表》记载，元康四年（公元前62年），汉宣帝对以前由于各种原因而失去列侯地位的功臣、贵族后代，重新恢复其先祖身份，并把他们迁居到了关中。在这次"诏复家"活动中，这些"亡国"列侯之子孙迁到长安与各陵邑，据统计，其中居住于长安的就有40户，总人数在300人以上。

据估计，居住在京师的皇族人数最多时能达到1500人。

第五，后宫的侍者有两类：一是宫女，二是宦者。

贡禹曾说："高祖、孝文、孝景皇帝，循古节俭，宫女不过十余。……武帝时，又多取好女至数千人，以填后宫。……杜陵宫人数百。"（《汉书·贡禹传》）《汉书·外戚传》对此有了进一步的描述："汉兴，因秦之称号，帝母称皇太后，祖母称太皇太后，适称皇后，妾皆称夫人。又有美人、良人、八子、七子、长使、少使之号焉。至武帝制婕妤、娙娥、傛华、充依，各有爵位，而元帝加昭仪之号，凡十四等云。"又有五官、顺常、无涓、共和、娱灵、保林、良使、夜者、上家人子、中家人子。史籍中还曾出现过诸姬、长御、材人、待诏掖庭、中宫史、学事史等。从"昭仪位视丞相，爵比诸侯王"到"中家人子视有秩斗食"，级别有差，人数众多。《后汉书·皇后纪》也载："武、元之后，世增淫费，至乃掖庭三千，增级十四。"即使到了更始帝入长安时，王莽的宫女还有数千人之多。

关于宫女之数较具体的记载是："元朔中，上起明光宫，发燕赵美人二千人充之，率皆十五以上，二十以下，年满三十者出嫁之。掖庭总籍，凡诸宫美女万有八千。建章、未央、长安三宫，皆辇道相属。幸使宦者、妇人分属，或以为仆射，大者领四五百人，小者领一二百人。"可见，当时汉武帝宫中的蓄女有18000人之多。

太子妻称妃，妾有良娣、孺人，共三级。皇孙妻称夫人，妾无位号，皆称家人子。

作为阉人的宦官被用在帝宫、皇后宫、皇太后宫、太子宫中，是君主的家奴。虽然身处宫禁要地，但并没有统一的宦官主管机构，于是就分属于彼此不相统属的少府、大长秋和宫卿系统中。

在少府的内廷官署中，由宦官主领的有中书谒者、黄门、钩盾、尚方、御府、永巷、内者、宦者八官令丞，又有诸仆射、署长和中黄门等。

主管皇后宫中事的大长秋及其属官都是宦官，其宦官机构与诸官人数如前文所述。皇太后宫中地位最高的是大多由宦官担任的"太后三卿"（太仆、卫尉、少府），称呼时需在官号前加上太后所居宫名。其属官有私府、宦者、车府、永巷、仓等令长丞，还有冠以长乐的太官丞、五官史、谒者、食监、尚书、从官史等。

在太子宫中，也多使用宦官。特别是汉武帝以宦官典尚书事，始置"中书谒者令"（简称"中书令"），开创了宦官典领中枢政务的先例。[①]

中朝、外朝双轨制的形成，为宦官干预政治创造了机遇。宣帝时期，中书稍侵尚书之权，中书宦官大见信用。弘恭、石显先后为中书令，而具有外戚和宦官双重身份的，如李延年、许广汉之流，官秩爵位更加显赫。宦官势力扩张，呼朋引类，人数骤增。从内廷、后宫到太子宫，都有宦官机构，其官署均设在长安城内，人数虽远逊于宫女，但也不在少数，总数已达近10000人。可做比对的是，东汉末年，袁绍率兵入宫，血洗宦官势力，对"宦者无少长皆杀之，凡二千余人"（《资治通鉴·汉纪五十一》）。

第六，汉长安城内有几类享受免除赋役特权（"复其身"）的人，因此在城内登记户口的意义不大。他们是：

---

① 余华青：《中国宦官制度史》，上海人民出版社，1993年。

通一经的人及博士弟子。建元六年（公元前135年），武帝在长安设太学，初设五经博士，专门讲授儒家经典《诗》《书》《礼》《易》《春秋》。宣帝时博士增至12人，王莽当政时又增至30人。其学生为"博士弟子"或"太学弟子"，太学初建时有50人，汉昭帝时增至100人，王莽时有博士30人、太学生10800人、主事职员72人。

贵族子弟、丰沛籍人、功臣子孙、宗室有在朝为官者、军吏卒在七大夫行列之内者。而俸禄在两千石，曾跟随高祖入蜀、汉定三秦者，不单本人免役，其全家也都受到免役（"复家"）的优待。

以上几类人在长安大约有20000人。

第七，外戚、王公贵族和免役的官宦之家本身是大家族，而各家佣使的婢侍人员同样也是一个庞大的群体。

且看：武帝封栾大为乐通侯，"赐列侯甲第，僮千人"（《史记·孝武本纪》）；景帝王皇后与金王孙所生之女俗，生长在民间，当武帝访得后，从长陵小市"载至长乐宫，……钱千万，奴婢三百人，公田百顷，甲第以赐姊，……〔所生〕男女各一人，……以太后故，横于京师"（《汉书·外戚传》）；张安世有"家童七百人"（《汉书·张汤传》）；皇帝一次赏给霍光"奴婢百七十人"（《汉书·霍光传》）；"诸侯妻妾或至数百人，豪富吏民畜歌者至数十人"（《汉书·贡禹传》）；"五侯群弟，争为奢侈，……后庭姬妾，各数十人，僮奴以千百数"（《汉书·元后传》）；等等。那么，未见载的大家族及其拥有的私家奴婢数是多少呢？官奴婢又是多少呢？

王莽把私铸铜钱的百姓"没入为官奴婢，其男子槛车，儿女子步，以铁锁琅当其颈，传诣钟官，以十万数。到者易其夫妇，愁苦死者什六七"（《汉书·王莽传》）。传送到长安钟官来的这10万官奴婢，并不是都城官奴婢的总数。他们是一次性收没为奴的百姓，属于特殊的一例。有的学者按翦伯赞先生的看法，以平均70人中有一个奴婢算出全国有私奴婢85万余人，再加上官奴婢10万余[①]，"估计当时官私奴婢百万左右，即占全国总人数的五十分之一"[②]。

不过，都城长安是王公贵族、富豪大家集中的城市，奴婢的人格与价格贱同牛马，

[①] 《汉书·贡禹传》载，贡禹对汉元帝说："诸离宫及长乐宫卫可减其太半，以宽徭役。又诸官奴婢十万余人戏游亡事，税良民以给之，岁费五六巨万，宜免为庶人。"

[②] 林剑鸣：《秦汉史》，上海人民出版社，1989年。

"置奴婢之市，与牛马同兰〔栏〕"（《汉书·王莽传》）。蓄奴已相当普遍，而且私家奴婢还往往是主人的数倍。那么，如果把私奴同官奴加在一起，按大于"五十分之一"（2%）的比例，长安城内也有奴婢10000～15000人。

第八，城市手工业作坊的工人、城建中的技工与苦力，更是一支庞大的劳动者大军，多数注册于所属部门而并不登记在民户里。

少府主管的各类手工业有专门的生产作坊，制作兵器的考工室，制衣的东西织室，制作皇室刀剑的尚方令，宗庙、宫殿、陵墓大型建筑工程的将作大匠，冶铸业的水衡都尉，烧造明器的东园匠，等等。中央官营手工业的产品，是以满足皇室与部分贵族的消费与享乐为前提的，所以在作坊里集中了大量的技术巧匠与劳动力。"齐三服官作工各数千人，一岁费数巨万。……三工官官费五千万，东西织室亦然。"（《汉书·贡禹传》）地皇元年（公元20年），王莽在长安城南营建九庙，光太初祖庙就"功费数百巨万，卒徒死者万数"（《汉书·王莽传》）。如果把三工官（考工室、右工室、东园匠）、东西织室及城建劳工算在一起，估计有40000～50000人也不为过。

由私人经营的、独立的手工业，虽然规模小而分散，但在全国数量多、覆盖面大。在首都长安从事劳动的人也有相当的数量。而家庭手工业是自给自足的小农经济中的一种副业。长安富户的家庭产品也投入市。张安世尊为公侯，食邑万户，尚且"身衣弋绨，夫人自纺绩"，还拥有掌握多种手工技艺的家童700人。（《汉书·张汤传》）那么，在长安这部分劳动者应该有10000人左右。

第九，商贾要入市籍，否则不会有合法的市区居住权与营业权。当然，具有市籍的商人是不会在国家统计的民户之列的。

长安商人有多少，不见文献记载，也就无从得知。长安固然有九市，但行商坐贾数是个可变的数字，故而只能做一推测。

戾太子曾"驱四市人凡数万众，至长乐西阙下，逢丞相军，合战五日，死者数万人，血流入沟中"（《汉书·刘屈氂传》）。由于是突如其来的变故，众多的商户绝不可能不被利用。如果被迫参战的"四市人"按20000人估计，长安九市的商户则有50000人左右。

第十，城市居民与农民。

戾太子曾"驱四市人"同丞相率领的政府军对抗，这"四市人"中大部分当是游走在市场的普通人。同样有个例子是，汉昭帝始元五年（公元前82年），一个冒充太子的人招摇过市，竟能引得"长安中吏民聚观者数万人"。①城中动辄有多达数万之众，其中除了官吏、商人外，城市居民当为大多数。

汉长安城内北部，除了长安市，居民主要分布在东北部，即厨城门大街至雍门大街交叉点东北、宣平门大街以北的这一区域。一个间里住25户，每户按5人计，即125人。160个间里共有居民20000人，感觉此数似乎少了些。但间里有大小，住户有贵贱高低，人数有多寡。庾信在《哀江南赋》中就有"践长乐之神皋，望宣平之贵里"的句子，表明在宣平门附近一带有豪富官僚居住的贵里，与城市居民杂居。在大里居住的大户人数必然会大大增加，同一般户加在一起，估计人口有25000人。

《汉书·平帝纪》记载，平帝元始二年（公元2年），"起五里于长安城中，宅二百区，以居贫民"。平均一里有40户，折合200口，那么，一次就安排了1000人。这"〔新〕起五里"是否包括在160个间里之中？

另外，城外近郊除了长安县和奉明县，在向北流的昆明池水（包括昆明池）、自西南向东北的昆明故渠和北郊沇水支津所形成的闭合圈附近，长安城之外都有广阔的地域。除了一些大型的皇室建筑（建章宫、明堂辟雍、汉室宗庙、社稷坛等）、园寝（思后园、戾后园、博望苑）、市场外，因为近都的关系，人口相当稠密，如雍门之外就有函里的设立。王莽曾把城旁划为六乡。但在这一带，住户身份较为复杂，商贩、工匠、农民均有。如果按六乡算，就有75000户②，计375000人。看来，这数字大得离谱。好古复周的王莽是否把长安县的人口也算了进去？如果是这样，减去长安县"户八万八百，口二十四万六千二百"，城旁的人口则有128800人。

---

① 《汉书·隽不疑传》："始元五年，有一男子乘黄犊车，建黄旐，衣黄襜褕，著黄冒（帽），诣北阙，自谓卫太子。公车以闻，诏使公卿将军中二千石杂识视。长安中吏民聚观者数万人。右将军勒兵阙下，以备非常。"

② 西周为编制户口和统计人口，以便有效管理，建立起乡遂制度。按《周礼·地官·大司徒》规定：五家为比，五比为闾，四闾为族，五族为党，五党为州，五州为乡。那么，一乡就有12500户。

第四节
京畿的范围

长安有城有郊，作为都城，首先是国家的政治中心，不允许封国的存在，但在行政制度设置上又带有特殊性，即：城内是皇室的宫殿、居民的闾里、商品交易的市场，而近郊不按郡、县、乡的三级编制系统，却有"乡"一级的设置。

汉初一度设郡，随后依秦之制又把畿辅之地统统恢复为内史。武帝建元六年（公元前135年），把内史一分为二，成了左内史和右内史。过了30年，于太初元年（公元前104年）设立三辅。

右内史更名为"京兆尹"，领长安、新丰、船司空、蓝田、华阴、郑、湖、下邽、南陵、奉明（宣帝后置）、霸陵、杜陵等12个县。

左内史更名为"左冯翊"，领高陵、栎阳、翟道、池阳、夏阳、粟邑、谷口、莲勺、鄜、频阳、临晋、重泉、郃阳、祋祤、武城、沈阳、襃德、徵、云陵（昭帝后增）、万年、长陵、阳陵、云阳等23个县。

原来主管列侯的都尉改为"右扶风"，领渭城、槐里、鄠、盩厔、斄、郁夷、美阳、郿、雍、漆、栒邑、隃麋、陈仓、杜阳、汧、好畤、虢、安陵、茂陵、平陵、武功等21个县。

《三辅黄图》记载，"武帝太初元年改内史为京兆尹"，"以渭城以西属右扶风，长安以东属京兆尹，长陵以北属左冯翊，以辅京师，谓之三辅"。三辅之地辅佐京师，显然属于大长安的范围。

三辅长官职掌京畿诸县，其职位等同郡守，官秩为二千石，但因地近京师，政治地位则高于郡守，所以按官名称之为"京兆尹""左冯翊""右扶风"。三辅的治所都设在长安,《三辅黄图》载,"京兆,在故城南尚冠里","冯翊,在故城内太上皇庙西南","扶风,在夕阴街北"。

张衡在《西京赋》中说:"郊甸之内,乡邑殷赈。五都货殖,既迁既引。商旅联槅,隐隐展展。冠带交错,方辕接轸。封畿千里,统以京尹。"郊甸乡邑,无论远近,商贾缙绅,往来如梭,总是同京都发生着频繁的联系。

第九章 供排水系统工程与生态环保

水是城市存在的重要基础之一。水利工程作为城建的一项重要内容，可以说是和宫殿、城防等处在同等地位上的。人们知道：一方面要有充足的水源，保证城市用水的供应；另一方面还需防止洪水、废水对城市的威胁。因此，在供与排的安排上各成网络，合而成为系统。

第一节
供水网络的形成

城市用水，不外乎生活用水、苑囿浇灌和池塘观赏三个方面。汉长安的水源来自两大工程：一是河流引入；二是凿井汲取。

秦汉时代的长安附近，地表水资源极其丰富。文学家司马相如在《上林赋》中有"独不闻天子之上林乎？左苍梧，右西极，丹水更其南，紫渊径其北。终始灞、浐，出入泾、渭；沣、镐、潦、潏，纡馀委蛇，经营乎其内。荡荡乎八川分流，相背而异态"的句子，随后就有了"八水绕长安"的描述。这位文采斐然的"赋圣"一下笔就气势磅礴，纵览上林苑水之源派，其中"苍梧""西极""丹水"和"紫渊"固然悬远，但水量最大的灞、浐二水却同都城关系贴近。"八水绕长安"的"八川"（八水），同咸阳—长安古都的关系极其密切，是都城生命力、活力赖以支撑的基石。

一、八水资源

（一）渭河

渭河古称渭水，发源于今甘肃省定西市渭源县鸟鼠山，流经今甘肃、陕西两省，至渭南市潼关县港口汇入黄河，全长818公里。渭河干流在陕境内流长为502.4公里，右岸来自南山的支流较多，特点是水清、源短、流急，而左岸为黄土阶地塬区，支流稀少，大多水量相对较小而含沙量大，流长多在百公里以上。

渭水流经八百里秦川，是哺育中华文化的母亲河。这里的早期人类活动踪迹距今达80万~100万年以上，80万年前的蓝田猿人、15万年前的大荔人就生活在渭河支流的大地上。六七千年前的母系氏族公社群落半坡遗址、姜寨遗址，以及大量的仰韶文化、龙山文化遗址也表明原始人类活动的踪迹。人文初祖炎、黄二帝统领先民，征战耕织，在关中升起了实现中华民族大统一的曙光。周秦汉唐等13个王朝凭借八水之利，在咸阳、长安建都达千年之久，同时也使中国成为世界四大文明古国之一。

流经关中腹地的渭水，给了周秦汉唐之都以活力。在秦都咸阳，"渭水贯都，以象天汉；横桥南渡，以法牵牛"（《三辅黄图》），它成了城中河。汉唐时期，渭水是都城长安的水上交通大动脉，是水利工程的渊薮。漕渠的开通，使关外粮食源源运入，接济京师之功更不可轻视。

（二）泾河

泾水发源于宁夏泾源县六盘山东麓的马尾巴梁东南老龙潭（亦有南北二源之说，即北支出固原大湾镇，南支出泾源县老龙潭），从长武马寨乡汤渠进入陕西，经彬县、永寿、淳化、礼泉、泾阳至高陵区陈家滩汇入渭河，全长455公里，其中在陕西省境内流长为272公里。

因为泾水流经黄土高原的原梁沟壑地带，又河道曲折，水力资源丰富，具有悠久的灌溉历史。虽然泾河流域水土流失严重，年均输沙量约3亿吨，但淤漫盐碱地能改变土壤，使粮食产量增加。正如《白渠谣》传诵的那样："其泥数斗，且溉且粪，长我禾黍。衣食京师，亿万之口。"足见泾水同长安的繁荣有着直接的关系。

（三）灞河

灞河原名"滋水"，源出蓝田县东北隅的箭峪岭南侧九道沟，南流至灞源乡急转西北，经九间房至玉山村折向西南，经马楼、普化、蓝田县城，纳辋峪河，又转西北，沿白鹿原东侧，穿灞桥，纳浐河北流，于贾家滩北入渭，全长107公里。

灞河是秦咸阳、汉唐长安东郊的一道天然防卫屏障。水上的霸桥是通东方驰道的锁钥，霸上属于屯军的重地，同京都的安全直接相关。

（四）浐河

浐河原是渭河的支流，后因灞河西倒夺浐而成为灞河左岸的支流。源出蓝田县西南秦岭北坡汤峪镇月亮石沟，傍白鹿原西北流。沿途纳岱峪河、库峪河、荆峪河，过半坡遗址，至西安市谭家乡广太庙注入灞河，全长64公里。岱峪以下河流平稳顺直，多泉水补给，两岸河漫滩宽阔，阶地完整。隋唐之际，修龙首渠引浐水入长安城，是兴庆宫、大明宫的主要水源。

（五）沣河

沣水正源在长安西南秦岭北坡南碾子沟的牛背梁国家自然保护区，北出沣峪口，先后纳高冠、太平、潏河，北行经沣惠、灵沼至高桥入咸阳市境，与渭河平行东流，在草滩农场西入渭，全长78公里。关于沣河的走向，史书有"东北支津"与"沣水东注"之说，但河流变迁主要在下段，主河道由客省庄北入咸阳，或北流或东北流入渭，入渭口摇摆多变，极不稳定。

《诗经·大雅·文王有声》："沣水东注，维禹之绩。"《尚书·禹贡》有"漆沮既从，沣水攸同"的句子。周代丰、镐两京分别建在沣河两岸，丰京在西，镐京在东。沣河东岸的秦阿房宫、上林苑池沼之水来自沣水，而汉昆明池则是长安城的水库。

（六）潏河

潏河也称"决水""泥水""坑水""沈水""沇水""高都水"，由东南向西北流经长安全境。其正源是大峪河，出自长安东南秦岭光头山西北侧之甘花溪。北流出大峪折向西北，在两岭口汇小峪河、太峪河，绕神禾原北端西北流（此段为人工河道，宽仅40~50米）。在牛头寺附近分为两支：一支北流，今改名皂河；一支在香积寺南与滈河（石砭峪）汇流后西行（此段亦为人工河道，宽不及百米），称"洨河"，于沣惠渠首大坝上游汇入沣河。

潏河在历史上变迁最大，杜曲、韦曲间称"樊川"，全长64公里，年均径流量2.12亿立方米。西汉都城长安的城市用水，主要水源来自沇水（潏河）。隋唐时东南有黄渠引大峪河水补充曲江池，又有清明渠和永安渠，由南面、西南面分别引潏水北流入城。今天，潏河仍是西安城区的主要供水水源。据《咸宁长安两县续志》记载："皂水即潏水之下流，自咸宁县皇子陂入境（长安区境），西北流十五里有渠（丈八沟附近）注城池。又三十里绕汉城故址，名皂河湾，折而东北流十七里，复至咸宁县境入渭。"

（七）滈河

滈河古称"镐水""鄗水""洨水""御宿川水""湘子河"，源出南山石砭（鳖）峪，经南山西侧要钱场西北流，过四岔口转向东北流，河谷开阔，峪口狭长。峪外河道呈半槽形，经王曲、皇甫于香积寺南注入潏河，两河汇合西去，谓之洨河，今则统称潏河，全长46公里，水质良好。唐时流入长安城内，称"永安渠水"。

（八）涝河

涝河古称"潦水"。源头有两条，东涝河发源于静峪垴，西涝河发源于秦岭梁，两河交汇后北流，最后经咸阳北流入渭河，全长82公里。

在绕长安的八水之中，只有渭河直接汇入黄河。而其他七水原本是直接汇入渭河的，但由于时代迁移、地理形势变化，浐河竟成了灞河的支流，滈河成了潏河的支流，潏河成了沣河的支流。再从八水所处的位置及其与古都的关系看，既有共同性，又有各自的特殊性。其中泾、渭两河在长安之北，由西向东流去；浐、灞两河在长安之东，由南而北汇入渭河；沣、滈和涝三河在长安城西，由南而北流入渭河。只有由南而北的沆水邻近长安，同都城保持着更为密切的关系。如果再仔细分析，周都丰、镐二京依赖沣水为多，其他河流多为稻粱种植或仅具舟楫之便。秦都咸阳对渭河的仰赖尤其突出，而泾水只作为东界的屏障而已。汉都长安城区集中，人口稠密，沆（潏）河提供了源源不断的水源。唐长安城区扩大，人事繁盛，除沆（潏）河之外，浐水的引入成了重要的补给手段。八水中，除涝河偏远之外，其他几条河都直接或间接地同西安地区的几代古都发生着联系。可见，水的无私赐予，给了城市以生命，从而哺育了光辉灿烂的城市文明。

二、汉长安城的蓄水与供水系统

（一）明渠

汉都长安的城市用水主要取自沆水（潏河）。沆水今称"皂河"，正源于今长安区秦岭之大峪。流向自南而北，中有小峪水汇入，至香积寺附近与滈水合。香积寺以上河段为潏河，以下至沣河段为洨水（洨河）。沆水主流由长安少陵原西南的樊川向西北流经皇子陂、秦杜城遗址、阿房宫遗址东，至汉长安城西南角，沿西城墙北流，在章城门附近分为两支。其中，一支从章城门遗址南侧入城，称为"明渠"；另一支从章城门沿西城墙外北流，称为"沆水支津"，至城西北角折而向东北流，同北城墙保持着水平方向，最后汇入渭河。从供水角度看，沆水主流是城西和北城地区用水的主要来源。不过，为了供应城西的用水，汉武帝在直城门之南开凿昆明渠之后，沆水支津又分出了支渠，被引进了建章宫。

汉长安城地势西南高、东北低，因而明渠起自章城门，出于清明门，在城内也是这一流向。经考古探测，明渠宽11～13米，深1.5～1.7米。入城后向东800米流入未央宫的沧池（又名"仓池""苍池"）。明渠出沧池北边，向北经前殿、椒房殿和天禄阁西侧，出未央宫；向东北流至今未央区北徐寨附近，折而东流，经北宫南，入长乐宫北部，再由东北部流至清明门附近出城。明渠出城后，分为两支：一支泄入东护城壕水——王渠中，北流入渭河；另一支东流，注入漕渠。明渠在长安城内是未央宫、长乐宫、桂宫、北宫和北阙甲第的供水渠道。（见图9-1）

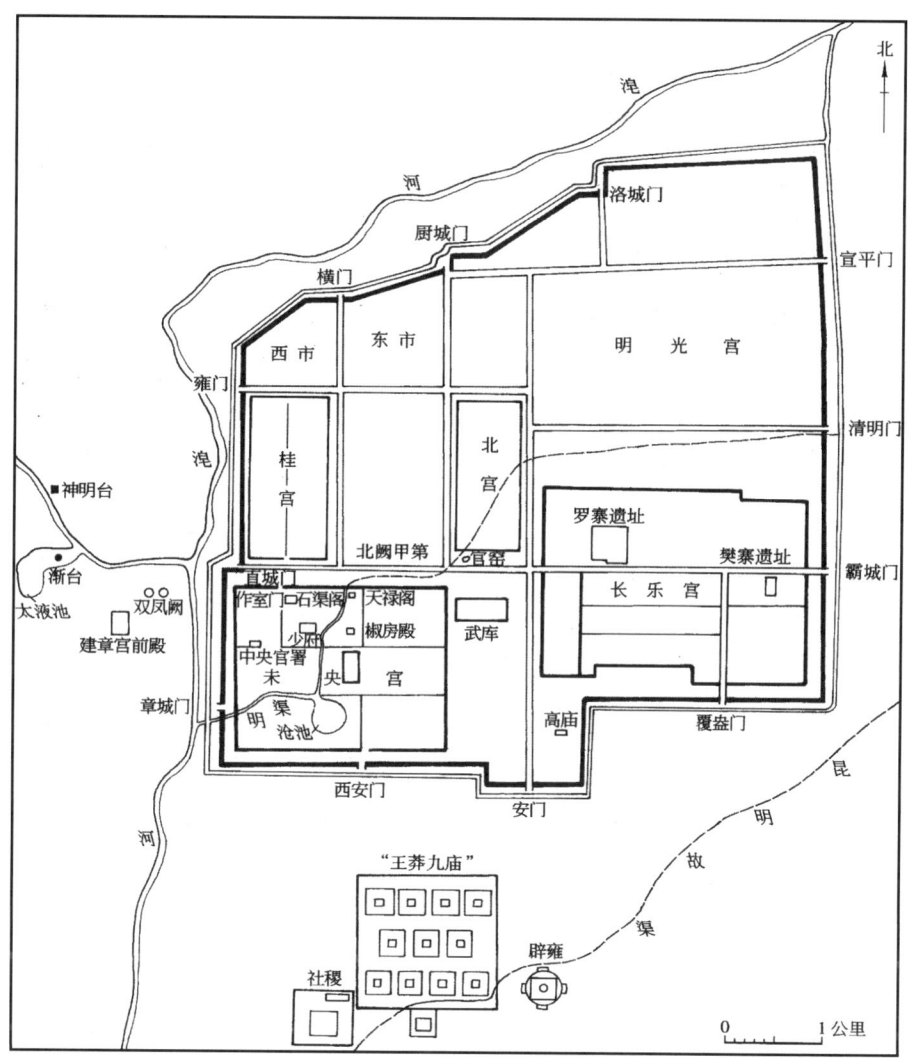

图 9-1 明渠在汉长安城内的流向图

（二）昆明池——汉长安城的总蓄水库

经汉初的发展，武帝时汉长安城有了明显的扩大。除未央宫、长乐宫外，扩建了北宫，又新建了桂宫、明光宫和建章宫，因而城内用水量大大增加，原来的供水系统已不堪重荷。

元狩三年（公元前120年），汉武帝除了引沈河水源外，又开辟另一水源，这就是利用洨水，开凿昆明池。这一大型水利工程，通过多条人工渠道和各种水利措施，将附近的河流串联起来，从而形成一个完整的供水与排水网络，为长安城的供水和漕运发挥了巨大的作用。

据查知，昆明池水面面积约17.6平方公里，池水深2～4米，如果按平均水深3米计算，那么，藏水量约有5280万立方米。

作为一项巨大的水库建造工程，从进水与出水看，昆明池的设计精巧而合理。

在昆明池周围，修有5条人工渠道，使水有进有出。

1. 池南的进水渠——洨水渠

洨水发源于秦岭北麓石鳖谷，向西北流的过程中，又接纳了樊川、杜川诸水而成为巨流。洨水在长安香积寺附近与潏河交，谓之"洨河"，向西注入沣河。汉武帝在今堰头村作石闼堰，除开引人工渠道使一部分洨水流入沣水外，逼使另一部分水向西北流，经过凿通了的细柳原，过今赤兰桥、南雷村、堰渡村、东西甘河、楼子村、三角村，至石匣口村北，便由龙口道（当地人称"深道"，是一条宽200米、深4米的人工沟槽遗迹）注入了昆明池。

洨水固然是昆明池水的唯一水源，但为了控制注入量，避免流量过大而造成泛滥灾害，就使今堰头村向西的一段洨河成为通向沣河的泄洪渠。

2. 池西的泄洪渠——沣水渠

为控制昆明池的储水量，在其西岸的今张村开凿了一条通往沣水的渠道。

3. 池北的泄水渠——滈水渠

洨水与滈水同为一条河，只是在昆明池以上谓之"洨水"，是其源头。池水向北泄洪的一段称为"滈水"。《水经注》有滈水"上承鄗池于昆明池北，……又北流，西北注，与滮池合……注于渭"的记载，即此。

4. 池东北的泄水口——揭水陂

揭水陂在今西安市三桥南至阿房宫遗址之间，是一个调节水量、控制流向的人工水库，在汉长安城的供水系统中至关重要。由池东北流出的昆明池水，经镐京故址东、阿房宫西侧后又折向东北，注入揭水陂。由这里泄出的一支向东流，称为"揭水陂水"，东北注入沇水，保证了明渠水量，进而满足城内未央宫等宫廷用水；另一支仍称"昆明池水"，北流经建章宫东，至双凤阙南、建章宫前殿的北部，入太液池。退水时，水从太液池西北流出，经今孟村东，北流经泥河村，是注入渭河的沇水。实际这是建章宫的一条主要供水渠道。

揭水陂承接昆明池的泄水，成为长安城供水的又一水库，处在二级水库的地位，既可储水，又能控制水流。据《雍录》载："周四十里。"虽然揭水陂是不规则形状，笔者暂以圆形考虑，按唐小里为442.5米计[①]，"四十里"合今17700米。那么，揭水陂的水域面积约有2493万平方米。如果水深按2米计，则揭水陂的库容量是4986万立方米。

5. 池东的泄水口——昆明故渠

经长安城南的一支水，即昆明故渠，绕向城东，注入漕渠，增大其承载量。

昆明池的5条人工渠道中，洨水渠是一条进水渠，而其他4条都属于退水渠系统。昆明池是汉长安城的一级供排水网，其下的揭水陂则是二级供排水网。揭水陂泄出的两支水能对揭水陂储量进行合理的分流，既免除了昆明池水猛增对都城带来的威胁，又对沇水的供应起到了补充作用。

（三）昆明渠

昆明渠是昆明池的泄水渠，实际也是汉长安城南部的供水渠。它在清明门外同明渠汇合后，以下称为"漕渠"。

昆明渠水引自昆明池，向东北流，经河池陂（今河池寨），在今鱼化寨同沇水汇合，流经汉长安城南、城东，至清明门外与明渠汇合。这是一条汉长安城东、城南的供水渠道。汉长安城南的明堂、辟雍的水源即来自昆明渠。

漕渠是一条人工挖掘或疏浚的、主要用于漕运的河道。据《史记·河渠书》载：武帝元光六年（公元前129年），"令齐人水工徐伯表，悉发卒数万人穿漕渠，三岁而通"。这条沿秦岭北麓开凿的水渠，绕开了渭河的弯曲，并与之平行，使潼关到长安水路运输的路程与时间大大缩短。其经行线路是：在长安城东接昆明渠水，经今西安市河止西、沟上村，穿过灞河，经新筑、新丰、渭南、华县到华阴市北进入渭河，全长300里。漕渠到唐朝末年被废弃，从河渠沿线的村落布局看，宋、元时还有水，到了明代才彻底干涸。

（四）沇水

沇水主流自章城门外沿西墙城北流，经凤阙（今未央区双凤村）东，再分成两支。其中，一支东北流，仍沿西墙城北上，至城墙西北角折向东北流，沿北城墙向东又分为两小支，一小支汇入藕池，另一小支向东注入渭河；另一支在长安城西折入建章宫区内，经渐台东与太液池汇合后向北注入渭河，这是一条为建章宫供水的渠道。

（五）城内外的大小水库

昆明池为汉长安城的总蓄水库，但城内外还有多处人工湖泊和水库。这诸多水库的

[①] 陈梦家：《亩制与里制》，载《考古》1966年第1期。

串接就组成了汉都城的蓄水调节系统。

1. 镐池

镐池在昆明池之北,是周代的旧池,"周匝二十二里,溉地三十三顷"(《三辅黄图》),实际也是一处小水库。按东汉末曹魏初里为433.56米计[①],镐池周长"二十二里"合今9538.32米。先求半径(周长/2π)再求圆面积(πr^2),可知镐池水面面积约为724万平方米。水深若按2米计,镐池的蓄水量则为1448万立方米。

2. 河池陂

《水经注》:"渭水东合昆明故渠。渠上承昆明池东口,东经河池陂北,亦曰'女观陂',又东合沄〔潏〕水,亦曰漕渠。"昆明渠经过河池陂(又名"女观陂")北,说明河池陂是一个天然湖泊。今西安市西南长安区河池寨东有一片低洼地,就是汉以后废弃的河池陂遗址。

3. 曲江池

汉武帝把宜春苑(秦的隑州)划入上林苑的范围之内,并造了曲池,周回五里。(《玉海》引《三辅黄图》)按东汉末曹魏初里为433.56米计,曲江池"周回五里"折合2167.8米。曲江池的水域面积有37.4万平方米,水深按3米计,则蓄水量可达112.2万立方米。

4. 上林十池

《三辅黄图》载,上林苑中有"十池",即初池、糜池、牛首池、蒯池、积草池、东陂池、西陂池、当路池、犬台池和郎池。但是,唐代的徐坚在《初学记》卷七中说"汉上林有池十五所",即承露池、昆灵池、天泉池、戟子池、龙池、鱼池、牟首池、蒯池、菌鹤池、西陂池、当路池、东陂池、太一池、牛首池、积草池、糜池、含利池、百子池等。同样,清代的张澍辑《三秦记》中也有"汉上林有池十五所"之说。但两者所列池数远远超过15所,足见范围极大的上林苑中池沼之多,可说是星罗棋布。虽然现在各池面积的大小、藏水量的多少已不得而知,但其数目众多,分布在以都城为中心的关中,对改善长安气候、蓄积水资源都是极有意义的。

5. 汉宫中的人工水池

(1)长乐宫中的鱼池、酒池。

(2)未央宫中的沧池。这是一个不规整的池址,平面呈石榴状,进水口和出水口

---

① 陈梦家:《亩制与里制》,载《考古》1966年第1期。

形如榴蕊。它不仅是未央宫的点缀风景区，更具有储水的功能，主要用以满足未央宫殿群落的用水需求。池体近似圆形，水域面积20.4万平方米，深2.5~3米，蓄水量达到了51万~61.2万立方米。

（3）建章宫中的太液池、唐中池、琳池和孤树池。太液池"周回十顷"当折合461039平方米。这比今日看到的洼地面积（15.16万平方米）大了两倍多，是否同池形不规则而估量的标准不同有关？遗址当高低堡子西北的曲尺形洼地，现存东西最大径510米，南北最大径450米，占地约15.16万平方米。如果水深按3米计，则蓄水量可达45.48万立方米。

太液池之南，位当前殿偏西南处，有另一个人工湖——唐中池。"周回十二里"（《三辅黄图》），即绕池一圈约合今5202.72米，则水域面积有215.4万平方米，水深按3米计，则蓄水量可达646.2万立方米。

太液池之西有琳池和孤树池，开凿时间可能要晚一些。《三辅黄图》载："昭帝始元元年（公元前86年），穿琳池，广千步，池南起桂台以望远，东引太液之水。"琳池的半径合722.6米①，水域面积约164万平方米。因为是小池，水深按2米计，则蓄水量约是328万立方米。

《西京杂记》载："太液池西有一池，名孤树池。池中有洲，洲上黏树一株，六十余围，望之重重如盖。"

（4）此外，还有高祖时就有的百子池、武帝开凿的影娥池，加之古池鹤池、盘池、冰池、澹池、灵池等，真是星罗棋布。

总结前述汉长安城的陂池，蓄水量可计的如下表：

表9-1　汉长安水库及可计的蓄水量列表

次　序	库　名	水面积（m²）	水深（m）	库容量（m³）	说　明
1	昆明池	17600000	3	52800000	大池水深
2	揭水陂	24930000	2	49860000	大池水浅
3	镐池	7240000	2	14480000	大池水浅
4	未央宫沧池	204000	2.5~3	510000~612000	小池水深
5	建章宫太液池	151600	3	454800	小池水深

---

① 陈梦家先生据《三辅黄图》引《庙记》云"覆盎门至洛〔城〕门，相去十三里二百一十步"，说"即4110步。今实测为5940米，则一步为1.4452米，一尺为0.2408米，一里为433.56米（东汉晚或曹魏里程）"。

续表

次 序	库 名	水面积（m²）	水深（m）	库容量（m³）	说 明
6	建章宫唐中池	2154000	3	6462000	大池水深
7	建章宫琳池	1640000	2	3280000	大池水浅
8	曲江池	374000	3	1122000	小池水深
9	长乐宫鱼池、酒池	—	—	—	—
10	上林十池、十五池	—	—	—	—
11	百子池	—	—	—	—
12	建章宫孤树池	—	—	—	—
13	武帝影娥池	—	—	—	—
14	鹤池、盘池、冰池、渗池、灵池	—	—	—	—

从表中可以看出，有数据可论的库容量是128968800~129070800立方米，如果加上不知容量的那些水池，恐怕翻一倍也不算为过。由此可知，汉长安城蓄水可供城市人口饮用和园林的浇灌。当然，这不是长安的用水量，只是一个稳定的储存量，因为几条大河对都城的供水是源源不断的。

（六）长安水井的补充作用

汉长安城的供水途径，除大量引用地表河流水以外，还凿井利用地下水。在宫殿、官署、府邸、里居、肆市里，从井汲水是一个普遍现象。在汉代文物中，见有陶井模型，井台中心是井口，上有辘轳作为提升的滚动机具。考古见到的井台、井口用砖铺砌，井壁上部和中部用扇形砖券砌，下部叠垒陶井圈。有的井壁不砌砖，也不用井圈，是黄土井筒。井径的大小与深浅，各处不尽相同。

在未央宫、桂宫的考古发掘中，建筑的一隅均有水井出现。未央宫椒房殿遗址的水井，井台平面呈方形，边长3.5米，井身直径1.54米，井深8.3米；未央宫少府遗址的水井，井台长4米，宽3.3米，井身直径1.3米，井深5米；未央宫中央官署遗址的井台长1.5米，宽1.3米，井身直径0.85米，井深7.1米。

第二节
排水设施

对于生活废水和地面雨水，汉长安城有一套排水系统，从而保障了都城居民有一个良好的生活环境。

一、城区地表排水

在长安城内八条大街上，各有两条排水沟将该大街的大道分成平行的三条道（即《礼记·王制》中所谓的"道有三涂"）。中道（即中涂，或曰驰道）宽约20米，是专供皇帝车马行走的；两侧的旁道较窄，是官吏与平民百姓行走的道路。中道两旁的排水沟均为明沟，宽约0.9米，深约0.45米。城内八街的排水沟沟沟相连，最后汇集到宽2米、深1.5米的排水沟，直通至城外的城壕中。

由八街分割的11个区中，都有大型的排水沟以明渠的形式存在，只有穿过城墙底部时才做成涵洞。穿出城门或城墙的大型排水涵洞，用砖或石构筑。（见图9-2）如西安门遗址的排水涵洞，以砖石砌筑，用砖券顶，涵洞宽1.2～1.6米，高约1.4米。

因为长安城内众多的排水沟组成了网络，同时多处涵洞成功引流出城，使得生活废水和雨水形成的径流能及时排出，所以城内从没有积水与洼涝现象的发生。

二、宫殿建筑群落的排水

在宫殿群和大型建筑中，是通过地漏连接排水管道，进而将水排出城外的。在长乐宫西北部，即今未央区讲武殿村北约100米处，发现了四组陶水管道（见图9-3）。其中一排陶水管道现存长度103.9米，由一节节屋脊形（即常说的五角形）陶管道相接而成。

图9-2　直城门排水涵洞　　　　　图9-3　长乐宫排水管道遗迹

管道截面呈中空的五角形，每节长58～70.5厘米，通高39.5厘米，壁厚6～7厘米。其中一处管道组，由五节屋脊形管道合并成上下两层，下层3个正放，上层2个倒放，并插入两脊的空隙间，从而保持了上下面的平整。现存14节管道组，前后相接。由此可以看出其排水量之大。①

长乐宫六号建筑位于宫内西北部，当今未央区罗家寨北。在主殿台基之北，有两组附属建筑，东边的大院子由配殿、廊房组成，内有水井一眼，深8.3米。其内有一组完整的排水设施，即埋在地下的陶水管道，连接着分在两处的两个沉淀池，并向东通往遗址之外。由此可知，雨水先汇入沉淀池，经过沉淀之后，再由排水管道排到建筑之外。②

桂宫遗址北部有一条东西向的排水明渠，宽约2米，深约1.5米，东连横门大街西侧的路沟，向西横穿桂宫，再流入城西的城壕之中。

都城排水设施和宫殿建筑布局在施工程序上有一个先后安排的问题。由于排水设施施工在前，为不影响宫殿建筑的布局，就把排水渠压在建筑之下变成暗渠。如桂宫第三号建筑遗址的第七号房子之下，砖砌的地下排水管道以子母砖券顶，渠宽0.9～1.12米，

---

① 中国社会科学院考古研究所汉长安城工作队：《汉长安城长乐宫排水管道遗址发掘简报》，载《考古》2003年第9期。

② 刘振东、张建锋、徐龙国：《西安汉长安城长乐宫遗址发掘一组完整的排水设施》，载2006年2月22日《中国文物报》。

高0.88～1.12米。[①]

建筑群中的排水设施，常见的是节节相接的排水管道和处在低地的地漏。

屋脊形陶水管道和圆筒状陶水管道多用在长安城的建筑群之中。前者的截面呈五角形，平底，两壁垂直，顶呈屋脊形，中空，一般长62～67厘米，底宽36～40厘米，通高40厘米，壁厚6～7厘米。根据排水量的大小，可以单管相接，也可以多管并列或叠垒相接。如未央宫中央官署遗址东院二号天井西边，并列着两排五角形排水管道；长乐宫遗址中，有上下两层5个五角形排水管道，下层三排的平底在下、脊形顶朝上，上层两排管道倒置，尖顶间隔地插入下层管道的尖顶之间。这组多管排水管道宽1.32米，高0.75米，足见排水量之大。

在未央宫中央官署遗址和桂宫第二号宫殿遗址的一隅或天井（院子），都发现有地漏。地漏均为砖砌，大小不一。有的口呈方形，边长60厘米；有的长80厘米，宽66厘米。

长安城的建筑群，在主体建筑之外，往往设置露天排水渠或排水沟。有的是直接接纳来自建筑群的排水管道。如未央宫椒房殿遗址北部有一个南北长55米的排水沟，截面呈倒梯形，上口宽90厘米，底宽70厘米，深60厘米；未央宫中央官署遗址的东西院之间的排水沟，上口宽3.2米，底宽1.3米，深0.8米。

三、城壕的排水

从长安城覆盎门外到清明门外，环绕城东南角，有一条北流入渭河的渠水，称作"王渠"，也叫"长安御沟"。《三辅黄图》："长安御沟，谓之'杨沟'，谓植高杨于其上也。"崔豹《古今注》："长安御沟，谓之杨沟，谓植高杨于其上也。一曰'羊沟'，谓羊喜抵触垣墙，故为沟以隔之，故曰'羊沟'。"王渠在霸城门（即青门）外，同青门桥（也称"杨桥"）相近。王渠实际也就是所谓的城壕，主要作用在于接纳城内的污水和雨水，又在城东上接明渠之水，一并侧城北流，汇入渭河。当然，王渠也是城东的第一道防线。

经勘察，汉长安城南城外侧，从覆盎门遗址向东，绕过城东南角向北，在东城外侧确实有一条古代的沟渠，后成为西安排污的水库，经过近些年的改造，现成为汉城湖公园。

---

① 中国社会科学院考古研究所、日本奈良国立文化财研究所编著：《汉长安城桂宫1996—2001年考古发掘报告》，文物出版社，2007年。

第三节
长安城供排水网络化特点的概括

汉长安城作为首都，是政治、经济、文化、军事中心，属于国际化的大城市，这是城市建设逐步完善的结果。其布局合理，毫无见缝插针的堆砌感，和秦都咸阳城的城市建设完全不同。为了能有良好的供排水系统，从汉高祖到汉武帝一直把供排水设施的完善纳入总体设计中。总结长安城的供排水设施，有如下特点：

第一，利用南来近城的河流，开渠导引入城，将其作为建筑和生活用水；

第二，凿井取水，保证饮用卫生；

第三，陂池作为储水工程受到高度重视，保证了大城市的水供应；

第四，排水工程形成网络系统，宫城之内的污水、雨水通过地下管道排到城内的排水明渠，城内地面的排水渠在接纳地面水的同时，将水排至护城壕，再由城壕汇流入渭河；

第五，将城市供水同园林美化相结合，沧池、太液池、昆明池等大大小小的天然人工陂池，既是城市的蓄水库，又是风景独好的池苑。

第四节
开辟大规模园林

一、广植树木

在道路两旁植树，称作"行道树"。长安城的八街九陌都栽有槐、榆、松、柏、杨等品种，生长茂盛。同样，在十二城门周围也栽种树木。《三辅黄图》载："十二门三涂洞辟，隐以金椎，周以林木。左右出入，为往来之径，行者升降，有上下之别。"这是说都城12座门，每门都有3条路。中道是专供皇帝行走的驰道，任何人不能擅自闯入，虽贵为太子也不得例外。只有两旁之道才供行人使用。出城走左道，入城走右道，来往畅通。八街九陌与十二通门内外用树木分隔上下，既保证了交通秩序，又能遮阳避雨。

在太学之旁有一个槐市，据《太平御览》引《三辅黄图》说"太学在城南"，"去城七里"，国学"北之东为常满仓，仓之北为会〔槐〕市。但列槐树数百行为队，无墙屋。诸生朔望会此市，各持其郡所出货物及经书、传记、笙磬乐器，相与买卖。雍容揖让，或论议槐下"。这里植槐树数百行，同时也成了太学生买卖书籍的市场和讨论经典的地方。由此可见，长安城的绿化工作已具备计划性和规模化。

从皇家的宗庙、寝殿、宫室、官署、陵园到城市民宅，种植树木花草，体现在人们普遍的意识和行动上，特别是政府的行为，其所产生的社会效应更是空前的。

二、御苑与私家园林

长安城开辟了为数众多的园林，其中有相当一部分是对秦代苑囿的扩大。秦都咸阳范围内原来有五苑、上林苑、宜春苑、杜南苑、东苑、白水苑[①]、鼎湖苑、高栎苑、华阳禁苑、阿阳禁苑、具苑等[②]，或年久失修，或湮塞，汉都长安除对上林苑等处重新整治之外，还开辟了著名的乐游苑、博望苑、宜春下苑、御宿苑、思贤苑等皇家苑囿。

《说文解字》释"苑"为"所以养禽兽"之地，《三辅黄图》说"养鸟兽者通名为苑"，《春秋左传正义·僖公三十三年》则解释为"囿者，所以养禽兽。……天子曰苑，诸侯曰囿"，从而在等级上进行了区别。人们把苑视作帝王的游乐场所，但实际上苑并不纯粹是动物园的性质。因为苑中广泛种植树木花草，还建造有亭台楼阁，应属于皇家的园林，这就是所谓的御苑。另外，《三辅黄图》还记有三十六苑，但那是太仆辖下的牧师苑，主要分布在北境和西境的边郡，所以它属于另一种性质，同御苑截然不同。

王公贵族和达官显贵也都拥有私家园林。王氏五侯之一的成都侯王商的园中有假山，有渐台，又打穿长安城，把沣水引入，可以行船。立羽盖，张周帷，楫棹越歌，极尽阔绰。茂陵富民袁广汉于"北邙山（今咸阳至兴平之间的北原）下筑园。东西四里，南北五里，激流水注其内。构石为山，高十余丈，连延数里。养白鹦鹉、紫鸳鸯、牦牛、青兕，奇兽怪禽，委积其间。积沙为洲屿，激水为波潮，其中致江鸥海鹤，孕雏产鷇，延漫林池。奇树异草，靡不具植。屋皆徘徊连属，重阁修廊，行之，移晷不能遍也"（《西京杂记》）。

三、池沼

长安城外有专辟的广大水域，即所谓"池沼"。上林苑东西长达400里，把长安八水包罗其中，而里面又有很多天然池沼，其中的上林十池就是最有名的。

人工开凿的昆明池，实际上是汉都长安附近的大水库，不仅解决了城内的生活与园林用水及城西建章宫、城南礼制建筑用水，接济了漕渠水量，还具有军事训练兼游乐的作用，而且"周回四十里"，其不容忽视的水域也是养殖鱼鳖的胜地，对城市的绿化作用与调节气候的作用更是明显。

昆明池北的镐池尽管是周代的旧池，"周匝二十二里，溉地三十三顷"（《三辅黄

[①] 王学理：《咸阳帝都记》，三秦出版社，1999年。
[②] 均见傅嘉仪藏封泥，引自周晓陆、路东之：《秦封泥的发现与研究》，见黄留珠主编：《周秦汉唐研究》第一册，三秦出版社，1998年。

图》),但仍然发挥着灌溉农田的作用。

在长安城东南,有一处天然湖泊,这就是秦宜春苑中的曲江,地当今西安市大雁塔东南曲江池偏南一带,汉称"曲池"。《史记·司马相如列传》司马贞《索隐》:"陦,即碕,谓曲岸头也。"张揖曰:"陦,长也。苑中有曲江之象,泉中有长洲也,有宫阁路,今犹谓之曲江,在杜陵西北五里。"汉时,宜春苑分为上苑和下苑。汉武帝把宜春苑划入上林苑的范围之内,并造曲池,周回五里,池中遍生荷芰菰蒲,其间常有禽鱼翔泳,因水流多曲有似嘉陵江,于是改名曲江池。汉宣帝在池北建造乐游苑。唐开元中加以疏导美化,在其旁建慈恩寺、紫云楼,设芙蓉苑、杏园。江岸菰蒲葱翠,柳荫四合,成了三月三日仕女游春的胜地。唐时考中进士,在曲江亭举行曲江会,更是千古流传的趣话。

另外,在宫廷内人工造景的基础性工程,莫过于人工水池了。像长乐宫中的鱼池、酒池,未央宫中的沧池,建章宫中的太液池、唐中池,还有高祖时就有的百子池、武帝开凿的影娥池、昭帝时的琳池,再加上古池鹤池、盘池、冰池、灪池、灵池等等,真是星罗棋布。

四、鸟的乐园

都城的里里外外分布着众多的园林,茂密的林木遮天蔽日,广阔的水域带来的经济价值也是巨大的。上林苑中的积草池绿草成茵,琳池分枝荷籽实的香气能够"益脉治病"。蒯池中的多年生蒯草既是织席的原材料,又可以绿化环境。凡此种种,其调节气候的积极作用早为时人所领悟。太液池的取名在于"津润所及广也",正是这一认识的成果。

长安园林与池沼的构图造就了人居环境的天趣,提供给整座城市的是一种天人和谐的美景。《西京杂记》中有这么一段记载:太液池边皆是雕胡(菰之有米者)、紫萚(葭芦之未解叶者)、绿节(菰之有首者)之类,"其间凫雏、雁子,布满充积,又多紫龟、绿鳖。池边多平沙,沙上鹈鹕、鹧鸪、鹒鹊、鸿鹍,动辄成群"。

长安城内芳草萋萋,绿树成荫。有了水,再加上人的呵护,鸟类作为人类诚爱的信使,自然就会聚拢而来,引为奇观。景帝元年(公元前156年),"有青雀群飞于霸城门,乃改为青雀门"(《陕西通志》)。御史府中的柏树上,"常有野鸟数千,栖宿其上,晨去暮来,号曰'朝夕鸟'"(《汉书·朱博传》)。

汉昭帝始元元年（公元前86年）黄鹄飞至太液池，壮丽的场面感动得皇帝写下了著名的《黄鹄歌》："黄鹄飞兮下建章，羽肃肃兮行跄跄，金为衣兮菊为裳。唼喋荷荇，出入蒹葭，自顾菲薄，愧尔嘉祥。"

宣帝元康四年（公元前62年），一种被称作"神爵"的鸟"以万数集长乐、未央、北宫、高寝、甘泉泰畤殿中及上林苑"，皇帝视其为祥瑞，竟改年号为"神爵"。神爵二年（公元前60年）春二月，有"凤凰甘露降集京师，群鸟从以万数"。神爵四年（公元前58年），凤凰甘露连续集结于京师、杜陵、上林苑。五凤三年（公元前55年），有"鸾凤又集长乐宫东阙中树上，飞下止地，文章五色，留十余刻，吏民并观"。群鸟屡屡光顾，皇帝以为是"祥瑞并见"，高兴得一再下诏。（《汉书·宣帝纪》）也是这一年，京兆尹张敞家栖宿了一种从羌中飞来的鹡雀，集聚到丞相府，黄霸认为又是一种神雀，准备上奏。但张敞利用人鸟和平相处的这一自然现象，给他以善意的讽刺，竟使丞相闹了一个大笑话。（《汉书·循吏传》）

成帝鸿嘉二年（公元前19年）三月，"博士行饮酒礼，有雉蜚集于庭，历阶升堂而雊，后集诸府，又集承明殿"（《汉书·成帝纪》）。人们不伤害鸟，加之长安城里树木葱郁，适宜鸟儿栖息，才使得它们见人不惊。

五、关中的美景

关中向来有重视经济林木兼绿化环境的良好习惯，秦地"有鄠杜竹林、南山檀柘，号称陆海"（《汉书·地理志》）。"秦有千树栗""渭川千亩竹"更是西汉时期关中地区自然景观的一大特色。长杨宫因宫中有垂杨数亩而得名，五柞宫也因宫中特有五柞树而享誉。"云阳车箱坂下有梨园一顷，树数百株，青翠繁密，望之如车盖。"甘泉宫里桂、梗、松、柞、栻、桃、李、枣、檍、女贞、乌勃等杂而成林。处于这陆海中心的长安得天独厚，正如张衡描述的那样："筱簜敷衍，编町成篁。山谷原隰，泱漭无疆。"（《西京赋》）

第五节
河流改造与疏浚

司马相如在其《上林赋》中赞叹道："终始灞、浐，出入泾、渭，酆、镐、潦、潏，纡余委蛇。经营乎其内，荡荡乎八川分流，相背而异态。""八水绕长安"之语，固然说的是八条大河分布在长安的周围，尽管条条分流，但临近都城的几大河流经过人工改造，在服从都城需要的前提下都在改变着各自的容颜。

《诗经·大雅·文王有声》中有"沣水东注，维禹之绩"的句子，据清人胡渭《禹贡锥指》考证：在古代，不仅沣水东流，而且涝、滈、潏、灞诸水也注入沣水东流。而今灞河是在泾水入渭处才注入渭河的。到了汉代，沣水独自北流，于今咸阳市东南入渭。那么，自沣水东流的那个年代以来，长安地区有大片的良田沃土早已被人们开发利用，这里是农产丰富的奥区。

汉长安城对近都河流的利用，是通过人工引流而实现的。主要的大型工程有以下几项：

一是开凿明渠，从城西南角的章城门附近引洨水入城，再由城东北的清明门附近出城，保障了城内几处皇宫用水。

二是在章城门南引洨水西流入建章宫，保障了宫内用水与太液池储水，然后向北泄入渭河。

三是利用洨水，开凿昆明池，将附近的沣水、滈水等河流串联起来，为都城形成了一个完整的供水与排水网络。

四是开凿漕渠，上承昆明池向东的泄水——昆明故渠，经过长安城南、城东，供应城南部及明堂辟雍用水。在清明门外与洨水支渠（明渠）汇合，后东去。横绝灞水，经华县、华阴，至潼关渭口。这是一条从长安到渭口并连接黄河的人工渠道，用以漕运粮食。

五是在长安城东南本有一条古河道，惠帝时筑城取土，使之从城南覆盎门外到城东清明门外正好对都城东南角形成了曲尺形的包围。此地积水而成，名为王渠。为维护与接济王渠，在清明门附近注入了来自明渠的退水，又东与漕渠相连。

第六节
西汉王朝对环保的强调与政策的实施

西汉初年，统治集团高层受黄老思想影响崇尚遵循自然规律无为而治。随后儒家的天命思想趋于成熟，强调人与自然界的协调关系。贾谊认为利用自然资源时应当做到"不合围，不掩群，不射宿，不涸泽"，强调对自然资源不能过度开发和利用。西汉著名的思想家董仲舒强调执政者应该在顺应"天道"的基础上治理国家，政令、律法应该与阴阳变化、四季变更、五行顺逆相吻合。他还认为人是自然的产物，人们应尊重自然，热爱自然，遵循自然规律，日出而作，日落而息，以达到人与自然的和谐共处。汉朝著名经济学著作《盐铁论》中多处提到要珍惜自然资源、保护自然环境，提出"不时不食""鸟兽鱼鳖，不中杀不食"，也就是说吃东西要应时令和季节，什么时候吃什么样的东西，不违背自然界的生长规律。《盐铁论》还指出"山岳有饶，然后百姓赡焉。河海有润，然后民取足焉"，强调只有保护好自然环境、合理利用自然资源，自然界才能为人类提供丰富的保障，才能满足百姓的日常生活。反之，人类将会受到自然界的惩罚。

淮南王刘安的《淮南子》一书，可以说是我国古代关于保护资源最为完善的论作。他对如何保护环境进行了特别系统的总结整理，其中对如何保护资源进行了较为系统的阐述。他指出要想获得更多更好的自然资源，人类就得优化环境，"欲致鱼者先通水，欲致鸟者先树之。水积则鱼聚，木茂则鸟集"。在这里，他给人们提出了可持续发展的"生态观念"。

汉朝制定的"九章律"中有《贼律》，规定"伐树木禾稼"按盗窃罪论处。显然是很严厉的了。

汉武帝重视对自然环境的保护，初置水衡都尉作为高层管理机构，规定其职责是"掌上林苑"，而且设五丞，属官有九官令丞，并立的还有衡官、水司空、都水。后来王莽把水衡都尉改成了予虞。名称的这种变化，正说明汉朝管生态环境是对"虞衡制度"的沿用与加强，履行的职责仍然是山林水泽的保护和利用。而专管植树绿化则是将作大匠的职责之一，其范围大到宗庙、路寝、宫室和陵墓。

汉宣帝曾下诏令："令三辅毋得以春夏摘巢探卵，弹射飞鸟。"（《汉书·宣帝纪》）

王莽时，对城市民宅内不种树的给予惩罚，规定："城郭中宅不树艺者为不毛，出三夫之布。"（《汉书·食货志》）①

汉长安城内外，皇室与富贵之家的园林建筑是美化环境不可或缺的点缀物。而长安城网络性的供排水渠道、网格化的交通大道，可以说构成了城市的血液循环系统。绿树成荫，车水马龙，使得都城具有无穷的活力与吸引力。优美的城市生态环境，足以显示汉王朝对环保工作的重视。

在宗庙、宫室、官署的内外，在道路、水渠两旁，广泛地栽植树木。建章宫内的"桍诣宫"因有"美木茂盛"、"天梁宫"因"梁木至于天"而命名（《三辅黄图》），御沟（王渠）因为栽杨树而被称为"杨沟"。

城内街道两旁栽植有大量的行道树，"树宜槐与榆，松柏茂盛焉"，连皇帝起居的"省中"（也称"禁中"）也广栽树木。在武帝常去的甘泉宫，谷北岸的槐树谓之"玉树，根干盘崎，三二百年物也"（《三辅黄图》）。槐、榆、松、柏是北方多有的几个树种，在长安城内当以槐、榆为多。"长安城面三门，四面十二门，皆通达九逵，以相经纬，衢路平正，可并列车轨十二，门三涂洞开，隐以金椎，周以林木，左右出入为往来之径，行者升降有上下之别"（《三辅旧事》）。每条道路分为三道，中道为皇帝车马行驶的"驰道"，两侧是上下行的旁道。这当是今城市交通"靠右行"的滥觞。三道分别用道树隔开，即所谓"树之以为界"。按秦制，驰道"道广五十步，三丈而树，厚

---

① 1987年，考古工作者对甘肃敦煌汉代悬泉置遗址清理中发现有一块墙皮保存较为完整，长222厘米、宽48厘米，上面书写有一封诏书，题为《使者和中所督察诏书四时月令五十条》。经研究考证，这是西汉平帝时太皇太后发布的诏文，由安汉公王莽奏请和逐级下达给群众。文书的主体部分是月令五十条，主要围绕保护生态环境规定了四季的不同禁忌和须注意的事项，如春季禁止伐木、禁止猎杀幼小的动物、禁止捕射鸟类、禁止大兴土木等，夏季则禁止焚烧山林等，秋季禁止开采金石银矿等，冬季禁止掘地三尺做土活等。

筑其外，隐以金椎，树以青松"（《汉书·贾山传》）。想来长安街道也应如此。槐、榆、松、柏各有用场，郁郁葱葱，吸浊吐氧，既美观又实用。

汉长安城内外有很多天然的和人工的湖泊与河流，如城内长乐宫中有鱼池和酒池、未央宫中有沧池，城外有上林十池、昆明池、镐池、太液池、唐中池、百子池、琳池、鹤池、冰池等。在这众多的湖泊岸边大树参天，"茂树荫蔚，芳草被堤。兰芷发色，晔晔猗猗，若摘锦布绣，烛耀乎其陂。鸟则玄鹤白鹭，黄鹄鹍鹤，鸧鸹鸨鹕，凫鹥鸿雁"（班固《西都赋》）。水中则养殖着鱼类与莲藕。池泊地带浓荫四合、荷芰映日，对改善城市气候有着积极的作用。水产供应宫廷与宗庙祭祀，余者上市，大大丰富了人们的饮食。

都城生活的人们早已经注意到室内卫生并想办法改善小环境。满城汉墓出土的长信宫灯甚为有名。同类遗物，还见有铜牛灯（南京博物院藏）、雁鱼灯（国家博物馆藏）、铜凤灯（广西合浦汉墓）等。设计的考虑是在灯座上设有烟管，然后将灯具的某一部分用作导烟管，灯具燃烧时，烟尘通过烟管溶入灯具内部的清水中，从而达到过滤、清洁的作用。这样也就实现了灯具环保的功能。

第十章 以长安为中心的水陆交通管理

汉都长安城内与上林苑中建有大量的宫殿楼阁台观，在长安城外及远郊也修筑了众多的离宫别馆。《三辅黄图》载："汉畿内千里，并京兆治之，内外宫馆一百四十五所。班固《西都赋》云：'前乘秦岭，后越九嵕，东薄河华，西涉岐雍，宫馆所历，百有余区。'秦离宫三百，汉武帝往往修治之。"

长安城的宫殿、民居、市肆遍布，畿辅州郡、离宫别馆星罗棋布，彼此均以大道连接，由此形成以都城为辐射中心的交通网络。河流纵横，有着舟楫之便。架桥通行，遂有制度。

第一节
陆路交通

一、市内道路

（一）大街主干道

汉长安城的"八街九陌"是构成城内交通网络的主干，但并不是说城内只有8条大街。如覆盎门北对长乐宫，西安门和章城门对着未央宫，门内都有大道，只不过属于官道而庶民百姓少于通行而已，因而并未列入"八街"之中。同样，通行城外的道路也绝不限于9条（"九陌"），长安城有12座门，向外就应有12条大道。

八街，即畅通的8条大道，加上官道，长安城内的大道应该有安门内大道、厨城门内大道、横门内大道、洛城门内大道、宣平门内大道、清明门内大道、霸城门内大道、雍门内大道、直城门内大道、章城门内大道、西安门内大道、覆盎门内大道和尚冠街大道，计13条大道。

城内大道一般宽45米左右，而宣平门内大道、清明门内大道、雍门内大道、直城门内大道和安门内大道较宽，可达56米。这些大道由两条宽90厘米、深约45厘米的排水沟（御沟）隔成三道（"三涂"），其中道宽20米，是专供皇帝车马行走的驰道，非经特许，任何人不得行走，也不得逾越；中道两旁的路各宽12米，是普通人上下行之道。三道分别对着城门的3个门洞，这即是"一门三涂，参涂夷庭"的对应。如直城门的中门洞宽约7.7米，左右各隔4.2米的城门桩，就是各宽8.1米的边门洞。宣平门也基本同此制，其三门道各宽8米，城门柱隔墙宽4米左右。从霸城门残存的车辙看，车的轨距为1.5米，每一门道可并行四车。张衡《西京赋》有"城郭之制，则旁开三门，参涂夷庭，方轨十二，街衢相经"的句子，正是这一客观事实的反映。城门三涂之设，既是等级制的反映，也是缓解都城内交通繁忙的需要。《三辅决录》就说："左右出入，为往来之径，行者升降，有上下之别。"

在城墙内侧，紧临墙根，还有一条宽达30米的大路。这被称作"环涂"的环城路本来是设在城外的，而此环道则设在城内，大概是出于城防巡查的考虑。

（二）宫中道与闾里之道

城内外每一宫殿区内，设有各种形式的道路。各宫区之间又有道路连接，通过宫门又与城内的主干道相通，尤其值得一提的是几种特殊的通道。

1. 复道

《史记·留侯世家》之《集解》引如淳的话，"上下有道，故谓之复道"。这实际是用木头搭起架空的两层通道，上下都可行人。为安全起见，尊贵者走复道上层。但上下道路不一定同一方向，在行人车马繁杂的地段，错开行驶，有利于缓解交通紧张的状态。

汉惠帝为了方便从未央宫去东朝长乐宫，在武库之南筑了复道。叔孙通以为"高寝衣冠月出游高庙"，此举实是"令后世子孙乘宗庙道上行"。他虽建议在渭北长陵立原庙，但阻止惠帝拆除复道，仍然保留了此复道。（《史记·刘敬叔孙通列传》）在未央宫和长乐宫之间架复道，跨过安门大街，显然类似今天高架桥的形式。

桂宫也有复道。《艺文类聚》引《三辅故事》："桂宫周遭十里，内有复道，横北渡，西至神明台。"又《关辅记》载，"桂宫在未央宫北，中有明光殿土山，复道从宫中西上城，至建章神明台蓬莱山"，从而使城内外两宫联系起来。

北宫有"紫房复道通未央宫"。汉哀帝祖母傅太后，"为人刚暴，长于权谋"，居北宫时"从复道朝夕至帝所，求欲称尊号，贵宠其亲属，使上不得直道行"。（《汉书·孔光传》）

2. 阁道

汉武帝"于未央宫营造日广，以城中为小，乃于宫西跨城池作飞阁，通建章宫，构辇道以上下"。带阁的飞桥即飞阁，也就是桥面上筑屋开窗的天桥。张衡《西京赋》有"钩陈之外，阁道穹隆，属长乐与明光〔宫〕，径北通乎桂宫"句，可知在建章宫、长乐宫、明光宫和北宫都有阁道，上行人、止息、观望，下可行辇车。

《史记·高祖本纪》司马贞《索隐》称："栈道，阁道也。"栈道是在绝壁上凿孔施梁铺板的道路，而阁道与复道有相近之处，即在复道上筑屋开窗。所以，严格讲，栈道上筑阁可让行人避风雨、止息，但绝不是阁道。（见图10-1、图10-2）

3. 甬道

《史记·秦始皇本纪》：秦始皇二十七年（公元前220年）"作甘泉前殿，筑甬道，自咸阳属之"。张守节《正义》引应劭曰："于驰道外筑墙，天子于中行，外人不见。"

梁孝王刘武曾想在梁邸和长乐宫之间筑甬道，"上书，愿赐容车之地径至长乐宫，自使梁国士众筑作甬道朝太后"（《汉书·邹阳传》），因遭反对，天子不许，终未实现。

"长安闾里一百六十，室居栉比，门巷修直"（《三辅黄图》），"街衢相经，廛里端直，甍宇平齐"（张衡《西京赋》），足见整齐划一的里垣之内，这些修直的门巷（即今之胡同）就是通行之道。当然，里内之道不会太宽，并行两车应该是不成问题的。

图 10-1　褒斜谷中的阁道

图 10-2　栈道

（三）城外大道

汉长安十二门之外就是所谓的"野涂"，这是以都城为中心通行天下的主干道。以郊区而言，门外大道通行指向非常明确：

东城三门中，由北而南看，宣平门及门外的大道使用频率最高，东去西往的人大都离不开此门此道。出宣平门，过石桥，经东都门（外郭门），沿原来秦通函谷关的驰道过轵道亭，再过霸桥，去霸城县；由清明门东出，有大道通向汉长安城东的士民墓区；霸城门外是低洼地带，多有农田。秦东陵侯邵平种瓜于青门外，颇有历史盛名。

南城三门中，由东向西，覆盎门外有杜门大道，去杜陵、杜城；安门内有纵贯南北的安门大街，外有大道去城南礼制建筑群，再向南，同蚀中道（子午道）相接，逾秦岭去陕南；西安门北对未央宫，出城门道通城南礼制建筑群，向西南去上林苑。

西城三门中，由南向北，章城门（便门）外大道西去，过西渭桥（也称"便门桥""便桥"，位于古沣渭交汇处附近，当今咸阳市秦都区钓台镇马家寨村西的文王嘴），是当年修茂陵的便捷之道；直城门外大道通建章宫；雍门外有道通函里，连门也称作"函里门"。章城门虽然直对便桥，但门内为未央宫，人们经行多有不便，所以多选雍门。由章城门和雍门去便桥的两条路在便桥东侧交道亭（今咸阳市秦都区钓台镇安谷村南①）交会，这里还设有市场。

北城三门，北去3里多即是渭河。汉长安城作为秦咸阳渭南新区的故地，长期以来两岸联系紧密，交往频繁，渭河上架桥，便利了南北交通，这条交通线对西汉早期的长安城具有重要作用。横门是繁华的所在，内有东西两市的商业活动，门外至横桥间"夹横桥大道，市楼皆重屋"（《三辅黄图》），从而又形成了一个商业地带。经过水上锁钥横桥，有三个方向的大道，即过棘门后东北向长陵、阳陵，或西北行，沿驰道，经安陵，下长平阪，渡泾水，至池阳宫，直驱避暑胜地甘泉宫；向东，过泾河，沿渭北大道，去栎阳宫、太上皇陵；到渭城，西北行，经孝里（即秦之杜邮），可去西汉诸陵，直接细柳（汉武帝后则多经西渭桥），沿渭河北岸大道西去甘陇。中间的厨城门和东边的洛城门之外都有大道通向渭河边，过桥即可去咸阳原上的汉诸陵。

按照等级制规定，城市的道路宽度也有一定的限制。《周礼·考工记》匠人营国，说国中"经涂九轨，环涂七轨，野涂五轨"，也就是说，城内大道可并行9辆车，环城路可并行7辆车，郊外的大路只能并行5辆车。

二、关中大道

秦时以首都咸阳为辐射中心，交通大道连接关内外的通都大邑。汉都长安虽然转移到了渭河之南，但经行的秦道并未改变。②

（一）东方大道

（1）长安—新丰—函谷关道：沿用秦通东方的主干道——驰道，从长安宣平门出

---

① 1992年，为配合西宝高速公路修建，咸阳市文物考古研究所对咸阳市钓台乡安谷村南的建筑遗址进行了考古发掘。遗址东西长800米，南北宽400米，清理出汉代建筑基址与排水设施，有五管并列的陶质水道，出土有大量的筒瓦、板瓦、瓦当等。此大型遗址位于汉西渭桥遗址（今咸阳市秦都区钓台镇马家寨村西文王嘴）之东，同宋敏求说"交道亭市在便桥东"（《长安志》）吻合，可以确认它就是汉交道亭遗址。

② 王学理：《咸阳帝都记》，三秦出版社，1999年。

发，过霸桥，经霸陵、新丰，东渡阴盘水、戏水、零水，过郑县（今华州区）、武城（今华州区东）、华阴、船司空，出函谷关。

汉修建长安城，多次"发徒隶"数万、十数万，都是从这条大道输送劳力的。西汉末，绿林、赤眉由此道攻入长安，后又由此大道退出关中。东汉初，刘秀在河南渑池、宜阳一带打败赤眉军，再沿此道先后平定了天水的隗嚣与巴蜀的公孙述，进而统一了天下。

（2）长安—栎阳—蒲津关道：由长安去高陵（左冯翊治）、栎阳有两条路线，一条由横门出发，过横桥，从渭城东北行，经兰池宫，过阳陵到达高陵；另一条出洛城门，经东渭桥到达高陵。两条路线中，后一条是主干路线。再由高陵去栎阳万年、下邽（今渭南市固市镇），渡洛河，经临晋（今大荔县朝邑镇），抵达蒲坂津。过黄河，去河东地区。

这是左冯翊境内县邑间的一条干道，是联结河东郡、太原郡和云中郡的大道，也是攻防匈奴的军事要道。秦、晋通过这条路会盟、支援、交战，书写了友好与血战的历史。秦昭王兵出临晋、蒲坂，在长平之战中坑杀赵军45万。刘邦还定三秦后，韩信率军沿此大道攻打魏王豹，本打算由蒲坂津东渡黄河，后改由夏阳渡乘木罂缶过河，袭安邑。西汉初年，反击匈奴侵扰的多次战争，汉兵多出此道。刘邦率30万大军在平城白登山（今山西大同市东）遭受平城之围七天七夜。汉武帝反击匈奴的三次大战中，第一次（公元前127年）卫青、李息兵出云中，第三次（公元前121年）霍去病率10万大军，"道出河东"，深入漠北，大败匈奴。东汉末年，董卓挟持汉献帝，也是由蒲津道西入长安的。

（二）西线大道——丝绸之路

秦时的西线大道主要是通往陇西郡和北地郡。汉武帝派霍去病击败匈奴，先后设立河西四郡（武威、酒泉、张掖、敦煌），从而打开了河西走廊通道。张骞出使西域所开辟的丝绸之路当是秦西线大道的延伸。

汉时的丝绸之路以都城长安为起点，在陕西境内西行的主干道有两条，即陇关道和萧关道。

（1）长安—陇关道：从长安的章城门或雍门出发西行，过便桥，经槐里（今兴平市）、美阳、雍县、汧县。西行50里过陇关（又名"大震关"），经天水郡、陇西郡。祁连山南北均有路，可通西域。

（2）长安—萧关道：从长安横门出，过横桥，到渭城西北行，经好畤（今乾县）、漆县（今彬县）、泾源萧关，再西去。

（三）过秦岭诸道

1. 长安—子午谷道

由长安城安门出发，经杜城，由今长安区子午街道西南入子午谷。翻越土地梁，溯沣河而上，过子午关（又名"石羊关"），到宁陕顺洵水，越腰竹岭，沿池河至石泉池河镇，西北行，过石泉，越饶峰关，到西乡县子午街道，西去洋县、城固，到达汉中，全长千余里。

走子午道的行人商旅极少，仅见少量与军事活动相关的记载。鸿门宴之后，刘邦由此道去就汉中王。西汉末，王莽修凿子午道，并设立子午关。（见图10-3）

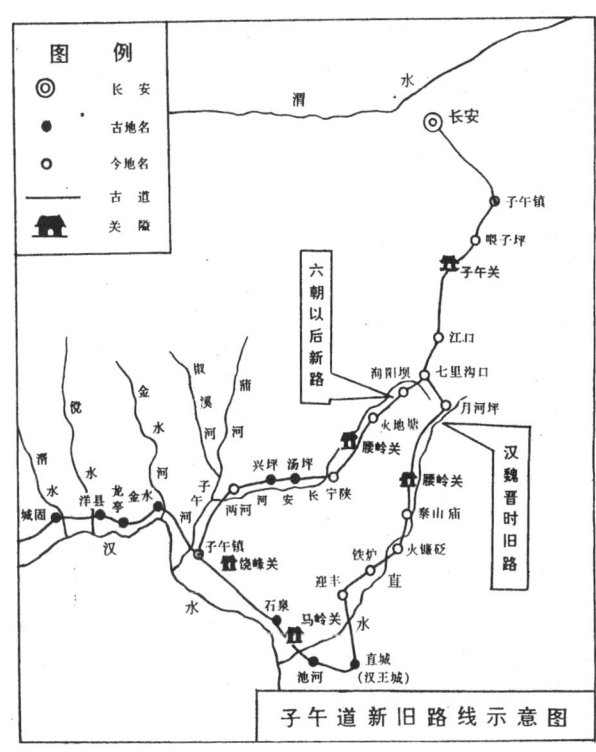

图 10-3　子午道新旧路线示意图
（选自《西安古代交通志》）

2. 长安—眉县—褒斜道

这是一条利用褒、斜二水穿越秦岭的古道。汉时由长安走西行干道过渭河，入山的北口在眉县西南，由斜峪关入斜峪（见图10-4），溯斜水南行至太白县境，经留坝，出山的南口在汉中市北褒城石门，南下汉中。全长约250公里。

褒斜道是过秦岭诸道中开辟最早的一条，历史地位也最为重要。周人"伐蜀"（周原甲骨文）、巴蜀之师随武王

图 10-4　进入斜峪

伐纣（《史记·周本纪》），就是此路贯通的证明。秦惠文王遣兵伐蜀，拓宽道路，"栈道千里，通于蜀汉"。汉武帝曾大力整修褒、斜二水，拟漕运，终因水流湍急而作罢，但把陆路和栈道修治得宽阔平夷。东汉顺帝令益州刺史罢子午道，再整修褒斜道。三国时诸葛亮六次出兵伐魏，其中有两次是经褒斜道到达关中。建兴十二年（公元234年），以木牛流马运米到斜谷口邸阁，当同此前的整修道路有关。

自汉之后，褒斜道时或堙塞，屡有修复。斜谷道在五代以来失修，自褒谷北上者多走故道出散关达宝鸡。

3. 长安—周至—骆谷道

骆谷道固然近捷，但翻越的分水岭有六七个之多，山高谷仄路陡是其地理特点。此道未见于秦汉文献，只有《三国志·曹爽传》提到伐蜀的事。此道从长安出发，经户县，由周至西骆峪入山，循骆峪河，过官岭梁，入陈家河河谷，越老君岭，再入八斗河河谷、大蟒河河谷，登父子岭，下至厚畛子。西南行，越秦岭，进入湑水上游，到洋县，沿汉江北岸至汉中。

4. 长安—陈仓—故道

自陈仓（今宝鸡市东）西南行，渡渭河，溯清江河出散关（宋以后习称"大散关"，位于宝鸡市西南秦岭正脊北坡），越秦岭，沿故道水（今嘉陵江上游）河谷西南行至今凤县，折向东南，过柴关岭，经留坝县，入褒河谷，与褒斜道南段重，抵达汉中。

《史记·河渠书》记载："抵蜀从故道，故道多阪，回远。"陈仓道虽然路程较其他诸道要远一些，但沿途坡道较缓，易于车马行走。公元前206年，刘邦"明修栈道，暗度陈仓"，即由汉中出发，走故道，突入陈仓，还定三秦。

在关中通往陕南、四川诸道中，子午道全长千余里，其里程之长，仅次于故道而超过傥骆道、褒斜道和连云栈道，穿行山间的谷道竟达到440公里。道路崎岖，沿线居民稀少。所以，它在蜀道北段各线中利用率是比较低的。秦汉时期，四川、汉中对首都的物资供应，多取褒斜道和故道而不取子午道。

（四）长安—蓝田（武关）道

长安—蓝田（武关）道开辟于商末周初，秦称"武关道"。由汉长安城宣平门出发，东过霸桥，南行，经蓝田县，向东南，上七盘岭，绕芦山北侧，经六郎关，过蓝桥，溯蓝桥水，经今商州区牧护关，过秦岭。沿丹江北侧东南行，过武关（今丹凤县东南），去南阳郡。

武关道是秦、楚交往的重要通道，是秦汉时期首都同东南地区联系的重要枢纽，发生了很多有关经济、文化和军事的大事。秦始皇四次出巡东方，其中有两次是走武关道的。在亡秦战争中，农民起义军宋留率兵定南阳，入武关。刘邦也是领兵至丹水（今河南淅川县），破武关，战蓝田，至霸上，于轵道受降。西汉末，绿林军过武关，后入长安。

（五）长安—云阳—甘泉御道

秦始皇在今淳化县甘泉山南麓筑有林光宫，汉建甘泉宫。两代皇帝于每年的夏秋两季来此避暑并处理国家大事。从长安去甘泉宫的经行路线是：出横门，走横门大道，过横桥，穿秦时的冀阙之道，西北行。过安陵邑、长平观，行约3里，下长平阪（唐宋后名"睦平阪"），过泾河，经池阳，入谷口，过梨园、云陵，直驱甘泉宫。后接秦驰道去朔方郡的五原。

第二节
漕渠与水运

一、关东漕粮之难

楚汉战争中，萧何守关中，"计户口，转漕给军"，"汉与楚相守荥阳数年，军无见粮，萧何转漕关中，给食不乏"。（《史记·萧相国世家》）如果说在战乱破坏、经济困乏时关中还能筹粮支援前线的话，在汉定都长安之后，情况就不同了。随着都城规模增大、人口膨胀，粮食的消耗数量之大，已不是关中一个地区能够满足其供应的。大量的粮食需求，只有仰仗于关外了。所需粮食数量逐年不断地增加，高祖时"漕转山东粟，以给中都官，岁不过数十万石"（《史记·平准书》）；至武帝时，每年从关东漕往关中的粮食从"百余万石"（《史记·河渠书》）到"四百万石"（《史记·平准书》），元封年间竟达到了"六百万石"（《汉书·食货志》）。直至宣帝时，仍保持在400万斛左右。（《汉书·食货志》）如此庞大的年供给量，不能不靠漕转运输。

关东粮运一开始受地理条件与运输工具的限制，并不能走旱路，必须溯黄河而上，通过晋豫间的黄河入三门峡河段，后入渭河逆流而上，再运抵京都。三门峡固然是古代漕运转输的必经之道，但向来被视为通航的一条险途。水道狭窄，礁石嶙峋，鬼门岛、神门岛、人门岛、张公岛、砥柱山和梳妆台等6个石岛，碰撞着急速奔腾的黄河之水，形成了险峻的"三门"（中神门、南鬼门、北人门）。三门中"惟人门修广可行舟。鬼门尤险，舟筏入者罕有得脱"（《陕州志》）。船只在浊浪排空、回流暗礁中左冲右突，即使是经验丰富的船工也难有十分的把握。郦道元在《水经注》中也说："自砥柱以下，五户已上，其间百二十里；河中竦石桀出，势连襄陆，盖亦禹凿以通河，疑此阏流也。其山虽辟，尚梗湍流，激石云洄，濎波怒溢，合有十九滩；水流迅急，势同三峡，破害舟船，自古所患。"

破害舟船，粮食倾覆，大大影响了京都的供给。为了减轻三门峡航道的压力（"欲省底柱之漕"），提高漕运效率，汉武帝曾接受河东太守番系的建议，动员数万人对汾河开渠灌溉，但因河流改道，种渠田却连种子都收不回来。后来，又有人上书，即派张卬为汉中太守，动员数万人开褒斜道500里，欲使"汉中之谷可致，山东从沔无限，便于砥柱之漕"（《史记·河渠书》），结果却因水浅石湍不便漕运而停止。

二、并渭漕渠

漕运关东之粮，船行黄河三门峡是个绕不开的坎，为节省运程，人们就在渭河上打主意，这就使西汉兴起了一项穿漕渠的工程。据《史记·河渠书》记载："是时郑当时为大农，言曰：'异时关东漕粟从渭中上，度六月而罢，而漕水道九百余里，时有难处。引渭穿渠起长安，并南山下，至河三百余里，径，易漕，度可令三月罢；而渠下民田万余顷，又可得以溉田：此损漕省卒，而益肥关中之地，得谷。'天子以为然，令齐人水工徐伯表，悉发卒数万人穿漕渠，三岁而通。通，以漕，大便利。其后漕稍多，而渠下之民颇得以溉田矣。"漕渠起自长安东到渭河入黄河之口，只有300里，不但少走弯道600里，而且通航期从过去每年6个月缩短到3个月，既便于漕运，又可灌溉，是一项利国利民之举。

文献中提到漕"渠起长安，并南山下，至河三百余里"，实际情况是：武帝元光六年（公元前129年），开凿漕渠起自灞河，经今西安市灞桥区新筑街道、临潼区新丰街道、渭南市华州区，至华阴市三河口进入渭河。

关东漕粮到灞桥后，距太仓还有一段距离，而且漕渠的水量有限，制约了运输。待元狩三年（公元前120年）修成昆明池后，得到昆明渠水的接济，漕渠水量大增，情况才有了根本的改观。漕渠向西延伸至都城之南，使漕船直驶城下，粮入太仓。据《水经注》记载，昆明渠水引自昆明池，东经河池陂，北与沈水合，经汉长安城南礼制建筑群和博望苑南，转向北，经霸城门外，会沈水支渠，又分为两支，其中一支北流入渭，另一支向东横绝灞水，与漕渠相接。在今汉长安城遗址东，以及西安北郊的张家堡、魏家湾、车家堡、河止西等，还留有漕渠的遗迹。据《中国文物地图集·陕西分册》载：在今西安市灞桥区新合街道和临潼区西泉街道都有漕渠遗迹。漕渠略呈东西向，自灞桥区新合街道的万盛堡向东偏南，经陶家村、田鲍堡、新合，向东与临潼区的并渭漕渠遗址相接，再由椿树村向东，经唐家村至周家村，全长4公里，地势低洼，当地人仍称其为漕渠，沿线还有少量绳纹板瓦、筒瓦的发现。[①]

鉴于河、渭漕运数量巨大，渭水70%以上的径流量集中在夏秋两季，航运的季节性制约了每年数百万石的漕运量。于是，除一部分漕粮直接被运至长安外，其余的漕粮储藏在渭水入黄河之口处。汉政府在这里设立了船司空县（今华阴市东北），并在附近建立起华仓（京师仓），从而形成了一条"敖仓—华仓—太仓"的转运路线。如此一来，"诸侯安定，河渭漕挽天下，西给京师。诸侯有变，顺流而下，足以委输"（《史记·留侯世家》），使之具有控制全局的作用。就方便漕运而言，船司空位于河、渭两水的交汇之处，必然成为这一漕运系统的中转站。

三、澂邑漕仓与洛渭漕渠

今蒲城县洛滨地区，地势平坦开阔，土壤肥沃，自古以来就是一片土壤肥沃的农耕区。春秋以及秦汉，这里都是京师粮食的供给地。

今洛滨镇西头村东侧，当洛河西岸的二级台地，原属春秋时期晋国的北澂（又作"北征"）。秦康公四年（公元前617年）夏，秦"取晋北澂"，设县，汉因之，并设立漕仓。澂邑漕仓遗址的范围很大，南北长约3公里，东西宽1.5～2公里，中心区发现有夯土基址、石柱础、陶窑、建筑文物与生活器皿陶片。瓦当中有"澂邑漕仓"文字瓦当，说明该遗址属于汉代漕仓。

洛渭漕渠是利用古代洛河泛滥流经的河道，再加人工开凿而引洛入渭的渠道。（见图10-5）引水口在洛河大弯右侧的铃

图10-5 洛渭漕渠示意图
（改彭曦图）

---

① 国家文物局编：《中国文物地图集·陕西分册》，西安地图出版社，1998年。

铒镇北城南村东约450米处，经南城南村、焦家庄、太丰村、渭南市临渭区北志道村和南志道村，过官路镇东、来化村，至孝义镇的单家岩汇入渭河故道，全长32公里。人工掘开沿线20多个古代湖泊洼地，进而串连成漕渠，因此宽度不一，最宽处达70多米，最窄处只有25米，原深4米。①

并渭漕渠的全线贯通，加之关中粮储与漕运，这就大大保障了都城长安的粮食和其他物资的供应，也为汉武帝三次征伐匈奴与修建建章宫提供了资费。

四、水运航行

（一）航运

长安固然有八水环绕，但适宜航行运输的只有渭河，并且只限于夏、秋两季。渭河航运开始的时间很早，宝鸡北首岭仰韶文化遗址出土有红陶船形壶，腹部黑，绘斜方格网纹。这既是一件船形雕塑与彩绘巧妙结合的艺术品，又是原始人类驾舟结网捕鱼生活的真实写照，从另一个侧面反映了距今5000年左右的渭河上古时代确有舟楫的活动。

古代的渭河流域，森林茂密，有良好的植被，发挥了蓄养水源和调节气候的作用，保障了水质的清澈和流量的充沛，而且具备通航的能力。春秋战国时期到秦统一，渭河上的船只可以说是多种多样的。除了小渔舟、民间的小木船，还有官家的游船和大船。公元前647年，晋国遭受旱灾，秦穆公本着"其君是恶，其民何罪"的博大胸怀，派送粮食接济。船漕车转，"自雍及绛相继，命之曰汎〔氾〕舟之役"（《左传·僖公十三年》《史记·秦本纪》）。从秦的雍都载粮上船，发自陈仓的渭河码头，顺流而下，入黄河后北上，再溯汾水，运抵晋国的绛都（今山西翼城县）。浩浩荡荡的运粮船队来往于渭、河、汾的水道上，规模之大犹如一次泛舟战役。渭河水量之大，宜于行舟，"漕挽天下"的能力可见一斑。（《汉书·张良传》）秦统一六国之后，渭河依然是通关东陆路之外的一条辅助线。

楚汉战争期间，萧何利用渭河、黄河水道通航的便利，"转漕关中，给食不乏"，保障了兵源和物资的后勤供给，最后打败了项羽。

汉武帝元光六年（公元前129年），开凿漕渠，转粮京师。但因泥沙淤塞，漕船仍需依靠渭河水道。

开凿的昆明池是用来训练水师的，也制造有各类军用船只，当中就有载着军械与士

---

① 彭曦：《陕西洛河汉代漕运的发现与考察》，载《文博》1994年第1期。

卒的大型战舰——楼船，其"高十余丈，旗帜加其上，甚壮"（《史记·平准书》）。汉武帝去河东郡祭祀后土时，曾在船上作过一首《秋风辞》，其中有"泛楼船兮济汾河，横中流兮扬素波"句，可见当时不但昆明池有昆明渠同漕渠、渭河、黄河、汾河相通，而且渭河上也有大型的船舰往还。

（二）津渡与码头

长安北门外固然有几处渭河桥，但沿线仍设立多处渡口，从而方便船只的起航、停泊与两岸的摆渡。由于渭河的北移，其遗址今已无踪迹可寻。

漕船到达长安南郊，卸载漕粮，此地成为一处天然的专用码头。

处于今华阴东9公里三河口的京师仓，北去400米，有一槽形凹地，向西延伸到华州区境内，长达40公里，地下水位很高，当地人称"二华夹槽"。实际上，这就是漕渠遗迹。① 瓦碴梁上有仓城，城内有京师仓。城西北转角处有水道等建筑遗物，当是漕船停靠装卸的码头。京师仓作为中转性质的粮仓，前又有长安—函谷关大道通过，可说是水路、陆路两便。每年夏秋季节，渭水、漕渠水运畅通，漕船装粮可转运长安。但当水运受阻而京都急需粮食时，也可利用牛车由陆路转运。

2004年，在凤翔西南15公里处长青镇孙家南头村西、汧河东岸的台地上发现了一处西汉时期的仓储建筑遗址。这里距汧河只有300米，离汧水注渭河的入口处也不远，据此推断此处当有一个大型的码头。此处码头开辟的时间可能比较早，春秋时期秦国济粮给晋国，用大船载粟，估计也是从这里出发的。

蒲坂津曾是匈奴沿汾水谷地南行、渡黄河进入关中的重要渡口，也是汉朝反击匈奴，走临晋关、河东郡的重要通道。渡口设在汉临晋县（今大荔县）东的黄河上，也是蒲津关（先后有临晋关、蒲坂关、河关和蒲坂渡等名称）的所在。

在蒲坂渡（临晋关）之北约40公里，黄河上有夏阳渡（在今合阳县东20公里的夏阳村东）。1975年，关中东部抽黄灌溉工程开始，合阳县新池公社民工在夏阳村西齐王坪崖下施工时，于一土窑内发现陶罂缶30余只。据鉴定，均系渡水工具，后收藏于县文化馆。② 这些陶罂缶是否为汉韩信袭击安邑（今山西夏县）俘魏王豹时渡河的遗物？

由合阳的夏阳渡沿黄河上溯20公里，是又一处夏阳渡，地当今韩城市南10公里的芝川镇东少梁村东。这里黄河水流平缓，河面宽约7.5公里，西汉武帝、宣帝、元帝、成帝

---

① 马正林：《渭河水运和关中漕渠》，载《陕西师大学报》（哲学社会科学版）1983年第4期。
② 王志纯：《韩信木罂渡军究竟在何处？》，载《陕西地方志通讯》1993年第5—6期。

均在此处渡河去汾阴脽祭后土。此渡口今名"芝川渡"（又名"少梁渡"）。

五、水运管理

水运、水利一直都受到汉中央政府的重视。太常、司农、执金吾、内史等机构中都设有都水长丞一职。九卿分工很细，但互相交叉又多。汉武帝简化都水官，在京师只设左右都水使各一人，总领全国的河渠、水运政令，此职位一直持续到汉哀帝时才撤销。

据《汉官解诂》记载，汉中央政府主管漕运事务的官员是大司农，同主管"财帛运输"的尚书郎在职责上互有交叉，又各有重点。前者漕运的货物主要是粮食，后者主要是贡赋的转运。

水衡都尉虽位于九卿之末，但职责范围也相当明确。其下属同水运有关的官员，均输令丞负责各地财赋的水陆转输；水司空长丞负责河道、漕渠的维护、修治等水利工程；辑濯令、都水长丞和楼船官虽然都主管造船，但因造船种类的不同而有所区别。

漕河沿线的地方官员负责辖境内的河道治理与航运事务的管理。

民间船只是通过征收船税进行管理的。《汉书·武帝纪》记载：汉武帝元光六年（公元前129年）"初算商车"。李奇注："始税商贾车船，令出算。"规定"轺车以一算，商贾人轺车二算；船五丈以上一算"（《史记·平准书》）。轺车一乘、船五丈作为一个计算单位，一算为120钱，一年算一次。

第三节
桥梁

一、长安渭水三桥

长安城北三门之外的渭河上，有好几处古桥遗址。最早的秦桥名"渭桥"，西汉在渭南建都长安后，因此桥南对着横门，就改名"横桥""横门桥""石柱桥"。自从汉在城西渭水上建造了西渭桥、在洛城门外的渭水上建造了东渭桥之后，横桥才有了"中渭桥"的称呼。于是，长安三座渭桥就合称为"渭水三桥"。

渭水三桥中，以横桥建造时间最早，延续时间也最长。

（一）中渭桥

1. 关于横桥的文献记载与探索

（1）建桥时间

秦定都咸阳之后，关于渭河上建桥的具体时间正史失载，杂记上有两种说法：其一，"秦于渭南有兴乐宫，渭北有咸阳宫，秦昭王欲通二宫之间，造横桥，长三百八十步"（《史记·孝文本纪》索隐引《三辅旧事》）；其二，"渭桥，秦始皇造，跨渭水为桥"（《玉海》）。

由此可见，在咸阳这段渭水河道上建桥始于秦昭王时（公元前306—前251年），秦始皇时（包括秦王时，公元前246—前210年）只是进行了增修与扩建。其规模之大，气势之雄伟，虽然经过了2000多年，仍令唐诗人杜牧发出了"长桥卧波，未云何龙？复道行空，不霁何虹？高低冥迷，不知西东"（《阿房宫赋》）的赞叹。

（2）横桥结构与技术特点

据《三辅黄图》载："桥广六丈，南北二百八十步，六十八间，八百五十柱，二百一十二梁。桥之南北堤，激立石柱。"①《三辅旧事》作"桥广六丈，三百八十步，六十八间，七百五十柱，百二十二梁"（今本作"二百一十二梁"，《长安志》引作"二百二十"，《玉海》引作"百二十"），桥之南北有堤，激立石柱。柱南京兆主之，柱北冯翊（《初学记》引《三辅故事》作"右扶风"）主之，有令丞各领徒千五百人（《水经注·渭水》亦引作"千五百人"），桥之北首垒石水中。

桥的主要参数在各书或引文中大致相同，但桥的长度有"二百八十步"与"三百八十步"的区别，桥面宽度也有"六丈"与"六尺"的不同。想来，长达"三百八十步"的桥，宽仅"六尺"是难于容载车马的，当以"六丈"为是。按秦"六尺为步"，1尺合今0.231米，经折算结果是：

横桥长度：0.231×6×380=526.68（米）；

横桥宽度：0.231×60=13.86（米）。

《三辅旧事》与《三辅黄图》所记无疑都是汉之横桥，但也都承认汉承秦制在渭桥上所体现的这一事实。内蒙古和林格尔东汉墓壁画上的"渭水桥"，也为研究提供了形象的凭借。②

图10-6 渭水桥（内蒙古和林格尔汉墓壁画）

图10-7 渭水桥（中部）

和林格尔渭水桥壁画的梁下有"渭水桥"榜题，桥上的车骑间有"长安令"三字，说明表现的是汉长安之渭水桥。（见图10-6、图10-7）这座中渭桥在东汉末年董卓入关后被焚毁。后经曹操重修，桥面从原来的"六丈"减成了"三丈六尺"，桥头之忖留石像也坠毁水中。而"渭水桥"壁画所绘，一定是董卓未焚之前的横桥形象。其结构是一座多跨的梁式桥，在每跨的端点各有4根并排的立柱，柱上施两

---

① 据《二酉堂丛书》张澍辑本，引《三辅旧事》和《三辅黄图》两书，数字有出入，今改从后者："横桥，秦造，汉承秦制，广六丈，南北三百八十步。"

② 盖山林：《和林格尔汉墓壁画》，内蒙古人民出版社，1977年。

跳斗拱以承托木梁，梁上横铺木板，再在桥面两侧立以护栏。因为这幅壁画是绘在拱形的券洞顶部，本来是平直的桥身却变成了带有斜形的边跨。当然，这是不符合历史实际的。虽然它没有表现更多的间跨，也不见两岸的堤或石柱，但整体间架结构还是比较清楚的。若结合山东、苏北的画像石以及成都的画像砖，可知此类多跨的梁式木桥在当时是很普遍的。

横桥工程所显示的技术特点有以下几点：

第一，它是一座多跨的木排架梁式桥，跨数多达68跨（间），总长度526.68米，比现在咸阳市南渭河上的钢筋水泥公路桥——咸阳市一号桥还多出80多米。这在世界桥梁建筑史上也是少见的。

第二，桥腿固然用木柱，但在激流中立有石墩（或称"铁镦"），增加了横桥整体的稳定性。①

第三，"桥之南北有堤"，即桥所在的渭河两岸砌有护岸堤。因为渭水流经黄土及沙壤地带，质地异常疏松。采取砌堤护岸措施，以防浪涛侧蚀，对稳定桥基具有重要作用。这是黄土地带建桥经验的积累和创造，对后世有深远的影响。至今在桥梁、码头和水利工程中，砌筑泊岸的做法都应看作是对古代优良传统的借鉴。

第四，"桥之北首垒石水中"，桥南也应如此。渭河河床是缓沟状，两岸不是壁立陡峭而是具有较宽的河漫滩。和林格尔汉墓壁画上，在桥的中段水流翻浪并有行船竞渡，而两端河滩宽，花木扶疏，反映了当时的真实状况。正因如此，在桥之两端垒石做引桥，势所必然。

第五，桥面宽"六丈"（合今13.86米），接近我国现代大中城市内四车道的城市桥梁设计要求（15米）。它不但便利了南北市民的往来，更主要的是还有一条御道。可惜的是，画面上没有表现出"阿房渡渭"的复道和甘泉宫通咸阳的甬道。

（3）位置考索

横桥因汉长安城有横门而得名，两者相去当然不远。

---

① 《水经注·渭水》："秦始皇造桥，铁镦重不胜，故刻石作力士孟贲等像以祭之，镦乃可移动也。"《太平御览》引文同此。《三辅旧事》："桥北垒（立）石水中，旧有忖留神象。"传说此像是鲁班用脚画出的，这实际是出于后人对这一雄伟工程的赞颂。

传说用铁镦，笔者以为不是不可能的。在高陵耿镇白家嘴村西南发现的唐东渭桥遗址中，见到用木桩联结做桥墩，周围皆以青石条和卵石围砌，再以铁汁浇灌，使之凝结成一个整体。而相邻的两石条之间，则以铁栓板连接，这大概就是所谓的"铁镦"。

汉都长安是在秦都咸阳南区的基础上建立起来的城市。渭北秦的诸多宫室在秦末战火中遭到不同程度的毁坏，渭南幸免于难的秦宫就成了汉家利用、扩建的对象。秦汉两都的中心区隔渭水南北相对，这就说明汉不仅利用秦的旧宫，而且对秦的交通大道、关梁渡口也是一仍其旧。横桥北对秦咸阳的冀阙宫庭——咸阳宫，南入横门，穿过华阳街，直达未央宫。

《三辅黄图》："长安城北出西头第一门曰横门。门外有桥曰横桥。"《汉书·文帝纪》苏林注：渭桥"在长安北三里"。汉长安故城的横门遗址在今西安市六村堡街道办相家巷村东、关庙村北侧。由此北去3里（魏制，即今1300.68米），就是横桥南端的桥头。中国社会科学院考古研究所汉城工作队在横门外探出一条长1250米的大道，再向北是淤沙堆积，不见路土，说明已经到了秦汉时期的渭河南岸，路迹长度接近3里也表明时人观测之准确。①

渭水移动的趋势是南进北退，因而河床向南让给了沙滩，再变成陆地。于是，经过2000多年之后，就出现了今日可大面积种植的草滩农场。而秦时北岸将近4公里的广阔地域却沦为河底。不过，今咸阳市窑店镇东龙村东150米处还残存着一段南北向的秦大道遗迹，保存在地下1.4米深处，路土厚30厘米，路面宽50米。该路段向南过渭河，同横门外大道相接，直对汉长安城横门遗址；北端直指牛羊村的秦冀阙宫庭遗址。这些足以说明它就是秦汉时期经过横桥、连接渭河南北的交通大道，为探寻横桥的具体位置提供了方向性的线索。

2. 汉长安城北渭水桥的考古成果

2012年4月，群众在取沙时发现有古桥木柱露出。中国社会科学院考古研究所、陕西省考古研究院与西安市文物保护考古研究院联合组成渭桥考古队，对汉长安城遗址北侧、渭河南岸的西席村、高庙村古桥进行调查，发现有3组7座秦汉时期的木梁柱多跨平桥。②

---

① 渭河在秦汉时代的长安段流径偏南。三国魏人苏林说渭桥"在长安北三里"是可信的。东汉1里合今433.56米，3里也不过1300多米。据《汉书·成帝纪》载：建始三年（公元前30年），渭水涨溢，虎上（河边的地名）的小女子陈持弓急入横城门，误入"未央宫钩盾中，吏民惊上城"。一个小女孩急入未央宫，倾城受惊，占据高地，足以说明渭水距汉长安城横门不远，水面同汉城的高差也不是很大。而现在的渭河经过2000多年，已经北移了5公里以上。

② 渭河桥的最新考古资料见《秦汉渭桥遗址为同期世界最大木桥》，载2013年1月25日《陕西文化遗产》。

该组古桥根据发现的时间顺序依次编号。西席村北有4座桥，东西并列。向南正对汉长安城厨城门，故称为"厨城门桥"。厨城门一号桥居中，其西200米处为厨城门二号桥，向西80米左右为厨城门四号桥，一号桥东220米处的另一座桥则为厨城门三号桥。位于高庙村北的古桥，正对着汉长安城北墙的洛城门，故称"洛城门桥"。截至2013年12月下旬，渭桥考古队已对厨城门一号桥、三号桥和洛城门桥开展了考古勘探与发掘，各项发掘工作目前尚在进行之中。

（1）厨城门桥

厨城门一号桥发掘面积1200平方米，知桥为南北向，长880米，两侧桥桩间距约15.25米（约合秦汉6丈6尺，是推算桥宽度的参考系）。出土木桥桩约70根，大量五边形石构件及半两、五铢、"大泉五十"铜钱，少量唐"开元通宝"、"乾元重宝"及宋"皇宋通宝"、清"康熙通宝"等钱币，还有绳纹板瓦、筒瓦、青砖块等。石构件上的刻文有"第四""第五""官""官石""夏德石"等。桥桩顺河流方向东西排列，间距不等，南北两排桥桩间距为3～7米。桥桩材质系桢楠、铁杉、圆柏等。经碳-14测年，此桥建于战国时期，历经秦、汉，沿用至唐、宋，前后沿用1000余年。至于"康熙通宝"铜钱的出现，说明渭河的主河道从有文献记载的秦至清代中晚期，都没有大的变化。（见图10-8）

图10-8　厨城门外渭河古桥（发掘中）

厨城门三号桥发掘面积460平方米，该桥为南北向木梁柱桥，其东西两侧桥桩间距8.3米，南北桥桩间距6～7米。由于发掘区南北两侧多为建筑或现代垃圾堆置，无法开展考古勘探与发掘。在发掘区东北，发现了一条绳索，长约12米，直径0.048米，蜿蜒埋于沙层中，西端系在一木梁上。桥桩周围堆放着大量卵石，当为护桩之用。堆石残留有铁榫迹，可知原用铁网络罩住。在卵石之间的沙层中，包含有较多的绳纹瓦片、青砖残块、钱范残块、陶器残片、褐釉瓷与青花瓷残片。

由测年知，四号桥建于战国晚期，三号桥为唐代所建。

（2）洛城门桥

该桥位于高庙村北，桥址南距洛城门750米，西距厨城门桥1700米。发掘面积500平方米，南北向，长度不明，已发现东西3排桥桩，相邻两排的间距有9～10米。东西两侧桥桩间隔15米左右，当是桥宽不小于此数。采集到较多的汉代板瓦、筒瓦及"U"形铁构件。此桥始建时间当晚于厨城门一号桥，由于受水流影响，毁坏严重，推测使用年限在秦汉至北朝时期。

（二）西渭桥

《汉书·武帝纪》载：建元三年（公元前138年）为预筑茂陵，除给徙居茂陵的移民按户赐钱20万、田2顷之外，另一个预期工程是"初作便门桥"。

这座便门桥，因前有横桥，且位置偏西，故而习称"西渭桥"。因桥在唐的咸阳境内，又称"咸阳桥"。唐李吉甫《元和郡县图志》、北宋乐史《太平寰宇记》及宋敏求《长安志》都说西渭桥在（唐）咸阳西南，而这只是两个点的相对位置。东汉末年的大学者苏林说桥"去长安四十里"，应当是指汉长安城正西的距离。若按颜师古所说"其道易直"（即便捷端直）来看汉长安到西渭桥这两个点，那么起点为便门就必须准确。但是便门存在三说，或指汉长安城的横门，或说是章城门，或说是西安门。揆情度理，可以看出其中的横门和西安门是一北一南，都非易直，显然应该排除。证之以《水经注》"便门桥，与便门对直"，那就只有章城门了。由章城门向西40里，就应当是便桥的所在。另外，《三辅黄图》说汉细柳仓在便门桥西端。若联系章城门、便桥与细柳仓三者的相对位置与距离，在地面上寻找西渭桥就有了线索。

实际上，古人对西渭桥的地貌已经进行了标志性的描述。《水经注》："渭水又东与沣水会于短阴山内〔西〕，水会无他高山异峦，所有惟原阜石激而已。水上旧有便门桥，与便门对直。"这是北魏时郦道元看到沣水入渭口在短阴山西的情况。宋敏求《长安志》说沣水从长安区马坊村入咸阳境，至宋村合于渭水。20世纪，诸位学者经实地勘察，认为沙河上游在今西安市长安区斗门镇北马王村与沣河相接，西北流至咸阳市秦都区钓台镇马家寨村西的文王嘴入渭。今沙河就是沣河的故道，长约10公里。1958年在河床两边筑起防洪大堤，沙河就成了渭河的退水渠。

在今咸阳市秦都区南寺村至市东南角，渭河总体呈西南—东北流向。数千年来，由于土质坚硬，未受渭河侧蚀的影响，故河床固定，没有发生向北的移动。在群众中流传着"张飞鞭镇住渭河水"的说法，固然不可信，但南自马家寨北到曹家寨段的渭河两岸有不少新石器时期与周、秦、汉代遗址，即是这段河床固定未变的注脚。而沣河入渭处东侧的文王嘴，是高出地面5米多的红胶泥土质与礓石混合台地，也符合"原阜石激"的地貌。那么，这里应当就是短阴山（短阴原）。至于原来沣河入渭之处在咸阳西南，后转入东南，那就是沧海桑田的结果。

沣、渭之水汇合在短阴山（文王嘴）之西，1929年和1949年在河里均发现木桥桩。1978年枯水季节，在河床内暴露的桥桩有6根并排的。多位学者经调查与研究，认为马家寨西北渭河东岸的文王嘴一带就是西渭桥桥址。①其根据是文献记载与考古发现完全吻合：

首先，东距对直的汉长安城章城门（便门）33里，折合汉制40里。方向、里程与苏林"去长安四十里"之说相同。

其次，文王嘴对岸的过唐村东南有细柳仓遗址，同《三辅黄图》"古徽西有细柳仓"记载一致。

最后，在文王嘴古桥遗址之东的安谷村南发现了汉交道亭遗址，证实了《长安志》"交道亭市在便桥东"记载的准确性。

（三）东渭桥——洛城门外渭水桥②

该桥位于高庙村北，桥址南距洛城门750米，西距厨城门桥1700米。发掘面积500平方米，南北向，长度不明，已发现东西3排桥桩，相邻两排的间距为9~10米。东西两侧桥桩相隔15米左右，当是桥宽不小于此数。采集到较多的汉代板瓦、筒瓦及"U"形铁构件。由于此桥受水流影响，毁坏严重，推测使用年限在秦汉至北朝时期。

过去学者多以为高陵区耿镇白家嘴西南100米处的古桥遗址为秦汉时期的东渭桥，实际上那是唐代长安渭河上的三桥之一，不应与汉代的东渭桥相混淆。

《史记·孝景本纪》："五年（公元前152年）三月作阳陵渭桥。"这是把修建长安渭河桥当作筑阳陵的前期工程进行的，这也说明东渭桥始建于汉景帝五年。在此之

---

① 孙德润、李绥成、马建熙：《渭河三桥初探》，见《考古与文物》编辑部编：《陕西省考古学会第一届年会论文集》，1983年；曹发展：《渭桥沣桥辨》，见西北大学文博学院编：《考古文物研究——纪念西北大学考古专业成立四十周年文集（1956—1996）》，三秦出版社，1996年。

② 渭河桥的最新考古资料见《秦汉渭桥遗址为同期世界最大木桥》，载2013年1月25日《陕西文化遗产》。

前，汉文帝自代地入长安登基时至高陵休止，并派宋昌先到长安观变，随后再入长安，都是走渭桥（即横桥），说明此时尚无东渭桥。当阳陵选址定在咸阳原的最东端时，鉴于地处都城长安的东北方向，若进出横门和厨城门外的渭桥都偏远不便，若向东绕到灞河之东，再折回长安城，那更无必要，所以为了进料与施工的方便，只有选近处建新桥，这才有了长安城洛城门外的渭水桥。至于汉文帝休止的高陵，那是秦孝公设的县，位于汉长安的东北，当今高陵区西南。①从高陵进入长安，仍然要过泾河桥、渭桥，绝少绕到东面的宣平门、清明门。由此就可以理解景帝"作渭桥"的必要。

笔者的见解是：秦汉时期长安渭水三桥之一的东渭桥，实际上就是洛城门外的古桥，也就是汉景帝时期所修筑的渭桥。

二、潏（洨）河桥

潏河古名洨水（皇子陂以下一段），发源于长安区秦岭北坡的大义谷（大峪口），是西安地区最负盛名的河流。潏河在香积寺附近分为两支，一支西流入滈水，谓之洨水（又名福水），西流到秦渡入沣河；另一支为潏河的正源，向北流，改名皂河（即潏河的下游），经樊川（杜曲到韦曲间10余公里的河谷盆地），过皇子陂、杜城、阿房宫东，在汉长安城西南角沿西墙外北向流，到章城门附近分水，主流一支北流，另一支以飞渠形式东入长安，成为"明渠"；主流到直城门南又分为两支，分水西入建章宫，主流继续向北，到长安西北角，又从北入渭河的主流中分出一支东北流入藕池，称为"洨水支津"。

洨河在汉长安城西南角形成一段东西流向的弯道。2004年9月，在西三环东辅道穿越陇海铁路涵洞工程中发现木桩，经西安市文物保护考古研究院勘定，属于一处古代木桥遗址。2005年8月开始清理、勘探，至2007年4月，又发现一处古桥遗址，前后两处遗址分别编号为"一号古桥"、"二号古桥"②（见图10-9）。

两处古桥遗址位于西安市西北，建章路以东，陇海铁路南，新皂河西岸，地处西安市未央区三桥街办湾子村东北约200米，东距汉长安城西南角约400米。两座桥原来是架在东西流的洨河之上，相距90米。

---

① 《括地志》："高陵故城在雍州高陵县西南一里。"
② 西安市文物保护考古研究院：《汉长安城洨水古桥遗址发掘报告》，载《考古学报》2012年第3期。

两座木桥是跨越沇水的南北向大桥，应是为了从秦都咸阳渭南新区到汉长安城进入上林苑而建。

三、霸桥

霸水由汉长安城东南蓝田谷中流出，从西安东侧北流入渭。在古代，因流量巨大，列为关中八川之一，本名"滋水"，秦穆公为显示霸功，故而改作"霸

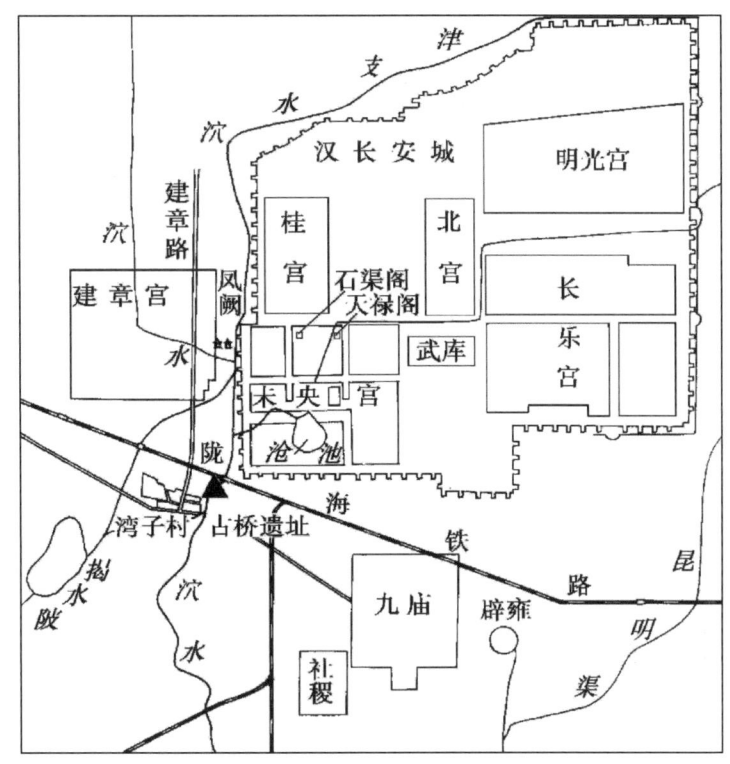

图 10-9　古桥遗址位置示意图

水"。丰镐、咸阳、长安等周、秦、汉、唐诸朝都城均处于水之左岸，就是因为这条巨川具有屏蔽拱卫的作用。函关、蓝武大道入都之前，必阻隔于霸水。同样，由京城东去，也得束于津渡。因此，在霸水上架设桥梁，一直为历代所重视。

秦都咸阳南区通函谷关的是一条东西干道。芷阳、东陵、丽邑、始皇陵均居路侧，往来频繁。《史记·秦始皇本纪》"自极庙道通郦山"，此道必定是渭南二级阶地上的东西大道，也就是后来的驰道。因为这条路在今西安—霸桥路之北，汉时出长安城宣平门也是走的此旧道。秦汉时期霸桥的位置，当在沪、灞两河交汇后的下端，据考，约在今西安市未央区袁洛村东南与灞桥区段家庄西北之间的灞河上，即今沪灞生态区的北部。在河东今有地名曰"桥梓口"或"桥子口"，笔者以为是"桥之口"之误，这表明它是秦汉霸桥东口不远处的一处古老地名。桥东10里是霸城县，向东南当是秦霸宫—芷阳宫、汉霸陵邑的所在；桥西则有秦子婴奉玺符来降的轵道亭，正西13里就是汉长安城的清明门（《史记·秦始皇本纪》裴骃集解、《汉书·高帝纪》均引苏林语）。2002

年,在段家庄西北的灞河东岸河床上,发现了汉代的水上建筑遗存,除了木构件之外,还出土有汉代砖瓦、陶井圈、陶片、汉五铢钱、铜箭头、铁器等文物,在粗绳纹砖上有"亭"字陶文。

秦汉霸桥大概是木桥,《汉书·王莽传》载,地皇三年(公元22年)"二月,霸桥灾,数千人以水沃救不灭"。据说是"寒民舍居桥下,疑以火自燎"。王莽重修后,改名"长存桥"。

四、沣河桥

(一)发现与状况

1986年元月,咸阳秦都区钓台镇王道村农民淘沙时,先后发现两座大型的木桥建筑遗存。经考古发掘清理知,桥址西距渭河3公里、北距渭河6.5公里,地当资村西南、西屯村正北的沙河古道上。一号桥在西,二号桥在东,间距300米。

一号桥北偏西5度,残长70米,宽16米,存有木桥桩16排,排间距6~6.7米,计143根。桥桩高2米左右,直径为40厘米。桥桩上端残缺不全,有火烧痕迹,桥面已不复存在。在桥南端最末一排桥桩内外,还发现了8块巨型铁板,最大的约700厘米×110厘米×7厘米,重约4吨。

二号桥北偏东30度,残长40米,宽20米,发现木桥桩5排,排间距8.4米左右,计41根,高2~3米,直径30~40厘米。还发现方形大桥梁1根,长6.54米,榫卯俱在。(见图10-10)

发掘清理中,在桥址附近还出土有秦汉时期的铜器、铁器、砖瓦等文物100件。出土文物中砖瓦数量最多,地面上到处可见。其中时代最早的是变形夔纹瓦当、五角水道、素面半瓦当、绳纹

图10-10 沙河桥(二号桥)

筒瓦、板瓦等。特别是在一号桥南30米处发现了一件大型铜饰件，外形呈柳叶状，长116厘米，宽43厘米，厚3.3厘米，重32.5公斤。两面都铸有精美的花纹，一面为简化夔纹，另一面由细线、连珠构成连弧纹、三角形几何纹、云龙纹图案。这是一件典型的战国末期秦建筑构件。（见图10-11）

（二）时代与定性

这两座古桥，志书无记载。根据碳-14测定，一号桥距今2140±70年，结合桥桩周围伴出的秦汉筒瓦、板瓦、云纹瓦当及建筑构件，可以断定其建造于战国末期，使用在秦汉时代，可能毁于西汉末年；二号桥的建造时代当在西汉时期。

沣河桥是秦汉时期首都咸阳和长安跨渡沣水，南去上林苑，西向长杨宫、五柞宫、黄山宫及巴蜀等地的必经之地。

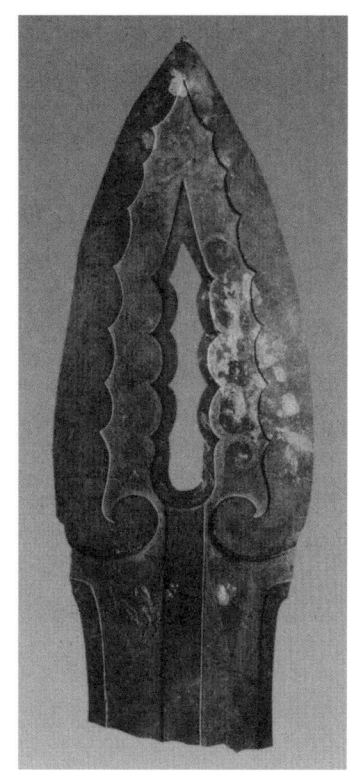

图10-11　柳叶形青铜件
（咸阳钓台镇资村沙河桥遗址出土）

五、长夷泾桥——泾水桥

由首都咸阳北去林光宫，须下长平阪，过泾水。修筑秦始皇陵墓所用的大石采自北山，传有"运石甘泉口"之谣。北通九原的直道是首都通往北边的国防大道。这种频繁的往还，涉泾当自津要。除了船渡之外，必有桥梁。

《秦汉南北朝官印征存》收有"长夷泾桥"秦印一方，白文小篆，作"田"字界格。《说文解字》："夷，平也。"那么，"长夷"当是"长平"，恰恰今有地名叫"长平阪"。自秦都咸阳原上北行，到望夷宫，临近泾水的南岸坡地即是长平阪。《汉书·宣帝纪》：甘露三年（公元前51年）"上自甘泉宿池阳宫。上登长平阪"。如淳曰："阪名也，在池阳南。上原之阪有长平观，去长安五十里。"颜师古注曰："泾水之南原，即今所谓眭城阪也。"《三辅黄图》："长平观，在池阳宫，临泾水。"实际上，长平观确实临泾水，但并不在池阳宫，所以《元和郡县图志》卷二"泾阳县"说长平阪"在县西南五里"，而"池阳宫在县西北八里"。经考古调查知，望夷宫址在今泾阳县蒋刘乡余家堡。由此北下"泾水之南原",大概就是泾水桥。

泾水桥,原来也许就叫"长夷泾桥"。由咸阳北去林光宫,须渡泾水,长平阪乃必经之地,沿线则有望夷宫、长平观、池阳宫。在泾水上架设桥梁,并置管理机构,正如渭水上横桥"有令丞各领徒千五百人"(《三辅黄图》)一样。"长夷泾桥"印即专用于泾桥,同所有津渡、桥梁、关隘相似,都用专印,是秦查验制度的表现。

泾水桥址不知其具体所在,但长平阪、眭城阪等临泾之地确是古今一条大道必经的津渡。今有地名仍叫"修石渡",或说同修始皇陵采北山之石有关。

第四节
交通管理制度

汉长安"四方辐辏,并至而会",是当时世界性的大都市,人口众多,来往频繁。在各条大道上,行人、车辆、马匹似蚁如梭。如遇上层社会的重大活动,交通流量更是空前,往往是"千乘雷动,万骑龙趋"(张衡《西京赋》)。太子太傅疏广告老还乡,"公卿大夫、故人邑子设祖道,供张东都门外,送者车数百两,辞决而去。及道路观者皆曰:'贤哉二大夫!'"(《汉书·疏广传》)楼护"母死,送葬者致车二三千两"(《汉书·楼护传》);武帝时,匈奴"浑邪王率数万众来降,于是汉发车三万两迎之"(《汉书·食货志下》);田延年主持为昭帝修建平陵,"取民牛车三万两为僦,载沙便桥下,送致方上"(《汉书·田延年传》)。动辄数千甚至数万辆车同时上路,如果没有宽阔的路面,没有精细的组织,没有一套严密的管理章法,那简直是不可想象的。

交通流量大,但井然有序,汉政府确实有着一套有效的交通管理制度。

一、管理机构

秦以内史为咸阳的最高行政长官,掌治京师。汉景帝二年(公元前155年)分成左、右二内史。武帝太初元年(公元前104年)把地位高的右内史更名为"京兆尹",左内史更名为"左冯翊",掌列侯的都尉更名为"右扶风"。因为地属京畿,不称"郡",合称为"三辅"。各有两丞,治设于长安城中。三辅管辖的范围,据《汉书·百官公卿表》颜师古注:"长安以东为京兆,长陵以北为左冯翊,渭城以西为右扶风。"由此可见,三辅整整包括了黄龙山、北山以南至秦岭以北的这一广阔的地域。

在三辅中，京兆尹既是沣河以东、渭河以南地区的行政长官，也是职掌汉长安城的最高长官。"京"为大，"兆"为众，京兆府又设在尚冠前街，处于东西二宫之间，最接近皇帝，可参与朝政，从这些足见汉统治者对京兆尹的重视。

都城长安人口众多，成分复杂，工农商学，交通管理，社会治安，无不涉及帝王眷属、官宦之家、普通百姓。为维护都城秩序，保障统治机器的正常运转，统治者就赋予京兆尹以很大的处决权力。京兆尹设有东市狱。(《汉旧仪》)昭帝始元五年（公元前82年），有冒充卫太子的人招摇过市，诣北阙，"长安中吏民聚观者数万人"，右将军勒兵以备非常，连先到的丞相、御史都不敢说话，只有后到的京兆尹隽不疑"叱从吏收缚"，并将其送到监狱去。(《汉书·隽不疑传》)赵广汉为京兆尹，政清廉明，敢于惩治豪强，市民各得其所，连长老们都说"自汉兴治京兆者莫能及"。当他蒙冤被捕入狱时，"吏民守阙号泣者数万人"。(《汉书·赵广汉传》)自赵广汉被诛，数易守尹均不称职。长安市偷盗尤多，百贾苦之。以胶东相张敞为京兆尹，"任治烦乱"，不纯用刑罚，赏罚分明，恩威兼施。朝廷大议，公卿皆服，连皇帝也"数从之"。(《汉书·张敞传》)之后的京兆尹有贤有庸，长安流传有"前有赵、张，后有三王"的说法，被称赞的这几位京兆尹是赵广汉、张敞、王尊、王章和王骏。(《资治通鉴·汉纪二十三》"孝成皇帝阳朔四年"条)因为他们"尊治京兆，拨剧整乱，诛暴禁邪，皆前所稀有，名将所不及"(《资治通鉴·汉纪二十二》"孝成皇帝河平二年"条)。

当然，京兆尹主要职掌都城的行政与运作，从大事入手。前文被称颂的几位，其事迹都不外乎诛暴禁邪、捕办盗贼，干的似乎是维持社会治安的工作，同交通管理挂不上钩，其职务有点像公安局局长。殊不知长安的交通秩序如何，往往同治安状况有关，所以京兆尹首先抓治安是很正常的事。而且也因为民事和刑事问题一旦在首都发生，都带有典型性，处理结果很容易被史家录载在册。

京兆尹的下属是长安令丞，其常常是治安、交通事件的经办者。内蒙古和林格尔汉墓"渭水桥"壁画上，桥上的车骑间就有"长安令"三字的题榜。按《汉旧仪》的说法："长安城方六十里，中皆属长安令，置左、右尉。城东、城南置广部尉，城西、城北置明部尉，凡四尉。"①

秦汉时期的道路交通往往同邮传管理结合在一起，所以涉及道路管理时首先突出的是

---

① 孙星衍等辑，周天游点校：《汉官六种》，中华书局，1990年。

邮传。西汉中央政府掌管御车马的最高权力机关是太仆，有两丞，属官有大厩、未央、家马三令，各五丞一尉，具体执行的则是奉车都尉和驸马都尉，而侍中、左右曹、诸吏、散骑、中常侍都是其加官。另外，有关车马和水运的官，还有卫尉的公车司马、执金吾的都船令丞等。

天子出行，执金吾作为先导，"从六百骑"，"持戟五百二十人，舆服导从，光辉满道，群僚之中，斯最壮矣"（《北堂书钞·设官部》引《汉旧仪》）。其静宫令在前，式道侯与京辅都尉负责清道，禁绝行人，保障安全与高速行驶。

京都地区能乘车马者多半是达官贵人一类的特权阶层，因而对交通事故的查纠管制就必须采取严厉手段。于是，"持节"的司隶校尉便有直接处断的权力。因为他执着皇帝颁发的"节"，以此作为皇帝的信物，能够"纠皇太子、三公以下，及旁州郡，无所不统"。也就是说，他可以直接进入京师诸官府、三辅及郡县，察举百官，直接负责都城的交通管理。武帝时初置，"惟宽饶、王章、鲍宣纠上检下，严刑必断，贵戚惮之，京师政清"（《汉旧仪》）。哀帝时，司隶校尉诸葛丰特立刚直，敢于举节制止奢淫不奉法度的侍中许章（《汉书·诸葛丰传》）；司隶鲍宣遇见丞相孔光四时行园陵时，走驰道的中道，即扣留其人并没收了车马（《汉书·鲍宣传》）。

二、交通制度

（一）严禁夜行

将军李广家居期间夜出，回家时路过霸陵亭，被霸陵尉呵斥止行。尽管他回答自己是"故李将军"以求放行，得到的却是"今将军尚不得夜行，何乃故也"。得不到通融，没办法，他只好在亭下过了一夜。（《史记·李将军列传》）霸陵亭在长安的近郊，尚不能夜行，都城内的严禁由此可想而知。

卫尉"掌宫门卫屯兵"（《汉书·百官公卿表》），主殿外，"宫阙之内，卫士于垣下为庐"，"从昏至晨，分部行夜。夜有行者，辄前曰'谁！谁！'若此不解，终岁更始，所以重慎宿卫也"（《汉官解诂》）。这充分说明都城之内是有武装巡夜的。

（二）分道行驶制

建立立体交叉的道路——复道和专用道路甬道，这不仅是皇权至上与等级制的体现，而且使皇帝、权贵的专车与社会车辆分离行驶，减少了避让时间与纷争的发生。

在驰道上分道行驶，实现了提高车速的目的。

（三）交通流量均分

长安城四面十二门，每门有三个门洞。"道中三途"，除中道为御道专用外，两侧之旁道为普通人车马之道，一往一还，实行单向交通，从而实现了交通流量的均分。

（四）多车道路的行驶，按车速划分车道

驰道的道中（即中道，法定宽度"中央三丈"）为皇帝御驾和使者的专用车道，车速高于一般车乘，从而实现了分道行驶，互不干扰。

皇帝出行之前，执金吾先导，止人清道，丞相、九卿执兵奉引，形成"卫官填街，骑士塞路"的场面。待施豹尾的后属车过后，执金吾才罢屯解围。

（五）车辆限制与违规处罚

汉初，"贾人不得衣丝乘车，重税租以困辱之"（《汉书·食货志下》）。汉武帝时"商贾人轺车"加重税收，同样也是在限制商人。

交通违章常与冲犯礼仪规范有关。高平侯魏弘"坐酎宗庙骑至司马门，不敬，削爵一级为关内侯"（《汉书·外戚恩泽侯表》）。同样，未央尉卫韦玄成"以列侯侍祀孝惠庙，当晨入庙，天雨淖，不驾驷马车而骑至庙下。有司劾奏，等辈数人皆削爵为关内侯"（《汉书·韦贤传附子玄成传》）。

天子出行前，清道时乘势驱赶摆摊设点的商贩与行人。此种野蛮执法，常常会引起群殴事件，以致"死伤横道"（《汉书·丙吉传》），结果是长安令、京兆尹禁备逐捕，送监查办。

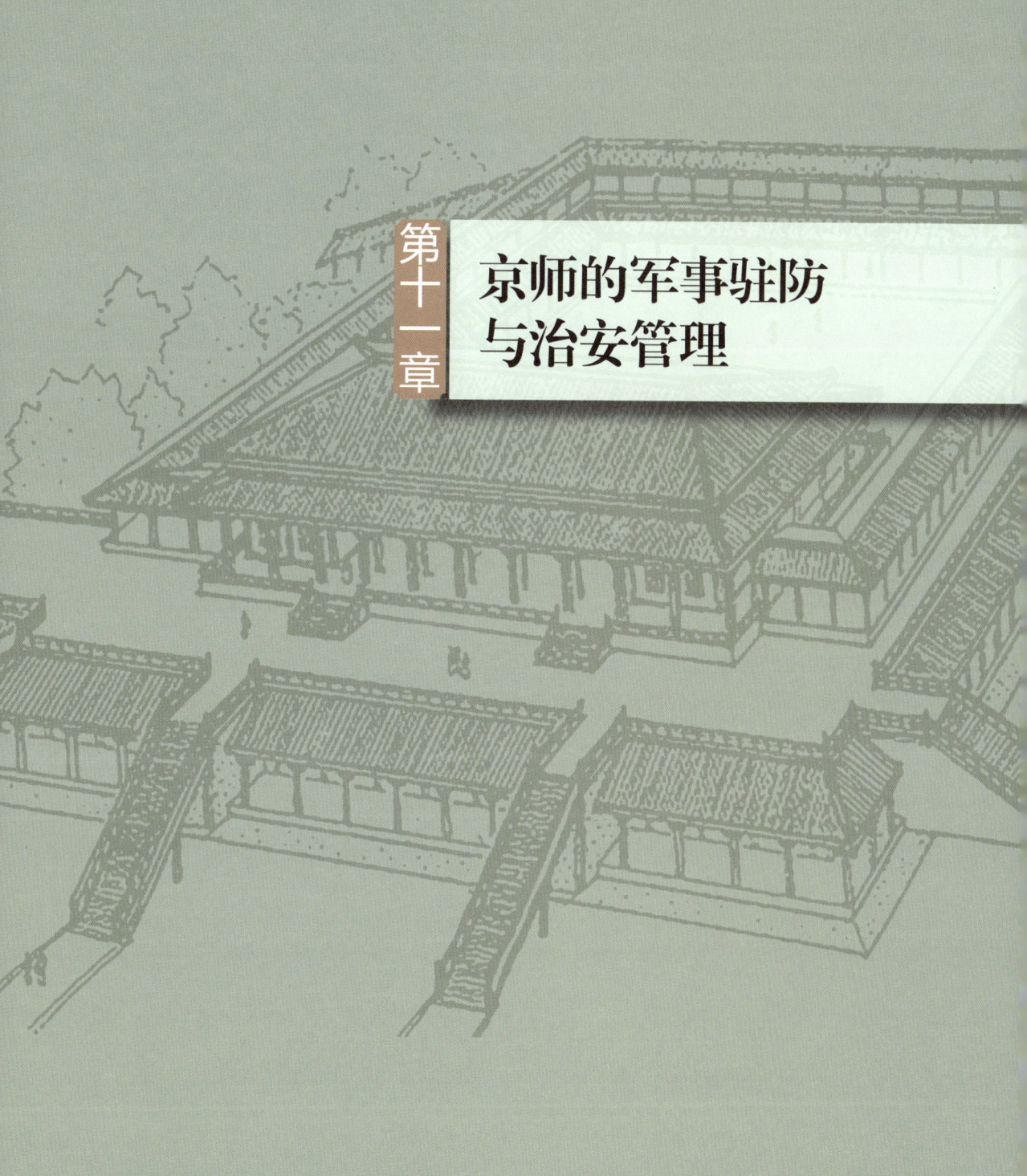

第十一章 京师的军事驻防与治安管理

京城驻扎有常备军：南军和北军。南军负责宫门、寝庙安全，北军担负着京城之内、宫殿之外治安警卫的重托。两支军队有分工，互为表里。

宫殿内作为皇帝贴身保镖的是"郎中令"（武帝时更名为"光禄勋"）统领的诸郎官（议郎、侍郎、郎中）。作为皇帝的亲兵，其任务是"掌守门户，出充车骑"（《汉书·百官公卿表》），实际是一支特种部队。

城外驻防的部队是"郊外三营"。

长安城门除士兵守卫外，还设有专职官吏管理，朝启夕闭。城内实行"宵禁"，更夫"击柝，击刁斗，传五夜"。为稳定社会秩序，长安城还设立了很多监狱。

第一节
京城常备驻军——南北军

一、京城驻军的职能

驻守京城长安的军队主要有两支,一支是南军,另一支是北军。他们不但承担的任务与职责范围有着明确的分工,而且分属的领导也不同。二者互为表里,配合协作,共同承担着京师的安全防务。

南北军是保卫京都的重兵,当然受到皇帝的重视。汉文帝由代王被迎入京都为帝,"即日夕入未央宫,夜拜宋昌为卫将军,领南北军,张武为郎中令,行殿中"(《汉书·文帝纪》),连夜让亲信接管了都城驻军的指挥权,以防政局有变。南军管辖范围小,专一;北军防御范围大,任务杂。就权力而言,掌握了北军实际上就等于控制了中央所在的京都。在诛灭诸吕时,太尉周勃先入领北军,这才孤立了南军。同样,在平叛七国之乱中,周亚夫也是"以中尉为太尉,东击吴楚"(《汉书·周勃传附子亚夫传》)。

二、南军

南军归中央九卿之一的卫尉统领,负责京师的宫门、寝庙安全。(见图11-1)《汉书·百官公卿表》载"卫尉,秦官,掌宫门卫屯兵",其一度更名为"中大夫令",属官有公车司马、卫士、旅贲三令丞。因为未央宫等宫殿位于汉长安城的南部,驻守着卫尉统领的大量卫戍部队,故而就把这部分守兵称为"南军"。不

图11-1 "卫"字瓦当

过，长乐、建章、甘泉等宫殿都设有卫尉，各有其独立性，自成体系，并有自己的属官和卫士，为了区别，于是把禁卫未央宫的卫尉称为"未央卫尉"，以强调其保卫皇帝宫门的崇高地位。

卫尉的士兵叫作"卫士"，是从各地征调而来的，一岁一更，轮番宿卫。

秦汉时期实行的是义务兵役制（即征兵制），规定：男丁年满23岁就要正式服兵役，称为"正卒"。役期两年，第一年在本郡接受军事训练，"为材官、骑士，习射御、骑驰、战阵……"（《汉旧仪》），"水家为楼船，亦习战射、行船"（《汉官仪》）；第二年正式成为卫士（也称"卫卒"），或者当戍卒。当然，卫士、戍卒也属正卒，只是就其承担的具体任务加以区别罢了。

卫尉属军的人数相当可观，仅负责诸庙寝园祭祀的卫士就有45129人（《汉书·韦玄成传》）。

因为南军直接关系到皇帝与中央枢纽的安全，掌控南军必为当政者重视。吕后临终前深知大臣对诸吕封王不满，仍以赵王吕禄为上将军居北军，让梁王吕产领南军，并一再警告："我即崩，恐其为变，必据兵卫宫，慎毋送丧，为人所制。"（《汉书·高祖吕皇后传》）

三、北军

北军的统帅是位居列卿的中尉，是保卫京师的部队首长，武帝后更名"执金吾"。其职责是"掌徼循京师"，实际上担负着京师之内、宫殿之外的治安警卫，人数达20000多。（《汉书·武帝纪》）北军装备精良，机动性甚强，实际上其首领也成了三辅的军事首长。因其当初屯驻在未央宫和长乐宫之北，于是称为"北军"。

所谓"徼循""游徼"，即是"禁备盗贼"的。巡城时，手里持着"金吾"（大棒）督责行人。《古今注》载："以铜为之，黄金涂两末，谓为金吾。"

皇帝车驾出巡时，"执金吾属官府武库令、丞，从骑二百人，持戟五百[①]二十人，舆服导从"。而执金吾的护驾卫兵往往有"从六百骑，走六千二百人"担当前驱清道和警卫。（《汉官仪》）执金吾的属官有"武库令、丞"，负责武库的管理与安全。

司徒校尉"从中都官徒千二百人，捕巫蛊，督大奸猾"，城门校尉属军"掌京师城

[①] 持戟的"五百"实际是"伍伯"，是执行专门任务的役卒的伍长。晋崔豹《古今注·舆服》载："伍伯，一伍之伯。五人曰伍，五长为伯，故称伍伯。"

门屯兵"。(《汉书·百官公卿表》)

从巡逻、防御等方面来看，中尉的任务既是军事性的，也是警察性的。那么，它统领的北军也当是卫戍部队与武警部队合二为一的特殊军队。

汉景帝阳陵南区从葬坑发掘中，出土一枚"车骑将军"龟钮金印。在汉代金印级别甚高，只有丞相、太尉、太师、太傅、太保、诸侯王才有资格佩带金印。还出土有"军大右仓""军武库丞""军武库兵""军武库器""左府"等印章，显然是军队武库的官印。既然从葬坑中仓、厨、府、库俱全，可断定此乃屯卫军而非野战军。因为野战军处于行军作战的状态，有辎重而无仓廪。北军的长官是中尉，但截至目前，南区从葬坑所出土最高级别的印章"车骑将军"金印不过是"加官"之印。西汉有以将军身份统领北军的，如"张次公，河东人，以校尉从大将军，封岸头侯。其后太后崩，为将军，军北军"(《汉书·卫青霍去病传》)；也有中尉被拜为车骑将军并领军出征的，"中尉程不识为车骑将军，屯雁门"(《汉书·武帝纪》)；又如"拜亚夫为中尉。……文帝崩，亚夫为车骑将军。孝景帝三年，吴楚反。亚夫以中尉为太尉，东击吴楚"。由此可见，阳陵南区从葬坑给我们提供了汉长安城北军的缩影①。

在西汉前期，以皇帝为中心的汉长安城的安全防卫系统分为三层：光禄勋（郎中令）管诸郎，负责殿内；卫尉掌南军，负责宫内殿外；中尉（执金吾）掌北军，负责宫殿外的都城。不过，这三者中只有后两者才是军队。因为职责是保卫京师，故统称卫士，也有的称屯卫兵(《汉书·百官公卿表》)或宿卫兵(《后汉书·百官志》)。无论怎么说，他们都是些服兵役的正卒。

自汉武帝增八校尉之后，北军情况发生了变化。保卫京师的卫戍部队不再由执金吾总管，而是出现了一些相对独立的部队，如"中垒校尉掌北军垒门内，外掌西域。屯骑校尉掌骑士。步兵校尉掌上林苑门屯兵。越骑校尉掌越骑。长水校尉掌长水宣曲胡骑。又有胡骑校尉，掌池阳胡骑，不常置。射声校尉掌待诏射声士。虎贲校尉掌轻车"(《汉书·百官公卿表》)。如淳注"越骑"为"越人内附，以为骑"。颜师古注："长水，胡名也。宣曲，观名，胡骑之屯于宣曲者。"池阳胡骑，是"胡骑之屯池阳者也"。这专职的八校尉掌管的范围并非仅限于京都城门，还扩至远郊的池阳（今陕西泾阳县和三原县的部分地区，治设今泾阳西北的迎冬城），更远到西域，而且俸禄均是"秩比二千石"。

---

① 王学理、梁云：《论汉阳陵南区从葬坑的军事属性》，载《考古与文物》2004年增刊《汉唐考古》。

第二节
宫殿内的保卫——期门、羽林

秦和汉初都设有郎中令一职，实际是皇帝的侍卫长官，属官有大夫、郎、谒者。因其"主诸郎之在殿中侍卫"（《初学记》引《齐职仪》），为皇帝的贴身保镖，其所统领的诸郎就成为皇帝的亲兵。其地位和作用极为重要，武帝时将其更名为"光禄勋"，其下属的郎官（议郎、侍郎、郎中）"掌守门户，出充车骑"（《汉书·百官公卿表》），竟成了一支特种军队。随着士兵规模与数量的日趋庞大，武帝又建立了期门、羽林两支特殊的禁军。

《汉书·百官公卿表》对期门、羽林有如下表述：

> 期门掌执兵送从，武帝建元三年（公元前138年）初置，比郎，无员，多至千人，有仆射，秩比千石。平帝元始元年（公元1年）更名"虎贲郎"，置中郎将，秩比二千石。

> 羽林掌送从，次期门，武帝太初元年（公元前104年）初置，名曰"建章营骑"，后更名"羽林骑"。又取从军死事之子孙养羽林，官教以五兵，号曰"羽林孤儿"。羽林有令丞。宣帝令中郎将、骑都尉监羽林，秩比二千石。

期门和羽林虽都负责送从，但似有区别。期门执兵器担任宿卫，由于皇帝微行时以之"期诸殿门"，才获取了这样一个名称，人数也"多至千人"。羽林在初期只是警卫建章宫，任务较为单纯，名曰"建章营骑"，后改为"羽林"，是取其"为国羽翼，如林之盛"的意思，后来地位有所上升，同皇帝的关系更加亲近。不过，期门和羽林都归光禄勋管辖，统而言之，其任务是负责皇帝的安全保卫工作，皇帝在宫则宿卫省殿，皇帝出驾则执兵护送。

至于期门和羽林这两支特殊的宫廷禁军是独立的还是受京师某常备军的节制，在史学界是有不同认识的。传统的观点以为，它归属于卫尉统领的南军。而有的学者以为，它是同南军与北军并列的一支中央军事力量。

期门和羽林是皇帝的侍卫队，但不是普通的士兵，而是来自北方"六郡"（汉阳、陇西、安定、北地、上郡、西河）的"良家子"，都是善于骑射、有"材力"的勇士。由他们组成的武装集团极具战斗力，所以"名将多出焉"。（《汉书·地理志》）

第三节
城外驻防——郊外三营

"关中之地"被山带河,四塞以为固,左殽函,右陇蜀,阻三面而固守,独一面东制诸侯,成为周、秦、汉、唐之都的外围防线。近郊霸上、细柳和棘门三地则构成都城"固若金汤"、赖以守备的军事据点。正因为长安郊外三营都交通便利、具有有利的战略位置,其第二道防线的作用就显得尤为重要。

一、霸上营

霸上,也称"霸头"。"霸上"一地是咸阳和长安外围的东大门,对都城具有屏蔽拱卫的作用,其战略地位的重要性是异常明显的。守住了霸上,就守住了京都,霸上一旦失守京城就岌岌可危。汉都长安东出宣平门,东向函谷关的干道是"驰道"。驰道发自长安,向东得过灞桥。那么,同"霸上"有关联的即是重兵驻守的这处咽喉之地。战国到秦,以至西汉初年,一些重大的军事、外交、经济、人文活动多半发生在长安的东方和东南方。刘邦引兵绕过峣关、进军霸上,秦灭亡。入咸阳、封府库后,他又还军霸上。可见霸上就是扼制东西、往来东南的军事要地。

《史记·秦始皇本纪》集解引应劭注:霸上,"霸水上地名,在长安东三十里"。秦汉霸桥的位置在今西安市灞桥区西北的桥梓口附近①。桥西百步是"霸城观",西去4里有秦子婴奉玺符降汉的"轵道亭"。再正西"十三里"对的就是汉长安城。2002年,在段家村西北的灞河东岸河床上,发现汉代的水上建筑遗存,除过

---

① 张永禄主编:《汉代长安词典》,陕西人民出版社,1993年,第25页。

箱体木构件之外，还出土有汉代砖瓦、陶井圈、陶片、汉五铢钱、铜箭头、铁器等文物，在粗绳纹砖上戳印有"亭"字的陶文。由此可见霸桥处在驰道与灞水的交叉点上，东岸即是灞水要津的霸上①。

正因为霸上的军事地位重要，所以汉文帝派驻的是宗室亲信刘礼。其身份是宗正，军职又是将军。

二、棘门营

棘门地在渭河北岸秦都咸阳宫城南。这里既有渭河北岸的东西大道，又是北过泾河通向甘泉宫的驰道的起点。作为"丁"字形交点，从军事角度看，方便京师与北方前线，是利弊同在的。赵武灵王曾化装侦察到泾河一带，当被发觉时，他已脱关而去。那时北去边防虽有道路可通，但毕竟艰险异常。尽管如此，赵武灵王还能轻而易举南下咸阳。那在直道开通之后，匈奴铁骑入侵不是更为方便？秦在北边筑有长城，又在咸阳原的高处建有瞭望哨——"望夷宫"，可以说是道道防线、关卡林立。那么，为防匈奴入侵、加强汉都长安的防卫，就派祝兹侯徐厉为将军屯驻棘门。这里处在渭河之北，又扼守横桥北口，无形中就形成两道防线。

三、细柳营

据考，周亚夫驻军的"细柳"在今咸阳市秦都区马家寨村西的渭河左岸②。渭河上的西渭桥同汉长安城便门（章城门）东西对直，故而又称"便桥"或"便门桥"。过河后可以直达茂陵，特别是与丝绸之路相接后，这里就成了长安通向西方的咽喉要道，方便了中西方文化交流。该地的"细柳市""细柳观"，以及容量"百万石"的国家级粮仓——"细柳仓"等，都成为支撑都城经济与守备的又一平台。

正因为细柳地理位置重要，秦代称这里为"柳中"，常年驻军，是保卫咸阳的军

---

① 秦汉霸桥在今西安市未央辖区东部的袁洛村东南与灞桥区段家庄西北之间的灞河上，即今"浐灞生态区"的北部。在河东今有地名曰"桥梓口"或"桥子口"，笔者以为当是"桥之口"之误，这也表明它是秦汉霸桥东口不远处的一处古老地名。桥东10里是魏晋时的霸城县，再向东南当是秦芷阳邑、汉霸陵邑的所在。霸上当在霸桥东不远处。参见王学理：《"霸上"与"鸿门宴"地理位置考实》，载《文博》2014年第2期。

② 曹发展：《汉"百万石仓"与"细柳"地望考》，见成建正主编：《陕西历史博物馆馆刊》第15辑，三秦出版社，2008年。

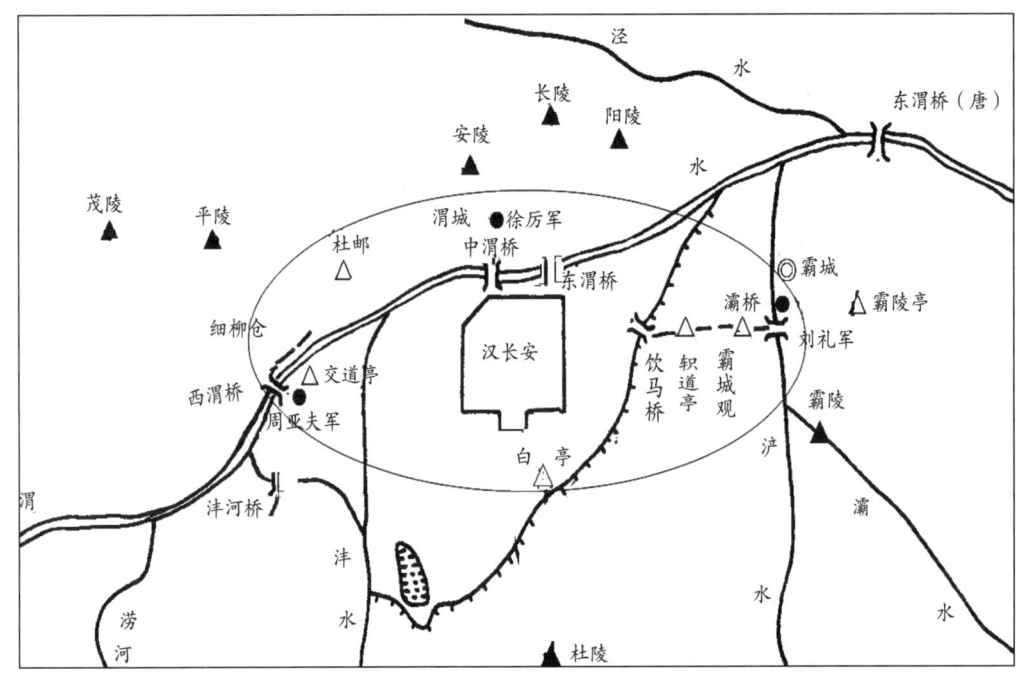

图 11-2 汉长安城外驻防三军示意图

事要地。汉初面对匈奴的威胁,文帝派周亚夫驻扎细柳营,对保卫京都长安安全的重要性显而易见。

周亚夫因治军严格而出名,汉文帝"细柳劳军"的故事流传千年,为人所称道。

重视首都防务,从汉文帝劳军的故事中就看得很清楚。"至霸上及棘门军,直驰入,将以下骑送迎。已而之细柳军,军士吏被甲,锐兵刃,彀弓弩,持满。天子先驱至,不得入。先驱曰:'天子且至!'军门都尉曰:'将军令曰"军中闻将军令,不闻天子之诏"。'居无何,上至,又不得入。于是上乃使使持节诏将军:'吾欲入劳军。'亚夫乃传言开壁门。壁门士吏谓从属车骑曰:'将军约,军中不得驱驰。'于是天子乃按辔徐行。至营,将军亚夫持兵揖曰:'介胄之士不拜,请以军礼见。'天子为动,改容式车。使人称谢:'皇帝敬劳将军。'成礼而去。既出军门,群臣皆惊。文帝曰:'嗟乎,此真将军矣!曩者霸上、棘门军,若儿戏耳,其将固可袭而虏也。至于亚夫,可得而犯邪!'称善者久之。"(《史记·绛侯周勃世家》)

在长安周边驻防的军队,属于国家的野战军。这是较正规的大规模作战集群,有着优势兵力,可以跨地区机动作战。屯围长安,是受调防任务而来,其指挥官是将军,可知其任务之重。(见图11-2)

第四节
治安状况与警戒管理——宵禁、监狱

长安城门除士兵守卫外，还设有专职官吏管理，朝启夕闭。夜间，城内行人不得往来，有士兵巡逻，还有报更之夫"击柝，击刁斗，传五夜"（《汉旧仪》）。设置缿筒（即检举箱），用以接收检举信件，从而形成一种告奸制度。（《汉书·赵广汉传》）

京师之地，冠盖如云，王侯麇集，权贵们作奸犯科，豪强们横行霸道，鸡鸣狗盗之徒经常滋扰闾里，百姓不安。偷盗、绑架、抢劫、诈骗、仇杀以及违法逾制的案件时有发生。《汉书·王尊传》详细记载了各市肆中流氓恶势力的代表人物，除萬章外，还有东市贾万、剪市张禁、酒市赵放等人。这些流氓团伙"皆通邪结党，挟养奸轨，上干王法，下乱吏治，并兼役使，侵渔小民，为百姓豺狼"。到西汉晚期，流氓头子樊少翁不仅控制了豆豉市场的交易，而且通过向当朝贵族王莽行贿，竟堂而皇之地做起市场管理的长官来。

城区人口密集，情况复杂，治安状况往往发展成社会问题。面对这种颇难管理的形势，统治者往往任用一些所谓酷吏来担任城市长官，企图用严刑峻法来维持治安。阳陵人王温舒没文化，连亭长都当不好，却因捕办盗贼有力竟官至廷尉史。他曾在广平（今河北鸡泽县东南）都尉任上把郡中的地痞流氓10余人充作爪牙，用以毒攻毒的办法，杀伤甚多。升迁河内太守，"捕郡中豪猾，相连坐千余家。上书请，大者至族，小者乃死，……至流血十余里"。又任中尉，在长安只要是捕进狱中的，就"行论无出者"，"奸猾穷治，大氐尽靡烂狱中"。（《汉书·王温舒传》）

西汉成帝时，京都长安的治安状况很差。豪强世家常雇用"闾里少年"作恶。这些人收了教唆者的钱财，聚在一起策划向官吏发动袭击。他们用红色、白色、黑色三种弹丸进行探摸，摸得红色弹丸的杀武吏，摸得黑色弹丸的杀文吏，摸得白色弹丸的负责办理同伙被杀者的后事。分工既定，即以每天黄昏为作案时间，既袭官吏，也抢劫市民和商人，并多使用凶器。死伤者横倒路上，各区报警摇鼓声不绝于耳。待亭吏率兵卒赶到出事地点，作案者早溜走了。这是西汉定都长安以后从未有过的恶性大案。尹赏受命任长安令，"修治长安狱，穿地方深各数丈，致令辟为郭，以大石覆其上，名为'虎穴'"，先后有数百人被投入虎穴中，"数日一发现，皆相枕藉死"。（《汉书·尹赏传》）

以上酷吏屠杀的所谓"奸猾"中，有相当一些人是因饥寒交迫而不得不铤而走险的平民百姓，但酷吏面对权势人物作恶却视而不见。王温舒杀人甚多，而多谄的生性又使他执法的天平失衡。"无势，视之如奴。有势家，虽有奸如山，弗犯；无势，虽贵戚，必侵辱。"（《汉书·王温舒传》）同样，以虎穴杀人的尹赏，往往也将"魁宿或故吏善家子"大多释放了。（《汉书·尹赏传》）

在整治长安社会秩序时，有些官吏能够宽严互济、儒法并施，从而收到较好的效果，京兆尹张敞就是个例子。他任职9年，表贤显善，不纯以捕杀和惩罚治乱，使长安盗贼敛迹，治安面貌大大改观。

长安城中设立了很多监狱，计有36所（《汉仪注》）。中央各官署也拥有自己的监狱，如郡邸狱、上林狱、廷尉诏狱、掖庭秘狱、共工狱、若卢诏狱、都船狱、司空狱和暴室狱等。

第十二章 皇陵与陵邑

陵墓作为丧葬文化，在中国历史上自成一个发展序列。自夏商周以来，君主陵墓在安排、形制、规模等方面无不显示等级制的特色。而秦汉皇帝陵墓，除过表现中央集权制大一统帝国的威势之外，在同都城的关系上则有了明显的"疏离倾向"。本章一开始用文献同考古资料追述这一历史，使读者了解秦汉陵墓制度的渊源关系是有必要的。

西汉十一代皇帝陵墓，离开都城长安，自选茔域，从而形成咸阳原陵区和东南郊陵区两大陵区。前者在咸阳原上自西向东排列的有茂陵、平陵、延陵、康陵、渭陵、义陵、安陵、长陵和阳陵，共9座；后者只有霸陵和杜陵两座。这些帝陵并无昭穆之制的安排。陵制有其相似的"共性"，也有政治历史带入的"异性"。本章详述各陵，特别是陵邑作为汉都长安的"卫星城"，关系密切，从而形成很有特色的"陵邑文化"，在中国以至世界文化史上都具有深远的意义。

第一节
陵区安排在城建史上的意义

一、西汉之前君主墓葬同都城关系的回顾

中国古代的君主死后,多半埋葬在都城之内或是都城附近。因而对死者安葬地的确定,就成了城市规划的组成部分。即以三代而论,君主墓葬虽然是并无固定墓地的散葬,但仍是在以都城为中心的周边地区安葬的。

(一)商都与墓葬

位于河南省偃师市西南二里头村南的都城斟鄩遗址,地层包含四期文化层。始建于二里头文化二、三期之交的宫城,有大型青铜冶铸作坊及制陶、制骨遗址,还有与宗教祭祀有关的建筑以及400余座墓葬。在二里头宫殿区出现了贵族墓葬区,显然是商朝中后期城市规划中的安排。

偃师二里头文化三期的早商宫殿建筑基址相当规整。庭院中北部有三室并列的中心殿堂一座,在北墙和殿堂间有一竖穴土坑大墓。在偃师西南发现的尸乡沟商城,南半部有三座小城,呈东北—西南排列,中为宫城,内有宫殿建筑群,其他两小城可能用作府库和屯卫兵驻守。墓地处在城内西北部,当城门内侧。

从早商宫殿旁有大墓到尸乡沟商城中有墓地,这都说明当时已把对死者的安葬作为城市规划的组成部分。

商代后期的都城殷,宫殿宗庙建筑中有排列整齐的宫殿基址50多座,由北向南呈三组排列。王陵区在侯家庄西北岗及前小营、武官村之间的空地上,分东、西二区。西区是陵墓群,历年已发现14座大墓(已发掘11座);东区有密集的殉葬坑和祭祀坑。很特殊的是,在宫殿宗庙区南侧有武丁后、女将军妇好墓。无论情况怎样,从中仍可以看

出殷墟以王宫宗庙为中心、在后部安排陵墓的格局。同时,它也给我们提供了"前朝后寝"的最早实例。(见图12-1)

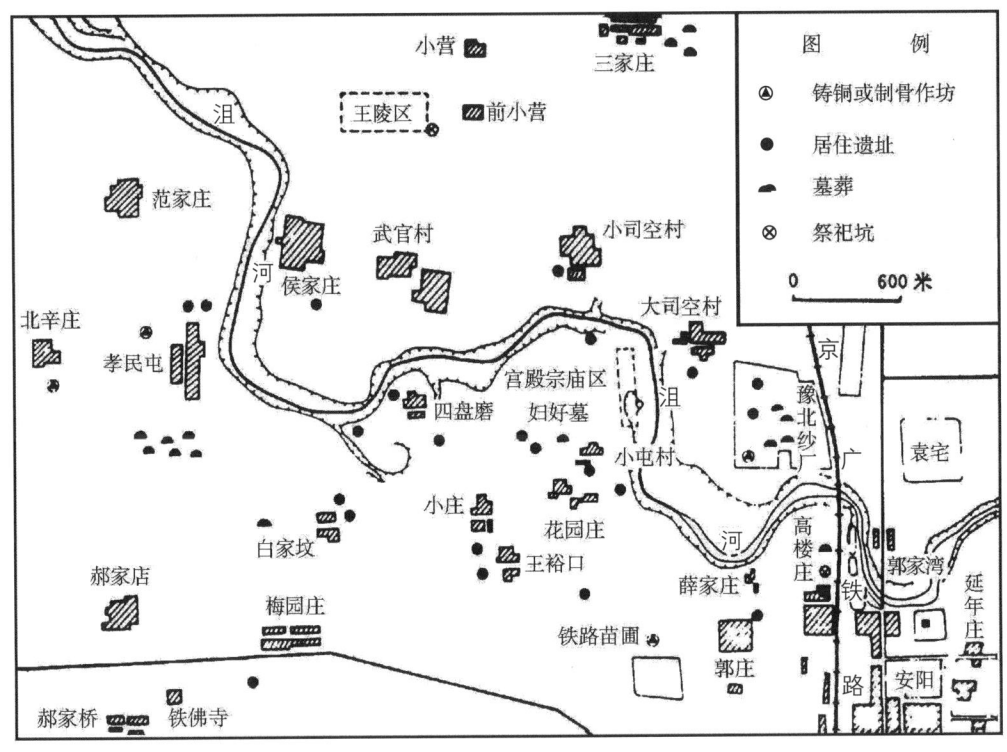

图12-1 殷墟平面图

(二)周都与墓葬

丰邑遗址东临沣河,西至灵沼河(今名沧浪河),北到客省庄、张家坡一线,南及石榴村、鲁坡头,总面积有10多平方公里。丰邑仍是个有范围而无城垣的政治聚集地,不过在布局上可以看到:宫殿区在遗址的东北部,接近沣河,现已发现大型宫殿基址10余处;手工业作坊在南部,有铸铜、制骨等;墓葬区在西部,张家坡村就发现有井(邢)叔家族墓地。

镐京遗址在沣河东的长安区斗门镇一带,可惜在汉武帝开凿昆明池时遭到破坏。残存部分仅见于白家庄、洛水村、上泉北村、普渡村、镐京观和花园村等地,总面积八九平方公里。不见城址,布局不清,唯见斗门镇南北一线的遗址保存较好。花园村已探出夯土建筑基址10余座,在普渡村也有周瓦出土。在这两地还发掘了15座西周墓葬,其中有穆王臣长甶墓(在普渡村)、䚡氏墓地(在花园村)。由此可以断定,墓葬区在镐京的西部，周王的宫殿区在东部，制陶等手工业区和居民区则在北部。

西周洛邑遗址范围已确认在瀍河两岸。据《逸周书·作雒解》载：周公营筑成周城"方千六百二十丈"，外围城垣，内设闾里，相当规整。尽管至今未找到城址，但遗存的相对范围为确定洛邑布局提供了这样的线索："殷顽民"的墓区在河东岸，河西的邙山南麓是西周贵族的庞家沟墓地。贵族墓地西南有西周平民墓地，其南又是西周铸铜遗址。

东周王城在涧河以东的王城公园附近，平面近于方形，南北长约3700米，东西宽2890米。城内西南部是宫殿建筑区，其东有大面积的粮窖。墓葬区的分布是：西南宫殿高地之北是一大片墓地，但不见随葬青铜礼器；东北部的墓地中，有大量随葬青铜礼器和铜剑的墓；城东部也是一片墓地；制造日用陶器、建筑材料和明器的手工业工场、作坊区在城北。[①]（见图12-2）

另外，在王城西，隔涧河还有一处周人墓地，已探出墓葬1600座。[②] 在洛邑度过了

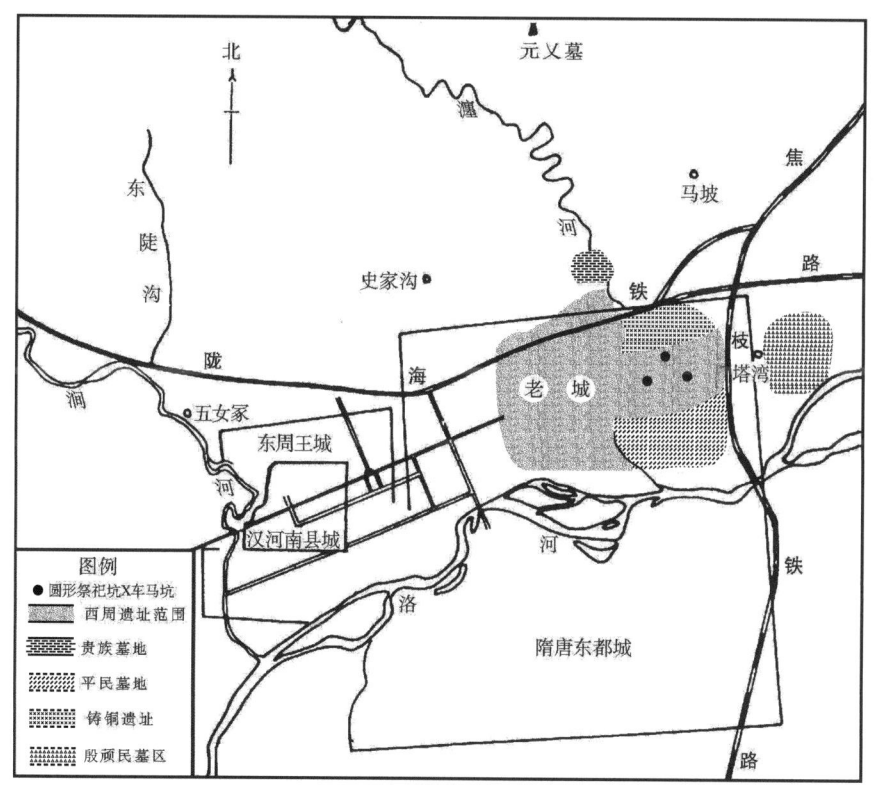

图12-2　西周洛邑与东周王城平面图

[①] 中国社会科学院考古研究所编著：《洛阳发掘报告（1955—1960年洛阳涧滨考古发掘资料）》，北京燕山出版社，1989年。

[②] 王与刚、赵国璧：《河南洛阳涧河西岸发现周代墓葬群》，载《考古》1956年第6期。

515年（从公元前770年平王东迁到公元前256年周赧王降秦）计有25代的东周王室，其葬地分布在三个陵区，即王城、周山（今洛阳市西南）和金村（洛阳市老城东北）。

（三）诸侯国都与墓葬

春秋战国时期的诸侯国，在处理国都同陵墓的关系上，还是"王陵近都"。如：

鲁国都城曲阜（今山东曲阜市），西部就有墓地四五处。

齐国临淄故城是郭（大城）附于城（小城），小城是以桓公台为主体并设铸钱作坊的宫殿区，大城则是平民居住、手工业作坊和贵族墓地的区域。

河北省易县燕下都的东城内，以武阳台和老姆台两大夯土台为主体，同周围的建筑群组成宫殿区，但距此不远的西北隅有两处封土犹存，是包括23座大墓在内的墓葬区。（见图12-3）

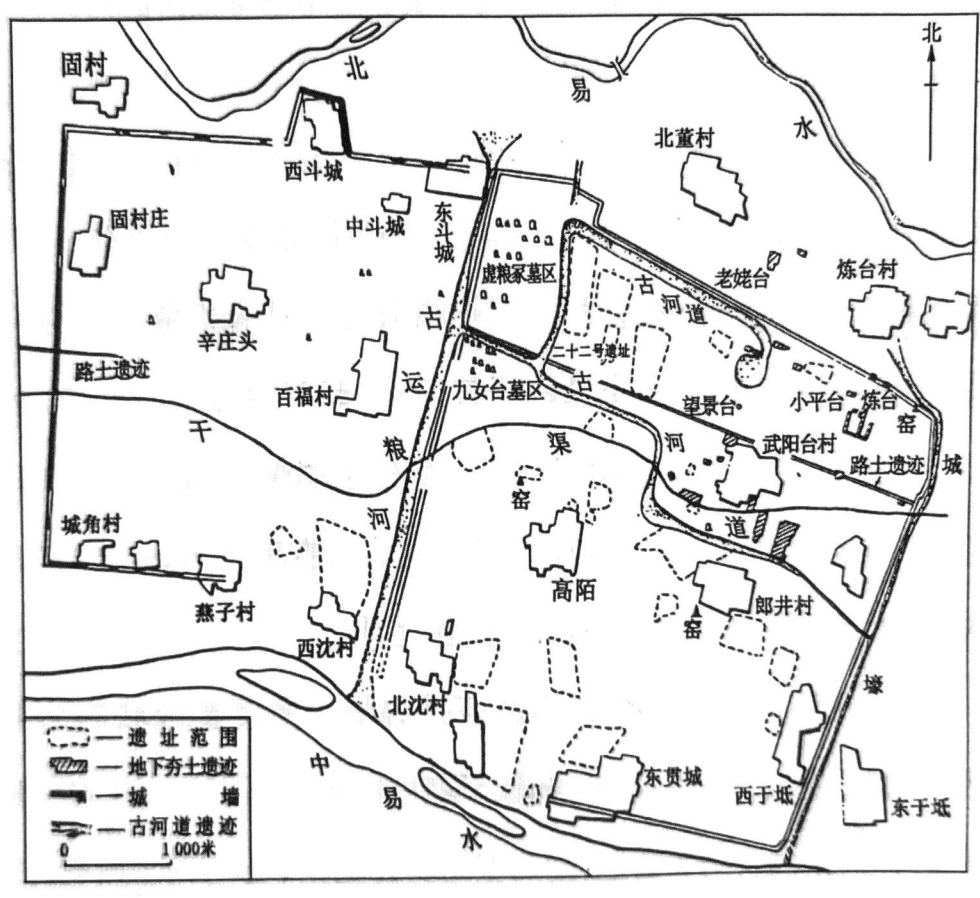

图 12-3　燕下都遗址平面图

（选自李学勤：《东周与秦代文明》，上海人民出版社，2016年）

郑韩故城（今河南新郑市）在西城（宫城）内外分别有春秋和战国两期的墓葬群。赵都邯郸故城西北分布着赵王陵和贵族墓葬群。

河北省平山县三汲乡有中山国于公元前378年复国后建都的灵寿故城，除城内有3座大墓外，城西还广泛分布着战国墓群。中山王䝅及其后妃之墓已经发掘，所获甚丰，特别是"兆域图"铜版的发现提供了有关陵园规划的材料。

湖北省江陵县北面的纪南城（即纪郢），内有宫殿台基80多处，并有制瓦、制陶、冶铸等手工业作坊遗址。除城内西北部有春秋时期墓葬之外，大量的春秋晚期到战国中期的墓葬则分布在郢城的周围。由北而南，有川店、纪山、八岭山、雨台山、孙家山、拍马山和观音垱等7个墓区。

（四）从"陵墓居都"到"陵墓近都"的变化

从漫长的先秦都城史中可以看出，君主陵墓无论是前期的分散埋葬还是后来的集中墓区，都同国都有着密切的联系，它们或分布在城内（可称作"居都"），或在城外（可称作"近都"）。

但秦人在安排君主墓地时，同此前各代有别，也和中原诸侯国迥然不同。不是"居都"，而是在"近都之制"的引领下向定制的方向走去。[①]在雍都有14座秦公陵园，但都集中分布在都城之南，无一"居都"。（见图12-4）秦献公、孝公父子的葬地嚣圉和弟圉均在栎阳的东北。秦定都咸阳之后，初期规划的陵墓区在西侧的毕陌，而昭王之后则改在了渭南新区的东侧，芷阳成了另一个陵区。

如果说芷阳陵区的出现使王陵出现了脱离"近都"倾向的话，那么秦始皇陵从芷阳陵区独立出来自成骊山陵园，则为后代帝陵脱离城市规划开了先例。

二、西汉帝陵陵区的分布

西汉帝陵茔域的形成尽管彻底完成了"都陵分离"的历史转变，但也继承了夫妻"异穴共园"的合葬传统，仍然保留着"近都"的色彩，所以西汉帝陵陵园仍是都城规划中的组成部分。

---

① 王学理：《从"陵墓近都"到"自成茔域"——国君陵墓同都城关系探索之一》，见《王学理秦汉考古文选》，三秦出版社，2008年。

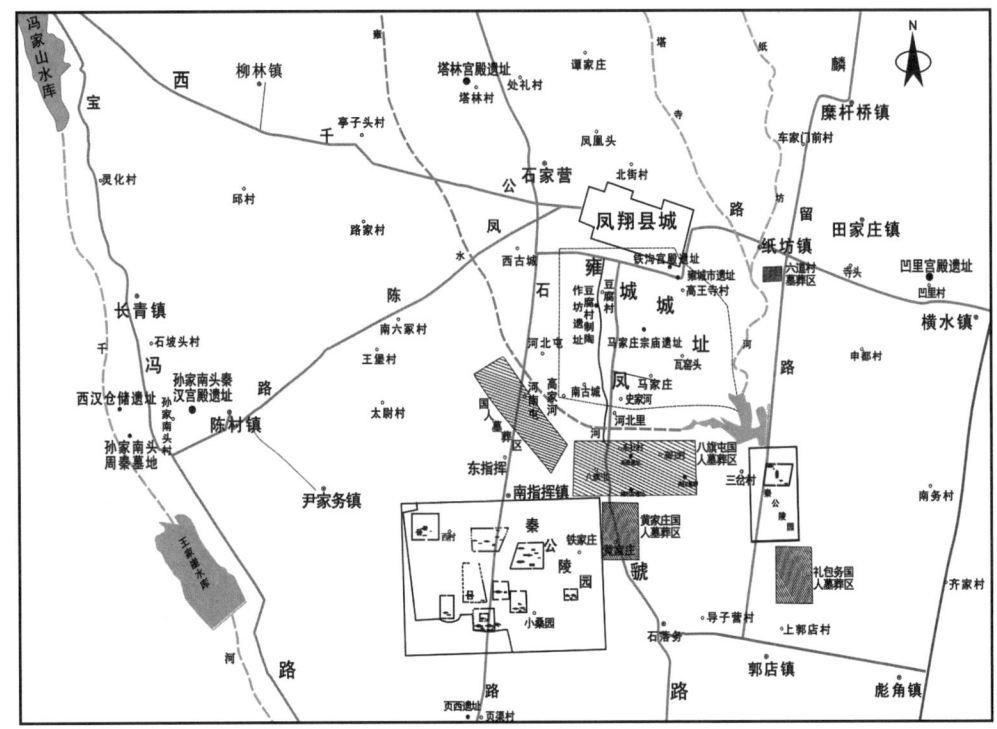

图 12-4 雍都平面布局图

（一）长安近郊的陵园

长安陵区有两处，一是渭北陵区（或称"咸阳原陵区"），二是东南陵区（或称"长安城东南陵区"）。（见图12-5）

渭北陵区是指在汉都长安之北，过渭河，分布在咸阳原上的9座汉代帝陵。这些陵墓西自今兴平市东的茂陵，东到咸阳市渭城区张家湾的阳陵，一字排开，跨越35.2公里。这9位皇帝的陵墓，包括汉高祖长陵、惠帝安陵、景帝阳陵、武帝茂陵、昭帝平陵、元帝渭陵、成帝延陵、哀帝义陵、平帝康陵等。其中长陵、安陵、阳陵、茂陵和平陵都设有陵邑，在咸阳原上的诸座汉帝陵中较为显赫，史称"汉五陵"。

东南陵区在长安城东南。此陵区仅有两座帝陵陵园，分布在浐河东西：文帝霸陵在白鹿原东麓，面对灞水，有武关大道南去；宣帝杜陵临浐河，东对白鹿原，西近宜春下苑，位于鸿固原（原称"杜东原"）上的最高处。唐诗人李白就有"南登杜陵上，北望五陵间。秋水明落日，流光灭远山"（《杜陵绝句》）的诗句。

（二）陵制

每一座汉陵，实际上是皇帝与皇后异穴同茔的合葬陵园。帝、后各有四棱台体的

第十二章　皇陵与陵邑

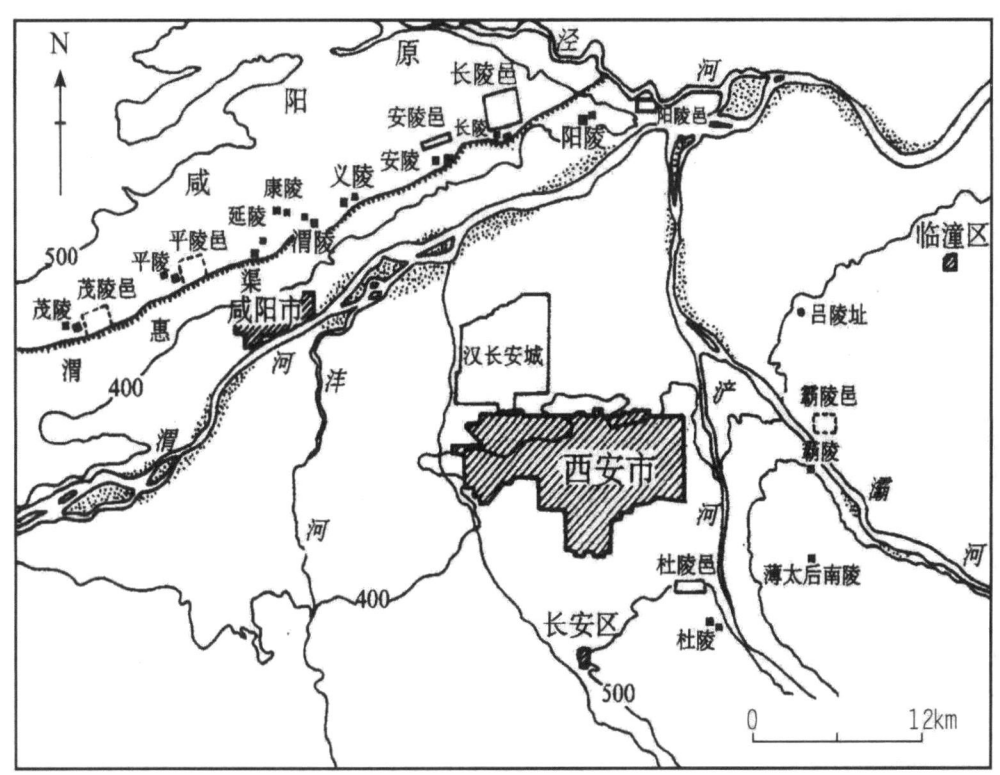

图 12-5　西汉帝陵位置图
（选自焦南峰：《西汉帝陵考古发掘研究的历史及收获》，载《西部考古》2006 年第 1 辑）

陵墓，外围以方形的周垣。在四面垣墙的正中辟有阙门，四向的"神道"直对陵墓的"羡道"。

纵观西汉帝陵的位序，并非按照一些学者主张的"昭穆关系"排列，而实际上是"择地而葬"。像修汉成帝延陵时，已经费了10年之功，却又改建昌陵。过了5年，因资财劳力消耗巨大，致使"国家罢敝，府库空虚"（《汉书·陈汤传》），社会矛盾激化，于是又不得不返回原来的延陵。至于汉代帝、后二陵的相对位置也没有限定，不存在学者长期争论的"帝东后西"或"帝西后东"的问题。但陵墓的方向朝东在西汉陵园制度上是一致的，并不存在什么争论。帝陵方向同首都长安城的坐北朝南不一致，这也许是受秦的影响还未更改的缘故。

西汉帝陵制度，在陵墓形制、周垣规整、寝园便殿、陵庙规制、陪葬墓地、从葬设施、陵园管理、陵邑设置等方面，都基本具有统一性。

表 12-1　西汉帝陵名称与分布列表

次序	陵名	皇帝	合葬者	陪葬墓方位	陵邑方位	陵园所在地	其他
1	长陵	高祖	吕后	陵东	陵北	咸阳市渭城区正阳镇三义村北	
2	安陵	惠帝	张皇后	陵东	陵北	咸阳市渭城区正阳镇白庙村南	
3	霸陵	文帝	窦皇后	西南	霸陵县	西安市灞桥区狄寨街道办江村东	
4	阳陵	景帝	王皇后	陵东	陵东	咸阳市渭城区正阳镇北	
5	茂陵	武帝	李夫人	陵东	陵东	兴平市南位镇策村南	
6	平陵	昭帝	上官后	东、北	陵东	咸阳市秦都区双照街道办大王村	
7	杜陵	宣帝	王皇后	东南	西北	西安市雁塔区曲江街道三兆村南	
8	渭陵	元帝	王皇后	东北	无	咸阳市渭城区周陵镇新庄村西南	
9	延陵	成帝	班婕妤	陵东	无	咸阳市渭城区周陵镇严家沟村西北	不再设邑
10	义陵	哀帝	傅皇后	陵周	无	咸阳市渭城区周陵镇南贺村东南	不再设邑
11	康陵	平帝	王皇后		无	咸阳市渭城区周陵镇大寨村东	不再设邑

三、西汉帝陵考古调查概览

对西汉帝陵的考古调查是从20世纪初开始的，由地面踏勘到考古钻探，其清理发掘多是零星、间断、专项地进行。1990年，陕西省考古研究所汉陵考古队进入景帝阳陵陵园，科学的考古发掘自此开始。从陵园钻探、分区确定到葬坑发掘等工作都在有计划地展开。汉陵考古队打算在阳陵精细考古工作的基础上，开展对五陵原汉陵的全面钻探，并搞清整个西汉十一陵的陵制及其变化。然而，时势的逆转使汉陵考古队攀升几年的工作戛然而止。

不过，汉阳陵的科学考古引发了研究单位对整个汉陵的重视。咸阳市文物考古研究所从2001年7月开始，经过4年多时间，对西汉十一陵中的8座陵墓做了全面的钻探调查，出版了《西汉帝陵钻探调查报告》[1]，向学术界公布了这一考古成果。随后，陕西省考古研究院按计划对西安地区的秦汉陵墓又展开更为全面的钻探调查，取得了积极的成果。

---

[1] 咸阳市文物考古研究所编著：《西汉帝陵钻探调查报告》，文物出版社，2010年。

第二节
帝陵考古的成果

一、长陵

（一）陵园与陵冢

"长陵"之名取地近长安之义，按照"秦名天子冢"为"山"，秦始皇陵原名"丽山"，所以称汉高祖陵"长山"，也叫"长陵山"。

长陵是汉高祖刘邦与皇后吕雉"同茔异穴"合葬的陵园，位于咸阳原上，当咸阳市渭城区正阳镇三义村北。陵园在陵区西南部，平面略呈南北向的长方形，西墙长944米，北墙长842米。四面墙垣都有遗存，西墙尚存600米的一段，基宽6米，高可达3米。园墙四面辟门，唯南墙有二门。

长陵作为独立的陵区，由陵园、陵邑和陪葬墓区三部分组成。东西跨度约5公里，南北最宽处约4.5公里。陵园内现存大型封土堆两座，呈东南—西北向，间距约240米。封土呈四棱台体（即俗称的"覆斗状"），大小基本相同。东南陵被认为是高祖陵，封土底部东西166米，南北134米；顶部东西38.7米，南北17.5米；高24.6米。西北陵被认为是吕后陵，封土底部东西164米，南北134米；顶部东西40.5米，南北15.3米；高约24.5米。两陵墓形均为"亚"字形，以东墓道最长，如帝陵东墓道外露封土长150米，宽13～56米；后陵东墓道长170米，宽13～69米。①（见图12-6）

汉代陵墓的封土之下是墓室，封土一定盖住墓室，只有墓道向外的一端露出封土。奇怪的是长陵的西北陵封土偏西并没有完全盖住墓室，竟然使墓室东端和宽而长的墓道以及墓室北边的一部分露在封土之外，而且东墓道接近封土的地方还有宽54米、长144

---
① 以下有关汉陵测绘的数据，为杨武站提供的最新资料。

高祖陵

吕后陵

图 12-6 汉长陵二陵

米的活土地带。这种后期人为的迹象,使人很容易联想到西汉末年发生的那场变故。赤眉军盗挖了西汉帝陵,也曾在掘开吕后陵时侮辱其尸身。那么,墓道接近墓室的活土,难道是赤眉掘墓后的遗留?1968年,在长陵西南1000米处的狼家沟有一颗玉印被当地村民孔忠良拾得,交给了国家。印作螭纽,四侧面刻云纹,高2厘米,宽2.8厘米,阴刻篆文"皇后之玺"四字,这显然也是吕后陵遭祸的证明。(见图12-7)

高祖死后,在长安城内南部修建了高庙(位于安门大街东、长乐宫西南),以便在此进行祭祀。每月游衣冠时,都要从高祖陵寝中接出高祖的衣冠,走安门大街,再送到高庙。这条安门大街被称作宗庙道,连现任皇帝都不能在上面走。于是,汉惠帝在长陵再建一座高庙,这就是被称作原庙的新庙,带有重复的意思。

图 12-7 皇后之玺

新建的原庙既设在长陵,当然就成了陵庙,惠帝称之为"太祖庙"。以后景帝尊文帝庙为"太宗庙",宣帝尊孝武庙为"世宗庙"。陵庙有园,称之为"庙园",高祖的原庙也称"高园"。庙园中的祭祀建筑,除庙之外,主要是寝殿和便殿。据载:"日祭于寝,月祭于庙,时祭于便殿。寝,日四上食;庙,岁二十五祠;便殿,岁四祠。又月一游衣冠。"(《汉书·韦贤传》)高祖死后,用栗木制作主,长9寸,前方后圆,围1尺,盛在木函里,放在高庙太室的西墙壁坎中;吕后主在右旁,长7寸,围9寸。这两位神主,必定也是复制后藏于原庙中的。

在长陵陵园内的四角,共发现建筑遗址4处,在遗址内发现有大量的夯土、红烧土块、砖瓦和瓦当残块、五角形陶管道残块等。在这4处建筑中,以西北部的3号遗址为最大,东西长203米,南北宽173米。在陵园西墙下曾出土过"长陵西当""长陵西神""长陵东当"瓦当,陵园内还见有"长乐未央"等文字瓦当及大量的云纹瓦当。西安秦砖汉瓦博物馆收藏有"高祖置当"瓦当,被认为是高祖庙用瓦。(见图12-8)

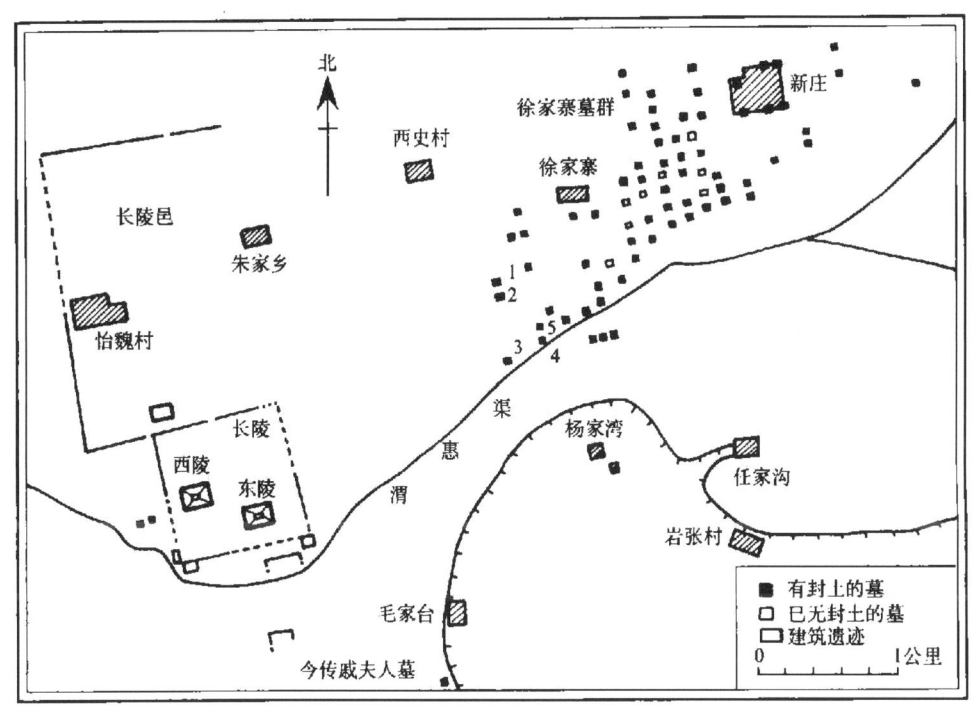

图12-8 汉长陵平面图
(选自焦南峰:《西汉帝陵考古发掘研究的历史及收获》,载《西部考古》2006年第1辑)

(二)陪葬者及其葬地

长陵陪葬墓主要分布在东面,由陵园东门至泾河岸,广延7.5公里,即西自东史村西,东到费家新庄东,南自高干渠附近,北至新庄西北台塬边部。主要集中分布在徐家寨至费家新庄一带。20世纪70年代,地面上尚有70多座封土堆,但目前仅存40多座。封土有单冢、双冢、三连冢多种形状,或南北并列,或东西并列,整齐有序,间距也大体相当。

1. 文献记载中的陪葬人

据记载，陪葬长陵的有西汉初年的萧何、曹参、张良、周勃、周亚夫、王陵、张耳、纪信、戚夫人、平原君（孝景王皇后母臧儿）、孝景王皇后的同母异父弟田蚡和田胜①等人，还有汉宣帝王皇后的家族。

萧何死于长安，葬在长陵东司马门道北边，紧临帝陵。这是陪葬墓区最显要的位置，《咸阳经典旧志稽注》载："萧何墓在县北三十里，与高阳陵相去五里。"今咸阳市渭城区徐家寨的双冢，或为萧何之墓。

公元前190年，曹参去世，谥为懿侯，也被赐葬于长陵东司马门道之北，位于萧何墓附近。

张耳立为赵王后，于汉高祖五年（公元前202年）去世，陪葬于长陵，与周勃、王陵等人的墓葬相邻。②其去世后，谥为文成侯。

据《史记·留侯世家》记载，张良葬于黄石，即今徐州沛县一带。但是《长安志》卷十三记载张良墓葬"与高祖长陵相去五里"，又记载"张良墓在县（咸阳）东北三十六里"。可见张良作为西汉的开国元勋，属于受汉高祖刘邦夸奖的"汉初三杰"之一，肯定葬在长陵东的陪葬区。

2. 杨家湾汉墓的考古发现与墓主的认定

（1）4号、5号汉墓。在今咸阳市渭城区正阳镇杨家湾村北，在高干渠的北侧有两座封土堆。经考古发掘，确认是陪葬汉高祖长陵的两座大型汉墓，分别编为4号和5号。4号墓在南，5号墓在北，两者相距26米。1965年发掘杨家湾4号陪葬墓从葬坑，出土大批彩绘陶俑，这就是有名的"三千兵马俑"。③1971年11月至1976年11月，陕西省文物管理委员会、陕西省博物馆和咸阳市博物馆组成联合考古队，对杨家湾两座汉墓进行了正式发掘。④（见图12-9）

---

① 《汉书·地理志》："汉兴，立都长安，徙齐诸田、楚昭、屈、景及诸功臣家于长陵。"在长陵陪葬墓区曾有"齐园""齐园宫当""齐一宫当"等文字瓦当出土，这当是齐国田氏墓园礼制建筑的遗物。

② 《咸阳市文物志》："张耳村古墓位于兴平市桑镇张耳村西侧。传说是西汉赵王张耳之墓。封土呈圆丘形，东西长6米，南北长5米，高约4米。现为兴平重点文物保护单位。"又：1978年7月，在河北省石家庄市北郊小沿村发掘一座汉墓，随葬品中有一"长（张）耳"铜印，此墓被认定为赵王张耳墓，较为可信。

③ 陕西省文物管理委员会、咸阳市博物馆：《陕西省咸阳市杨家湾出土大批西汉彩绘陶俑》，载《文物》1966年第3期。

④ 陕西省文管会、博物馆、咸阳市博物馆杨家湾汉墓发掘小组：《咸阳杨家湾汉墓发掘简报》，载《文物》1977年第10期。

图 12-9　杨家湾汉墓从葬坑兵马俑队列

4号墓由封土、墓道和墓室三部分组成。封土夯筑，现仅存1/4，长20米，宽15米，高4米。据观察，封土内似有建筑遗存。墓道平面呈曲尺形，西头最宽处23米，南端入口处宽6米左右，东西宽50米，南北残长44米，全长约100米。墓葬的主体建筑主要在墓室和西墓道部分。墓室已被焚毁，但形制尚存，构筑于墓道西头，是一个上下笔直、带有一个宽0.25米的二层台的方形深坑，二层台下坑深2.5米。从封土堆顶部至墓室底部深28.5米。墓室底部东西长10.57～11.01米，南北宽8～8.75米。墓室顶部原来有一层南北向铺设的横木。

由于墓室被焚，室内棺椁和随葬品难以复原。据残留痕迹分析，周围和棺椁上下均有积炭，外椁可能是用大型枋木相互交叠垒成的一个方形椁室，属于黄肠题凑之室。椁室在中间，两侧为边厢。在一个个竹笥里，放置有食品、衣物和装饰品。总体来看，整个墓葬结构很像一座大型宅第建筑。封土堆类似整个建筑的屋顶，墓坑顶部至第四层台间似屋架。南墓道仅有屋架部分而无楼层，应属建筑物的过道。西墓道部分在屋架下，似有3个楼层。墓室是宅第的后室。墓室的西北、东北、东南角各留有一堆较厚的灰烬，灰烬中发现4个铁环，应属棺椁上的附属物。在墓室与盗洞的乱土中有银缕玉衣的玉片200枚，另出土半块玉璧、一枚长9厘米的残铁剑、一个铁环和一些零碎铜片等。在墓道西部最上层，发现一方一圆两个素面漆盒。方盒长70厘米，宽40厘米，高40厘米，四面皆有铁质的铺首衔环，内发现猪骨。圆盒直径30厘米，高40厘米，上有铁质和铜质的铺首衔环，盒内空无一物。在墓室口上封土底部，发现一个高约10厘米的小陶俑，俑前放置2个鸡蛋，旁边有两块板瓦搭成的棚子。在距离小陶俑20多米的地方，又放了3个鸡蛋，摆成三角形。在墓室西部中央三层台下，发现一个完整的羊骨架，这些或为瘗埋祭祀所置。

4号墓的从葬坑给我们提供了正藏与外藏椁的实例。即以外藏椁而言，就有18个从葬坑，其中在墓内有5个（墓室前墓道口有2个，即K7、K4；前墓道口有3个，即K1、K2、K3），在墓外有13个（墓道西侧2个，即K5、K6；在前墓道西南70米处有11个）。

外藏椁中的内容，在墓内外是有区别的。在墓室前的K7和K4中，各有两乘彩绘车马。前墓道口的K1～K3中，或用鸭蛋壶、陶方仓若干个，内盛谷物等粮食。墓道西侧的K5和K6中，有8乘车马与陶俑。远离陵墓的11个从葬坑作两行排列，这就是大家常说的"杨家湾汉墓三千人马"。其实，共出土骑兵俑583件，步兵俑1965件，盾牌模型410件，鎏金车马饰1110多件，蚌、骨、陶、铁器等55件。

4号墓从内到外的从葬坑分布，足以反映出外藏椁构成一个系统，具有典型意义。墓主人的乘车（K7、K4）→粮食储存与生活器具（K1～K3）→军队三个层次表明：器物用品同墓主有着直接或间接的关系，当然也是其生前生活的映现。

5号墓在4号墓以北26米处，被盗严重，形制与4号墓基本相同，唯墓道曲折方向相反。封土保存较完整，为四棱台体，底面积400多平方米。墓葬平面呈曲尺形，总长82米。墓道入口向南延伸26米处向西拐折。墓壁留设4～5级生土台阶，台阶高3.3～3.75米。墓室由口至底，深17.25米。葬具是一棺一椁，椁周围及底部填塞木炭。椁室置于墓室底部深约1米的方坑中，全用枋木垒成，宽3.3米，长4.2米，厚0.16～0.18米，残高1.2米，底厚0.25米。棺盖板南北向排列，盖板上有两层漆皮，上面再铺一层竹席。棺长3.1米，宽1.65米，边厚0.18～0.2米，盖厚0.08米。棺两侧距离椁板0.6米，形成南、北二厢。厢内放置随葬器物，北厢置茧形壶、玉器之类，南厢置钟、磬之类。棺椁内外、墓室填土和盗洞中共出土玉衣片202枚，有的玉片四角小孔内残留有银线，死者可能身着银缕玉衣。棺内出土玉璜1件，棺外有残破的玉璧3件。墓道填土中发现3枚钱币，其中一枚为四铢半两。出土乐器有编钟、编磬，陶器有茧形壶、罐、钟、鼎、俑头等，铁器有铲、刀等。

（2）墓主身份考订。《水经注》卷一九有这样一条记载：成国故渠"东径长陵南，……又东径汉丞相周勃冢南，冢北有亚夫冢。故渠东南谓之'周氏曲'。又东南径汉景帝阳陵南"。郦道元记载成国渠从长陵到阳陵的这段流径是对的，"周氏曲"（今杨家湾）同"周氏冢"的方位也没错。但把南北对直的两汉墓说成是周勃、周亚夫父子的，就有点不合史实。

周勃后去相就国，于孝文帝前元十一年（公元前169年）去世，谥"武侯"。既然周勃"就国"、死在自己的封地，就不可能葬在京都附近的咸阳原上。

周亚夫（公元前199—前143年）是周勃之子，为河内守，文帝封其为"条侯"，也是一位威冠三军的将领。杨家湾4号汉墓葬制符合列侯等级，又有"三千兵马俑"从葬，显然能同周亚夫身份对应。北边的5号汉墓，当是周亚夫的夫人无疑。

（三）长陵邑

高后六年（公元前182年），在长陵筑邑城。为了充实这个新修的县城，就大量移民。《关中记》说"徙关东大族万家以为陵邑"，《太平寰宇记》作"万户"。"家"也就是"户"。一户按5口计算，徙入长陵邑的就有50000人。陵邑虽与县同级，但不属郡管，直归中央的太常管辖。长陵邑设有长陵令，秩禄千钟，也高于其他陵邑的官吏。

长陵邑位于陵区西北部，南接陵园，平面呈长方形，南北长，东西窄，南、西、北三面有夯土筑成的城墙，每面各设一门。北墙长1245米，从彭王村北向东延伸至孙家村西，孙家村西地面上仍有保存；西墙长2200米，怡魏村西南地面上仍有一段城墙保存；南墙残长1210米，东段与陵园北墙合用，地面有城墙保存。陵邑城以西墙南段、南墙西段、北墙西段保存最好。地面墙基宽10米，高2～6米不等。墙基挖基槽，深约2米，上部为版筑，夯筑坚实。夯层清晰平整，密实坚硬，有薄有厚，薄层厚2～3厘米，厚层厚12～15厘米，一般厚6～8厘米。城墙西南角朝外凸出南北长26米、东西宽15米的部分，有似角楼。长陵邑不见东墙，可能以自然沟壑为界。在陵邑内发现夯墙、道路、灰坑等遗迹及大量的瓦片堆积、排水管道、生产工具等。

二、安陵

汉惠帝七年（公元前188年）秋八月，24岁、在位仅有7年的惠帝崩于未央宫，葬于安陵。

（一）陵园与陵冢

安陵是汉惠帝与张皇后"异穴同茔"合葬的陵园，位于咸阳市渭城区正阳镇白庙村南。陵区东西长约3.5公里，南北宽约1.6公里。（见图12-10）

安陵陵园位于陵区西南部，平面近方形，东西932米，南北852米。陵园四面有夯筑墙，今已无存。据探测，陵园四面各辟一门，基本正对着惠帝陵封土中部。

在陵园内的南部，有东西并列的两座封土堆，东部的一座高大雄伟，位于陵园最高处，形状为四棱台体（覆斗形），底部东西167米，南北142米；顶部东西60米，南北30米；高28米。是为惠帝陵。在封土的东、北侧未发现墓道，南侧、西侧各发现墓道一条。南墓道长108米，宽18～49米，西墓道长60米，宽8～32米。（见图12-11）

在惠帝陵西北260米处，有一个矮小的封土堆，实是张皇后的陵冢。封土可能是后来修建的，形状仍为覆斗形，高仅10.6米。顶部塌陷形成一个直径23米、深3米的锅底状深坑。墓葬形制为"中"字形，封土东侧、西侧中部各有一条墓道，东墓道长28米，宽

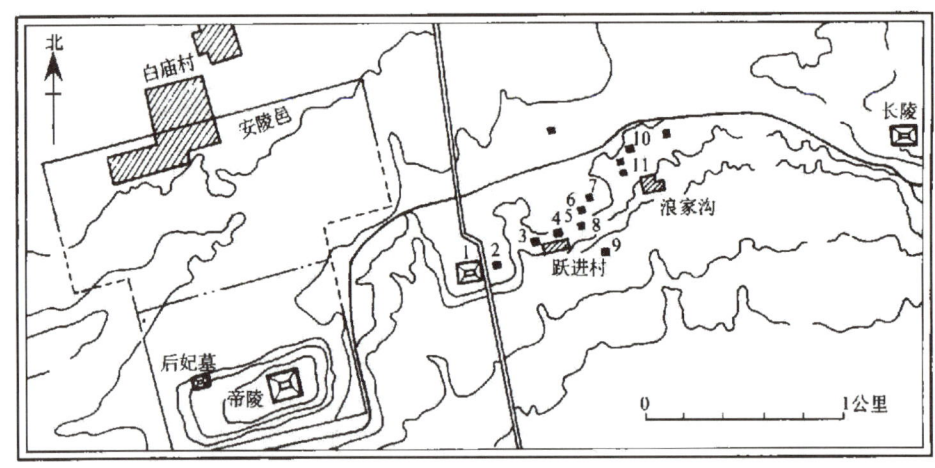

图12-10 汉安陵平面图
(选自焦南峰：《西汉帝陵考古发掘研究的历史及收获》，载《西部考古》2006年第1辑)

图12-11 惠帝与张皇后陵

10～25米；西墓道长42米，宽14～21米。

安陵陵园内的寝殿、便殿建筑遗址共发现3处。其中，1号、2号建筑遗址分布在陵园北部，东西并列，间距86米。1号建筑遗址南北长160米，东西宽85米；2号建筑遗址位于东侧，南北长140米，东西宽130米；3号建筑遗址位于陵园东南角，南北长132米，东西宽104米。在建筑遗址中，发现有夯土、路面及大量的绳纹板瓦、筒瓦残片等遗迹、遗物。

（二）从葬设施

从葬坑主要分布在惠帝陵东北部，少数分布在封土东侧，共22座。东北部19座，多为东西向，平行排列，长短参差不齐；封土东侧3座御府坑为东西向，平面呈长方形，相互平行，西端均伸入到封土之下，长度分别为40米、70米、90米，宽8～9米。第11号陪葬墓的从葬坑很特别，形成一圈围沟。（见图12-12）

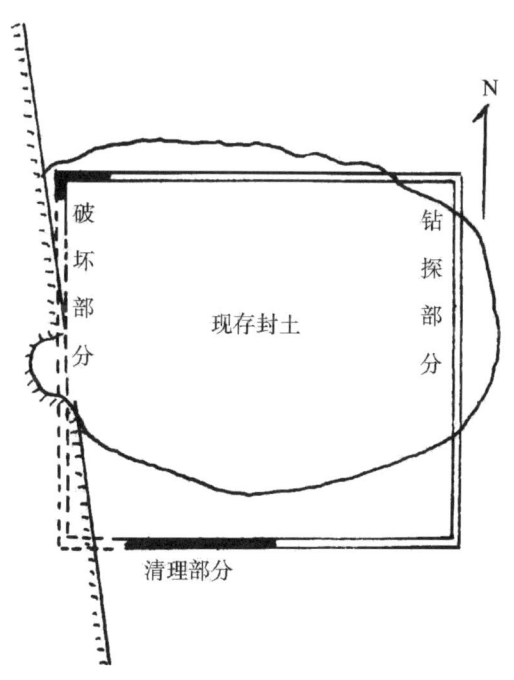

图12-12 汉安陵11号陪葬墓围沟式从葬坑

（三）陪葬墓

1. 文献记载的陪葬墓

鲁元公主与张敖合葬墓园有曲尺形的垣墙围绕，是一处独立的墓园。园内发现有排水管道及大量的瓦片堆积等，可以想见当年墓园的地面建筑相当讲究。园内的1～5号陪葬墓东西向排列。其中1号陪葬墓靠近安陵，相距900米，位于咸阳市渭城区正阳镇跃进村。封土特别高大，平面呈长方形，底部东西长136米，南北宽110米；顶部中间向下凹陷，形成马鞍状，东西长43米，南北宽14米。墓道位于封土东侧中间处，长40米，宽20～30米，两壁留有0.9～1.1米宽的生土台阶。封土北侧立有"赵王如意墓"石碑，墓主实为鲁元公主。东侧的2号陪葬墓，同1号墓的墓道有打破关系，墓主可能是鲁元公主的丈夫张敖，属于夫妻同茔异穴的合葬墓。

文帝即位后的第二年（公元前178年），陈平死于长安，谥献侯。陈平葬地有多种记载，而且有丘墓可指。《陕西省志·文物志》确定在西安市鄠邑区石井镇曹家堡村西北，封土呈覆斗形，现墓冢高约8米。墓侧曾因建砖瓦厂遭受破坏。墓前原有乾隆四十一年（公元1776年）陕西巡抚毕沅书写的"汉曲逆侯陈公平墓"石碑一通，现已迁到学校保存。墓为省级重点文物保护单位[①]。不过在刘安国、吴廷锡民国二十一年《重修咸阳县志》中有另一种记载："丞相陈平墓在县东北三十五里，刘家沟北里许。"陈平是西汉开国元勋之一，历高祖、惠帝、吕后、文帝，以其机智多谋在复杂的政治斗争中为巩固汉刘政权效力一生，受到尊重，其墓葬也必在帝陵之侧。而刘家沟之北正对着鲁元公主墓所在的跃进村，都处在安陵东的陪葬墓区内。所以，陈平墓位于咸阳市渭城区窑店镇刘家沟北的咸阳原上是可信的。而其他地方的陈平墓，多是出之有因但又带有感情色彩的义冢。像河北顺平县有陈平墓，因此地本是秦汉时的曲逆县，属于曲逆侯陈平的食邑。而河南省境内多处都有陈平墓，如果说在阳武县东南，那大概因这里是陈平的故乡。但说陈平墓在河南驻马店市西平县蔡寨、永城市，甚至于远在甘肃平凉市泾川县回中山，就不可靠了。

张苍作为有特殊贡献的高龄丞相，死后葬在安陵。民国《重修咸阳县志》载，张苍墓在"陈平墓右"，显然与其曾辅佐过的赵王张敖同处安陵陪葬区之内。另外，河南新乡市原阳县任谷堆村有墓冢高出地面2米，立有清康熙年间的"汉北平侯张苍之墓"石碑1通。这里很可能是其后人所建的衣冠冢。

2. 待考订的陪葬墓

安陵陪葬墓位于陵区东部的跃进村至狼家沟一带。地面现存封土堆近20座。封土大多呈覆斗形，多残缺。

（1）文献记载中有袁盎、扬雄、商山四皓的陪葬墓。

（2）狼家沟汉墓。在安陵以东2000米的狼家沟东塬头，有一座安陵陪葬墓，围绕墓圹四周有从葬沟一圈压在封土下，形如方框，东西长21米，南北宽19米，宽0.54米，深1.01米。这座陪葬墓的方框形从葬沟于1950年遭到破坏，可见四面都有陶俑，只是在种类上有所区别。北面的西段有排列整齐的陶马和武士俑。经发掘的南面从葬沟两壁砌砖，棚木盖口。南坑中段内放陶俑6行，靠北壁的一行武士俑面东，计84件，高44～46厘米，其他5行排列陶羊125件、陶牛46件、陶猪23件。东面从葬沟未发掘，但也有陶俑。这些武士俑和动物俑都经过彩绘。四面从葬沟中的陶俑总数在3000件以上，场面十

[①] 陕西省地方志编纂委员会：《陕西省志·文物志》，陕西人民出版社，2016年。

分壮观。

（四）安陵邑

安陵邑位于陵区西北部，平面为长方形，东西长，南与陵园相连，周围有夯筑邑城，其中东墙、东北角、西北角地面上仍保存有0.3～2.6米高的墙体，墙宽6～8米。陵邑平面呈长方形，东西长1548米，东西宽445米，东墙和西墙之间开有一座城门。在城门遗址处发现有多种西汉瓦当。

安陵邑中的居民以迁徙民为主，居民多来自楚国。这些人并不是世家大族，其中有一些人出身寒微，但是很多人经过自己的努力已经取得很大成就，有的已经成了朝中的显赫人物。

惠帝生前厌倦政事，纵情酒色，故陵邑居民中有大量的关东艺人。《关中记》载："徙关东倡优乐人五千户以为陵邑，善为啁戏，故俗称女啁陵也。"

安陵邑里有果园，还有鹿苑。

三、霸陵

（一）陵园

霸陵位于西安市东郊白鹿原顶部北端，当灞桥区狄寨街道办江村东、窦皇后陵西侧。①

2001年初，盗墓团伙对江村东约1000米处的霸陵多次盗掘。西安市文物保护考古所从2006年起，历时3年进行调查勘探，发现了陵园、大墓、从葬坑和窑址等重要遗迹，确认了文帝霸陵的所在。

陵园呈方形，边长约400米。陵城四边中心各有门阙遗址，其中东、北两面的阙址保存较好。陵园之内是墓葬。目前在陵园内未发现寝殿、便殿等礼制建筑。

由探测知，陵墓坐西向东，方向115度，是大型的"亚"字形竖穴土圹木椁墓。方形墓室边长70～75米，深约30米，斜坡的东墓道规模最大。墓圹土经过夯打，由上而下分为5层，依次是：夯土层→青膏泥层→黄褐色夯土层→深青色夯土层→木炭层。木炭层下即是大型木椁，有3道回廊。

《史记·孝文本纪》载：孝文帝"即位二十三年，宫室苑囿狗马服御无所增益，有

---

① 陕西省地方志编纂委员会：《陕西省志·文物志》，陕西人民出版社，2016年。

不便，辄弛以利民"。在遗诏中他叮嘱："霸陵山川因其故，毋有所改。"今地面上无封土的存在。从地貌上看，陵墓所在的江村一带海拔高度766米，东临灞河，西为多级台地，南北各有一条自然冲沟。那么，霸陵显然是山川无所改的"因塬为陵"。（见图12-13）

在霸陵陵园之东约800米处，是窦皇后陵。（见图12-14）帝西后东各有独立的陵园，属于帝后同茔异穴的合葬墓制。霸陵西南约2100米处有薄

图12-13 霸陵陵园（无封土，即"不起坟"）

图12-14 孝文窦皇后陵

太后南陵，在陵园西侧也有从葬坑的分布，曾发掘出大熊猫和犀牛骨骼。[1]

（二）御府坑和从葬坑

御府坑分布在霸陵墓圹的四周，呈辐射状，共115条。

从葬坑群有三，具体情况如下：群1在墓葬东南约300米处，呈东西向排列，计14排22条从葬坑。坑长10~400米。群2位于墓南金星村西的台地上，有5排计15条长方形从葬坑。群3在墓葬的西侧坡地上，计从葬坑52条，另有47条系陕西省考古研究所于1966年清理。[2]（见图12-15）

（三）陪葬与保护

据文献记载，陪葬霸陵者有馆陶公主（窦皇后女）与董偃、孝武陈皇后（馆陶公主

---

[1] 王学理：《汉南陵从葬坑的初步清理——兼谈大熊猫头骨及犀牛骨骼出土的有关问题》，载《文物》1981年第11期；《汉南陵大熊猫与犀牛探源》，载《考古与文物》1983年第1期。

[2] 王学理、吴镇烽：《西安任家坡汉陵从葬坑的发掘》，载《考古》1976年第2期。

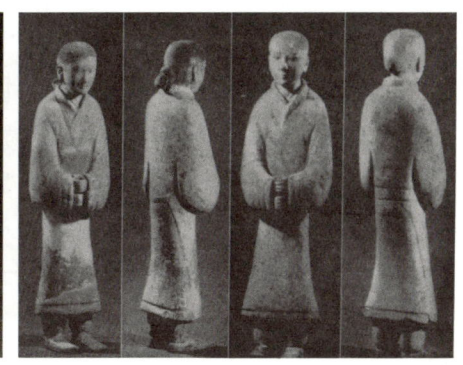

图 12-15　江村从葬坑女侍俑

与堂邑侯陈午女，葬霸陵郎官亭东）、更始帝刘玄（葬霸城县东北[①]）等。

在江村大墓发现之前，长期以来误传汉文帝霸陵位于西安市灞桥区霸陵乡毛窑院村东南，以为灞河西岸的白鹿原北坡尖锥形的"凤凰嘴"就是"不起坟"的霸陵。在毛窑院村东南的平地上，立有清代康熙、雍正、乾隆、嘉庆年间的陵碑及祭祀碑10余通。其中有乾隆四十一年（公元1776年）陕西巡抚毕沅所书"汉文帝霸陵"石碑。1956年8月，陕西省人民委员会公布霸陵为第一批陕西省文物保护单位。1992年4月，陕西省人民政府又公布了霸陵的保护范围。

四、阳陵

（一）科学考古的开端

过去对汉阳陵只做过一般性的考古调查与地面测量，而1990年陕西省考古研究所派秦汉研究室主任王学理率领汉陵考古队的进驻，才开始了真正意义上的科学考古。经过连年的全面探查与发掘，至1994年已基本摸清了汉阳陵的陵园制度与物质文化内涵。此后断断续续的野外工作和专题性的发掘则提供了更细化的资料。[②]

从目前对汉阳陵的发掘情况来看，原来的陵园建筑早已毁坏，现留下多处遗迹，其中包括寝殿、便殿、神庙与园寺吏舍。陪葬墓园主要分布在东门司马道的两侧，两座陵墓基部的四周布满御府从葬坑。刑徒墓位于陵西的后部，而阳陵邑城则位于陵东千米之外。

[①] 王学理调查后认为，更始帝刘玄陵在今西安市灞桥区新筑街道办西南约1.5公里的上双寨村，其地高起，当地人称作"龟背梅花紫金城"。文见《更始帝陵当浮出》，载《唐都学刊》2013年第6期。

[②] 陕西省考古研究所汉陵考古队：《汉景帝阳陵南区从葬坑发掘第一号简报》，载《文物》1992年第4期；陕西省考古研究所汉陵考古队：《汉景帝阳陵南区从葬坑发掘第二号简报》，载《文物》1994年第6期。

阳陵属于汉景帝与王皇后同茔异穴的合葬陵园，是咸阳原上9座汉陵中最东端的一座，位于咸阳市正阳镇张家湾村和后沟村以北之咸阳原上，高居原巅，靠泾面渭，俯视长安故都，气势非凡。（见图12-16）陵冢呈覆斗状，景帝陵高32.3米，王皇后陵高26.5米，威威赫赫。

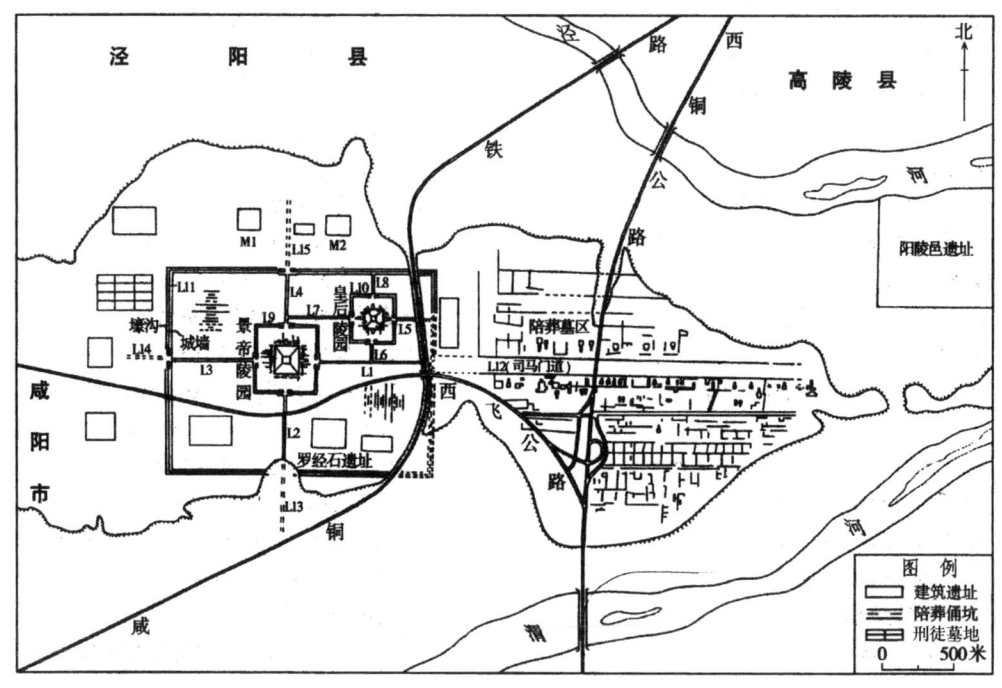

图 12-16　汉阳陵陵园平面图

帝后陵墓外各有周垣，呈方形。帝陵陵园边长约418米，后陵陵园边长约350米。陵园四面有阙门，基址犹存。两座陵冢呈西南—东北向排列，间隔450米。在陵园外围，原来应有一道外围墙，四面开门，有待确认。所以，汉阳陵陵园实际上是个大城套着两座小型陵城的"重城"。

（二）御府坑

在帝后陵墓周围分布有御府坑，帝陵有85个，后陵有39个，栗姬冢有75个。条状的诸坑都对着方形的陵冢，而每面的坑又都同墓道平行。（见图12-17）

从帝陵从葬坑中发掘出土的器物有原大木车、大陶仓、羊群、木马、各式陶俑等，以及"太官之印""宗正之印""东织令印""宦者丞印""导官令印""永巷丞印""甘泉仓印""别藏官印""徒府""仓印"等多枚铜印章与封泥，说明御府所藏

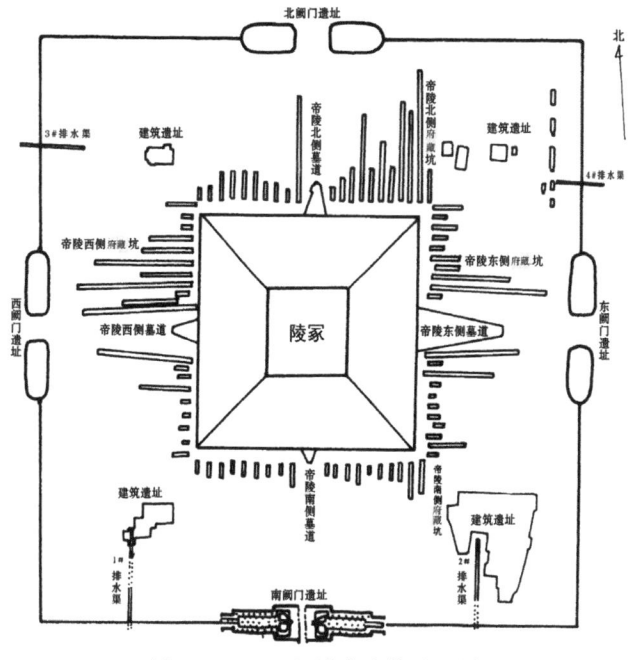

图 12-17 汉阳陵御府坑平面图

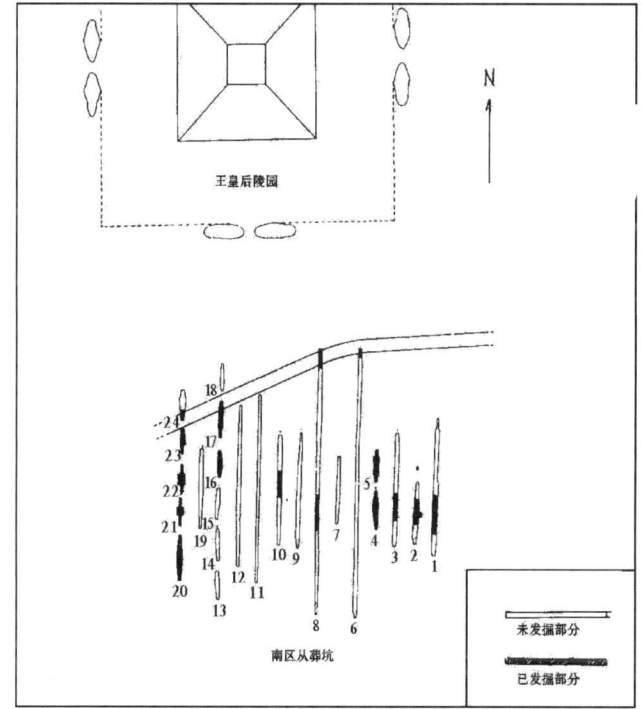

图 12-18 汉阳陵南区从葬坑分布图

的物资都是经过汉中央政府有关机关的检验并钤封的，见证了中央多部门参与陵墓工程的事实。

帝陵四周的从葬坑绝不代表汉中央政府的三公九卿部门。否则，后妃陵墓周围的从葬坑将无从解释。后来御府坑又被改为外藏坑，并以此定名"地下博物馆"，显然也是欠妥的。因为它同与帝陵有一定距离的从葬坑（南区和西区）都属于外藏系统。这样一来，就又出现了外藏坑与从葬坑并列的现象。

（三）两处从葬坑

阳陵外区（帝后陵园之外）的从葬坑有两处：一处在帝陵之西偏北，称为"西区从葬坑"（有材料称"北区"，是方向性错误）；另一处在帝陵东南，当后陵正南，称为"南区从葬坑"。每区的从葬坑都由条形坑组成，计14排共24个坑。最短的坑长只有25米，而最长的可达291米。

经过探测与部分发掘得知，南区从葬坑的排列及每坑的文物布置都有一定的讲究（见图12-18）。其中包括车马队列与粮仓、方队与兵器库、家禽与杂器、骑兵与主车、屏障与车行等。出土的"左府""军大右仓""军武库丞""军武库兵"等铜印,特别是"车骑将军"金印,都表明这样一个事实:按照军队组织编制,"仓""库""府"都是常备军中的设置,同野战军的临时之设不同。将军统率之军在担任屯卫任务时也按军队组织编列。若比对陵周御府坑出土的"太官之印"和宦官俑,就可看出陵城内外俨然有别。所以,外区从葬坑的兵马俑群,正是由中尉掌握的"内卫京师,外备征伐"(《汉书·百官公卿表》)的汉北军的缩影。[①]

(四)陶俑

景帝阳陵从葬坑的陶俑,肤色橙红,装有带转轴的木质双臂,外穿葛麻棉帛类彩衣,是

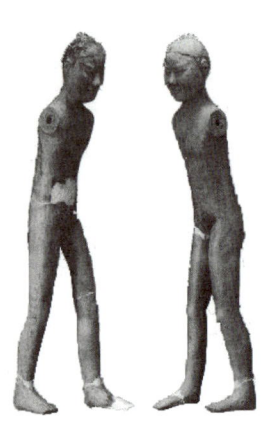

图 12-19 著衣木臂式陶俑
(南区从葬坑出土)

极具特色的艺术品。但因深埋地下,出土时木臂与衣服腐朽无存,通体全裸,成了缺双臂的裸体陶俑。(见图12-19)这是与过去常见的汉俑不同的一种新俑式,故而笔者称之为"著衣木臂式陶俑",而把过去的俑式称为"塑绘衣饰陶俑"。

著衣木臂式陶俑虽然只有62厘米高,但基本合乎人体结构比例。男阳、女阴、肚脐、窍孔无一不备。从艺术角度讲,这不但是一批写实主义的佳作,而且表情丰富、各具个性的面容能给人以强烈的感染力。同样,动物俑中像牛的憨厚、马的俊逸、狗的机灵、羊的温顺、公鸡的得意、母鸡的闲散都被刻画得活灵活现。(见图12-20)应该说,阳陵汉俑继承了秦俑的雕塑技法,又在人体比例掌握上前进了一大步,是佛教艺术传入中国之前土生土长的艺术,在中国乃至世界雕塑史上都占有重要地位,具有历史意义。

出土于建筑遗址和陪葬墓里的塑绘衣饰陶俑,无论是男是女,或立或坐,无论是伎

---

① 王学理、梁云:《论汉阳陵南区从葬坑的军事属性》,载《考古与文物》2004年增刊《汉唐考古专号》;又见王学理:《王学理秦汉考古文选》,三秦出版社,2008年。

图 12-20　陶鸡与牛
（南区从葬坑出土）

图 12-21　阳陵一号建筑遗址陶俑

乐姿还是舞蹈姿，个个面相姣好、色彩艳丽，都是对当时稳定、闲适的社会生活的一种艺术反映。（见图12-21）

（五）陵庙——从德阳宫到阳陵庙

公元前153年，汉景帝在陵园里起造德阳宫。这是皇帝在世修建而专为后人墓祭时用的礼制性建筑，实际本应叫作"德阳庙"，但因为它是皇帝在位时预作的寿陵，出于避讳，就取了个吉祥且含有祝长寿之义的名字，不叫"庙"而叫"宫"。那么，在景帝入葬阳陵之后就应该称之为"阳陵庙"了。

阳陵庙位于帝陵陵园外东南420米处。这一建筑基址平面近于正方形，边长约260米，占地面积约67600平方米。（见图12-22）平面构筑似一个"回"字形，外圈是回廊式建筑，东、南、西、北四边中心部分是通道，有门庭建筑。四隅有4个曲尺形的配房，外侧有鹅卵石铺的散水。再向外，有沟隍环绕，四边中部断开的地方正对门道。门两侧各有水井一口，计8口井。内圈是个高起的方形夯土台基，边长54米，同样是回廊建筑，以回纹铺砖墁地，但卵石散水散落在外侧。四边各有3个门址，计12个门。还出土有"四神"（青龙、白虎、朱雀、玄武）空心砖。在内圈的方形夯土台基上，估计原来的建筑具有四阿式屋顶，形成整个建筑的主室。中心地面有一块被称作"罗经石"的柱础石，属于云母花岗岩质，呈四棱柱几何体。上部呈圆盘状，光平洁净，面平如砥，直径140厘米，边长180～183厘米。表刻一垂直相交的十字阴线。作为中心柱础，庞大如此，不难想象阳陵庙建筑雄伟的气势。

（六）陪葬墓

除了帝后陵北侧有几座高大的封土堆属于嫔妃墓之外，陪葬阳陵的家族

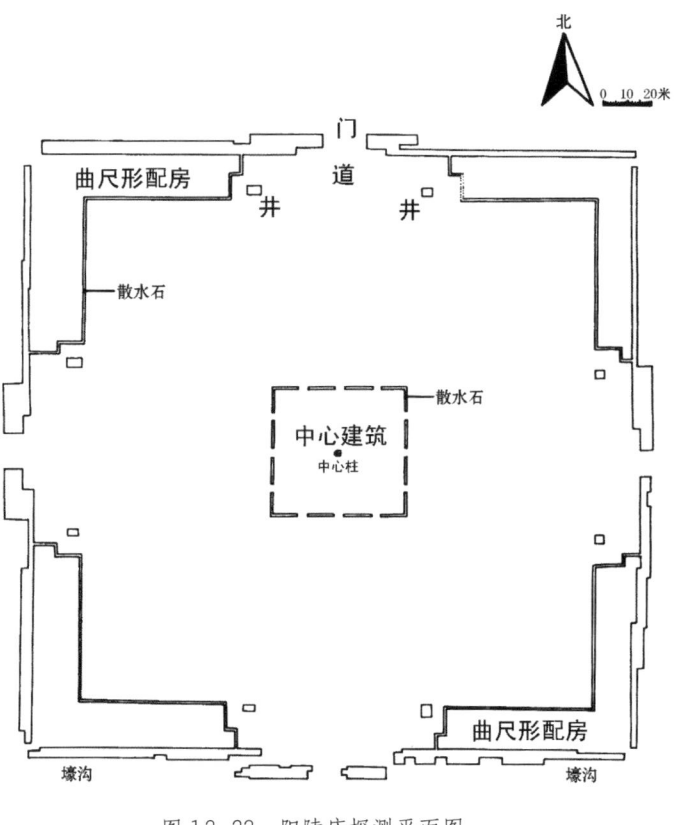

图12-22 阳陵庙探测平面图

墓园都分布在东司马道的南北两侧。20世纪70年代，地面上还存留有陪葬墓冢34座，至今已消失殆尽。

1. 嫔妃墓

嫔妃陪葬墓区位于帝陵北侧500多米处，目前仍有两个较大的封土堆，墓葬形制均为"中"字形。M1在帝陵西北，有着巨大的封土堆；M2在帝陵东北、后陵西北，呈四棱台体。两冢一西一东，各自都有较小的陵城、壕沟及从葬坑和礼制建筑，形成独立的墓园。它们同陵园外区北侧的建筑遗址处于东西一条线上。

汉景帝刘启前后有皇后和亲幸的夫人7人，至于是否还有所谓"美人、良人、八子、七子、长使、少使"（《汉书·外戚传》），就难于考究了。那么，除过王皇后同茔异穴的合葬陵墓较为明确之外，地位较高的亲幸中还能有谁陪葬阳陵呢？

景帝刘启最早的一位薄皇后是薄太后家女，因无子，也无宠，立六年而废。据文献记载，她"葬长安城东平望亭南"。显然，这位废后并没有葬在阳陵。

在其他诸姬中，如栗姬、程姬、唐姬、贾夫人、王夫人均生子封王。虽然她们的事迹在史书中缺载，但也说明其并没有什么过失，加之汉景帝为人宽厚，所以死葬阳陵，靠近景帝陵，据有一方高规格的茔域当然是绝对没有问题的。至于要"对号入座"地找到她们各自的安葬之墓，那就寄希望于来日了。

据清乾隆年间臧应桐编撰的《咸阳县志》记载，帝后陵北那个大冢（M2）是"废太子临江王母"。今陵北的M2是个很典型的四棱台体（覆斗状），底部东西60米，南北55米，高20米。因为形状像倒扣的量器"升"，所以当地人称其为"升子冢"。也有说是后代祭祀时悬挂皇帝圣旨用的，叫"圣旨冢"。但这能否说就是"栗姬冢"？待证。

2. 陪葬的家族墓园

陪葬墓园位于阳陵之东。其西界当"咸（阳）铜（川）铁路"稍东，距帝陵1100米，这里有一条南北向的墓区界沟，长440米，宽8米，深6.2米；墓区东界在马家湾乡米家崖村塬头，同样有一条界沟，南北长570米，宽近40米，深10米。墓区东西跨度2.3公里，南北宽1.5公里，占地范围约3.5平方公里。一条长3500米、宽110米的帝陵东神道从墓区横穿而过，众多的陪葬墓园则分布在此神道的南北两侧。

在阳陵陪葬墓区内，分布着很多家族墓园。每一墓园都由方形或长方形的兆沟围绕，使彼此分开。已经探明陪葬墓园安排在神道两侧，其数量南多于北。南侧有墓园10排92个，北侧6排15个，共有16排107个。5000余座阳陵陪葬墓及其从葬坑就分布在这些墓园里。这些陪葬墓从汉景帝建陵时到东汉中期，时跨200多年。[①]

为配合基建工程，陕西省考古研究院清理汉墓1000座以上，出土汉代各类文物12000余件（组），内容相当丰富，陶器有钟、钫、罐、鼎、钵、仓、灶等；铜器包括钟、钫、豆、熏炉类生活用具，镜、带钩等衣饰，以及车马具、兵器、印章、货币；铁器有剑、环首刀、斧、灯等；还有多种小件玉器。

根据文献记载，丞相李蔡、平陵侯苏建的家族墓地都在阳陵的陪葬墓区里。

（七）修陵人墓

秦汉帝后陵墓工程中，修陵的主要劳动力是判刑后服役的罪犯，他们常常死在劳动现场，专辟有墓地。

---

① 陕西省考古研究所编：《汉阳陵》，重庆出版社，2001年。

阳陵刑徒墓地位于汉景帝陵园西北680米处的上狼家沟村南。经探测，墓地范围约有8万平方米。1972年春，当地农民在修水库时发现了阳陵的刑徒墓地。陕西省博物馆、文管会派人进行随工清理，共发掘29座墓葬，出土35具骨架。这些墓葬排列无序，坑式多样，葬式不一，既无棺木又无随葬品。墓坑多呈长方形或不规则形状，均无葬具，或埋一人，或五六具骨架叠压在一起，尸骨凌乱。从墓葬中骨架情况来看，死者多属于非正常死亡，他们或身首异处，或肢体与躯干脱节，许多骨架上还有钳、钛之类的铁刑具。①

对长眠于此的无名刑徒，就其墓葬举例一二：

1号墓是个长方形土坑，残长1.7米，宽1.29米，距地表极浅，只有75厘米。内葬一人，作仰身直肢的姿势。虽然独居一方，似乎受到优待，但颈上带着铁钳受斩而身首分离了！

2号墓的死者，境况更不如1号墓。墓坑不规则，坑底高低不平、深浅不一。在这长5米、宽0.2~2.56米、距地表只有85厘米的坑里，竟上下两层埋了6个人！他们有的颈带铁钳、仰身向天，有的头下脚上、腿束铁钛、倒插黄土，有的身肢扭曲、张口欲言、痛苦死去，有的戴刑具、肢体散架，有的尸骨不全……

根据《史记》《汉书》中"免徒隶作阳陵者""赦徒作阳陵者死罪"的记载，这处墓地中的死者就是修建阳陵的刑徒。

（八）阳陵邑

阳陵邑遗址位于阳陵陵区的东部，西与家族陪葬墓区相接，处于泾河谷地的二级台地上。遗址西起高陵区泾渭街道办店子王村，东至"泾渭之汇"的陈家滩村，南临渭河，北靠泾水，东西长约4500米，南北宽约1000米，总面积约4.5平方公里。由于泾河向南岸侧蚀，面积近80万平方米的邑城北部沦陷，尤以中段为甚，形成内凹的态势。估计城区遗存的部分仅有原来的60%左右。

从2000年10月开始，陕西省考古研究院在汉陵考古队的调查基础上，对阳陵邑遗址进行了大规模钻探和发掘，发现了大面积的汉代建筑遗址和大量的陶窑、墓葬等遗迹。阳陵邑遗址南、东、北三面环水，西面靠塬，四周均有天然屏障，在南部钻探出一段城

---

① 秦中行：《汉阳陵附近钳徒墓的发现》，载《文物》1972年第7期。

墙长970米，外侧有护城河。城中部有一条横贯东西的主干道，宽36～60米。另外，还有11条东西向和31条南北向的支道，宽3～9米不等。这些纵横交错的道路将整个陵邑划分成约200个面积不等的里坊，面积最大者可达4万多平方米，面积最小者不足1万平方米。里坊内有房屋基址、水井等，但周围未发现围墙遗迹。邑地南高北低，有两道南北向排水渠。

整个陵邑可分为三大区：发掘阳陵邑的中心地带，其里坊面积较大，里坊四周的道路较宽，出土"阳陵令印"的封泥也最多，说明主干道以北的中心部位是官署区所在地；官署区外围为居民区，里坊面积较小，四周道路较窄；南北沿渭水、泾河岸边为制陶作坊区，分布有大量的陶窑。发掘二号里坊，揭露面积2万余平方米，发现了排房、储水池、陶窑、作坊等重要遗迹，发掘出土了大量的汉代筒瓦、板瓦、瓦当、铺地砖等建筑材料，盆、罐、缶、甑等陶质生活用具，铜、铁质铠甲片和镞等武器装备，各类文物总数达1万余件。特别是出土了汉代不同时期的封泥600余枚，其中压印官印的封泥有"阳陵令印""阳陵丞印""霸陵左尉""栎阳丞印"等，压印私印的封泥有"陈博德印"。这里的"阳陵令"和"阳陵丞"，实际是阳陵邑的最高长官及其副手，而不是阳陵陵园的令和丞。[①]

在出土的遗物中，不但有汉初的半两钱，而且有东汉晚期的剪轮五铢、铜镜等。可见阳陵邑始设于西汉初期（《史记》对此有明确记载），废弃时间大约在东汉中晚期。

2001年6月，阳陵作为西汉帝陵组成部分被国务院公布为第五批全国重点文物保护单位。

五、茂陵

（一）陵区与陵园

建元二年（公元前139年），即武帝即位第二年，就"初置茂陵邑"，接着又"赐徙茂陵者户钱二十万，田二顷。初作便门桥"（《汉书·武帝纪》），说明陵墓作为一项国家工程的前期准备已经着手进行了。后元二年（公元前87年）二月，汉武帝驾崩于

[①] 汉阳陵考古陈列馆编：《汉阳陵考古陈列馆》，文物出版社，2004年；汉阳陵博物苑编：《汉阳陵博物苑》，文物出版社，2006年；咸阳市文物考古研究所编著：《西汉帝陵钻探调查报告》，文物出版社，2010年。

五柞宫，入殡未央宫前殿，三月葬茂陵。经过53年的营建，茂陵成为西汉帝陵中营建时间最长、葬品爆满的皇陵。

茂陵位于兴平市南位镇策村之南，属汉代槐里县的茂乡故地。武帝营建寿陵时，遂将陵园名称定为茂陵。

陵区东西跨度9500米，南北约7000米，茂陵陵园位于陵区的西南，陵邑占有陵区东北部的广阔地域，陪葬墓分布在茂陵陵园的四周，尤以东侧最为集中，而刑徒墓地则位于陵区的后部（西端）。

茂陵陵园有外围墙，平面呈东西向的长方形，长2080米，宽1390米。墙外隔3.2~4米，是一圈宽3~4米、深2.8~3.5米的壕沟。在外围墙之内，有武帝和李夫人两个分陵园，多座建筑遗址、多座从葬坑及9座中型墓葬。[①]

以武帝茂陵陵园为中心，由四门向外，在现地表下0.5~0.7米处，有四条神道穿过外陵园四门再向外延伸。其中东神道保存遗迹长536.6米，宽36~38米。

（二）茂陵、英陵与云陵

茂陵是汉武帝同李夫人同茔异穴的合葬墓，汉武帝陵园位于茂陵陵园中心偏东南处，而规模较小的李夫人陵园则处在西北区。

1. 帝陵

帝陵陵园平面近方形，雄踞于外陵园中心偏东南处。有围墙环绕，边长425.5~435.5米，墙宽3.5~6.3米，四面中部辟门。除南面外，其他三面门阙基址仍有保留，呈鱼形土丘，荆棘丛生，瓦片密布。经钻探知，东门址南北长127米，进深16米，门道宽12米。阙形为三出结构，东门阙之南阙长50米，宽10~32米。（见图12-23）

陵园四角原有角楼，基址平面均呈曲尺形。东南角的建筑规模最大，面积是60.4米×39.5米，下深0.7~2.1米。四角建筑各有一条用五棱陶水管铺设的排水渠，从围墙下穿过。水渠残长27.5~36.6米，宽0.7~1米。

帝陵封土位于陵园的中心，形状呈正四棱台体（覆斗状）。墓室压在封土之下，在墓室四周呈放射状分布有150座御府坑。据《关中记》记载："汉诸陵皆高十二丈，方百二十步，惟茂陵高十四丈，方百四十步。"若按此数据，茂陵之高折合32.48米，边

[①] 陕西省考古研究院、咸阳市文物考古研究所、茂陵博物馆：《汉武帝茂陵考古调查、勘探简报》，载《考古与文物》2011年第2期。

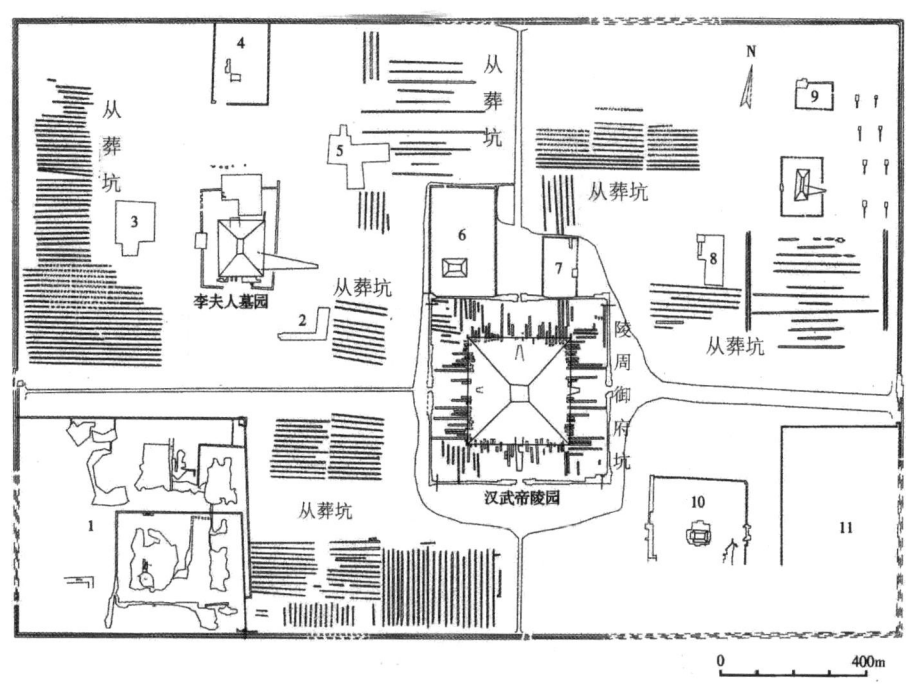

图 12-23　茂陵陵园平面布局图
（选自《考古与文物》）

长194.04米。①但现在实测的结果是：封土高48.5米，底部边长238～243.2米，顶部边长36～41.7米。按《汉旧仪》"武帝坟高二十丈"折合46.4米来看，就比较接近真实。

茂陵地宫由位于封土底部的墓室及四条斜坡墓道组成，平面形制呈"亚"字形。墓室在中，称作"方中"。四条墓道中，以南墓道为最长，封土外露长63米，宽11.3～17米，北端深23米。其他三条较短，如东墓道外露21米，而西墓道和北墓道全部压在封土之下。

安放皇帝尸体的地方，位于封土堆底部的中央。《汉旧仪》载汉天子"方中用地一顷。深十三丈"，即墓室面积为465.393平方米（西汉1亩②）×100＝46539.3平方米。也许武帝墓内更宽阔，还设置有"梓棺柏黄肠题凑，以次百官藏毕。其设四通羡门③，容大车六马，皆藏之内方，外陟车石。外方立，先闭剑户，户设夜龙、莫邪剑、伏弩，设伏火"。因茂陵没有发掘，内部情况不明，但古代陵墓棺椁用黄肠题凑，防盗用积沙、

---

① 西汉量地尺一尺为23.2厘米。秦"六尺为步"，按秦1尺＝23.1厘米，则1步＝138.6厘米。
② 陈梦家：《亩制与里制》，载《考古》1966年第1期。
③ "羡门"即墓道上的门。

设暗弩都得到考古的验证。

陵园之内到封土边缘有条形御府坑150座，分别向四个方向辐射。

2. 英陵

茂陵西北525米处，有一座封土堆，当地群众称之为"磨子陵"，实际是武帝宠姬李夫人之墓。武帝将李夫人按皇后规格埋葬，墓称"英陵"，又称"集仙台"或"习仙台"。

英陵陵园四周筑有围墙，平面呈南北向长方形，长228米，宽180米，墙宽3.5～6米，残存厚度0.3～0.8米。西门址长35.5米，宽25.8米。封土西北48米处有礼制建筑遗址一处，平面为曲尺形，东西93米，南北56～91.5米。遗址西北部已被取土破坏，断面上残留有铺地方砖、鹅卵石散水、柱础石以及夯土等。

李夫人英陵的封土像是由大、小两个四棱台叠加而成，即考古上习称的"带二层台的覆斗状"。底部南北127.6米，东西110.8米；顶部南北36.3米，东西21米；高28米。封土的二层台距顶13米，台面宽3.5～4.5米。墓室情况不明，仅在封土东侧偏南处发现斜坡墓道一条，封土外露128米。墓园内共发现府藏坑6座，4座位于封土南侧，2座位于封土北侧。此外，在墓园北侧东西向分布有7座从葬坑，平面均近方形，边长1.3～4.8米，深1.4～3.5米。

3. 云陵

钩弋夫人云陵在今淳化县铁王镇人吃塔村北，地处北高南低的黄土台塬上，东临冶峪河。当年修云陵时，发动了两万士兵，在云陵邑安排了三千户居民。

陵园平面呈南北向的长方形，南北长334米，东西宽292米。垣墙无存，四面有门阙遗迹。四棱台体的封土位于陵园内东南部，底边南长152米，西长150米，高27米。陵周有府藏坑5个。

寝园遗址（1号）位于北垣墙西段外侧，呈长方形，南北长260米，东西宽160米。遗址内多"长生未央"瓦当残块、生活陶器残片；陵园西南500～900米处的高地上有一建筑遗址（2号），南北长400米，东西宽260米，遗址内多存建筑遗物与生活陶器残片。据《汉书·昭帝纪》载，汉昭帝在始元元年（公元前86年）为母"起园庙"。2号建筑遗址很可能是云陵园庙遗址。

云陵邑位于陵园西北535米处的台地上，地当古城村和赵家村之间。邑城南北长710米，东西宽365米。汉昭帝在始元三年（公元前84年）秋"募民徙云陵，赐钱田宅"，

四年"徙三辅富人云陵,赐钱,户十万"。(《汉书·昭帝纪》)

1957年,钩弋夫人云陵被公布为陕西省重点文物保护单位。

(三)陵园的礼制建筑

帝陵陵园周围原坐落重重陵庙、寝殿、便殿等礼制建筑,现存建筑遗址11处。

1. 寝殿建筑遗址(编号:11)

位于茂陵陵园东南角,当今瓦渣沟一带,距茂陵约1公里。1975年,考古工作者曾采集到大量的寝殿建筑材料,有"四神"(龙、虎、朱雀、玄武)空心砖、大型青玉"四灵"纹兽面浮雕铺首(宽35.6厘米,高34.2厘米,厚14.7厘米,重10.6公斤)和半透明的蓝色谷纹琉璃璧(直径23.4厘米,孔径4.8厘米,厚1.8厘米,重1.9公斤)等。(见图12-24)还出土了一个完整的十二文字瓦当,外圈八字为"与民世世,天地相方",内圈四字是"永安中正"。原有长方形围墙,其东、南两面同陵园外围墙共用,但南墙已遭破坏。残长310.5米,宽276.4米,面积约96800平方米。此寝殿遗址西临白鹤馆遗址,西南300米处有陵庙的压石冢遗址。

2. 白鹤馆遗址(编号:10)

据钻探,此建筑遗址外原有围墙,长232.5米,残宽183米,面积约45000平方米。周围五里,在于"驰逐狗马"。在遗址正中有一个叫白鹤馆的夯土台,平面底边东西长42米,南北宽27米,残

图12-24 茂陵玉铺首

高3.8米,今传为白鹤冢。台上和周围遍布汉代砖瓦残块及红烧土。

3. 陵庙("龙渊宫",或名"龙渊庙""孝武庙")建筑遗址(编号:12)

龙渊宫建于武帝元光三年(公元前132年),原称"宫"不称"庙",有"龙渊宫行壶""龙渊宫壶"和"龙渊宫鼎"传世。龙渊宫遗址位于茂陵东南350米处,当茂陵陵园南墙壕沟外侧58.8米,当司马道东。东西长约550米,南北宽约260米。遗址中现存有压石冢高台建筑基址,是个高10.5米、带有二层台的夯土台基,底部边长41.7~48.9米,顶

部东西长9.3~12米。上面有数块巨大的原石,周围散见大量的绳纹瓦片、砖块等。①

寝殿与陵庙之间有一条规整的通道,称为"衣冠所出之道"。每当祭祀时,把武帝的衣冠由寝殿迎出,经此道送进庙中,接受百官拜谒,祭奠之后又经此道将衣冠送回寝殿安放。

4. 集仙台遗址(编号:6)

当帝陵陵园外西北角,有围墙同陵园北墙相接,呈南北向的长方形,长244~249.8米,宽153米。在园内偏西南处,有一呈四棱台体的夯土台,底部东西约57米,南北约41米,残高5.6米。

据史料记载,茂陵周围还建有供武帝灵魂游乐的"驰逐走马馆"和"西园"等,今地面已无迹可寻。

(四)御府坑与从葬坑

汉武帝死后,在陵墓内外埋藏了大量珍贵的随葬品。他不但口含蝉玉、身着"镂以蛟龙鸾凤龟麟之象"(《西京杂记》)的"蛟龙玉匣"(即金缕玉衣),而且墓中"多藏金钱财物,鸟兽鱼鳖牛马虎豹生禽,凡百九十物,尽瘗藏之"(《汉书·贡禹传》)。武帝去世后四年,墓室中的玉箱、玉杖就被人盗出,在长安街上出售。西晋时的索綝曾说:"汉武帝飨年久长,比崩而茂陵不复容物,其树皆已可拱。赤眉取陵中物不能减半,于今犹有朽帛委积,珠玉未尽。"(《晋书·索綝传》)唐末黄巢起义军入长安,茂陵珍宝再次散落四方。

帝陵内有从葬坑,这是绝对的。不然,怎么会有"不复容物"的话?这可算作外藏椁的第一个层次。

第二个层次是帝陵陵园到墓室周围的150座御府坑。从探出的板灰、木炭、漆皮、烧土、骨渣、陶器残片、铁锈、铜锈判断,四面的条形坑呈椁形结构。坑的开口都在地表下2.5~5.4米处,以陵墓为中心,呈向外辐射的状态。每侧的坑尽管长短不一,但都平行排列。最长的达98.5米,最短的仅3米,宽度大多在4米左右,最宽的为7米,最窄的仅有1.4米,坑深2.8~4米。

2009—2010年,陕西省考古研究院与咸阳市文物考古研究所联合发掘了茂陵封土南

---

① 陕西省考古研究院、咸阳市文物考古研究所、茂陵博物馆:《汉武帝茂陵考古调查、勘探简报》,载《考古与文物》2011年第2期。

侧的2座御府坑（K15、K26）。K15是条形坑，从葬有数量不少的马群、陶俑、木车；K26在条形坑的东西两壁各挖10个土洞，互相错位。窑洞大小不等，进深2.5～2.8米，宽1.2～1.6米，高1.2～1.97米。每个窑洞内放置成年的公马2匹，陶俑1件。

茂陵外藏椁的第三个层次，是帝陵陵园与外城墙之间7个区的从葬坑，总数为244座。平面形状多为长方形，最长的达299米，最短的16米，其中以120～170米居多，宽度为2～3米，深5～7.5米。坑内发现的遗迹、遗物有板灰、木炭、烧土、陶俑残块、铁锈、铜锈等。

（五）陪葬墓

根据文献记载，陪葬茂陵的宗室显贵人物有平阳公主、卫青、霍去病、金日䃅、霍光、董仲舒、公孙弘、李延年、上官安、上官桀、京兆尹曹氏、敬夫人等。其中有些人的墓葬已能确指其所在，有些从出土文物上就可断定其身份。

经过考古查勘，分布在茂陵陵园内东北部的陪葬墓有9座，陵园外有113座（组）。其中大中型的墓葬在东区有26座，南区8座，西区12座，北区5座，以东区较为集中。

规模较大且地面还保留有封土的墓葬有14座，如卫青墓、霍去病墓、金日䃅墓、阳信冢、霍光墓等，都分布在东司马道的南北两侧。

1. 卫青墓（M11）

卫青墓位于茂陵陵园东，处于外陵园和茂陵邑之间，是茂陵东五座陪葬墓中西起的第一座墓。《汉书·卫青传》载：卫青"尚平阳主，与主合葬，起冢象庐山（也名'真颜山'）"。底部平面为南北向长方形，西北有残缺，东边长110米，北边长72.6米，高25.5米。原来墓园有南北向长方形围墙，有四门。东门在茂陵博物馆内，情况不明。（见图12-25）

卫青墓北侧50米处有一座延冢（M15），呈四棱台体，底边长20.4～31.2米，顶长2.6～13.5米，高5.5米，墓道在南侧。经探测，原来墓园有围墙，南北长142米，宽85～90.8米。园内西北有小型墓2座。M15（延冢）同M11（卫青墓）一北一南分布，距离又近，符合汉代夫妻同茔异穴的合葬礼制。那么，延冢是否为平阳主之墓？待考。

2. 霍去病墓（M12）

霍去病墓位于卫青墓东侧50米处，外形有如他征战的祁连山，底部呈南北向长方形，长94.1米，宽59.2米；顶部南北15.1米，东西9.9米；高19.3米。墓前有清代陕西巡抚

图 12-25 卫青墓（北）

毕沅书碑一通。在封土上放置有大量巨石，雕有人、马、虎、象、牛、鱼等10余件大型石刻作品。墓室情况不明，仅在封土北侧发现斜坡墓道一条。封土四周原来筑有围墙，呈南北向长方形，长105米，宽56.8～63.7米，现大部分压在茂陵博物馆地下。

在霍去病墓北100米处有一墓葬（M14），封土无存，南侧有清康熙二十六年（公元1687年）立"汉霍去病墓"石碑一通。经钻探，M14是"甲"字形汉墓，墓室在东，墓道朝西，通长53.6米。原有东西向的长方形围墙，长55.4～63.3米，宽55.6米。据《汉书》载：汉武帝曾为霍去病大治宅第，对曰："匈奴不灭，无以家为也。"他的儿子"嬗，字子侯，上爱之，幸其壮而将之。为奉车都尉，从封泰山而薨"。霍去病既有家有子嗣，那么M14的墓主是否为霍去病的夫人？待考。

3. 金日䃅墓

金日䃅陪葬茂陵，墓在帝陵东偏北1100米处，西与霍去病相邻。形制为夯筑的四棱台体，底边长41米，宽36.5米，高11.2米。

4. 霍光墓（M27）

霍光墓位于茂陵东4000米处。霍光生前已开始预做寿墓，死后，其妻"侈大之，起三出阙，筑神道"，坟茔、祠室、园邑多按照当时皇帝葬仪的规格营建。墓前有清代陕西巡抚毕沅书写的碑石。封土为覆斗形，底部平面为东西向长方形，长70.2米，宽62.6米；顶部长13.1米，宽12.1米；高17米。墓室情况不明，仅在封土东侧发现斜坡墓道一条。墓室周围有府藏坑15座，封土周围有建筑遗址和夯墙遗迹。20世纪70—80年代初，在墓东500米处发现西汉建筑遗址，残存有壁画。出土文字瓦当，如"加气始降""屯泽流施""道德顺序""光耀古宇"等，以及云纹瓦当，世所少见。

5. 上官桀墓（M28）

上官桀墓位于茂陵邑的东南角偏北，距帝陵3300米，有四棱台体的封土，底部呈东西向的长方形，底边长25.7～36.5米，顶长16.6～7.4米，高16.6米。墓室情况不明，封土南有斜坡墓道一条，外露40.4米，宽5.5（南）～21.3（北）米，北深15米。南侧有小型墓一座，墓主或为敬夫人。M28周围有南北向的长方形壕沟环绕，长199.5～206.3米，宽156.5米，南门道同南墓道对直。

6. 阳信长公主原墓（M23）

在茂陵陵园东侧约2公里处，当东司马道南侧，有一座封土堆，底部南北长118.3米，东西宽65.4米；顶部南北长14.2米，东西宽6.3米；高17米。当地人因其南高北低的形状取名"羊头冢"。该墓外有建筑遗址2处、小型墓2座，但未发现墓园。

1981年，当地农民在羊头冢西南的沟边平整土地时发现了青铜器。经陕西省考古研究所勘察，在周围共发现了39座从葬坑，并发掘了其中在墓南60米处的一座。该坑深3.2米，在不足6平方米的从葬坑里，出土了230多件器物，其中铜器最多，其次有铁器、漆器、铅器、木器等。这些器物有实用器物，也有专门制作的明器。珍贵的文物，如鎏金铜马、鎏金银竹节铜熏炉、提链炉、温手炉、灯、钟、甗、甑、盆、匜、鼎、温酒器、臼、虎镇等，极为罕见。坑中还出土了1辆小车和10匹小马，均为木质，表面涂漆。残留金属车器、马饰等19种，共121件。这批器物造型别致，制作精美，具有极高的工艺水平。（见图12-26）

根据出土的有"阳信家"铭文的18件铜器，羊头冢被认为是阳信长公主的墓葬。阳信长公主是汉武帝的姐姐，为汉景帝与王皇后所生。始嫁于平阳侯曹寿，亦称平阳公主，后与大将军卫青成婚。从《汉书·卫青传》记载看，阳信长公主死在卫青之前。卫青死后又"与主合葬"。但在羊头冢附近，未发现夫妻异穴同茔合葬中的另一大墓。相反，卫青墓的方位异常明确，而且北侧又有延冢的存在。这是否说明卫青与阳信长公主合葬时妇从夫葬？也就是说，延冢是阳信长公主的迁葬墓，羊头冢是她的原墓。再从羊头冢的形状看，南高北低，北部成台，底部长方，顶部歧异，显系二次堆积。这是否成

图 12-26　鎏金银竹节铜熏炉、鎏金铜马
（茂陵博物馆出土）

为迁葬的又一佐证？当然，这些都属于推论，其合理性有待于今后事实的验证。

此外，据文献记载，茂陵陪葬墓还有公孙弘墓、董仲舒墓、李延年墓等。

（六）茂陵邑

茂陵邑位于茂陵陵区的东北部，南临东司马道，西与茂陵陵园东墙间隔380.5米。平面呈东西向的长方形，长1500米，宽700米。未发现城墙遗迹，四周仅以壕沟为界。邑内主干道三横七纵，将整个陵邑划分为约30个矩形区间，每个区间可能为一个里坊。陵邑内分布有大量的房屋遗迹及建筑材料。

在西汉七个陵邑里，以茂陵邑的人口为最多。西汉末年有户数61087，人口数量竟达到277277（《汉书·地理志》），比首都长安还多出31000人！

为修建茂陵，曾三次徙民到陵邑。建元二年（公元前139年）、三年（公元前138年）移民带有鼓励性质，曾一户赐钱20万、田2顷，以便充实空旷的新城。元朔二年（公元前127年）"徙郡国豪杰及訾三百万以上"者，则带有"内实京师，外销奸猾"的双重含义。因此，茂陵邑居民的成分构成较为复杂。其来源主要有三种情况：一是以"吏二千石"身份迁入茂陵的高官，以迁居茂陵为荣，如东汉马援和耿弇的祖先均属此类；二是家产300万以上的高赀富人，如富人焦氏、贾氏；三是一些著名的文人，如司马相如、董仲舒、司马迁等。另外，还有一些游侠豪杰，如郭解、原涉等。

居住于茂陵邑的富人袁广汉"家僮八九百人，于北邙山（咸阳原古名）下筑园。东西四里，南北五里，激流水注其中。构石为山，高十余丈，连延数里。养白鹦鹉、紫鸳鸯、牦牛、青兕，奇兽怪禽，委积其间。积沙为洲屿，激水为波潮，其中致江鸥海鹤，孕雏产𪅈，延漫林池。奇树异草，靡不具植。屋皆徘徊连属，重阁修廊，行之，移晷不能遍也"（《西京杂记》）。茂陵邑城位于陵园的东北，又在咸阳原上，而袁广汉却建私家园林于原下，可见茂陵繁华富庶，范围也绝不局限在茂陵邑城之内。

（七）陵园的精品文物

茂陵陵区出土的文物琳琅满目、美不胜数。一般的陶器、陶俑、建筑遗物种类全，数量多。阳信长公主原墓从葬坑出土的文物，件件精美绝伦。除此之外，陵园散出的文物也异常珍贵。一件独角铜犀牛尊，体形肥壮，造型写实、生动。通体饰以金丝镶嵌的流云纹，舒展、流畅，工艺精美。一件青玉铺首宽35.6厘米，高34.2厘米，厚14.7厘米，重10.6公斤，表面饰"四神"纹浮雕，下部有双眼、牙齿及衔环的鼻梁，环已缺失。玉质细腻，形制巨大，图案复杂，雕刻技术成熟，显示了汉代高超的玉雕工艺水平，极为罕见。一件谷纹琉璃璧，直径23.4厘米，孔径4.8厘米，厚1.8厘米，重1.9公斤，成分是以金属铅为主的铅玻璃，呈深蓝色，半透明体，也极为少见。

霍去病墓封土上的一批巨型砂石雕刻，1930年经西京筹委会整理，移置墓两侧建廊保护。以后又有一些石雕作品陆续出土。截至目前，已有14件展出。作为一批大型石质圆雕，在西汉帝陵陪葬墓中绝无仅有，在中国乃至世界艺术史上都具有非常重要的地位和意义。其中如主体石雕马踏匈奴，造型古拙，是汉初石刻艺术淳厚坚实风格的表现。马腹下仰卧着一个两颊胡须较长、面容狰狞、手持武器、垂死挣扎的胡人，而马昂首屹立，不予理会，体现的是大汉声威，生动逼真，寓意深远，具有很高的价值追求。此石雕应为汉代石刻艺术之代表、中国古代圆雕之冠。利用原石稍做加工而成的跃马，后腿跪地，前腿跃起，动态表情比较强烈，力量含蓄。手法上使线雕和形体配合一致，层次处理也颇为明显，给人以力度感。卧马头部平仰，双目注视前方，左前腿向前伸出，马蹄用力着地，右前腿微屈抬起，准确、细致地表现了卧马由静而动的动作过程。挽起的马尾突出了战马的特点；健壮的躯体显示了抗击匈奴所用战马的英姿。石牛长260厘米，宽160厘米，高115厘米，躯体健壮，头大，角前为圆形，背上刻有鞍鞯，四肢跪伏在地，两眼圆睁，口作反刍状，犹似耕罢、食饱、悠闲的关中牛形态。整个作品厚重圆润，线条清晰，动态自然。伏虎长200厘米，宽60厘米，高84厘米。工匠选用不规则的波浪式起伏的石料，在粗糙的自然面上加工，把虎那凶猛强力的野性表现得淋漓尽致。伏虎背部，由头至尾，中线清楚，连贯一体，全身又刻有条纹，显示出皮毛的丰满、轻柔。虎尾粗壮，倒卷于背，更增添了虎的威猛气势。卧象长189厘米，宽103厘米，高58厘米。象鼻搭在左前腿之外，身躯匍匐在地。雕刻写实，刀法娴熟，表现出象体的圆滑、厚重、温顺可爱。石猪作蹲伏之状。双耳较小，眼睛为三角形，头部雕琢得相当精细。可能是未完全驯化的家猪，或是当时的野猪形象。其他如怪人、人熊相搏、怪兽食羊、蟾蜍、青蛙、石鱼等石雕，以高度概括和大块棱面的表现手法，凸显出艺术的感染力，令人回味无穷。（见图12-27）

霍去病墓石刻虽是圆雕作品，但往往又辅之以浮雕、线雕，刀法准确，线条流畅。风格上既有写实之作，如马踏匈奴、石牛等雕刻细致，惟妙惟肖；又有写意之作，如石人、人熊相搏等，线条简单、夸张。这一时代最早、最完整的大型陵墓石刻艺术珍品，具有极高的历史价值与艺术价值，对我国以后历代陵墓石刻都产生着深远的影响。

图12-27 霍去病墓石雕群

（八）刑徒墓地

茂陵修陵人墓地位于茂陵陵区西端的陈王村南，距陵园西围墙约3.8公里。墓地分布在一条南北向的冲沟两侧。20世纪六七十年代，当地农民在平整土地时发现大量带刑具的人骨，茂陵博物馆保存有当时采集的刑具。经过钻探，在冲沟两侧发现了大量排列密集的小型墓葬，面积约4万平方米。在发掘的30平方米的探方内共发现长方形竖穴土坑墓16座，南北共4行，行距0.4~0.5米。墓葬间距0.2~0.5米，长1.8~2.1米，宽0.4~0.6米，深2~3米。葬式多为仰身直肢葬，无葬具及随葬品。按试掘区域的埋葬密度推算，整个墓地埋葬尸骨至少在2万具以上。

六、平陵

（一）陵区

平陵是汉昭帝与上官皇后的合葬陵园，呈长方形，外垣是夯筑的土墙，东西长2097米，南北宽1396米。四面中央各有一门，唯北墙西段又辟一门。门外有阙，墙外还有两条围沟。①

在平陵陵园之内，分布着昭帝和上官皇后两座陵园。帝、后二陵东西相距685米，均位于咸阳市秦都区双照街道办大王村附近，西临武帝茂陵，东临成帝延陵。（见图12-28）

1. 帝陵陵园与陵墓

帝陵陵园中部高、四周低，高差约1.5米。陵园范围有6~7米的垫土层。陵园平面呈正方形，四面有夯筑垣墙，边长422米。每面垣墙中部辟门并有三出门阙。

帝陵封土位于陵园正中，形状呈四棱台体（覆斗形），底部边长159米，顶部边长28~30米，高33米。封土南侧面、东侧面中部向下凹陷，这是否同汉末赤眉挖掘有关？墓葬形制是"亚"字形，封土外四面中部各有一条平面呈梯形的墓道，其中以西墓道为最长，有76米，墓道内填土为红褐色五花夯土，夹杂有少量陶片和灰渣。墓外四面有御府坑46个（东7、南15、西11、北13），内有动物骨骼、板灰、红漆皮。（见图12-29）

2. 上官皇后陵园

陵园位于汉昭帝陵园西北部，平面呈正方形，边长376米。四面垣墙中部辟门，并有门阙建筑遗迹。封土位于陵园正中，呈四棱台体（覆斗形），底部边长145米，顶部

---

① 陕西省考古研究院：《2013年陕西省考古研究院考古发掘调查新收获》，载《考古与文物》2014年第2期。

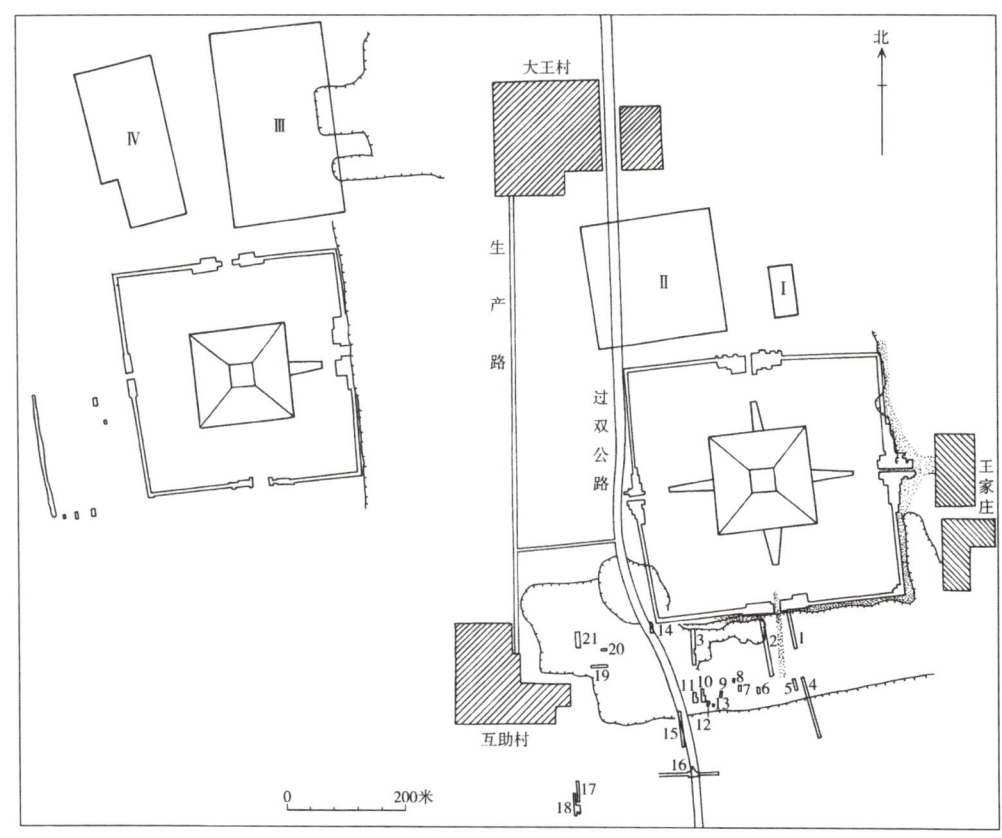

图 12-28 平陵陵园钻探平面图

图 12-29 昭帝平陵（南面）

边长48米，高约29米。墓葬形制仍为"亚"字形，仅在封土外东侧发现一条墓道，长57米，宽12～22米。墓外有府藏坑8个。

（二）从葬坑

除昭帝和上官皇后墓外有府藏坑之外，在平陵陵园发现从葬坑1234个，主要分布在帝陵的四条神道两侧。形制有竖穴坑道式的200个，竖穴坑道两侧带洞式的1034个。

2001年，发掘帝陵从葬坑3个。在1号坑（部分）内出土有缩小比例的漆木马、木车、武士俑及兵器、印章等陪葬品；2号坑坑壁两侧下部对称开凿了54个拱形顶的长方形洞室，每个洞室里放置一头大型哺乳动物，计有骆驼33头、牛11头、驴10头；3号坑清理出木车5乘，一乘为双峰木骆驼驾车，一乘为四羊驾的实用车。

（三）陵园建筑

平陵的帝后陵园各自有独立的寝园建筑。帝陵的寝殿、便殿遗址在北侧，编为1号和2号。1号遗址平面为南北向长方形，长90米，宽40米。2号遗址平面近方形，边长210米。

上官皇后的寝殿、便殿同样在陵园北侧，编号为3号、4号遗址。其中3号遗址平面为南北向长方形，长320米，宽190米。在一座灰坑中，出土有大量陶盆、瓮的口沿残片以及陶罐、壶、石磨盘等，不少陶盆口沿和陶瓮肩部刻有文字和符号，文字有"山石大吉""金公大吉""日富昌"等吉祥语，符号有抽象的鱼形和数字，有些陶盆上用朱砂绘画星宿或者写有文字。4号遗址平面为曲尺形，南北长270米，东西宽100～130米。另外，5号遗址位于后陵陵园西南，平面为南北向长方形，长140米，宽110米。建筑遗址内有夯土墙、柱础石、灰坑、砖瓦残块等遗迹、遗物。

在马泉镇肖家堡村北的二道塬的南边有一处汉代建筑遗址，位于平陵古城正南，平面近方形，边长约60米。中心区为一个高3米的夯土台，北部已被平毁。遗址中有大量汉代板瓦、筒瓦残片及"长生无极"瓦当残片、方格纹铺地方砖、凤纹空心砖残块等。这很可能就是昭帝的徘徊庙（《三辅黄图》）。《水经注·渭水》：成国渠"东径平陵县故城南，故渠之南有窦氏泉，北有徘徊庙"。肖家堡村位于平陵故城正南，村西有魏家泉村。因泉名村，今泉已干涸无存。

（四）陪葬墓

平陵周围原有近百座陪葬墓封土，绝大多数已被平掉。平陵东部，上帝王村附近发现9座墓葬，墓道长20～60米，墓室宽10～20米，其中7座墓道朝东，2座朝南，排列比较整齐；平陵邑西侧，大王村西北部分布着数十座墓葬，大多两三个一组，墓道以东向为主；平陵西部，小寨村南发现6座墓葬，其中一座墓道朝东，长50米，宽17～30米；

平陵南的姜家村至苏家寨的头道塬上，原有57座封土，现存不到10座。这些墓葬有些属于平陵陪葬墓，有些时代较晚。

据文献记载，陪葬平陵的有窦婴、夏侯胜、朱云、张禹和韦贤等人。

（五）平陵邑

平陵邑位于陵园东北部，四面有夯土围墙，东西、南北长约1500~2000米，墙宽4~10米。已暴露出的城墙断面附近有大量的瓦片堆积。陵邑所在的庞村和李都村，分布有大量的灰坑，填土中夹杂大量绳纹瓦片、陶器残片。庞村曾出土"王氏"铜鼎一件，器盖和口沿有四处刻铭，盖刻"庚""王氏重一斤十四两"，器身刻"庚""王氏容一斗，重十斤十一两"。庞村还出土有铁铧、镢、镂角等生产工具，以及王莽时期的货币残陶范等。富羊村出土过一件铜壶，高34厘米。李都村西南也有不少大灰坑，填土中夹杂大量瓦片、烧骨等。①

七、杜陵

（一）帝后陵园

宣帝元康元年（公元前65年），在杜东原修建陵墓，并于附近营筑杜陵邑，于是改杜县为杜陵邑，县治移至新址。原杜县城俗名"下杜城"。（见图12-30）

图 12-30　杜陵
（张普然《西汉帝陵》）

---

① 咸阳市文物考古研究所：《西汉帝陵钻探调查报告》，文物出版社，2010年。

杜陵是宣帝和王皇后合葬的同茔异穴陵园，位于西安市雁塔区曲江新区潏河与浐河之间的鸿固原上。陵区范围很大，东西长约5.5公里，南北宽约5.3公里。陵园原有长方形围墙环绕，墙外有围沟。围墙东西长1769米，南北宽1420米。由于墙体破坏严重，未探出园门。[①]帝、后二陵的分布呈西北—东南向，间隔575米，各为覆斗形陵冢，居方形陵城中心。（见图12-31）

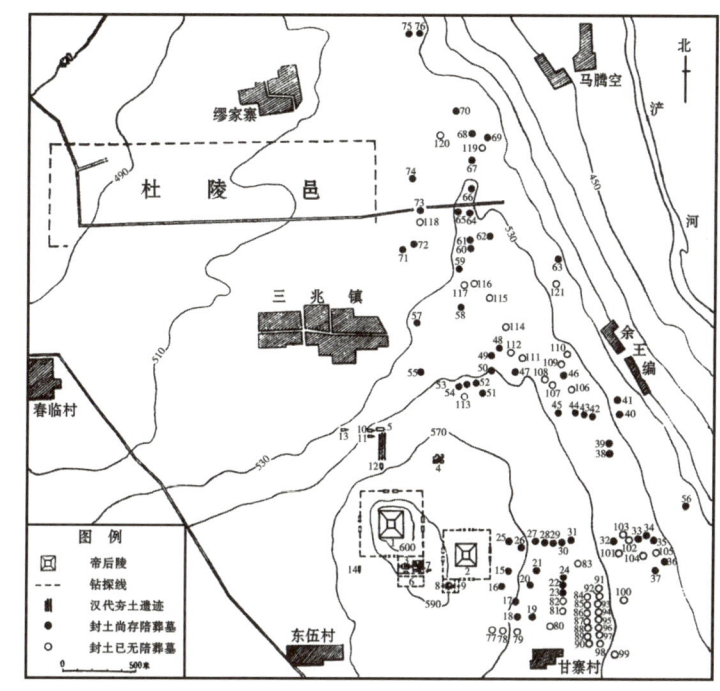

图 12-31 杜陵陵区遗迹分布图

1. 宣帝陵

帝陵陵园位于西安市雁塔区三兆南、长安区东北少陵原北部最高处。平面呈长方形，南北长443米，东西宽418米，墙基宽3.5~4米。四面垣墙门开正中，东门址已经发掘，知其由门道、左右塾和左右配廊组成。陵墓居中，呈四棱台体，底边长162米，顶边长50米，冢高29米。墓圹呈"亚"字形，有四出墓道，西墓道最长，外露的部分长68.5米，宽约8~21米。（见图12-32）

2. 王皇后陵

王皇后陵园位于西安市长安区大兆街道办甘寨村，在宣帝陵冢东南575米处，史称"东园"。陵园平面呈方形，边长328~333.6米，墙基宽3.4~3.7米，四面各开一门。各门形制与宣帝陵园相同，只是稍小而已。东门址已经发掘，有阙。[②]（见图12-33）

封土呈四棱台体，底边长144~148米，顶边长45米，现高24米。

[①] 焦南峰、马永嬴、刘振东等：《汉宣帝杜陵考古调查勘探简报》，载《考古与文物》2021年第1期。
[②] 中国社会科学院考古研究所编著：《汉杜陵陵园遗址》，科学出版社，1993年。

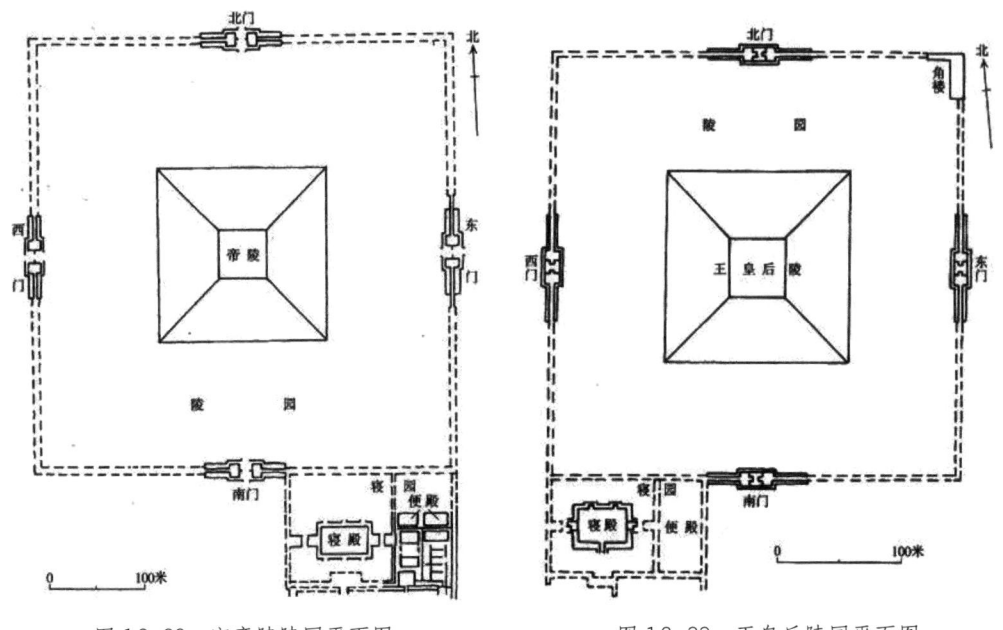

图 12-32　宣帝陵陵园平面图　　　　图 12-33　王皇后陵园平面图

陵园西南亦有寝殿、便殿建筑遗址，形制与宣帝陵园寝殿、便殿大同小异。

3. 许皇后陵

许皇后陵史称"杜陵南园""小陵"，俗称"少陵"，位于杜陵南七八公里处的西安市长安区大兆街道办司马村。因规模小于杜陵，故后人称之为少陵。少陵墓封土规模略小于王皇后陵，亦呈四棱台体，中呈三层台阶，有说象征仙人居住的昆仑山。通高22米，底部东西长134米，南北长139米。

许皇后父许广汉死后也葬在南园旁，奉守女儿。

（二）寝园

通过陵园考古知，帝陵寝园位于陵园外东南角，贴南墙东段而建。单独筑有围墙，东西两面各辟一门，南面三门。寝园分成两部分，西为寝殿，其中心建筑是长方形台基，东西长74.3米，南北宽37.5米。台基外设回廊一周，南北各有三阶。寝园内东部为便殿建筑群，由堂、室和6个院子组成。王皇后寝园的位置和帝陵的寝园正相反，位于陵园外西南角。其内部组成和帝陵寝园相同，即寝殿在西、便殿在东。[①]（见图12-34、图12-35）

---

① 中国社会科学院考古研究所编著：《汉杜陵陵园遗址》，科学出版社，1993年。

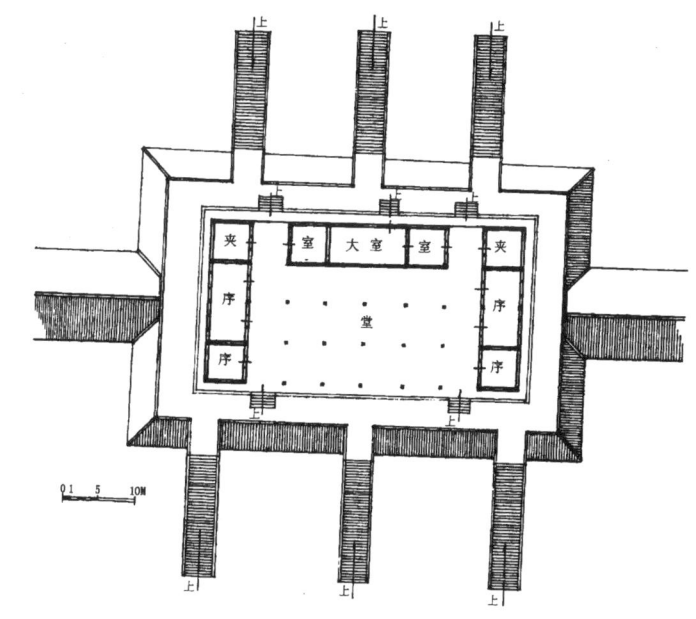

图 12-34　杜陵寝殿复原上层平面图
（杨鸿勋复原）

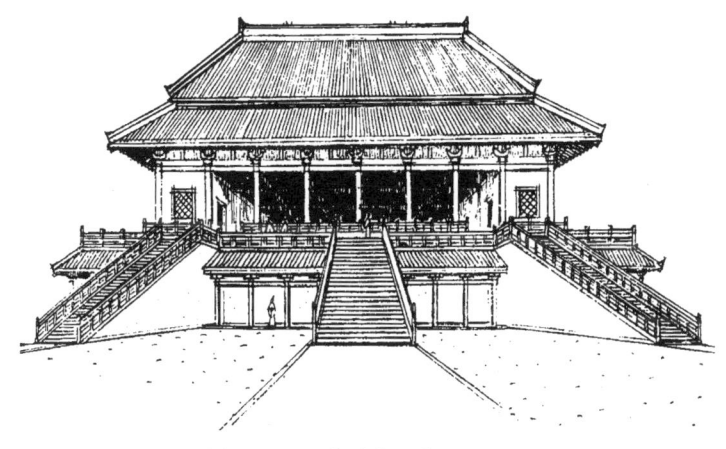

图 12-35　杜陵寝殿复原透视图
（杨鸿勋复原）

（三）从葬坑

杜陵发现从葬坑100座，其中有3座在帝陵周围，呈辐射状分布，后陵有3座。其余在帝陵园外东门北侧，出土的著衣木臂陶俑高度基本和阳陵俑相同，但形体瘦削、表情木然，艺术性远不如前。（见图12-36）

（四）陵园建筑与陵庙

发现陵园建筑6处，其中陵庙遗址在杜陵东北400米处，平面为方形，边长55米，建筑夯土台基东西长73米，南北宽70米，夯层厚5厘米。

（五）陪葬墓

陪葬墓主要分布在杜陵东南和东北两个区域，星罗棋布，共107座，现残存62座。东南区域的墓葬规模较大，如张安世家族墓、丙吉墓等。葬于杜陵的还有中山王刘竟。

（六）杜陵邑

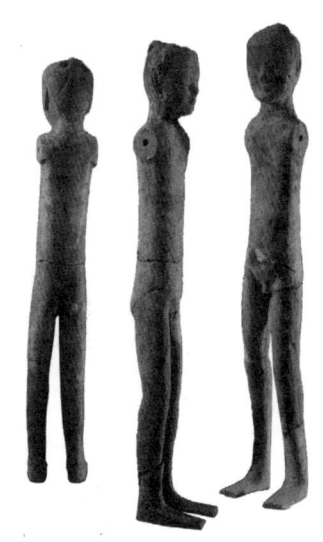

图12-36 杜陵裸俑

杜陵邑遗址位于杜陵西北，地当今西安市雁塔区曲江街道办三兆村北、缪家寨村南，西至曲江化工厂，东至杜陵北部陪葬墓区以西。邑城为长方形，在地面上无存，北墙基在缪家寨村南200米处，东西长2100米；西墙在原三兆火葬场西270米处，现存长度490米；东墙穿过杜陵南北直线以西100米处，现存长度500米；南墙在环卫公路北边，仅在西墙南端以南210米处探出一段，长130米，宽3米。①

据《汉旧仪》载：武、昭、宣三帝的茂陵、平陵和杜陵的邑城人口"皆三万户"。杜陵邑不仅人口众多，而且多是当时的豪门贵族、达官富商。据《汉书》记载，居住在杜陵的有御史大夫张汤、大司马张安世、位列九卿的张延寿、右将军苏建、典属国苏武、丞相朱博、御史大夫杜周和杜延年、丞相韦贤和韦玄成、后将军赵充国、太守韩延寿、御史大夫萧望之、执金吾萧育、大司农萧咸、太守萧由、右将军冯奉世、大鸿胪冯野王、太守冯逡、右将军史丹、丞相王商等。此外，还有大商人樊嘉。

八、渭陵

（一）陵园

渭陵位于陕西省咸阳市渭城区周陵镇新庄村西南，临近咸阳原。西北距平帝康陵2200米，东北隔2400米是哀帝义陵。

渭陵陵园平面呈东西向长方形，长1775.7米，宽1617.7米。陵园周围原有夯土垣

---

① 咸阳市文物考古研究所编著：《西汉帝陵钻探调查报告》，文物出版社，2010年。

墙，外有人工壕沟围绕，今地面均已无存。园墙四面共辟七门，分别与汉元帝陵园、王皇后陵园门址相对。

渭陵陵园内分布有汉元帝陵园、王皇后陵园、傅昭仪陵园及从藏坑、建筑遗址、陪葬墓，还有一套完备的道路系统。[①]（见图12-37）

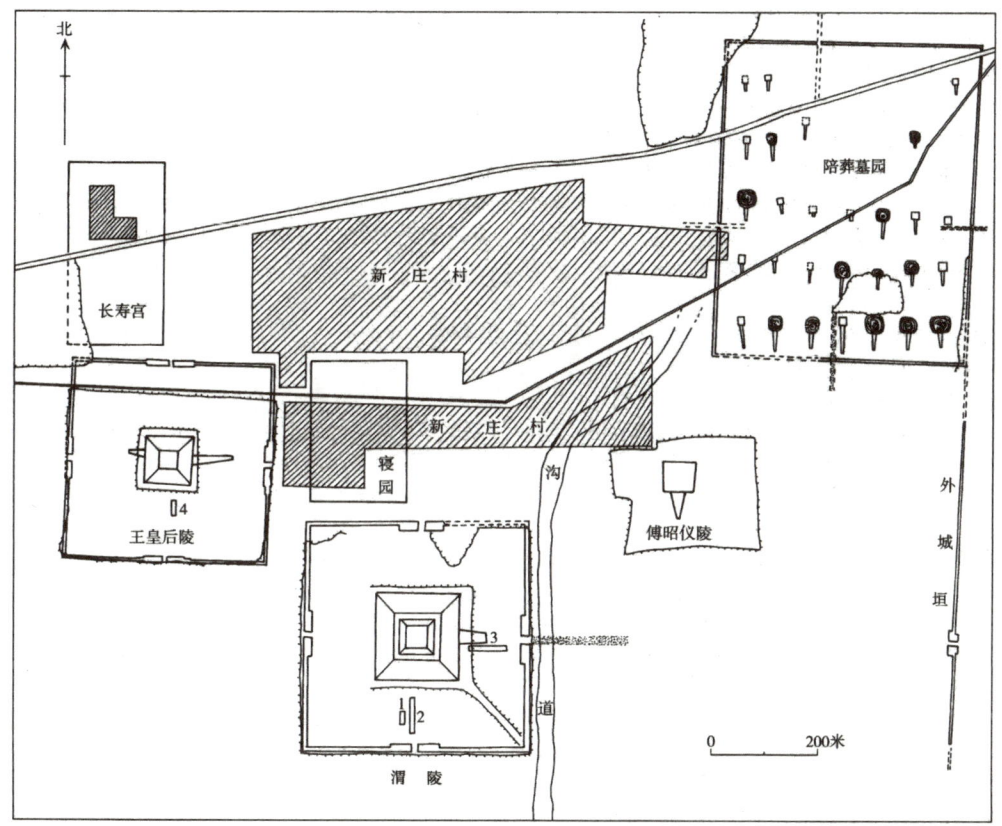

图 12-37　渭陵陵园平面图

1. 帝陵陵园与封土

汉元帝陵园位于渭陵陵园中部偏南处，平面为方形，边长417～418米。四周有垣墙环绕，墙基遗迹宽4.5～6米，距地表深0.5～1.5米，残存厚度1.5～3.5米。四面园墙中部各辟一门，现仍可见隆起于地表的夯土堆，周围有大量的板瓦、筒瓦残片。门址面阔95～107米，进深14.4～17米，门道宽4.5～6米。陵园东南角有砖砌的南北向排水渠，从

[①] 咸阳市文物考古研究所编著：《西汉帝陵钻探调查报告》，文物出版社，2010年。

陵园南墙底部穿过，长53.16米，宽0.7～0.8米。

封土位于陵园中心，形状呈四棱台体（覆斗形），底部边长约168米，顶部边长38～40米，高约29米。顶部中部向下塌陷成锅底状。在封土南侧有清代陕西巡抚毕沅书写的"汉昭帝平陵"石碑，实误。（见图12-38）

图 12-38 渭陵

帝陵墓葬形制为"亚"字形，由位于封土底部的墓室和四条斜坡墓道组成。墓道位于封土四侧中部，平面均呈梯形，外端较窄，宽3～7米，靠近封土端较宽，宽4.6～11.7米，封土外部分长6～13.5米，深16～23米。墓道填土为五花夯土，土质坚硬，夹杂有红褐色土及礓石。由于封土堆积太厚，帝陵墓室结构尚不清楚。

在封土周围共发现御府坑8座，其中南侧3座，东侧2座，北侧2座，西侧1座。长方形的坑长10～71米，宽3～8米，深3.2～6.6米。坑内探出红烧土、木炭、漆皮、板灰等遗迹。

2. 王皇后陵园与封土

王皇后陵园位于汉元帝陵园西北，平面呈方形，边长377米。四周有夯土垣墙环绕，墙基遗迹宽4.5米，距地表0.5～0.8米，残存厚度1～2.8米。四面园墙中部各辟一门，门址面阔85～102米，进深14米，门道宽7～12米，地表散落大量板瓦、筒瓦和部分散水。陵园西南角有砂石砌的南北向排水渠，从南墙下穿过，长20.3米，宽1.3米。

王皇后陵封土位于后陵陵园中部，形状呈四棱台体，底部边长79～85米，顶部边长32～34米，高17.5米。封土夯筑而成，夯层厚0.3～0.5米。后陵墓葬形制也为"亚"字形，墓室外有四条斜坡墓道通向地面。封土南竖立有毕沅所书"周康王陵"，实误。

在后陵东墓道两侧各发现南北向府藏坑1座。

3. 傅昭仪陵园

元寿元年（公元前2年），傅太后去世，哀帝以皇后礼将祖母合葬于渭陵。

经勘查，傅昭仪陵园位于帝陵陵园东北50米处，平面近方形，东西377米，南北353米。四周原有垣墙环绕，四面各辟一门，门址面阔80～99.4米，进深12.8～14.5米，门道宽8.5～9.5米。但是，傅昭仪陵的封土遭到严重的破坏，成了高出陵园地面2～3米的土台，被当地人称作"塌陵"。墓葬形制为"甲"字形，墓道朝南，平面呈梯形，长60米，宽5～25米。因为梓宫、玉衣遭到破坏，玺印被销毁，可以断定这是个仅存形状的空墓。

（二）从葬坑

帝陵陵园东西两侧分布有整齐的从葬坑16座，其中东侧11座，西侧5座。坑长10～77米，宽3～6米，深约8米。有意思的是，两侧从葬坑的坑道都指向陵墓，即：西侧的从葬坑通道朝东，东侧的从葬坑通道朝西。坑内填土为五花夯土，坑底有板灰、漆皮等遗迹。

（三）礼制建筑

渭陵陵园内共发现礼制建筑遗址6处，其中汉元帝陵园北神道两侧有2处，王皇后陵园北神道两侧有3处，1处小型遗址对称分布于王皇后陵园南神道两侧。

汉元帝陵园北侧的4号遗址位于北神道的西侧，平面为南北向长方形，长261米，宽155米。遗址周围有垣墙环绕，东南部发现5处夯土基址，西北角发现1处建筑基址以及大量瓦片堆积。1966—1976年，该遗址先后出土玉俑头1件、玉羽人奔马1件、玉熊1件、玉鹰1件、玉辟邪2件，造型生动，制作精巧，是汉代玉器中的精品。（见图12-39）遗址中还发现墙基、铺砖地面、路面等遗迹及"长生无极"、"长乐未央"、云纹瓦当等。据推测该遗址可能为帝陵寝殿遗址。[①]

位于王皇后陵园南侧635米处的6号遗址，横跨陵园南神道，两座"凸"字形夯土基址东西对称分布，间距20米。东西长20.5米，南北宽11.5米。

（四）陪葬墓

渭陵陵园内东北部分布有成排的陪葬墓，当地人称之为"二十八宿"，《咸阳县

[①] 咸阳市博物馆：《咸阳市近年发现的一批秦汉遗物》，载《考古》1973年第3期；张子波：《咸阳市新庄出土的四件汉代玉雕器》，载《文物》1979年第2期。

志》称之为"七妃墓"。陪葬墓现存封土12座，无封土墓葬20座，共计32座。墓葬平面形制均为"甲"字形，由墓道、墓室两部分组成，墓道均朝南。墓道长16~30米，宽1.5~7米；墓室为竖穴土圹，长15~20米，宽13~18米，深约10米。部分墓室底部发现砖或石块。

陪葬墓西侧有夯筑垣墙，南侧有夯土垣墙及壕沟，东侧以壕沟为界，北侧利用渭陵陵园北垣墙，形成一个相对独立的墓园。墓园呈南北向长方形，长590米，宽约450米。墓园的西垣墙原有5个门道，北部2个门道尚存，南部3个门道已被破坏。东侧壕沟时断时续，北部两个断开处与墓园内的东西向道路相

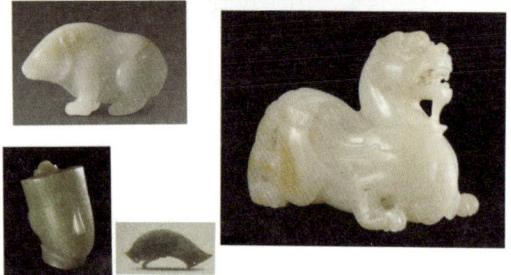

图 12-39　渭陵陵园出土玉雕

接。部分墓葬有独立的小墓园，墓园周围有夯土垣墙、门阙。墓园内除墓葬、封土外还有祠堂之类的墓前建筑。

渭陵陵园外陪葬墓共26座，大部分封土还有保存。但墓葬分布较为散乱，部分墓葬成组分布。

根据《汉书》"五官以下，葬司马门外"的记载，陵园内的陪葬墓可能是等级较高的嫔妃墓葬，陵园外则可能是皇亲国戚、朝中显贵及低等级嫔妃的墓葬。

九、延陵

（一）陵园与封土

延陵位于今陕西省咸阳市渭城区周陵镇严家沟村西北，西临汉昭帝平陵，东北不远处是汉平帝康陵。延陵和渭陵一样，未设置陵邑，陵区地面保存有汉成帝陵封土及数量较多的陪葬墓封土。（见图12-40）

陵园平面呈南北向长方形，长528米，宽410米。周围有夯土园墙，四面垣墙设阙

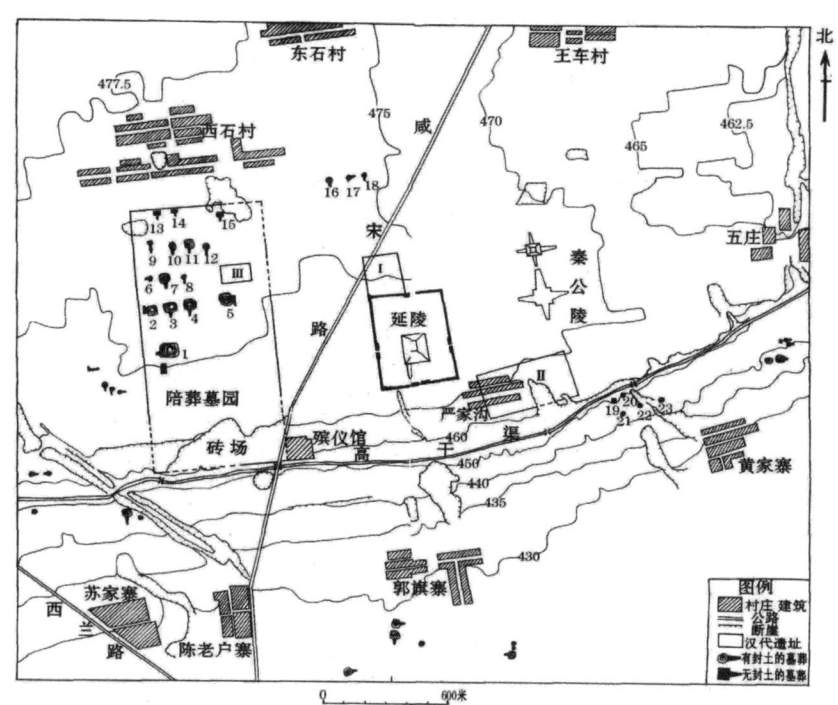

图12-40 延陵钻探调查平面图

（选自刘卫鹏、岳起：《陕西咸阳市西汉成帝延陵调查记》，载《华夏考古》2009年第1期）

门，正对封土中部。

帝陵封土位于陵园中部偏南处，形状呈四棱台体，南面、西面有塌陷。底部边长162米，高25.7米。顶部中部向下塌陷一大坑，直径25～30米，最深达4米。封土南侧有清代陕西巡抚毕沅所立的"汉成帝延陵"石碑一通。经过钻探，仅在汉成帝陵封土南侧偏西处发现墓道一条，封土以外部分南北长100米。（见图12-41）

（二）礼制建筑

在陵园附近共发现大型建筑遗址2处。

一处位于陵园北侧偏西位置，当是寝殿遗址。遗址南与陵园北墙相接。平面呈南北向长方形，长216米，宽190米。

另一处位于陵园东南，平面呈东西向长方形，长450米，宽250米，遗址西部被严家沟村庄覆压。因砖厂取土，遗址东部破坏严重，取土场的断面上有一道南北向夯土墙，附近发现大量汉代建筑材料残块、残片以及陶罐、盆、瓮的口沿残片等。遗址内也有不少秦的细绳纹瓦片，可能是延陵东北的战国秦陵园的一处建筑遗址，西汉时继续修葺使用。

图 12-41 延陵（南面）

（三）陪葬墓文献记载

经调查，延陵陵园北门向北600米处，正是北司马道。西侧有3个独立的圆丘形封土堆，编号是16～18，同陵西有16座墓的南北向墓园截然分开。它很可能是废后许皇后同赵飞燕姊妹的墓葬，这从地理位置上同"延陵交道厩西"（《汉书·外戚传》）正好符合[①]。陵北里许当是交道厩的所在。

（四）陪葬墓考古调查

1. 陪葬墓园

在汉成帝陵园西侧460米处，从黄家窑村向北至西石村一带，有一座大型墓园遗址，四面原有夯筑垣墙，平面呈南北向长方形，长1420米，宽606～642米。北半部有排列整齐的墓群，成排分布，现存封土11座，无封土墓葬4座，共计15座。其中最南边的1座，封土呈覆斗形，较其他封土高大，底部边长84米，顶部边长26米，高18米。距离顶部3米处四面各留一平台。封土南侧立有"许皇后陵"标志碑（不确），西侧钻探出墓道一条，长26米，西南有长方形从葬坑1个，长51米，宽26米。

墓园内第三排墓葬东侧有一处建筑遗址，平面为东西向长方形，长140米，宽100米。遗址西部地面仍残存一块台地，高0.2～0.6米，上面有夯土墙一段及大量汉代板瓦、筒瓦、瓦当、方砖、空心砖、卵石、红烧土等残块。

[①] 刘卫鹏、岳起：《陕西咸阳市西汉成帝延陵调查记》，载《华夏考古》2009年第1期。

2. 其他陪葬墓

除上述陪葬墓园外，汉成帝陵园周围还分布有大量的陪葬墓，主要集中在陵园南侧、东南侧的头道原上，少量分布在陵园西侧、北侧。这些墓葬多两个或三个成组分布，组群关系明显，部分墓葬保存有封土，形状有覆斗形、圆丘形两种，墓道多朝东或朝南，少数朝西。

在延陵东南700米、严家沟遗址东南160米处，有5座墓葬，封土均为圆丘形，底径15～23米，高3～5米。可能是成帝其他嫔妃的墓葬，班婕妤之墓可能在其中。

严家沟之东的五庄村之南，也有5座墓葬。其中3座封土呈四棱台体，墓道在东；2座圆丘形墓未见墓道。

延陵西侧有零星墓葬的存在，大多为两个一组或三个一群。大型墓封土呈四棱台体，中小型墓封土为圆丘形。墓道为东向或南向。

十、义陵

（一）陵园

义陵位于今陕西省咸阳市渭城区周陵镇南贺村东南，西距元帝渭陵2.4公里，东距惠帝安陵6.7公里。同渭陵、延陵相比较，义陵不但缺少陵庙建筑，陵园内外陪葬墓的数量也急剧减少，许多设施尚未完工，显示出陵园建设的仓促和草率，[①]这正是西汉晚期帝陵衰败的反映。

陵区由义陵陵园与陵园外陪葬墓两大部分组成，东西约2.8公里，南北约3.1公里。帝陵陵园位于陵区西南部，陪葬墓分布在陵园的南侧、东侧，其中以南侧较为集中，等级也较高。

义陵为双重陵园，由外陵园、壕沟及园内帝陵陵园和傅皇后陵园、礼制建筑、陪葬墓组成。外陵园平面呈长方形，有夯筑围墙环绕，东西长1857米，南北宽1540米，墙基宽3.5米。四面辟门，西门址保存较好，为南北对称的三出阙门，通长73.8米，宽9.5米，门道宽2.4～2.9米。园墙外隔16～34米有壕沟一道，深2.5～2.8米。（见图12-42）

1. 帝陵陵园与陵墓

哀帝陵园雄踞义陵陵园中心偏西南处，平面为方形，四周原有夯土墙围绕，边长

---

① 陕西省考古研究院、咸阳市文物考古研究所：《汉哀帝义陵考古调查、勘探简报》，载《考古与文物》2012年第5期。

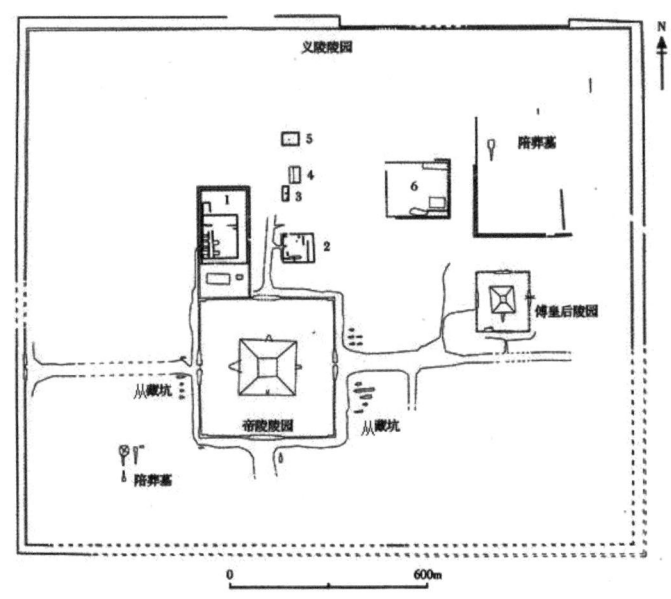

图 12-42 义陵陵园平面布局图
（选自陕西省考古研究院、咸阳市文物考古研究所：《汉哀帝义陵考古调查、勘探简报》，载《考古与文物》2012年第5期）

418米。四面园墙中部各设一门，形制皆为三出阙。垣墙四角建有角楼或角阙之类的建筑。陵园周围分布有17座从藏坑，其中东侧10座，南侧2座，西侧5座。陵园北侧有6处大型建筑遗址，陵园东北部、西南部分布有少量的陪葬墓。

帝陵封土堆位于陵园中部，形状为四棱台体，底部边长161～173米，顶部边长54～57.8米，高29.7米。墓葬形制为"亚"字形，四条墓道分布在封土四侧中部。（见图12-43）

2. 傅皇后陵园与陵墓

傅皇后陵园位于义陵陵园中部偏东处，平面呈南北向长方形，长179米，宽164米。四周有夯土墙围绕，四面正中各设一门，形制为两出或三出阙门。

后陵封土位于陵园中部偏东处，形状为四棱台体，东、北部破坏严重，底部边长72～78.3米，顶部边长17.5～20.4米，高19.3米。墓葬形制为"甲"字形，由墓道、墓室两部分组成。

傅皇后陵的墓葬形制为一条墓道的"甲"字形，可能与哀帝死后的政治斗争有关。

和西汉早中期帝陵相比较，义陵陵园从葬坑数量大大减少了，从侧面反映出西汉末年财物匮乏、西汉政权走到了尽头。

图 12-43 义陵

（二）陵园建筑

陵园内共发现建筑遗址6处，分布在帝陵陵园北侧及东北部，规模、形制不一，性质、用途不同。

帝陵陵园北侧西部的1号建筑遗址为寝殿建筑，南北长332米，东西宽159米，有垣墙围绕。南部有两处夯土基址，北部周围有多重垣墙，内部有夯墙隔成的小型院落。

帝陵陵园北侧东部的2~5号建筑遗址为便殿建筑。其中2号在南，平面呈东西向长方形，长94.6~98.2米，宽86米。遗址周围有垣墙围绕，遗址内有多处夯土基址及瓦片堆积。3号建筑遗址位于2号建筑遗址北侧，平面为长方形，面积较小，周围有垣墙围绕，开设有门。

6号建筑遗址位于帝陵陵园东北部，平面呈东西向长方形，长190.8米，宽162.3米。遗址周围有垣墙围绕，除西墙外，其余三面垣墙外侧有壕沟围绕，在东北、东南部各有一处夯土基址，南部有瓦片堆积。

（三）陵园内的陪葬墓

陵园内除帝陵、傅皇后陵之外，另有7座陵墓，其中西南部4座，东北部3座，墓葬规模不一。现存有封土的仅1座。

义陵陵园东北部的3座墓葬处于一个相对独立的墓园之内，墓园呈南北向，长616米，宽481米，垣墙与壕沟并未完工。这里大概是规划中的嫔妃陪葬墓区，只是由于哀帝在位时间短，许多设施还未完工，陪葬者也比较少。

（四）陵园外陪葬墓区

义陵陵园外陪葬墓分布在陵园东、南侧，共16座，其中南侧12座，东侧4座。这只是陪葬墓中的一部分。由于陪葬墓分布范围大，封土多被平毁，许多墓葬尚未发现。地面现保存有12座封土，形状有覆斗状、圆丘状、不规则状三种。墓葬形制为"甲"字形，墓道平面呈梯形，外端窄，靠近墓室处宽，底部为斜坡状，有踩踏面，朝向四面均有，墓室为竖穴土圹。

根据《汉书·董贤传》记载：汉哀帝在义陵之旁也为董贤造了陵墓。皇帝为男宠造"寿墓"，这在汉代以至以后的历史上也是不多见的。

义陵附近出土过"高安万世"文字瓦当，面径达到15.5厘米，大概是董贤茔地建筑的遗物。董贤本人并未葬于此地。

十一、康陵

（一）陵园

康陵是汉平帝与王皇后的合葬陵园，位于咸阳市渭城区周陵镇大寨村东、王车村北，东距元帝渭陵封土2100米。康陵陵园布局很特殊，皇后陵园不仅叠压在陵园东墙上，而且也为双重陵园，外陵园外侧的壕沟又将汉平帝陵园圈了进去。①（见图12-44）

康陵陵园南北长1696.5米，东西宽1420米，原有夯筑园墙，墙外有壕沟环绕。陵园内分布有汉平帝陵园、王皇后陵及多处建筑遗址等。

和西汉中期帝陵相比较，康陵陵区面积急剧减少，没有陵邑、陪葬墓，陪葬坑、大型建筑遗址数量也很少，从侧面反映出西汉晚期王朝没落、国力衰弱的末世景象。

1. 汉平帝陵园与陵墓

帝陵陵园位于康陵陵园中部偏西处，平面近方形，四周有园墙环绕，东墙长328米，南墙长360米，西墙长325.4米，北墙长367.3米。四面园墙各设有门，门址与帝陵墓

---

① 陕西省考古研究院、咸阳市文物考古研究所：《汉平帝康陵考古调查、勘探简报》，载《文物》2014年第6期。

第十二章　皇陵与陵邑

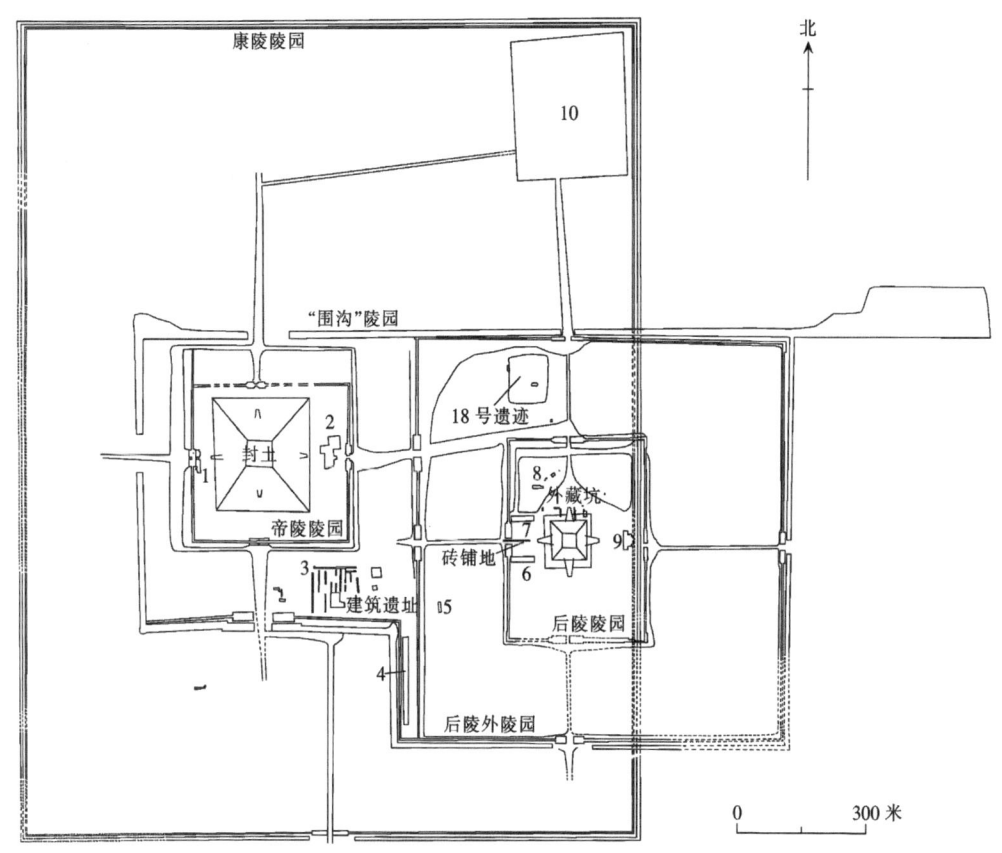

图 12-44　康陵陵区遗迹分布图（1~10 为建筑遗址）
（选自陕西省考古研究院、咸阳市文物考古研究所：《汉平帝康陵考古调查、勘探简报》，载《文物》2014 年第 6 期）

道对应。（见图 12-45）

封土位于陵园中央偏西北处，形状呈带二层台的截锥体。底部边长：东 235.2 米，西 232.3 米，北 222.3 米，南 214.5 米；顶部边长：东 55 米，西 54.4 米，北 56 米，南 61 米；高 36 米。距顶部 4.5~6 米处，内收形成二层台，台面东、西两边长 6 米，南、北两边长 11.5 米。（见图 12-46）

墓葬形制为"亚"字形，东西全长 219 米，南北全长 215 米。封土四面中部各有一条墓道，平面均为梯形。

2. 王皇后陵园与陵墓

王皇后陵位于康陵陵园东南部，很特别的是有两重园墙，可分为外陵园和内陵园。

外陵园平面近方形，南北 830.5 米，东西 836.2 米。园墙在地面已无遗迹，原来四面共有五座门址，正对后陵四条墓道各有一处门址，西墙北部与帝陵东墓道对应处有

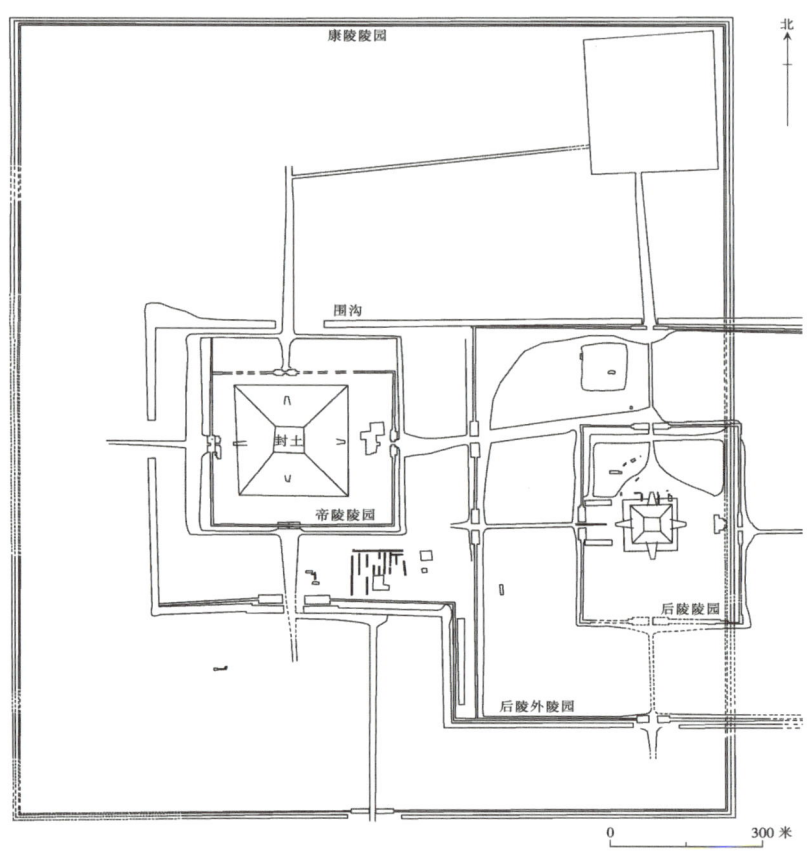

图 12-45 康陵陵园平面图
(选自陕西省考古研究院、咸阳市文物考古研究所:《汉平帝康陵考古调查、勘探简报》,载《文物》2014年第6期)

图 12-46 康陵(东南面)

一处门址。

内陵园位于王皇后陵园中部偏西处,平面为南北向长方形,长422米,宽316米。内园墙在地面已无遗迹,四面各设一门,位置与墓道相对应。门址周围堆积有大量的汉代板瓦、筒瓦残片。

王皇后陵封土位于陵园中部偏西处,形状为四棱台体(覆斗形),底部边长78.4~81.5米,顶部边长29~32.8米,高11米。顶部中部向下塌陷。封土西南角有清代乾隆年间毕沅所立"周成王陵"碑石一通。王皇后陵墓形制为"亚"字形,封土四面中部各有一条墓道,平面均为梯形。墓圹大于现存封土,东西106米,南北110米,深5.2~5.5米处向内形成台面,宽度不详。北墓道两侧共发现府藏坑7座,坑内填土为五花夯土,土质坚硬密实,夯层明显,坑底部有朽木、木炭、石渣等遗迹、遗物。

(二)寝殿与10号建筑遗址

在帝陵陵园外的东南角,有3号建筑遗址,当是寝殿建筑的遗留。

10号建筑遗址位于康陵陵园东北隅,东距陵园东墙11~20米,北距陵园北墙10~30米。平面为长方形,南北长293米,东西宽254米。遗址内分布有大面积的夯土、夯土墙、柱础石等遗迹及大量的汉代板瓦、筒瓦残片等遗物。遗址南侧、西侧各有道路分别与王皇后外陵园北门、康陵北神道相连接。

陵园内共发现建筑遗址18处,其中帝陵陵园内9处,后陵陵园内4处,后陵陵园正北的18号遗址面积最大,南北长290米,宽250米。遗址中有大面积的夯土、夯土墙、柱础石、汉代瓦片堆积等。另外,陵园内还发现有神道、徼道和司马道。

第三节
陵邑与独特的陵邑文化

一、陵邑之设及其作用

在西汉诸帝陵附近,多设有县一级管理单位——邑,但又不同于一般的行政单位——县。在行政区划上,其既不归郡管辖,也不属京畿的三辅管辖,而是直属中央九卿的太常,独立性较强。因此,陵邑是中央专设的一个"特区"。

西汉陵邑之设学自于秦,东汉刘苍曾经说过,"园邑之兴,始自强秦"(《后汉书·光武十五王列传》)。不过,秦始皇在修建丽山陵墓时设丽邑,那是陵墓工程进行了15年之后的事(即公元前231年,那时正值秦国向东方诸国发动最后攻势的前夜)。其目的是使十年统一之战与陵墓工程不发生间断又互不干扰。但汉陵邑的设置往往先于陵墓。

陵邑具有供奉山园的重要作用,所以从汉景帝修筑阳陵起,就把它变成了陵墓工程的前期准备内容。

另外,秦始皇三十五年(公元前212年)"因徙三万家丽邑",并对定居陵区的12万"徙民"实行了优抚的待遇——"复不事十年"。(《史记·秦始皇本纪》)到了西汉,统治者面对地方势力的抬头,借鉴了秦始皇的做法,也把关东的豪强大贾、达官巨富迁到了陵邑,从而形成了"世世徙吏二千石、高訾富人及豪桀并兼之家于诸陵"(《汉书·地理志》)的制度。汉家天下"强干弱支(枝)",既消除了地方上的不安定因素,巩固了中央集权,又对促进京畿地区经济的繁荣、加强对全国的控制有着极大影响。

在帝陵之侧设陵邑的,有长陵、安陵、霸陵、阳陵、茂陵、平陵、杜陵,另外还有万年邑、南陵邑、云陵邑和奉明邑等。列表如下：

表 12-2　西汉陵邑列表

邑名	所属陵	设立时间	形制	方位	所在地
长陵邑	高祖长陵	公元前182年建城垣	邑城南北2200米，东西1245米，无东垣，三面有门	陵北	今咸阳市渭城区正阳镇怡魏村
安陵邑（又称"女嗣陵"）	惠帝安陵		平面为长方形，东西长1548米，南北长445米。东墙和北墙的中央辟有城门	陵北900米处	今咸阳市渭城区正阳镇白庙村
霸陵邑	文帝霸陵	公元前171年	不详	霸陵北5000米	今西安市灞河东岸的田王村一带
阳陵邑	景帝阳陵	公元前153年	陵邑东西跨度4000米左右，南北约千米以上，面积达400多万平方米。城内分布有网状道路40多条和棋盘式的里坊。由于泾河向南岸侧蚀，邑城北部遭到破坏，仅存原来的60%左右	阳陵东的泾河谷地	今西安市高陵泾渭新区内
茂陵邑	武帝茂陵	公元前139年	陵邑东西1500米，南北700米	陵东1000米	今兴平市南位镇道常村沟西、渭惠渠北、东司马道南
平陵邑	昭帝平陵		陵邑的长、宽各1500~2000米	陵东	今咸阳市秦都区北上照村西、渭惠渠北、庞村南
杜陵邑	宣帝杜陵		邑城东西2100米，南北500米	陵西北500米	今西安市雁塔区曲江街道三兆村北
万年邑	太上皇万年陵		邑设栎阳，守陵者千户之城，南北130米，东西75米	陵西北950米	今西安市阎良区荆原

续表

邑名	所属陵	设立时间	形制	方位	所在地
南陵邑	高祖薄姬南陵	公元前155年	有遗存	陵西南3000米	今西安市灞桥区狄寨街道大康村一带
云陵邑	武帝钩弋夫人云陵	昭帝即位初	邑城呈长方形，东西365米，南北710米，四面有门	云陵西北500米	今咸阳市淳化县铁王镇大圪塔村
奉明邑	史皇孙刘进、夫人王翁须悼园	公元前65年	陵园不详，但有墓冢一座	《水经注·渭水》：汉宣帝立奉明县以奉悼园。园在"东都门"	今西安市未央区张家堡西的文景公园内

二、陵邑文化

（一）人口素质

关于西汉陵邑的人口数量，《汉书·地理志》中只对长陵和茂陵有详细的记载：长陵有50057户计179469人，茂陵有61087户计277277人。《汉旧仪》说茂陵、平陵、杜陵"皆三万至五万户"，仅是粗略的估计。而《文献通考》引文说安陵、霸陵和阳陵"徙民与长陵等"。那么，上列邑城的人数各在20万左右，汇集起来就是一个庞大的数字。

长安渭北陵区的五陵（长陵、安陵、阳陵、茂陵、平陵），东南陵区霸、杜二陵与薄太后南陵的陵邑，对都城形成拱卫之势，实际上是京都的卫星城。其繁华富有，人才济济，居民成分复杂、关系纠结，反映了一种特殊的文化现象。班固在其《西都赋》中有如下概括："观其四郊，浮游近县，则南望杜霸，北眺五陵，名都对郭，邑居相承，英俊之域，绂冕所兴，冠盖如云，七相五公。与乎州郡之豪杰，五都之货殖，三选七迁，充奉陵邑，盖以强干弱枝，隆上都而观万国。"

（二）"三选七迁"

班固文中所谓"三选七迁"，指的是迁入者必须符合"吏二千石、高訾富人及豪桀并兼之家"的"三选"标准。自汉高祖至宣帝，陵邑地有7次大的移民活动。

居住陵邑的有"七相五公"，"七相"即韦贤、车千秋、黄霸、平当、魏相、王商、王嘉，"五公"即御史大夫张汤、杜周，前将军萧望之，右将军冯奉世，大将军史丹。这些人都是有名的政治家。此外，还有文人，如哲学家董仲舒、文学家司马相如；宠臣佞幸，如籍孺、闳孺等；富商大贾，如长陵邑和阳陵邑的田氏，安陵邑的杜氏，茂陵邑的挚纲，杜陵邑的樊嘉，平陵邑的如氏、苴氏；巨豪大侠，如长陵邑的高公子、霸陵邑的杜君敖、茂陵邑的原涉和郭解、杜陵邑的陈遵等。

从中我们不难看出五陵邑的人口构成成分极其复杂，正如《汉书·地理志》形容五陵邑的风气是："五方杂厝，风俗不纯。其世家则好礼文，富人则商贾为利，豪桀则游侠通奸。"

（三）五陵英俊

从居民的构成看，各陵邑还是各具特色的。如长陵邑的居民主要是汉初从齐、楚故地迁来的贵族；安陵邑有从关东迁来的梨园世家5000户，文化艺术生活活跃，邑城自然成为一个艺术中心；平陵邑在西汉晚期曾出过魏相、王嘉、平当和平晏4位丞相，这里还居住着很多著名文人学者，如韦贤、朱云、张山拊、郑宽中、涂恽、士孙张等，东汉时还出过鲁恭、鲁丕、苏竟、窦武、何敞等大儒，因此，称平陵邑为"学术城"恰如其分。

宣帝曾把"丞相、将军、列侯、吏二千石"迁居杜陵邑，像御史大夫张汤，大司马张安世，位列九卿的张延寿，右将军苏建，典属国苏武，丞相朱博，御史大夫杜周、杜延年，丞相韦贤、韦玄成，后将军赵充国，太守韩延寿，御史大夫萧望之，执金吾萧育，大司农萧咸，太守萧由，右将军冯奉世，大鸿胪冯野王，太守冯逡，右将军史丹，丞相王商等，都家居杜陵邑。因此，这里就成了都城上层官僚的集聚地，也即西汉中晚期的政治中心。

五陵邑的繁盛影响深远，唐代的诗词也多有传诵。随录几句：

诗仙李白的佳句如"五陵年少金市东，银鞍白马度春风"（《少年行》）、"龙马花雪毛，金鞍五陵豪"（《白马篇》）、"腰间延陵剑，玉带明珠袍。我昔斗鸡徒，连延五陵豪"（《叙旧赠江阳宰陆调》）。

诗圣杜甫咏有"同学少年多不贱，五陵裘马自轻肥"（《秋兴》）、"五陵豪贵反颠倒，乡里小儿狐白裘"（《锦树行》）。

诗人崔颢也有"贵里豪家白马骄，五陵年少不相饶"（《渭城少年行》）的诗句。

在西汉中期之前，陵邑直属朝廷九卿的太常管辖。自汉元帝不再在陵旁设邑徙民，并把原来的诸陵及陵邑下放到三辅管辖，然而，陵邑形成的文化则影响深远。

第十三章 长安近郊的贵族墓葬与平民墓区

汉长安城东郊和南郊的汉墓地和秦渭南新区重叠。西汉的皇亲国戚、王子王孙、未就国的同姓诸侯王、列侯死葬长安的，除陪葬诸帝陵外，多在长安的东郊和东南郊近都之处择地而葬。城市平民墓亦有墓群，既有近都的，也有较远的，呈散布状态。不过，秦汉墓葬虽各有墓区，有交叉安葬的情况，但从无以后废前或打破重叠的现象。

第一节
长安墓区的分布

一、秦汉墓地的交叉与重叠

西汉帝陵分布在都城南北的郊区，各自有陵园，并同长安城拉开了相当的距离。与作为城市规划组成部分的皇陵及其陪葬墓不同，城市居民的埋葬则在城外郊区另做安排。

汉都长安是在秦都咸阳渭南新区建立的城市，其东郊及南郊原来有大量的秦人墓地存在。有意思的是这些墓都位于秦诸庙、宫殿和上林苑之东，而汉所建之都城正好使二者分开。也就是说，秦庙宫室被汉都长安包罗在城内，而原先的秦墓则隔在了汉城之东。（见图13-1）同时，西汉都城的设计者在做总体规划时，除了对城市的布局有详尽的安排之外，还对四郊的分布有周到的部署，后随城建的发展而逐渐完成。如：

西郊、西南郊：上林苑；

南郊：灵台、明堂、辟雍、祖庙、太学等礼制建筑；

西北郊：后土坛；

东北郊：手工业作坊；

城东：清明门外向东再向南扩至城东南郊，有皇帝的籍田、先农祠、灵星祠。

在城的四郊中，只有东郊还有大片的农耕区。向东远及白鹿原、鸿固原一带的东南陵区与地近灞水的王莽九庙一线之间，具有很大的扩展空间，于是很自然地就被选作居民墓区了。但这么一来，在长安城东的同一地区就出现了秦汉墓葬重叠与交叉的问题。不过，从考古发掘的事实看，长安城东的秦汉墓葬固然有交叉，并在某些地段形成重

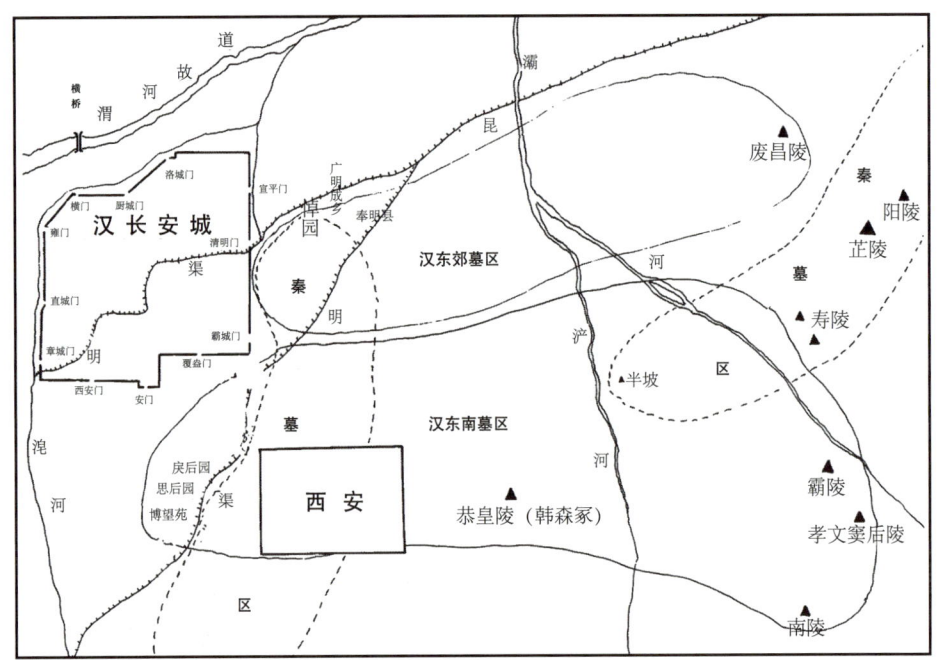

图 13-1　汉长安附近的秦汉墓区分布图

叠，但二者却很少有"打破关系"①的存在，也没有"以后毁前"的现象。换言之，后来的汉人在城东埋葬时，均避开了原有的秦墓来扩展自己的墓区。这显然都是在各自统一规划之下的安排，今天我们也就毋庸置疑了。

二、秦汉都城各有两大墓区

（一）秦墓区

从考古探测与发掘知，秦都咸阳渭南新区的宫殿建筑区之东存在两大秦墓区：

一个是从秦咸阳中区南部东段尤家庄墓地（今西安市北郊尤家庄）向南到今西安市南郊的山门口，形成一个较大范围的葬区；

另一个是由偏远一些的白鹿原北端至浐、灞间的半坡墓地，向东推进到洪庆、铜人原腹地，再沿骊山北麓的山前洪积扇向东至始皇陵，形成又一个狭长的葬区。

这两个秦墓区，前者主要埋葬着首都各阶层的城市居民，而后者还包括了东陵和丽山园两个帝王陵园在内。

---

① "打破关系"是考古学名词，指后代人埋葬时穿筑墓穴，把前代人的墓葬打穿的情况。

（二）汉墓区

汉长安城东与东南也有两个陵墓区。

一个在安门外大街以东，即东南区域：从汉长安城东南郊桐柏亭的武帝卫皇后"思后园"、白亭东的史良娣"戾后园"①向东经龙首原，直达灞河以西的白鹿原北段，构成"汉长安东南墓区"。范围大、规格高是其一大特点。西端有"戾后园"和"思后园"，东端有文帝霸陵、宣帝杜陵和薄太后南陵，中间夹杂有韩森冢（见图13-2）。可见这一区域内埋葬的是两位皇帝和几位皇族、外戚，皇族中有非正常死亡者，当属于一种特殊的安排。

图 13-2　韩森冢

另一个在宣平门外大街以南，即城东区域：由长安东都门外广明成乡的"奉明园"

---

① 据《汉书·外戚传》载：孝武卫皇后"瘗之城南桐柏。……宣帝立，乃改葬卫后，追谥曰思后"。颜师古说葬地"在杜门外大道东，以倡优杂伎千人乐其园，故号千人聚。其地在今长安城内金城坊西北隅是"。汉长安"杜门（覆盎门）外大道东"，即唐长安金城坊西北，其具体地点约在今西安市玉祥门西约1公里的劳动公园西北。《汉书·武五子传》记载在巫蛊之祸中遇害的"卫后、史良娣葬长安城南。史皇孙、皇孙妃王夫人及皇孙女葬广明。……史良娣冢在博望苑（戾太子刘据之宫）北，亲生皇孙位广明郭北"。宣帝即位后，以"湖阁乡邪里聚为戾园，长安白亭东为戾后园，广明成乡为悼园"。白亭东之戾后园，据《水经注·渭水》载：昆明故渠经过长安鼎路门（即安门）"东南七里"的辟雍南，北有"白亭博望苑"，巫蛊事发，太子"研杜门（即覆盎门）东出。史良娣死，葬于苑北，宣帝以为戾园"。《三辅黄图》也说"博望苑在长安城南，杜门外五里有遗址"。

（即悼园，内有寝、庙，葬宣帝父史皇孙刘进、皇孙妃王夫人及皇孙女）、奉明顾成庙南"思成园"（葬宣帝外祖母博平君与外祖父王乃始）、长门邛成侯园（宣帝王皇后父王奉光，元帝时死葬）起①，北以漕渠为界，南及今西安市北半部，由龙首原向东推进，跨越浐、灞二水，经新筑，沿铜人原北缘直达新丰。在这一"西宽东窄"的广阔地域内，自然地形成一处特殊的墓葬区。至今，我们仍然可以看到这里残存着大大小小的封土堆，多年来发掘的汉墓多不超过这一范围。距城近的墓葬，主人应是城内的居民。距城较远的墓葬，多半是城郊乡、亭的平民。

---

① 有些学者在其著述和西安历史地图中，都以为汉奉明县和奉明园（史皇孙和王夫人的陵园）在汉长安城南，断定地在唐长安城内的休祥坊。实际上，这是受了《长安志》错误记载的影响。

宋敏求以为："朱雀街西第四街休祥坊内有汉奉明园，园之北汉奉明县。"他是据《括地志》"汉奉明县地，今县治北八里奉明故县"的记载，以唐长安县（治唐长安城长寿坊，在今西安市西南5里的徐家庄一带）作为计算的起点，向北推8里，就落到了唐休祥坊的范围之内。但这里属"汉奉明县地"，并不一定是县治的所在地。实际情况是：在巫蛊之祸中遇害的"卫后、史良娣葬长安城南。史皇孙、皇孙妃王夫人及皇女孙葬广明。……史良娣冢在博望苑（戾太子刘据之宫）北，亲史皇孙位广明郭北"（《汉书·武五子传》）。据史料记载：明渠东出汉长安城后分为两支，其中一支"东径奉明县广城乡之广明南，史皇孙及王夫人葬于郭北，宣帝迁苑南……卜以为'悼园'，益园民千六百家，立奉明县以奉二园。园在东都门"（《水经注·渭水》）。所谓东都门，即汉长安东面北起第一门——宣平门外的郭门。很明显，汉奉明县约当今西安市北郊张家堡附近。那么，史皇孙刘进、夫人王翁须的悼园及皇女孙的初墓原来在明渠分支之北的广明苑郭北，以后迁到了苑南。陵园（悼园）既然在东都门，墓葬也应该在今张家堡一带。《水经注·渭水》又载："昌邑王贺自霸御法驾，郎中令龚遂骖乘，至广明东都门是也。故渠东北径汉太尉夏侯婴冢西。"既然自霸上到宣平门，走的是一条东西向的官道，当然是要经过外郭门——东都门的了。因此，笔者认为史皇孙和王夫人原来的葬地广明同卫后、史良娣不在一处，不是在长安城南而是在城东。于此我们不禁要问：汉魏六朝的文献记载（《汉书》《水经注·渭水》）既已明确指出悼园在东都门，况且汉城故址也异常清楚，难道这不比唐宋人的推算更值得相信吗？（参见王学理：《张冠李戴"韩森冢"实属西安"恭皇陵"》，见《王学理秦汉考古文选》，三秦出版社，2008年）

第二节
典型的贵族墓葬

皇亲国戚、王子王孙、未就国的同姓诸侯王、列侯死葬长安的，除陪葬诸帝陵外，多在长安的东郊和东南郊择地而葬。在今西安市北郊张家堡及其以东至新筑一带，早年存留的封土堆曾层层叠叠，可是因为各种缘故在渐渐消失，数量在逐年减少，而且能够确认墓主的也是少之又少。

一、几位皇室成员的寝园

据文献记载，能确知方位的大概有以下几座：

（一）武帝卫皇后的思后园

卫后卫子夫遭巫蛊祸自杀，"盛以小棺，瘗之城南桐柏。……宣帝立，乃改葬卫后，追谥曰思后，置园邑三百家"。颜师古曰："葬在杜门外大道东，以倡优杂伎千人乐其园，故号千人聚。其地在今长安城内金城坊西北隅是。"思后寝园在汉"杜门（即覆盎门）大道东"，地当"（唐）金城坊西北隅"，也就是今西安市玉祥门外大庆路附近的劳动公园西北。

（二）史良娣的戾后园

史良娣系汉武帝戾太子刘据妃，在巫蛊之祸中遇害，与卫后"葬长安城南"，宣帝改葬"长安白亭东为戾后园"。（《汉书·武五子传》）其地距思后园不远，也应在西安市西郊劳动公园附近。

（三）史皇孙刘进、夫人王翁须的奉明园

据《汉书·武五子传》记载："史皇孙、皇孙妃王夫人及皇女孙葬广明。"宣帝即位后，诏称父母为"悼皇"和"悼后"。因为生父刘进已同祖父（戾太子刘据）葬

图13-3 悼园王夫人墓

在"湖阌乡邪里聚为戾园",便把原葬母亲的广明成乡奉为悼园。因其地在广明苑,又称"广明园"。元康元年(公元前65年),又以天子礼为生母修建了陵庙与寝园,改悼园为奉明园,并设立了陵邑奉明县。《水经注·渭水》说"[悼]园在东都门"。东都门是汉长安宣平门外的郭门,在今西安市北郊张家堡西南王前村南,有夯筑的封土,底径残长25米,高约8米,地面散见砖瓦残片,据认为就是刘进夫人的墓园。[①](见图13-3)王前村和墓冢所在地今已改建成文景公园,地当汉长安城清明门遗址之东,显然在宣平门的东南方向。

(四)思成侯王乃始与夫人王媪合葬墓

思成侯王乃始与夫人王媪(赐号博平君,谥思成夫人)系宣帝的外祖父母,原葬于涿郡(今河北涿州市),宣帝迁葬在"奉明顾成庙南"(《汉书·外戚传》)。奉明县治固然在长安城东(今西安市北张家堡附近),但其南界可到城南,所以服虔说"庙在长安城南"(《汉书·文帝纪》),大概距戾后园不远,约当今西安市玉祥门外大庆路北的西安仪表厂附近。

二、死葬长安的诸侯王墓

据《汉书》记载,死葬长安的有如下诸侯王:

(一)汉高祖八男之一的淮南厉王刘长

因黥布反而有不轨行动,"废迁蜀严道,死雍"(《汉书·文帝纪》)。

(二)高祖又一子赵幽王刘友

被吕后召至长安,不给食,幽死于邸,"以民礼葬之长安"(《汉书·高五王传》)。

(三)临江王刘荣

刘荣先为太子,后废为临江王。后"坐侵庙堧地为宫,上征荣"。到中尉府对质,

---

① 王学理:《西安文景公园王夫人墓略考》,见汉阳陵博物馆编:《汉阳陵与汉文化研究》第2辑,三秦出版社,2012年;国家文物局主编:《中国文物地图集·陕西分册》,西安地图出版社,1998年。

遇到号称"苍鹰"的酷吏郅都责问，"王恐，自杀。葬蓝田"。（《汉书·景十三王传》）《水经注·渭水》载："霸水又北历蓝田川，径蓝田县东。……川有汉临江王荣冢。"

（四）楚元王刘交子富

刘交子富奔京师，后封红侯。太夫人与窦太后有亲，"求留京师，诏许之。富子辟强等四人供养，仕于朝。太夫人薨，赐茔，葬灵户"（《汉书·楚元王传》）。

（五）楚孝王刘嚣

楚孝王刘嚣原为定陶王，后徙楚，"成帝河平中入朝，时被疾，……明年，嚣薨"（《汉书·宣元六王传》）。

（六）中山王刘竟

刘竟"以幼少未之国。建昭四年（公元前35年），薨邸，葬杜陵"（《汉书·宣元六王传》）。

（七）定陶共王刘康

定陶共（音同"恭"）王刘康的儿子是汉哀帝刘欣，系元帝之孙，其母曰丁姬。因成帝无子而立刘欣为太子，后即皇帝位。即位的第二年（公元前5年），"追尊共王为共皇，置寝庙京师，序昭穆，仪如孝元帝"（《汉书·宣元六王传》）。如淳曰："如元帝，言如天子之仪。"

定陶共王刘康于成帝阳朔二年（公元前23年）死于郡国，距哀帝为其在长安"置寝庙"的时间有18年之久。哀帝"建平二年（公元前5年），丁太后（丁姬）崩。……遣大司马票（骠）骑将军明，东送葬于定陶，贵震山东"（《汉书·外戚传》）。同样，《汉书·哀帝纪》也记"丁氏崩。……遂葬定陶。发陈留、济阴近郡国五万人穿复土"。在今山东曹县、定陶间仍有恭王陵的存在。可见长安的寝庙是座藏有墓主的义陵。据考，共王刘康的寝庙在今西安市灞桥区新筑街道办谢王庄西北的枣园附近①。

三、考古发掘的几座典型墓葬

（一）利乡侯刘婴墓

1986年，位于西安市东郊沙坡东侧的陕西省新安机砖厂东南、带斜坡墓道的大型

---

① 《水经注·渭水》："渭水又东径霸（城）县北，与高陵分水，水南有定陶恭王庙。……恭王庙在霸城西北。"魏晋时的霸城县治在今西安市灞桥区新筑街道办的谢王庄，今有新寺遗址。恭王庙当在枣园附近。

"甲"字形积炭墓[1]由陕西省考古研究所发掘。此墓原应有封土，墓道长近30米，墓室开口17.6米，墓向朝北。墓道设置有盛物品的方箱，室内用分箱的"井"字椁，具有典型的正藏及外藏椁系统。墓道的外藏椁中，有由24匹陶马组成的骑兵仪仗队，后跟侍俑牵牛车组成的仪仗队。墓室周壁有3层台阶，棺椁由9个方箱组成，其中5号箱放主棺。封泥上有篆书"利成家丞"四字，陶罐上书写"东园□□"，并有半两铜钱出土。根据随葬物的内容与特征，该墓年代属西汉早期，至少在武帝元狩五年（公元前118年）之前，主人当是武帝初年的利乡侯刘婴。

距刘婴墓不远处，有个被当地人称为"五女坟"的墓葬，也是大型积炭墓。1974年，机砖厂在动土过程中曾发现不少墓葬，足见这里是一处达官显贵的茔地。

（二）张安世家族墓园

张安世家族墓园位于西安市南郊凤栖原，地处秦汉时杜县东部，东距西汉宣帝杜陵约6公里，西北距西汉长安城约40公里。[2]

1. 陵园布局与礼制建筑

张安世家族墓地规模大，规格高，主从分明，序列整齐，时代自西汉中晚期延续至王莽时期，面积约4万平方米。墓地核心区域是一平面略呈方形的墓园，东西长约195米，南北宽约159米，外有4条兆沟。墓园内的张安世墓（编号M8）是平面呈"甲"字形的大型墓，居中，有6个从葬坑。东南是夫人墓（编号M25），正东是高规格的祠堂建筑（基址）。墓园周围有陪葬墓十数座，均属中小型墓，其中东侧9座、西侧1座、北侧2座。（见图13-4）

墓园四面设有兆沟，但没有连接，长宽各不相同，深度

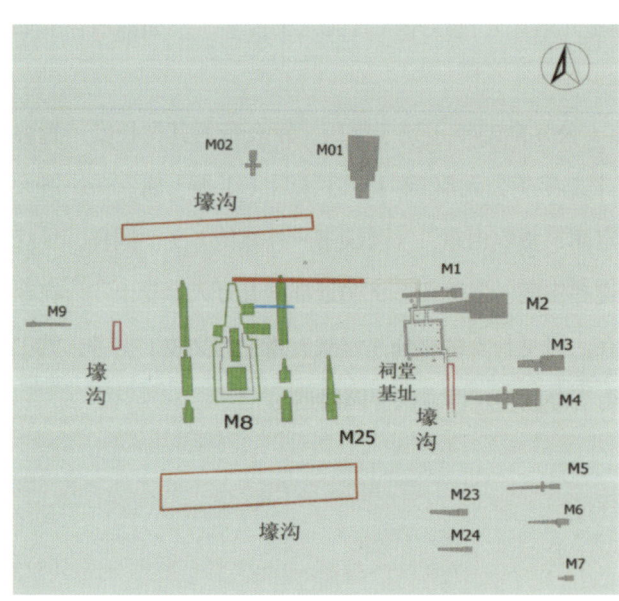

图13-4 张安世墓地平面示意图

---

[1] 郑洪春：《陕西新安机砖厂汉初积炭墓发掘报告》，载《考古与文物》1990年第4期。
[2] 陕西省考古研究院：《西安凤栖原西汉墓地田野考古发掘收获》，载《考古与文物》2009年第5期。

为2～3米。南兆沟长70米，宽达20米。北兆沟亦长70余米。东西兆沟则分别长20米许。

祠堂建筑基址（编号K1）的主体部分是"面三进五"的方形堂室，边长19米。已经清理出较为完整的台基、柱础、门道、回廊、踏步、散水等建筑遗迹。该祠堂建筑后期曾经扩建，扩建部分遗迹虽然零星破碎，但地层关系仍清晰可寻。

2. 张安世墓的结构

张安世墓（M8）位于墓园的中心，封土略呈长方形，现存面积4050平方米，原高15米，现残高约1～1.3米。墓的平面呈"甲"字形的土圹，坐南向北，斜坡墓道在北。长65米，宽24.5米，深15米。墓内有砖椁、木椁2椁室，前后分置。墓道上有耳室3座，东2西1。在东、南、西三个壁面上，均留有整齐划一的"之"字状台阶。（见图13-5）

图13-5 张安世墓

木椁室北部（端）靠近通道的位置出土有青铜钟2件、青铜钺1件、陶器2件，以及数量较多的小型铁剑、铁戟、铁环首刀、漆器残迹等。

木椁室主要随葬品是著衣木臂式陶甲士俑，按每排（东西方向）15件、共17排，共约放置255件。陶俑高58～61厘米，著衣披甲，束巾戴胄，执兵列队，器宇轩昂。每件俑一般配置一件兵器（剑或戟或弩），部分俑配置两件兵器，有些俑还负有箭囊。从武器配置区域看，位于椁室边侧的陶俑大多配置铁戟，而位于中部的陶俑大多配置弩机。坑内还出土有"卫将长史""当百将印"铜印，弥足珍贵。

在主墓的东西两侧，分置有南北向的长条形从葬坑6座。坑宽4～5.5米，深约5米，长6～38米，北端设阶梯式通道。目前发掘的K3、K4、K5、K6中清理出著衣式彩绘陶甲士俑、木甲士俑、小型车马和一些青铜器物。

在4号坑中，发现大型篆书"张"字铜印，印面长7厘米，宽4厘米，有捉手。M8耳室出土20多枚"卫将长史"封泥，表明墓主可能职掌"卫将军"。在西汉一朝担任过卫将军的张姓，文献记载中唯有张安世一人。再从高规格的墓园、大型高等级漆绘车辆、高等级从葬甲士俑、高规格祠堂建筑和许多高规格的随葬重器看，正同《汉书·张汤传》中张安世死后御赐茔地杜县东、御送"轻车甲士"、将作"起冢祠堂"的记载吻合，可见该墓园即属宣帝赐予的墓园，墓主即是张安世。

3. 张安世夫人墓

墓呈"甲"字形，位于张安世墓的东南角，规模小于主墓。坐南向北，墓室砖券，斜坡墓道，出土有玉衣残片、陶器、车马具等。

4. 陪葬墓

陪葬墓10多座，均呈朝向主墓的"甲"字形，以东边的9座脉络最为清晰。已发掘7座，其中M3为积沙墓，M4为积沙积石积炭墓，M5为砖室墓，M6、M7则为洞室墓。各座墓皆严重被盗，所幸墓葬形制还都完整，耳室都有重要器物出土。

M4处于墓园东侧约20米处，墓室居东，斜坡墓道朝西，总长约36米。该墓葬为积沙积石积炭墓，呈"甲"字形土圹状，墓道、墓室壁面均留台阶，共三层，以防壁面塌垮。墓室与墓道交接处有木结构封门，将墓葬分成墓室和带有耳室的墓道两个单元，共出土随葬品172件（套）。墓室平面呈长方形，开口南北宽12米，东西长16米，深12.7米。棺（朽化唯留痕迹）置于木椁中部，木椁之外又有砖椁，木椁之外六面均堆积木炭。砖椁之外六面均填有沙、石。沙、石逐层设置，共厚约6.3米，堆积达440余立方米。椁室屡遭盗扰，余留陶器残片、五铢钱币、玉器残片、棺钉等物。墓道南、北壁在靠近墓室的位置各设有土洞状耳室一座，室内为木箱结构，置随葬器物，均为上坯封门。北耳室放置有陶罐、釉陶罐、原始瓷罐、陶壶、车、马、伞等。其中陶器36件。南耳室放置有木箱、铁釜、陶钵以及百数件铁质随葬明器。

M9位于墓园西侧约20米处，墓室居西，墓道朝东，总长约22.4米。该墓为长方形斜坡墓道砖券墓，墓室拱顶，分为前后室，前室北侧有壁龛，砖封门。被盗。墓道平面近长方形，长18米，宽0.88米，坡度25°。墓室位于墓道西端，底部距地表约10米。前室长1.94米，宽0.96米，高1.40米，出土釉陶壶1件及漆器残件、泡钉等。龛室附于前室北壁，地面高于前室地面，有釉陶壶1件、陶罐、铁釜各1件，以及漆器残件。后室长2.36米，宽0.96米，地面高于前室地面，为置棺处，散见一些人骨和棺钉，漆器残留小铜件，棺痕迹象不明确，以人骨遗留迹象推测为单人葬。因盗扰严重，木棺的位置尺寸不详，葬式葬法、墓主身份均不明。但从墓葬形制、余留陶器的特征等材料分析，该墓时代属于西汉晚期，不晚于王莽新朝。

5. 出土的珍贵文物

凤栖原墓地目前已出土各种器物1800多件,有金器、鎏金银错金银器、青铜器、铁器、原始瓷器、陶器以及漆、木、革等杂器饰物留下的许多遗迹等等。

张安世墓(M8)前椁室出土的两辆原大彩绘车辆,有较多的鎏金、错金银铜车马器,彩漆车轮和伞盖等遗迹亮丽如新。在耳室清理出20多枚"卫将长史"封泥,许多原始瓷、彩绘陶或釉陶壶、罐等,其中有些釉陶壶、罐上还饰有彩绘。

从葬坑出土陶甲士俑700多件,所佩刀、剑、戟、戈、矛、镞、弩机等铁兵器1000多件。另有青铜滴漏、钟、钺、印章、成套量器和衡器等40多件。许多器物与迹象有明显的配套或组合关系。

祠堂建筑基址出土有大量建筑材料,如方砖、条砖、空心砖、筒瓦、板瓦、瓦当等,还有"长乐未央"文字瓦当和回纹砖。

陪葬墓中出土有数量较多、类型丰富的陶器、瓷器,以及玉器、钱币、车马器、铁质炊器等随葬品数百件;还清理出一些皮质甲片和一些漆器残片。在一些陶器中,还有残留物可供检测,以确定其用途和意义。

(三)西安交通大学壁画墓

1987年,在西安市东郊咸宁路中段、兴庆路南段东侧的西安交通大学二村附属小学院内,陕西省考古研究所与西安交通大学联合发掘出一座平面近"早"字形的中型砖券墓。(见图13-6)墓坐北朝南,斜坡墓道长12.5米,近北端的两侧有东西耳室。主室平面呈长方形,进深4.55米,宽1.85米,高2.25米,券顶。早年被盗,由残骨鉴定,墓主是位55~65岁之间的男性。[①] 出

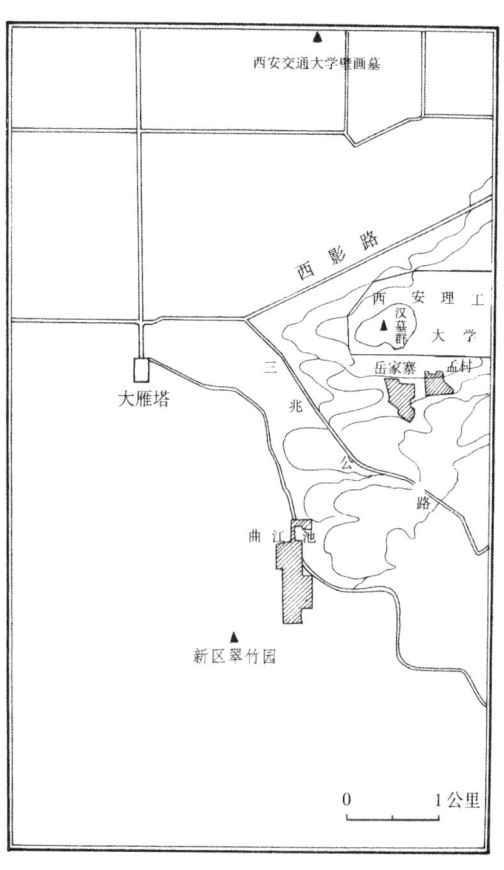

图13-6 西安交通大学与翠竹园壁画墓位置图

---

① 陕西省考古研究所、西安交通大学编:《西安交通大学西汉壁画墓》,西安交通大学出版社,1991年。

土器物有釉陶钟、奁、仓、陶盆、罐，玉蝉、璋、耳塞、鼻塞，昭明铜镜、车马器、明器弩机，五铢钱216枚。另有铁器、蚌器、编号文字砖与各式砖。

在主室内有保存完好的彩绘壁画24平方米，这些表现天堂仙界的绘画分布在券顶南和东、西、北三壁上。（见图13-7）中间用红色菱格宽带把壁画分成

图13-7　西安交通大学壁画墓（主墓室）

上下两部分，上部即券顶与后壁的上方，下部包括后壁的下方和东西两壁。墓室券顶为天象图（见图13-8），用黑、白、绿三色，绘有两个大小不等的圆圈，分列在南北两方。两圈内分别画金乌和玉兔、蟾蜍，以表现日月。在日月之间，以四辰（青龙、白虎、朱雀、玄武）定位，再填以各种星宿，并用人物和各种动物表现二十八星宿。灰圆圈内外有各形彩云与飞翔的仙鹤。墓室后壁上部正中的云间，有一手持灵芝的羽人在引导墓主的灵魂升向天界，其下中间有一卧鹿，两边有两只展翅欲飞的仙鹤。在菱格宽带以下的东、西、北三壁上绘有装饰性较强的勾连云纹，其间点缀着山川及仙鹤、天鹅、雉鸡、虎、鹿等多种奇禽异兽。此墓壁画中的天象图，是用直线把星组连接起来，星宿与四辰相配，外加形象的人物、动物图形，是中国考古发现中时代较早且完整、科学的天文资料，具有重大价值。另外，壁画绘制的方法是先在砖面上直接涂一层白粉，在白粉

图13-8　西安交通大学壁画墓（主墓室顶部）

上再涂一层赭石，然后用墨线勾勒物象，填以石青、石绿、朱红、青莲、白、黑等颜料。其构图饱满，色彩丰富，变化多端，姿态万千，是重要的汉代绘画资料，为研究中国美术史提供了新的参考。

根据墓葬形制与出土物特征推断，此墓时代属于西汉晚期，约在宣帝、平帝之间。

（四）西安理工大学壁画墓

此墓位于西安市南郊西影路南侧的岳家寨村西北，西安理工大学院内西部。2004年1月，西安市文物保护考古所为配合该校二期基建工程，对40余座古墓进行了抢救性发掘，此墓是其中规模最大的一座。

该墓是一座坐北朝南的斜坡墓道式砖室墓，由墓道、耳室、甬道和墓室四部分组成。墓道长27.5米，下深10.8米。耳室条砖砌壁，子母砖券顶，出土"长承永福"封泥4枚。甬道同样用条砖砌壁，子母砖券顶。墓室口长10.2米，宽7.6米，用条砖作"人"字形铺地，券顶两层。木棺1具，置东北角。出土玉眼障、口琀、鼻塞、坠饰。另有铜印章1枚、五铢铜钱200枚。据墓制与出土物判断，该墓时代属西汉晚期，墓主绝非一般官员，而是具有较高的政治身份与社会地位。

京都之地长安的壁画墓截至目前只发现了3座。其中，翠竹园壁画墓只在墓圹和墓道的第一台阶以上壁面上直接用白色作画，内容多为犀牛、黄牛和马等食草动物，显得单调。西安交大墓壁画主要反映墓主灵魂生活的天界。而西安理工大学墓的壁画同前两墓相比，从内容、布局到画面更显丰富、严谨和精美。西安理工大学墓的壁画，是先在墓壁及券顶上刷一层白膏泥，再用墨线起稿，后以红、蓝、黑等颜料涂绘。壁画内容不仅有日、月、翼龙、翼虎、朱雀、仙鹤、乘龙羽人等升仙图景，而且还表现出车马出行、狩猎、宴饮、斗鸡、乐舞等现实生活的场景。[①]（见图13-9、图13-10）毫不夸张地说，西安理工大学壁画墓同西安交大壁画墓共同填补了关中地区西汉墓葬壁画的空白，弥足珍贵。

图13-9 骑马射猎图（西安理工大学壁画墓墓室东壁）

---

① 孙福喜、程林泉、张翔宇：《西安理工大学基建工程中发现西汉壁画墓》，载2004年12月10日《中国文物报》。

图 13-10　羽人乘龙图（西安理工大学壁画墓墓室北壁）

（五）翠竹园壁画墓

2008年11月，西安市文物保护考古所在配合西安南郊曲江新区翠竹园小区的基建工作中，发掘西汉时期墓葬4座。其中属于西汉晚期的一号墓规模较大，为斜坡墓道竖穴土圹砖室墓，由墓道、甬道、耳室、墓室组成。墓室长5.8米，宽3.15米，高3.5米。封门两侧的墙壁上绘制着两个持剑而立的卫士，顶部绘制着由云气、星宿、金乌、蟾蜍等共同构成的天象图。墓室四周的墙壁上绘制着20幅神态各异的人物图，在人物图与天象图之间绘有帷幔。壁画中的人物形象高大，多与真人同高，个别人物高达2米，这在国内发现的西汉时代的壁画墓中还是第一次看到。①

---

① 程林泉、翟霖林、郭永淇：《西安曲江发现西汉大型壁画墓》，载2009年2月20日《中国文物报》。

第三节
平民墓群

一、分布趋势

周、秦、汉的都城相对集中在关中平原的腹心地带，虽然南有秦岭、北有北山如两条巨龙平行横贯三秦大地，但两山都同都城有相当的距离，且按古人葬习，墓地都要选在靠山面水的地方。因此，无山可凭的都城就使今西安市周边的台塬地带变成了古人优选葬穴的理想之地。

在今西安市周边分布着大量的汉代墓葬，尤其以汉长安城遗址的东郊和东南郊最为密集。（见图13-11）从其分布看，汉长安城东至浐河间的汉墓数量和密度最大，近城处最为集中；长安城东南的汉墓居其次。距都城较远的灞河以东，汉墓数量明显减少，而且分布疏朗。若从总体上分析这些墓的埋葬时间，则距城近的墓葬时代早，距城远的时代偏晚。再以龙首原为例，经考古学地理观察发现，今西安市北门外的迎宾大道以西，靠近汉长安城的，多半是西汉早中期的墓葬；而大道以东，西汉晚期以后的墓葬所占的比例明显增大，尤其是在大明宫遗址以北，几乎很少发现西汉早中期的墓葬。

汉长安城东与东南，原是秦都咸阳渭南宫殿区的东侧，这里是当年居民的墓地。当汉都在渭河之南确立以后，这里变为长安的近郊，也就成了都城居民的墓地。虽然秦汉两代墓葬出现在同一地区，但在分布上还是有规律可循的。战国晚期、秦代墓葬主要分布在张家堡以南的尤家庄、翁家庄一带。西汉时期的墓葬范围，主要在汉长安城东，北到辛家寨、徐家湾一线，南界至自强路，东界可达浐河西岸。在这一区域内的汉墓，则以长安城东南龙首原一带及尤家庄、徐家湾的分布最为密集。

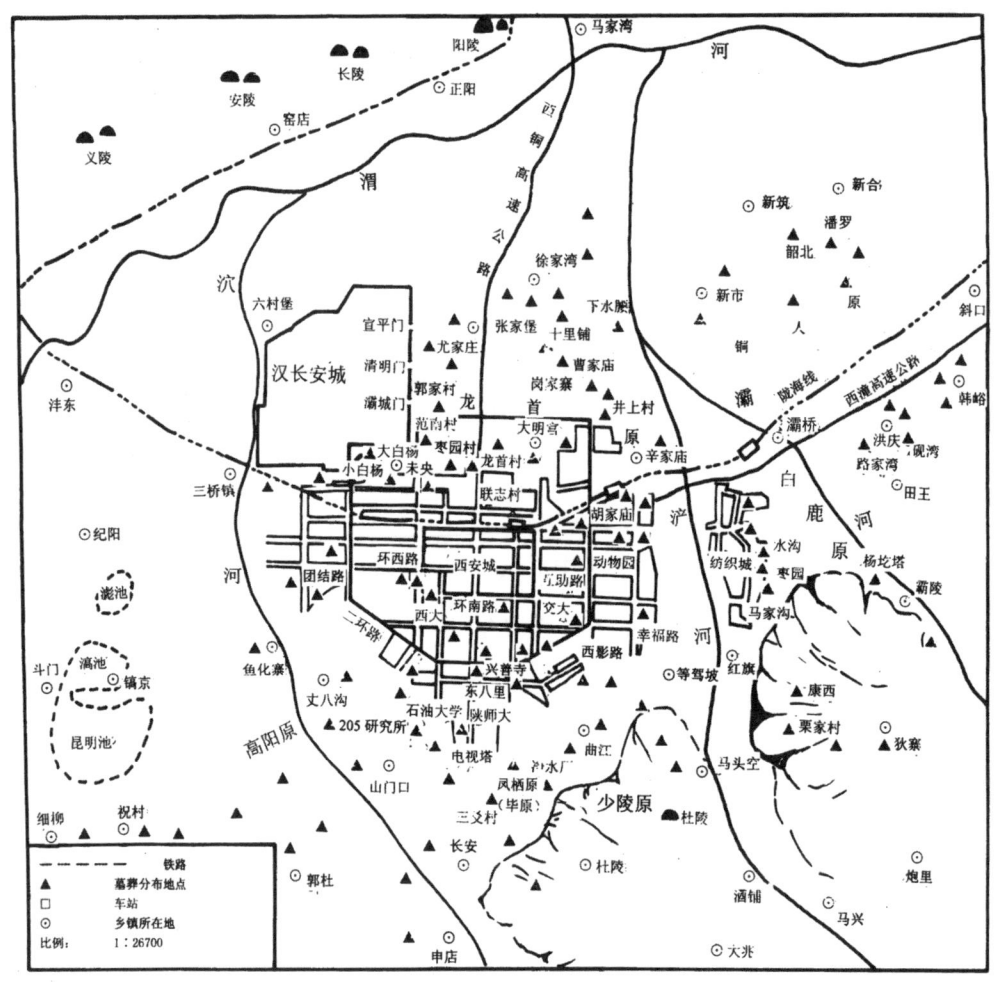

图 13-11　西安地区汉墓分布图
（侯宁彬图）

二、依原而葬

长安东郊，在灞河下游与浐河之东，由北而南分布着三个原地。同样，在汉都长安之南，有从终南山发源的几条大河向北流入渭水，在途经山北大地时，将这里切割成大大小小的几个原面。这些大大小小的原由东向东南对汉都长安形成一个半月形的拱卫圈。在原上或原麓，多分布有秦汉墓葬。

汉长安城外较远的汉墓，墓主的身份构成较为复杂，既有霸、杜二帝陵的陪葬人、陵邑的居民，三辅近都诸县的居民，也有汉都长安的居民。这些墓葬都分布在长安周边的原上或近原处，由近到远，时间跨度较大。

（一）乐游原的汉墓群

乐游原在汉长安城东南郊，是较近的一处原地。依乐游原而葬的汉墓主要分布在西安交通大学（本部）南到西影路之间。20世纪50年代以来，在西安交大、黄甫庄、沙坡、兴庆路、友谊东路、鲁家村等地发掘了大量汉墓群，其中大多数属于西汉中晚期以后的墓葬，个别的（如规模较大的利成积炭墓）属西汉早期。

（二）龙首原的汉墓群

龙首原位于汉长安城东南，向东延伸到浐河西岸，长约15公里。经过汉唐以来建筑的破坏，仅剩下西安城北未央区与莲湖、新城二区分界线上的带状高地。汉墓依据原来龙首原的四坡构建，历年所见约有数千座，其中经过科学发掘的在2000座以上。西汉早期的墓葬主要分布在北坡偏上缘一带的龙首村、范南村、肖家村、马浮沱、方家村、枣园、大白杨、小白杨，以及长安故城清明门之东的尤家庄、北十里铺等地。南坡的汉墓遭到唐建长安城时的破坏，从今联志村、铁一村、龙首村、红庙坡、白家口一带发现的墓葬看，多属西汉中晚期。

（三）铜人原的汉墓群

铜人原的顶上有汉成帝的废昌陵，原西北到新筑一带多是西汉中晚期到东汉时期的墓葬，至今地面还能看到不少高大的封土堆。

（四）洪庆原的汉墓群

洪庆原是秦汉墓葬的交汇区。原顶有秦芷阳陵区，向东北经临潼区同新丰连成一片，是秦的墓葬区。其中除了葬有秦昭王以后的秦君、秦始皇帝及贵族外，还有芷阳与丽邑的居民。洪庆原西麓洪庆镇附近的砚湾、路家湾等地分布的多是西汉晚期到东汉时期的墓葬。

（五）白鹿原的汉墓群

白鹿原是东通临晋关与函谷关、南向武关的交通枢纽，不但战略地位重要，而且景色秀美。这一带分布着较多的秦汉墓葬。在纺织城西北，北起堡子村、南到半坡村的这一区域早就有战国中晚期到秦代的秦人墓地。[1]原上除汉文帝霸陵、窦皇后陵、薄太后南陵、贵戚墓葬属于西汉早期之外，原西北麓纺织城一带的墓葬则从西汉初一直延续到东汉晚期。如在西北国棉五厂三分厂发掘的5、6号汉墓[2]，五厂自建村95号汉墓[3]，绕城

---

[1] 金学山：《西安半坡的战国墓葬》，载《考古学报》1957年第3期。
[2] 呼林贵、孙铁山、李恭：《西安东郊国棉五厂汉墓发掘简报》，载《文博》1991年第4期。
[3] 呼林贵、侯宁彬、李恭：《西安国棉五厂95号墓发掘简报》，载《考古与文物》1991年第4期。

高速路14、16号汉墓①，均属西汉早期。但此地西汉中晚期以后的墓葬所占比例更大。显然，西距秦汉都城较远的白鹿原西北麓地区是秦芷阳县、汉霸陵县居民的墓葬区。②

（六）少陵原的汉墓群

少陵原汉称"鸿固原"，又改称"杜陵原"，位于浐河与皂河之间，北起黄渠、春临，南到韦兆、引镇。少陵原的原面较大，东西宽6～7公里，南北长约20公里，最高海拔630米，比今西安还高出200米。宣帝杜陵与南侧的许皇后少陵即位于原巅。

少陵原中部的汉墓群中有相当一些是少陵或杜陵的陪葬墓。在三兆村南、马腾空西南到长安区东北之间，墓葬众多，正如《长安志》形容的：杜陵"其北里许，乱冢百余。自是以北，直至城（唐长安）南，东西延亘，高原之上，垒垒皆是"。这些墓葬多为西汉中晚期的杜陵陪葬墓，其中就有大司马卫将军、富平侯张安世家族墓地。

（七）凤栖原的汉墓群

凤栖原系少陵原向西北延伸的部分，南起韦曲，北接三爻。自20世纪50年代以来，在地质七队、航天总公司067基地、风雷仪表厂、曲江净水厂、三爻村、陕西师范大学雁塔校区、西北政法大学、陕西省广播电视中心、长延堡、瓦胡同、东八里、武警黄金十四支队驻地等地发掘了不少汉墓，多数是西汉晚期至东汉晚期的墓葬，只有在茅坡村以西地段发现有少数的西汉早期墓葬。

在这一带，家族墓地的出现，当是东汉时期庄园经济的反映。

（八）毕原和高阳原的汉墓群

毕原北接凤栖原，南连神禾原，地当长安韦曲到郭杜镇，包括里王、塔坡和三爻在内。高阳原在今长安区西北河池寨东南一带。

毕原和高阳原处于汉长安城之南的远郊，是东南墓区的西端，在今电子城到丈八沟一带多是战国、秦墓，仅有少量西汉早期墓，很可能同后来被辟为上林苑有关。

长安作为京都之地，从贵族到城市居民，其墓葬的随葬之物种类多、数量大、内容丰富、制作精致、造型华丽、材质考究、工艺细腻，都堪称上乘。总之，无论是墓葬的结构还是随葬之物，都反映了京都社会面貌、人文精神及其对郡国的影响，是极其珍贵的物质与精神财富。

---

① 陕西省考古研究所编著：《白鹿原汉墓》，三秦出版社，2003年。
② 王学理：《咸阳帝都记》，三秦出版社，1999年。

第十四章 长安的城市生活与社会风尚

西汉王朝是中国历史上兴盛的年代，特别是汉武帝文治武功、开辟丝绸之路，使中华文化在国际上产生了深远影响。汉都长安就是这一伟大成就的缩影。

汉长安人文荟萃，在文学、史学、科学技术、艺术等多个领域里都取得了杰出的成就。

汉长安开放包容，国内各地、中外多国人员集聚，或居留，或过往，给文化交流带来多样性，所以才出现"五方杂厝，风俗不纯"的可喜现象。

汉长安繁华兴隆，统治阶层的骄奢淫逸不可避免地带给社会以消极的影响。

第一节
城市人群精神状态面面观

一、五方杂厝，风俗不纯

汉都长安是全国的政治、经济、文化中心，不但有号称"陆海"的地理环境，而且具备"民有先王遗风"的人文素质，可以说在"以农立国"的古代社会，为"衣食之本""民得富饶"提供了得天独厚的条件。周、秦、汉以来，关中虽处四隘之内，但始终以海纳百川的精神、开放的姿态，以长安地区为辐射中心进行着内外交流。长安作为汉朝首都，它内在的特质和外在的表现都呈现出多样性的特点。

《汉书·地理志》对汉都长安居民的精神面貌及其形成原因有这样的记述：

> 汉兴，立都长安，徙齐诸田，楚昭、屈、景及诸功臣家于长陵。后世世徙吏二千石、高訾富人及豪桀并兼之家于诸陵。盖亦以强干弱支，非独为奉山园也。是故五方杂厝，风俗不纯。其世家则好礼文，富人则商贾为利，豪桀则游侠通奸。濒南山，近夏阳，多阻险轻薄，易为盗贼，常为天下剧。又郡国辐辏，浮食者多，民去本就末，列侯贵人，车服僭上，众庶放效，羞不相及。嫁娶尤崇侈靡，送死过度。

这段文字包括两部分内容：前一部分说的是汉都长安，后一部分指的是郡国情况。长安人口的构成，除本地原住户（包括秦始皇时已经本地化的徙民）之外，还包括齐楚君主的大姓、汉初功臣、俸禄二千石的官吏、高訾富人和豪桀（杰）并兼之家等五部分构成的徙入户。因为徙民来源地域广阔、身份复杂，集中在长安后就出现了"五方杂厝，风俗不纯"的局面。也因为各自原来职业的关系，就为长安注入了"世家好礼文""富商为利""豪桀游侠"（多指违法犯禁，敢抱打不平、行侠仗义）的风气。《汉书·地理志》的描述实不为过，以至于《三辅黄图》在援引了与其大体相同的文字之后，还加了"闾里嫁娶，尤尚财货，送死过度，故汉之京辅，号为难理"的话。

二、上流社会奢侈糜烂

皇帝居于都城上流社会的巅峰，在摆脱了汉初"天子不能具醇驷，而将相或乘牛车"的窘境之后，宫廷生活中的朝会、觐见、祭祀、巡行、游猎都渐渐形成一套规范化的礼仪制度与形式，其庄严、气派、豪华、阔绰的程度无与伦比。

高祖七年（公元前200年），"长乐宫成，诸侯群臣朝十月。仪：先平明，谒者治礼，引以次入殿门，廷中陈车骑戎卒卫官，设兵，张旗志。传曰'趋'。殿下郎中侠陛，陛数百人。功臣列侯诸将军军吏以次陈西方，东乡；文官丞相以下陈东方，西向。大行设九宾，胪句传。于是皇帝辇出房，百官执戟传警，引诸侯王以下至吏六百石以次奉贺。自诸侯王以下莫不震恐肃敬。至礼毕，尽伏，置法酒。诸侍坐殿上皆伏抑首，以尊卑次起上寿。觞九行，谒者言'罢酒'。御史执法举不如仪者辄引去。竟朝置酒，无敢讙哗失礼者。于是高帝曰：'吾乃今日知为皇帝之贵也。'"（《汉书·叔孙通传》）。

皇室后宫的生活享用也是豪华奢侈至极。赵飞燕女弟居昭阳殿，在给贵为皇后的姐姐的献礼中，就有襚35条，除过高档华贵的服装外，宝物还有五色文玉环、同心七宝钗、黄金步摇、合欢圆珰、琥珀枕、龟文枕、珊瑚玦、玛瑙㲪、云母扇、孔雀扇、翠羽扇、九华扇、五明扇、云母屏风、琉璃屏风、五层金博山香炉、回风扇、椰叶席、同心梅、含枝李、青木香、沉水香、香螺卮（一名"丹螺"）、九真雄麝香、七枝灯等。（《西京杂记》）这些弥足珍贵的物品中，有些是考古中常见的文物，如博山炉、连枝灯，以及长安能工巧匠丁缓做的常满灯、卧褥香炉（又名"被中香炉"）、七轮扇等；而如梅、李之类的果品虽然在今天并不稀奇，但在交通不便的古代却是珍品，要取得异地的珍品就更不是件容易的事了；其他如帽子、衣裳、枕、被、钗、步摇、环、珰、玦、席、扇、卮、屏风，大都是名贵的稀世之宝，其用料考究、做工精美、代价高昂自是不言而喻的。单就服装而言，无论是从品类之繁多还是工艺之精湛而言，都是上乘之品。如果今天的人们还怀疑它的真实性的话，战国至秦汉期间的楚地出土物就提供了极有说服力的证据。[①]

朝廷上下的奢侈糜烂与平民百姓的颠连凄苦形成鲜明的对比。在老百姓大饥而死、死而难葬、为猪狗食以至于人相食时，皇室却因厩马终日饱食粟米，恐其太肥气盛而每天遛马使其减肥。"为民父母"的这些"王者""固当若此乎！天不见耶"？（《汉书·贡禹传》）

公卿列侯"奢侈逸豫，务广第宅，治园池，多畜奴婢，被服绮縠，设钟鼓，备女乐，车服嫁娶葬埋过制"（《汉书·成帝纪》）。汉成帝刘骜的舅父王凤有五个兄弟，都在一日之内封侯，所谓"一日五侯"，即平阿侯王谭、成都侯王商、红阳侯王立、曲阳侯王根、高平侯王逢时。他们都是王莽的叔伯。《资治通鉴》载："王氏五侯争以奢侈相尚。成都侯商尝病，欲避暑，从上借明光宫。后又穿长安城，引内沣水，注第中大陂以行船，立羽盖，张周帷，楫棹越歌。……过曲阳侯第，又见园中土山、渐台，象白虎殿。"奢侈如此。

三、劳动者生活状态

"凡仕者近宫，不仕与耕者近门，工贾近市。"（《管子》）汉长安城内宫殿区占全城面积的三分之二，附近住有皇室族属、达官贵戚、将士卫戍。而手工业劳动者无论是官府的还是私营的，都生活在各类作坊附近。商贾多住在东市、西市、九市一带。耕种田地的农民不须住城内，而是以城外北端及东侧的近郊最为方便。

在农业社会，城市生活的基础仍然取决于农民的生活状态。汉初"接秦之弊，丈夫从军旅，老弱转粮饟，作业剧而财匮，自天子不能具钧驷，而将相或乘牛车，齐民无藏盖"（《史记·平准书》），"民失作业，而大饥馑。凡米石五千，人相食，死者过半。高祖乃令民得卖子，就食蜀汉"（《汉书·食货志上》）。汉武帝时期，"外攘夷狄，内兴功业，海内之士力耕不足粮饷，女子纺绩不足衣服"（《史记·平准书》）。

[①] 1972年，在长沙马王堆发掘出了西汉轪侯利苍夫人辛追之墓。墓中有保存完好的女尸一具，穿着丝锦袍和麻布禅衫，脚蹬青丝履，面盖酱色锦帕，全身外裹18层衣衾，再用9道丝带捆扎。这些丝织品，从质地到做工堪称上乘，但比之江陵马山一号墓的丝织与刺绣工艺，似乎又略逊一筹。发掘于1982年的江陵马山一号墓是战国中期的小型墓，女尸也采用绞衾之制，共出土衣物35件，除麻鞋外，全是丝织品，可分为绢、绨、纱、罗、绮、锦、绦、组八大类，其中刺绣品占了21件（绢20、罗1）。绣线一般用双股合成，投影宽度都在0.1至0.5毫米之间，针法用锁绣，所见绣线的颜色有棕、红棕、深棕、深红、朱红、橘红、浅黄、金黄、土黄、黄绿、绿黄、钴蓝共12种，图案有各式几何、植物、动物和人物纹样。（湖北省荆州地区博物馆：《江陵马山一号楚墓》，文物出版社，1985年）

当然，西汉"文景之治"时期（公元前180～前141年）和"昭宣中兴"时期（公元前87～前48年），国家轻徭薄赋、刑法相对较轻，才使得普通老百姓生活安定，勉强解决温饱。

民以食为天，农业的丰歉直接影响到长安城居民的生活。西汉末年，王莽大折腾，"农商失业，食货俱废"，"坐卖买田宅奴婢"，"缘边大饥，人相食"，"连年久旱，百姓饥穷"，"流民入关者数十万人"，"饥死者十七八"。长安"城中饥馑"，受苦受难的当然是工商业劳动者。（《汉书·王莽传》）

四、富有"时代使命感"的儒士

长安城内学者云集，不论是通过"察举""征召"贤良方正，还是由博士弟子"射策"而来，进入为官行列的，都是些有文有武的俊才。他们生活在京都，接近皇帝，为了巩固西汉王朝，或出谋献策，或驰骋疆场，在在建功立业。贾谊的宣室之谈，令文帝不觉"前席"，一篇《过秦论》旨在提醒"仁义不施而攻守之势异"的道理；晁错为避免地方势力尾大不掉，极力主张削藩，不料自己却被削了脑袋！汉赋高手司马相如出使西南夷，成为文学巨匠之外的又一"安边功臣"；尽管东方朔没有显赫的功业，但常伴武帝身边，谏诤之言终有影响。

在西汉生活的知识分子中，影响政治走向的莫过于董仲舒。他"独尊儒术，罢黜百家"的主张，把儒学扶上正统地位，影响中国两千多年。

司马谈、司马迁父子相继为太史令，都长期生活在长安。司马迁受刑亦在长安，最终以"究天人之际，通古今之变，成一家之言"的史识写出了我国第一部纪传体通史《史记》，被公认是我国史书的典范，为后来历代正史所传承。鲁迅称赞《史记》是"史家之绝唱，无韵之离骚"。

刘向生不逢时，西汉国运衰落正走下坡路。宦官弘恭、石显当权，外戚许氏、史氏干政，排斥正直大臣萧望之、周堪。于是，刘向上书，劝汉元帝用贤臣、远小人，但未受到重视。汉成帝贪恋女色，放纵赵飞燕姊妹胡行，干的唯一一件好事，就是命刘向领校皇家藏书。自武帝广开献书之路，经过百年，藏书众多，刘向到死也未完成整理。刘歆继承父业，完成群书的校订，总成《七略》，成为中国最早的目录学著作。

后王莽篡权，刘歆卷入政治旋涡，两儿一女被杀。

第二节
学术氛围

一、图书的收藏与整理

汉高祖刘邦进入秦都咸阳，萧何首先收取丞相府的地图户籍、文书与档案资料，加以妥善保管。

汉惠帝四年（公元前191年），解除了"挟书律"，使民间收藏的大批图书归于政府。

汉武帝"建藏书之策，置写书之官，下及诸子传说，皆充秘府"（《汉书·艺文志》）。

汉成帝又"使谒者陈群求遗书于天下"，诏由光禄大夫刘向、步兵校尉任宏、太史令尹咸、侍医李柱国校书，完成《别录》一书。刘向之子刘歆在《别录》的基础上，著为《七略》，这是我国第一部综合性的系统反映国家藏书的分类目录，并首创图书分类法。秦末散佚的图书被发掘整理出来，汇聚在长安的书籍有596家，计13269卷。

汉中央政府和皇室都有自己的图书馆，所谓"外则有太常、太史、博士之藏，内则有延阁、广内、秘室之府"（《汉书·艺文志》注引《七略》）。另外，载入史册的长安藏书之处，尚有石渠、天禄、兰台（御史中丞的所在）等阁。当时的汉都长安堪称全国的藏书中心。

二、学者著书立说

在汉都长安先后聚集了一大批学者，他们从经世济用出发，完成了从文学、哲学、史学到天文学的顶峰之作，给后世留下了丰厚的文化遗产。

司马迁，左冯翊夏阳（今陕西韩城市）人，继承父亲职务任太史令，阅尽长安石室金匮里的藏书，加之亲历考察，隐忍个人的不幸与羞辱，以顽强的毅力写出了我国第一部纪传体通史《史记》（见图14-1）。全书包括本纪12篇、表10篇、书8篇、世家30篇、列传70篇，计130篇，共52万多字，叙述了从黄帝到汉武帝太初、天汉年间3000多年的历史，叙事略于先秦、详于秦汉，对后世史学与文学有深远影响。

图14-1 《史记》

汉武帝立五经博士，儒学成了官学，但也拉开了今文经同古文经争论的序幕。今文经学的春秋公羊学派以董仲舒为代表，以唯心主义的"阴阳五德终始"说为武器，杂糅了大量的谶（假托神仙，用预言以决吉凶，可分为图谶和符谶两类）纬（相对于"经"而言，以迷信方术、预言附会儒家经典），解释儒家经典，建立了一套以"天人感应"为核心的神学体系，为当权的统治阶级服务。

古文经学的开创者刘歆在整理国家图书馆的藏书时，发现了《春秋左氏传》等一大批古文经典，了解到这些古文经在民间的传授情况，建议立学官，却遭到今文经学博士们的激烈反对。王莽执政后立古文经博士，刘歆任国师，成为王莽托古改制、谋权篡位的帮手。

针对董仲舒一派的说教，扬雄效法《论语》，著有《法言》，语言平易近人，给公羊今文经学家之言、谶纬之学及巫史以无情的批判，表现出无神论者的品行。但他模仿《周易》所作的《太玄》，却建立了一个神秘主义的哲学体系。

长安学术气氛固然浓厚，但在汉武帝"罢黜百家、独尊儒术"之后，不再是百花齐放、百家争鸣的盛况。战国时期许多重要学派的研究已是无人问津。虽然当时著述较多，但多属烦琐考证或迷信附会之作，大大降低了生气和科学性。

三、汉赋大盛

长安为赋的兴盛与繁荣提供了平台，待诏金马门的文学之士甚多，像司马相如、贾谊、枚乘、王褒、扬雄等人都是一代辞赋大家，其作品规模巨大、结构恢宏、气势磅礴、语汇华丽，成为汉代文学的代表。如汉赋的代表作家和赋论大师司马相如有《子虚赋》《上林赋》《大人赋》等名篇，其《上林赋》辞藻华美，把汉都长安博大繁盛的气象、皇家园林的广阔和物产的丰饶呈现在人们面前。《汉书·艺文志》著录"司马相如赋二十九篇"，现存的只有《子虚赋》《天子游猎赋》《大人赋》《长门赋》《美人赋》《哀秦二世赋》6篇。另外，《梨赋》《鱼葅赋》《梓山赋》3篇仅存篇名。

扬雄的《甘泉赋》《河东赋》《羽猎赋》《长杨赋》诸赋也具有较强的针对性。

四、最高学府——太学

汉武帝即位初，董仲舒上书建议立太学，强调说"太学者，贤士之所关也，教化之本原也"，建议"兴太学，置明师，以养天下之士，数考问以尽其材，则英俊宜可得矣"（《汉书·董仲舒传》）。但因窦太后不喜欢儒学，武帝深感不便。过了五年，即建元五年（公元前136年），窦太后去世，武帝罢黜百家，独置《诗》《书》《易》《礼》《春秋》五经博士。公孙弘被任命为学官，他主张"自京师始，由内及外"设立"官学"的建议也得到了采纳。（《史记·儒林列传》）

设立太学，教授五经，正式开始了西汉的官学教育。学生要年满18岁，主要是由太常选拔及各郡国地方官府推荐而来。

太学初立时，每年仅招收博士弟子50人，之后不断增加。昭帝时"员满百人"，宣帝时"增倍之"（200人），元帝时"设员千人"。至成帝末年，为向孔子养徒看齐，弟子员额竟达到3000人，但终因财政问题，一年后又恢复到千人之数。王莽任宰衡时，在城南上林苑中为太学起市郭，建太学弟子宿舍"万区"，就读的学生有万人以上，其中千人是享受免除徭役待遇的计划内学生，余为计划外的特别生和自费生。这些来自全国各地的莘莘学子，在长安接受了良好的教育，不仅推动了儒学的繁荣，同时也为国家培养了有用人才，特别是对改变各地的文化面貌起到了积极的作用。例如，蜀郡太守文翁曾遣送10余名学生来长安求学，他们学成后回到本地，被任命重要官职，使蜀地"大化"。（《汉书·循吏传》）

据《汉书·儒林传》记载："自武帝立五经博士，开弟子员，设科射策，劝以官禄，讫于元始，百有余年，传业者浸盛，支叶蕃滋，一经说至百余万言，大师众至千余人。"太学之设也为学习成绩优异的贫家子弟打开了入仕之门。像武帝时的御史大夫倪宽、宣帝时历任少府和宰相的萧望之、元帝时的丞相匡衡、成帝时的丞相翟方进等著名大臣，他们虽然都出身寒门，但通过太学学习、研究经学都得以重用。

汉太学在长安南郊的明堂西南，建有博士官寺、博士舍区，还设有槐市。除在槐市讨论学术问题外，逢每月的初一、十五，各地来的学生还"各持其郡所出货物及经书传记"在此以物易物。（《太平御览》引《三辅黄图》）

五、天文仪器与制历成果

汉武帝时建造的建章宫玉堂殿屋顶上"铸铜凤高五尺，饰以黄金栖屋上"（《三辅黄图·汉宫》），下有转枢，向风若翔。这个随风转向的铜凤，可以说是我国最早的风向仪。

灵台之上也有类似的仪器。据载，汉长安城安门东南7里有辟雍，在辟雍北300步即是汉代的天文台——灵台（初名"清台"，后改"灵台"，也称"清灵台""清泠台"）。台上有相风铜鸟"遇风乃动"，是用来测风向的。还有太初四年（公元前101年）铸造的铜表，"高八尺，长一丈三尺，广尺二寸"（《述征记》）。这件铜制的仪器——圭表，换算成今日的公制，直立的"表"高1.848米，平卧的底座长3米，宽约0.27米。用铜表测量一年之内的日影投射在圭上的长度变化，就可以确定二十四节气。

汉长安集中了优秀的学者，又有着丰富的藏书，还有政府支持下的良好设备，为学术研究创造了充足的条件。武帝时，针对汉初沿用的颛顼历往往出现"朔晦月见，弦望满亏，多非是"的情况，便诏大中大夫公孙卿与壶遂、太史令司马迁、侍郎尊大、典星射姓等人"议造汉历"，又征募民间天文学者唐都、落下闳等20余人，汇集长安，经过反复实测和推算，先后提出18种新历草案，再经多次辩论，验证晦朔弦望，以邓平所造的"八十一分律历"最为严密，从而形成著名的《太初历》。（《汉书·律历志》）

第三节
长安的城市娱乐与文体活动

一、歌与舞

秦汉时期，上自皇帝、士大夫，下到平民百姓，多半能歌善舞。先作歌词，谱之以曲，后入舞，或即兴歌之舞之，娴熟异常。通过歌舞表达喜怒哀乐，也是对当时社会开放、思想无缚的反映。

汉高祖刘邦尽管文化程度不高，但仍能即兴作歌。他称帝后，于高祖十二年（公元前195年）冬天回到故乡沛县，同父老子弟饮酒，一时兴起，击筑自歌："大风起兮云飞扬，威加海内兮归故乡。安得猛士兮守四方！"令沛中120个小儿和唱。歌毕起舞，慷慨伤怀，泣数行下。这首《大风歌》在汉长安城与宫廷内广为传扬。在宫中，刘邦拥宠妃戚夫人"鼓瑟击筑""倚瑟而弦歌"，夫人"善为翘袖折腰之舞，歌《出塞》《入塞》《望归》之曲"。侍婢数百人跟着练习，竟是"后宫齐首高唱，声入云霄"。（《西京杂记》）汉初，刘邦曾打算废太子刘盈，欲立戚夫人子如意。由于吕后听从张良之谋，请来"商山四皓"辅佐，使废立之事无果。刘邦在劝慰中令戚夫人舞楚舞，自己歌唱道："鸿鹄高飞，一举千里。羽翮已就，横绝四海。横绝四海，当可奈何！虽有矰缴，尚安所施！"歌数阕，以歌以舞借作讽劝，两人感伤而罢。（《史记·留侯世家》）

汉文帝亦能歌词脱口而出，随意而舞。文帝至霸陵，指着新丰道对慎夫人说"此走邯郸道也"，勾起慎夫人对故乡的怀念之情，遂"鼓瑟，上自倚瑟而歌"。（《汉书·张释之传》）

汉与乌孙和亲，江都王刘建之女细君以公主身份远嫁乌孙昆莫，虽贵为右夫人，但语言不通、生活不惯，又是老夫少妇的"老少配"。她悲愁作歌道："吾家嫁我兮天一方，远托异国兮乌孙王。穹庐为室兮旃为墙，以肉为食兮酪为浆。居常土思兮心内伤，愿为黄鹄兮归故乡。"汉武帝闻而怜之，派使者送去帷帐锦绣以安慰。

长安百姓看到尹赏收捕奸猾、杀人无数，就随口唱出："安所求子死？桓东少年场。生时谅不谨，枯骨后何葬？"（《汉书·酷吏传》）

成帝时，长安民谣有"燕燕（指赵飞燕）尾涎涎，张公子（指成帝），时相见。木门仓琅根，燕飞来，啄皇孙（指赵飞燕害死宫女曹宫、原皇后许美人所生皇子），皇孙死，燕啄矢（屎，谐音）"（《汉书·五行志》）；百姓讽刺王凤五兄弟奢侈过度，大治宅第，竟决毁长安城西高都水入城，土山渐台也仿效天子制度，就传唱："五侯初起，曲阳最怒，坏决高都，连竟外杜，土山渐台西白虎。"（《汉书·元后传》）

"赵、代、秦、楚之讴"也是地方性音乐。著名乐工李延年出身于乐工世家，侍奉汉武帝时，唱出"北方有佳人，绝世而独立。一顾倾人城，再顾倾人国。宁不知倾城与倾国，佳人难再得"。平阳公主告知武帝北方佳人就是李延年之妹。武帝召见，果然"妙丽善舞"，宠幸而为李夫人。（《汉书·外戚传》）

二、庙堂音乐

不同场合，如庙堂、宫廷、军旅，所奏之乐有所区别。如《安世房中歌》虽为汉高祖妃唐山夫人所作，却是用于宗庙祭祀的乐章。

宗庙祭祀时，除了音乐还有舞蹈，像《武德》《文始》《四时》《五行》等，都是固定的舞式。

三、文体项目

汉长安城内的娱乐活动也是相当丰富的。除了乐舞外，击剑、围棋、六博、走马、斗鸡、弹丸、投壶、投石、超距、射覆、角抵、蹴鞠、秋千以及隐语等都是常见的项目，从长安朝野到市民百姓，广受欢迎。

角抵类似于今日的摔跤,古书或写作"角觚"。因为像两头牛以角相顶,所以也称"觳抵"。这是春秋战国时期兴起的一种军事体育项目,秦代变为娱乐活动,汉代更加普及,唐代称为"相扑"并传到了日本。元封三年(公元前108年)春"作角抵戏,三百里内皆来观",在《汉书·武帝纪》中做这样的记载,既反映了角抵戏规模宏大的实况,又反映了汉武帝想把这一健身活动推向社会的思想。宣帝元康二年(公元前64年),乌孙使者来到长安,"天子自临平乐观,会匈奴使者、外国君长大角抵,设乐而遣之"(《汉书·乌孙传》)。角抵成了招待外宾的娱乐项目。同角抵相仿,却更具群众性的抗衡活动莫过于蹴鞠。蹴鞠也叫"踢鞠""蹙鞠",其所蹴之"鞠"实际是个用皮革缝制、内有絮物的"足球"。窦太后的宠臣董偃爱蹴鞠,竟把各郡国的蹴鞠高手拢到自己的门下,还常同汉武帝去北宫、平乐观观看斗鸡和蹴鞠。汉成帝更有蹴鞠的嗜好,但群臣认为蹴鞠太伤体力,因为文帝时阪里人项处带病蹴鞠,致使呕血而死,所以谏言:"非至尊所宜。"但得到的答复是:"朕好之,可择似而不劳者奏之。"后来"家君作弹棋以献"。(《西京杂记》)

弹棋有似今天双方玩的弹球,但毕竟是宫廷游戏,并没有形成社会风气。

弹丸与弹棋虽都是"弹",但二者并不相同。弹棋是两人先"张局陈棋",即在石局上各有6枚棋子,黑白不同色,双方互弹对方之子以取胜;而弹丸是用弹弓射出丸子击中目的物。《西京杂记》记载:"韩嫣好弹,常以金为丸,所失者日有十余。长安为之语曰:'苦饥寒,逐金丸。'京师儿童每闻嫣出弹,辄随之,望丸之所落,辄拾焉。"穷人饥寒交迫,富豪却射金丸示奢。

任何竞技类的游戏都可以成为赌博的工具。汉都长安把投箸、投瓷(掷骰子)以及一些棋类游戏发展成极为完备的博戏活动。上自宫廷百官,下到民间巷里,对投箸和投瓷无不迷恋。汉文帝、景帝、武帝、昭帝和宣帝,无不精通此道。景帝做太子时,玩六博,为争棋路,竟用博盘打死了吴太子。江都王女嫁乌孙昆莫时,武帝"赠送甚盛",据说其中就有博具。哀帝建平四年(公元前3年),"京师郡国民,聚会里巷仟(阡)佰(陌),设张博具,歌舞祠西王母"(《汉书·五行志》),说的是汉末时局不稳,人心惶惶,以为神仙也喜欢博戏,故而祭祀时也"设张博具"。长沙马王堆三号汉墓也出土过一套完整的博具。

四、乐舞的管理与采编

汉中央政府设立乐舞的管理机构，使乐舞提升到更高的层次。太常的属官有太乐令、丞，少府的属官有乐府令、丞，武帝还设置了协律都尉。过去误认为汉武帝"始置乐府"，直至在秦始皇陵园发现铭刻"乐府"二字的铜编钟，人们才明白乐府至少在秦代已经设立。

汉武帝时"采诗夜诵，有赵、代、秦、楚之讴"，即由乐府广泛搜集民间诗歌，经过编制，或供宗庙，或成乐府诗。据载，西汉时期从各地采集的民歌有138首，其中既有歌与舞结合的民间歌词，也有由少数民族和域外传入的"鼓吹曲""横吹曲"。（《汉书·礼乐志》）

乐府中的乐工、女乐人数众多，是一支庞大的队伍。哀帝时，宫廷的乐人竟达到829人。除了宫廷之外，一般官僚贵族和豪强巨富的私家乐舞人员也有数十人之多。（《汉书·贡禹传》）

第四节 表演艺术

一、百戏的延续

古代把音乐、舞蹈、演唱、杂技、武术、幻术、滑稽表演等多种技艺的串演统称为"百戏",唐宋以后才将其清楚地区别开来。

百戏起源很早,或说在夏商时期。在春秋战国时期,百戏已相当普遍,《列子·说符篇》已有"跳丸剑"的记载,各国统治者都喜欢倡优助兴,秦昭王曾临朝叹息:"吾闻楚之铁剑利而倡优拙。"(《史记·范雎蔡泽列传》)秦代的百戏进入宫廷,形成规模。秦始皇陵园内就有百戏俑从葬坑的发现。马端临《文献通考·乐考》称:"杂戏盖起于秦。"西汉的百戏技艺得到进一步发展,已很成熟,这在《汉书》及张衡的《西京赋》中多有提及。

二、百戏的内容

(一)杂技

汉长安城内的杂技表演名目繁多,在出土的汉代画像石中多见有生动的刻画,包括鱼龙曼衍(又名"鱼龙曼延")、水人弄蛇(舞蛇)、高绠(履索)、安息五案、唐锑追人(两人走索追逐)、奇虫胡妲(戏弄杂技)、跟挂腹悬、戏车、激水转石、角抵、都卢寻橦(爬竿)、冲狭(钻刀圈)、铦锋(兵器刺体)、吞刀吐火、嗽水作雾、倒立、翻筋斗、柔术、跳丸剑(抛接丸与剑)、耍坛、乌获扛鼎、舞象、舞大雀(鸵鸟)、斗兽、马戏、驯虎、驯象等。(见图14-2、图14-3、图14-4、图14-5)

图14-2 "乌获扛鼎"陶俑(秦始皇陵园)

图14-3 "大力士"陶俑(秦始皇陵园)

图14-4 杂技俑(河南洛阳)

1. 高絙(沂南画像石)　2. 安息五案(汉画像石)　3. 都卢寻橦
4. 反弓丸剑(宜宾石棺画像石)　5. 跳丸　6. 乌获扛鼎(铜山汉墓画像石)

图14-5 杂技百戏

长安的杂技，单人表演个个精彩，而综合性节目更是精妙绝伦。如鱼龙曼延属于大型的杂技与歌舞，汉武帝曾多次观看表演。曼延是传说中的大兽，司马相如《上林赋》郭璞注："蟃蜒，大兽，似狸，长百寻。"汉时仿此演为百戏。张衡《西京赋》描述这个节目的状况是："巨兽百寻，是为曼延。神山崔巍，欻从背见。熊虎升而拿攫，猿狖超而高援。怪兽陆梁，大雀踆踆。白象行孕，垂鼻辚囷。海鳞变而成龙，状蜿蜿以蝹蝹。舍利飑飑，化为仙车。骊驾四鹿，芝盖九葩。蟾蜍与龟，水人弄蛇。"

从以上描述可以看出，化装表演时，曼延背上生出一座神山，熊、虎、猿、狖等动物攀缘搏击。怪兽行走，鸵鸟跳跃，白象垂鼻哺乳，大鱼变龙，奇兽狯狲化为驾有四鹿的仙车，蟾蜍和大龟乐舞，水人表演弄蛇。这一大型的化装表演，有乐舞，有魔术，后代延续而多有变化，很可能是近现代狮子舞、龙灯舞之祖。

长安杂技并没有保持传统节目的原貌，还有外来成分。如安息五案，显系汉武帝"闻天马蒲桃，则通大宛、安息"（《汉书·西域传》）之后传来的节目，噀水作雾也来自西方。《汉官典仪》："作九宾乐，舍利之兽，从西方来，戏于庭，入前殿，激水化成比目鱼，噀水作雾，化成黄龙，长八丈，出水遨戏于庭，炫耀日光。"

（二）魔术（幻术）

《西京赋》有"奇幻倏忽，易貌分形"之句，其变脸的幻术可使男变女、女变男、少变多、多变少，所以名之曰"易貌分形"。

从域外传入的屠人截马魔术，又称为"肢解"，即以幻术表演分解人畜的肢体，再使之复原，场面较为恐怖，演出不广。

（三）戏曲

《西京杂记》中有这样一个故事：东海人黄公，年轻时练过法术，能够制龙御虎。他经常佩带赤金刀，用红绸束发，作起法来能"立兴云雾，坐成山河"。到了老年，气力衰竭，加上饮酒过度，法术失灵。秦朝末年，东海出现白虎，黄公仍想拿赤金刀去镇服它，可是法术不起作用，反被白虎咬死了。三辅人将这个故事编成节目来表演，后来汉朝皇帝把它采入宫廷，作为角抵戏的一个节目。河南南阳有黄公斗虎的画像石出土，可知这故事流传甚广。《东海黄公》不再像一般角抵戏那样，由两个演员上场竞技，以强弱决定输赢，而是根据特定的人物故事演出一段情节。戏里人物的造型、故事的发展、结局的胜负都是预先规定好的，从而突破了古代倡优即兴随意的逗乐与讽刺。虽然它把戏曲表演的几种因素初步融合起来，但不知是否有规定的唱词。不论怎样，毕竟它为戏曲的形成奠定了初步基础，被认为是中国戏剧的发轫之作。

在都城长安的街巷间里还流行木偶戏，称为"舞偶人""傀儡子"。据传，周穆王时的能工巧匠偃师所做的木头人能歌善舞，所以后人称木偶戏为"偃师戏"。西汉最早记载木偶戏用于娱乐的是贾谊的《新书》。他在《新书·匈奴》中说："令妇人傅白墨黑，绣衣而侍其堂者二三十人，或薄或掩，为其胡戏以相饭。上（指汉文帝）使乐府幸假之倡乐，吹箫鼓鞉，倒挈（筋斗）面者（假面具）更进，舞者、蹈者时作，少间击鼓，舞其偶人。"不过，木偶戏在西汉用于丧葬，东汉之后才转向喜庆之乐。

另外，说唱在汉代也是一种表演艺术。四川出土的说唱艺人俑，一手执桴，一手抱鼓，满脸堆笑，手舞足蹈，显然是在说唱中间还带有动作，极为生动传神。（见图14-6、图14-7）

图14-6　说唱俑（四川天回山）　　图14-7　说唱俑（四川郫都区）

三、舞蹈

汉代舞蹈中最具活力且带有普遍性的莫过于七盘舞（见图14-8、图14-9）、巾舞和剑舞。张衡《西京赋》中的"振朱屣于盘樽"，《舞赋》中的"历七盘而纵蹑"，指的都是七盘舞。在各地出土的画像砖和画像石上，多有这一图像。舞者长袖舒展，在覆盘或鼓上"若俯若仰，若来若往"，"体如游龙，袖如素蜺"，表现了身

图 14-8　七盘舞画像石像（山东沂南）

图 14-9　七盘舞壁画（山东东平汉墓）

体的曲线美与舞姿的变幻美。巴渝舞本是巴蜀的地方舞蹈，在楚汉之争中，骁勇又善舞的賨人加入刘邦的队伍中，为先锋，度陈仓，定三秦，立下赫赫战功。汉立都长安后，刘邦把賨人的舞蹈引入宫中。在乐府乐工的编制中，就有巴渝鼓员36人。该舞雄武，又以鼓伴奏，铿锵有力，极富武功的表现力。（见图14-10、图14-11、图14-12）

图 14-10　缀袖画像砖像（河南南阳）　　图 14-11　长袖舞画像石像（陕北绥德）

图 14-12　盘鼓舞画像砖像（四川彭州）

第五节
违法犯禁

汉长安城内的一些宿豪大猾凭借着经济实力，拉帮结伙，欺行霸市，成为危害社会的流氓集团。东市的贾万、城西的萭章同剪刀专卖商张禁、酒商赵放、杜陵的杨章蓄养一批打手，"上干王法，下乱吏治，并兼役使，侵渔小民"，被斥为"百姓豺狼"。他们横行无忌20年，没人能制服。（《汉书·王尊传》）

盗墓向来被认为是违反道德规范的行为，也为法律所不许。司马迁说："掘冢，奸事也。"（《史记·货殖列传》）班固斥责为"伤化败俗，大乱之道"（《汉书·货殖传》）。当楚汉战争结束，汉代秦而立，刘邦即诏令对秦始皇陵安排了"守冢二十家"。这一措施既彰显了他宽大仁厚的品性，也表明汉政府对前人墓葬的保护态度。

但是，平毁、盗发墓葬的活动在汉都长安一直层出不穷。凭借权力平毁平民冢墓的，正是汉家开国之君的子孙们。据《汉书·楚元王传》载：汉成帝为营建昌陵，竟"增埤为高，积土为山，发民坟墓，积以万数"。此话不虚，还有旁证。《汉书·谷永传》记载：汉成帝"改作昌陵，反天地之性，因下为高，积土为山，发徒起邑，并治宫馆，大兴繇役，重增赋敛，征〔发〕如雨，役百乾溪，费疑骊山，靡敝天下，五年不成而后反故。又广盱营表，发人家墓，断截骸骨，暴扬尸柩。百姓财竭力尽，愁恨感天"。这里"五年不成而后反故"，是指废弃昌陵后又返回再建延陵的事。建始元年（公元前32年），汉成帝已经"以渭城延陵亭部为初陵"。鸿嘉元年（公元前20年）又改作昌陵，"以新丰戏乡为昌陵县，奉初陵"。过了五年，即永始元年（公元前16年），终由"卒徒蒙辜，死者连属，百姓罢极，天下匮竭"而废昌陵还延陵。从这一过程看，谷永所说"发人冢墓"是指返回延陵以后的事。汉成帝在营建昌陵、延陵时，两次大规模地平毁百姓的墓葬,"伤化败俗",犯了"大乱之道",其结果是把汉家天下推向败亡的深渊。今西安东郊铜人原上的八角琉璃井,张口向天,似乎在诉说毁人冢又自毁的因果报应。

西汉末年,政治昏乱,外戚王莽篡位。农民起义,三辅震动。当反莽大军逼近长安之际,王莽想用城中的囚徒抵挡。但是这支临时编制的队伍早就有家败人亡的仇恨情绪,所以刚过渭桥就哗变了,接着"众兵发掘(王)莽妻子父祖冢,烧其棺椁及九庙、明堂、辟雍,火照城中"(《汉书·王莽传》)。

新莽政权覆灭,赤眉军同更始军在关中反复交战,"长安为虚,城中无人行"。赤眉军退出长安之后,面对窘境,对汉室的"宗庙园陵皆发掘,唯霸陵、杜陵完"。(《汉书·王莽传》)在复仇情绪下,这些农民军除"发掘诸陵,取其宝货"外,还"污辱吕后尸,……有玉匣殓者……赤眉得多行淫秽"。(《后汉书·刘盆子传》)

不论怎样,在西汉时期的长安,公开平毁百姓墓冢与暗地盗挖古墓的事情确凿不疑。至于"盗发孝文园瘗钱"(《汉书·张汤传》),那是在陵园,还不是墓葬,算不上盗墓,只能看作一般性偷盗案件。至于"三秦人尹桓、解武等数千家,盗发汉霸、杜二陵,多获珍宝"(《晋书·索綝传》),则发生在魏晋时期。

第十五章 长安城外的离宫别馆

汉都长安城内与上林苑中建有大量的宫殿楼阁台观，在长安城外及远郊也修筑了众多的离宫别馆。《三辅黄图》载："汉畿内千里，并京兆治之，内外宫馆一百四十五所。班固《西都赋》云：'前乘秦岭，后越九嵕，东薄河、华，西涉岐、雍，宫馆所历，百有余区。'秦离宫三百，汉武帝往往修治之。"

第一节
近郊的宫观

一、长门宫

长门宫原是汉武帝为姑母馆陶长公主（即窦太主）修建的园林（长门园），后来窦太主又把长门园献给了武帝，于是更名为"长门宫"。《汉书·东方朔传》如淳注曰："窦太主园在长门。长门在长安城东南。"浐水古代又称"长水"，《水经注·渭水》："霸水又北，长水注之。"虽然宫名"长门宫"，但并不在长门，而且汉长安城并没有长门，很可能是长水（浐水）注灞之处才称"长门"。地当今西安市未央区浐灞生态区西侧的上水腰与赵村之间。至于《三辅黄图》说"长门宫，离宫，在长安城"，显然是脱字所致。

二、芷阳宫

秦穆公在霸水旁建宫称为"霸宫"，秦昭王对霸宫做了修葺、扩建，改名"芷阳宫"，并设置了芷阳县。汉于此地置霸陵县，王莽时期又改霸陵县为水章县，县治未变，其故址与秦昭王的芷阳县应为一地。

据考古调查，秦芷阳宫可能在今临潼区韩峪乡油王村一带。1982年，考古工作者在油王村南发现古建筑一座，夯土基址南北长29米，残宽3米，清理出一座长方形水池，池底出土的一陶罐残片上有阴文模印"芷"字。池西有一可能用于贮存食物的地下室，在一陶罐肩上刻有一"芷"字。芷，系"芷阳"之省文，当是芷阳制陶作坊的产品。同时，该遗址还出土了10多件动物纹、植物纹、云纹瓦当，都是很典型的战国晚期瓦当。从发掘出土的"长生无极""长乐未央"瓦当和其他建筑遗物可以断定，这一建筑遗址应是秦汉芷阳宫的一部分。[1]《太平寰宇记》："霸岸在通化门东三十里，秦襄王葬

---

[1] 张海云：《芷阳遗址调查简报》，载《文博》1985年第3期。

于坂，谓之霸上。"《读史方舆纪要》称秦芷阳宫在西安"府东三十里"。虽然"霸上""霸岸"的地域范围还有值得商榷之处，但通过芷阳陶文出土地和秦芷阳陵区的位置可以确认，秦芷阳县、芷阳宫及汉霸陵县、芷阳宫大致就坐落在韩峪乡油王村一带的灞河东、骊山西麓的芷阳坂（又称"铜人原"）上。这里距唐代兴庆宫东的通化门及清代西安城东关约30里，文献记载与文物遗迹是吻合的。

三、兰池宫

兰池宫是秦都咸阳东郊一处风景秀丽的宫殿。《元和郡县图志》说"秦兰池宫，在（咸阳）县东二十五里"。唐咸阳县城在今咸阳市东北摆旗寨，按其方位、里程，兰池宫应在今咸阳市渭城区正阳镇杨家湾附近。据考古调查，今杨家湾是个簸箕形的大湾，北、西、东三面有高约5米的岸畔，唯南面平坦开阔直达渭河滩地。20世纪50年代，这里平整土地时，发现淤泥甚厚。1987年渭河热电厂二期工程扩建，经钻探知秦汉以来的堆积层很厚，浅处30米可见生土，深处约70米。这应是秦兰池遗址。此外，在与杨家湾为邻的柏家嘴西原边还有一处高地，探出六处大片夯土遗迹，采集到大量秦宫遗址中常见的空心砖、铺地砖、瓦当、陶片及红烧土等。因此地恰在秦兰池西岸，当系因池而造的兰池宫之所在。兰池宫在秦末遭到焚毁。《史记·孝景本纪》载：景帝六年（公元前151年）曾"伐驰道树，殖兰池"。徐广曰："殖"一作"填"。可见秦驰道废弃、兰池湮塞，兰池宫也成废墟。后因汉周勃、周亚夫父子葬于兰池之北，遂将秦兰池改名为"周氏陂""周氏曲""周曲"。潘岳《西征赋》中有"兰池周曲"之句，这同今杨家湾的弯曲地形是一致的。

约在西汉武帝时期，于兰池之旁另筑新宫。汉武帝欲令杨仆讨伐东越，而杨仆"受诏不至兰池宫"，受到汉武帝斥责。（《汉书·酷吏传》）秦兰池宫在西，汉兰池宫则在南。名称依旧，地非同处。《文选·西征赋》李善注引《长安图》云："周氏曲，咸阳县南三十里，今名周氏陂，陂南一里，汉有兰池宫。"宋敏求《长安志》所言也与《长安图》相同。《秦汉瓦当文字》收有"兰池宫当"（见图15-1），陈直先生定为"汉物"，应是汉兰池宫的建筑用瓦。

图15-1 "兰池宫当"瓦当拓片
（窑店采集）

第二节
远郊的宫观

一、栎阳宫

栎阳宫是秦献公时建造的，直到西汉初年还在使用。《三辅黄图》："高祖都长安，未有宫室，居栎阳宫也。"即使汉高祖到了汉长安城之后，还要"五日一朝太公于栎阳宫"。太上皇习惯住在栎阳宫，直至"崩栎阳宫"。（《史记·高祖本纪》）

《括地志》："秦栎阳宫，在雍州栎阳县北三十五里。"秦栎阳城在今西安市阎良区武屯镇东北关庄、御宝村一带，栎阳宫当在城址内。汉太上皇万年陵在区北部的荆原上。

二、步高宫

《小校经阁金文》载有"步高宫行镫"，说明秦有步高宫。《三辅黄图》："步高宫，在新丰县，亦名市丘城。"《水经注·渭水》："首水（有本作酋水）南出倒虎山，西总五水，单流径秦步高宫东，世名市丘城。历新丰原东，而北径步寿宫西，又北入渭。"首水，据《水经注通检今释》，即今渭南市临渭区南的沈河。

步高宫遗址位于古首水两支流汇合的原上，即张胡村东北的夯土台基。（见图15-2）

三、步寿宫

秦汉两代都有步寿宫，但不在一地。秦步寿宫在渭南市临渭区，而汉步寿宫在今铜川市耀州区北。

据《三辅黄图》记载："宣帝神爵二年（公元前60年），凤凰集祋祤县，凤凰集

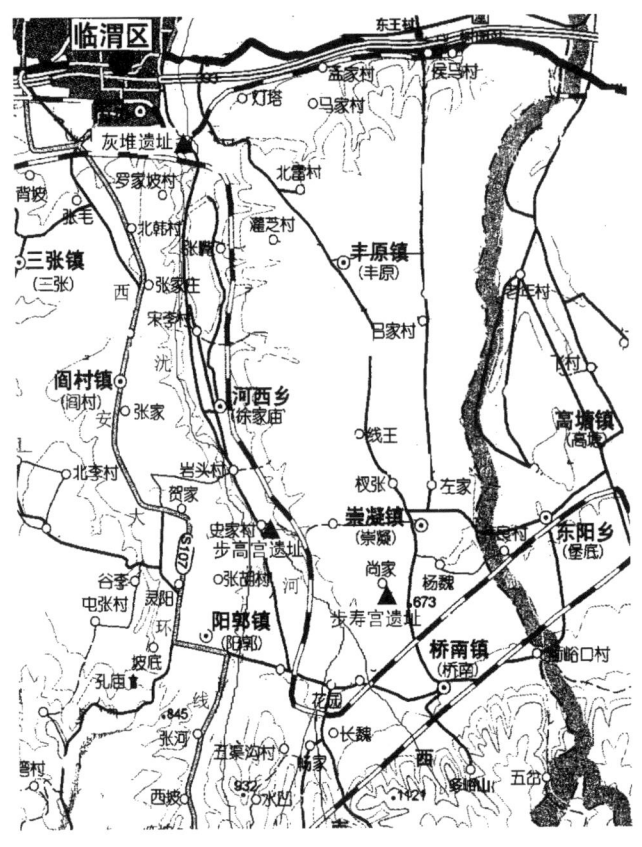

图 15-2 秦步高宫与步寿宫位置图

处得宝，乃起步寿宫。"《汉书·郊祀志》也有相同的文字。衙祤县为西汉景帝二年（公元前155年）设置，今耀州城北一里许的北原名步寿原，东端当汉步寿宫的所在地。

四、集灵宫

《汉书·地理志》载"集灵宫，武帝起"，是为了祭祀五岳之一的华山而建的，时在元光初年。据《三辅黄图》，宫址"在华阴县界"。《西岳华山庙碑》："孝武皇帝修封禅之礼，思登遐之道，巡省五岳，礼祀丰备。故立宫其下，宫曰集灵宫，殿曰存仙殿，门曰望仙门。"另外，在《三辅黄图》中还记有存神殿、望仙台、望仙观等名称，可见这是一处离宫建筑群。《陕西名胜古迹》载：集灵宫"原来在岳镇东的黄神谷。……魏文帝黄初间，迁于华岳镇官道北，即现在的地方（华阴市城东2.5公里的西岳庙）"。黄神谷在华阴市华山镇东约3公里处，当秦汉时期上华山的谷口，在北面的坡地上仍有集灵宫遗址的存留。

五、池阳宫

汉池阳宫因秦池阳县而得名，《小校经阁金文》有"池阳宫灯"，铭作"甘露四年造"。秦池阳县在楚汉之际废，汉惠帝四年（公元前191年）复设。《元和郡县图志》说："故城在今县（隋唐泾阳县）西北二里，以其地在池水之阳，故曰池阳。"但《三辅黄图》说："池阳宫，在池阳南上原之阪，有长平阪，去长安五十里。"据《汉书·

宣帝纪》载：神爵三年（公元前59年）春"上自甘泉宿池阳宫。上登长平阪，……上登渭桥"，这是汉宣帝自甘泉宫归来，由北而南经过的几个地方，即甘泉宫—池阳宫—长平阪—渭桥。可见池阳宫不在长平阪上，所以《元和郡县图志》说法可靠而《三辅黄图》说法有误。

六、甘泉宫

秦汉两朝都有甘泉宫。秦之甘泉宫有二：一在渭河南，又名"南宫"；一在今陕西乾县东北注泔镇的南孔头村。西汉甘泉宫在今淳化县北，这里原有秦的林光宫，武帝建元中（公元前140—前135年）于林光宫旁起宫，名曰"甘泉宫"。（《汉书·郊祀志》颜师古注）甘泉宫既是汉武帝避暑、处理朝政的离宫，也是建有圜丘以祭天的圣地。因地处秦汉的云阳县，所以甘泉宫又被称作"云阳宫"。甘泉宫的范围不停地扩大，竟把同时还继续利用着的林光宫也包括了进去。也正因汉甘泉宫是对秦林光宫的增修、改造与扩展，所以有史书直接称其为"甘泉上林宫"。事实上，在遗址中也常常有"甘林"文字瓦当出土。

经考古勘查，在今淳化县北25公里的凉武帝村、董家村和城前头村之间有故城遗迹，东西长1948米，南北宽890米，周长5668米。城墙残高5米，宽7~8米。城外东侧有两个夯土台基，东西相距70余米，高约16米，底围202米，多有秦汉时期砖瓦，当是通天台（东）和通灵台（西）遗址。《括地志》有"云阳城在雍州云阳县西八十里，秦始皇甘泉宫在焉"的记载，说明林光宫、甘泉宫就在云阳县城之内。在云阳故城遗址出土的文物相当丰富，除了夯土台西南地面上现存有石鼓、石熊之外，建筑材料见有铺地砖、空心砖、条砖、子母砖、画像砖、板瓦、筒瓦。董家村附近出土有蟾蜍玉兔纹及龟、蛇、雁、鹿等动物纹瓦当，是典型的秦代图像瓦当。云纹瓦当的装饰性也很强，图案变化多，共计40余种。凉武帝村一带出土的文字瓦当有"甘林""上林""长生未央""千秋万岁""长毋相忘""富贵□□""卫"等。（见图15-3）另外，淳化县收藏瓦当400余件，鲜见的文字瓦当有"益延寿""宜富贵当千金"等。[①]

作为离宫别馆的秦林光宫和汉甘泉宫都是群体建筑。据《三辅黄图》载，著名的汉

[①] 王学理：《咸阳帝都记》，三秦出版社，1999年。

代宫观建筑除甘泉宫主体建筑——甘泉前殿之外，还有高光宫、长定宫、竹宫、棠梨宫、通天台、通灵台、迎风馆、露寒馆、储胥馆、彷徨观、鳷鹊观、封峦观、仙

图15-3 甘泉宫文字瓦当拓片

人观、石阙观等。由于秦林光宫规模小，到汉代已经同汉宫融为一体。甘泉宫宫区的范围也在不断扩大，《关中记》说："林光宫，一曰甘泉宫，秦所造。在今池阳县西北，故甘泉县甘泉山上，周回十余里。汉武帝建元中增广之，周回十九里一百二十步。有宫十二，台十一。"众多主体的、附属的宫殿建筑散布在广阔的山野之中，形成了甘泉苑。

供皇帝游猎的甘泉苑，按陈直先生的意见也可以称作"甘泉上林苑"。其范围据《三辅黄图》载："缘山谷行，至云阳三百八十一里，西入扶风，凡周回五百四十里。苑中起宫殿台阁百余所。"既然《三辅黄图》说甘泉宫"去长安三百里，望见长安城"，而云阳城在长安城去往甘泉宫的中途，怎么距离反而大了呢？《元和郡县图志》说"汉之甘泉宫，在〔云阳〕县西北八十里甘泉山上"，可见甘泉苑"至云阳三百八十一里"的记载是错的，可能误入"三百"二字。另外，因为扶风远在淳化县北甘泉宫的西南，所以"西入扶风"一语应理解为甘泉苑西界已入三辅之一的"右扶风"地界，如永寿。而北界筑有守卫门户的石关，当今北面的旬邑县石门关遗址，其地形险峻，两侧悬崖壁立，山口仅宽百米，正是秦直道通过的地方。

七、棠梨宫

《三辅黄图》说棠梨宫"在甘泉苑垣外云阳南三十里"。秦汉云阳县在今淳化县北25公里的凉武帝村、董家村和城前头村之间，有故城遗迹。而甘泉苑北至石关，南到车箱阪（又名"长岭阪"，"缘山谷行"），西到右扶风地界（"西入扶风"），不可能在这一范围筑垣墙。所以，《三辅黄图》还是把棠梨宫列在甘泉宫这一群体建筑之内，位置当汉云阳故城南30里。

八、扶荔宫

1960年，陕西省文管会王玉清等人在今韩城市南芝川镇南门外约300米的韩渭公路东侧台地上发现了一处建筑遗址。遗址北临芝水，东有澽水，东西长约200米，南北宽约300米。遗址四周断面都有汉代板瓦、筒瓦或晚期瓦片的暴露，东面最多，群众称这里为瓦子坡。东北角暴露出一个陶质圆形地下水道，遗址上还发现云纹瓦当、素面半圆瓦当。见有"宫""船室""与天无极"等带字瓦当。在一薄方砖上，有模压的"夏阳扶荔宫令辟与天地无极"篆书12字（见图15-4）。①

图15-4 扶荔宫砖文

砖文中的"夏阳"即汉的夏阳县，也就是今之韩城市。那么，夏阳扶荔宫（旧称挟荔宫）属于西汉离宫之一，当是汉代皇帝过黄河去后土祠祭祀驻跸的必经地。《汉书·武帝纪》："（元鼎）四年冬十月，……行自夏阳，东幸汾阴。"据知，汉代皇帝多次到黄河东岸祭祀后土，计武帝5次，宣帝2次，元帝3次，成帝5次。他们应该都是从夏阳扶荔宫出发东渡黄河的。

九、成山宫

成山宫遗址位于眉县城西南7.5公里的第五村，于1981年第二次文物普查时发现，2000年再次调查与试掘。材料显示，这是一处建于战国秦、沿用至汉代的离宫遗址。

成山宫处于巍巍太白山与滔滔渭水之间，西临斜水，与岐山五丈原隔河相对，东依台塬，地势舒缓，北有西（安）宝（鸡）公路的南线东西穿过，南端台塬横扼斜谷。遗

---

① 陕西省文物管理委员会：《陕西韩城芝川汉扶荔宫遗址的发现》，载《考古》1961年第3期。

址南高北低，中心区面积30多万平方米，文化层堆积厚达2米，发现多处夯土台基、鹅卵石铺成的散水、排水管道、灰坑、水井。建筑遗物主要有外绳纹内抹光的弧形板瓦、绳纹和布纹的筒瓦、素面和简化的饕餮纹半圆形瓦当、各式云纹瓦当、夔凤纹大瓦当、空心砖、条形砖、铺地砖、陶水管道与拐头等。①

各式瓦当和咸阳秦宫殿遗址、秦始皇陵园所出相同。特别是大型夔凤纹半圆瓦当，面径78.3厘米，高53厘米，边轮宽1.9厘米，尽管纹饰已简化，但体量巨大。在秦始皇陵园②、兴平市田阜乡侯村黄山宫遗址③、河北秦皇岛金山咀遗址④与辽宁绥中石碑地秦行宫遗址⑤中都有同类瓦当出土。这种用于大型秦代建筑的檩当，表明成山宫始于战国时期的秦国，兴盛于秦代。而"长乐未央"文字圆瓦当与当心竖书"成山"二字的云纹圆瓦当，以及大量的回纹空心砖、铺地砖，则表明此宫殿建筑在汉代仍处于繁荣时期。（见图15-5、图15-6）

图15-5 成山宫瓦当　　　　图15-6 "成山"瓦当拓片（陕西眉县）

成山宫的传世文物多有发现。在《小校经阁金文》中记载有"陈仓成山共（宫）金匜""神爵四年成山宫铜斛（渠斜）"，凤翔县博物馆收藏有1985年出土的"陈仓成山

---

① 宝鸡市考古工作队、眉县文化馆：《陕西眉县成山宫遗址试掘简报》，载《文博》2001年第6期。
② 王学理：《秦始皇陵研究》，上海人民出版社，1994年。
③ 陕西省考古研究所编著：《陕西兴平侯村遗址》，三秦出版社，2004年。
④ 河北省文物研究所、秦皇岛市文物管理处、北戴河区文物保管所：《金山咀秦代建筑遗址发掘报告》，载《文物春秋》1992年增刊。
⑤ 辽宁省文物考古研究所：《辽宁绥中县"姜女坟"秦汉建筑遗址发掘简报》，载《文物》1986年第8期。

共（宫）鼎"，西安市文物保护考古所收藏有"第十六陈仓成山共金鼎"[1]，山西朔县汉墓出土有"成山宫行灯"[2]。这明确无误地表明，这些都是成山宫中专用之物。至于"陈仓"当是秦的陈仓县，即今宝鸡市陈仓区戴家湾一带。另外，"陈仓成山宫"说明成山宫在陈仓地，并非在县治。过去以为成山宫在今山东荣成市的成山头，根据是《三辅黄图》记"东莱不夜县"有"成山观"，在成山上"筑宫阙以为观"，从而断定"成山观不在三辅"。汉东莱郡不夜县，即今山东半岛上的荣成市。而陕西眉县秦汉成山宫遗址与成山宫文物的发现，即可纠正"不在三辅"之错。

十、梁山宫

《三辅黄图》中记载秦汉均有梁山宫。秦始皇幸梁山，《金石索》收有宣帝元康元年（公元前65年）造的"梁山锏"，可知宫为秦始皇造，一直沿用到汉，是一处远离都城的离宫。所以陈直《三辅黄图校证》说是"盖秦宫汉葺者"。

《三辅黄图》只是笼统地说宫在"梁山好畤界"，所指并不具体。好畤是秦置之县，故城在今乾县东的好畤村。梁山在今陕西乾县西北，向西南迤逦至扶风县北境。《水经注·渭水》："〔莫〕水出好畤县梁山大岭东南，径梁山宫西。"莫水即穿越梁山两峰之间南流的漠西河，大岭显然是河西侧的山岭。所以，梁山宫位于秦好畤县西、漠西河的东岸。只有《括地志》说得具体："梁山宫俗名望宫山，在雍州好畤县西十二里，北去梁山九里。"不过，宫在梁山，所谓"望宫山"实指的是山而不是宫。同时，唐的好畤县在贞观年间已移治今永寿县西南的好畤河镇，同秦好畤县呈西北—东南向，相距23公里。以实际情况分析，《括地志》所言的"雍州好畤"还沿用的是秦好畤县治。如果从秦好畤县西去12里（唐制），再北去9里，正好是今乾县北的梁山，梁山宫就应当在这里。（见图15-7）

1988年4—5月间，咸阳市文物普查队在乾陵西北5公里的瓦子岗上发现了一处大型宫殿遗址，南北长约1800米，东西宽约1000米。在台基中央南北长600米、东西宽400米的范围之内，秦代筒瓦、板瓦残片俯拾皆是。遗址中部有一高大的夯土台基，底边东西

---

[1] 孙福喜编著：《西安文物精华·青铜器》，世界图书出版西安公司，2005年。
[2] 平朔考古队：《山西朔县秦汉墓发掘简报》，载《文物》1987年第6期。

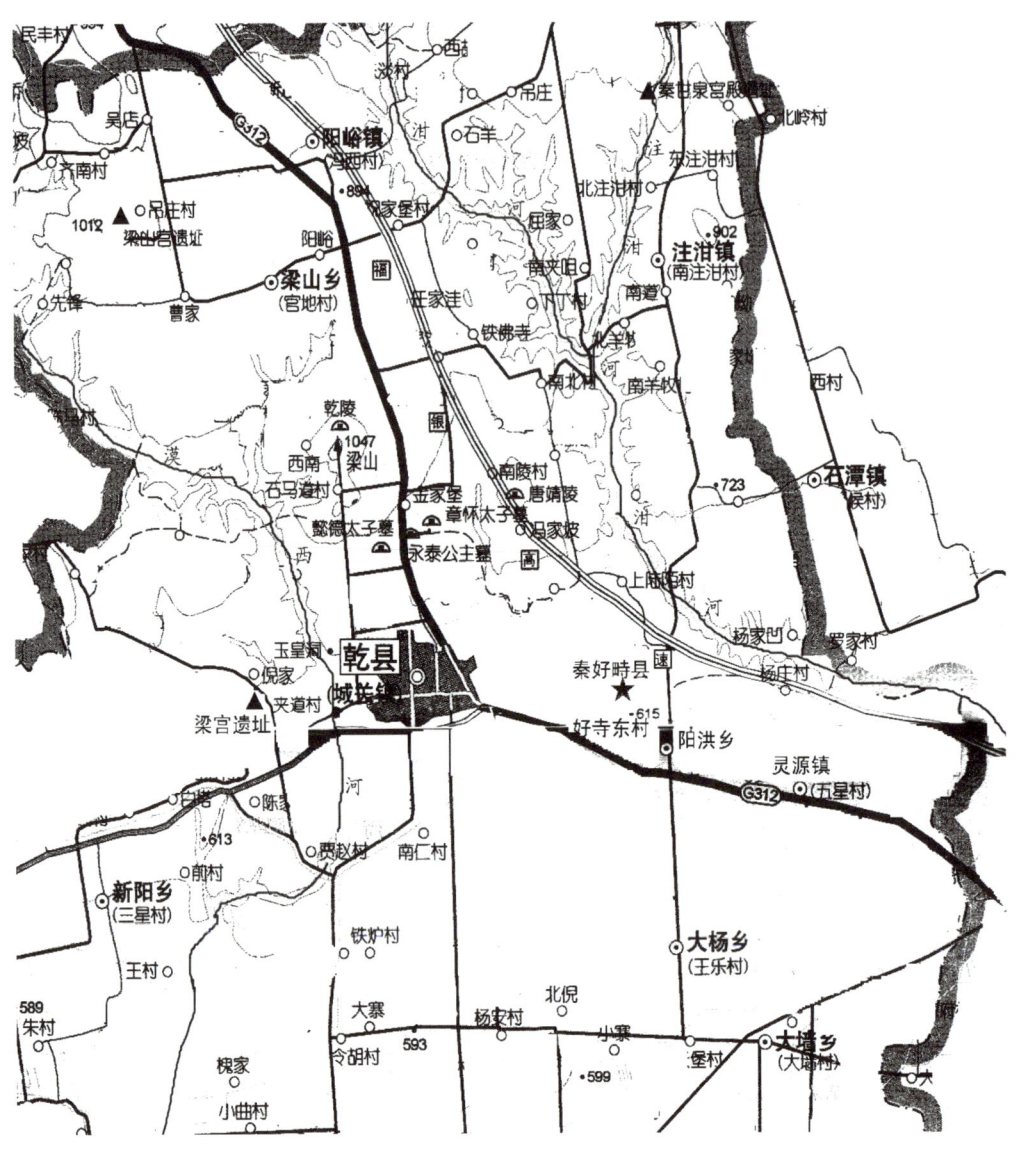

图 15-7　梁山宫与甘泉宫位置图

长37.4米，南北宽25米，夯土高出地表5米。夯层厚7厘米，夯窝径6厘米。土台周围地下还有大面积的夯土层。普查队采到大量散水石、砺石、文石及各式各样的云纹瓦当、素面半瓦当、葵纹瓦当、交龙绕璧空心砖、腾龙玉璧空心砖和龙凤纹空心砖。经各方论证，这即是梁山宫遗址。①

---

①　郭兴文：《乾陵附近发现的两处秦宫遗址》，载1988年5月18日《西安晚报》。

十一、橐泉宫、蕲年宫

据载，橐泉宫多有传世器物。清人刘喜海《长安获古编》卷二记有橐泉铜锏，铭曰："橐泉铜锏，容一斗，重三斤，元康元年造。"又记有橐泉宫金鼎，铭曰："雍橐泉宫金鼎，盖一，容二升，重一斤八两，名百廿二。杜阳五十四斤十四两。"《小校经阁金文》卷八载有橐泉宫铜灯，铭曰："橐泉宫铜灯，重一斤十二两，元康二年考工令史孺监省。"①元康是汉宣帝年号，以上三器皆汉宣帝时橐泉宫用器。西汉在内地设的官马厩有橐泉厩，《汉书·百官公卿表》注引如淳曰："橐泉厩，在橐泉宫下。"传世亦有"橐泉宫瓦"瓦当，皆不知出处。②不过，这些都反映出汉有橐泉宫的事实。

另有蕲年宫（"蕲""祈"古字通，或作"祈年宫"），尝与橐泉宫相混。关于二者的关系、位置和建筑时间，史籍记载中有颇多分歧。或说前者为宫，后者为观，前大后小，或说两个是不同的宫室，或说是同一宫室在同一时期有着不同的称呼。对其始建时间的记载也有不同，虽然橐泉宫仅秦孝公造一说，而蕲年宫竟有德公造、惠公造二说。具体位置，橐泉宫仅有雍州城内一说，而蕲年宫则有雍、雍州城内、雍城郊外三说。

1982年夏，考古工作者在凤翔县长青乡孙家南头堡子壕的秦汉建筑遗址内采集到一枚"蕲年宫当"瓦当（见图15-8），1985年冬又于此地采集到"橐泉宫当"（见图15-9）一方。③孙家南头堡子壕位于汧河左岸的二层台地上，东北距雍城30余里。这两方瓦当的发现为确定两座宫殿的位置及了解它们之间的关系提供了直接证据。孙家南头堡子壕秦汉建筑遗址，总面积至少有2万多平方米，秦汉夯土及秦文化堆积层厚约2米。汉代夯土层直接压在农耕土下，厚约1.5米。汉代夯土层下面是20～30厘米的秦文化堆积，内含战国时期的绳纹陶片、云纹瓦当碎片等。再下为深50厘米左右的夯土层，夯层8～12厘米，夯窝密结而呈圆窝形，直径约5厘米，土质纯净。"蕲年宫当"与"橐泉宫当"就出土于堆积层中。根据两方瓦当出土的地层情况分析，孙家南头堡子壕秦汉建筑遗址就是秦汉时期蕲年宫与橐泉宫的所在地。

---

① 杨曙明：《橐泉宫当与橐泉宫》，载2014年8月12日《宝鸡日报》。
② [清]程敦：《秦汉瓦当文字》卷一，民国石印本。
③ "蕲年宫当"瓦当，参见陕西省雍城考古队：《一九八二年凤翔雍城秦汉遗址调查简报》，载《考古与文物》1984年第2期。采集的"橐泉宫当"瓦当现存陕西省雍城考古队。

图 15-8　"蕲年宫当"瓦当拓片　　图 15-9　"橐泉宫当"瓦当拓片

从孙家南头堡子壕秦汉建筑遗址的地层叠压关系和堆积层中所含瓦片、云纹瓦当残块分析，这是一处战国中期至西汉时期的建筑遗址，堆积层中无战国以前的遗物。因此，该遗址的始建年代不会早到秦德公时期，应以惠公说较为可信。再根据两宫瓦当共出的情况并结合历史看，在先秦时期，惠公建造蕲年宫在前，随后才有孝公扩大其规模并建立新宫名曰"橐泉宫"。于是，原蕲年宫就成了新建橐泉宫的一部分，甚至把它称为"蕲（祈）年观"。所以《七国考》所引《皇览》就有"秦缪公冢在橐泉宫祈年观下"的说法。

综上所述，可得出如下认识：蕲年宫建于秦惠公时期，橐泉宫建于秦孝公时期。后起的橐泉宫与蕲年宫建在一起，并使蕲年宫成为它的一部分。而这两座宫殿的位置，正处在雍城西南30里的汧河左岸孙家南头堡子壕村的台地上。汉代的蕲年、橐泉二宫，实际是在先秦两宫的原址之上建造的。由此可见，橐泉宫、蕲年宫从战国中期一直沿用到西汉后期，历时数百年之久。

十二、棫阳宫

棫阳宫也是秦汉时的重要宫殿。对于它的始建年代及地理位置亦有不同说法。凡是道及棫阳宫，典籍大多说建于秦昭王时期，唯独程大昌的《雍录》以为秦穆公造。

对其地理位置历来有两说。一说在今扶风县东北。《三辅黄图》曰："棫阳宫，秦昭王所作，在今岐州扶风县东北。"《长安志》《大清一统志》等亦从此说，近人也有持此说者，《中国历史地图集》第二册西汉"司隶部"图中亦标于扶风县东北。另一说以为在汉之雍县，即今凤翔县境内。《汉书·地理志》云："雍，秦惠公都之。棫阳宫，昭王起。"同书的纪传中亦有相同记述。

棫阳宫究竟建于何地？从对典籍记载及考古资料的分析研究看，《汉书》的说法是正确的。棫阳宫与大郑宫一样，名称历史渊源悠久。今凤翔县境内北部有山岭，东西走向，西通千阳、陇县，东延岐山、扶风。因其在县境之北，俗称"北山"。但在远古时期，则称"瀹次山""俞山"。《山海经·西山经》说："又西七十里，曰瀹次之山，漆水出焉，北流注于渭。其上多棫橿……"郭璞注曰："棫，白桵也，音域。"《水经注·漆水》："漆水出扶风杜阳县俞山东，北入于渭。""俞山"即《山海经》"瀹次之山"。汉代杜阳县在今麟游县，漆水发源于其西部山区，上游又叫"杜水"。由此可见，今麟游西部、千阳东南部、凤翔北部的山脉古代叫"俞山"无疑。因为山上多生长棫橿，故叫"棫山"。"瀹""俞"与"棫"同音，可以通假。西周时期，凤翔为郑丼国故地，宣王时成为郑桓公的封地，两国都邑均在今县城东北田家庄乡劝读村西南一带。因为郑桓公居此时间很短，而且又是在郑丼国衰落后被封到此地的，所以其都邑仍用郑丼国的都邑。这座都邑在金文及文献中屡见其名，且称谓略有不同：周穆王时期的长由盉称"下棫"，孝王时的蔡簋和夷厉之世的师族簋称"淢"，而另一件穆王时期的彔簋称"棫林"，《世本》又称"棫林"。这些名称，表面看来不尽相同，其实只是字形结构有所差异，所指实即一地。

劝读村位于凤翔北山（即古代棫山）南麓的原地上，南临源于棫山的横水北岸，东与周族发祥地周原遗址遥相呼应，距周原腹地岐山京当约25公里，并与之同处一个原地。这里有面积约15万平方米的西周遗址，遗址内西周早、中、晚三个时期的遗物均很丰富，堆积层一般在2米以上，有的甚至可达5米。陶质的鬲、罐残片俯拾皆是，带有灼痕的卜骨碎片也时有发现。1973年，农民在遗址中部平整土地时，曾发现数处大型宫殿或宫寝建筑的石柱础，这些柱础直径在1米以上，是用几大块多边形毛石块聚拢而成，与扶风召陈西周宫殿建筑铺置的石柱础完全相同。因此，此遗址当是这座古都邑内的重要建筑。正因为劝读村具有这样的自然环境，所以在用字还不规范的古代就有上述数种写法。此地位于棫山之阳，山上多棫橿，故经传此字从木，为"棫"林；此地近水，故字又可从水，为"淢"；此处不仅靠近周原，还有周王宫室、庙寝之类重要建筑，故字又可从周,作"飈"林。①

从以上分析可知,凤翔境内早在西周时期就有棫山之山名,又有下棫、減、飈林、棫林等地名,说明秦建立之棫阳宫当距这些地方不远。

图 15-10　棫阳瓦当拓片
（史家河采）

对确定棫阳宫位置有决定意义的是,1962年和1982年考古工作者曾两次在秦都雍城发现棫阳宫瓦当。（见图15-10）1962年发现于南古城的瓦当有残损,当面仅有一"棫"字。1982年,采集于东社遗址的瓦当上面的"棫阳"二字十分完整。根据两枚瓦当的出土地点分析,棫阳宫建在汉代的雍县当可无疑,其具体位置很可能就在雍城南郊的东社、南古城及史家河这一范围内。

棫阳宫所在的这一范围内有几处秦汉时期的遗址,从内含的陶片、瓦片分析,其建宫时间绝不会早于战国时期。因此,程大昌说棫阳宫建于秦穆公时期不可信,而典籍以为起于秦昭王时期则比较符合遗址内含文物的情况。秦昭王起棫阳宫时,一则因为其北部有古之棫地,二则宫在棫山之南,故名为"棫阳宫"。虽然这座新宫沿袭了旧有的棫地之名,但地理位置已南移了20多公里,可以说是在新地起造的新宫。

棫阳宫的规模怎样,无明文记载,《汉书·郊祀志》云:"是岁,雍县无云如雷者三,或如虹气苍黄,若飞鸟集棫阳宫南。"看来它是极其高大宏伟的。

关于棫阳宫的传世文物,陈直先生在《三辅黄图校证》中说,《小校经阁金文》卷11有"雍棫阳共厨鼎"。这正是汉代棫阳宫配置的专用铜器。

十三、年宫

典籍中未有关于年宫的任何记载。1962年在发现"棫"字瓦当的同时还采集到一

---

① 尚志儒:《郑、棫林之故地及其源流探讨》,见陕西省考古研究所编:《古文字研究》第13辑,中华书局,1986年;《奠井国铜器及其史迹之研究》,见《中国考古学研究——夏鼐先生考古五十年纪念论文集》,文物出版社,1986年。

方年宫瓦当（见图15-11）。瓦当的采集者认为"年宫"就是史籍中的蕲年宫，"蕲"字被省略了。陈直先生也从此说，他在《秦汉瓦当概述》及《三辅黄图校证》中均指出："年宫"，应即"蕲年宫"之省文。

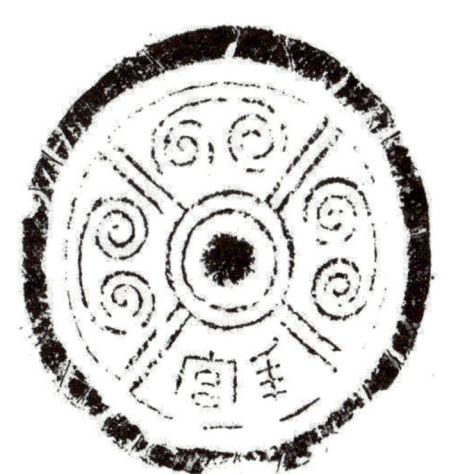

图 15-11　年宫瓦当拓片

对于这一说法，有研究者反驳说："一个行政区域或宫殿名称的省略简写，按照一般的约定俗成的汉语语法习惯，应先省去其表示行政区划的单位或宫、殿等众所周知的建筑通称，例如，今人将凤翔县简称为凤翔，古人将棫阳宫省文为棫阳。同理，'蕲年宫'不可能省文为'年宫'。堡子壕遗址的发现及'蕲年宫当'的出土，更充分说明'蕲年宫'和'年宫'并不是一个宫殿，'年宫'应当是史籍失载的为数众多的秦汉宫殿中的一个。"①

年宫瓦当的发现地南古城，以及附近的史家河、东社一带都有战国秦汉时期的建筑遗址，虽然农民在平整土地时已将其中绝大部分毁掉，但仍有零星遗迹可寻。年宫当建在这一范围之内。它与蕲年宫、橐泉宫、棫阳宫相同，都为"秦宫汉葺"。年宫瓦当的发现可补史籍之阙如。

十四、羽阳宫

羽阳宫是秦武王起造的一座行宫。《汉书·地理志》很明确地将其记在陈仓县之下。

陈仓县，秦置，辖今宝鸡市陈仓区东部及太白县西部，治设宝鸡市金台区卧龙寺火车站西北。陈仓县于唐至德二载（公元757年）改名宝鸡县。在宝鸡市东，自宋代以来多次出土过汉羽阳宫的文字瓦当，如北宋王辟之在其《渑水燕谈录》卷八中说："元祐六年（公元1091年）正月，直县门之东百步，居民权氏浚池，得古铜瓦，五皆破，独一瓦完。面径四寸四分，瓦面隐起四字，曰'羽阳千岁'，篆字随势为之，不取方正。"

---

① 马振智、焦南峰：《蕲年、棫阳、年宫考》，见《陕西省考古学会第一届年会论文集》，1983年。

宋宝鸡县"直县门之东百步"约当今宝鸡市区马道巷口附近。《陕西金石志》收有道光年间宝鸡所出五六枚"羽阳千岁"瓦当（见图15-12）和藏于长安谢家的"羽阳万岁"瓦当。特别是1940年在宝鸡东关修铁路时，掘出万余片羽阳瓦当，其中"羽阳千岁"最多，"羽阳万岁"次之，"羽阳千秋"10余片。另有"羽阳临渭"瓦当（见图15-13）在光绪初年即已出土，①它清楚地标示出羽阳宫处于渭水之滨。羽阳瓦当的出土地有宝鸡市东关、马道巷和卧龙寺几地，东西跨10多公里。《汉书·地理志》的记述，也只是笼统的一句话。看来秦汉羽阳宫位于今宝鸡市东卧龙寺火车站西北的陈仓县故城大致是可靠的。此间也是秦文公"汧渭之会"旧都的所在地。

图 15-12 "羽阳千岁"瓦当　　图 15-13 "羽阳临渭"瓦当拓片

1973年，凤翔县长青乡马道口出土"雝（雍）羽阳宫鼎"一件，附耳，三蹄足，腹有棱，通高17.1厘米，口径下刻有铭文。但还不能依据出土地断定秦汉羽阳宫就在此地，因为"雍"是包括陈仓在内的大地名，即使雍县与陈仓县已经分置，作为大地域的这一名称却仍然沿用着。根据鼎上三次分刻的铭文知，它先后用在"郡邸""雍羽阳宫"和汉"高唐"县，当同汉武帝幸雍祀五畤、宣帝在羽阳宫祀陈宝、元帝幸雍祀吴阳上畤有关。②

羽阳宫所在的陈仓一带，北负三畤原，南临渭水，群峰叠翠，是秦人去西陲故地的

---

① 陈直：《秦汉瓦当概述》，载《文物》1963年第11期。
② 王光永：《凤翔县发现羽阳宫铜鼎》，载《考古与文物》1981年第1期；李仲操：《羽阳宫鼎铭考辨》，载《文博》1986年第6期。

必经之道，建立行宫，地理条件优越。而"雍五畤"是秦汉以来祭祀皇天上帝的地方，羽阳宫也就成了帝王西行的驻跸之处。

十五、貌宫

秦汉貌宫遗址位于澄城县北17公里的良周村。这里位于黄龙山与洛河间的平坦原地，近有壶梯山，风景颇佳。因处"河西地"，故曾是秦晋、秦魏争战的重地，洛河两岸各有长城。战国晚期，貌宫是秦的一处兼有防御性质的行宫，沿用至汉武帝时，大概同祀汾阴后土途经此地有关。

貌宫遗址东西长约1000米，南北宽800米。中心部分有土沟环绕，似人工开挖，为东西长的矩形，面积为21.45万平方米。经原陕西省文物保护中心钻探，东部有多处建筑夯土分布，地面存留有大量的建筑遗物，采集到谷璧纹空心砖、几何纹方砖、滴水砖、筒瓦、板瓦，以及各式云纹瓦当。文字瓦当见有"与天无极""宫""貌宫"（见图15-14）等。①

图15-14 "貌宫"瓦当拓片

十六、平阳宫

平阳宫是秦武公时所建，也称"平阳封宫"（《史记·秦始皇本纪》），西汉时成为皇帝的行宫。汉成帝时"雍大雨，坏平阳宫垣"（《汉书·郊祀志》），大约从此宫殿建筑颓圮失修而无存。汉平阳宫的传世文物，见有著录的"平阳宫鼎"（《小校经阁金文》卷11）。

今宝鸡市陈仓区虢镇之东的一片台地，就是唐岐山县阳平乡的"平阳聚"，至今仍有地名阳平。从虢镇东到宁王村一带，是一处东西狭长的渭河北岸一级台地，长约30里，宽2里有余。有数条流量丰沛的溪水穿流在太公庙村北和东西两高泉村之间。宁王

---

① 姜宝莲、赵强：《陕西澄城良周秦汉宫殿遗址调查简报》，载《文博》1998年第4期。

村北有一处从春秋战国至西汉时期的大型遗址。其文化层厚达1.5~2米，地面上散见有槽形板瓦、外饰绳纹带和抹光带的筒瓦、式样繁杂的云纹（涡纹、羊角纹、花瓣纹等）瓦当、几何纹空心砖、瓦当纹饰的空心砖、绳纹空心砖，还有"长乐未央"和"郁夷"等文字瓦当。因为秦的平阳邑在西汉为郁夷县，王莽又改为郁平县，由此推测城址大概就在今宝鸡市陈仓区阳平镇宁王村一带，秦汉平阳宫也距此不远。

十七、谷口宫

范雎为秦昭王分析秦国的地理形势时说："北有甘泉、谷口，南带泾、渭，右陇、蜀，左关、阪。"（《战国策·秦策三》）这里固然是从秦国首府所在地的内御防线说的，但也表明谷口是一处军事要地。实际上，谷口宫作为一处离宫本身也带有防卫的性质。它同秦始皇向北推移防地而建立的林光宫一样，具有双重的功能。

秦汉时的谷口县辖今礼泉县东北和泾阳县西北，北临云阳县（今淳化县北铁王乡城前头村），东南接池阳县（今泾阳县西北二里），即《长安志》说的"地在九嵕山东、仲山西，当泾水出山之处"。县治设在今礼泉县东北五十里的北屯镇北泾河口西岸，城址至今犹存。

谷口在谷口县境之内，《汉书·郊祀志》颜师古注曰："仲山之谷口也，汉时为县，今呼之冶峪是也。以仲山之北寒凉，故谓此谷为寒门也。"冶峪河发源于淳化县北甘泉山东之蝎子掌山，自北而南入泾阳县口镇，东南流入三原县。冶峪河出车箱阪处的口镇就是战国时谷口的所在地——古寒门。在口镇街西南、冶峪河东岸的二级台地上，就有谷口宫遗址。其范围南北长约900米，东西宽700米，总面积约63万平方米，文化层堆积厚达两米。北部一段夯墙残长120米，基宽2.4米，残高3.3米。地下埋有排水的陶管道，地面多有板瓦、筒瓦、云纹瓦当、"宫"字瓦当、几何纹铺地方砖、陶水道等建筑遗物。1976年淳化县固贤乡医院出土一件"谷口宫"铜鼎，铭文刻"谷口宫元康二年造"。① 此铜鼎铸于公元前64年，说明秦代的谷口宫至迟在西汉中期还在发挥着皇帝行宫和防卫的作用。

---

① 姚生民编著：《甘泉宫志》，三秦出版社，2003年。

第三节
京都之外的三辅楼观

一、霸昌观

《汉书·王莽传》："司徒王寻初发长安，宿霸昌厩。"颜师古注："霸昌观之厩也。"《括地志辑校·万年县》："汉霸昌厩在雍州万年县东北三十八里。"唐万年县治在今西安市雁塔区李家村，由此去东北38里，铜人原附近当是汉霸昌厩与霸昌观。

二、属玉观

《三辅黄图》："属玉观，在右扶风。属玉，水鸟，似鸂鶒，以名观也。"汉宣帝二年（公元前72年）冬十二月，"行幸鄠阳宫属玉观"（《汉书·宣帝纪》），知属玉观在鄠阳宫之内。鄠阳宫遗址在今鄠邑区西南12公里甘峪口的曹村。

三、长平观

《三辅黄图》说长平观"在池阳宫，临泾水"。实际上，池阳宫在今泾阳县（唐县治）西北4公里，北倚嵯峨山。而长平观在县西南2.5公里的长平阪，原上还有长平亭，原下即是泾水。所以，《三辅黄图》之说欠妥。再从"甘露二年三月，上自甘泉宿池阳宫，上登长平阪"（《汉书·宣帝纪》）的记载看，皇帝从甘泉宫出发，在池阳宫住了一夜，后过泾河，再登上长平阪。据《长安志》，长平观遗址在汉高祖"长陵西北"，在泾阳县"东南九里"。

四、益延寿观

《汉书·郊祀志》："甘泉则作益寿、延寿馆。"颜师古注亦认为益寿、延寿为二馆名。而《史记》则作"益延寿观",今有瓦当亦作"益延寿",可证《汉书》前一个"寿"字为衍。此观遗址据《括地志》记载"在雍州云阳县西北八十一里,通天台西八十步"。

五、石阙观、封峦观、鸠鹊观和露寒观

《三辅黄图》："石阙观,封峦观。《云阳宫记》云:'宫东北有石门山,冈峦纠纷,干霄秀出,有石岩容数百人,上起甘泉观。'《甘泉赋》云:'封峦石阙,弥迤乎延属。'"《上林赋》:"蹶石关,历封峦,达鸠鹊,望露寒。"张揖注曰:"此四观,武帝建元中作,在云阳甘泉宫外。"(《汉书·司马相如传》)

有学者认为:"石关观、封峦观在甘泉苑的缭墙之内,在甘泉宫的宫城之外。石阙观可能就是今耀县照金乡的石门阙,观利用凹形崖口筑成,今在此发现秦、汉瓦当。"[①]

六、其他

在汉长安城周围还有一些观,如安台观、沧沮观、走马观、鱼鸟观、椒唐观、霸城观等。

[①] 何清谷校注:《三辅黄图校注》,三秦出版社,1995年。

第十六章 西汉王朝同域外的交往

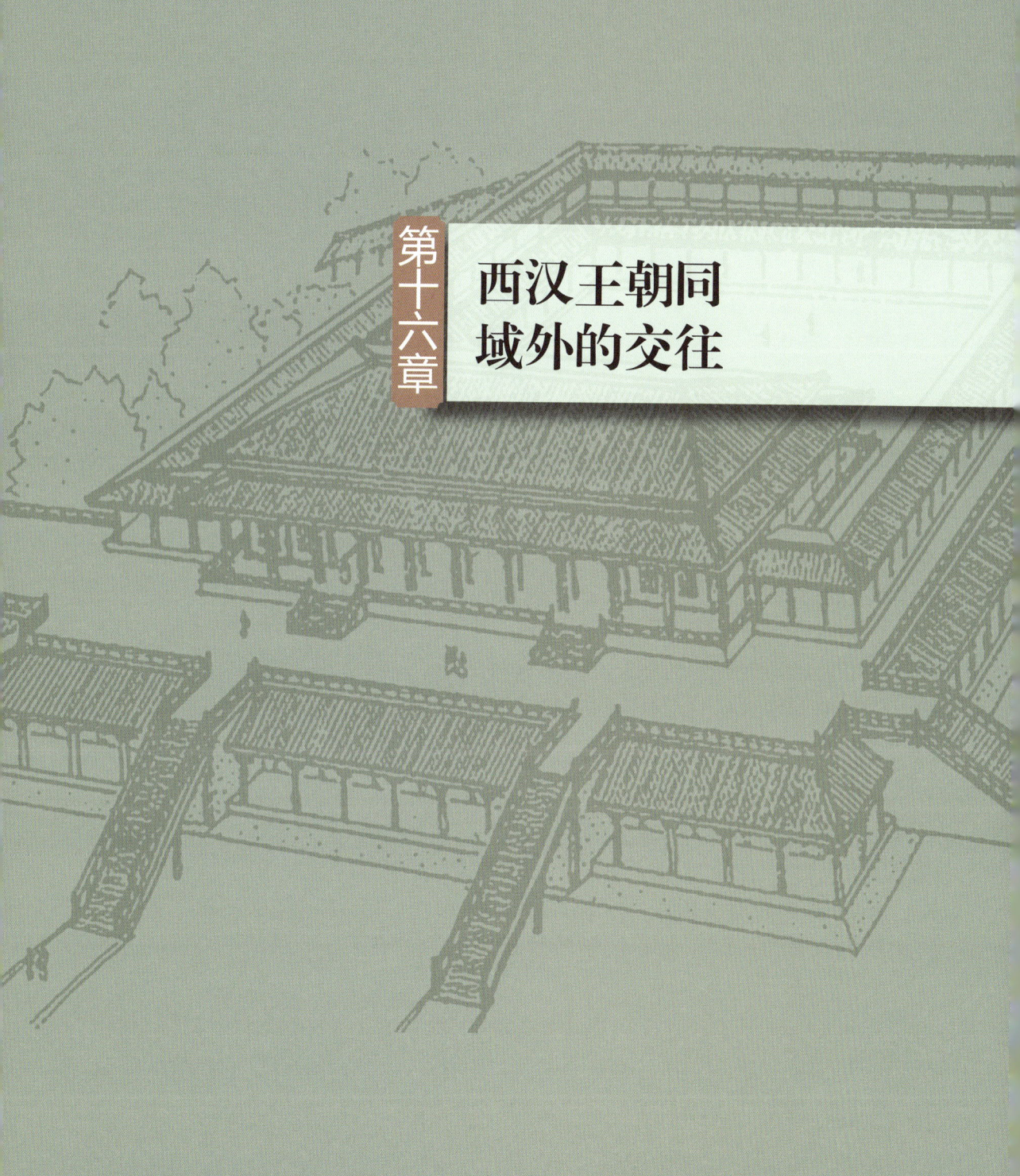

汉武帝将长安城作为指挥台，文武兼施处理内外关系，取得了可圈可点的成就。

用兵降服匈奴，保障了边境的安宁；收服西南夷，促进境内各族间的和睦相处。

开辟丝绸之路，结交邻国，既加速了我国西北地区的开发，又促进了国际间人员、物资、文化的交流。

第一节
汉匈间的军事对峙

汉初，匈奴的统治者冒顿单于雄心勃勃，积极向四邻扩张：东破东胡，西攻月氏，北征丁零、坚昆（约在今内蒙古至西伯利亚一带），南灭楼烦、白羊，重新占领了河套地区。冒顿单于又组织和训练了一支30余万的"控弦之士"，时刻觊觎南下，进犯中原。（见图16-1）

汉高祖六年（公元前201年），即刘邦称帝的第二年，冒顿单于兵攻马邑。次年，韩王信与匈奴联合进攻晋阳（在今山西太原）。高祖七年（公元前200年）十月，刘邦亲率大军进剿韩王信叛军。匈奴左右贤王率军万余，在广武（在今山西代县西北）、晋阳一带与汉军周旋。刘邦被迷惑，率30万大军向匈奴进攻，军至平城（在今山西大同市西北）时，主力尚未全部集结就遭到匈奴的围困。在白登山上，刘邦被困七天七夜不得突围。最后，单于阏氏受贿赂，冒顿停止围困，才使刘邦逃脱。白登之围使刘邦看到暂时不可与匈奴争锋。

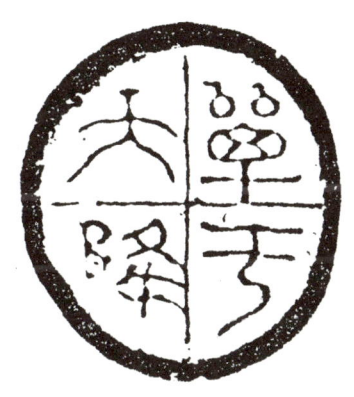

图16-1 "单于天降"瓦当拓片

随后几十年，汉政府都屈辱地采取了和亲、送礼的退让妥协政策，缓和了汉匈的紧张关系。（见图16-2）但这终不能使匈奴停止对北境的侵扰与杀戮。

汉武帝为夺取匈奴入侵中原的前沿阵地——河南地（即"新秦"），于元光六年（公元前129年），派公孙贺出云中、公孙敖出代郡、李广出雁门、卫青出上谷，只有年轻将领卫青率军直抵茏城，斩虏敌人700名。匈奴反扑，进扰边境，渔阳（今河北卢

图 16-2 "单于和亲"瓦当拓片（残）

龙至山海关一带）尤甚，次年攻入雁门，杀千余人。随之，卫青率3万骑进击。元朔二年（公元前127年），卫青兵出云中郡，沿黄河北岸西进，至陇西，又南下击败匈奴白羊王和楼烦王军，终于收复了丢失80余年的河南地，解除了匈奴对汉都长安的威胁，从而扭转了汉匈对峙的军事形势。

汉王朝终于向匈奴发动了全面攻击。元朔五年（公元前124年），李息、张次公率军出右北平（在今内蒙古南部），牵制匈奴主力。卫青率10万骑兵，由朔方出高阙山口向北进攻，长驱700里，俘虏敌军15000人。次年，卫青又率10万铁骑出定襄（今内蒙古呼和浩特），北攻匈奴数百里。卫青年仅18岁的外甥霍去病只带800轻骑，深入敌阵，大获全胜，俘虏单于祖父、叔父等重要首领，因功封为冠军侯。

为夺取河西走廊，元狩二年（公元前121年），汉武帝派霍去病出兵陇西，在皋兰山（今兰州黄河西）同匈奴激战，深入焉支山（在今甘肃山丹县境）千余里，杀二王，俘昆邪王子及相国、都尉等大小首领，斩首8000余人。同年夏，武帝派李广、张骞自右北平出塞，进击匈奴左贤王。霍去病和公孙敖率万骑出北地，越居延海，与匈奴在今张掖一带激战。匈奴战死3万之众，单桓王、酋涂王及相国、都尉70余人被俘，降卒2500人。秋，匈奴昆邪王杀休屠王，率数万人降汉。整个河西走廊全部归入汉王朝版图

图 16-3 "四夷尽服"瓦当

之内，设为武威、酒泉二郡。10年之后，又分武威、酒泉地置张掖、敦煌二郡。设置四郡的同时，在敦煌之西百余里建阳关和玉门关。设四郡，据两关，筑长城（外长城），于轮台、伊循屯田积谷，在乌垒设立西域都护，对扫清匈奴势力、切断它同西羌（在今青海境内）的联系、控制河西和塔里木盆地绿洲地区、通西域、开发边郡，都有着积极的作用。（见图16-3）

匈奴在元狩三年（公元前120年）从右北

平、定襄入侵,掠走千余人,远遁漠北。次年,汉武帝派大将军卫青、骠骑将军霍去病率10万骑,分别从定襄、代郡长驱进击。卫青追匈奴单于至寘颜山赵信城(今鄂尔浑河以南),斩首19000人,烧毁其粮食。(《汉书·卫青霍去病传》)霍去病部出代郡2000余里,在狼居胥山瀚海沙漠(今内蒙古西苏尼特旗北)败匈奴左贤王,俘7万余人。卫青与霍去病以士卒万人、马10万余匹的代价,消灭敌军八九万人,使匈奴向北远遁"而幕南无王庭"(《汉书·匈奴传》),隔绝南羌、月氏,斩断匈奴右臂,百年来由匈奴制造的边患基本上得以解除。

第二节
陆上丝绸之路的开通

一、"西域"的地理概念

班固在其历史巨著《汉书》中,专门列了《西域传》,曰:"西域以孝武时始通,本三十六国,其后稍分至五十余,皆在匈奴之西,乌孙之南。南北有大山,中央有河,东西六千余里,南北千余里。东则接汉,阸以玉门、阳关,西则限以葱岭。"这里所言的西域范围,实际指的是今天山北、昆仑山南、帕米尔高原东、敦煌以西的这一广阔地域。但他说到的西域诸国,实际上已经越过了帕米尔高原。

古人所言的"西域",随人们认知程度的增进,其地域也在分阶段地延伸。初期只是从我国玉门关、阳关以西到新疆南疆三十六国,进而扩大到北疆一带。但因为中原同今之南亚、中亚、西亚、地中海和红海沿岸诸多文明古国早有民间往来,随着官方的经营,人们对西域的理解再也不局限于我国西部边陲地带,而且越过葱岭走向远方的路也不只一条。那么,这就需要我们放眼世界来理解广义上的"西域"了。

二、开辟陆上丝绸之路的两位巨人

(一)张骞两次出使西域

今新疆的吐鲁番东向玉门、阳关,本是同汉家本土毗连相接的,同都城长安之间的距离也不过2500公里。虽然两地的距离并不算太远,但因为匈奴人长期以来在这一地区盘踞而阻隔了西域同内地之间的往来。公元前209年,冒顿杀其父头曼自立为单于,建立起奴隶制国家——匈奴单于国。它先后消灭了东胡，击走月氏，南并楼烦、白羊河南王，北服浑庾、屈射、丁零、鬲昆各族，随后又灭月氏，平定楼兰、乌孙及其旁26族，控制了南起阴山、北抵贝加尔湖、东到辽河、西逾葱岭的广大地域。强大起来的匈奴不时内侵，对汉族的生产和生活造成了极大的破坏，严重威胁秦汉王朝。

为了穿过匈奴的阻隔，取得同西域诸国的联系，汉武帝招募到汉中城固人张骞，派其出使西域。（见图16-4、图16-5）

建元三年（公元前138年），张骞带着胡人堂邑父等100多人，从长安出发，刚进入匈奴的势力范围即被捉住送至单于王廷。他被扣留10余年，"持汉节不失"（《汉书·张骞李广利传》），后借机逃脱，经大宛国（今中亚费尔干纳）、康居国（今中亚乌兹别克斯坦撒马尔罕），到达已占有康居之地的大月氏。因为联合大月氏共同抗击匈奴的目的没有达成，张骞只好返回，但在"并南山"（今塔里木盆地和柴达木盆地南沿）欲从羌人地区绕行时，再次被匈奴劫持。一年后，乘匈奴内乱之机，他带着胡妻与堂邑父才回到了长安。

图16-4　张骞通西域（西安玉祥门外雕塑）

张骞冒着生命危险，历经13年的艰辛努力，虽然未实现汉廷同大月氏结盟的计划，但报告了沿途各国的地理、物产、风俗习惯等情况，从而增进了西汉政府对西域的了解和进一步联系的决心。张骞揭开了西汉政府通西域的序幕，因此史书称这次行动为"凿空"。（见图16-6）

元狩四年（公元前119年），张骞以中郎将的身份，率领300人，携马600匹，并带有牛羊万头和大量的金币财

图16-5　张骞墓（陕西城固）

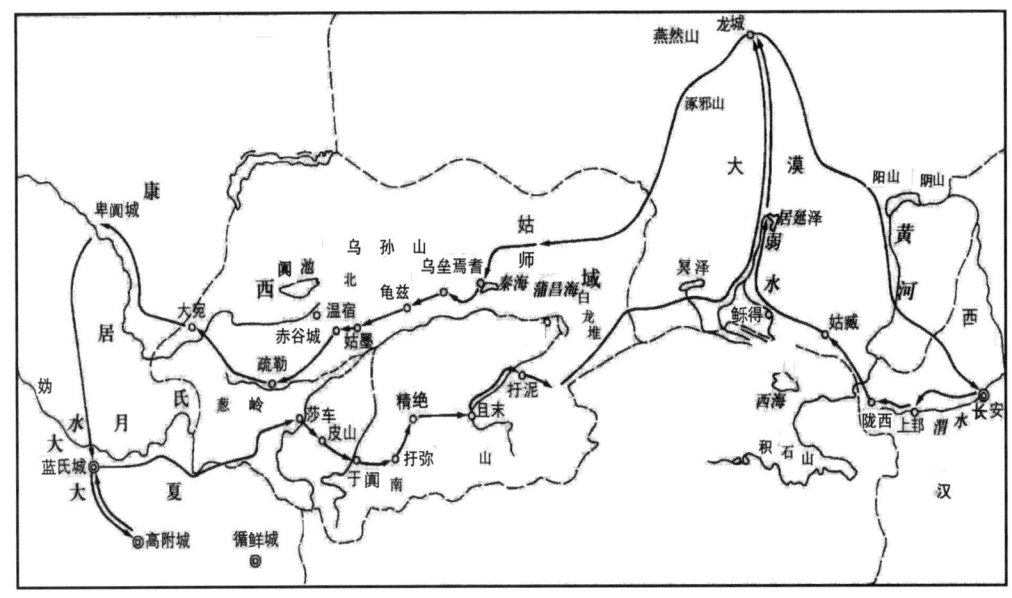

图 16-6 张骞通西域路线图

帛前往乌孙，开始了第二次通西域之旅。乌孙因内乱未能答应共同抗击匈奴，但仍派特使送张骞回长安。而张骞的副使通过乌孙，分赴于阗、大宛、康居、大月氏、大夏、安息、身毒、扜弥等国，足迹遍及中亚和西南亚各地，最远的已经到达地中海沿岸的罗马帝国和北非。从此，西汉王朝正式同西域各国有了往来。

为了管理统一后的西域，西汉在乌垒城（今轮台县境内）建立西域都护府，汉宣帝任命郑吉为第一任西域都护（《汉书·郑吉传》），正式在西域设官，统辖西域诸国，管理屯田，颁行朝廷号令；并驻有军队，实施屯田活动，守护军城、烽燧，兼作馆舍、邮驿，征讨诸国内乱，维护边境安全，保障商贸往来与丝绸之路的畅通。成帝时，在"敦煌、酒泉小郡及南道八国，给使者往来人马驴橐驼食"（《汉书·西域传》）。

出土的汉简里，有两个关于"传置道里簿"的文本，"置"就是驿站。居延甲渠候官遗址的汉简，记录了从长安到武威的大致路线；而悬泉置出土的汉简记录了从武威到敦煌的道路。从道里簿上可以很清楚地看到各驿站之间的距离。驿站是由政府开办的，不管是小规模的中转贸易还是远途贸易，以至于大规模商队的休整，驿站负责为过境商旅提供食宿、停歇、补充给养的便利，官方的法律为其保驾护航。汉代长城、烽燧、关隘、驿置、城堡等构成军事网络设施，保障了道路的畅通。

丝绸之路的开通与汉王朝在西域设置行政管理机构极大地促进了中国与中亚、西亚各国的友好关系与经济、文化联系。《史记·大宛列传》："使者相望于道。诸使外国一辈大者数百，少者百余人，……汉率一岁中使多者十余，少者五六辈，远者八九岁，近者数岁而反。"

（二）班超再次远涉中亚

西汉后期，外戚专权，国力削弱。匈奴乘机控制了西域，实行奴隶制统治，"敛税重苛，诸国不堪命"。东汉明帝时，国内生产逐渐得到恢复和发展，为重新打通西域的商路打下基础，汉廷下决心击退北匈奴。

班超，字仲升，扶风平陵（今陕西咸阳北）人，公元32年生。他幼年时就胸怀大志，读书很多，明理善辩。公元62年，他同母亲前往洛阳，帮助任校书郎的哥哥班固编写《史记后传》。那时，北匈奴经常进犯汉地，边境不宁。一向羡慕张骞、傅介子出使西域的班超，毅然决然地投笔从戎。（见图16-7）

永平十六年（公元73年），明帝派遣窦固和耿忠率兵由酒泉向天山东麓进军，出击北匈奴。班超随窦固出征，从此开始了他漫长的军旅生涯。作为假司马，他异常勇敢，带兵别击伊吾（今哈密市），战于蒲类海（今哈密巴里坤湖），多斩首虏而还。窦固看到班超很有才能，为了联络西域各国，以便配合军事行动，就派他去西域进行外交活动。

班超携带随从36人，来到鄯善（即古楼兰）。当他觉察国王的态度由热情变为冷淡时，就断定有北匈奴人作祟。后经诈问侍者，证实北匈奴派遣的使者及士兵100多人到达鄯善已经数日。当天夜里，班超率其随员36人向北匈奴使者的住地发起进攻，杀死了北匈奴使者，从而解除了鄯善

图16-7　班超

王的顾虑，终于使鄯善摆脱了北匈奴的统治。

班超离开鄯善，西行到于阗。这个天山南道的大国受到北匈奴的操纵，迷信的于阗国民又受亲北匈奴的巫师指使，对汉朝进行造谣中伤。班超巧妙周旋，智斩巫师，揭露了北匈奴使者的阴谋，从而使于阗归向东汉。

第二年春天，班超以过人的胆量和远见卓识，率36骑，绕开叛汉的莎车国，渡过寒冷刺骨的克孜勒河，直逼疏勒王宫盘橐城。他抓住听命北匈奴的龟兹人兜题，拥立疏勒故王兄子忠为王，从而恢复了封闭多年的丝绸之路。

疏勒地理位置异常重要。出河西走廊西行，丝绸之路分南北两道，然后在疏勒汇合。它是南到印度、西达中亚和欧洲的交通枢纽，又是货物的集散地。它地处雪山之侧，河流纵横，土地肥沃，是一片天然的绿洲，自然成了南疆的政治、经济和军事中心。班超以疏勒为据点，长期驻守，是极具军事战略眼光的选择。

由于班超在西域外交的成功、东汉军队进击北匈奴的军事胜利，到了公元74年，西域的大部分地区已经脱离了北匈奴的统治。从章和元年（公元87年）到永元六年（公元94年），班超陆续平定了莎车、龟兹、焉耆等地贵族的叛乱，并击退大月氏的入侵，天山南北路各地大都归向东汉，保护了西域各族的安全，也保障了丝绸之路的畅通。

和帝永元三年（公元91年），东汉政府又设置了西域都护府和戊己校尉府，任命班超为都护，后封定远侯。（见图16-8）他在西域活动达31年，还遣副使甘英出使大秦（罗马帝国），至条支的西海（今波斯湾、红海、阿拉伯海及印度洋西北部）而还。

（三）丝绸之路路线

19世纪70年代，德国学者李希霍芬首次把汉代中国通过西域到达希腊—罗马、

图16-8　定远侯班超塑像

以丝绸贸易为主的交通路线形象地称为"丝绸之路"。随后的文物考古资料表明，这条路线一直延伸到地中海西岸和小亚细亚，是中国古代连接亚洲、欧洲、非洲的陆上贸易交往通道。

由于丝绸之路连接着三大洲，涉及地域之广阔、民族成分之复杂前所未有。长期以来，学者们提出除过上述西北陆上丝绸之路（又称"绿洲丝绸之路"）外，还有草原丝绸之路、海上丝绸之路和西南丝绸之路等三条干线。

西北陆上丝绸之路，据《汉书·西域传》记载，它的走向是："自玉门、阳关出西域有两道。从鄯善傍南山北，波河西行至莎车，为南道；南道西逾葱岭则出大月氏、安息。自车师前王廷（治今新疆吐鲁番）随北山，波河西行至疏勒（今喀什），为北道；北道西逾葱岭则出大宛、康居、奄蔡焉（耆）。"这段文字把丝绸之路的起点放在西域东界的敦煌，省略了汉都长安至敦煌这一段。人们公认的丝绸之路主干线是从汉都长安出发，由两条路西行：一条走"泾水道"，沿泾河西北行，经今彬县，循马莲河谷北上，进入陇东地区，经甘肃庆阳和宁夏固原、景泰，进入河西走廊；另一条走"渭水道"，经陈仓进入渭河峡谷，沿北岸西行，经甘肃陇西、兰州，进入河西走廊。两条从汉长安出发的大道沿河西走廊西行，过武威、张掖、酒泉至敦煌，然后又分为南北两道西行："北道"自玉门关西出，过白龙堆（今新疆若羌东北罗布泊东库姆塔格沙漠）沿天山南麓，经车师前王庭、焉耆、龟兹（今新疆库车）、姑墨（今新疆温宿、阿克苏一带），至疏勒（国都在今新疆喀什），越葱岭，再经大宛、康居，分西北、西南行。西北至奄蔡国（今里海北至咸海），西南行到木鹿城。"南道"由敦煌向西沿阿尔金山、昆仑山一线到塔里木盆地南的塔克拉玛干沙漠南缘，西行过鄯善、且末、于阗（今新疆和田一带）、皮山（今新疆维吾尔自治区西南部、昆仑山北麓）、莎车，向西南到蒲黎，越葱岭，出喀喇昆仑山口，沿巴基斯坦的兴都库什山北麓喷赤河上游，经大月氏西行，同"北道"会合于木鹿城，再向西经和椟城、阿蛮（今伊朗哈马丹）等地，抵达地中海东岸，转达罗马各地。[①]

由张骞、班超开辟的陆上丝绸之路，打开了东西方文明交流的通道，增进了汉政府

[①] 范少言、王晓燕、李健超等：《丝绸之路沿线城镇的兴衰》，中国建筑工业出版社，2010年。

对西域的认识，促进了中国和中亚、西南亚及欧洲各国的经济文化交流。

　　长达7000多公里的丝绸之路虽充满传奇色彩，但它却是一条充满艰难险阻的中西交流之路。沿途地形多样，历经大漠、戈壁、雪山、冰川、激流、险滩、悬崖、深壑，不可胜计；气象复杂，遭遇酷热、严寒、暴雨、风雪、高海拔缺氧等，不一而足。至于战乱、盗匪、饥饿及国界、民族、语言、宗教等障碍，更是司空见惯。这条路上的商人、使臣、僧人、传教士、考古学家、地理学家，很难有谁能走完全程。商品是一段一段转运的，文化也是多人传承的，一线相通正是丝绸之路的伟大之处。

第三节
文化交流的成果

丝绸之路开通后,长安出现了求使西方各国的热潮。据《汉书·张骞李广利传》载:"自〔张〕骞开外国道以尊贵,其吏士争上书言外国奇怪利害,求使。天子为其绝远,非人所乐,听其言,予节,募吏民无问所从来。""汉率一岁中使多者十余,少者五六辈,远者八九岁,近者数岁而反。"这些通西域的使者"往往皆称博望侯"以取信于外国,出使的国家,大概也不外乎安息、奄蔡、牦轩(东罗马)、条支、身毒等国。特别是天子为求得大宛马(即"天马"),"使者相望于道,一辈大者数百,少者百余人"。西汉王朝同西方的物质文化交流大大加深了人们的相互了解,提高了人们的生活质量。

《汉书·西域传》认为西汉王朝至汉武帝时,"养民五世,天下殷富,财力有余,士马强盛"。中外往来使宫廷里出现了犀布、玳瑁、枸酱、竹杖、天马、蒲陶、明珠、文甲、通犀、翠羽之类的珍奇宝物,亲近皇帝的黄门署中有了蒲梢、龙文、鱼目、汗血等四骏马,园囿里有了巨象、狮子、猛犬、大雀(鸵鸟)一类的珍稀动物。从上林苑、昆明池到建章宫的千门万户、神明台、通天台,从缀有"随珠和璧"的帷帐到皇帝的黼衣翠被、玉几,也都因为四面而至的"殊方异物"增添了光彩。汉廷盛宴款待外国来使,观看巴俞都卢、海中砀极、曼衍鱼龙、角抵之戏等表演,迎来送往极尽阔绰。

西汉时,长安人养马、爱马,对马的装饰也因域外珍宝的传入而讲求豪华。《西京杂记》载:"武帝时,身毒国献连环羁,皆以白玉作之,玛瑙石为勒,白光琉璃为鞍。鞍在暗室中,常照十余丈,如昼日。自是长安始盛饰鞍马,竞加雕镂。或一马之饰直百金,皆以南海白蜃为珂,紫金为华,以饰其上。犹以不鸣为患,或加以铃镊,饰以流苏,走则如撞钟磬,若飞幡葆。后得贰师天马,帝以玫瑰石为鞍,镂以金、银、鍮石,以绿地五色锦为蔽泥，后稍以熊罴皮为之。熊罴毛有绿光，皆长二尺者，直百金。卓王孙有百余双，诏使献二十枚。"

西域传入的乐舞具有异国情调，大大丰富了内地的文化享受。晋人崔豹在《古今注》中说张骞从西域带回胡乐"横吹"和《摩柯兜勒》曲，被善歌舞、知音律的倡人李延年掌握，创"新声变曲"二十八解，深得武帝喜爱。

中国向西方输出的物品，最耀眼的莫过于丝绸。据说，公元前1世纪，罗马执政官恺撒大帝穿着一件中国丝袍去看戏，艳丽华贵的中国丝绸吸引了戏场观众，人们纷纷站立围观，赞叹不已。尔后中国丝绸不断输入西方，立即博得了西方各国富裕阶层的高度赞赏，他们都把中国丝绸视为无上珍品，称之为"东方绚丽的朝霞"。自从张骞通西域以后，中国同中亚、欧洲的商业往来迅速增加，中国的丝、绸、绫、缎、绢等丝织品源源不断地输向中亚和欧洲。希腊文献中的"赛里斯"即"丝绸"之意。因此，希腊、罗马人称中国为"赛里斯国"，称中国人为"赛里斯人"。

龟兹王绛宾的夫人，是乌孙解忧公主的长女弟史。她到长安学鼓琴，绛宾随夫人朝贺，留住一年。后绛宾又多次到长安朝贺，由于特别喜爱汉家衣服、制度，回国后仿汉式宫廷，"作徼道周卫，出入传呼，撞钟鼓，如汉家仪"。胡人讽刺他是"驴非驴，马非马，若龟兹王，所谓骡也"。（《汉书·西域传》）

除了丝绸之外，中国还向西方传去了铁器、漆器、果品等。《汉书·西域传》说："自宛以西至安息国，……不知铸铁器。及汉使亡卒降，教铸作它兵器。"

第四节
长安的对外机构与域外人士

因为丝绸之路的开通促进了民族融合，汉都长安成了国际化大都会。这里聚集了不少"洋人"，他们或是内附的部族的上层人士，或是来自西域的商人，或是外国的使节，或是羡慕汉王朝的强大富有而定居下来的普通人。为了管理这些域外人，汉时专门设立了处理对外事务的管理机构。

一、长安的对外机构

（一）专管外事的机构

秦王朝设立"典客"一职"掌诸归义蛮夷"，又有"典属国"专管"蛮夷降者"（《汉书·百官公卿表》）。两者都是中央三公下属管理少数民族事务的官职，在职责上略显重叠。而西汉王朝的外事管理机构，比之前朝完善了许多，其中有大鸿胪、典属国、尚书主客曹等。

汉景帝中元六年（公元前144年）改秦的典客为大行令，武帝太初元年（公元前104年）更名为大鸿胪，一直延续到西汉末年。只有在王莽时改名为典乐。

秦汉时代，凡诸侯王、列侯、各少数民族的君长，以及外国君主或使臣，都被视为皇帝的宾客，所以有关这方面的事务多由大鸿胪掌管。大鸿胪秩中二千石，有丞。属官有行人、译官、别火，各有令和丞。另外，还有郡邸的长和丞。武帝又改行人为大行令。结合周代掌四方朝聘宾客及使命往来的大小行人看，主持诸侯王入朝、郡国上计、封拜诸侯王及少数民族首领等，多同礼仪有关，所以后来王莽干脆改成典乐。东汉时名称恢复，只增加了一个字，成了大鸿胪卿。

结合大行令、译官、别火三令丞，知大鸿胪的职责有三：一是诸侯王、列侯受封或其子息嗣位，或因有罪而夺爵、削地，或进京朝见皇帝时典掌礼仪，或死亡时遣使吊唁，并草制诔策和谥号，都由大行令经手处置；二是少数民族君长朝见皇帝或接受封号，或外国使臣来朝贡献等，均由译官承办礼仪和翻译事务；三是郡国派属吏进京师上计，需由大鸿胪考课与安排生活。

西汉的典属国是沿袭秦制而来，从苏武回汉后任典属国一职来看，显然是专管外事的官职。到成帝河平元年（公元前28年）六月，即"罢典属国，并大鸿胪"（《汉书·成帝纪》）。

主客曹作为外交管理机构，设置较晚。因为中外交往的频繁，大约在汉成帝时于尚书"四曹"外再加一个主断狱事的"三公尚书"，遂成五曹。但这都是尚书中的分支部门。主客曹尚书的职责是"主外国四夷事"（《汉官仪》《汉旧仪》）。

（二）外事宾馆——蛮夷邸

在汉长城内，各郡国都设立有自己的办事处，统称为"郡邸"。而汉王朝中央政府为少数民族和外国宾客专门设立有接待处，称为"蛮夷邸"。使节和内附贵族都被安置在"蛮夷邸"，商人主要活动范围还是在西市和横门大道两侧。

《三辅黄图》说"蛮夷邸，在长安城内藁街"。藁街也就是直城门大街，蛮夷邸在未央宫北阙附近。本注中有"藁街，街名。蛮夷邸在此街，若今鸿胪馆"的话，其中的"鸿胪馆"是唐代的宾客馆，同汉的蛮夷邸不在一地，而"若今"正是比附的用语。但这也说明汉蛮夷邸同管理四夷事务的大鸿胪相去不远。

宣帝时，韦贤为大鸿胪。甘露三年（公元前51年），匈奴呼韩邪单于来朝，汉接待官员先导引"就邸长安"，"其左右当户之群皆列观，蛮夷君长王侯迎者数万人，夹道陈。……单于就邸"（《汉书·宣帝纪》）。匈奴的"当户之群"列观，加上四夷数万人迎接，人数众多，安置食宿的蛮夷邸规模必然庞大。

元帝建昭三年（公元前36年），西域骑都尉甘延寿、副校尉陈汤斩杀了郅支单于，"斩其首，传诣京师，悬蛮夷邸门"（《汉书·元帝纪》）。把郅支单于的头颅悬挂在外国宾客、少数民族君长集中的蛮夷邸门上，示众的效果一定是最佳的。

二、来华的域外国家及人士类型

（一）来华的域外国家

丝绸之路的开通大大方便了中原和周边地区的联系。大量的外来民族以遣使、纳贡、经商的方式来到繁荣的汉都长安。珍宝异物进入中国，而中国的稀有物产也同时流向域外。双向的互动，促进了文化的传播。

域外国家使者来到汉都长安的有多少，他们的活动事迹以及所献方物又是如何？有学者收集有关史料制成一览表[①]，照录如下：

表16-1 西汉长安外来民族及主要事迹和所献方物一览表

来源	身份	时间	主要事迹及所献方物	资料出处
越海而来	"东海神使"	孝惠帝二年（前193年）	为惠帝答长寿之疑，随后莫知其所之。惠帝于长安城北立仙坛，名曰"祠韩馆"	《拾遗记》卷五《前汉·上》
泥离国（出扶桑之外）	使者	孝惠帝二年（前193年）	时有东极，出扶桑之外，有泥离之国来朝……其寿不可测也。至二年，诏宫女百人，文锦万匹，楼船十艘，以送泥离之使	同上
康居		武帝元光元年（前134年）	董仲舒对策曰："夜郎、康居，殊方万里，说德归谊，此太平之至也。"	《汉书》卷五六《董仲舒传》
康居		武帝元光五年（前130年）	司马相如告巴蜀民檄曰："康居西域，重译纳贡，稽首来享。"	《史记》卷一一七《司马相如列传》
渠搜国		武帝元狩六年（前117年）	渠搜国献网衣一袭。帝焚于九达之道，恐后人征求，以物奢费，烧之，烟如金石之气。（注：似原产于渠搜国西之祈沦国）	《拾遗记》卷五《前汉·上》
大夏等西域诸国	使节	武帝元鼎三年（前114年）	其所遣副使通大夏之属者皆颇与其人俱来	《汉书》卷六一《张骞李广利列传》
郅支国		武帝元鼎五年（前112年）	贡马肝石百斤	《汉武帝别国洞冥记》卷二
吠勒国（此国去长安九千里，在日南）		武帝元鼎中（前116—前110年）	贡文犀四头，状如水兕	《汉武帝别国洞冥记》卷一

[①] 赵德文：《西汉长安外来民族研究》，西北大学硕士学位论文，2010年。选自"中国硕士学位论文全文数据库"。

续表

来源	身份	时间	主要事迹及所献方物	资料出处
浮忻国		武帝元封元年（前110年）	浮忻国贡兰金之泥。……当汉时，上将出征及使绝国，多以此泥为玺封。卫青、张骞、苏武、傅介子之使，皆受金泥之玺封也。武帝崩后，此泥乃绝焉	《拾遗记》卷五《前汉·上》
大秦国		武帝元封三年（前108年）	贡花蹄牛。……武帝末，此石自陷入地，唯尾出土上，今人谓龙尾墩也	《汉武帝别国洞冥记》卷二
有祇国		武帝元封中（前110—前105年）	望蟾阁十二丈，上有金镜，广四尺。元封中，有祇国献此镜，照见魑魅，不获隐形	《汉武帝别国洞冥记》卷一
波祇国（亦名波弋国）		同上	献神精香草，亦名荃蘼，亦名春芜	同上
翕韩国		同上	献飞骸兽，状如鹿，青色	同上
西域		武帝朝（前140—前87年）	西域献虎龙，高七尺，"映日看之，光如聚炬火"	《汉武帝别国洞冥记》卷三
善苑国		同上	善苑国尝贡一蟹，长九尺	同上
胥池寒国		同上	帝舒暗海玄落之席，散明天发日之香，香出胥池寒国	同上
哺东国		同上	……纫石脉之为绳缆也。石脉出哺东国，细如丝，可缝万斤	同上
大月氏		武帝太初二年（前103年）	大月氏贡双头鸡，四足一尾，鸣则俱鸣。武帝置于甘泉故宫，更以余鸡混之，得其种类而不能鸣。以为"非吉祥也"，帝乃送还西域。未至月氏国，乃飞于天汉	《拾遗记》卷五《前汉·上》
大宛左右		武帝朝（前140—前87年）	宛左右俗嗜酒，马嗜苜蓿。汉使取其实来，于是天子始种苜蓿、蒲陶肥饶地。及天马多，外国使来众，则离宫别观旁尽种蒲萄、苜蓿极望	《史记》卷一二三《大宛列传》
宛西小国驩潜、大益	使节	同上	随汉使朝见天子，天子大悦	《史记》卷一二三《大宛列传》，《汉书》卷九六上《西域传》

续表

来源	身份	时间	主要事迹及所献方物	资料出处
安息	使节	武帝朝（前140—前87年）	汉武帝始遣使至安息，王令将将二万骑迎于东界。……因发使随汉使者来观汉地，以大鸟卵及犛靬眩人献于汉，天子大悦	《史记》卷一二三《大宛列传》，《汉书》卷九六上《西域传》，《汉书》卷六一《张骞李广利传》，《西汉会要》卷七〇《蕃夷下》"西域条"
罽宾	使节	同上	乌头劳死，子代立，遣使奉献	《汉书》卷九六上《西域传》；《西汉会要》卷七〇《蕃夷下》"西域条"
西海国	献胶者	同上	向武帝进献"续弦胶"	《博物志》卷二《异产》
因霄国		武帝太始二年（前95年）	西方有因霄之国，人皆善啸。……有至圣之君，则来服其化	《拾遗记》卷五《前汉·上》
大宛之北	胡人	武帝朝（前140—前87年）	胡人有献一物，大如狗，然声能惊人，鸡犬闻之皆走，名曰猛兽。帝见之，怪其细小，及出苑中，欲使虎狼食之	《博物志》卷三《异兽》
身毒国		同上	身毒国献连环羁，皆以白玉作之，玛瑙石为勒，白光琉璃为鞍	《西京杂记》卷二《武帝马饰之盛》
倭			乐浪海中有倭人，分为百余国，以岁时来献见云	《汉书》卷二八下《地理志·燕地》
倭		自武帝灭朝鲜	倭在韩东南大海中，依山岛为居，凡百余国。自武帝灭朝鲜，使驿通于汉者三十许国，国皆称王，世世传统	《后汉书》卷八五《东夷列传》
背明国（乐浪之东，言其乡在扶桑之东）	使节	宣帝地节元年（前69年）	贡其方物，并介绍当地物产	《拾遗记》卷六《前汉·下》
舍涂国	使节	宣帝地节二年（前68年）	贡其珍怪。其使云："去王都七万里。鸟兽皆能言语……"	同上
大月氏	使者	宣帝朝（前73—前49年）	出粟一斗八升。六石八斗四升，五石九斗四升。以食守属周生广送自来大月氏使者积六食食三升	《敦煌悬泉汉简释粹》140简，该简编号为Ⅱ0214①：126

续表

来源	身份	时间	主要事迹及所献方物	资料出处
大月氏	使者	宣帝神爵、甘露年间（前61—前50年）	客大月氏、大宛、疎（疏）勒、于阗、莎车、渠勒、精绝、扜弥王使者十八人，贵人□人……	《敦煌悬泉汉简释粹》189简，该简编号为Ⅱ0309③：97
康居诸国	康居诸国客	宣帝黄龙元年（前49年）六月	诏传□吏甘使送康居诸国客，斥候盖典副，羌……为驾一封轺传，三月辛□……	《敦煌悬泉汉简释粹》149简，该简编号为Ⅱ0114④：277
大月氏		宣帝甘露三年（前51年）至元帝朝（前48—前33年）	出粟四斗八升，以食守属唐霸所送乌孙大昆弥、大月氏所……	《敦煌悬泉汉简释粹》203简，该简编号为V1712⑤：1
康居	康居王使者杨伯刀、副扁阗，苏薤王使者、姑墨副沙囷、即贵人为匿等	元帝永光五年（前39年）	康居王使者杨伯刀、副扁阗，苏薤王使者、姑墨副沙囷、即贵人为匿等皆叩头自言，前数为王奉献橐佗入敦煌（877简）关县次购食至酒泉昆归官，太守与杨伯刀等杂平直（值）肥瘦。今杨伯刀等复为王奉献橐佗入关，行直以次（878简）食至酒泉，酒泉太守独与吏直（值）畜，杨伯刀等不得见所献橐佗。姑墨为王献白牡橐佗一匹，牝二匹，以为黄，及杨伯刀（879简）等献橐佗皆肥，以为瘦，不如实，冤。（880简）永光五年六月癸酉朔癸酉，使主客部大夫谓侍郎，当移敦煌太守，书到验问言状。事当奏闻，毋留，如律令。（881简）七月庚申，敦煌太守弘、长史章、守部候修仁行丞事，谓县，写移书到，具移康居苏薤王使者杨伯刀等献橐佗食用谷数，会廿五日，如律令。/掾登、属建、书佐政光。（882简）七月壬戌，效谷守长合宗，守丞、敦煌左尉忠谓置，写移书到，具写传马止不食谷，诏书报会廿三日，如律令。/掾宗、啬夫辅。（883简）	《敦煌悬泉汉简释粹》，此七简编联为一册，编号为Ⅱ0216①：877-883

续表

来源	身份	时间	主要事迹及所献方物	资料出处
罽宾	使节	元帝朝（前48—前33年）	罽宾王阴末赴杀（汉）副已下七十余人，遣使者上书谢罪	《汉书》卷九六上《西域传》；《西汉会要》卷七〇《蕃夷下》"西域条"
罽宾	使节	同上	以谢罪为名，通货市买。后，其使数年而一至	《汉书》卷九六上《西域传》
康居	质子	成帝朝（前32—前7年）	康居欲与汉贾市为好，遣子侍汉，贡献。然自以绝远，独骄嫚，不肯与诸国相望	《汉书》卷九六上《西域传》；《西汉会要》卷七〇《蕃夷下》"西域条"；《全上古三代秦汉三国六朝文》卷五〇"上言宜绝康居"条
越裳国		平帝元始元年（公元1年）	献白雉一、黑雉二，诏使三公以荐宗庙	《汉书》卷一二《平帝纪》
黄支国		平帝元始二年（公元2年）春	献犀牛	《汉书》卷一二《平帝纪》；《汉书》卷二八下《地理志》

制表者已经注意到，最早抵达西汉京城长安的外来民族是来自北方的草原游牧民族匈奴，因为它既是近邻又善于掠夺，中原边民和内地深受其害。战国时期、秦代中原王朝多动用军事手段驱赶。另外，朝鲜半岛北部是燕人卫满建立的"卫氏朝鲜"政权，是汉的藩属外臣，隔断了半岛南部的"三韩"（马韩、弁韩、辰韩）。武帝元封三年（公元前108年）灭卫氏朝鲜，设四郡。正因朝鲜受汉文化影响较深，同匈奴一样，没有可贡献之物，虽在汉长安城有活动，却未出现在上表之中。

汉孝惠帝二年（公元前193年）有"东海神使"韩稚越海而来，这是外国使者到达汉长安的最早记载，但并不等于最早来华的域外人。周原遗址出土的蚌雕人头像，看似欧罗巴人种的塞族人[①]，可见西周时期已有西方人来到中原。秦的杂技百戏中，有安

---

① 尹盛平：《西周蚌雕人头像种族探索》，载《文物》1986年第1期。

息、都卢寻橦一类外来节目。来自骞霄国①的画家烈裔，能"口含丹墨，喷壁即成云龙之象；以指历地，若绳界之；转手方圆，皆如规度；……画为龙凤，皆轩轩若飞"。他"刻白玉为兽，毛发若真"。（王嘉《拾遗记》）所以，西汉初年域外人来华不足为怪。张骞通西域之后，胡人、胡商到达长安者更是络绎不绝。

上表中所列域外国家，应该说只是从记载中辑录出来的，而且只限于贡献方物的活动，数量肯定少于实际生活在长安的域外人。不过，这数目已很可观。可数者有：泥离国、康居、渠搜国、大夏、郅支国、呋勒国、浮忻国、大秦国、有祇国、波祇国、善苑国、胥池寒国、晡东国、大宛、大月氏、驪潜国、大益国、安息、罽宾、西海国、因霄国、身毒国、倭、背明国、含涂国、越裳国、黄支国等。这些国家中，有的至今也弄不清在什么地方。它们多半是通过丝绸之路来向汉王朝贡献珍奇宝贝的。

（二）域外人士

长安的域外来人生活在都城，其身份主要有五种，即匈奴降臣、质子、使臣、商人、艺人。

1. 匈奴降臣

霍去病两次出兵河西击败匈奴，"杀虏数万人"，"得祭天金人"。匈奴单于怒责休屠王与昆邪王战不力，欲致死罪。二王惧，谋欲降汉。后休屠王悔，昆邪王杀之，率部4万人投降。昆邪王到长安后，汉武帝封其为漯阴侯，食邑万户，并封其裨王部将数人为列侯，赏赐"数十巨万"。投降的匈奴人众，语言不通，习俗各异，久居长安则有滋事生乱的危险。武帝便遣这些匈奴人分居陇西、北地、上郡、朔方、云中五郡地，沿其故俗，附属于汉，称之"五属国"。在昆邪王旧地设置武威、酒泉两郡，连同后来设置的张掖、敦煌两郡，合称为"河西四郡"。

汉宣帝神爵二年（公元前60年），匈奴日逐王因同单于有隙，又不得立，便率军降汉，至长安，被封为归德侯，食邑于汝南。其属下的僮仆都尉（管辖西域的最高行政长官）也从此消失。

漠北匈奴王侯贵族降附汉朝，入居京师长安者甚众。他们颇受汉朝优待，大多封

---

① 马非百在其《秦集史》一书的按语中说："骞霄一作骞涓（《渊鉴类函》三二七引），当是由霄伪消，再由消伪涓耳。《庄子》书有建德之国，《汉书·地理志》谓之黄支，《大唐西域记》谓之建志补罗国（Kanchipura）。若骞霄者岂谓是耶？"

侯食邑，子孙承袭。①仅见于《汉书·功臣表》的就有弓高壮侯韩聩当（以匈奴相国降侯）、襄城哀侯韩婴（以匈奴相国降侯）、安陵侯于军（以匈奴王降侯）、酒侯陆强（以匈奴王降侯）、桓侯赐（以匈奴王降侯）、容城携侯徐卢（以匈奴王降侯）、易侯仆黥（以匈奴王降侯）、范阳靖侯范代（以匈奴王降侯）、翕侯邯郸（以匈奴王降侯）、亚谷简侯卢它之（以匈奴东胡王降侯）、特辕侯乐（以匈奴都尉降侯）、亲阳侯月氏（以匈奴相国降侯）、若阳侯猛（以匈奴相国降侯）、涉安侯于单（以匈奴单于太子降侯）、昌武侯赵安稽（以匈奴王降侯）、襄城侯桀龙（以匈奴相国降侯）、潦悼侯王援訾（以匈奴赵王降侯）、下摩侯谬毒尼（以匈奴王降侯）、漯阴定侯昆邪（以匈奴昆邪王将众十万降侯）、辉渠慎侯应疕（以匈奴王降侯）、河綦康侯乌黎（以匈奴右王与浑邪降侯），常乐侯稠雕（以匈奴大当户与浑邪降侯）、杜侯复陆支（以匈奴归义因敦王从骠骑将军击左王，侯）、众利侯伊即轩（以匈奴归义楼剸王从骠骑将军击左王，侯）、湘成侯敞屠洛（以匈奴符离王降侯）、散侯董舍吾（以匈奴都尉降侯）、臧马康侯雕延年（以匈奴王降侯）、瞭侯次公（以匈奴归义王降侯）、开陵侯成娩（以故匈奴介和王降侯）、秺敬侯金日磾（原匈奴休屠王子）、归德靖侯先贤掸（以匈奴单于从兄日逐王率众降侯）、信成侯王定（以匈奴乌桓屠耆单于子左大将军率众降，侯）、义阳侯厉温敦（以匈奴谬连累单于率众降，侯）等33人。

西汉名臣金日磾（公元前134—前86年），字翁叔，原为匈奴休屠王太子。汉武帝元狩二年（公元前121年），骠骑将军霍去病大败匈奴休屠王、昆邪王，得祭天金人。两王惧单于治罪，谋降汉。后昆邪王杀休屠王，率众降汉。日磾与母、弟俱没于官，输黄门养马，居长安。因忠于职守，卓有成效，复迁侍中、驸马都尉、光禄大夫，入侍左右，深受宠信。汉武帝因获原休屠王祭天金人，故赐其姓为金。后元元年（公元前88年），揭发侍中莽何罗谋反，救帝于难，以功封车骑将军。武帝临终时，与大司马霍光等受遗诏辅昭帝。辅政一年，病卒，谥秺敬侯。金日磾之母，系休屠王阏氏，因教子有方，深得汉武帝的敬重。病死后，武帝诏令绘其画像于甘泉宫。

2. 质子

质子是一种特殊的人质。"文景之治"使西汉王朝经济发展，国库充盈，人民安居乐业，特别是汉武帝用兵匈奴，国威空前，出现外事活跃的场景。边疆的民族政权

---
① 张永禄主编：《汉代长安词典》，陕西人民出版社，1993年。

和域外国家纷纷来中原纳贡称臣，遣子为质便是重要的形式之一。北方的匈奴，西域的乌孙、楼兰、莎车、于阗，南国的南越，都把君主的子嗣送到汉长安作为人质。武帝元封二年（公元前109年），楼兰"既降服贡献，匈奴闻，发兵击之。于是，楼兰遣一子质匈奴，一子质汉"（《汉书·匈奴传》）。但后来楼兰王经常劫夺安息、大宛献汉的贡物，还杀汉使和外国使臣。昭帝时，傅介子刺杀了贪财的楼兰王安国，悬头于北阙，另立曾在汉为质的太子为王（《汉书·傅介子传》），足见大汉的影响力和使臣的权力。

楼兰，即鄯善国，地在今新疆罗布泊西北，汉初役属于匈奴。汉武帝遣张骞出使西域后，西域各国使者与汉使相望于道。楼兰、车师正当汉朝通西域道路的要冲，但苦于国力弱小，无力接待西汉使团，就攻劫了汉使，又几次给匈奴做耳目，使匈奴兵袭杀汉使。元封二年（公元前109年），武帝遣将军赵破奴击破车师，俘虏楼兰王并列亭障至玉门。楼兰王向汉廷降服贡献，匈奴得知后，发兵进击楼兰，于是楼兰王遣一子到匈奴为质，一子到汉朝为质。征和元年（公元前92年），楼兰王死，国人遣使来到汉廷，请质子返国，欲立为王。因质子在长安常触犯汉法，被罚下蚕室处以宫刑，所以汉朝不能送回，报称天子喜质子侍奉，不能遣还。于是楼兰更立王，汉朝又要楼兰王送质子。

自汉武帝太初三年（公元前102年）汉贰师将军李广利伐大宛后，西域诸国纷纷遣使朝贡，有的送子入侍为质，有的则遣子弟居长安。危须（今新疆焉耆东北）、尉犁（今新疆库尔勒）、楼兰（今新疆罗布泊西北）等六国子弟至长安。征和三年（公元前90年）车师降匈奴，阻汉使，武帝遣开陵侯率军击车师，并命在长安的六国子弟先归国，备牲畜、食物迎汉军，共击车师。

车师在今新疆吐鲁番一带。其地当西域要道，汉初归属于匈奴。征和四年（公元前89年），汉武帝遣开陵侯率楼兰等六国军击车师，其王降，臣属于汉。昭帝时，匈奴又占据车师，屯田于此。宣帝即位，遣五将率军击匈奴，车师又与汉恢复往来。后来乌贵继立为王，与匈奴结姻，并建议匈奴截断汉朝与乌孙的联系通道。地节二年（公元前68年），汉遣侍郎郑吉等人发兵击车师，乌贵向匈奴求救，但匈奴没有发兵，车师降汉。匈奴听说车师降汉，发兵进攻车师。郑吉发兵北上，使匈奴不敢前进。留下一侯和二十兵卒守卫车师王后，郑吉等人返回渠犁（今新疆库尔勒）。乌贵惧怕匈奴，逃到乌孙。郑吉后来又送乌贵妻子到长安，宣帝对其赏赐甚厚。元康四年（公元前62年），汉使殷广德责备乌孙擅留乌贵，乌贵诣阙，汉宣帝不计前嫌，赐予宅第，使其与妻子同居长安。

秦末，真定（今河北正定）人赵佗控制桂林郡和象郡。汉高祖四年（公元前203年），赵佗自立为南越武王，定都番禺（今广东广州）。十一年（公元前196年），汉遣使南越，册赵佗为南越王。汉武帝建元四年（公元前137年），赵佗死，其孙赵胡为南越王，派太子婴齐入长安充当宿卫。婴齐在长安娶邯郸人樛氏为妻，生子赵兴。十余年后，赵胡死，国人迎婴齐为王。婴齐上书请求立樛氏为王后，赵兴为太子。后来汉朝屡次派使者劝告婴齐去朝拜天子，但婴齐竟以有病为托词未去朝见，只遣其子次公入京充当宿卫。元鼎六年（公元前111年），因南越丞相吕嘉举兵反汉，武帝遣大军灭南越王国，并在此设置了九郡。

域外国家闻大汉之威，多遣质子入朝。武帝时，"天子使使告乌孙大发兵击宛。乌孙发二千骑往，持两端，不肯前。贰师将军之东，诸所过小国闻宛破，皆使其子弟从入贡献，见天子，因为质焉。军还，入玉门者万余人，马千余匹"（《汉书·张骞李广利传》），"宛人斩其王毋寡首，献马三千匹，汉军乃还，……杀昧蔡，立毋寡弟蝉封为王，遣子入侍，质于汉。……抵宛西诸国求（其）①物，因风谕以（代）②宛之威"，"成帝时，康居遣子侍汉，贡献"（《汉书·西域传》）。

武帝太初三年（公元前102年），贰师将军李广利征大宛，过扜弥国（又名"拘弥""扜罕""宁弥"，在今新疆于田县），将太子赖丹带回京师长安。昭帝时，赖丹为校尉，屯田轮台。

3. 使臣

从张骞打开丝绸之路这一东西方通道之后，外国使臣接连来到西汉王廷。《史记·大宛列传》载，"外国使来众"，"更来更去"，"诸使外国一辈大者数百，少者百余人，人所赍操大放博望侯时。其后益习而衰少焉。汉率一岁中使多者十余，少者五六辈，远者八九岁，近者数岁而反"。

这些"外国客"常随皇帝出行，汉武帝展现大汉的富有，借此吸引他们来华贡献奇

---

① 奇。
② 伐。

物。乌孙用一千匹良马做聘礼，迎娶汉宗室江都王刘建的女儿"江都翁主"刘细君①为"右夫人"，达成了遏制匈奴的"汉乌联盟"。安息对汉使异常友好，隆重迎接，还派使节随汉使到长安，连宛西的小国驩潜、大益，宛东的姑师、扜罕、苏薤也随汉使来献见天子。（《史记·大宛列传》）

南海诸国遣使入朝，多来贡献珍奇异物，如"黄支国，民俗略与珠厓相类。其州广大，户口多，多异物，自武帝以来皆献见。有译长，属黄门，与应募者俱入海市明珠、璧流离、奇石异物，赍黄金杂缯而往。所至国皆禀食为耦，蛮夷贾船，转送致之。……平帝元始中，王莽辅政，欲耀威德，厚遗黄支王，令遣使献生犀牛"（《汉书·地理志》）。

自秦徐福东渡，至汉时，日本尚处在绳纹时代，谈不上对天朝上国的贡献，更不可能遣使往来。武帝时，与朝鲜交流比较多。（见图16-9、图16-10、图16-11）

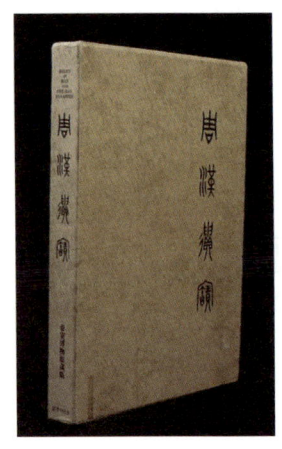

图16-9 （日）《周汉遗宝》书影　　图16-10 "乐浪礼官"瓦当　　图16-11 朝鲜出土中国漆器

4. 胡商

丝绸之路是一条远程商贸路线，往来商旅运载货物的工具主要是骆驼、马匹、毛驴、骡子一类长腿牲畜，其中以"沙漠之舟"骆驼为主。一支大型的商队往往拥有数十头甚或数百头骆驼，常年奔波在茫茫大漠戈壁，出没于绿洲之间。

---

① 江都公主刘细君作为西汉"和亲"第一人，远嫁乌孙，思念故乡，作《黄鹄歌》："吾家嫁我兮天一方，远托异国兮乌孙王。穹庐为室兮旃为墙，以肉为食兮酪为浆。居常土思兮心内伤，愿为黄鹄兮归故乡。"后再嫁猎骄靡的孙子军须靡，生一女，在乌孙只生活了五年便去世了。

在中国出现的"殊方异物"种类繁多、琳琅满目，大大丰富了王朝上层的享用，"明珠、文甲、通犀、翠羽之珍盈于后宫，蒲梢、龙文、鱼目、汗血之马充于黄门，巨象、师子、猛犬、大雀之群食于外囿"（《汉书·西域传》）。

在长安市场上有很多外来的物品，如鹊纹芝麻、无花果、安石榴、绿豆、黄瓜、大葱、番红花、胡荽、酒杯藤、罗马胶、苏合香、玻璃、海西布（呢绒）、宝石、药剂等。凡带"胡""番"字的物品，无疑都是"舶来品"。"胡瓜"（黄瓜）来自西域，"胡麻"（鹊纹芝麻）来自大宛，"安石榴"（"安息石榴"）原产于伊朗、阿富汗等国。这些商品推向长安市场，大大丰富了交易的内容，提高了城市生活的质量。

丝绸之路上的商品往来是双向的。中国西传的产品中，除过生姜、肉桂、土茯苓、大黄、漆器、竹器、铜钱之外，最重要的还是丝绸、铁和铁器。丝绸最受西方人的热爱，善于经商的康居人往往成群结队赶着骆驼，带着皮毛、香料等，来到长安换取丝绸，然后贩运到伊朗，再远涉西亚、南亚、欧洲。

在贩运大军中，除过胡商、汉商之外，汉朝的使臣往往也扮演了官商角色。他们带着大量的黄金、丝绸、牛羊同远方的塞人、大月氏人、波斯人、希腊人、印度人沟通关系，交换商货。

漫长的丝绸之路上，因商旅往来频繁、货物载重转输，沿途出现了不少的中转站。地处丝路北道和南道交会处的疏勒（今新疆喀什），就是商队西越葱岭之前的集散地。安息处在丝绸之路的中亚段要道上，长期控制着中西方的丝绸贸易。而丝绸消费大国大秦，为打破安息对丝绸贸易的垄断，曾与之发生过多次战争，甚至走海上丝路以便直接同中国交往。

开通丝绸之路，东西文化交流，彼此受益。《史记·大宛列传》中记载了一则饶有兴味的故事："宛左右以蒲陶为酒，富人藏酒至万余石，久者数十岁不败。俗嗜酒，马嗜苜蓿。汉使取其实来，于是天子始种苜蓿、蒲陶肥饶地。及天马多，外国使来众，则离宫别观旁尽种蒲萄、苜蓿极望。自大宛以西至安息，国虽颇异言，然大同俗，相知言。其人皆深眼，多须髯，善市贾，争分铢。俗贵女子，女子所言而丈夫乃决正。其地皆无丝漆，不知铸钱器。及汉使亡卒降，教铸作他兵器。得汉黄白金，辄以为器，不用为币。"

5. 艺人

在秦朝宫廷中早有外国的杂技表演，而大宛等国的使者随汉使来，贡献物品中除"大鸟卵"（可能是鸵鸟卵）外，还有"犁靬眩人"。这"眩人"（或称"幻人"），实际就是魔术师。据《史记·大宛列传》记载："加其眩者之工，而觳抵奇戏岁增变，甚盛益兴。"外国的魔术戏法、摔跤杂耍，花样翻新，不一而足。

第十七章　西汉末年的长安城

西汉末年，政治腐败、官商勾结、经济凋敝、恶棍横行，长安城内秩序混乱。

阶级矛盾尖锐，从而激起农民起义，长安城处在被破坏的劫难之中。

第一节
长安城内长期存在的社会问题

京都之地，富商豪强一旦形成社会势力，就会向政治领域渗透。当时流行过这样的谚语："以贫求富，农不如工，工不如商，刺绣文不如倚市门。"商人赚了大钱，就向高利贷方向发展。吴楚七国叛乱时，长安的列侯封君要向商人借贷。当一些商人认为胜败难料而不愿借贷时，独有毋盐氏出捐千金贷。三个月后，吴楚之乱平息，毋盐氏获得了10倍利息，成了关中的富豪，随军出征的列侯封君蒙受了极大的经济损失，这使人认识到长安高利贷者能够左右城市的经济。《汉书·货殖传》载："关中富商大贾，大氐尽诸田，田墙、田兰。韦家栗氏、安陵杜氏亦巨万。前富者既衰，自元、成讫王莽，京师富人杜陵樊嘉、茂陵挚纲，平陵如氏、苴氏，长安丹王君房，豉樊少翁、王孙大卿，为天下高訾。樊嘉五千万，其余皆巨万矣。王孙卿以财养士，与雄桀交，王莽以为京司市师，汉司东市令也。"卖丹药的或是做豆豉生意的都能挣大钱。富商用钱搭桥，竟能同贵族王莽结交，成了东市令，创造了官商勾结的第一例。

官商勾结，方便了唯利是图的商人，也给官员提供了贪污腐化的捷径。二者结合的直接影响是囤积居奇、哄抬物价。比如，木炭、苇席本是修筑帝王陵墓时的必用物资，茂陵的富人焦氏和贾氏以数千万钱买下来囤积。待昭帝暴崩修墓圹急用时，那些人就高价出售。阳城侯田延年启奏宣帝说："商贾或预收方上不祥器物，冀其疾用，欲以求利，非民臣所当为。请没入县官。"宣帝准奏。不料田延年惹恼了这些"富人亡财者"，他们花钱买通关系，揭发了田延年借给陵墓运沙之机多报运费3000万钱的罪行，终使这位不甘受牢狱之耻的昔日功臣自杀身亡。（《汉书·酷吏传》）这位曾帮助大将军霍光废除昌邑王而立下大功的功臣①，终因违法而受到惩罚。这件事说明两点：其一，虽然"非民臣所当为"的借口无理、以权力"没入县官"的行为野蛮，但商人为维护本身利益，也会官商勾结，不择手段；其二，不可否认的是，长安富商确实具有一种不可忽视的威势行为。

古代有一些行侠仗义的人，能打抱不平，也敢对抗官府。他们身上散发着一种廉洁、豪爽的人格魅力。其行为虽受到劣势群体的欢迎，但也让统治者头痛不已。他们中有些人有勇无谋，往往干出一些杀人越货、扰乱社会的勾当。所以这一群体也就演变成了长安豪猾和流氓的代表。他们的性格复杂多样，同滋事生非者混在一起，导致了城内秩序的混乱，也往往给自己招来杀身之祸。据《汉书·游侠传》载，长安的萬章住在城西柳市，号曰"城西萬子夏"。侍中诸侯贵人都争着巴结萬章。他同中书令石显的关系也不错，借助其权力而"门车常接毂"。但在成帝河平年间，王尊当了京兆尹，严厉"捕击豪侠"，萬章和做箭的张回、酒市的赵君都、贾子光等长安名豪皆因"报仇怨养刺客"而被处死。但《汉书·赵尹韩张两王传》中说："长安宿豪大猾东市贾万、城西萬章、剪张禁、酒赵放、杜陵杨章等皆通邪结党，挟养奸轨，上干王法，下乱吏治，并兼役使，侵渔小民，为百姓豺狼。更数二千石，二十年莫能禽讨。"民间传说与官方文告总有霄壤之别。

西汉末年，长安城中混乱。几个宿豪大猾竟使得京师上下不安，20年间几任京兆尹都无法治理。而城中的轻薄少年更是成群结伙，向"上息于政，贵戚骄恣"的社会现实发起攻击。在成帝永始、元延年间，"长安中奸猾浸多，闾里少年群辈杀吏，受赇报仇，相与探丸为弹，得赤丸者斫武吏，得黑丸者斫文吏，白者主治丧。城中薄暮尘起，剽劫行者，死伤横道，枹鼓不绝"（《汉书·酷吏传》）。

吏治腐败，引发报复在所难免。而盗贼趁火打劫，市场首遭攻击，"百贾苦之"，更是屡禁不绝。

长安城中的豪猾霸道、流氓滋事、盗贼疯狂，是封建统治衰败的产物，也是阶级斗争的曲折反映。作为城市的社会问题，这也钳制着这座都城统治者的生存力。

---

① 汉昭帝死时没有子嗣。大将军霍光等大臣议立昌邑王刘贺为帝。据《汉书·霍光金日䃅传》记载："受玺以来二十七日，使者旁午，持节诏诸官署征发，凡一千一百二十七事。"说的是刘贺这个不学无术的纨绔子弟，带着200多人进京即位后，天天饮酒作乐，淫戏无度，在27天之内就干了1127件荒唐之事，将皇宫闹得乌烟瘴气。鉴于昌邑王的淫乱，霍光异常忧惧，同公卿商讨废除之策，但无人敢言，而"延年按剑，廷叱群臣，即日议决"。宣帝即位，田延年以决疑定策封阳城侯。

第二节
风雨飘摇中的劫难

汉元帝以后,西汉王朝日薄西山,处于末季。政治昏暗,吏治腐败,外戚专权。把持朝政的王公贵族生活腐化,挥霍无度,使国库空虚。贪官污吏横行不法。汉平帝时,情况更趋严重,"承衰乱之后,继重敝之世",到了"自汉兴以来,诚未有也"的地步。

随着王室政权的日益腐化,劳动人民遭受的压榨、剥削也日益严重,阶级矛盾进一步激化,众多百姓被迫走上了反抗之路。

除了全国各地此起彼伏的农民起义、刑徒起义外,京都所在的关中也不太平。成帝时,儻宗领导数百人组成农民队伍在南山起义,"杀奉法吏,道路不通,城门至以警戒"。虽有弘农太守傅刚为步兵校尉率领千人"迹射士"对其进行围剿,"暴师露众,旷日烦费",也没能捕捉到在山林中坚持游击的起义者。发生在京都附近的这一起义,影响深远。"群盗浸强,吏气伤沮,流闻四方,为国家忧",就是当时形势的写照。(《汉书·赵尹韩张两王传》)哀帝元寿二年(公元前1年),"三辅盗贼群辈并起,至燔烧茂陵都邑,烟火见未央宫"(《东观汉记》)。

长安城里也出现了"群盗并兴"的反抗活动,使皇室和中央朝廷受到直接威胁。"闾里少年群辈杀吏"(《汉书·酷吏传》),"攻官寺,杀长吏"(《汉书·匡张孔马传》)。另有一些宿豪大猾,如长安东市贾万、城西萬章、剪刀商张禁、酒商赵放、杜陵杨章等结党干法,也使统治者头疼至极。

从王室祖陵重地起义,攻入京城,直捣官府,规模最大的要数阳陵的任横了。据载,平帝元始三年(公元3年),任横等人起义,建立组织,"自称将军,盗库兵,攻官寺,出囚徒"。他们从官家的武库中取出兵器武装自己并释放囚犯,主动攻打中央的各级政府机关。(《汉书·平帝纪》)任横的这次起义声势浩大,使长安城陷入一片混乱。但对发生在皇帝身边的这次武装暴动,官家的史书是不做详细记录的,只是对他们如何镇压取胜而做所谓的"正面"报道。当然,这历来是统治者抹杀对抗力量、缩小影响、歪曲真相而给自己"护面子"的普遍做法，不足为奇。

篡汉的新莽政权只是政治野心家制造出来的怪胎，同样不能挽救摇摇欲坠的西汉统治。公元22年，以绿林为主的义军，联合新市、下江、平林、舂陵等部，在淯阳（治今河南南阳市南）以复"汉"为旗号，成立更始政权，并推举刘玄为更始皇帝。随后，又有更始军攻破洛阳，一路向关中进发，推翻了更始帝。

申屠建、李松率领的西路军走武关道，早有析县（治今河南陕县西）人邓晔、于匡率百余人起兵响应，开武关迎汉军。邓晔以弘农掾王宪为校尉，率领数百人北渡渭河，入左冯翊界，降城略地。各地的大姓如栎阳申砀、下邽王大都率众随了王宪的部队。属县氂严春、茂陵董喜、蓝田王孟、槐里汝臣、盩厔王扶、阳陵严本、杜陵屠门少等人也各率数千人假号称汉将，纷纷起事。正当起义大军逼近长安城之时，王莽组织城中囚徒出城抵抗。但刚过渭桥，众囚徒即起哗变，各部士兵还挖开了王莽妻子父祖之坟，烧毁了棺椁，并把长安南郊的九庙、明堂、辟雍等礼制建筑也付之一炬，"火照城中"。十月初一，义军攻入长安宣平门，同负隅顽抗的新莽死党展开巷战。二日，长安市民朱弟、张鱼也起兵攻皇宫，"烧作室门"，"火及掖廷承明〔殿〕"。三日，愤怒的人群攻入王莽躲避的渐台，商人杜吴将其杀死并取其绶带，校尉公宾割其首级，军人们分裂其肢体。至此，结束了西汉王朝214年（公元前206—公元9年）的统治和短命的王莽新朝（公元9年—23年）。

在烈火燃烧的亡汉年代，汉长安城内的主要建筑遭到破坏。据《汉书·王莽传》记载，天凤三年（公元16年），"霸城门灾"。经发掘，南侧门道内的灰烬、碎瓦和崩塌的红烧乱土未被清除，说明此门道被毁后即废弃不用。直城门的中央及南侧两个门道内也堆积着灰烬、碎瓦和崩塌的红烧乱土，仅北侧门道供人出入。西安门西侧的门道同样也被掩盖了。

公元25年，赤眉军樊崇等率数十万人入关，立刘盆子，"遂烧长安宫室市里，害更始。民饥饿相食，死者数十万，长安为虚，城中无人行。宗庙园陵皆发掘，唯霸陵、杜陵完"（《汉书·王莽传》）。从义军烧毁南郊礼制建筑到公宾攻王莽，烧未央宫三日，并使之永远消失，再到赤眉军烧长安宫室市里，长安城就这样一步一步地遭到毁灭性的破坏。

结语

第一节
西汉长安城在中国都城史上的地位

一、选址的缜密性

在冷兵器时代，对都城位置的选择是极其慎重的。以利防守的军事地理，当然是谋划中的第一因素。为什么周、秦、汉、唐把首都放在关中？在历史进程中，曾有大量游牧部落内迁，导致西晋亡国、五胡乱华的长期不安。即使进入火器时代，金兵何以一举攻下开封，掳走了徽、钦二帝，导致北宋灭亡？蒙古骑兵的铁骑踏遍中原、吴三桂引清兵入关，岂非都城不固？

刘邦称帝，初都洛阳。娄敬劝说，晓以利害："秦地被山带河，四塞以为固，卒然有急，百万之众可具也。因秦之固，资甚美膏腴之地，此所谓天府者也。陛下入关而都之，山东虽乱，秦之故地可全而有也。夫与人斗，不搤其亢，拊其背，未能全其胜也。今陛下入关而都，案秦之故地，此亦搤天下之亢而拊其背也。"（《史记·刘敬列传》）他从军事形势和经济基础两方面分析，表明秦之故地"可全而有"，但重心还在说明"四塞以为固"的关中具有掐住天下脖子的重要性。正因为周秦立都关中，才能由此而控扼全国。刘邦采纳了娄敬的建议，立即迁都。

关中军事地位之重要，刘邦深有体会。自汉王还定三秦之后，东向争锋，灵璧败北，父母妻子成为人质；荥阳、成皋受困，广武中矢，楚汉相持，东来西往，但始终以关中为根据地。

景帝前元三年（公元前154年），发生吴楚七国之乱。皇帝所在的长安是平叛的司令台，太尉周亚夫把洛阳作为前线指挥部，而梁孝王坚守睢阳，最后打败吴楚叛军，取得彻底胜利。很明显，长安、洛阳、睢阳一线，其中地处中原的梁国无形中成了京师在关外的又一道防线。

汉武帝用兵匈奴，张骞"凿空"使商业、文化大道畅通，进而向东、西两个方向延伸。汉长安的中心地位、引领作用始终不变。

事实证明，西汉定都长安，对汉室政权的稳固与发展至关重要，是以长远的战略眼光所做出的正确选择。

二、布局的严整性

汉都长安比之秦都咸阳，虽不能完全摆脱"散点结构"，但有了城郭，不再是"以汧为秦西门，以河为秦东门"的状态。长安城内的宫殿占去全城三分之二的面积，这正是以皇权为中心的政治生态的突出表现。

虽然汉长安城内宫殿甚多，但我们以皇帝常居的未央宫为中心来看都城布局，就会发现它同周围建筑存在着一种主与次、呼与应、上与下的关系。未央宫前殿傲然挺立、居高临下，除过近侧为皇帝服务的衙署机关、后宫嫔妃居处之外，左侧是皇太后常居的长乐宫，西侧城外是建章宫，横向并列，轻重均衡。皇帝南面称尊，符合"前朝后市，左祖后社"（《周礼·考工记》）的礼制安排。鸟瞰长安城，这就牵扯出大汉都城的设计思想与轴线关系来。

中国人处世，讲究的是不偏不倚的"中庸之道"。那么，作为国君该怎么处理君与民的关系呢？荀子就曾发出这样的忠告："君人者，隆礼尊贤而王，重法爱民而霸，好利多诈而危。"君主作为万民的领袖，其所处的位置"欲近四旁，莫如中央。故王者必居天下之中"（《荀子·大略篇》）。他这种"居中"理论，既是对前代统治思想的总结，也是对都城建筑设计思想的指导。到战国末年，吕不韦更集中地概括为"古之王者，择天下之中而立国，择国之中而立宫，择宫之中而立庙"（《吕氏春秋·慎势》）。

未央宫处在汉长安城的中心位置，是西汉王朝政治中枢的所在，而大朝的未央宫前殿位于未央宫的中央，前殿中的正殿（宣室殿）作为主体建筑又处在前殿正中位置。即以未央宫前殿而言，是南北向的长方形，由正门而入，穿过前殿（外朝）、中殿（治朝，也即路寝的宣室殿）、后殿（内朝，亦即后寝），最后到达后阁，形成一条南北中轴线，由前到后，拾级而上，将峥嵘显赫的大汉威严彰显到了极致。

再以南郊的宗庙建筑群为例来看，12座单体建筑各自有一座方形院落，每个院落中的宗庙主体建筑都处在中央位置。同样，在宗庙建筑群的东边有明堂、辟雍建筑遗址。"亚"字形的主体建筑明堂位于方形院落（边长235米）的中央，院落又位于环水沟（辟雍）的中央。整体规正、庄严、一丝不苟。

以皇帝常居的未央宫为着眼点，整个都城有一条南北向的中轴线。北自横门南至西安门，再延伸穿过南郊的礼制建筑，未央宫处在中间，北段有东西两市、嫔妃宫殿与北第分列两侧，城南的宗庙与社稷分布在南段的东西两侧。居中、对称、进深，这些传统思想都在设计的轴线关系中得以实现。

由汉都长安放眼四野，令人震撼的是又有一条西汉初年设立的超长基线贯穿南北。据调查知，这条超长距离的南北向建筑基线通过汉长安中轴线延伸，北至三原县北塬的天齐祠，南至秦岭的子午谷口，总长74公里。此基线具有极高的直度与精确的方向性，与子午线的夹角仅为0.33°。[①]

穿过长安城的这条超长建筑基线，南自子午谷口向北，穿过汉长安安门大街、高祖与吕后陵中间、清峪河大回转处，北达天齐祠北口，显然具有都城本初子午线授时的作用。从都城建设的规划思想上窥视，它是汉长安城的建筑中轴线，把宫殿、苑囿、水源以及祭祀等统统纳入总体规划中来，具有重要的政治、经济、军事、文化意义。

三、对后世都城规划的影响

（一）"高台"建筑传统的延伸

战国以来，君主的主要宫殿一般都建在高台之上。齐临淄遗址有桓公台，燕下都遗址有武阳台，高可11米，面积达上万平方米。郑韩故城有梳妆台，赵王城遗址有龙台。楚纪南城遗址东侧台基竟有10座之多，呈一线排列，非常整齐。秦都咸阳遗址宫殿区多有高台夯土建筑基址，像冀阙中的西阙经过考古发掘，有三层建筑。秦始皇三十五年（公元前212年）开始修建的阿房宫前殿，前朝工程的黄土地基夯打了三年还未完工，至今仍留有高达12米的残迹！东西宽1320米，南北进深426米，总面积近55.44万平

[①] 秦建明、张在明、杨政：《陕西发现以汉长安城为中心的西汉南北向超长建筑基线》，载《文物》1995年第3期。

米。从基础工程可以看出，如果秦阿房宫建成，那将是中国乃至世界上史无前例的巨型建筑。

汉未央宫前殿继承了前代"高台"建筑的传统，更加突出了中央集权的大汉帝国"重威"思想，对后代帝都建设具有非凡的启示意义。唐含元殿是大明宫的正殿，主殿面阔十一间，进深四间，有副阶，坐落于三层大台之上。殿前方左右两侧建有翔鸾阁和栖凤阁，二阁作三重子母阙的形式，下有高大的砖砌墩台。殿两侧为钟鼓二楼，殿下有倚靠台壁盘旋而上的长达75米的龙尾道，殿、阁、楼之间有飞廊相连，整个建筑群呈巨大的"凹"字形。含元殿是皇帝举行外朝大典的场所，改元、大赦、册封、受贡等重要活动也多在此殿举行。它利用龙首山做殿基，现在残存遗址还高出地面十米有余。殿、阁、楼之间相互呼应，与龙尾道相结合，体量巨大，气势雄伟，极富震慑力，表现了中国封建社会鼎盛时期雄浑的建筑风格，是大唐建筑的杰出代表，同时也是中国集权社会时期的著名宫殿建筑。

重威的高台大殿在唐代发展到了极致，到明清两代的北京故宫，虽在平地，但增高殿基再扩展两翼、增大进深，可说是平添雄浑气势的新发展。故宫三大殿中的太和殿（俗名"金銮殿"），建于明成祖永乐十八年（公元1420年），名为"奉天殿"（1562年更名"皇极殿"）。清顺治二年（公元1645年）改称"太和殿"。其实，太和殿不是皇帝上朝处理国政的地方，而是举行重大典礼之所，如皇帝登基、大婚、册立皇后、命将出征，此外，每年万寿节、元旦、冬至三大节，皇帝都会在此接受文武官员的朝贺，并向王公大臣赐宴。所以，明清故宫的主体建筑同样是秦汉以来"高台"建筑的延续和发展。

（二）布局规划的发展与完善

纵观汉长安城，是个缺西北角的方形。东西向的南北两城墙因受地形、河流限制略有波折，而南北向的东西两城墙基本呈一条直线。这一"闭合的曲线"形成了汉都长安的外郭城，周长25公里有余，占地34.4平方公里。城内的多所宫殿都是"宫自为城"，并没有形成宫殿区。这既体现了受秦都咸阳的影响，因循旧制，不可能"推倒重来"，也反映了汉初推行黄老之术与民休息的实际。但隋唐长安城却是离开龙首山，在平地上统一规划的结果。宇文恺作为总设计师，"在一个全新的基地上，按照一个完整的平面设计和详密的规划制度营建的，布局整齐，规制严密"①。平面略呈横向的长方形，周长36.7公里，面积达74.6平方公里。城内以南北向的主干道朱雀大街为中线，把整个城区分为对称的两半，各有南北向大街5条，而且坊里相等。由此可见唐长安城不但规正，有着对称的格局，而且面积达到汉长安城的两倍多。

汉皇室的宫殿建筑占去长安城内的大部分地面，而且多处宫殿略显分散。隋唐长安城把大朝的太极宫另筑宫城，放在城内北部的中心。尽管中央衙署靠近皇帝宿办的宫城，同汉未央宫内中央衙署接近前殿有相似之处，但却是另建有皇城的，而且位居宫城之下。如此一来，唐的宫城、皇城便安排在郭城北部居中的位置，突出了"君临天下"的地位，同样是"重威"意识的体现。三重城套合，在整齐划一中更显出中轴对称之美。

在农耕社会的中国，城市居民与农民人数众多、地位低下，不是城市人群的主体。汉长安城内的居民局促在城北部狭小的一隅，而达官显宦却居住在靠近皇宫的北第和东第，高人一等。皇宫内人员的穿戴来自少府下属的织室（东织和西织），器用则出自尚方。但一般人的生活与生产资料则依赖于市场交易。汉长安城的市场设在东市和西市，集中在城内西北部的横门大道两侧。还有一些散市分布在城内和城外。但隋唐长安城的安排却非常周到而整齐。东西向的14条大街和南北向的11条大街纵横交叉，形成为数众多的封闭式的坊里。其中除过皇城、宫城和东西两市占去一定的空间外，形成108坊，占城内面积的7/8。这种棋盘式的坊，犹如诗人白居易形容的那样："百千家似围棋局，十二街如种菜畦"，它就是唐长安百万人的居住区。唐的西市和东市固然安排在郭城之内，制同汉长安，但分别集中在宫城、皇城外的西南和东南，显然是对原来"前朝后市"的根本改变。两市处在朱雀大街两侧，面积大致相等而又左右对称，在都城的整体布局上显得规整而艺术。这种安排，固然因为都城北部人口较为集中，但还是把满足皇室贵族生活之需放在第一位。虽然两市有集中的固定市场，但对百万人口的大都会来说，还是多有不便。于是，随后又有中市（安善坊和大业坊北半部）、南市、新市（芳林门南）。

王莽改制，把礼制建筑放在汉长安城南，以未央宫前殿、西安门为中轴线，左祖右社分置两侧，颇显严谨。唐天坛处于长安城南，明清天坛虽在北京城内，但位于故宫外

---

① 张永禄：《唐都长安》，西北大学出版社，1987年。

的东南。可见祭天于南郊，历代是一致的。

（三）南面称孤

对于汉长安城的朝向问题，学者的看法有分歧，有"朝北""朝东""朝南""先东后南"等多种说法，固然各自成理，但也不尽完满。

判断汉长安城的朝向，凭借的资料根据有很多矛盾的现象。如果按"阙"的有无来定向，可见宣平门、清明门、霸城门三座城门外有阙，而其他三面无阙，可以说是"城向朝东"。但若论宫阙，如未央宫和建章宫既有东阙又有北阙，而长乐宫有东阙还有西阙，可见汉长安城的城阙和宫阙的朝向不一，而且同一宫殿的阙向也并不一致。即以陵阙而言，从汉景帝阳陵起，以后的武帝茂陵、昭帝平陵、宣帝杜陵、元帝渭陵、成帝延陵、哀帝义陵、平帝康陵，在陵城的四面都有阙。那么，如果以阙所处的位置说明其"作用与影响"是可以的，但以"重要性"来判断朝向，看来还是难以成立的。

"阙"始称"象魏"，出现于先秦时期，是立于城门和宫门外的一对多层建筑物，故而有"城阙"（又称"门阙"）、"宫阙"的称呼。阙设于"门两旁，中央阙然为道"（《释名·释宫室》），是出入人流最多的通道，君主往往于此处公布法令、告示于民，以便于观瞻，因此又把阙直呼为"观"或"门观"（《说文解字》）。凭借此间的地理优势，阙往往建造得十分高大，体量与形制也较为特殊，从而达到区别君臣尊卑的目的，同时也警示入朝的臣下到达宫禁之地应当恭敬严肃。秦孝公任用商鞅变法，为什么"作为咸阳，筑冀阙，秦徙都之"（《史记·秦本纪》）？连商鞅本人也一再夸示自己"大筑冀阙，营如鲁卫"（《史记·商君列传》）。由此可见，把"筑冀阙"作为先期工程和国君权威的标识，其政治作用和历史意义在秦孝公和商鞅的意识中不是很清楚吗！

用轴线定向可行，但要根据情况区别对待。秦汉帝陵的东墓道一般比其他方向的墓道长而宽，学者们由此认为墓向朝东。秦始皇陵东墓道长，东司马道两侧有陪葬墓、马厩坑、兵马俑坑，都显示着"东向"的特征。同样，轴线关系反映出西汉帝陵也是坐西面东的。但始皇陵园是南北向的长方形，礼制建筑在北部，封土在南部，又符合"前朝后寝"之制，这同"东向"又发生矛盾。我们如果把秦汉帝陵东西向轴线搬到汉长安城来，固然直城门内大道向西通建章宫，向东过未央宫、长乐宫、霸城门，形成一条东西向的轴线，但却同大朝的未央宫前殿、桂宫、北宫等多座南向的宫殿发生了矛盾。所以，由这条轴线确定汉长安坐西面东的看法似乎也难以成立。

都城是国家政治中枢的所在地，中央集权制的皇帝至高无上，因此都城方向与朝宫的方向应该保持一致。

《周易》有"圣人南面而听天下，向明而治"①（《说卦》）的话。马王堆汉墓出土帛书《周易》，《系辞》中就包含有《说卦》的这一段，可见在西汉初期之前，君主"南面而王"的意识与安排早就确立。之所以如此选择，当然同中国处在北半球、面南、向阳有关。天子坐北朝南，处在尊位，所以孔子劝盗跖说起"三德"时曰："凡人有此一德者，足以南面称孤矣。"②燕昭王时伐齐，乐毅为上将军，经过五年，攻下临淄等七十余城，唯独莒和即墨两县城久攻不下。这时，燕昭王去世，燕惠王继位。齐国的守将田单知道燕惠王与乐毅不和后，便采用了反间计。他派人向燕王进谗，说："齐城不下者两城耳。然所以不早拔者，闻乐毅与燕新王有隙，欲连兵且留齐，南面而王齐。齐之所患，唯恐他将之来。"早已怀疑乐毅的燕惠王果然中计，就撤换了乐毅，以骑劫代将，从而导致了燕的失败。（《史记·乐毅列传》）

《汉书·艺文志》："道家者流，盖出于史官，历记成败存亡祸福古今之道，然后知秉要执本，清虚以自守，卑弱以自持，此君人南面之术也。"要"君人南面""南面而王"，还得懂"南面之术"。当然，这些都是人们早已熟知的成语，并非后起之事。它的近义词还有"南面称孤""南面称尊"等等。那么，朝拜皇帝者，也就只能"北面称臣"了。

秦都雍城处于雍水河之阳，朝寝建筑无论是早期的还是后期的，一律面南。宗庙布局按照昭穆之制，坐北朝南。同样，秦都咸阳的冀阙宫城和阿房宫前殿建筑遗址都显示出坐北面南的特征。汉长安城中的未央宫前殿，作为皇帝大朝的正殿，平面作南北方向的长方形，由南而北，拾级而上，充分展现出"南面称孤""北面称臣"的威严之势。

朝宫面南即都城南向的标识。至于汉长安城东面三门的城阙，未央宫有东阙和北阙，或其他方向的宫阙，都是从实用出发而设立的，同礼制没有关系。汉长安"南向东出"或北出，都是以地理方便为原则。所以把都城朝向与实用原则分开，应是辨识的基础。另外，陵墓朝向与传统习惯有关系，也应同判断都城的方向有所区别。如秦

---

① 周振甫：《周易译注》，中华书局，1991年。
② 王先谦撰：《庄子集解》，中华书局，1987年。

始皇陵坐北朝南，但南门外是向骊山的山前洪积扇。朝东走，合乎秦人朝东的"西首葬"习惯，但去都城咸阳则要绕个大圈子，很不方便。出陵园北门，是一条直接驰道的陵北大道，正是人们习惯又方便通行之路。唐人杜牧有"骊山北构而西折，直走咸阳"的诗句，不就是长久走捷径的旁证吗？而且陵园北部西侧有寝殿、便殿遗址，当年院落重重，有着"前朝后寝"的安排。"朝南、东向、北出"成了秦始皇陵园方向的特点。

第二节
西汉长安城的国际地位与影响

一、开辟丝绸之路，方便中外文化交流

（一）双向交流成果概述

自汉武帝驱逐匈奴、张骞出使西域，丝绸之路的开辟，扩展了中国人的视野，使中国在两千年前就同中亚、西亚、东南亚以及欧洲、非洲、美洲等地区发生了物质和精神文明交流，这不仅丰富了丝绸之路沿线各个民族、国家的物质生活，还对其社会结构和文化进步产生了重要影响。

（二）物质文化交流

秦汉之际，中国的冶铁技术沿着丝绸之路传入中亚，提高了当地的农业劳动生产率，加速了手工业的发展，为西方商品经济的出现及发展提供了物质基础，促使其更快地进入了铁器时代。中国的水利灌溉技术传入中亚后，改变了该地区的旧有面貌，有力地促进了当地灌溉农业的发展，大大提高了这些地区的农作物产量。中国的凿井技术传到塞北，继而传入中亚、西亚，至今仍为当地人民的生活提供便利。

汉代，粳稻经海路传到菲律宾，后经伊朗依次传到西亚、非洲、欧洲，最后传到美洲以至于全世界。陆续传去中亚的，还有白菜、韭菜、芹菜、芋头等作物种子。

汉朝初通西域，除了丝绸之外，还有漆器和铁器等输出；唐朝时，瓷器成为丝绸之路上重要的输出物产。此外，黄连、肉桂、生姜、土茯苓等中药原料及无患子、桑树、马鞍、铜合金等都在不同时期以各种途径陆续西传。

张骞出使西域，带回了一些中原没有的物种，其中以葡萄、苜蓿最为知名，还有安石榴、黄蓝（红花）、蚕豆等。还有很多带有"胡"字的农作物，如胡麻、胡桃、胡

豆、胡椒、胡瓜、胡蒜等。此外，从西域传来的香料成品也很多，如阿拉伯的乳香，索马里的芦荟、苏合香、安息香，北非的迷迭香，东非的紫檀等。明清时期通过东南亚传入中国的还有玉米、南瓜、甘薯、番茄、烟草等。域外农作物传入中原，不但丰富了我国农作物的品种，在不同程度上影响了华夏民族的饮食结构，而且深刻地影响了饮食文化的内容。

传入中原内地的珍禽异兽有西域的汗血马，有来自中亚和非洲的羚羊、狮子、鸵鸟、斑马、长颈鹿等。其中一些动物已成为帝王陵园的石刻形象。据记载：条支出狮子、犀牛、孔雀、大雀。和帝永元十三年（公元101年），安息王满屈献大鸟，世谓之"安息雀"。"永元六年，郡徼外敦忍乙王莫延慕义，遣使译献犀牛、大象。"许多稀有动物也随朝贡而传入中原，在很大意义上影响了我们今天的生活。

（三）思想文化艺术的交流

1. 佛教

当我国处在春秋晚期，与儒家学派的建立者孔子（公元前551年—前479年）同时的尼泊尔王子乔达摩·悉达多（公元前563年—前483年，即释迦牟尼）创立了佛教。佛教经过三百年的传播，通过"西域道"东渐到秦。印度孔雀王朝的阿育王从杀戮中皈依佛门，积极传播佛教。当时，已有印度的沙门室利房等十八人来到秦都咸阳，"赍持佛经来化始皇"，而且中国也有了和尚——"羡门"①。

西汉时，佛教通过丝绸之路传入天山以南及河西走廊一带，这里高僧辈出，传教译经之风盛极一时，修寺凿窟成风，龟兹、高昌、敦煌、凉州成为著名的佛教圣地和传播中心。哀帝元寿元年（公元前2年），大月氏国王使者伊存到长安，曾给一位名叫景卢的博士弟子口授佛经。佛教的东来给中原固有文化以很大的冲击，对中国文化和中国人文精神层面产生了广泛而深远的影响。

2. 乐舞

随着丝绸之路的开通，中原的音乐艺术同西域各国的文化相互交流，相互吸收，互相丰富着彼此的文化内容。西域传入中国的乐曲、乐器、音乐家等统称为"四夷之乐"。其中，乐器有如下几种：

箜篌：武帝征服南越后，由南亚传入。

---

① 马非百：《秦始皇帝传》，江苏古籍出版社，1985年。

琵琶：源于美索不达米亚地区，有两弦。汉代由龟兹改进的曲项琵琶、五弦琵琶传入中原，改为四弦。汉武帝元封六年（公元前105年）江都王刘建女细君远嫁乌孙昆弥时，带的三弦琵琶或称为"秦琵琶""阮咸"，显然是中原的改进品。

觱篥（又名"觱栗""筚篥""竖笛"）：属簧管乐器，形似笛，由西亚或印度传入中亚，汉代传入中国。

胡笳：形似觱篥而无孔，有大小之分，传说是张骞自西域带回。东汉末年，蔡文姬有《胡笳十八拍》。

胡角（又名"横吹"）：来自西域，李延年改编成"鼓角横吹"。

秦代已经设立有乐府，汉武帝扩大了乐府机构，任命李延年为协律都尉，光乐府中的乐工、舞人就有800余名。李延年大力采集民间乐舞，记录了吴、楚、燕、代、齐、郑等地歌诗314篇。

张骞出使西域回到长安时，又带回了经于阗、龟兹乐改编而成的佛曲《摩诃兜勒》，李延年因此胡乐更造新声二十八解。

张骞通西域，西域舞蹈大量进入中原，成为人们喜欢的娱乐形式。汉画像石上就有胡人表演杂技、幻术和鼓舞的形象。汉代的《盘鼓舞》既有飘逸美妙的舞姿，又有高超复杂的技巧，使中原的优美典雅和西域的热烈奔放相互交融，形成了汉代舞蹈审美的特征。这个舞蹈在六朝时期就已湮没无闻，直到近几年才发现在安徽、陕西的民间尚有流传。

3. 服饰

汉服的基本特征是交领、右衽、系带、宽袖的深衣之制。战国时期，赵武灵王"胡服骑射"开了中原着外服的先例。

胡人具有深目、高鼻、披发的特征，其头戴尖顶帽，着圆领、左衽、窄袖、束腰的长衣，这是胡人最典型的打扮。在汉画像石中往往可以看到胡人牵着骆驼，骑着大象。

东汉末年以后，不断迁居中原的少数民族有匈奴、鲜卑、羯、氐、羌等。经过与汉族人四百年左右的通婚杂居，各族相互学习，生活互补，到北朝末年，胡汉差异逐渐消失。"胡人汉服"与"汉人胡食"体现着民族间的相互影响，真正实现了各民族的大融合。

4. 杂技表演艺术

有些胡人因为擅长乐舞百戏而成为职业的乐师或舞者。见诸《汉书》的乐舞百戏有巴俞乐舞、都卢寻橦、鱼龙曼衍等多种。内地杂技在吸收了西域的杂技后，从内容到表演形式更加丰富多彩。

5. 杂用

胡汉之间生活习惯在逐渐融合。《后汉书·五行志》载："灵帝好胡服、胡帐、胡床、胡坐、胡饭、胡空侯、胡笛、胡舞，京都贵戚皆竞为之。"上有所好，下有所效。精彩的胡人画像石刻正反映了时代的风潮。

二、汉都长安在丝绸之路上的历史地位与作用

汉武帝以都城长安为司令台，派张骞出使西域，打通丝绸之路，使得中外文化有了交流的平台，彼此受益成就双赢。汉长安的历史地位，无论是中国哪个城市都不能取代的。

汉都长安在丝绸之路上的历史地位与作用表现在以下几个方面：

（一）丝绸之路的起点

从先秦以来，域外人士陆续来到华夏大地，中原人士也有远足洪荒之地的。虽说《山海经》被认为是一部荒诞不经的志怪古籍，但如果抛开其"奇书"外衣，毕竟还是值得重视的一部有价值的早期地理著作。"海经"分为"海外"与"海内"各三经，另有"大荒"四经，其中提到的一些海外国家不见得都是凭空杜撰。美国有学者通过实地踏勘，竟惊奇地发现美国中部和西部的落基山脉、内华达山脉、喀斯喀特山脉、海岸山脉的太平洋沿岸，与《东山经》记载的四条山系走向、山峰、河流、动植物、山与山的距离等完全吻合。举此例的目的在于说明，远在三四千年之前，地球上的人迈开步子有来有往，谁能说丝绸之路上没有中原与域外的人在走动？晋人郭璞在其所注《穆天子传》中记载，周穆王在公元前963年曾携带着丝绸、金银等贵重物品，西行至里海沿岸，然后又将和田玉带回中原。周原遗址出土过西方人的蚌雕像，秦时烈裔来华、临洮大人的记载不见得是空穴来风。

虽然丝绸之路是沿线各国共同促进经贸发展的产物，但张骞毕竟从长安出发，两次踏着前人的足迹走向远方，开辟了中外交流的新纪元。从此之后，官方出面保障了商旅、使臣、幻人的常态往来。尽管在漫长的历史时期因战乱等出现过时通时断的情况，但毕竟没有彻底阻断丝绸之路的通达。那么，汉长安作为丝绸之路的发端地，其"起

点"的历史价值是不容否定的。至于古都洛阳、开封，那只能是张骞开辟丝绸之路后由长安外延后出现的商城罢了。

（二）丝绸之路辐射的中心

以汉长安为中心，丝绸之路向东延伸，把洛阳、开封以至朝鲜半岛、日本串联了起来。西段至法国、荷兰。南下广州，由雷州半岛走海上，西去缅甸、印度、意大利、埃及，或更远的西方世界。

这条东西通路将中原、西域与阿拉伯、波斯湾紧密联系在一起。经过几个世纪的不断努力，丝绸之路向西伸展到了地中海，成为亚洲、欧洲和非洲各国经济文化交流的友谊之路。

（三）农副产品的推广示范中心

丝绸之路开通后，域外的珍奇宝物进入长安，皇室是第一大享用群体。而同国计民生有关的作物，如葡萄、苜蓿、胡桃和各种蔬菜等，先种植在皇室园林里，随之向民间传播，面积扩大，产量提高，成了广大百姓不可或缺的食品。在这个自上而下、由点及面的普及过程中，汉长安显然成了推广示范的中心。

（四）商贸活动中最大的驿站与批发中心

通过丝绸之路贩运而来的货物，无论是东去还是南下，汉长安都是最大的停靠点。当然，除了作为货物集散地之外，还有相当一大部分商品被推向长安市场销售。

（五）中外文化交流的中心

丝绸之路开通后，域外来人的成分很杂，既有商人，也有中外使臣、宗教人士（僧人、传教士）、身怀绝技的艺人、旅行家、冒险家、文人学士、士兵等。中国的儒家文化、道家文化及域外的各种文化（印度文化、波斯文化、阿拉伯文化、古希腊文化和古罗马文化）在长安发生碰撞，经过交流、切磋，取长补短，达到融通。

三、中外文化交流中的几座商城

陆上丝绸之路从长安出发西行，经过河西走廊、新疆地区，出帕米尔山，一路经中亚阿姆河与锡尔河之间的乌兹别克斯坦和土库曼斯坦，另一路经过克什米尔地区，分别进入巴基斯坦和印度。从巴基斯坦白沙瓦经过阿富汗的喀布尔，西行经伊朗北部的马哈德、番兜城（达姆甘与沙赫鲁德之间）、德黑兰、阿蛮（哈马丹）、克尔曼沙阿，再过伊拉克的巴古拜、斯宾，沿幼发拉底河上溯，至叙利亚的阿勒颇、大马士革。西北行，到土耳其阿达纳（地中海北岸）、科尼亚。再西北行，到达东罗马帝国的首都君士坦丁堡（伊斯坦布尔）。丝绸之路从长安至此，可以说是到了亚洲的终点，全长7000公里。由君士坦丁堡起，乘船可远涉欧洲或非洲。

丝绸之路沿途驿站颇多不便介绍，今选域外几座大的商城做一介绍，以便了解丝绸之路上的文化交流情况。

（一）君士坦丁堡

君士坦丁堡即今土耳其的第一大城市伊斯坦布尔，位于欧洲巴尔干半岛东端马尔马拉海西北岸上。马尔马拉海南端出口叫达达尼尔海峡，北端出口叫博斯普鲁斯海峡，总称黑海海峡，又名土耳其海峡。伊斯坦布尔地当博斯普鲁斯海峡南口的西岸，居欧、亚、非三大洲的交通要冲，是世界上唯一地跨两个大洲的大都市。正因这里扼控着黑海与地中海之间的"黄金水道"，其战略地位极其重要。

希腊人战胜腓尼基人之后，于公元前658年建城，始称"拜占蒂翁"（拉丁名为"拜占庭"），成为古希腊的殖民城邦之一。公元前150年，拜占庭成了罗马帝国边缘地区一个自由朝贡的城市。罗马帝国在3世纪经奴隶起义的打击，处于崩溃的边缘。君士坦丁大帝于公元330年把这里作为东罗马帝国的首都，正式改名叫君士坦丁堡（又译作"康斯坦丁堡"），别称"新罗马"。1453年成为奥斯曼帝国首都，称伊斯坦布尔。1923年，土耳其共和国成立时将其作为首都，独立战争期间才迁都到安卡拉。

自拜占庭建立以来，其所处的地理位置使君士坦丁堡成为一个巨大的国际贸易市场。马克思曾形容它是"奢侈和贫困的主要中心"[1]，同时也是"广泛的贸易中心"[2]。据材料显示，君士坦丁堡城市作坊店铺林立，商号钱庄相邻，店铺分区设立，鳞次栉比。东西方的商人有着各种肤色、身着不同服装、使用各种语言，交易和交流非常活跃。君士坦丁堡商业经济异常发达：东面有来自波斯、印度和中国的香料、香水、宝石、稀有金属、檀香、麝香、樟脑、生丝、棉花、丝绸和精美的羊毛织品等特产，再从这里经由地中海转运到巴尔干半岛以及西欧和北非各地；西面、北面有来自东欧和北欧乃至西欧地区的谷物、咸鱼、蜡、毛皮、食盐、蜂蜜、鱼子酱、琥珀、铁、铜，甚至是

---

[1] 中央编译局马列著作编译部译：《卡尔·马克思历史学笔记》，中国人民大学出版社，2005年。
[2] 马克思、恩格斯：《马克思恩格斯全集》（第九卷），人民出版社，1976年。

奴隶等商品，再转运到世界的其他地方。君士坦丁堡出口的商品，是布匹、金银制品、雕刻的象牙、玻璃、玛瑙杯子、花瓶、镶嵌物、水果以及醇美的佳酿和其他特制的奢侈品。君士坦丁堡繁荣的商业和贸易促成了东西方深入交流和广泛沟通的局面的形成。

在土耳其仍保存有很好的丝路客栈，使人可以看到丝绸之路亚欧中转站的情况。今日的伊斯坦布尔仍是土耳其经济、文化、金融、新闻、贸易、交通中心，也是世界著名的旅游胜地。（见结语图1）

结语图1　君士坦丁堡今昔

（二）亚历山德鲁波利斯

公元前334—前324年，马其顿王国的国王亚历山大大帝（公元前356—前323年）对东方的波斯等国进行了掠夺性的远征——亚历山大东征，促进了横跨亚、非、欧三洲的古希腊文明与东方文化和经济的交流。一百多年之后，张骞出使西域，正式开通了这三大洲间的商路。

昂贵的丝绸换取了罗马帝国大量的黄金与白银。他们既喜爱丝绸，又舍不得财政支出，就极力想知道丝绸是从哪里来的。有人说丝绸是安息人制造的；有人说是"赛里斯"人用梳子从树叶里摘取的。直到和东方接触之后，罗马人才知道丝绸并不是安息人制造的，而是来自东方的一个国家。但是波斯人控制着亚欧大陆丝绸贸易，他们将丝绸高价转手卖给罗马人，价格贵如黄金。罗马人想绕过这种高价垄断经营，从海上去印度购买丝绸。东罗马联合突厥汗国征讨波斯，交战20年之久，不分胜负，这就是西方历史上著名的"丝绸之战"。

在亚历山大时代之后，公元555年，受查士丁尼大帝派遣的两名在中国传播景教的传教士成功地将中国的蚕蛹偷运到君士坦丁堡，从此罗马终于有了自己的蚕丝业。

据普罗科匹厄斯《哥特战纪》记载，公元6世纪，拜占庭帝国的查士丁尼皇帝接待了两位来自印度的僧侣。他们声称自己曾在一个叫塞林提亚的地方生活过一段时间，知道小虫子吐丝的情况。后来，这两位僧人返回塞林提亚，把一批蚕卵带到了拜占庭。从此以后，罗马人开始有了丝绸的生产。地中海沿岸的气候特别适合于蚕种的生长，于是这项掌握在中国人手里近千年的技术终于被西方所获得。但是，丝绸太贵了。查士丁尼执政年间颁布了一项法律，严禁每磅丝绸的价格高于8个金宝石（折合各含4.13克黄金的8个苏），他提出的惩罚办法是将违犯者的财产全部没收充公。而实际上丝绸的售价无法控制，有时每磅丝绸价格达72个金苏，全用皇家染料所染的丝绸甚至暴涨到每盎司24个金苏以上。就算是罗马贵族也无法拥有一件纯丝绸的衣物。丝绸只能作为装饰品镶嵌在内长衣的边上，或者刺绣之后缝在亚麻或棉布长衣的前襟，或者将丝绸小心地拆开，抽出丝线用来织成更薄的织物。直到两个世纪之后，罗马皇帝才能穿上整套的丝绸衣服。

塞林提亚在什么地方呢？多数学者认为应在中亚某地，是一个已经向中国学会丝绸生产技术的西域王国。巧的是，玄奘《大唐西域记》卷十二有以下一段文字：

> 王城东南五六里，有麻射僧伽蓝，此国先王妃所立也。昔者，此国未知桑蚕，闻东国有之，命使以求。时东国君秘而不赐，严敕关防，无令桑蚕种出也。瞿萨旦那王乃卑辞下礼，求婚东国。国君有怀远之志，遂允其请。瞿萨旦那王命使迎妇，而诫曰："尔致辞东国君女，我国素无丝绵桑蚕之种，可以持来，自为裳服。"女闻其言，密求其种，以桑蚕之子置帽絮中，既至关防，主者遍索。唯王女帽不敢以检。遂入瞿萨旦那国，止麻射僧伽蓝故地，方备仪礼，奉迎入宫，以桑蚕种留于此地。阳春告始，乃植其桑，蚕月既临，复事采养。初至也，尚以杂叶饲之，自时厥后，桑树连荫。王妃乃刻石为制，不令伤杀，蚕蛾飞尽，乃得治茧，敢有犯违，明神不祐。

引文中的所谓"东国",当然指的是中原政权。"瞿萨旦那",很多学者以为是西域的和阗。那么,和阗是否就是印度僧侣说的塞林提亚呢?实际上,塞林提亚是西方人对中国西域的统称,像斯坦因在1921年出版的《西域考古图记》中就将西域译作"塞林提亚"。据史料载:武帝曾两次派遣宗室女细君、解忧同乌孙结亲,并没有嫁女和阗。无论怎样,中原养蚕制丝有着悠久的历史,西传东罗马也属事实。(见结语图2)希腊的丝织业毕竟发展起来,在规模化生产的今日仍能体会到它同古丝绸之路的渊源。

结语图2 金蚕
(石泉出土,藏于陕西历史博物馆)

位于希腊东北与土耳其接壤处的亚历山德鲁波利斯占据着海上和陆地丝绸之路相交的"十字路口",具有重要的战略性地位,从东至西连接着欧洲和亚洲,受古丝绸贸易要道的影响,发展成为希腊的"丝绸之城"。在希腊,种桑、养蚕和生产丝绸的城市很多,塞萨洛尼基是香料和丝绸贸易枢纽;科扎尼是全球四个出产番红花的地方之一。在丝绸之路通商之后,希腊番红花作为重要贸易产品被商队运送到中国,并以此换取丝绸;雅典附近还是蚕丝的生产中心;伯罗奔尼撒以及爱琴海诸岛都有丝织品的生产。

(三)罗马

罗马是罗马帝国的首都。张骞通西域后,中国人所言的"大秦"一般被认为是罗马,实际上是叙利亚延至埃及,这一地区已经在罗马帝国的控制之下。我这里所说的罗马就指罗马帝国的都城罗马。

公元前53年,古罗马三巨头之一的罗马执政官克拉苏率领4万人的军团进攻安息帝国(位于今天的伊朗地区),越过幼发拉底河追击安息军队。安息人诱敌深入,在沙漠深处的卡尔莱展开了包围战。安息军队突然亮出一幅幅巨大的军旗,轮番挥舞,沙沙作响。罗马人以为是天神下凡,慌乱中一个个成了安息人的刀下之鬼,阵亡将士2万余名,被俘1万余人。经西方史学家考证,安息的军旗是用中国丝绸制作的。罗马军队虽遭到有史以来最惨的一次失败，但也第一次见识了中国那艳丽夺目的丝绸。

公元前30年，罗马军队在屋大维率领下，通过亚克兴之战，占领了埃及。屋大维成了罗马帝国的最高统治者，被尊为"奥古斯都"。恺撒大帝统治时期的罗马帝国地跨欧、亚、非三洲，极为强大，政治上统一，经济上繁荣，文化、艺术、建筑等领域也都达到了一个繁荣的高峰。与此同时，东方有强大的西汉王朝，其出产的丝绸使沉溺在奢侈享受中的罗马上层社会倾心不已。有一次，恺撒大帝穿一袭丝绸长袍出现在剧院，光彩鲜亮，引得全场轰动。因为当时一般的罗马人穿粗毛布制作的露着臂膀的披风式长衫，只有贵族才能穿轻柔透明、亚麻织造的麻衣。而麻衣与绸衣有着天壤之别，贵族们惊羡不已，竞相高价购买中国的丝绸。即使一磅高级丝绸料子（约1丈）值12两黄金，他们也在所不惜，出手大方。

中国的丝绸自古都长安出发，经中亚国家阿富汗、伊朗、伊拉克、叙利亚等到达地中海，经过6000多公里的长途跋涉，最后运抵罗马。中国丝绸受到罗马朝野上下的追捧，社会各层人士都以穿丝绸衣服为时尚。

史载，在罗马城的豪华市区，还设有专售中国丝绸的市场。公元92年，罗马皇帝图密善专门修建了储藏中国丝绸的仓库。可以说中国的丝绸装扮了整个罗马社会，在古罗马的石刻、陶器、绘画作品中，都能看到穿着质料柔软的透明长袍的人物形象，那衣服就是丝绸做的。雅典卫城巴台农神庙的女神像，意大利那不勒斯博物馆收藏的酒神巴克科斯的女祭司像，衣服都飘逸动人、轻薄透体，正是希腊罗马时代丝绸服装的真实反映。（见结语图3）

中国丝绸使罗马帝国的贸易逆差迅速扩大，每年进口中国丝绸的货款竟然高达10万盎司黄金。罗马帝国曾制定法令禁止人们穿着丝绸，连奥利

结语图3 身着丝绸服装的罗马人

连皇帝（公元161—181年）也带头不穿丝绢袍服，并禁止贵族穿戴丝织物。然而长期以来罗马社会已经奢侈成风，禁绝丝织物的法令毫无作用。

罗马进口的中国丝绸都是由波斯商人转销的，自己并无定价权。东罗马皇帝查士丁

尼为了摆脱波斯人高价垄断经营，于公元571年同波斯展开了一场长达20年之久又不分胜负的丝绸之战。罗马与波斯断交，致使丝绸奇缺，丝价飞涨。于是，查士丁尼皇帝就自谋制丝之路。

一名到过东方的传教士曾将蚕种和桑籽藏在竹杖之中，历时一年赶回罗马。罗马人将蚕种埋入地下，又将桑籽放在怀中孵化。印度僧人听到此笑话后，才把真正养蚕的方法教给了罗马人，从此欧洲各国也逐渐开展养蚕业。13世纪，丝绸纺织技术在意大利开始发展成熟，14世纪卢卡成了意大利的丝绸纺织中心。

四、世界应该铭记西汉长安的历史功绩

丝绸之路开通于两千多年前的西汉时代，始于长安，横跨亚、非、欧，是人类历史上的壮举。它不仅仅是一条商贸之路，还是一条文化之路、友谊之路。这，就是对它的历史定位。

西汉长安具有极其重要的历史意义：

第一，中西生产技术交流促进了社会的进步。最早是中原的铸铁冶炼、凿井等技术传入西域，后有丝织、火药、印刷术、瓷器、茶叶的西传，大大促进了西方社会生产水平的提高和经济的发展。

第二，西域的各种农作物以及动植物等特有品种流入中原，扩大了中国人的食物来源，丰富了人们的日常物质生活。

第三，促进了中原与西域的文化交流，极大地促进了民族的融合。西域各国纷纷派使节来汉，密切了中原王朝与西域的政治联系，为以后汉唐对西域进行行政管理打下了基础，对中华民族的统一起了巨大的作用。

第四，首次打通了中国文化外传的道路，将沿途各个国家联系起来，使古老的中国文化、印度文化、波斯文化、阿拉伯文化、古希腊文化和古罗马文化有了融合的机会，大大促进了东西方文明的交流与发展。

第五，使世界认识了悠久的、辉煌的中华文化，确立了汉字、汉人、汉文化的世界地位。

参考文献

[1] 司马迁. 史记 [M]. 北京：中华书局，1959.

[2] 班固. 汉书 [M]. 颜师古，注. 北京：中华书局，1962.

[3] 王国维. 水经注校 [M]. 袁英光，刘寅生，整理标点. 上海：上海人民出版社，1984.

[4] 赵岐，等. 三辅决录；三辅故事；三辅旧事 [M]. 张澍，辑. 陈晓捷，注. 西安：三秦出版社，2006.

[5] 何清谷. 三辅黄图校注 [M]. 西安：三秦出版社，1995.

[6] 潘岳. 关中记 [M] // 王谟. 汉唐地理丛钞. 北京：中华书局，1961.

[7] 葛洪. 西京杂记 [M]. 北京：中华书局，1985.

[8] 贺次君. 括地志辑校 [M]. 北京：中华书局，1980.

[9] 程大昌. 雍录 [M]. 黄永年，点校. 北京：中华书局，2002.

[10] 顾祖禹. 读史方舆纪要 [M]. 贺次君，施和金，点校. 北京：中华书局，2005.

[11] 李吉甫. 元和郡县图志 [M]. 贺次君，点校. 北京：中华书局，1983.

[12] 李好文. 长安志图 [M]. 辛德勇，郎洁，点校. 西安：三秦出版社，2013.

[13] 李健超. 增订唐两京城坊考 [M]. 西安：三秦出版社，1996.

[14] 乐史. 太平寰宇记 [M]. 王文楚，等点校. 北京：中华书局，2000.

[15] 徐坚，等. 初学记 [M]. 北京：中华书局，1962.

［16］毕沅．关中胜迹图志［M］．张沛，点校．西安：三秦出版社，2004．

［17］梁禹甸．长安县志：第八卷［M］．清康熙七年．

［18］萧统．昭明文选［M］．北京：华夏出版社，2000．

［19］王钦若，等．册府元龟［M］．北京：中华书局，1960．

［20］孙星衍，等．汉官六种·汉官解诂［M］．周天游，点校．北京：中华书局，1960．

［21］陈直．史记新证［M］．天津：天津人民出版社，1979．

［22］陈直．汉书新证［M］．天津：天津人民出版社，1979．

［23］陈直．摹庐丛著七种［M］．济南：齐鲁书社，1981．

［24］陈直．关中秦汉陶录［M］．北京：中华书局，2006．

［25］陈直．三辅黄图校证［M］．西安：陕西人民出版社，1980．

［26］陈直．两汉经济史料论丛［M］．西安：陕西人民出版社，1980．

［27］武伯纶．西安历史述略［M］．西安：陕西人民出版社，1979．

［28］马非百．秦始皇帝传［M］．南京：江苏古籍出版社，1985．

［29］马非百．秦集史［M］．北京：中华书局，1982．

［30］林剑鸣．秦汉史［M］．上海：上海人民出版社，1989．

［31］王育民．秦汉政治制度［M］．西安：西北大学出版社，1996．

［32］王学理．咸阳帝都记［M］．西安：三秦出版社，1999．

［33］王学理．秦始皇陵研究［M］．上海：上海人民出版社，1994．

［34］张永禄．汉代长安词典［M］．西安：陕西人民出版社，1993．

［35］国家文物局．中国文物地图集：陕西分册［M］．西安：西安地图出版社，1998．

［36］王仲殊．汉代考古学概说［M］．北京：中华书局，1984．

［37］刘庆柱，李毓芳．汉长安城［M］．北京：文物出版社，2003．

［38］陈全方．周原与周文化［M］．上海：上海人民出版社，1988．

［39］中国玺印篆刻全集编辑委员会．中国玺印篆刻全集：1［M］．上海：上海书画出版社，1999．

［40］西安市交通局史志编纂委员会．西安古代交通志［M］．西安：陕西人民出版社，1997．

［41］刘志远，余德章，刘文杰．四川汉代画象砖与汉代社会［M］．北京：文物出版社，1983．

［42］余华青．中国宦官制度史［M］．上海：上海人民出版社，1993．

［43］盖山林．和林格尔汉墓壁画［M］．呼和浩特：内蒙古人民出版社，1977．

［44］姚生民．甘泉宫志［M］．西安：三秦出版社，2003．

［45］范少言，王晓燕，李健超，等．丝绸之路沿线城镇的兴衰［M］．北京：中国建筑工业出版社，2010．

［46］方国瑜．中国西南历史地理考释［M］．北京：中华书局，1987．

［47］宫玉海．《山海经》与世界文化之谜［M］．长春：吉林大学出版社，1995．

［48］杨建华．外国考古学史［M］．长春：吉林大学出版社，1999．

［49］东京帝室博物馆．周汉遗宝［M］．大塚巧艺社，昭和七年．

［50］唐金裕．西安西郊汉代建筑遗址发掘报告［J］．考古学报，1959（2）．

［51］中国社会科学院考古研究所．殷墟妇好墓［M］．北京：文物出版社，1980．

［52］中国社会科学院考古研究所．洛阳发掘报告：1955—1960年洛阳涧滨考古发掘资料［M］．北京：燕山出版社，1989．

［53］中国社会科学院考古研究所．汉长安城未央宫：1980～1989年考古发掘报告［M］．北京：中国大百科全书出版社，1996．

［54］陕西省考古研究所．西汉京师仓［M］．北京：文物出版社，1990．

［55］陕西省考古研究所，西安交通大学．西安交通大学西汉壁画墓［M］．西安：西安交通大学出版社，1991．

［56］中国社会科学院考古研究所．汉杜陵陵园遗址［M］．北京：科学出版社，1993．

［57］程林泉，韩国河．长安汉镜［M］．西安：陕西人民出版社，2002．

［58］中国社会科学院考古研究所．西汉礼制建筑遗址［M］．北京：文物出版社，2003．

［59］陕西省考古研究所．白鹿原汉墓［M］．西安：三秦出版社，2003．

［60］陕西省考古研究所．陕西兴平侯村遗址［M］．西安：三秦出版社，2004．

［61］中国社会科学院考古研究所．汉长安城武库［M］．北京：文物出版社，2005．

［62］王培新．乐浪文化：以墓葬为中心的考古学研究［M］．北京：科学出版社，2007．

［63］中国社会科学院考古研究所，日本奈良国立文化财研究所．汉长安城桂宫：1996—2001年考古发掘报告［M］．北京：文物出版社，2007．

［64］咸阳市文物考古研究所．西汉帝陵钻探调查报告［M］．北京：文物出版社，2010．

［65］中国考古学会．中国考古学会年鉴：1987［M］．北京：文物出版社，1988．

［66］贺梓城．西安汉城遗址附近发现汉代铜锭十块［J］．文物参考资料，1956（3）．

［67］金学山．西安半坡的战国墓葬［J］．考古学报，1957（3）．

［68］王仲殊．汉长安城考古工作的初步收获［J］．考古通讯，1957（5）．

［69］雒忠如．西安西郊发现汉代建筑遗址［J］．考古通讯，1957（6）．

［70］王世仁．汉长安城南郊礼制建筑（大土门村遗址）原状的推测［J］．考古，1963（9）．

［71］王仲殊．汉长安城考古工作收获续记：宣平城门的发掘［J］．考古通讯，1958（4）．

［72］陕西省文物管理委员会．陕西韩城芝川汉扶荔宫遗址的发现［J］．考古，1961（3）．

［73］西安市文物管理委员会．西安三桥镇高窑村出土的西汉铜器群［J］．考古，1963（2）．

［74］罗西章．扶风姜塬发现汉代外国铭文铅饼［J］．考古，1976（4）．

［75］陕西省文物管理委员会，咸阳市博物馆．陕西省咸阳市杨家湾出土大批西汉彩绘陶俑［J］．文物，1966（3）．

［76］王学理，吴镇烽．西安任家坡汉陵从葬坑的发掘［J］．考古，1976（2）．

［77］李正德，傅嘉仪，晁华山．西安汉上林苑发现的马蹄金和麟趾金［J］．文物，1977（11）．

［78］胡谦盈．汉昆明池及其有关遗存踏察记［J］．考古与文物，1980年创刊号．

［79］王光永．凤翔县发现羽阳宫铜鼎［J］．考古与文物，1981（1）．

［80］新疆社会科学院考古研究所．新疆克尔木齐古墓群发掘简报［J］．文物，1981（1）．

［81］庞文龙．陕西岐山县博物馆收藏的汉代铜镅［J］．文物，1983（10）．

［82］中国社会科学院考古研究所二里头队．河南偃师二里头二号宫殿遗址［J］．文物，1983（3）．

［83］张海云．芷阳遗址调查简报［J］．文博，1985（3）．

［84］辽宁省文物考古研究所．辽宁绥中县"姜女坟"秦汉建筑遗址发掘简报［J］．文物，1986（8）．

［85］平朔考古队．山西朔县秦汉墓发掘简报［J］．文物，1987（6）．

［86］郭兴文．乾陵附近发现的两处秦宫遗址［N］．西安晚报，1988-05-18（1）．

［87］中国社会科学院考古研究所汉城工作队．汉长安城1号窑址发掘简报［J］．考古，1991（1）．

［88］呼林贵，孙铁山，李恭．西安东郊国棉五厂汉墓发掘简报［J］．文博，1991（4）．

［89］呼林贵，孙铁山，李恭．西安国棉五厂95号墓发掘简报［J］．考古与文物，

1991（4）.

［90］河北省文物研究所，秦皇岛市文物管理处，北戴河区文物保管所．金山咀秦代建筑遗址发掘报告［J］．文物春秋，1992（S1）.

［91］陕西省考古研究所汉陵考古队．汉景帝阳陵南区从葬坑发掘第一号简报［J］．文物，1992（4）.

［92］陕西省考古研究所汉陵考古队．汉景帝阳陵南区从葬坑发掘第二号简报［J］．文物，1994（6）.

［93］中国社会科学院考古研究所汉城队．汉长安城窑址发掘报告［J］．考古学报，1994（1）.

［94］中国社会科学院考古研究所汉城工作队．汉长安城23—27号窑址发掘简报［J］．考古，1994（11）.

［95］中国社会科学院考古研究所汉城工作队．1992年汉长安城冶铸遗址发掘简报［J］．考古，1995（9）.

［96］王长启．西安市文物中心藏战国秦汉时期的青铜器［J］．考古与文物，1994（4）.

［97］中国社会科学院考古研究所汉城工作队．汉长安城北宫的勘探及其南面砖瓦窑的发掘［J］．考古，1996（10）.

［98］陕西省文保中心兆伦铸钱遗址调查组．陕西户县兆伦汉代铸钱遗址调查报告［J］．文博，1998（3）.

［99］姜宝莲，赵强．陕西澄城良周秦汉宫殿遗址调查简报［J］．文博，1998（4）.

［100］中国社会科学院考古研究所、日本奈良国立文化财研究所中日联合考古队．汉长安城桂宫二号建筑遗址发掘简报［J］．考古，1999（1）.

［101］中国社会科学院考古研究所、日本奈良国立文化财研究所中日联合考古队．汉长安城桂宫二号建筑遗址B区发掘简报［J］．考古，2000（1）.

［102］董鸿闻，刘起鹤，周建勋，等．汉长安城遗址测绘研究获得的新信息［J］．考古与文物，2000（5）.

［103］中国社会科学院考古研究所西安唐城工作队．陕西西安唐长安城圜丘遗址的发掘［J］．考古，2000（7）.

［104］中国社会科学院考古研究所、日本奈良国立文化财研究所中日联合考古队．汉长安城桂宫三号建筑遗址发掘简报［J］．考古，2001（1）.

[105] 宝鸡市考古工作队,眉县文化馆.陕西眉县成山宫遗址试掘简报[J].文博,2001(6).

[106] 中国社会科学院考古研究所、日本奈良国立文化财研究所中日联合考古队.汉长安城桂宫四号建筑遗址发掘简报[J].考古,2002(1).

[107] 中国社会科学院考古研究所汉长安城工作队.汉长安城长乐宫排水管道遗址发掘简报[J].考古,2003(9).

[108] 中国社会科学院考古研究所汉长安城工作队.汉长安城长乐宫二号建筑遗址发掘报告[J].考古学报,2004(1).

[109] 孙福喜,程林泉,张翔宇.西安理工大学基建工程中发现的西汉壁画墓[N].中国文物报,2004-12-10.

[110] 中国社会科学院考古研究所汉长安城工作队.汉长安城长乐宫发现凌室遗址[J].考古,2005(9).

[111] 陕西省考古研究所,宝鸡市考古工作队,凤翔县博物馆.陕西凤翔县长青西汉汧河码头仓储建筑遗址[J].考古,2005(7).

[112] 中国社会科学院考古研究所汉长安城工作队.西安市汉长安城长乐宫四号建筑遗址[J].考古,2006(10).

[113] 刘振东,张建锋,徐龙国.西安市汉长安城长乐宫遗址发掘一组完整的排水设施[N].中国文物报,2006-02-22.

[114] 中国社会科学院考古研究所汉长安城工作队.西安市汉唐昆明池遗址的钻探与试掘简报[J].考古,2006(10).

[115] 刘卫鹏,岳起.陕西咸阳市西汉成帝延陵调查记[J].华夏考古,2009(1).

[116] 陕西省考古研究院.西安凤栖原西汉墓地田野考古发掘收获[J].考古与文物,2009(5).

[117] 陕西省考古研究院,咸阳市文物考古研究所,茂陵博物馆.汉武帝茂陵考古调查、勘探简报[J].考古与文物,2011(2).

[118] 吕华.张安世墓葬级别堪比汉王[N].西安晚报,2010-01-28.

[119] 翟小雪.陕西张安世家族墓发现一未盗掘墓 罕见瓷器现身[N].西安晚报,2011-01-11.

[120] 秦汉渭桥遗址为同期世界最大木桥[N].陕西文化遗产,2013-01-25.

［121］С. И. 鲁金科, 潘孟陶. 论中国与阿尔泰部落的古代关系［J］. 考古学报, 1957（2）.

［122］作铭. 外国字铭文的汉代（？）铜饼［J］. 考古, 1961（5）.

［123］陈直. 秦汉瓦当概述［J］. 文物, 1963（11）.

［124］陈梦家. 亩制与里制［J］. 考古, 1966（1）.

［125］秦波. 西汉皇后玉玺和甘露二年铜方炉的发现［J］. 文物, 1973（5）.

［126］安志敏. 金版与金饼：楚、汉金币及其有关问题［J］. 考古学报, 1973（2）.

［127］上海交通大学"造船史话"组. 秦汉时期的船舶［J］. 文物, 1977（4）.

［128］孙德润, 李绥成, 马建熙. 渭河三桥初探［C］//《考古与文物》编辑部. 陕西省考古学会第一届年会论文集. 西安:《考古与文物》编辑部, 1983.

［129］王学理. 汉南陵从葬坑的初步清理：兼谈大熊猫头骨及犀牛骨骼出土的有关问题［J］. 文物, 1981（11）.

［130］王学理. 汉"南陵"大熊猫和犀牛探源［J］. 考古与文物, 1983［1］.

［131］马正林. 渭河水运和关中漕渠［J］. 陕西师大学报（哲学社会科学版）, 1983（4）.

［132］马振智, 焦南峰. 蕲年、棫阳、年宫考［C］//《考古与文物》编辑部. 陕西省考古学会第一届年会论文集. 西安:《考古与文物》编辑部, 1983.

［133］杨宽. 西汉长安布局结构的探讨［J］. 文博, 1984（1）.

［134］尹盛平. 西周蚌雕人头像种族探索［J］. 文物, 1986（1）.

［135］李仲操. 羽阳宫鼎铭考辨［J］. 文博, 1986（6）.

［136］秦人. 徐福东渡考略［M］//陕西人民出版社文艺编辑部. 汉唐文史漫论. 西安:陕西人民出版社, 1986.

［137］尚志儒. 郑、棫林之故地及其源流探讨［M］//陕西省考古研究所. 古文字研究：第13辑. 北京:中华书局, 1986.

［138］尚志儒. 奠井国铜器及其史迹之研究［C］//《中国考古学研究》编委会. 中国考古学研究：夏鼐先生考古五十年纪念论文集. 北京:文物出版社, 1986.

［139］杨宽. 西汉长安布局结构的再探讨［J］. 考古, 1989（4）.

［140］傅正初. 巴蜀与西南夷的文化联系［M］//李绍明, 等. 巴蜀历史·民族·考古·文化. 成都:巴蜀书社, 1991.

［141］李遇春. 汉长安城的发掘与研究［M］//中国社会科学院考古研究所,《汉唐与边疆

考古研究》编委会．汉唐与边疆考古研究：第一辑．北京：科学出版社，1994．

[142] 于志勇．汉长安城未央宫遗址出土骨签之名物考［J］．考古与文物，2007（2）．

[143] 王学理．汉代国祀史迹考索［M］//秦始皇兵马俑博物馆《论丛》编委会．秦文化论丛：第十四辑．西安：三秦出版社，2007．

[144] 王学理．从"陵墓近都"到"自成茔域"：国君陵墓同都城关系探索之一［M］//王学理．王学理秦汉考古文选．西安：三秦出版社，2008．

[145] 王学理．秦君葬地蠡测：君王陵墓同都城关系探索之二［M］//王学理．王学理秦汉考古文选．西安：三秦出版社，2008．

[146] 王学理．论汉阳陵南区从葬坑的军事属性［M］//王学理．王学理秦汉考古文选．西安：三秦出版社，2008．

[147] 何岁利．汉唐长安城市场探析［C］//汉长安城考古与汉文化：汉长安城与汉文化：纪念汉长安城考古五十周年国际学术研讨会论文集．北京：科学出版社，2008．

[148] 王学理．"渭阳五帝庙"与"阳陵庙"并非一地说［M］//王学理．王学理秦汉考古文选．西安：三秦出版社，2008．

[149] 王恩田．"王莽九庙"再议［J］．考古与文物，1992（4）．

[150] 孟凡人．汉长安城形制布局中的几个问题［M］//中国社会科学院考古研究所，《汉唐与边疆考古研究》编委会．汉唐与边疆考古研究：第一辑．北京：科学出版社，1994．

[151] 彭曦．陕西洛河汉代漕运的发现与考察［J］．文博，1994（1）．

[152] 曹发展：渭桥沣桥辨［C］//西北大学文博学院．考古文物研究：纪念西北大学考古专业成立四十周年文集（1956-1996）．西安：三秦出版社，1996．

[153] 王学理，梁云．论汉阳陵南区从葬坑的军事属性［J］．考古与文物，2004（汉唐考古专号）．

[154] 侯宁彬．西安地区汉代墓葬的分布［J］．考古与文物，2004（5）．

[155] 王学理．西安文景公园王夫人墓略考［M］//晏新志．汉阳陵与汉文化研究：第二辑．西安：三秦出版社，2012．

[156] 赵德文．西汉长安外来民族研究［D］．西安：西北大学，2010．

[157] 刘振东．西汉长安城的沿革与形制布局的变化［C］//《汉代考古与汉文化国际学术研讨会论文集》编委会．汉代考古与汉文化国际学术研讨会论文集．济南：齐鲁书社，2006．

大事记

公元前207年（秦二世三年）

- 秦王子婴投降，秦朝共三世十五年而亡。刘邦封秦府库，还军霸上，与秦人约法三章，遣兵守函谷关。项羽率诸侯军入关，屠咸阳，杀子婴，焚宫室，火三月不灭。鸿门宴后分封十八诸侯王，项羽收宝货妇女东去。刘邦封为汉王，入汉中。旋由故道出兵，袭定三秦。

公元前205年（汉王刘邦二年）

- 刘邦遣兵出武关，东略地。关中大饥，米斛万钱，人相食，使民就食巴蜀。令民田故秦苑囿园池。除秦社稷，更立汉社稷。立刘盈为太子，由萧何侍留关中，调兵运粮。汉军从临晋渡河，大举东进。

公元前204年（汉王刘邦三年）

- 荥阳围急，纪信伪装汉王，刘邦乘机逃脱，出荥阳入关收兵，再由武关出。军在宛、叶间活动，吸引项羽主力南移。

公元前203年（汉王刘邦四年）

- 刘邦、项羽约定以鸿沟为界，中分天下，东属楚，西属汉。刘邦乘项羽引兵东归之机，追击。

公元前202年（汉王刘邦五年）

- 项羽在垓下（今安徽固镇东北）被围，在四面楚歌中突围南逃，至乌江（今安徽和县东北）自刎。二月，刘邦即皇帝位，是为汉高祖，都洛阳。听娄敬言车驾直奔长安。后九月"徙诸侯于关中"。改建秦兴乐宫为长乐宫。

公元前201年（汉高帝六年）

- 国都定于长安，"更名咸阳曰长安"，把秦咸阳北区改名"新城"。令天下县邑筑城。天文学家、算学家张苍为计相，叔孙通定朝仪。

公元前200年（汉高帝七年）

·长乐宫成，刘邦自栎阳徙都长安。行朝仪，无人敢失礼。立戚夫人子如意为代王。始筑未央宫。

公元前198年（汉高帝九年）

·未央宫落成。采纳娄敬建议，徙齐、楚大族昭氏、屈氏、景氏、怀氏、田氏五族及豪杰凡十余万口于关中。罢渭南、河上、中地三郡。复名内史。

公元前196年（汉高帝十一年）

吕后、萧何诱杀韩信于长乐宫钟室。捕杀梁王彭越。

公元前195年（汉高帝十二年）

·四月，高帝卒于长乐宫，葬长陵。五月，皇子刘盈即位，是为孝惠帝。吕后囚禁戚夫人，召赵王至长安。

公元前194年（汉惠帝元年）

吕后鸩杀赵王如意，断戚夫人手足使居厕中，号曰"人彘"。始筑长安城。

公元前193年（汉惠帝二年）

·萧何死，曹参继为相国。

公元前192年（汉惠帝三年）

·发长安附近600里内男女146000人修筑长安城，30日而罢。复发诸侯王、列侯徒隶2万人筑长安城。与匈奴继续和亲。

公元前191年（汉惠帝四年）

·废除秦"挟书者族"之律。筑复道于武库南。立渭北原庙。长安汉宫火灾频发。吕后定，立惠帝姊鲁元公主女为皇后。

公元前190年（汉惠帝五年）

·复发长安600里内男女145000人修筑长安城，秋，长安城完工。夏大旱，江河水少，溪谷水绝。相国曹参死。

公元前189年（汉惠帝六年）

·以王陵为右丞相，陈平为左丞相，周勃为太尉。张良、樊哙死。令民得卖爵。起长安西市，修敖仓。

公元前 188 年（汉惠帝七年）
- 放宽困辱商贾之律，但市井子孙仍不得为官吏。八月惠帝卒于未央宫，葬安陵。高后吕雉临朝称制。

公元前 187 年（汉高后元年）
- 王陵反对吕后欲封诸吕为王，被夺相权，改为帝太傅。以陈平为右丞相，审食其为左丞相。除秦夷灭三族罪、妖言令。封吕后侄吕台为吕王、吕禄为胡陵侯。

公元前 186 年（汉高后二年）
- 差次列侯功定朝位，藏于高庙。行八铢钱。长沙国相轪侯利苍死。

公元前 184 年（汉高后四年）
- 吕后杀少帝恭，立恒山王义为帝，更名弘。

公元前 182 年（汉高后六年）
- 城长陵。行五分钱。匈奴掠狄道（今甘肃临洮），攻阿阳（今静宁西南）。

公元前 180 年（汉高后八年）
- 三月吕后病，以吕禄为上将军，居北军；吕产居南军，防变。七月死于未央宫。九月，丞相陈平、太尉周勃等大臣诛灭诸吕，迎高帝子代王刘恒为皇帝，是为孝文帝。少帝弘亦被杀。

公元前 179 年（汉文帝元年）
- 封赏平灭诸吕的功臣，周勃辞右丞相，陈平独为丞相。除收帑相坐律令。立刘启为太子。拜贾谊为博士，岁中迁至太中大夫。

公元前 178 年（汉文帝二年）
- 曲逆侯陈平死，以周勃为丞相。诏举贤良方正能直言极谏者。始开籍田，帝亲耕劝农。除诽谤、妖言之罪。免本年田租之半。

公元前 177 年（汉文帝三年）
- 免丞相周勃，遣就国，以为列侯就国的表率。以灌婴为丞相，罢太尉，张释之为廷尉。幸甘泉。遣丞相发车骑85000击匈奴，发中尉材官属卫将军，军长安。

公元前 176 年（汉文帝四年）
- 颍阴侯灌婴卒，以御史大夫张苍为丞相。拟以贾谊任公卿之位，遭大臣多疑，出为长沙王太傅。有人告周勃欲反，被逮，诣廷尉诏狱，有

"将百万军,不知狱吏之贵"语,复赦之。作生祠顾成庙于长安城南。

公元前 175 年(汉文帝五年)

· 荚钱轻,更铸四铢"半两"钱。除盗铸钱令,使民得自铸。吴(刘濞)、邓(邓通)钱布天下。

公元前 174 年(汉文帝六年)

· 匈奴冒顿单于致书约和,及冒顿子老上单于立,复遣宗室女为公主入匈奴和亲,同行宦者中行说降匈奴。老上单于杀月氏君长,月氏族由敦煌、祁连居地西迁今伊犁河流域及其迤西一带,称"大月氏"。

公元前 173 年(汉文帝七年)

· 贾谊上《治安策》。

公元前 171 年(汉文帝九年)

· 春,大旱。置霸陵邑。

公元前 169 年(汉文帝十一年)

· 文帝子梁怀王揖死,移淮阳王武为梁王,增其城邑,至大县40余城。匈奴掠狄道,晁错上书,募民徙塞下且耕且战。周勃死。

公元前 168 年(汉文帝十二年)

· 废除出入函谷关用传(符证)制度。黄河决口酸枣(今河南延津西南),东溃金堤(东郡到平原郡一带黄河两岸石堤),兴卒塞之。晁错陈述农民疾苦、商人兼并之状。令民入粟于边,拜爵各以多少级数为差。免本年租税之半。贾谊死。

公元前 167 年(汉文帝十三年)

· 诏定帝亲耕、后亲蚕礼仪。齐太仓令淳于意有罪,女缇萦上书,愿代父受刑。文帝诏除肉刑。免田租。

公元前 166 年(汉文帝十四年)

· 匈奴进犯,侯骑至雍、甘泉。发兵屯长安附近,文帝亲劳军。汉兵屯上郡、北地、陇西三郡,申教令,赐吏卒。

公元前 165 年(汉文帝十五年)

· 黄龙见于成纪。召拜公孙臣为博士,与诸生申明土德,草改历、服色事。文帝幸雍,郊祭五帝。晁错对策高第,擢中大夫,又言削藩。

公元前 164 年(汉文帝十六年)

· 郊祀五帝于"渭阳五帝庙"。谋议巡狩、封禅事。立"五帝坛"

于长门道北。

公元前162年（汉文帝后二年）
- 匈奴连年攻扰，文帝致书匈奴单于，重定和亲之约。张苍免相，御史大夫申屠嘉为丞相。

公元前160年（汉文帝后四年）
- 日食，赦天下。免官奴婢为庶人。夏，江水、汉水溢，冲没万余家。

公元前158年（汉文帝后六年）
- 匈奴进犯，烽火通于甘泉、长安。文帝亲至霸上、棘门、细柳劳军。令诸侯无入贡；减诸服御狗马，损郎吏员，弛山泽，发仓庾以赈民。令民得卖爵。拜亚夫为中尉。

公元前157年（汉文帝后七年）
- 六月文帝卒，葬霸陵。太子启嗣位，是为汉景帝。

公元前156年（汉景帝元年）
- 遣御史大夫陶青与匈奴和亲。复收民田半租，三十而税一。减笞刑。

公元前155年（汉景帝二年）
- 令男子二十始傅。分置左、右内史，与主爵中尉合称"三辅"。丞相申屠嘉死，以陶青为丞相，晁错为御史大夫。

公元前154年（汉景帝三年）
- 斩御史大夫晁错，吴楚七国仍叛乱。周亚夫为太尉破吴、楚军。长安列侯封君从军借款治装，子钱家（放贷取息者）不肯，惟毋盐氏以十倍取息，事后成为长安巨富。

公元前152年（汉景帝五年）
- 作阳陵邑。募民徙阳陵，赐钱20万。遣公主嫁匈奴单于。

公元前150年（汉景帝七年）
- 日食。废太子刘荣、废皇后薄氏。立胶东王刘彻为皇太子，立彻母王氏为皇后。

公元前148年（汉景帝中二年）
- 临江王刘荣因侵夺宗庙地，自杀。窦太后恨中尉郅都，免官后杀。日食。改磔刑曰"弃市"。改郡守为太守，改郡尉为都尉。

公元前147年（汉景帝中三年）

· 罢诸侯御史大夫官。周亚夫免相，以刘舍为丞相。禁酤酒。日食。

公元前145年（汉景帝中五年）

· 司马迁诞生。未央宫东阙火灾。更名诸侯丞相为相。

公元前144年（汉景帝中六年）

· 大改官名：廷尉→大理，将作少府→大匠，奉常→太常，典客→大行令。幸雍，郊五畤。梁孝王入朝，归国后死，国分为五。再减笞刑，又定棰令。匈奴进犯，取上郡苑马。郅都死，贵戚多犯法。以宁成为中尉，执法如郅，廉则不及。

公元前143年（汉景帝后元年）

· 刘舍免相，以卫绾为丞相。条侯周亚夫下狱绝食死。

公元前141年（汉景帝后三年）

· 诏劝农桑，禁官吏发民采黄金、珠玉。正月，景帝卒于未央宫，葬阳陵。太子刘彻16岁即位。是为武帝。日月皆食，赤五日。冬雷，日如紫；五星逆行守太微；月贯天廷中。

公元前140年（汉武帝建元元年）

· 诏举贤良方正直言极谏之士，帝亲策之。董仲舒对策，请崇儒术，兴太学，令郡国贡士。以董仲舒为江都相。丞相卫绾请黜所举贤良之为申、韩、苏、张之言者，报可。赦天下，召赐爵一级。卫绾旋免相，以魏其侯窦婴（太皇太后侄）为丞相，武安侯田蚡（王太后弟）为太尉。行三铢钱。罢苑马，以赐贫民。议立明堂。征鲁申公。

公元前139年（汉武帝建元二年）

· 淮南王刘安来朝。兴儒派首领赵绾、王臧被下狱，自杀，窦婴、田蚡被免职。日食，有星如日，夜出。初置茂陵邑。

公元前138年（汉武帝建元三年）

· 河水溢于平原，大饥，人相食。征购民田扩大上林苑。赐徙茂陵者户钱20万，田2顷。募民出使西域，以断匈奴右臂，汉中人张骞应募。

公元前136年（汉武帝建元五年）

· 罢三铢钱，行半两钱。置五经博士。蝗灾。

公元前 135 年（汉武帝建元六年）

· 田蚡再任丞相，为人骄横。辽东高（帝）庙、高园便殿相继失火。匈奴来请和亲。窦太后死，崇儒派重新被起用。汲黯为主爵都尉，见田蚡揖而不拜。

公元前 134 年（汉武帝元光元年）

· 初令郡国举孝廉各1人。赦天下，赐民长子爵一级。诏举贤良，上亲策之。

公元前 133 年（汉武帝元光二年）

· 遣方士入海求仙，并炼丹药。在长安东南郊立太一祠。王恢与韩安国廷辩同匈奴战和事，上从恢议。"马邑之谋"失败后，恢自杀，匈奴绝和亲，攻扰尤甚。

公元前 132 年（汉武帝元光三年）

· 春，河决顿丘（今河南清丰南）；夏，又决濮阳瓠子（今河南濮阳西南瓠子河堤），注巨野（今山东巨野东北有大泽），通淮、泗，泛滥16郡。发卒10万堵塞黄河决口。起建生祠龙渊宫。

公元前 130 年（汉武帝元光五年）

· 河间献王来朝，献雅乐，对三雍宫及诏策所问30余事。发巴、蜀卒筑路，从僰道（今四川宜宾西南安边场）指牂柯江。御史大夫张汤等定律令，作见知法。陈皇后因巫蛊罪废居长门宫，并杀女巫楚服等300余人。

公元前 129 年（汉武帝元光六年）

· 用大司农郑当时建议、由水工徐伯主持，发卒数万人，穿漕渠通渭300余里，三年竣工。匈奴扰上谷，卫青等四将军分道出击。卫青获胜，封关内侯。

公元前 128 年（汉武帝元朔元年）

· 诏议二千石不举孝廉者罪。卫夫人生据（即戾太子），遂立为皇后。

公元前 127 年（汉武帝元朔二年）

· 用主父偃推恩之策，令诸侯得分地给子弟为侯。于是，藩国始分，势力日渐衰落。匈奴攻扰，立朔方郡，修缮蒙恬所筑要塞，并募民徙该地10万口。复徙郡国豪杰及赀300万以上于茂陵。

公元前126年（汉武帝元朔三年）

· 匈奴军臣单于死，弟自立，子於单降汉。公孙弘为御史大夫。张骞自月氏归，经13年，拜太中大夫。王太后死。张汤为廷尉。

公元前125年（汉武帝元朔四年）

· 匈奴袭扰代、定襄、上郡等地。

公元前124年（汉武帝元朔五年）

· 薛泽免相，以公孙弘为丞相。置博士弟子50人，免本身征役，吏通一艺以上者补官。卫青、苏建、李息攻打匈奴，卫青大胜拜大将军。

公元前123年（汉武帝元朔六年）

· 以军费不足，置武功爵17级，令民得买爵及赎罪。霍去病以功封冠军侯。

公元前122年（汉武帝元狩元年）

· 淮南王安、衡山王赐谋反案发，自杀。获白麟，作《白麟之歌》。立刘据为皇太子，年7岁。张骞在大夏见蜀布、邛竹杖。求通身毒道，事西南夷。

公元前121年（汉武帝元狩二年）

· 丞相公孙弘死，李蔡为丞相，廷尉张汤为御史大夫。骠骑将军霍去病出陇西，获匈奴浑邪王子等，得休屠王祭天金人。南越献驯象、能言鸟。

公元前120年（汉武帝元狩三年）

· 作昆明池教习水战。因得浑邪王地，陇西、北地、上郡无战事，减戍卒之半。立乐府官，以李延年为协律都尉。

公元前119年（汉武帝元狩四年）

· 以白鹿皮造皮币，以银锡造为白金三品；又销半两钱，更铸三铢钱；盗铸者罪皆死。禁私铸铁器、煮盐。算贾人缗钱，有轺车及五丈以上船者都有算。张骞二次出使西域，赴乌孙。

公元前118年（汉武帝元狩五年）

· 丞相李蔡自杀，庄青翟为丞相。天下马少，平牡马匹20万。罢三铢半两钱，行五铢钱。发数万人作褒斜道500余里。

公元前117年（汉武帝元狩六年）

· 令杨可主"告缗"。大农令颜异依"腹诽法"坐腹诽死。霍去病去世,武帝为其建冢如祁连山。

公元前 115 年(汉武帝元鼎二年)

- 丞相庄青翟与丞相长史朱买臣、王朝、边通陷害张汤,汤自杀。事泄,青翟与三长史皆死。张骞由乌孙还,拜为大行。"丝绸之路"开通。废"白金",上林三官在京铸造赤仄五铢钱。

公元前 114 年(汉武帝元鼎三年)

- 徙函谷关于新安,以故关为弘农县。令民告缗,得民财物以亿计,奴婢以千万数,大县田数百顷,小县百余顷,宅亦如之。商贾中家以上大抵破产。

公元前 113 年(汉武帝元鼎四年)

- 在汾阴立后土祠。关中兴修水利。三辅地区置都尉。禁郡国铸钱,专令上林三官鼓铸,天下非三官钱不得行。

公元前 111 年(汉武帝元鼎六年)

- 祠泰一、后土,始用乐舞。穿治六辅渠。帝自制封禅仪。

公元前 110 年(汉武帝元封元年)

- 武帝北巡还,祠黄帝于桥山。桑弘羊为治粟都尉,作平准之法,置平准于京师;又请吏得入粟补官及罪人赎罪。太史令司马谈死。

公元前 108 年(汉武帝元封三年)

- 冬雷雨雹,大如马头。作角抵戏。将军赵破奴虏楼兰王,破车师,汉亭障列至玉门(今甘肃敦煌西北小方盘城)。朝鲜降汉,置乐浪、临屯、玄菟、真番四郡。司马迁为太史令。

公元前 106 年(汉武帝元封五年)

- 武帝南巡,又北至琅邪。大将军卫青死,武帝为其起冢,如同庐山。置13州部,各设刺史。诏州、郡察吏,举茂才异等。

公元前 105 年(汉武帝元封六年)

- 京师民观角抵于上林平乐馆。以江都王刘建女细君为公主嫁乌孙"昆莫"(王)猎骄靡,为"右夫人"。安息使者以大鸟卵、善眩人(魔术师)来汉。汉使从大宛带回葡萄、苜蓿等,遍种离宫别馆旁。

公元前 104 年(汉武帝太初元年)

- 柏梁台失火,修建章宫,千门万户。造太初历,用夏正,以正月为岁首,色上黄,数用五,定官名及宗庙百官仪,协音律。以主爵都尉为京兆尹，左内史为左冯翊，右内史为右扶风，合称"三辅"。思想家董仲舒死。

公元前103年（汉武帝太初二年）

·石庆死，以公孙贺为丞相。因大宛不肯给善马，上以李夫人兄广利为贰师将军击之。进至郁成，大败，退还敦煌，士卒仅存十之一二。

公元前101年（汉武帝太初四年）

·贰师将军李广利斩大宛王首，获汗血马数十匹、中马以下3000余匹，回京师，封海西侯。作《西极天马之歌》。起造明光宫。徙弘农都尉治武关。

公元前100年（汉武帝天汉元年）

·匈奴归汉使者，遣使来献。汉亦遣中郎将苏武送匈奴使留汉者，因副使张胜谋杀卫律事败，苏武被扣，令居北海（今贝加尔湖）牧羊。

公元前99年（汉武帝天汉二年）

·司马迁因言李陵（李广孙）力战、假降而受腐刑。关东农民起义多处，暴胜之镇压。作"沈命法"。

公元前98年（汉武帝天汉三年）

·初榷（què）酒酤（禁民酿酒，由官专卖）。巡行泰山，还，祠常山（恒山，今河北曲阳西北）。

公元前97年（汉武帝天汉四年）

·发七科谪与勇敢士，遣李广利、韩说、公孙敖分道击匈奴。令死罪人赎钱50万减死一等。立皇子髆为昌邑王。

公元前96年（汉武帝太始元年）

·徙郡国吏民豪杰于茂陵。

公元前95年（汉武帝太始二年）

·旱灾。募死罪人赎钱50万减死一等。建白渠，溉关中田450余顷。御史大夫杜周死，暴胜之代。

公元前92年（汉武帝征和元年）

·武帝在建章宫幻觉"一人带剑入宫"，发三辅骑士大搜，闭长安城门，十一日乃解。丞相公孙贺为救犯法的儿子，以捕获阳陵大侠朱安世立功，而朱反告贺子敬声同卫后女阳石公主私通、使巫埋木偶诅上。

"巫蛊之祸"事起。

公元前91年（汉武帝征和二年）

·巫蛊祸，杀丞相公孙贺父子，灭族。阳石公主及卫青子长平侯伉均被杀。方士、神巫聚京师，江充与按道侯韩说等掘蛊太子宫。太子刘据杀江充、韩说，发卫卒。丞相刘屈氂发兵击太子，长安城内大战，死者数万。卫皇后被废、自杀。太子兵败自杀。护北军使者任安腰斩、暴胜之自杀。司马迁完成《史记》。

公元前90年（汉武帝征和三年）

·内者令郭穰诬告：丞相夫人与李广利欲立昌邑王为帝。武帝杀刘屈氂，捕广利妻，广利降匈奴。高寝郎田千秋上书，讼太子冤。族灭江充家，作"思子宫"，为归来望思之台。司马迁死。

公元前89年（汉武帝征和四年）

·雍无云如雷者三，陨石二，黑如鼊，声闻400里。武帝渐悔以往之非，悉罢方士求神仙事，田千秋为丞相，封富民侯。以赵过为搜粟都尉，推行"代田法"，又改进农具。李广利在匈奴遭卫尉所谗，被杀。

公元前88年（汉武帝后元元年）

·江充余党马何罗刺杀武帝未遂，被金日䃅擒杀。杀弗陵母钩弋夫人。

公元前87年（汉武帝后元二年）

·立8岁皇子刘弗陵为太子，以大司马大将军霍光、车骑将军金日䃅、左将军上官桀、御史大夫桑弘羊为辅政大臣。二月，武帝卒于五柞宫，入殡未央宫前殿，葬茂陵。弗陵立，为昭帝，以霍、金、上官共领尚书事。

公元前86年（汉昭帝始元元年）

·燕王旦（武帝子）以不得立，谋反。事泄，燕王以至亲不治罪，杀其党。黄鹄下建章宫太液池中。帝耕于钩盾弄田。举贤良。问民疾苦。金日䃅死。

公元前85年（汉昭帝始元二年）

·封霍光博陆侯、上官桀安阳侯。连年多灾，诏免所赈贷种、食及今年田租。遣使赈贷贫民。

公元前84年（汉昭帝始元三年）

· 募民徙云陵，赐钱田宅。以上官桀子上官安为骑都尉，安女入宫为婕妤。

公元前83年（汉昭帝始元四年）

· 立6岁的上官氏为皇后，以上官安为车骑将军。徙三辅富人于云陵，赐钱户10万。

公元前82年（汉昭帝始元五年）

· 诏三辅、太常举贤良各2人，郡国举文学高第各1人。

公元前81年（汉昭帝始元六年）

· 帝耕于上林。诏郡国所举贤良、文学，皆请罢盐铁、酒酤、均输官。桑弘羊与之辩论，后桓宽集论辩辞为《盐铁论》。罢榷酤，是年减漕300万石。汉使匈奴，苏武被扣19年乃还，拜典属国。

公元前80年（汉昭帝元凤元年）

· 遣三辅、太常免刑徒，击武都氐叛乱。鄂邑长公主、燕王旦与左将军上官桀、桀子骠骑将军上官安、御史大夫桑弘羊谋杀霍光，废昭帝，立燕王为帝。事泄，皆伏诛。

公元前79年（汉昭帝元凤二年）

· 帝自建章宫徙未央宫。赦天下。令郡国勿敛今年马口钱，三辅、太常郡以菽粟当赋。

公元前78年（汉昭帝元凤三年）

· 以百姓遭水灾，缺粮，诏止四年勿漕。上林有柳树枯僵自起立，符节令眭弘以灾异说要求汉帝禅位，被杀。

公元前75年（汉昭帝元凤六年）

· 因三辅、太常（太常所辖各陵邑）谷贱伤农，令以菽粟当今年赋。以杨敞为丞相。

公元前74年（汉昭帝元平元年）

· 二月，减口赋钱什三。四月，昭帝卒于未央宫，葬平陵。霍光等迎昌邑王刘贺于六月嗣位，饮酒作乐，征用昌邑官属，立27日被废，复迎武帝曾孙、戾太子孙刘询于七月嗣位，是为汉宣帝。八月，丞相杨敞死，蔡义为相。十一月，立许氏为皇后。长乐宫初置屯卫。

公元前 73 年（汉宣帝本始元年）
- 论"定策功"增封霍光17000户。募郡国吏民訾百万以上徙平陵。地震，诏内郡国举文学高第各1人。

公元前 72 年（汉宣帝本始二年）
- 诏议武帝庙乐，长信少府夏侯胜反对而下狱，丞相长史黄霸以不举劾亦下狱。以水衡钱为平陵徙民起第宅。乌孙为匈奴所犯，来汉请救。

公元前 71 年（汉宣帝本始三年）
- 霍光夫人使女医毒杀许皇后。赵广汉为京兆尹，政清民和，长老赞誉，自汉兴治京兆者莫能及。丁零、乌桓、乌孙攻匈奴，匈奴从此大虚弱。蔡义死，韦贤为丞相。

公元前 70 年（汉宣帝本始四年）
- 立霍光女为皇后。释夏侯胜，为谏大夫、给事中；释黄霸，为扬州刺史。令百官上书入谷，输长安仓，助贷贫民。载谷入关之车船，勿用传。令三辅、太常、内郡国举贤良方正各1人。

公元前 69 年（汉宣帝地节元年）
- 假（暂给）郡国贫民田。于定国为廷尉，治狱宽平。诏宗室属未尽而以罪绝者，若有贤材，改行劝善，其复属，使得自新。

公元前 68 年（汉宣帝地节二年）
- 大将军霍光卒，以光兄孙山领尚书事、子禹为右将军，光夫人及诸女均能入宫禁。车骑将军张安世为大司马、领尚书事。以魏相为给事中。

公元前 67 年（汉宣帝地节三年）
- 立许后子奭为皇太子。以魏相为丞相、丙吉为御史大夫、疏广为太子太傅。张安世为卫将军，两宫卫尉、城门、北军兵悉属安世。

公元前 66 年（汉宣帝地节四年）
- 霍氏谋反，霍光兄云、兄孙山、妻显、子禹及亲属范、邓皆被杀诛灭。诏减天下盐价。令有大父母、父母丧者勿徭事。诏子匿父母、妻匿夫、孙匿大父母，皆勿治。令郡国岁上系囚因笞掠或瘐死（病死狱中）者名数，以为考课殿最。

公元前 65 年（汉宣帝元康元年）
- 龟兹王及其夫人（乌孙公主女）来朝。以杜东原上为初陵，更名杜县为杜陵。徙丞相、将军、列侯、吏二千石、赀百万者杜陵。益奉明园户为奉明县。置建章卫尉。京兆尹赵广汉治丞相府侍婢案,入相府审丞相夫人,以"摧辱大臣"被腰斩。吏民守阙号泣者数万人,死后,百姓追思歌之,号为"能吏"。

公元前 64 年（汉宣帝元康二年）

· 宣帝名"病已",改为"询"。令郡国被疾疫灾甚者,勿出今年租赋。

公元前 63 年（汉宣帝元康三年）

· 宣帝始知襁褓中受廷尉监丙吉保护,封其博阳侯。五色鸟以万数飞过三辅诸县,欲集未下,令三辅勿得以春夏摘巢探卵、弹射飞鸟。

公元前 62 年（汉宣帝元康四年）

· 富平侯张安世系张汤子,死,有家僮700人,均有手技作事。使循行天下,观风察吏,举茂才异伦。

公元前 61 年（汉宣帝神爵元年）

· 76岁的赵充国破先零羌。发三辅、中都官徒弛刑,往击西羌。

公元前 60 年（汉宣帝神爵二年）

· 羌首多降,罢屯兵。匈奴趋弱,不敢争西域。苏武死。

公元前 59 年（汉宣帝神爵三年）

· 丞相魏相死,丙吉代,不亲小事,以"调和阴阳"为任。大鸿胪萧望之为御史大夫。起乐游苑。增加百石以下小吏俸什五（5/10）。韩延寿入为左冯翊。

公元前 57 年（汉宣帝五凤元年）

· 萧望之与韩延寿互讦,韩延寿坐"狡猾不道"被弃市。吏民数千人送至渭城,争奏酒炙,寿计饮酒石余。

公元前 54 年（汉宣帝五凤四年）

· 用大司农中丞耿寿昌"谷贱伤农"言,籴三辅等地谷供京师,省转漕。在边郡筑常平仓,以给北边。司马迁外孙杨恽与友人书有怨言,被腰斩。

公元前 53 年（汉宣帝甘露元年）

· 匈奴呼韩邪单于、郅支单于均遣子入侍。匈奴单于遣弟左贤王来朝贺。太上皇庙、孝文庙火灾。

公元前 52 年（汉宣帝甘露二年）

  • 杜延年以老病免，廷尉于定国为御史大夫。营平侯赵充国死。令群臣议匈奴呼韩邪单于来朝仪注，决定待以客礼。

公元前 51 年（汉宣帝甘露三年）

  • 黄霸死，于定国为丞相，陈万年为御史大夫。匈奴呼韩邪单于来朝，遣车骑都尉韩昌迎单于，发所过7郡2000骑为陈道上，位在诸侯王上。诏诸儒讲五经异同，立梁丘《易》、大小夏侯《尚书》、穀梁《春秋》博士。图画功臣11人像于麒麟阁。乌孙公主归至京师。

公元前 50 年（汉宣帝甘露四年）

  • 匈奴呼韩邪、郅支两单于均遣使朝献于汉。未央宫宣室阁火灾。

公元前 49 年（汉宣帝黄龙元年）

  • 匈奴呼韩邪单于来朝。十二月，宣帝卒未央宫，太子奭嗣位，是为汉元帝。

公元前 48 年（汉元帝初元元年）

  • 葬宣帝杜陵。以三辅、太常、郡国公田及可省的苑地给贫民耕种，资不满千钱者赋贷种、食。关东11郡国大水、饥荒，令运钱、谷救济。

公元前 47 年（汉元帝初元二年）

  • 宦官中书令弘恭、仆射石显与外戚史高相勾结，诬陷萧望之，免为庶人后下狱，自杀。

公元前 46 年（汉元帝初元三年）

  • 罢甘泉、建章宫卫，令就农。

公元前 45 年（汉元帝初元四年）

  • 元帝到甘泉郊祀"泰畤"，去河东祀"后土"。

公元前 44 年（汉元帝初元五年）

  • 用贡禹言，罢盐铁官、常平仓等，令博士弟子毋置员，以广学者。省刑罚七十余事。令民能通一经者，皆复。

公元前 42 年（汉元帝永光二年）

  • 以韦玄成为丞相，郑弘为御史大夫。

公元前 41 年（汉元帝永光三年）

  • 因用度不足，复盐铁官。限置博士弟子员千人。

公元前 36 年（汉元帝建昭三年）

·韦玄成死，匡衡为丞相。西域都护、骑都尉甘延寿发兵攻匈奴，破郅支城（今中亚塔拉斯河畔的江布尔），斩单于首级，传诣京师，悬蛮夷邸门。

公元前 35 年（汉元帝建昭四年）

·以诛郅支单于告祠郊庙。举茂材特立之士。蓝田地震，山崩，塞霸水。安陵岸崩，壅泾水，水逆流。

公元前 33 年（汉元帝竟宁元年）

·匈奴呼韩邪单于来朝，愿为汉婿，以后宫女王嫱赐之。五月，元帝卒未央宫，葬元帝渭陵。六月，太子骜嗣位，是为汉成帝。由元舅王凤辅政，为大司马、大将军、领尚书事。

公元前 31 年（汉成帝建始二年）

·始郊祀长安南郊。赦奉郊县长安、长陵及中都官耐罪徒。以渭城延陵亭部为初陵。诏三辅内郡举贤良方正各1人。始祠后土于北郊。北宫井水溢出。

公元前 29 年（汉成帝建始四年）

·以王商为丞相。南山群盗傰宗等数百人为吏民害。

公元前 28 年（汉成帝河平元年）

·王延世用竹落装石，塞决河堤。匈奴单于遣使奉献，朝正月。三月乙未"日出黄，有黑气大如钱，居日中央"（《汉书·五行志》），是世界上公认的"日斑"（太阳黑子）最早记载。

公元前 27 年（汉成帝河平二年）

·悉封诸舅（谭、商、立、根、逢时），"一日五侯"。

公元前 26 年（汉成帝河平三年）

·日食。遣使求天下遗书，诏刘向校中秘书，向奏上《洪范五行传论》，集古今符瑞灾异，比附世事祸福。

公元前 25 年（汉成帝河平四年）

·以张禹为丞相。匈奴单于来朝。长陵临泾岸崩，壅泾水。罽宾与汉时通时绝，遣使谢罪。因交通难，汉仍不与通。

公元前 22 年（汉成帝阳朔三年）

·颍川铁官徒申屠圣等180人杀官吏，夺库兵，称将军，历9郡而败。

公元前 21 年（汉成帝阳朔四年）

- 乌孙内乱，用段会宗为都护。少府王骏为京兆尹，京师称曰"前有赵（广汉）、张（敞），后有三王（王尊、王章、王骏）"，皆有能名。

公元前 20 年（汉成帝鸿嘉元年）

- 以新丰戏乡为昌陵县，奉初陵。帝始为微行，斗鸡走狗。匈奴搜谐若鞮单于遣子入侍。薛宣为丞相，王骏为御史大夫。

公元前 19 年（汉成帝鸿嘉二年）

- 徙郡国豪杰赀500万以上者5000户于昌陵。

公元前 18 年（汉成帝鸿嘉三年）

- 成帝宠幸赵飞燕姐妹。贵倾后宫，谮废许皇后。广汉（治今四川金堂东）人郑躬等60余人起义。

公元前 15 年（汉成帝永始二年）

- 薛宣因故免，翟方进为丞相，孔光为御史大夫。

公元前 14 年（汉成帝永始三年）

- 尉氏人樊并等起义，山阳（治今山东金乡西北）铁官徒苏令等228人起义。

公元前 10 年（汉成帝元延三年）

- 命右扶风发民入南山，周数百里，捕熊罴送长杨宫。

公元前 9 年（汉成帝元延四年）

- 甘露降京师，赐长安民牛酒。

公元前 8 年（汉成帝绥和元年）

- 增博士弟子员3000人。以王莽为大司马。

公元前 7 年（汉成帝绥和二年）

- 翟方进被责令自杀。三月，成帝卒于未央宫，葬延陵，皇太子前定陶王刘欣嗣位，是为汉哀帝。孔光为丞相。复长安南北郊。赦天下，罢乐府。刘歆典领五经，奏上《七略》。令官奴婢五十以上免为庶人。

公元前 5 年（汉哀帝建平二年）

- 傅太后求尊号，遭傅喜、孔光、师丹反对被免。平当为丞相。

公元前 1 年（汉哀帝元寿二年）

· 匈奴单于、乌孙大昆弥来朝。六月，哀帝卒于未央宫，葬义陵。太皇太后收玺绶。董贤自杀。王莽为大司马、领尚书事。七月，迎9岁中山王箕子嗣位，更名衎，是为汉平帝。

公元 3 年（汉平帝元始三年）

· 诏有司为皇帝纳采安汉公王莽女。莽奏车服及吏民养生、送死、嫁娶、奴婢、田宅、器械制度。立官稷。郡国、县邑、乡聚皆立学官。阳陵人任横等自称将军，攻官寺，出囚徒，旋败。王莽长子宇与帝外家卫氏谋反莽，事败被诛，牵连死者数百人。

公元 4 年（汉平帝元始四年）

· 王莽加号宰衡，奏立明堂、辟雍、灵台；为学者立舍万区；立乐经；益博士员，经各5人；征通一经及逸礼、古书、天文、图谶、钟律、月令、兵法、史籀者，又征能治河者。升王莽位在诸侯王上。分京师，置前辉光、后丞烈二郡。

公元 5 年（汉平帝元始五年）

· 诏郡国立宗师，以纠宗室子弟。王莽加九锡。治明堂、辟雍。通子午道，从杜陵直绝南山，抵汉中。王莽毒死平帝，征宣帝玄孙选立之。前辉光谢嚣奏武功长孟通浚井得白石，丹书曰"告安汉公莽为皇帝"，符命自此而起，莽遂居摄践祚，称"假皇帝"，民臣称之"摄皇帝"。

公元 6 年（王莽居摄元年）

· 立宣帝玄孙刘婴为皇太子，号孺子，年2岁。

公元 7 年（王莽居摄二年）

· 更造钱币，有错刀、契刀、大钱三种，与五铢钱并行。禁列侯以下不得挟黄金。王莽因翟义起兵惧不能食，昼夜抱孺子告祷郊庙。三辅23县豪族及民众纷纷起兵反莽，槐里赵明、霍鸿自称将军，以和翟义，有众十余万，虚攻长安。莽遣两将军击之。

公元 8 年（王莽居摄三年，初始元年）

· 地震。大赦天下。赵明等败死。置五等爵，以公、侯、伯、子、男封击反者功臣。期门郎张元等谋杀莽，立楚王，事觉被杀。符命蜂起，哀章献铜匮，王莽即真天子位，定国号为"新"。

公元 9 年（新皇帝王莽始建国元年）

・废孺子刘婴，为"定安公"。大赦天下。大改内外官名及郡县宫室之名。贬诸侯王号皆为公，四裔诸王皆为侯。置错刀、契刀及五铢钱，更作大钱（12铢）小钱（1铢）二品；防私铸，禁民不得挟铜炭。更名天下田曰"王田"，奴婢曰"私属"，禁止买卖。男口不盈八而田过一井（900亩）者，分余田予九族、里党，其无田者受田如制。长安狂女子碧呼道中曰"高皇帝大怒"云云。

公元 10 年（新皇帝王莽始建国二年）

・赦天下，废汉诸侯王为民。制五均、六莞、赊贷之法，于长安等六都市立五均司市、钱府官，以平物价，惠贫民。诏改匈奴单于为"降奴服于"。再榷酒酤。第三次改货币，总称"宝货"。禁挟五铢钱。

公元 11 年（新皇帝王莽始建国三年）

・令举吏民有德行、通政事、能言语、明文学者各1人，诣王路四门。

公元 12 年（新皇帝王莽始建国四年）

・斩匈奴单于子登于长安，以示诸蛮夷。以常安（长安）为"西都"，洛阳为"东都"；并定九州之制、五等爵之员额。下令允许王田及奴婢买卖。

公元 13 年（新皇帝王莽始建国五年）

・焉耆反莽，杀都护。乌孙遣使贡献。除挟铜炭之禁。

公元 14 年（新皇帝王莽天凤元年）

・分长安城旁六乡，置帅各1人。分三辅为六尉郡，河内等六郡为六队郡。改易官名、地名，分合郡县，总为万国。匈奴单于请和亲。罢大小钱，改作货布、泉2品并行。

公元 17 年（新皇帝王莽天凤四年）

・各地农民纷纷起义。莽亲之南郊铸作威斗，欲厌胜众兵。

公元 18 年（新皇帝王莽天凤五年）

・扬雄卒。匈奴单于遣使奉献。胁匈奴大臣须卜当至长安，拜为须卜单于。

公元 20 年（新皇帝王莽地皇元年）

・起九庙于长安城南，黄帝庙方40丈，高17丈，余庙半之，广征工匠，功费数百余万，卒徒死者万数。减轻私铸罪。罢大小钱，更行货布。

公元 22 年（新皇帝王莽地皇三年）

·九庙成，纳神主，莽谒见。遣使教民煮草木为酪。蝗从东方来，飞蔽天。流民入关者数十万人，乃置养赡官禀食之，吏盗其粮，饥死者什七八。除井田奴婢山泽六莞之禁，诏令不便于民者皆收还之。

公元 23 年（新皇帝王莽地皇四年，汉刘玄淮阳王更始元年）

·王莽染其须发，进所征淑女杜陵史氏为皇后。刘歆、董忠等谋劫新皇帝降汉，事败。更始帝遣将入关，所在迎降。旋入长安，巷战；商人杜吴杀王莽于渐台，新亡。

索引

A

暗门 / 116

B

灞桥 / 282

灞水 / 191, 239, 254, 283, 294, 357

八水绕长安 / 002, 221, 239

柏梁台 / 004, 064-066, 123, 489

白鹿观 / 149, 151

白杨观 / 149, 160

褒斜道 / 250-251, 254, 488

北军 / 042, 071, 083-084, 211, 276-279, 281, 312

北市 / 094

便门 / 072, 086-087, 111, 115, 248, 264-265, 283

便门观 / 149, 151

便门桥 / 086-087, 141, 248, 264, 283, 317

便桥 / 087, 095, 115, 248, 264-265, 271, 283

并渭漕渠 / 254, 256

C

漕渠 / 087, 090, 113, 161, 222, 227, 239, 254, 256-257

长安市 / 092, 116, 198, 211, 272, 466

长安乡 / 021, 028, 103

长信宫 / 035, 041, 116

朝门 / 111

澂邑漕仓 / 090, 255

厨城门桥 / 116, 263-265

楚汉战争 / 021–022，027，253，256

厨门 / 111，116

D

大长秋 / 211，213

大鸿胪 / 212，336，353，433–434

大市 / 092–096，198

大司农 / 065，086–087，199，210，336，353

当路观 / 149，151

鼎路门 / 111，115，171，186

东观 / 149

东市 / 077，092–094，097，133，193，196，379，458

东渭桥 / 249，259，265–266

董翳 / 022

东园匠 / 067，093，204，215

东织 / 067，072，458

斗城 / 118，120

杜门 / 095，111，115–116，171，185，359

杜门大道 / 094–095，197–199，247

都司空 / 067，210

杜延年 / 063，336，353，495

端门 / 075，111，115

E

阿房宫前殿 / 191，456

二里头文化 / 289

F

飞廉观 / 149

沣河桥 / 268–269

封峦观 / 149，404，418

覆盎门 / 034，095，110–112，115–116，119，171，193，197，233，245

G

甘泉居室 / 067

高门 / 052，111，116

钩盾 / 067，072–073，116，210，213，262，491

古桥 / 116，262–263，265–266，269

鹳雀台门 / 111，116

观象观 / 149，151

光华门 / 111

光门 / 111，116

广门 / 116

桂宫 / 049，075，132–136，192–194，246，459

H

函谷关 / 027，247，249，257，267，282，373，481，484，489

函谷关道 / 248

横桥大道 / 075, 095, 197-198, 248

华仓 / 087, 089, 255

黄门 / 211, 213, 441, 444-445

霍光 / 056, 113, 200, 323-324, 450, 493

J

交道亭 / 094-095, 248, 265

椒房殿 / 035, 051, 057-058, 060, 077, 133, 224

交门市 / 094-095

椒唐观 / 149, 151, 418

京兆尹 / 097, 199, 208, 211, 217, 271-272, 450, 493

九庙 / 175-176, 215, 396, 452, 499-500

九市 / 092, 094-097, 198, 215

居室 / 067

沇河 / 102, 106, 225, 266

K

考工室 / 067, 071, 215

客舍门 / 111, 116

昆明池 / 155-162, 225-227, 236, 239, 242, 254, 257, 431, 488

L

蓝田（武关）道 / 251

郎池观 / 149, 151

凌室 / 035, 038-039, 073

柳市 / 094-095, 450

刘向 / 062-063, 075, 380-381

刘歆 / 063, 380, 382, 497

龙首渠 / 222

龙首原 / 029, 048, 118-119, 371, 373

龙台观 / 149

娄敬 / 003, 025-027, 454, 481-482

露寒观 / 149, 418

洛门 / 116

洛渭漕渠 / 090, 255

洛阳 / 025, 033, 085, 197, 454

骆谷道 / 251

M

明光宫 / 132, 138-139, 193-194, 203, 246, 490

明堂 / 005, 086, 169-172, 178

N

南宫锺 / 150

南军 / 083, 211, 277-279, 281

南市 / 094

弄田 / 072-073

P

辟雍 / 005, 086, 169-172

平乐观 / 149, 151, 154, 387

蒲坂渡 / 257

蒲坂津 / 249, 257

蒲津关道 / 249

Q

麒麟阁 / 063, 077

旗亭 / 094-097

前殿阿房 / 018, 120

秦二世 / 019, 132

秦惠文王 / 033, 144, 251

秦始皇 / 016, 017, 019, 029, 046, 119, 140, 252, 350

青梧观 / 147, 149

R

若卢 / 067, 071-072

S

三辅 / 199, 211, 217, 271-272, 354

上兰观 / 149, 151

上林铜鼎 / 150

上林铜鉴 / 149

上林苑 / 029, 236-237, 357

少府 / 067-068, 072, 084, 093, 199

社稷 / 022, 028, 175, 179-180, 197

射熊观 / 148-149, 151

施雠 / 062

石关 / 149, 404, 418

市楼 / 093-097

石渠阁 / 061-063, 075, 077, 206

市亭 / 096

属玉观 / 144-145, 149, 417

水衡都尉 / 210, 215, 241, 258

丝绸之路 / 249, 426-431, 445, 462-463, 465-468, 470, 472

思后园 / 095, 359, 361

司马迁 / 047, 069, 327, 380, 382, 384

司马欣 / 022

四市 / 094-096, 215

苏武 / 063, 336, 353, 434

T

太傅 / 113, 210, 271, 279

天禄阁 / 062-063, 077, 224

廷尉 / 199, 210, 493

突门 / 094-095, 111, 116

W

万秋门 / 111, 114

王莽 / 110-115, 170, 175, 181, 198, 241, 383

卫尉 / 071, 210, 278, 281

卫尉寺 / 071, 199

韦玄成 / 062, 274, 336, 353, 495

未央宫 / 041, 044-055, 061

武库遗址 / 081

武朔门 / 111

X

西安交通大学壁画墓 / 367

西安理工大学壁画墓 / 369

西楚霸王 / 022

细柳仓 / 086-087, 095, 264-265, 283

细柳观 / 149, 160, 283

细柳营 / 283-284

西市 / 077, 092-094, 193, 221, 379, 434, 482

西渭桥 / 087, 114-116, 248, 259, 264-265, 283

西织 / 067, 072, 458

下杜门 / 111, 115

咸阳 / 047, 118, 223, 267, 282, 340, 455

项羽 / 018, 022, 029, 032, 103, 256

孝里市 / 094-095

萧望之 / 062, 336, 353, 380, 384

宣平门 / 110, 112-113, 115, 197, 247

Y

燕升观 / 149, 151

阳禄观 / 149, 151

掖庭殿 / 059

宜春观 / 149

阴乡 / 028, 103

右扶风 / 028, 217, 271, 405

御道 / 120, 139, 195, 261, 274,

御厩 / 073

鱼鸟观 / 149, 151, 418

远望观 / 149, 151

约法三章 / 021, 027

乐府 / 067, 388, 393, 464

栎阳 / 032, 217, 249, 293, 401, 482

Z

章邯 / 022, 024

张衡 / 076, 140, 186, 271

张良 / 026-027, 300

章门 / 076, 111, 114

昭阳宫 / 060

柘观 / 149, 151

芝川渡 / 258

执金吾 / 083，210，273-274，336，353

鸤鹊观 / 149，404，418

直市 / 094-095

中渭桥 / 033，259-260

中央官署 / 068-069，093，196，230，233

琢沐观 / 149

子午谷道 / 250

子婴 / 021，113

宗正 / 067，210，283

走马观 / 149，151，418

左弋 / 067

左冯翊 / 199，208，217，271

作室 / 072，076，114

左右司空 / 067

后记

1976年，我离开秦都咸阳考古工地之后，在阿房宫地区配合北京大学学生发掘北司遗址，随后到了秦俑博物馆筹建处，支援建馆施工。一年过后，秦俑馆材料到达现场，正式工作人员就位，陕西省文化局下属单位的借调人员纷纷返回原单位。我转回陕西省文物管理委员会的秦俑考古队，从此谢绝诸种社会杂务，"专业对口"，真正地钻进了考古研究领域，在秦俑考古工地一待就是14年。

在全力投入秦始皇陵园考古期间，我对秦咸阳遗址的挂念总是挥之不去。因为我是大学毕业后不久就被分派到秦咸阳考古工地的，既然在这里选了自己的研究课题，便决心完成考古报告，给学术界交出一份满意的答卷。但是，出于各种原因，我又投入到另一个值得我倾心的项目——秦始皇陵园考古研究中去。我在发掘秦俑的同时，出于"为咸阳人还良心债"的考虑，在把绘图、笔记等资料无一保留地交给秦都咸阳考古工作站的情况下，凭借对过去考古简报的回忆，集散拾零，终于在1985年出版了《秦都咸阳》一书。在这本书中，从大的框架到构成要素，我首次勾画出了秦都咸阳的轮廓，并陈述了自己多年研究所形成的基本观点。同时，也想借此书抛砖引玉，希望留在秦都故地的同行们能够开出更加灿烂的鲜花，结出更加丰硕的果实。但是，过了将近15个年头，回头一看，秦都咸阳考古还处在时停时续的状态。在学术责任心的驱使下，我重新整装，再次执笔，又在1999年出版了专著《咸阳帝都记》一书。这部新书资料丰富、观点明晰，为城市史研究提供了帮助，因而颇受同行的称道，而我也深刻地领悟了老校长侯外庐先生说的话：搞文科的学生，要有坐四十年冷板凳的准备。确实如此，只有潜下心，坐得住，才能做出成果。

其实，长期以来我在参与主持发掘并研究秦都咸阳、秦始皇陵、秦俑和汉阳陵的同时，深感有扩展这一领域的必要。我希望把西安地区的古都史作为系列呈现出来，但一个人的能力毕竟是有限的，受条件的制约，"可能性"也是在有无之间。虽然我着手在"秦"，而实则着眼在"汉"。单以都城而言，早期的秦都咸阳在渭河之北，随后向渭河南岸扩展，秦统一之后竟然达到了"渭水贯都以象天汉，横桥南渡以法牵牛"的规模。恰当地说，渭河成了秦咸阳的"城中河"，随后的汉都长安还是在秦咸阳渭南新区的基础上建立起来的。时序更迭，后来居上，人事当然也在历史中演进。在《秦都咸阳》出版之后不久，我曾经建议朋友以"汉都长安"为题著书，可惜未能成行，但这并没有减弱我个人对汉都长安的兴趣。关注渭河南岸这一广阔地域特别是汉长安的考古动态和研究成果，已经成为我几十年来不变的习惯。

时机择人，盖不由己。西安市未央区政府在发展本区经济的同时，对汉长安城遗址的保护与开发也寄予极大的关注，并决心利用这一平台深层挖掘汉文化的丰富内涵。那时，我的好友——西北大学的韩养民教授也参与了汉长安城文化产业开发一事，在其策划的一套丛书中，硬是把《汉都长安城建史》的撰写任务交给了我。我从美国回来，待办之事接踵而至，也只能暂时放下《解析秦俑——考古亲历者的视角》《秦物质文化通览》两书的出版，承接了《汉都长安城建史》一书的编写任务。

《汉都长安城建史》出版之后，受到社会的广泛关注。适逢原陕西省文史研究馆馆长李炳武先生组织编写《西安城市史》，我承担了《西安城市史·秦都咸阳卷》的写作任务，并按时交付了文稿与配图。怎奈李先生于2013年7月下旬又把《西安城市史·西汉长安城卷》的写作任务交给了我。由于时间紧迫，在参加社会文化活动与撰写学术论文的间隙，唯有"抓紧时间"一途。经过五个月的努力，现在终于拿出文稿。侯甬坚先生审阅后提出了一些有益的意见，我着手再改，即成现在的规模。汉都长安是一个大题目，要准确回答相关问题是很难的。鉴于过去很多研究历史地理有素的学者在自己的著述中引经据典、纵横驰骋，而不附图或少图，竟使人读起来如坠云里雾里，故我在自己的著述中为读者着想，尽可能多配些图。

光阴荏苒，在交稿后的四年半时间里，几经修改，特别是在2017年8月的"首阳书院"编写会后，我接受大家的意见，又补充了一些内容，希望书稿更为完善一些。但是，限于水平，还是多有不足之处。对此，望读者朋友多多指正。

王学理
2021年6月18日于陕西省考古研究院家中